U0619880

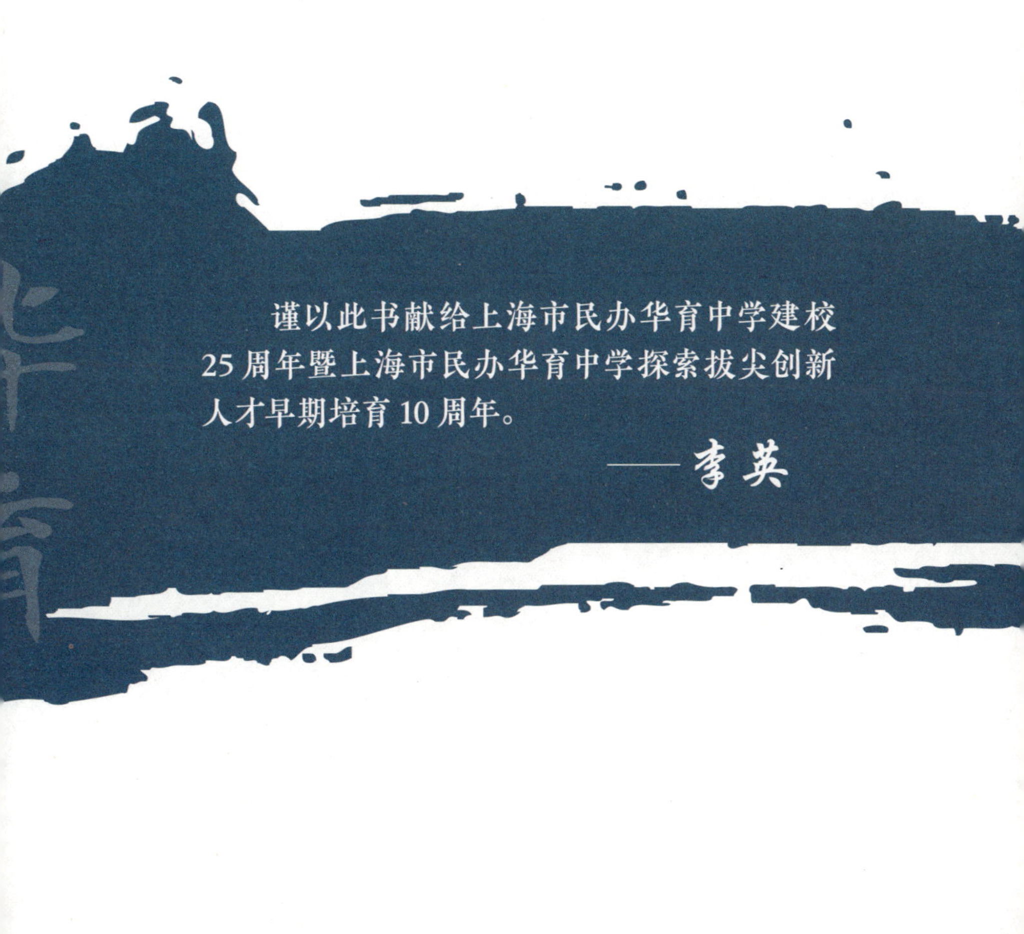

谨以此书献给上海市民办华育中学建校25周年暨上海市民办华育中学探索拔尖创新人才早期培育10周年。

——李英

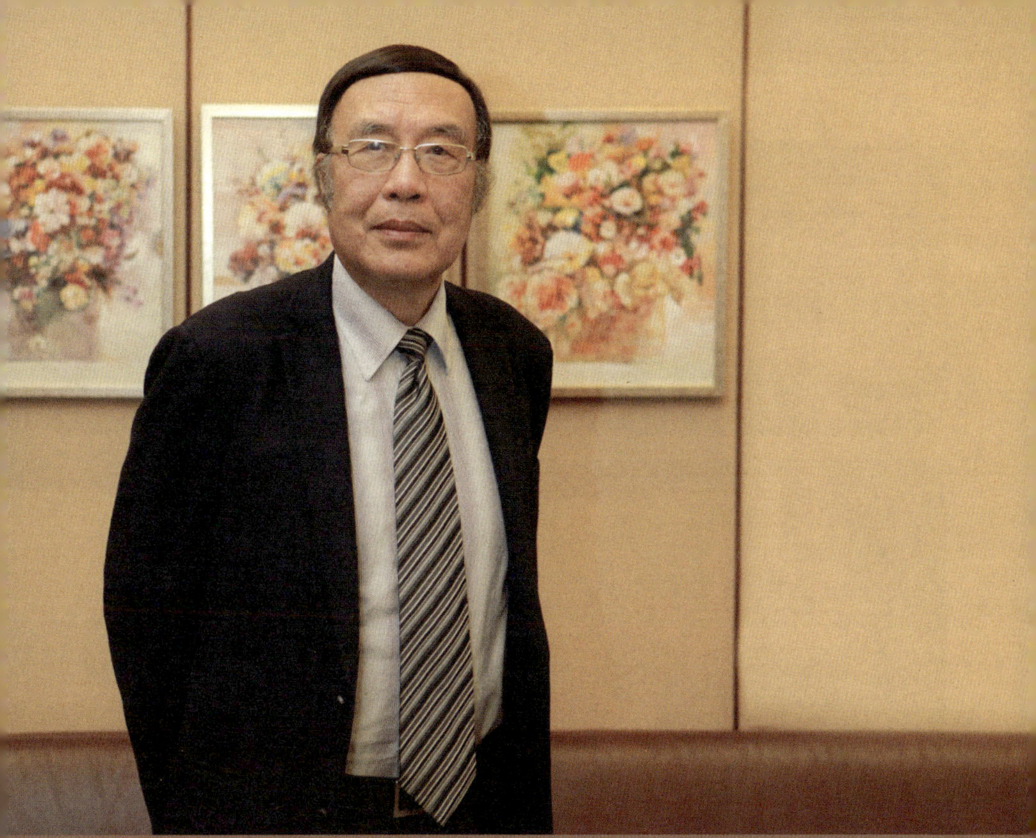

真诚希望广大教师在项目化、跨学科学习、数字技术、智能技术、探究性学习等方面取得创新性突破，以推进拔尖创新人才早期培育的实践和研究。不忘“为党育人、为国育才”的初心和使命。

—— 唐盛昌

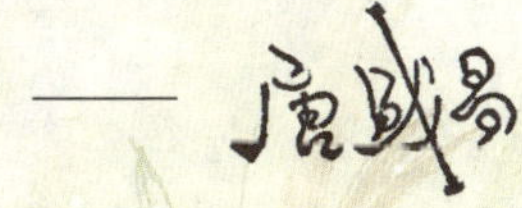

华育中学建校25周年全体教职员工合影留念
2024.9.14

真心希望广大教师从因材施教的视野关注和培养一大批初中阶段有数理等方面发展潜质学生及关注他们的可持续发展，把初中阶段拔尖创新人才早期培育的实践和研究引向新的高度，取得更丰硕的成果。

——李英

最佳教师

华育中学2022学年
最佳

最佳教师

華育
2023届初三毕业典礼

李　英 /主编

双新视野下优质初中“扩优提质”行动研究

（卷上）

——华育中学深化创新人才早期培育方式变革教研文集

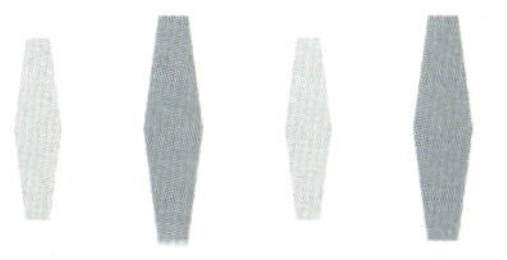

重新认识初中阶段拔尖创新人才早期培育

（序一）

上海中学原校长、上海市民办华育中学理事长　唐盛昌

党的二十大报告强调要提升人才自主培养质量，着力造就一批拔尖创新人才。基础教育是拔尖创新人才早期培育的基点，在新时代教育强国建设、信息时代与人工智能背景下，需要我们重新认识初中阶段拔尖创新人才早期培育的价值与内涵，有条件的学校可以在这方面有所作为。上海市民办华育中学（以下简称“华育中学”）创办于 1999 年。那时，上海市上海中学按照上海市教育改革政策实行初高中脱钩，由原来的完全中学变为高级中学。为解决一部分初中富余师资的问题，时任上海中学校长的我与徐汇区教育局、华泾镇政府实业合作创办了“强强联手”的华育中学。从一开始就把这所民办初中定位于推进初高中衔接、办学质量一流的学校。由于学校办学基础厚实、发展后劲足，在 25 年中已成为上海领先、全国一流的优质初级中学。持续致力于初中阶段拔尖创新人才早期培育的实践探索，并且站在新的时代背景下，重新认识初中阶段拔尖创新人才早期培育。

一、初中阶段推进拔尖创新人才早期培育的实践价值

学校致力于推进拔尖创新人才早期培育，既有自身发展的实力与根基，也有我们对初中阶段拔尖创新人才早期培育的实践价值追寻。初中阶段推进拔尖创新人才早期培育的实践价值在于夯实他们早期必须夯实的素养根基，培育他们对某一或某些领域的兴趣、好奇心，让他们对自身发展的潜质有早期认识。

学校开展初中阶段拔尖创新人才早期培育实践,其价值在于遵循人才成长的阶段发展规律与早期培育必要性。在初中阶段关注拔尖创新人才早期成长需要夯实的基本观念、基本认识、基本素养的可行性与必要性。因为人的生理发育过程既是人的思想发育过程,也是人的基本概念认识成长的过程。如果在这个阶段学生的某些思维观念、认识不能夯实,等到了大学阶段再去做,或早期成长出现偏差,到了大学再扭转就来不及了。

一些发达国家在初高中阶段尤其关注创新人才早期培育,其理论依据也是人才成长规律。今天学生的发育成熟程度比以前的学生早一至两年,特别是对一些强潜能的学生,对他们的潜能认识与开发,不管怎么评价都不过分。我们必须用现代观念认识初中阶段学生能达到的潜能高度与认识水平,这也是华育中学为数学、物理等方面有发展潜质学生创设他们通过努力能达到的水平的成长环境所关注的。

在初中阶段推进拔尖创新人才早期培育还有一个重要价值在于从初中阶段培养或保护学生对某一领域的兴趣以及引导学生对自身发展潜质的早期认识,不要磨灭有发展潜质学生的好奇心与学习力。我们对有发展潜质的学生在初中阶段要做到"上不封顶",创设他们的兴趣激活与潜能开发的广泛空间。这也是我们让有发展潜质的初中生参加数学、物理高中阶段联赛的原因。因为拔尖创新人才是分领域的,培养有发展潜质学生在某一领域的兴趣很重要。在某一领域的兴趣能否成为未来发展的创新人才指向性领域,就要看这些有发展潜质学生的兴趣与潜能是否匹配。初中阶段推进拔尖创新人才早期培育就需要在这方面有所作为。

二、初中阶段推进拔尖创新人才早期培育的实践策略

与工业时代、教育大国建设视野不同,信息时代、教育强国建设

视野下推进初中阶段拔尖创新人才早期培育，需要关注的育人实践的策略是不同的。也就是说，学校在育人做法上有自身的特色与做法。

1. 关注有发展潜质学生的学科领悟力培育。不同优势潜能领域的学生学科领悟力是不同的，学校需要创设良好的学科知识结构让不同发展潜质学生的学科领悟力得到培育与锻炼。学生的学科领悟能力是有层次的，与学生的学习内容相关、与学习难度相关。不同领域学科知识学习的难度上去了，领悟就不一样，有的学生学科难度上去了照样能领悟，就显现学生在这个阶段对这个学科领域的某一阶段知识有领悟力，因此对初中阶段有发展潜质的学生要提供良好的教师导引与成长环境，不设成长上限，上不封顶。

当初中生在学习某一阶段的学科领域知识与内容难度上去后，他能轻易地把它克服掉，这就说明他在这方面潜力是比较强的。竞赛成绩高低在某种程度上说明他解决困难问题的潜能，即在某种程度上竞赛成绩的高低还是能看出学生发展潜能的。为什么要鼓励学生从认识潜能而非功利角度去参加必要的、有一定难度与层次的学科竞赛(包括初中生参加高中生联赛)？其原因是可以看出某些学生的发展潜质。但是，对学生在初中阶段身心素养与道德品质的培育，就要遵循初中阶段学生的特点进行教育与引导，不能拔苗助长。

2. 关注有发展潜质学生的不同领域发展基础。我们当前培养的学生要在未来成为拔尖创新人才，他们要在未来信息时代与人工智能时代做出创新，需要我们夯实这些有发展潜质学生面向未来发展需要的知识基础，从适应工业时代到适应信息时代、人工智能时代的知识基础，这个根本性问题，必须涉及一定领域的学科知识基础。我们经常关注国际上同类学校在初高中阶段培养学生的知识基础，其中有一个方面就是用高等数学的方法去解决数学或物理某一领域的相关问题，这也反映了传统工业时代对学生成长的知识基础与信息时代所要求的知识基础是不一样的。还有一个知识基础就是我们现在关注更多的是静态、精确的知识,而国际上同类学校更多地关注动态的知识更新以及概率、估算的知识价值。这告诉我们在信息时代推进初中阶段拔尖创新人才早期培育,要关注与之前我们理解的不同的知识基础,学校也在重新审视与组织初中阶段拔尖创新人才早期培育的知识基础。

因此,学校在校本专门课程开发上要注重凸显"三个优化":优化数学特色课程体系,夯实数学基础学科领域与数学应用领域拔尖人才的早期知识基础,拓宽中学数学教学体系,更好地衔接中学与高等院校培养体系,适当加入大学基础数学如微积分、线性代数、微分方程、概率论等学习;优化数学特色课程学习基础上的课题与项目探究模式,强化物理、化学、生物、计算机科学等相关领域学术志趣与素养的特聘教授资源引领;优化"数学、物理、化学、生物、计算机科学、语言、人文、艺术、体育"学科领域感兴趣学生的学科潜能开发环境,深入推进华育中学与上海中学、高等院校、科研院所等实质性合作育人课程资源开发。

3. 关注有发展潜质学生的学习与探究共进。在初中阶段夯实拔尖创新人才早期培育根基,学校注重推进不同学科领域有发展潜质学生有深度、难度、广度的学习,而且注重引导这些学生基于感兴趣领域的探究能力的提升。学校陆续建设了机器人、电子工程、非线性编辑、VR 虚拟体验、微生物、植物生理学、环境监测实验室、模分离技术、大气监测和水质监测、太阳能综合利用等方面的 15 个现代化实验室,通过开发微课程的方式让学生分时间段进入各类实验室体验学习,培养学生动手与探究能力。

放眼当今世界,国际上初高中阶段拔尖创新人才早期培育都注重学习与探究整合。项目化、跨学科学习都具有学习与探究结合的属性。现阶段初中有发展潜质的学生,在借助数字技术进行学习、探究方面有的比我们的学科教师还强,他们在未来人工智能时代更有可能借助现代数字技术、智能技术探究方面取得创新突破。因此,我们在夯实当今时代初中阶段拔尖创新人才早期培育基础时，就需要考虑学生未来适应智能时代的智能型学科基础，包括借助人工智能技术进行学习与创新的能力，与他人进行合作学习的能力。

三、初中阶段推进拔尖创新人才早期培育的实践思考

初中阶段推进拔尖创新人才早期培育，还有许多我们需要进一步认识的关键难题与实践问题，包括关注点面结合推进学科拔尖人才与领域领军人才早期培育。

初中阶段推进拔尖创新人才的早期培育，既要关注有学科发展潜质学生的“上不封顶”的兴趣与潜能培养，也要关注面向全体学生的义务教育阶段厚实的各领域学科核心素养与思想品德的培养，关注学生责任与境界的提升。如果只有学科领域的发展潜质提升，可能只能成为学科拔尖人才，而既有某一或某些领域发展潜质又有全面知识基础与能力的学生未来可能成为领域领军人才。因此，我们在初中阶段推进拔尖创新人才早期培育，既要注重学生某一或某些领域的兴趣激活、潜能开发，也要关注学生全面知识的夯实与思想境界、社会责任的培育，只有这样才能在未来的发展中站得更高、走得更远。

初中阶段推进拔尖创新人才早期培育，不仅在课堂上教学与引导，更需要学校营造一个好的成长环境，让各方面有天赋的学生，在学校营造的多元发展环境中自主学习与主动成长，就更容易冒出来。站在贯彻落实党的二十大有关“推进教育强国与科技强国，为中国式现代化实现提供人才支撑”的精神与落实好习近平总书记强调的“树立正确人才观”“营造人人皆可成才、人人尽展其才的良好环境”“努力让每个人都有人生出彩的机会”等要求，深化教育强国建设视野下的学校推进拔尖创新人才早期培育的实践探索，必将为学校在新时代、新征程中进一步发挥在初中阶段教育改革的示范作用，在提升学校人才自主培养质量上作出新贡献。

因材施教视野下拔尖创新人才早期培育的初中实践

（序二）

上海市民办华育中学校长　李　英

党的二十大报告指出，“坚持为党育人、为国育才，全面提高人才自主培养质量，着力造就拔尖创新人才，聚天下英才而用之”。拔尖创新人才早期培养是一个大中小衔接连贯的“接力赛”系统工程，具有长周期、阶段性及特殊性，需要从教育强国建设的基础教育这一基点及早思考与谋划。基础教育与高等教育均是拔尖创新人才早期培育阶段，“如何尽早从低年级着手、完善基础教育与高等教育阶段的衔接贯通培养体制，是我国选拔培养拔尖创新人才需要聚力攻关的难题”。① 从因材施教的视野关注一批初中阶段有数理等方面发展潜质学生培养与他们的可持续发展，推进拔尖创新人才早期培育实践值得探究。现结合上海市民办华育中学（以下简称“华育中学”）探索，分析因材施教视野下推进拔尖创新人才早期培育的初中实践。

一、拔尖创新人才早期培育初中实践的时代意义与重要价值

站在教育、科技、人才一体化视野下推进拔尖创新人才早期培育，从初中阶段开始识别一批有数理等发展潜质学生进行因材施教，关注这些学生的个性化知识构成的夯实，根据学生成长的阶段特征

---

① 景安磊，周海涛，施悦琪.推进拔尖创新人才的一体化选育[J].教育研究，2024(4)：25.

来引导他们创新思维突破与创新人格养成，开展拔尖创新人才早期培育实践，应站在新时代教育强国建设视角重新认识。初中阶段有些学生已经显现了数理等某些学科发展的潜质与领悟力，在学习过程中逐渐凸显某些领域发展潜质与好奇心。早发现、早识别这些学生，为他们提供成长的良好土壤，把握时代需求，因势利导，有利于这批学生更好地发展。与此同时，初中阶段也需要创设那些尚未显现发展潜质、需要各类平台激发兴趣的学生的成长空间。

华育中学于1999年创办，基于长达25年的实践探索，提供了一个在初中阶段开展拔尖创新人才早期培育的因材施教实践例子，明晰了针对数理等方面有潜质学生因材施教培育的可行性与必要性。25年来，华育学子获得9块IMO(国际数学奥林匹克竞赛)金牌、1块IPHO(国际物理奥林匹克竞赛)金牌，1块IOI(国际信息学奥林匹克竞赛)金牌，为国家培养五大(数学、物理、化学、生物学、信息)学科领域强潜能学生千余名，有的毕业生已经成为大学教授、青年数学家以及科技领域拔尖人才。2018年以来，升入新高一的华育学子中，在高中五大学科竞赛中获一等奖的学生就有132人；在华育毕业生中206人次进入上海市队，55人次进入国家集训队。特别是2022年、2023年，每年均有12位华育毕业生进入国家集训队，2024年已有10位华育毕业生进入物理国家集训队和数学国家集训队，另有1人进入信奥国家队。

1. 拔尖创新人才早期培育初中实践的价值分析

初中阶段推进拔尖创新人才早期培育，其价值在于遵循人才成长的阶段发展规律，夯实他们未来成长需要的素养根基，保护他们对某一或某些领域的兴趣、好奇心、学习力以及引导他们对自身发展潜质的早期认识。在初中阶段夯实他们未来成为拔尖创新人才的基本观念、基本认识、基本素养具有必要性。如果在这个阶段需要夯实的基本思维观念、认识不能养成，等到了高中阶段、大学阶段去做，或早期成长出现偏差，到了大学阶段再扭转就来不及了。还有一个不可忽视的问题是当今初中阶段学生的心智发育程度比工业时代学生的心智发展程度成熟早一至两年。特别是一些强潜能的学生，对他们潜能的认识与开发，无论怎么评价也不为过。

不同时代对拔尖创新人才的需求是不同的，且需要夯实的早期培养基础也是不同的。现在讨论从初中阶段开始推进拔尖创新人才早期培育，就需要关注他们未来适应信息时代、人工智能时代教育强国建设的要求，因而推进拔尖创新人才早期培育的“基础性”内容在不断发生变化。从早期知识基础而言，我们既要关注有发展潜质学生“上不封顶”的教育内容引导，只要学生够得着就可以提供他们所需要的学习内容，关注他们对某一领域或某些领域的学科领悟力提升以及有发展潜质学生在不同领域发展的基础；又要考虑未来他们适应信息时代发展拔尖创新人才的必备知识基础，包括信息素养基础，用高等数学方法解决数学或物理领域问题的基础，关注动态的知识更新以及概率或估算的价值而非一味地关注静态、精确的知识等。

2. 因材施教视野下拔尖创新人才早期培育的华育中学历程

从1999年至2020年的二十多年里，华育中学一直是选拔学生入学，注重引导有数理发展潜质的学生得到更好开发与培育。从1999学年至2006学年期间，注重传承上海中学初中教学基地文化底蕴，实现区域突破领先，集聚初中生资质呈现良好发展趋势，重视数学强潜能学生培育；从2006学年至2013学年期间，注重质量为重，形成全市领先的优质初中提升内涵发展，对数理方面有发展潜质的学生进行因材施教的系统设计与实施；从2013学年至2020学年期间，大力推进学校教育综合改革，注重在全市领先、全国知名学校的初中改革中发挥引领作用，数理等学科领域强潜能学生都得到针对性培育。自2020年开始，华育中学积极响应国家“双减”政策要求，全面实行摇号招生入学，学校的生源结构发生了很大的变化，因材施教的内涵也发生了变化。

2020学年后入学的学生经过学校针对性培养，约50%保持华育中学原来选拔生源的平均水平，其中有数理等学科发展潜质的学生仍然保持相当高度；另50%的学生，其中20%接近华育中学原来平均水平，20%稍高于上海市初中阶段学生平均水平，10%基本达到上海初中的平均水平(这部分学生相对薄弱)。学校在培养策略上，仍然坚持对已显现数理等方面潜质学生的针对性教育；同时，也不忽视对其他学生数理等多方面潜质的识别与培养，充分考虑学生发展的可持续性，给学生提供多样选择的发展空间，坚持"面向全体、因材施教、人人成才"，为他们未来成为某一或某些领域的拔尖或优秀人才奠定坚实基础。

二、拔尖创新人才早期培育初中实践的因材施教课程建设

初中阶段作为学生打基础阶段，我们既要关注那些已经显现或在培养过程中显现数理等方面发展潜质学生的针对性培育，同时也不能忽视还没有显现发展潜质，但很有可能在未来持续发展中具有不可估量潜力学生的培育，不抹杀学生未来成为拔尖创新人才的可能性。拔尖创新人才早期培育初中实践应围绕学校育人理念、培养目标进行顶层设计，充分关注因材施教的课程体系建设。

1. 围绕学校育人追求进行课程体系顶层设计

初中阶段学校立足培养为实现中华民族伟大复兴所需要的各类人才奠基，包括为拔尖创新人才奠定早期知识基础、创新思维基础与创新人格，既要落实"人人皆可成才、人人尽展其才"的创新人才早期培养体系，也要引导有数理等方面发展潜质学生朝向未来拔尖创新人才发展的早期培养，打造"学科有专长、思维有品质、心中有格局、眼中有阳光"的青少年成长高地。为此，华育中学明晰了"培育志存高远、追求卓越、坚韧担当、爱国奉献的时代新人与创新人才"的育人定位，从担当民族复兴大任所需要的高素质创造性劳动者(面向全体，人人都是劳动者)、高素质创造性专门人才(全方位，致力于培养

各行各业创造性人才或创新专门人才)、拔尖创新人才(多层次,不仅要培育大量各领域创新专门人才,还关注国家所需要的能解决"卡脖子"科技关键领域的拔尖创新人才或国家发展其他战略领域的领军人才)等要求出发,在面向全体、全方位、多层次的创新人才早期培养上进行课程、教学、资源、评价等方面整体突破,引导与激励学生把个人发展的小我融入民族复兴、祖国繁荣、人民幸福的波澜壮阔的征途之中,实现个人发展与国家命运的同频共振。

为此,学校厚植"国家课程+数理等校本特色课程"的课程体系根基,牢牢把握初中阶段学生极强可塑性特点,提供符合国家发展需要又能适合学校集聚学生特点的校本特色课程体系(主要有利于数理等方面有潜质的学生识别与开发的特色课程),培育"全面发展+学科专长(数学、物理、化学、生物、计算机科学等学科领域)+创新潜能开发"的有可持续发展强大后劲的学生。对数理等方面已经显现或在培养过程中发现具有潜质的学生进行培育,要特别关注在落实国家课程过程中对学生必备品格与关键能力的培育,厚植社会主义核心价值观,扣好人生的第一粒扣子,夯实德智体美劳全面发展根基。要注重对学生立志与理想的培育,引导学生心系祖国发展,厚植家国情怀;注重学生动手实践与创新能力培养,促进学生认识问题、解决问题的实践能力提升;注重学生人文与艺体修养培育,促进学生身心健康发展;注重引导学生认识基于感兴趣学科领域的创造性思维养成。

2. 关注学生发展潜质进行因材施教课程建设

针对初中阶段数理等方面已经显现一定发展潜质或在学校教育过程中发现在数理方面有发展潜质的学生,为夯实他们未来成为拔尖创新人才的早期基础,首先需要在学校课程体系建构上下功夫,根据他们数理等方面的潜能识别与早期开发,根据学生表现出的能力进行因材施教,设置有层次性、递进式、系统化的"强潜能"开发课程体系。

学校应根据学生数理潜质开发的需求，在校本特色课程建设上突出“学科专长(数学、物理、化学、生物、计算机科学等)”课程层次性、系统性开发，引导学生在某一或某些学科领域方面激活兴趣并开发潜能专长，形成未来具有可塑性的强大后劲。对在某一学科领域极个别天赋禀异的学生，采取“点对点”定制课程，教师开展师徒带教授课，人尽其才；对学科特别拔尖的学生，关注针对性课程开发，采用集体面授、分组讨论学习加个别辅导形式，确保水平高的学生上限不封顶，其他学生能力不掉线；对学科相对拔尖的学生，学校形成整体性课程内容架构，采用集体面授、动态管理的方式，激发他们的学习积极性，确保学科竞赛力量的基本面厚实稳定；对数理方面有发展潜质的学生群体，学校特别注重他们的数学学科能力和学科素养保持高水平。①

在校本特色课程开发上，华育中学注重凸显三个优化：(1)优化初中数学特色课程体系，夯实数学基础学科领域与数学应用领域拔尖人才的早期知识基础。这有利于更好地衔接中学与高等院校培养体系，根据学生的可接受特点适当加入大学基础数学(如微积分、线性代数、微分方程、概率论等)学习。微积分等数学基础内容的学习，也会让学生对物理学习的领悟力提升，促进学生对物理学科求解物体受力后运动方程、分析与计算运动中的速度及加速度等知识的理解，有利于帮助学生建立更科学全面的知识结构。(2)优化数学特色课程学习基础上的课题与项目探究模式，强化物理、化学、生物、计算机科学相关领域学术志趣与素养课程开发，形成“大学科观”和“跨学科”思维，增强解决实际问题的能力。(3)优化数学、物理、化学、生物、计算机科学等学科领域感兴趣学生的学科潜能开发课程，深入推进华育中学与高中、高等院校、科研院所等实质性合作课程开发。

① 李英.初中阶段创新人才早期培育的“点线面体”实施路径[J].上海教育，2024(15)：32－33.

3. 强化数理等学科方面有发展潜质的学生课程内容贯通学习

学校努力构建层次递进、系统贯通的课程体系，为数理等方面潜质学生未来成为拔尖创新人才努力“护苗培土”。学校强化数学与物理、化学、生物、计算机科学有发展潜质的学生与时俱进的校本特色课程贯通系统。对国家课程的必修内容，采取“加速学习”的方式，在国家规定的周课时数中，对数学领域创新人才早期培养，聚焦学生数学强潜能开发与综合素质提升；对“数理综合（物理、化学、生物、计算机科学）”学科创新人才早期培育，留出不少于每周8课时进行“数学＋物理、化学、生物、计算机科学”专门课程的系统化学习，注重初中、高中、大学相应学科领域的贯通学习。

对数学等学科领域的专门课程知识贯通学习，华育中学注重贯通学习的系统性、科学性、完备性，将参照数学学科竞赛的数学小班、数学A班、数学B班，第二课堂、活动课、CMO集训课等形式，进行课程内容的系统、整体、贯通学习的安排，力争做到基础夯实牢靠；学科知识面广阔，进行初、高、大学内容贯通学习；学科深度大，绝大部分内容达到高中竞赛要求；学科高度适度拔高，既有理论习题类经典问题，又有当前科技前沿的应用问题。在某些点上达到大学水平，让初中阶段学生数理等方面的潜质开发达到应有的高度，学生在各平台的小组学习过程中彼此激发，茁壮成长；对初中生的心智发展则按照学生成长阶段规律循序渐进。①

三、拔尖创新人才早期培育初中实践的因材施教改革策略

初中阶段学生具有强大的可塑性，整体表现在三个方面：(1)认知旺盛，观察力、想象力、记忆力和接受新知识的能力超强，具有很大

① 陈之腾.华育中学:“拔尖创新人才”护苗培土之探[J].上海教育,2024(15):24-29.

的发展性;(2)兴趣广泛,精力充沛,不知疲倦,一旦潜力被激发出来,身上的爆发力不可限量,具有成才的多样性;(3)自我意识迅猛发展、敏感,受环境和同伴的影响很大,同伴激励成为有发展潜质的学生最大的外在激活源之一。为此,拔尖创新人才早期培育初中实践应抓住学生的阶段特点与资质差异,充分考虑未来拔尖创新人才分领域特质,针对有发展潜质的学生探索因材施教的改革策略。这里主要分析初中阶段在数理等方面有发展潜质的学生潜能开发的因材施教方法策略与评价改革。

1. 根据初中阶段数理等方面有发展潜质的学生特点开展教学重点突破

初中阶段数理等方面有发展潜质的学生,往往表现出这个阶段学生成长过程的一些共性与个性,需要根据这些学生的特点开展教学重点突破变革。例如,我校在实践中发现,初中阶段数理方面有潜能的学生,往往好胜心强,情感体验能力较弱;精力充沛且思维活跃,而身体协调性较差;接受来自外界表扬的能力远远强于接受批评的能力;对实力的崇拜远远高于对外形的欣赏;求知欲旺盛,喜欢问为什么,目标感强,情绪稳定性差;愿意在一个问题上持续发力思考且愿意为实现既定目标努力奋斗;时间观念强,效率高,厌恶做重复低效无技术含量的事;兴趣广泛,经过引导,可以在短期内有很大的变化。对这些“强”与“弱”,我校教学改革需要思考哪些强项需要进一步发扬,哪些“弱项”需要进行针对性指导与改变。

初中阶段数理等学科发展有潜质的学生所表现出的“强”与“弱”,除了需要班主任进行品格与身心健康教育的引导外,还需要配备高素质的、与学生发展有潜质的学科教师作为“导师”,给学生在阶段发展飞跃期进行引导,在发展困难时给予指导突破,让学生走出迷茫期,突破高原期,走向飞跃期。譬如,2018 届 5 班黄同学,刚入校时是大家眼中的普通学生,然而数学任课教师在课堂上抛出的数学难题难不倒这个男生,后转入数学小班学习,在数学竞赛教师指导下得到突破，在高一时摘得国际数学奥林匹克竞赛金牌。我校 2021 届有一位学生在数学、物理学习方面表现突出，但在发展过程中遇到困难，不善于表达，一度不肯来校，情绪不稳定，后学科“导师”多次找他谈心，从全国高中数学联赛学校同步测试这个话题找突破口，以目标激励其战胜自我，给其个性化指导与帮助，后来该学生不仅进入心仪学校，而且在高中阶段入选国家集训队，获得稳健发展。

针对初中阶段数理等方面有发展潜质的学生的教学，仅仅关注学生的学科发展潜质开发，不断提升课程教学内容的难度还远远不够，要着眼于其未来在基础科学、应用科学和科技创新等多领域发展的可能性，在教学重点上有所突破，既包括引导他们通过团队合作、同伴激励去解决难题，注重培养他们的批判性思维与逻辑思维能力，还有一个重要的教学改革突破点，在于推进这批学生的学习与探究共进，把握他们未来成为学科拔尖人才乃至某领域领军人才所需要的品质进行教学突破。

推进这批有数理等方面发展潜质的学生学习与探究共进是因材施教改革的发展趋势。为了使这些在数理方面有发展潜质的学生未来能发展成为创新人才，就需要在初中阶段注重他们探究精神与实践能力的培养，推进数理等方面潜质开发的课程学习与基于感兴趣领域的探究紧密结合起来，“放眼今天的世界，国际上初高中阶段拔尖创新人才早期培育都注重学习与探究结合的属性”。① 让这批有发展潜质学生的学习与探究共进，积极开展项目研究、基于数字技术的学习与探究是发展这些学生创新能力的重要抓手。为此，学校注重与现代技术发展结合的、有利于学生的学习与探究结合的创新实验室建设，建设了机器人、电子工程、非线性编辑、VR 虚拟体验、微生物学、植物生理学、环境监测、模分离技术、太阳能综合利用等方面

① 唐盛昌.重新认识初中阶段拔尖创新人才早期培育[J].上海教育，2024(15)：31.

的15个现代化创新实验室,通过微课程的方式让学生分时间段进入各类实验室进行动手体验学习。如果学生对某一领域创新实验室感兴趣,就可以提出自己的课题与项目,并开展深入学习,培养动手实践与探究创新能力。

创新人才早期培育应注重学生基于一定领域知识学习基础上的探究,这是由创新人才分领域的特殊性所决定的。当今的学生在运用现代技术、数字技术进行学习与探究方面,有时比教师还强,就需要引导他们在学习与探究结合上走出坚实的一步,这也有利于他们未来适应乃至引领时代潮流更好地成长。

2. 大力推进初中阶段拔尖创新人才早期培育的学校教育生态建构

初中阶段拔尖创新人才早期培育,要培植良好的学校教育生态,包括学校集聚的多学科领域高素质的校内外师资、促进学生探究的实验室等硬环境建设以及鼓励学生冒尖的校园文化氛围。充分调动校外资源对有发展潜质学生进行早期培育,促进初中、高中、大学贯通培养机制形成。

促进因类(不同类型学科领域强潜能学生群体)指导的拔尖创新人才早期培育教学改革,离不开对学科强潜能学生引导的高素质教师以及各学科领域的优秀教师队伍引导,离不开教师团队对学生的共同影响。只有优秀的教师才能培养更优秀的学生,只有更优秀的教师团队才能让更优秀的学生团队可持续发展。以数学为例,1名学生在初中四年发展过程中除了常规的数学必修课教学老师外,还有负责竞赛的指导老师团队、校外指导老师共同影响。有的负责初中知识夯实的,有的负责高中数学加深的,还有负责现代数学极限或微积分教学的,他们共同促进学生获得更好成长。与此同时,对数理等方面有发展潜质学生的指导,仅仅靠学校教师还远远不够,还需要引入一批有利于初高衔接、大中衔接贯通培育的校外专家团队与学校各领域专家特聘教授团队来加强对学生的教育引导,拓宽这批有发展潜质学生的知识面与视野，让学生得到更好、更全面、有个性的发展。从2017年起，华育中学开始邀请各领域教授进校园与学生面对面授课、指导，已经有30多位来自中国科学院、复旦大学、上海交通大学、华东师范大学等科研院校专家担任特聘教授并来校给学生授课，为学校开展初中阶段拔尖创新人才早期培育带来了智慧与力量。

对于数理等方面有发展潜质的学生，在初中阶段不仅要关注对这些学生学科潜质的开发，更要关注对他们科技领域感兴趣的好奇心的激发，引导他们树立科学探究的兴趣。只有如此，他们才能更好地往国家需要的科技领域拔尖创新人才方向发展。为鼓励学生"冒尖"以及引导学生对数理等方面发展潜质的开发，华育中学创设了丰富多样的选修课程供他们选学，如人工智能探究课、科技创新STEM课、60多门拓展型选修课与10多门科技创新课程等，让不同学科发展潜质的学生找到持续发挥自身才能的学习平台。与此同时，学校还鼓励学生参加各种能力考察与竞赛平台，在挑战自我中发现自己的潜能所在。例如，鼓励学生参加高中学科联赛学校同步测、中国数学东南区奥林匹克竞赛（2022年学校获得高二团体第一，2023年获得高一和高二两个团体第一，该赛事自举办以来从没有过学校获得如此优异的成绩）。

初中阶段拔尖创新人才早期培育，需要整合学校与高中、大学、科研院所、高新企业等多种资源来联合影响学生以及为初中阶段开展拔尖创新人才早期培育实践注入智慧源泉，为了使这些学生得到更为健康的成长，引领初中阶段的改革探索在思维方式等方面做到初高、大中衔接，做到能甄别、能建构、能协同、能创造，引导学生关注自我价值的认识并与自己所喜爱领域的终身学习结合，注重学生在成长过程中的"干细胞式"发展（具有自我造血、自我革新、自我生长等特征），关注真实情景学习、多元视角对话、跨界理智思辨、深度融合创造等，真正做到多元化识才、多手段育才与多渠道成才。①

3. 拔尖创新人才早期培育的初中评价应注重思想境界与潜能开发并重

初中阶段拔尖创新人才早期培育评价系统探索，既要为数理等有发展潜质学生的因材施教与潜能开发提供评价激励，也要为这批学生未来成为不同领域的拔尖创新人才提供早期评价导引基础。唐盛昌指出，智力与学业水平相当的学生未来发展的高度取决于他的志向、责任感、思想境界、意志品质，单一模式选拔与培养评价，很难培养各领域的拔尖创新人才。② 因此，在考虑初中阶段拔尖创新人才早期培育评价系统建构时，既要关注学生发展的潜质得到良好识别与开发，更要关注学生这一阶段发展的全面知识基础夯实、身心健康发展与思维品质、创新人格的锻造。

初中阶段推进拔尖创新人才早期培育，需要关注数理等方面有潜质学生的早期识别评价。这些学生往往对新知识的学习有浓厚的兴趣与不懈的探索精神；学习能力强且效率高，学习自律性与内驱力比较强，有自己独特使用的学习方法和模式。在识别过程中，一方面关注数理课程学习方面的潜力，通过学生的学习进度、广度做判断；学科导师根据学生的短板或优势及时进行调整，有一定的“容错”机制与导引方略，鼓励学生在擅长领域尽情发挥所长。而且，初中阶段学生潜能认识是呈阶梯式发展的，要根据学生当前的学习成绩，适配最合适的课程学习难度与进度。

初中阶段的学校在推进数理等方面有发展潜质学生的成长中，应以学生的创新素养提升为导向，大力推进以增值评价为重点的综

① 上海市民办华育中学.跑赢创新人才早期培养的“接力赛”——“双新”背景下初中教育“扩优提质”暨深化初中阶段创新人才早期培育方式变革研讨会综述[J].现代基础教育研究，2024(6)：“校园风采”专栏.

② 唐盛昌.拔尖创新人才早期培养的维度与内涵变化[J].中国教育财政，2021(13)：4.

合评价改革，把学科竞赛、课内学科全面发展、个人领导力、艺体特长等都作为评价学生的指标，强化对进入学校“数学＋数理综合（物理、化学、生物、计算科学）”学科实验的学生进行动态管理与追踪评价，引导学校在推荐数理等方面有发展潜质学生的成长过程中，强化大学教授、科研院所专家、学校教师以及学生参与的学术共同体构建。为引导初中阶段数理等方面有发展潜质的学生在未来走向拔尖创新人才早期培育之路上走得更稳健，对这些学生的教育应以立德树人为先，以社会责任为重，以身体健康为要，以艺术修养为基，以学科专长为核，以劳动教育为引。

初中阶段学校既要关注已经有发展潜质学生的潜能开发，又要充分考虑他们初中阶段心智成熟的情况与未来发展的各种可能性，注重他们德智体美劳全面发展与责任和思想境界的提升、情感智能与思想品德的养成以及同伴之间的交往能力培养。只有如此，他们在未来的发展中才能站得更高、走得更远。在初中阶段如何引导数理等方面有发展潜质的学生更好地成长，最大限度地激活学生的发展潜能与创新潜质，是我们一直关注的焦点。在教育、科技、人才一体化视野下推进初中阶段拔尖创新人才早期培育，还有诸多值得深入探究的难题（包括初中、高中、大学一体化推进拔尖创新人才早期培育衔接方式、内容与机制建构等）需要在实践中加以思考与解决。

当教师要有情怀和格局，情怀决定格局，格局也支撑情怀，情怀偏于感性，格局归属理性。当教师真正拥有了情怀和格局，他的人生必然是精彩的、幸福的、有价值的。

——李英

目　录

第一辑　大思政与德育研究

第四辑　数学学科教育研究

第一辑

大思政与德育研究

一个人的智力不是最重要的，比智力更重要的是意志，比意志更重要的是胸怀，比胸怀更重要的是一个人的品德。

——李英

大思政课与社会教育相结合的实践路径探索

——以初中道德与法治课堂为例

韩　笑①

摘　要：大思政课是习近平总书记关于上好思政课的重要教育理念。这一理念强调，要通过“围绕立德树人这一根本任务，推动育人用党的创新理论铸魂，把大思政课堂与社会教育结合起来，不断增强针对性、提高实效性，做到入脑入心”。本文重点对大思政课与社会教育相结合的路径进行实践方面的探究：一是与课堂教学相结合；二是与校园活动相结合；三是与社会实践相结合。

关键词：大思政课；道德与法治；社会教育

2019年3月，习近平总书记在学校思想政治理论课教师座谈会上强调“推进思想政治理论课的改革创新，要不断增强思政课的思想性、理论性、亲和力和针对性”。中共中央办公厅、国务院办公厅印发的《关于新时期深化学校思想政治理论课改革创新的若干意见》提出，要坚持开门办思政课，推动思政课实践教学与学生社会实践活动相结合，与志愿服务活动相结合，与社会实践活动相结合，要坚持开门办思政课。要深入领会思政小课堂与社会大课堂相结合的本质要求、科学内涵和实践路径，切实增强学校与社会的亲和力和针对性，教师与学生、课内与课外的有机联动。把大思政课堂与社会教育结合起来，可以从“课堂教学”“校园活动”与“社会实践”三个方面进行讨论。

① 作者简介：韩笑，上海市民办华育中学学生处副主任，道德与法治学科教师，中学一级教师，主要从事德育、道德与法治学科教学研究.

一、课堂教学的优化

开展大思政课教育,课堂无疑是主要阵地。为实现思政小课堂与社会大课堂的紧密结合,思政教师经常运用且效果显著的方法是借助"课堂教学的优化"这一平台。从"讲好中国故事""树立中国榜样"和"分析社会热点"三个维度,探讨如何利用课堂教学来连接思政小课堂与社会大课堂。

(一)讲好中国故事

党的二十大报告指出:"讲好中国故事,传播好中国声音,展示中国形象可信、可爱、可敬。"① 中国故事,作为五千年文明的精髓,其丰富的内涵和生动的情节,为思政课堂提供了宝贵的教学资源。讲好中国故事,既能让学生看到一个真实的、立体的、全面的中国,又能把中国精神、中国价值观传递出去,把学生的爱国热情激发出来。在教学过程中,教师可以选取与课程内容相关的中国故事,以故事的形式融入课堂,让学生在春风化雨般的教学中,深刻体会到大思政课与社会教育的融会贯通。

例如,在讲授九年级第一学期第一单元《创新无止境》一课时,贯穿全课的《C919 大飞机:探寻中国大飞机崛起的奥秘》。提出的第一个问题:"C919 的成功设计,是否意味着中国已是创新强国?"引出我国科技现状;提出的第二个问题:"建设创新强国我们怎样做?"引出科技创新与人才、教育的关系。

---

① 习近平.高举中国特色社会主义伟大旗帜,为全面建设社会主义现代化国家而团结奋斗——在中国共产党第二十次全国代表会上的报告[M].北京:人民出版社,2022.

（二）树立中国榜样

中华民族源远流长，许多先进人物涌现于各时期各领域。这些先进人物的感人事迹和成长故事，为思政课提供了丰富的素材，这些先进人物的成长故事是思政课的重要组成部分。通过深入挖掘和讲述这些先进人物的故事，可以让学生在了解他们的事迹中，感受到革命情怀、时代精神、传统美德和爱国基因，从而树立正确的价值观念。教师在用先进人物进行示范时，要注意选择与学生认知水平和兴趣爱好相适应的人物，引导他们在日常生活中运用理论，通过讲述他们的成长故事、感人事迹、励志精神等方式进行示范。以下几个要素是我们在运用先进人物示范时需要注意的。

1. 先进人物的成长故事

采用先进人物示范的方法，首先要注意契合课堂教学内容。例如，用 2024 年 1 月 19 日颁发的“国家工程师奖”获奖人物，表彰工程技术领域先进典型，在讲授法治理念“实干精神”的同时，激发和引领广大工程技术人才奋发向上、奋勇争先，再立新功。讲述先进人物的成长故事，更能让学生在先进人物的成长氛围中，了解课堂理论来自实践，并在日常生活中，引导学生运用理论，从而达到寓教于乐。

2. 先进人物的感人事迹

被熟知的先进人物，必定有被人所流传、所歌颂的感人事迹。可以是日复一日的持之以恒、为他人牺牲自己的见义勇为、不畏险阻迎难而上的行动……先进人物的感人事迹娓娓道来会引发学生情感体验，使学生沉浸于课堂教学中。同时，道法教师应注意，初中学生认知发展在不断成长，明白人无完人的道理。因此，先进人物事迹中不完美和“小瑕疵”的存在，会使学生更亲近先进人物，取得更好的教学效果。

3. 先进人物的激励精神

先进人物身上所体现出来的激励精神，即学生从先进人物身上感受到的正确价值观念、信仰气节和精神面貌等。先进人物的介绍以及感人氛围的渲染不仅是为了讲清课堂教学内容,更重要的是在完成知识目标的同时实现价值观的引导,实现学生精神上的丰富。在先进人物身上体现出来的正确价值观念和理想信念,会成为促使学生克服困难、不断成长的激励精神。

(三) 分析社会热点

在信息时代,社会热点事件层出不穷。这些事件不仅吸引了学生的关注,也为他们提供了思考和讨论的话题。道法课引入社会热点事件,对学生了解社会现象、提高认识水平、增强分析能力有很大帮助。在分析社会热点时,教师应注重选择具有针对性、时效性和代表性的事件,并结合学生的实际情况和教学内容进行深入剖析。通过引导学生关注社会热点事件,让他们在实践中加深对课堂理论的理解和应用,从而实现大思政与社会教育相结合。在采用这种方法实现结合时应注意社会热点问题的“三性”。

1. 内容上的针对性

增强社会热点内容上的针对性,包括三方面。第一,针对学生发展实际。同为初中学生,预初和初三学生也有很大差异。在选取社会热点时,要充分把握所教学生的学段、学情、认知状况、兴趣关注点和教学目标。第二,针对教学内容。在课堂上引入社会热点不要停留于表面的“见多识广”,更重要的是通过现象看本质,讲清教材中的重点和难点。第三,针对教师实际。作为思想政治教师,在课堂上分析社会问题时,应做到能讲、会讲、讲清。教师讲真话,学生才能拨开云雾,以正确的价值观念看待当下的热点事件,进而影响身边的人,不断贯彻社会主义核心价值观。

例如,近期的“俄乌冲突”受到中学生的普遍关注,思想政治教师在课堂上引入这一社会热点时,就要考虑对这一社会热点问题的分析能带领学生习得怎样的学科理论,培养何种学科核心素养。同时,还要考虑到“错综复杂的俄乌关系，盘根错节的地缘政治，瞬息万变的国际局势，战争背后的大国博弈，扑朔迷离的利益冲突”等内容，针对本班学生的实际情况，讲与不讲，讲多少，讲到什么程度，做到针对实际情况，有针对性地进行讲解。

2. 政治上的方向性

社会中的热点话题往往具有一定程度的政治敏锐性，这就要求思想政治教师在进行讲授时，避免自身的主观判断，用辩证客观的眼光来分析社会热点话题。面对影响力较大的热点话题，教师也应结合官方文件、官方讲话和官方回应来教导学生。

3. 价值上的引导性

分析社会热点的目的并不局限于机械地实现大思政课与社会教育的契合，更多地指向学生正确价值观的引导，在思政小课堂中培养学生高尚的理想信念，站在讲台上的思政教师，本身就是一种知识形式的说教。在讲述和分析社会热点时，应当注意顶层设计，高屋建瓴地分析热点问题。例如，在分析“俄乌冲突”时，思想政治教师要通过战争的惨烈升华到世界和平的愿望，构建人类命运共同体的意识，提升综合国力的诉求，并落脚到努力提升自己的行动上。引导学生在分析社会热点中树立正确的价值导向，不断成长为高素质社会所需的人才。

二、校园多元活动的组织

坚持实践导向的“动起来”、开放态度的“引进来”、创新精神的“活起来”，高效实现大思政课堂与社会教育的紧密结合。在这一过程中，校园活动成为一个重要桥梁。具体地说，就是通过“开展多样化的课外主题活动”“精心组织学科活动”“鼓励学生参与研究性学习活动”三种方式，将大思政教学内容有效地延伸到社会的实际应用中，从而达到寓教于乐。

(一) 开展多样化的课外主题活动

课外主题活动是指围绕特定主题在校园环境中开展的一系列非传统课堂的教学活动,旨在达到既定的教学目标。这些活动类型丰富多样,且各自适用于不同的教育背景和主题。对活动的主题、内容和形式进行了周密的协调,保证了活动取得实实在在的效果。在实施过程中,我们有两方面需要特别注意:一是这些活动要直接为核心素养培养目标服务,即初中的"道德与法治"课程;二是要尊重学生的主体地位,鼓励学生成为活动的设计者和执行者,要尊重学生的主体地位,鼓励学生成为活动的设计者和执行者。具体方式包括课外阅读、演讲活动、知识竞赛、辩论赛、情景剧等。

(二) 精心组织学科活动

学科讲座是在组织学科专题讲座的基础上,根据本学科教学的需要和学校思想政治教育工作的需要而开展的一种课外活动形式。在学生的日常学习之余,定期举行学科讲座活动是十分必要的。学科讲座注重引进来,为学生熟知的校园生活注入新鲜血液和社会气息。把富有教育意义的社会人士请到学校里来讲一堂大思政是一条有效的路径,可以借助榜样的口吻,对理论进行检验,使学生的视野更加开阔,但同时要注意以下几点。

1. 讲座主体的多样化

学校邀请开展学科讲座的主角可以是当地党政负责同志,以增强学生的政治认同感;可以是社会上的模范人物,以培养学生的家国情怀;可以是学科专家,以扎实地培养学生的理论修养;可以是基层工作者,以树立学生正确的价值观念;可以是学校的优秀毕业生,以学习"见贤思齐"的进步理念。

2. 讲座内容的丰富化

学科讲座要围绕学科内容,结合学科教材基本原理、国内外热点事件、学生思想上的兴奋点、现实生活进行合理选题。不断提高讲座内容的丰富性,从而突出学科特色,开拓学生智能,升华学生思想。

例如,邀请钱学森图书馆讲解员到校进行主题为“钱学森与中国航天”的精彩讲座,传承民族精神,将红色文化厚植童心。钱学森先生的精神是我们这一代人学习和传承的宝贵财富。一个民族的兴起,首先是一种精神的兴起。钱学森一生都在践行科学家的“爱国、创新、求实、敬业、协作、育人”的精神,他的一生都在坚持。这种精神,更是把薪火相传的精神宝藏留给了国家、留给了民族。大业生大气,唯有专心致志的自我在存在之外,生命的意义才会被发现。所有的学生也需要以钱老为榜样,心怀家国,脚踏实地,用实际行动去报效祖国。

3. 讲座主题的热点化

讲座主题的热点化是指学科讲座既要反映学科热点又要契合学生的关注点。学科讲座的展开旨在实现思政小课堂与社会大课堂相结合,而两者的结合旨在使学生在初中阶段就能学好道德与法治课程。讲座主题热点转换为学生提供了与学术前沿接触的机会,对促进学生思想进步、丰富学生知识体系、激发学生学习兴趣都有很大的帮助,使思政教学达到较好的教学效果。

(三) 鼓励学生参加研究性学习活动

研究性学习,作为一种独特的学习方式,是指学生从自然、社会和日常生活中挑选确定研究主题,并在研究过程中主动获取知识、运用知识解决问题的一种学习活动,由教师指导。这种学习模式有效地推动了大思政课与社会教育有机地结合在一起。在开展研究性学习活动中,思政教师应着重从以下几个环节入手:

1. 符合学生发展实际

研究性学习侧重于学生的主体性,实用性强,特点鲜明。因此,设计研究性学习活动时,必须紧密结合学生的实际发展状况。正如维果茨基的"最近发展区"理论所强调的,在学生的"最近发展区"应设置研究性学习的选题和内容,让学生挖掘潜能,增强想象力和创造力,进而促进学生在多学科综合运用知识的过程中的个性化发展。通过"跳一跳,适可而止"的方法,促进学生循序渐进,全面发展。

2. 发展学科核心素养

在组织开展研究性学习活动时,应明确其目标是指向发展学生的学科核心素养。这不仅需要思政教师的积极参与,还需要其他学科教师的通力合作,两者缺一不可。思政教师应发挥其在思政课中的独特作用,同时作为联系其他学科教师的桥梁,深入挖掘研究性学习中的立德树人元素,旨在培养学生的思想政治学科核心素养。

3. 贴近学校特色教学

通过研究性学习活动,充分考虑学校的实际情况和地方特色,因地制宜,以最便利的条件取得最佳的育人效果。例如,华育中学是上海市徐汇区创新人才培养高地,在徐汇区教育局的大力支持下,华育中学自2023年9月开展中长期"面向全体、全方位、多层次创新人才早期培育实验项目"研究以来,在形成"全方位、多层次创新人才早期培养实验"学校课程体系、坚持德智体美劳全面发展的基础上对学科特长发展、因材施教、孕育创新素养深化教学改革、以增值评价为重点推进综合评价改革等四个方面进行了实质性推进。华育中学用足学校特色,教育出精彩。

三、社会实践的广泛参与

引导学生走出校园,开展社会实践活动,在大课堂中联系小课堂知识,体悟小课堂道理,不断丰富人生道德情感。本节将"利用社会实践"实现两者结合的方法分为"充分利用实践基地""开展社会调查""借助志愿服务"三种。

（一）充分利用实践基地

教育部等十部门联合印发的《关于全面推进“大思政课”建设的工作方案》明确指出，各级各类学校要主动与各类实践基地建立联系，开发现场教学专题，开展实践教学，各级各类学校要积极主动地开展大思政课，大思政课鼓励有条件的学校与基地建立长期合作机制，共同研究和开发资源。同时，各基地也须积极与学校和教育部门构建有效的工作机制，共同完成实践教学任务。学生在深入体验实践基地的过程中，既能获得独特的成长经历，又能在劳动中坚定社会主义理想信念和共产主义理想，实现思政小课堂与社会大课堂的有机融合。

1. 充分发挥爱国企业的作用

上海市规模最大的中成药研发生产企业、长期致力于中药产业化及各类中药饮片生产销售的万仕诚制药有限公司，就是由华育中学 2024 名学生参与的春季社会巡讲活动基地。在实践过程中，同学们知晓了中医药基础知识，了解了中医药文化中不仅凝聚了中华民族千百年间治疗疾病的系统方法，更凝聚了中华文化对哲学的探索和对世界的思考，是五千多年文明的结晶。同时，学生走进公司现代化的生产车间，为其现代化、产业化生产车间而震惊，也为中药制作的不易而感叹。通过实践基地的学习让学生明确中医药产业高质量发展背后是无数中医药人传承与开拓的结果。中药文化在现代创新发展中迸发活力。这种开拓进取精神值得每个学生学习，同学们也愈发感受到中华传统文化的魅力，认识到自身肩负的改革创新的时代使命。

2. 有效利用红色教育实践基地

实现思政小课堂与社会大课堂相结合的重要场所还有红色教育实践基地。华育中学地处上海市徐汇区，拥有众多的红色教育实践基地。例如，学校经常安排师生到龙华烈士陵园瞻仰英烈，为国家和人民的繁荣富强,为民族的解放事业英勇奋斗,为了表达全校师生对革命先烈无尽的崇敬和崇高的敬意。组织学生参观这些基地,不仅是对社会大课堂资源的有效开发,还让学生在身临其境中深化情感,坚定信念,成为有理想信念的新时代青年。

(二)开展社会调查

《中国百科大辞典》对“社会调查”的定义是:广义的“社会调查”是指对某一社会现象或社会问题进行实地调查,收集材料进行描述、分析、说明和寻求解决办法的科学方法,一般包括研究设计、收集材料、整理分析和总结报告四个阶段。狭义的“社会调查”是指用问卷法、访谈法、观察法、文献法等具体方法收集第一手资料的过程。① 思政小班与社会大班相结合,通过社会考察的方式进行思想政治教育,应注意以下几个方面。

1. 明确调查目标

初中道德与法治课程中的社会调查相较于其他社会调查,更具有本学科的特色,目标指向学生学科核心素养的培育和发展。社会调查在初中德法课上,更多地约束着自己的方向,约束着自己的目标。在开展调查的准备阶段,思想政治教师就应引导学生明确调查目标,引导学生树立通过社会调查解答课本知识的意识。同时,初中道德与法治课程中的社会调查在专业性和理论性上相对较弱,要增强社会调查的针对性和可信性,思政教师要引导学生在待选主题中选取合适的调查主题,找到恰当的切入点。

2. 聚焦调查结果

社会调查不满足于调查结果的获得,更重要的是要聚焦调查结果,并在对调查结果的分析中观察社会多姿,了解社会百态。调研结

---

① 中国百科大辞典编委会.中国百科大辞典[M].北京:华夏出版社,1990:227.

束后，需要同学们归纳整理已有资料，归纳整理调研成果，在这些资料的基础上，再进行一次学习。重点对调查结果进行社会现状的剖析。

（三）借助志愿服务

志愿服务不仅是一个助人自助的过程，也是一个实践育人的载体，作为服务性劳动，兼具服务和学习的双重功能。“志愿服务对初中学生来说，在新时期思想政治教育中起到了积极的推动作用，成为联系思政小课堂、社会大课堂的重要桥梁，是他们可以参与的实践活动”。①

志愿服务的无私性质有助于培养学生的社会责任感、公益意识，并促进他们更多地参与公共事务。基于学生在志愿服务中展现的主要能力，我们可以将志愿服务这一连接思政小课堂与社会大课堂的桥梁分为以下三类路径。

1. 智力型志愿服务

在智力型志愿服务中，学生主要依靠自身的智力和知识去帮助他人，通过这种方式将思政小课堂的理论知识应用于社会实践中。例如，由华泾镇文明办、社发办、华育中学牵头，联合华泾镇科普创新屋、华育中学、华泾小学三所学校共同组织的华泾镇科技创新屋 ILAB 社区实验室志愿者项目，共同打造了科普志愿平台。由华育中学历届科技班负责组织，先后进行了近百次主题活动，参与服务量约 100 人次。利用特长，围绕 STEAM 主题，从 Science，Technology，Engineering，Art，Math 五个角度进行活动设计，形成以学生为主体的志愿者课程体系。他们用爱让志愿精神传承下去，用乐于助人的精神一起筑造更好的未来。

---

①　战帅.以志愿服务推进新时代劳动教育发展的机制探析[J].劳动教育评论，2020(3)：86－102.

2. 力量型志愿服务

力量型志愿服务侧重于学生体力的付出,通过实际的体力劳动去帮助他人,实现课堂知识与社会实践的结合。例如,华育中学2022届6班和长寿家园敬老院结成合作单位,开展敬老院义工活动等。

3. 技能型志愿服务

技能型志愿服务是指学生在参加志愿服务的过程中,主要通过一系列技术指导,达到政治思想小课堂与社会大课堂相结合的目的,从而发挥自己的技术能力,达到帮助他人的目的。

大思政课的教育理念为思政课教学注入新的生机和活力,把大思政小班和社会教育结合起来,通过党的创新理论来塑造学生的精神世界,使思政教育更加深入人心,学生对社会现象有了更直观的认识和感受,从而增强了对政治思想知识来自实践的认识和感受。参加社会实践活动,使学生在实践中主动探索,主动思考,从而激发学生的学习兴趣,增强社会责任感,加深对知识的认识与记忆,推动内化,为学生今后的职业发展和社会适应奠定基础,培养沟通能力、团队合作能力和解决问题能力等综合素质。

与此同时,也感受到组织难度较大、学生参与度不均、评估体系不完善与理论和实践的衔接等问题。未来在教学实践中,我们应该不断探索和完善这种教学模式,以更好地促进学生的全面发展和成长,让思政教育在立德树人这一根本任务上发挥更大作用,为立德树人保驾护航。

创新引领，全面赋能：中学生涯教育体系的顶层设计理念

唐　铁[①]

摘　要：在全球教育变革与国家政策指导下，构建并实施前瞻性的中学生涯教育体系，培养具有全球视野、创新精神及社会责任感的未来社会领袖。华育中学生涯教育体系的顶层设计立足于终身学习、全人教育、创新能力与社会情感学习四大核心理念，通过创新课程、科技融合、艺术体育与社会实践等全面提升学生的综合能力。中学生涯教育体系不仅关注学生的学业和职业规划，更注重对自我认知、决策能力与社会适应性的培养，为学生的终身发展奠定坚实基础。

关键词：创新教育；生涯规划；终身学习；全人教育

在全球知识经济与技术变革的浪潮中，教育的角色正从单一的知识传授转向培养学生综合能力，以适应未来社会需求。OECD 的《教育 2030 行动框架》倡导“终身学习”理念[②]，强调教育应贯穿人生的各个阶段，培养具备批判性思维、创新能力和跨文化交际能力的终身学习者。

华育中学作为上海市初中教育领域早期创新人才培养的领航者，敏锐地捕捉到教育现代化的潮流，将“创新人才早期培养与全面

---

① 作者简介：唐铁，上海市民办华育中学常务副校长，语文高级教师，主要从事学校德育与语文教学研究.

② 经济合作与发展组织(OECD).教育 2030 行动框架：迈向包容和公平的优质教育与终身学习[M].巴黎：OECD 出版社，2015.

均衡高质量发展"作为学校教书育人的使命,并全力投入,致力于构建全方位、多层次的创新人才培育体系,希望能培育出一批学业根基扎实、创新思考活跃,同时具备全球视野与强烈社会责任感的未来领导者。

生涯教育在此过程中扮演着关键角色,它超越了传统的职业规划范畴,侧重于学生的自我认知、决策能力和社会适应力的培养。华育中学通过创新的生涯教育资源体系,提供多元化的学习体验和实践机会,助力学生构建自我认知,探索个人兴趣,理解职业世界,为未来的生涯规划奠定坚实基础。

生涯教育与学生的全面发展紧密相连,它不仅提升学术成绩,还增强社会情感技能,包括自我管理、人际交往和团队协作,这些都是21世纪职场成功的关键要素。华育中学将生涯教育融入日常教学,打造理论与实践相结合的平台,使学生能在真实环境中应用所学,培养解决问题的能力,彰显学校促进学生全面发展的前瞻性和创新性。

华育中学将生涯教育置于教育战略的核心,通过构建生涯教育资源体系,提供个性化与多样化的学习路径,不仅顺应全球教育潮流,更契合中国教育现代化的战略方向,展现学校在新时代教育背景下的独特定位和崇高使命。

一、学校生涯教育体系设计的理念

华育中学生涯教育体系的构建立足于坚实的理论基础之上,融合了终身学习理念、全人教育观、创新能力培养、社会情感学习等多个维度的教育哲学,主旨在培养学生成为具有广泛知识、创新思维、良好社会情感技能和清晰职业目标的全面发展人才。

（一）华育中学生涯教育体系的核心源自终身学习的理念

“终身学习”最早由联合国教科文组织（UNESCO）提出[①]，并在OECD的《教育2030行动框架》中得到强调。终身学习强调教育应贯穿人的一生，不断更新知识与技能，以应对快速变化的社会与职业环境。

华育中学深入践行习近平总书记对教育现代化的要求，聚焦“培养什么人、怎样培养人、为谁培养人”的核心问题，自2023年起，学校在李英校长的引领下，不断探索面向全体、全方位、多层次创新人才早期培育，着力创建和优化管理体系、课程体系、评价体系，着重识别和挖掘学生的天赋。学校独具匠心地将终身学习的概念与生涯规划教育紧密结合，设计规划创新课程体系，创建了一个集“点”“线”“面”“体”于一体的多维育人模型，这套模式的核心目标在于培养学生的持续学习动力和职业规划意识，使他们能终身求知和明智规划自己的职业生涯。

华育中学精心设计了高标准的终身学习教学体系，形成了高标准课内教学奠基与保底，丰富多彩的学科特色课程拔高与突破的具有超强竞争力的课程体系。学校提供组合性选修课程，开设第二课堂选修课60多门，各类讲座60多场，创新实验室体验课程10多门。每周有30余节学科竞赛辅导，1 000多人次接受晚课培训。数学、物理、化学、生物、信息五大学科竞赛在华育全面落地，并开花结果，五大学科竞赛均有毕业生进入国家集训队，保送清华北大，在2023年全国中学生数学奥林匹克竞赛中，上海进国家集训队11人，其中7人是华育毕业生。这源自终身学习理念的生涯教育体系，不仅筑牢了学生发展的底线，而且不设上限，鼓励学生探索未知，确保生涯发

---

① 联合国教科文组织，国际教育发展委员会.学会生存——教育世界的今天和明天[M].北京：教育科学出版社，1996：138－189.

展路径的畅通无阻。在终身学习的视角下,华育中学致力于培养学生的自我认知、决策能力和适应社会的能力,使他们在面对未来职业生涯的不确定性时,能灵活调整,持续学习,实现自我价值。

(二) 华育中学生涯教育体系的实践来自全人教育的观念

华育中学的生涯教育体系,牢牢扎根于全人教育的土壤,这一观念可追溯至古希腊哲学家亚里士多德的智慧结晶——"灵魂三部曲"。我们借鉴这一经典理念,认为生涯教育的实践应落实于促进个体理性、意志与情感的和谐发展,倡导教育应超越知识传授的范畴,着眼于人的全面发展。

1. 认知启迪:学科活动中的智慧之光

华育中学通过精心策划的学科活动,如"走进名著"课本剧展演,提升文化素养,厚实人文底蕴;"童心是诗"朗诵比赛,增强文化自信心和自豪感;语文对联大赛,锻炼学生的语文素养和对传统文化的理解和运用能力;数学二十四点竞赛,培养学生的逻辑思维和数学应用能力;英语演讲比赛,提高学生的英语口语表达能力和跨文化交流能力;道法模拟小法庭,让学生了解法律知识,培养法治意识和公正判断能力……我们将生涯教育融入日常的学科教学中,以生涯教育促进学生自驱型成长,既确保学生在认知层面上的全面成长,又体现了全人教育对智慧和理解力的重视。

2. 情感共鸣:科技教育中的心灵触碰

科技是现代生涯教育的重要载体,华育中学将生涯教育与科技深度融合,举办科技节,涵盖人工技能技术、智能机器人技术和虚拟现实技术;开展"科普创意秀",提升创新思维、体验创新的精神风貌;邀请高合智能汽车来校现场展示,体验现代科技和传统汽车技术应用的有效整合;邀请深空探测技术重点实验室博士来校讲述探秘"羲和号"太阳探测卫星……不仅激发了学生对科技的热爱,更通过团队协作、项目管理和公共演讲等活动,增强了同理心、团队合作能力和领导力，体现了情感与社会技能的双重要素，为学生的全人发展奠定坚实基础。

3. 个性绽放：艺术体育中的自我探索

艺术和体育活动在全人教育中起着至关重要的作用，我们将生涯教育与艺体相配合，露天音乐会让学生感知美、享受美、鉴赏美；“红歌”合唱比赛提升艺术文化涵养，培养团结协作精神和集体主义思想；“相声小品大赛”给学生提供表演才能的舞台，播撒欢声笑语，提升审美情趣；“十四岁生日”以丰富多彩的艺术形式，赋予成长以诗意、仪式感、纪念意义。上海交响乐团带着“弦乐四重奏”进校园，带领学生走近高雅艺术；上戏教授带着团队用舞蹈展示“中国古典舞的审美意蕴”；每年的主持人创意秀都邀请重量级嘉宾和学生面对面，如篮球明星姚明，世锦赛冠军眭禄，华为公司董事、高级副总裁陈黎芳，著名主持人袁鸣、林海等，带领学生从才能展示到审美能力，从创造力到团队合作精神，高效能探索生涯教育的途径，为创新人才的早期培养增值。

华育中学的生涯教育体系，深植全人教育理念，通过学科活动、科技融合与艺术体育的有机结合，构建了一个活力四射的生涯资源平台。我们坚信，兴趣是探索的起点，乐趣是持续进步的引擎，而真正的志趣则是驱动学生全面成长、实现个性化发展的内在指南针。华育中学致力于营造一个激发潜能、培育志趣的学习环境，确保学生在认知、情感、社会技能与个人价值观上获得均衡发展，塑造心智成熟、情感丰富、技能全面、价值观正确的未来社会贡献者。

（三）华育中学生涯教育体系的建构指向创新能力探索

华育中学深谙创新能力对个人成长与社会进步的重要性，基于这个理念，生涯教育体系的设计与美国心理学家罗伯特·斯滕伯格提出的“创新智慧”理论不谋而合。斯滕伯格认为，真正的创新来自个体结合知识、技能和创造力,以新颖而有效的方式解决问题。[①] 华育中学以此为蓝本,设计了一套旨在培养创新思维与问题解决能力的教育方案,强调通过情景体验、实践探索与深度反思,培养学生的创新思维与问题解决能力。

1. 项目制学习(PBL):激活学生潜能,赋能生涯教育实践旅程

华育中学在生涯教育体系中创新性地引入项目制学习,提倡以学生为中心、实践导向,鼓励学生动手解决实际问题,主动探索知识,培养技能,激发学生的主动性和创造性,提升解决复杂问题的能力。例如,学生参与华泾镇"十五分钟幸福生活圈"的城市可持续发展项目,自行分组,负责研究华泾地区的自然环境、人文环境、社会环境等,分析其交通状况、废物管理和水质等方面的问题。学生进行了实地调查、收集数据并设计了改进方案,获得最佳提案奖。在生涯教育的项目制学习中,学生不仅锻炼了团队协作和公共演讲技巧,更建立了小主人翁的信念。

2. 跨学科探究:编织多元知识网,引领生涯教育创新路径

跨学科探究作为一种前沿的教学策略,超越了传统学科的界限,激励学生从多个角度探索知识,促进深度理解和创新思维的成长。通过整合不同学科的视角和工具,学生不仅获得更为全面的知识体系,还培养出灵活多变的问题解决能力,这对未来职业生涯的适应性和竞争力至关重要。

华育中学每年举行科技节,在创意比赛中学生被赋予展现跨学科才能的舞台。其中学生设计出一款革命性的智能健康监测手环——"Vitality Loop"。这款手环巧妙地结合了生物学的生理指标监测技术、计算机科学的数据分析算法,以及设计学的美学理念。它不仅能精准监测佩戴者的心率、血压、血氧饱和度和日常运动量,还

---

① Sternberg, R. J. *Successful Intelligence: How Practical and Creative Talents Determine Success in Life*[M]. New York: Free Press, 1996.

采用了机器学习算法预测健康趋势，提前预警潜在的健康风险。此外，“Vitality Loop”拥有时尚且舒适的外观设计，确保了用户在享受高科技健康监测的同时，也能彰显个性。

为了实现这一创新产品，学生深入研究生物医学传感器的原理，编写了复杂的算法代码，并与设计师紧密合作，确保产品的美观与实用性。他们还探索了市场营销策略，思考如何将这一科技产品推向市场，满足大众对健康生活方式的追求。

这个项目不仅展现了学生在跨学科探究上的卓越成就，还体现了华育中学生涯教育体系中对学生创新能力、团队协作和实际问题解决能力的重视。通过此类实践活动，学生不仅掌握了丰富的知识，更重要的是，他们学会了如何将这些知识转化为解决实际问题的有效工具，为未来职业生涯打下坚实的基础。

3. 创新实验室：构筑实践舞台，点亮生涯教育的探索灯塔

创新实验室作为生涯教育体系中的实践基地，为学生提供了一个将理论知识与实际操作相结合的宝贵空间。华育中学拥有 15 间创新实验室，配备先进的技术和工具，激发学生的创新思维，鼓励学生将跨学科知识转化为可触摸的实践成果，从而为未来职业生涯奠定坚实的基础。

在华育中学，创新实验室成为预初新生科技创新课程的核心。学校精心设计了一系列涵盖电子工程、微生物学、植物生理学、3D 打印、App 设计与开发等前沿领域的课程，借助创新实验室平台，学生可根据个人兴趣自由选择，成为时代科技浪潮中的创新先锋。这些课程不仅关注理论教学，更注重实验室内的动手实践，学生可以在安全、支持性的环境中自由探索，根据个人兴趣和职业目标定制学习路径。

创新实验室不仅是学习的场所，更是生涯教育的孵化器。在这里，学生通过参与真实的项目，不仅能掌握职业技能，还能培养解决问题的能力、创新精神和自我驱动力，这些都是未来职场成功的关键

要素。通过这样的学习经历,学生能更好地规划自己的职业生涯,明确自己的兴趣所在,为未来的职业道路做出明智的选择。

(四) 华育中学生涯教育体系的延伸贯穿社会情感学习

华育中学的生涯教育体系构建希望能对学生自我意识、自我管理、社会意识、关系技巧以及负责任决策能力进行全面的培养。这些关键能力不仅是个人成功的基石,也是社会福祉的重要保障,它们构成了华育中学生涯教育体系的外延。

"行走的生涯教育课堂"正是这种理念的生动体现,它跨越了传统教育的物理界限,将学习的舞台从教室拓展至家庭、社区乃至更广阔的社会环境。这一模式推动着教育从封闭的环境走向开放的世界,从单向的信息传递转变为沉浸式的体验学习,让学生在真实情景中探索自我、理解他人、连接社会。

1. 红色基因与社会责任。通过参与华泾镇的"童心议事"、讲述领袖故事、畅想美好未来等系列活动,学生不仅培养了社会意识,更将个人生涯规划与国家复兴的历史使命相结合,展现出深厚的家国情怀与社会责任感。

2. 历史传承与时代使命。寻访老将军、清明网上祭奠、学习党的二十大精神,不仅传承了红色基因,更让学生深刻感悟到中国共产党的伟大历程与改革开放的辉煌成就,坚定了理想信念,明确了时代赋予的使命。

3. 志愿服务与公益行动。全员参与的志愿者活动,与200多家社区及公益机构的长期合作,不仅拓宽了服务领域,更让学生在"青春告白祖国"、关爱儿童、文化传承、历史对话、社区建设等一系列活动中,学会了关爱他人、回馈社会,成为有爱心、有胸怀、有担当的未来创新人才。

华育中学的生涯教育体系,通过社会情感学习的深度实践,不仅为学生的职业生涯奠定坚实基础,更致力于培养学生成为心智健全、情感丰富、技能全面、价值观正确的未来社会栋梁，为社会的进步与发展贡献智慧与力量。

二、未来方向：深化战略对接，培养创新型人才

展望未来，华育中学生涯教育资源体系将持续改进，以更好地服务于国家战略，特别是创新驱动发展战略，培养更多适应新时代要求的创新型人才。

1. 强化与国家战略的紧密对接

紧跟国家政策导向，如科技强国、可持续发展、数字经济等领域的需求，优化生涯教育资源结构，增加相关领域的实习实训机会，让学生提前接触行业前沿，激发创新思维与实践能力。

2. 深化校企合作与国际交流

加强与国内外顶尖高校、科研机构及企业的合作，共同开发前沿课程，提供海外学习交流项目，让学生在更广阔的平台上拓宽视野，增强跨文化交流与合作的能力。

3. 推进数字化转型与智能教育

利用云计算、大数据、人工智能等技术，构建更加智能化的生涯教育平台，实现教育资源的动态更新与个性化推送，提高教育效率与质量，促进学生的终身学习与自我提升。

4. 重视心理健康与韧性建设

在生涯规划中加入心理辅导模块，关注学生的心理健康，培养其面对挑战的韧性和逆境中的成长能力，确保学生在追求卓越的同时，保持健康的心态与积极的生活态度。

通过上述策略，华育中学生涯教育资源体系将不断进化，为学生打造一个更加开放、包容、智能的学习生态，助力他们成长为具有国际视野、创新精神和社会责任感的未来领导者。

大单元背景下道德与法治学科知识复习策略探究

——以道德与法治学科知识的复习为例

荆小净①

摘　要:学科知识是核心素养的基础,在复习阶段基于大单元整合、重构学科知识体系,促进学科知识的迁移,夯实学科知识,增强学生的核心素养和能力。应注重围绕核心素养,构建大单元教学知识框架;坚持以生为本,将知识转化为能力和素养;以问题情景为载体,促成学科知识的迁移。

关键词:学科知识;大单元;复习策略

道德与法治课程作为立德树人的关键课程,承载着落实国家育人目标的责任,对学生的健康成长具有不可忽视的作用。2022 年 4 月 21 日教育部发布的《义务教育道德与法治课程标准(2022 年版)》(以下简称"新课标")提出并倡导大单元教学,在高效整合学习内容、科学规划单元学习流程的基础上对优化教学设计,提升课堂教学效率,引导学生建立完备的单元知识体系发挥了重要的推动作用,进而帮助学生树立正确的价值观念,实现全面发展。在进行学科知识复习的过程中,也应当重视重点学科知识的突破,实施大单元教学,以大单元视角进行顶层设计,从教学任务、教学目标、教学过程、教学评价等方面统筹学科知识。跳出教材课时的框架,对教材进行调整、重组和整合,构建知识体系。如何做好大单元知识复习,笔者认为应当

---

①　作者简介:荆小净,上海市民办华育中学政史地教研组长,道德与法治学科教师,中学一级教师,主要从事道德与法治学科教学研究.

注意以下几点。

一、围绕核心素养,构建大单元教学知识框架

在复习过程中,围绕相关核心素养,构建大单元教学知识框架,打破教材单元的限制,串联教材知识,保证知识体系的完整性和系统性。在复习过程中,以大单元的形式梳理对应的知识、逻辑和素养要求,对复习内容进行合理划分,由浅入深地规划课时内容,让学生通过系统化复习,培养核心素养。

例如,在法治知识的复习过程中,笔者首先查找“新课标”,其中强调核心素养法治观念是指树立宪法法律至上、法律面前人人平等、权利义务相统一的理念,使尊法、学法、守法、用法成为人们的共同追求和自觉行为。[①] 法治相关知识分布在七年级、八年级、九年级不同章节:

年级	课本内容	对应的核心素养的提升
七年级	第九课　法律在我们身边 第十课　法律伴我们成长	感受法律在生活中的重要意义,建立起尊法、学法、守法、用法的意识理念。初步认识法治
八年级上册	第五课　做守法公民	践行道德法律规范,增强法律意识,注重预防违法犯罪行为,提高运用法律知识保护自己的意识和参与社会生活的能力

① 中华人民共和国教育部.义务教育道德与法治课程标准(2022 年版)[S].北京:北京师范大学出版社,2022:7.

(续表)

年级	课本内容	对应的核心素养的提升
八年级下册	全册	了解宪法知识,培育宪法法律至上的观念;懂得公民基本权利和义务,正确行使权利,自觉履行义务。 树立法律面前人人平等的观念,初步具备民主平等、公平正义的社会责任担当意识
九年级上册	第四课　建设法治中国	理解习近平法治思想,认同法治,践行法治道路

在对这些章节进行梳理后,整理出如下图所示的知识框架:

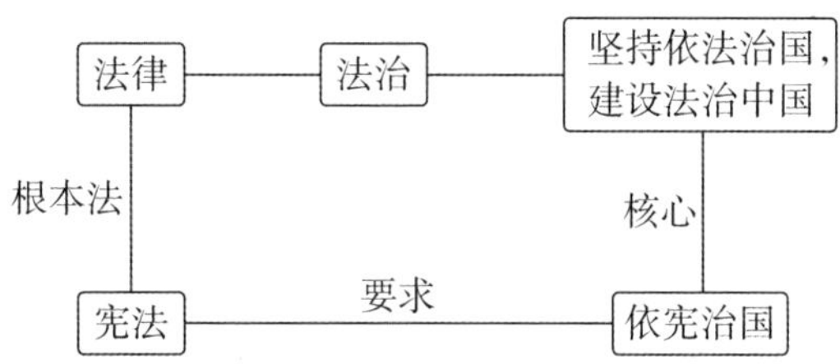

在知识框架基础上,对复习课时进行划分:第一课时　复习公民与法治;第二课时　复习宪法与法治;第三课时　复习国家与法治。通过串联知识、引领思考和展开思维活动,将法治知识连成一个有机整体,增强法治观念。

二、坚持以生为本,将知识转化为能力和素养

在道德与法治教学过程中应当充分发挥学生的主体性。复习课要做到这一点,需要从以下方面入手。

1. 了解学生的知识素养现状

在法治专题复习中,笔者发现:第一,初三年级学生普遍对法治

有一定的认知,对法治持积极态度,了解法律的基本含义和重要性,认同法律是维护社会公平正义的重要工具。然而对法律的具体内容和实施细节了解不够深入,也有部分学生存在“法律与我无关”的错误观念,对法律缺乏应有的敬畏和尊重。第二,学生对维权的概念有一定的了解,知道在自身权益受到侵害时可以通过法律途径进行维权。但是,有“维权太麻烦”“多一事不如少一事”的消极、被动的想法。这种思想可能源于对维权过程的不了解、对法律制度的信任不足,或由于社会环境中存在维权成本高、程序复杂等实际问题导致的心理抵触。这种想法忽略了维护权利不仅是公民的权利,也是公民推动法治建设、推动社会公平正义的社会责任。所以,改变这种思想有利于个人权益的维护,也是社会法治推进的要求。这就需要在培育学生学科素养的同时,有针对性地提升学生对法治的理性认知和自觉行动。

2. 灵活运用多种教学方法,引导学生积极思考

让学生更好地理解知识、运用知识,满足学生个性化需求。比如,通过提问,结合在学情探究中发现的学生潜在问题和实际需要巧妙设计问题的情景,通过逻辑缜密的问题链启发学生独立思考,在分析问题、解决问题的过程中使学生获得知识,发展能力。也可以通过角色扮演等方式,让学生在体验中提高素养。比如,在法治专题复习中,基于“维权太麻烦”的学情,设计了“不维权背后的思路分析”“不维权的可能后果分析”“国家在降低维权成本方面的行动分析”三个问题,层层递进,启发学生思考“维权”的价值和意义。在“我做小法官”环节中,学生们结合法律材料,通过小组合作的方式判定某案违法行为的性质和应承担的法律责任,并由一位学生扮演法官进行宣判,不仅凸显了法律的庄严和对公平正义的捍卫,更让学生切身体会到法律的强制性,认识到违法无小事,提高法治思想,增强权利义务观念,依法行使权利,自觉履行法律义务。

3. 开展多元性评价方式

结合师评、自评、互评相结合的方式,发挥学生在评价过程中的主体性。师评,通过提问、作业、练习等方式评估学生的表现;自评是学生自己在课堂中、课堂后发现不足、反思自我、不断激励;互评则是学生之间的互相评价,发挥学生主体性和合作性,帮助他们在欣赏他人的过程中完善自我。

三、以问题情景为载体,促成学科知识的迁移

“思想政治课教学情景是师生共建共享、反映真实生活、有教育意向和意义生成、能给学习共同体深刻体验的教学场景”。[①] 情景的创设,能帮助学生在特定的环境中理解和应用知识,引起学生的好奇心和探究欲,让学生在探究中建构自己的知识结构。在知识复习过程中,不仅记住学科知识,更要学会综合运用学科知识分析问题和解决问题,以情景为载体,考查学生学科知识的迁移能力,用理论指导实践。情景的创建,应当符合学生的生活实际和认知水平,吸引学生探究情景,符合学生的心理,在问题的设置过程中充分调动学生的积极性与主动性。

在法治知识的复习中,为了更好地了解和挖掘情景,笔者针对“老人推倒摩托车”相应题材进行深度挖掘,了解当事人、新闻、专访等多方面信息,并设置问题。

情景:2022 年 6 月 25 日,一名老人(陆老太太)故意推倒陈某停放在小区楼下的摩托车,造成陈某损失 16 000 多元。陈某询问了周边邻居对陆某的看法,发现陆某曾经多次弄倒或划伤他人车辆,弄翻外卖车等。但是,这些遭受侵权行为的受害者们,都选择了“放下”。

---

① 李春会,安姝榕.论思想政治教师的关键能力[J].中学政治教学参考,2021(15):91-94.

问题设置:1.画出这些被侵权的邻居“放下”想法的思维导图,并推理“不作为”的做法可能导致的结果进行分享。2.结合所学法治思想的知识和学案中的法律条文,辩驳网络观点:对老人应当“尊老爱幼”,这么大年龄就不要计较了。

通过在情景中探究那些面对侵权行为却选择不维权的人的心理,深入剖析其背后复杂的道德认知与法治观念,分析该做法可能导致的结果,从而提升学生的法律意识、法治观念,提高其对侵权行为的辨识能力和维权意识。

布鲁纳认为,一个带着积极情感去学习的学生,应该比那些缺乏感情、乐趣或兴趣的学生,或比那些对学习材料感到焦虑和恐惧的学生,学得更轻松、更迅速。事实证明,该情景吸引了学生的注意,使大家议起来、活起来、动起来,在问题的探究过程中思考、分析、讨论、换位思考不同人的观点,从而形成坚定的法治观念和维权意识。

总之,在实施大单元主题教学策略的复习过程中,教师要精准构建复习知识框,确定每一节课符合学生学习水平,让学生不仅复习过去的知识,更学会迁移和运用,查缺补漏,对所学知识进行深层次认识,增强核心素养。

初中阶段学校共青团团前教育课程探索

戴玉婷①

摘　要:初中阶段学校共青团团前教育课是培养学生了解共青团,树立团员意识和社会主义核心价值观的重要环节。学校通过改变单一授课方式探索通过兴趣化教学方法提升学生对团前教育课的参与度和学习效果。准确把握新形势、新变化、新特点,有针对性、有实效地开展课程,是学校共青团工作认真面对和积极解决的一个方向。

关键词:中学共青团;团前教育;兴趣化教学

初中阶段共产主义青年团的团前教育课是提高学生政治意识和培养学生爱国精神的重要课程,受到越来越多的关注。但是,以往的教育模式往往基于灌输理论,缺乏兴趣性,很难引发学生对学习的兴趣。探索如何将团前教育课兴趣化,使之既能有效传递知识,又能吸引学生积极参与,已成为当前教育改革的一个重要课题。华育中学尝试将游戏化、互动式教学等元素融入初中阶段学校共青团团前课程设计中,以提高课程的吸引力和实效性。例如,通过历史串接、往届学长交流会、受欢迎的团员教师现身说法等活动,让团课更贴近学生的生活,趣味化学习团的知识,学生的参与度和满意度均有了大幅提升。

---

①　作者简介:戴玉婷,上海市民办华育中学体育学科教师,中学二级教师,主要从事学生团建与德育研究.

一、中学团前教育的重要性与现状分析

团前教育作为中学共青团工作的起点，可以帮助学生建立正确的世界观、价值观、人生观。它不仅帮助学生了解共青团的历史、宗旨和任务，还能激发学生的组织归属感和集体荣誉感。通过团前教育，学生能更好地理解团组织的性质和作用，为成为一名合格的共青团员打下坚实的基础。此外，团前教育还能增强学生的政治意识，使他们更加关注国家大事和社会发展，从而培养出一批国家需要、对国家有贡献的社会主义接班人。

当前，中学共青团团前教育主要通过课堂教学形式实施。这些课程多涵盖共青团的历史、宗旨、任务以及团员的权利与义务等内容。尽管大多数学校都开展了团前教育，但教学方法多以传统的讲授为主，单一的授课方式导致常见的如下问题。

一是缺乏创新和互动性。教育的互动性和趣味性不足，导致学生的学习兴趣不高。二是由于缺乏有效的评估机制，团前教育的实际效果难以量化，导致改进方向不明确。三是团前教育的内容和形式与学生的实际需求存在一定的脱节。多数学生反映团前教育课程内容较为枯燥，缺乏与现实生活的联系，难以激发他们的学习兴趣。因此，如何将团前教育与学生的实际需求和兴趣点相结合，建立多元化、过程性的评价体系是提升教育效果的关键。

二、学校共青团团前教育课兴趣化探索

经过学生处、年级老师及团组织负责老师的多方探索和实践，华育中学共青团集中精力引导学生积极参加团课。学校共青团组织丰富了团前课程的内容和形式，从多个方面使学生真正认识到中国共青团是中国共产党领导的先进青年的群团组织，这一组织有理想有

信仰,既服务社会又服务青年。

一是采用讲座的方式面向全体初二学生。基于初二学生对近代历史有了一定的认知,通过与学生互动的方式,梳理出与共青团相关的历史时间节点及历史事件,从而串联出共青团自1922年成立至今的百年奋斗团史。通过一个个生动的视频讲述共青团的历史使命和事迹,讲述了中国共青团的性质:中国共青团是一个由中国共产党领导的先进青年的群团组织,是一所年轻人学习习近平新时代中国特色社会主义思想和共产主义实践的学校,是中国共产党的助手和后备军。当文字不再枯燥,当理论无须死记硬背,学生才能深刻理解其性质,背后承载的百年的征程和无数的感人事迹。

二是游戏化教学。团前课除了理论,还有榜样事迹的宣传。一些事迹距离学生生活比较远,通过设计与人物事迹相关的游戏,让学生在游戏中学习,这种互动性和趣味性极强的方法,能显著提高学生的参与度和学习动力。比如,讲到大国工匠高凤林时,他苦练技术,参与过一系列航天重大工程,如攻克长征五号的技术难题,保障北斗导航、嫦娥探月、载人航天等国家重点工程的顺利实施,对长征五号新一代运载火箭研制作出了突出贡献。但是,仅仅是“苦练技术”四个字显得比较苍白。在团前课上,设计了挑战小游戏,让学生盯住倒计时不眨眼。在游戏过程中,学生感受到了难度,如眼睛酸、忍不住想眨眼睛。通过3次练习,学生发现1分钟很困难,而高凤林凭着毅力可以实现10分钟焊接不眨眼的惊人耐力眼。榜样在历史上镌刻下光荣与青春的足迹,这样的事例可以激励学生脚踏实地,心怀梦想,中华民族伟大复兴终将在广大青年的接力奋斗中变为现实。

三是座谈会。华育中学邀请已毕业的学兄学姐、校内受欢迎的团员教师与学生进行交流互动。通过这些交流,共青团的职能和意义被发散、被拓展,开阔了学生的眼界,激发了学生的兴趣,为学生的全面发展奠定坚实的基础。

三、构建中学共青团课程模式的思考

结合华育中学团委对团前教育课的做法，未来共青团思想引领课程的模式还将继续探索和发展，主要从以下几个方面深入。

（一）毫不动摇地坚持党的领导。对习近平总书记一系列重要讲话进行系统性学习，平时还要多看一些时政新闻，学习先进的教育理念，重点宣传“三个引领”，引领学生坚定地走中国特色社会主义道路。

（二）课程设计围绕理论、实践和创新。育人的对象是学生，一定要遵循学生身心发展的客观规律，目标精准地融入思想引领的内容。

（三）构建兴趣化、多样化的课堂模式。利用主题团日、社会实践、报告座谈、仪式教育等多种形式，让中学生由接受教育者转变为参与者、引领者，再把思想引领的内容内化为自己的心声，外化为自己的行动。例如，通过预初年级课本剧表演的精彩片段——《五四运动》的播放，让学生在贴合实际生活中学习历史知识，增强其对共青团历史的理解和认同。

（四）构建制度化，系统化保障机制。把中学共青团作为一项长期的系统育人工程来抓，与校内各方面资源合作，完善发展团员制度，完善理论学习制度，完善志愿服务和社团活动为主的实践育人制度，科学健全组织管理制度、监督制度、激励制度、检查评估制度，如环保、志愿服务等，通过实际项目的参与，使学生在实践中体会共青团的精神内涵，激发其参与团组织活动的热情。学校有对接的云南援助项目，有爱心义卖活动，每个班级都有志愿服务队，通过这些身边甚至亲身经历的案例让学生从实际出发，更加生动地理解共青团的发展历程，从而产生认同感和组织归属感。

华育中学共青团团前教育课的兴趣化探索将持续深化，课程内容将更加贴近学生的实际生活和兴趣点,从而有效提升团前教育的效果和影响力。此外,为了进一步增强团前教育课的吸引力,计划将学生的社会实践活动与课程内容紧密结合,进一步加深学生的认同感。通过这种方式,不仅加深学生对共青团理念的理解,还能提升他们的社会责任感和实践能力。在未来展望中,我们还将注重团前教育课与学校其他教育活动的融合,如与德育课程、心理健康教育等相结合,形成全面的教育体系。

教师内卷化背景下少先队辅导员工作实践思考

赵　波①

摘　要:通过研究教师内卷化背景下少先队辅导员的日常工作实践,探索少先队辅导员专业发展的真实困境,进而剖析其中缘由,并在此基础上提出破除困境的应对之策。基于相关研究分析教师内卷化背景的存在依据,厘清少先队辅导员专业发展的重要内涵,解释两者的潜在冲突。通过对自身工作实践的总结与思考,阐述教师内卷化背景下少先队辅导员专业发展的内外部困境。针对少先队辅导员工作实践的现存困境,尝试从教育体制、学校和辅导员三方面提出对策。

关键词:少先队辅导员;工作实践;教师内卷化

一、绪论

1. 研究缘起

党和国家历来重视少年儿童的思想意识教育工作,在新形势下对少先队教育提出了更高的要求,也对少先队辅导员专业发展提出了更高要求。强调要从聚焦主责主业、明确岗位要求、完善管理机制、加强考核激励、强化组织领导等方面推动少先队辅导员的发展。上海市徐汇区是创新人才早期培养的沃土,在此类人才培养过程中,不仅需要有知识、有能力的人,更要有理想、有道德、关心他人、关心

---

① 作者简介:赵波,上海市民办华育中学体育学科教师,中学二级教师,大队辅导员,主要从事少先队辅导与学校德育研究.

集体的人,要做到这一点必须把各方面教育工作结合起来。探究少先队辅导员工作实际难题,离不开分析该专业发展的现存困境与现实发展意义,这不仅具有时代背景,也有现实依据。

本文以教师内卷化为研究背景,探讨少先队辅导员面临的发展问题,运用工作实践自述的方法审视少先队辅导员工作的现实困境,提出可行性策略,促进辅导员的良性发展和少先队组织教育功能的有效发挥。

作为一名少先队辅导员,结合日常工作实践,融入理论学习,实地调研一线少先队辅导员的工作内容。现实中,囿于辅导员在学校中所承担角色的多样性,工作任务琐碎、繁重,使该岗位对辅导员身份的认同度不高。在此情况下,该如何确保少先队辅导员工作的专业性?一线辅导员专业工作实践所面临的主要困境是什么?基于此,确定研究主题。

2. 研究目的与意义

研究目的:以自身为例,通过实践总结与反思探寻教师内卷背景下少先队辅导员在工作实践中所面临的问题。了解少先队辅导员专业发展的理论内涵和教师内卷化背景。透视教师内卷化背景下少先队辅导员工作实践的困境。剖析少先队辅导员工作实践困境的原因,并在此基础上提出改进策略。联系教师内卷背景分析少先队辅导员专业发展困境的原因及其主体需要,尝试提出提升工作实践的对策。

研究意义:本研究基于教师内卷化的现实背景,将辅导员看作"整体的人",将教师职业看作整体发展的职业,诠释辅导员在学校的现实发展状态。就实践意义而言,主要是帮助少先队辅导员走出工作实践困境,更好地建设少先队辅导员队伍。为推动辅导员专业发展、提高少先队工作质量提供参考案例。

3. 文献综述

"内卷"近几年成为网络热词,究其原因是人们对"内卷"有特定的日常生活认知的基础。正是由于“内卷”具有自我复制、精益求精、复杂化、由简入繁等延伸内涵，引起了当下处于高度竞争环境中的中国人的共鸣。许多学者认为网络流行语并不能体现理解问题的深刻性，但其实在“内卷”成为网络热词前，学界早就对其概念和理论内涵进行深入的研究和探讨，所以它是先出现在学术界，然后才通过网络进入大众视野的。伴随着少先队组织的发展，“少先队辅导员”这一具有中国特色的岗位也逐渐发展并完善，且在现实教育场域中有着越来越大的发展需求。少先队辅导员是中国特色，在国外，“辅导员”主要存在于高校，他们是“学生的管理者”或“学生事务的管理人员”，也是学生思想政治工作的主要指导者，所以人员的选聘主要集中于思想政治教育专业。由于国内外发展和体制上的不同，本文仅对国内“少先队辅导员专业发展”的相关研究展开文献述评。

现有大部分研究都围绕教师专业发展的理论和少先队本身的教育实践，缺乏学科交叉性的研究视角，更没有把少先队辅导员看成“整体的人”来进行学术研究，也忽视了教育场域的复杂性，因而没有实现动态、深入的分析。笔者仅从教育学视角，对辅导员发展问题进行探讨和分析是不全面的。分析这一主题，需要一个更为深入且能解释其发展机制的视角，这就有赖于学者继续努力，在理论和实践方面进行积极的探索。

4. 研究设计

从当前学校少先队工作开展状况角度来看，少先队辅导员专业发展是不充分的，面临多重困境。那么，内卷化如何影响学校少先队辅导员及其工作？产生困境的原因是什么？如何推动少先队辅导员专业发展？基于这样的认识和疑问，笔者开始了本研究的设计和探索。

二、教师内卷化背景下少先队辅导员工作实践的理论诠释

1. 教师内卷化背景

要分析当前少先队辅导员专业发展在教师内卷化背景下的现状,必须明晰教师内卷化的理论内涵及其表征。前文已经对内卷化的内涵和特点进行了解读,基于此对教师内卷化进行诠释,为后续分析奠定基础。基于内卷化的理论内涵,笔者认为教师内卷化是指教师在有限发展资源和空间中,展开以核心利益为目标的激烈竞争,重复地做着无意义的事情,教师发展投入不断增加但并未带来教师群体高质量的专业发展,反而导致教师职业倦怠、身心疲惫、内生动力不足,教育实践逐渐重复化、程序化。

2. 少先队辅导员工作实践的内涵

少先队辅导员专业发展的特点具有鲜明的政治性、具体的实践性、完全的自主性、高度的持续性、坚定的道德性。最令人困惑的是,对少先队辅导员而言究竟什么是专业发展?实现其专业性需要关注哪些方面,即需要具备哪些要素?笔者认为判断少先队辅导员专业发展从不成熟转化为成熟,要从两个方面来衡量:一是拥有作为少先队辅导员的基本专业素养;二是合适的专业发展支持环境。需要经历漫长培训周期,形成良好的专业素养。

三、内卷化背景下少先队辅导员工作实践的现状调查

1. 调查设计

主要研究方法:文献资料法、观察法、个案分析法。

2. 调查实施

整理工作基本内容与安排,本校少先队基本工作,对接徐汇区上级工作安排。访谈工作实践面临的困境,优化矛盾,提升活动质量。

各校少先队辅导员主要负责的内容概括为四大板块：学校常规检查工作；大队中队小队的建设；学生社团活动的日常管理；学校大型活动组织安排。从时间轴来看，则分为：一日计划，一周实施，一月反馈，一学期布局……

3. 结果与分析

结合自身工作实践，教师日常工作中有很多是机械重复的，少先队辅导员也认为少先队工作中存在重复的工作，且这些工作对他们个人专业素质的提升是有限的。

当下大多数少先队辅导员是兼职，而且岗位流动性较大，很大一部分还承担班级管理、学校行政管理及学科的教学工作，他们不仅要花费大量的时间和精力去完成教学工作，如上课、备课、改作业、班级管理等，有时还需要完成学校交给的其他任务。如果不把重复化、形式化的工作去除或精简，教师的工作负担只会加重，他们进行自主学习和专业素质提升的时间和精力会更加有限，归根结底只有减负才能让教师回归教书育人的专业生活。

四、内卷化背景下少先队辅导员工作实践的困境透视

1. 少先队辅导员工作实践的外部困境

外部困境涉及家庭家长、社会环境、学校专职专岗、教学与辅导员事务之间的矛盾。少先队辅导员专业发展与其生存发展的状态密切相关，而这种生存与发展的状态很大程度上来自外部的支持，如工作环境、薪资、工作制度等。现实生活中，内卷化背景下的学校教育工作主要围绕学科教学，外部针对学科教学的支持是方方面面的。具体而言，少先队辅导员专业发展的“边缘化”困境主要表现在以下几个方面。

囿于教师内卷化这一场域背景的存在，少先队辅导员专业发展的外部环境更加不良，主体需求得不到满足，因此出现了一系列的

"卡脖子"问题。例如,非少先队工作挤占辅导员专业发展时间;专业培训限制辅导员专业发展空间;岗位重视不足制约辅导员专业发展动力。

2. 少先队辅导员工作实践的内部阻滞

当前少先队辅导员在教师内卷化背景下面临着内部和外部双重困境的夹击,而这些困境也是内外部多重因素共同作用的结果。就教育体制因素而言,少先队辅导员专业发展显然受到教育功利化和相关教育制度失衡的影响;学校组织对内卷的迎合致使教师普罗化与专业化的矛盾更激烈,学校计划与辅导员发展规划的不匹配也使其专业发展失去连续性和自主性;就少先队辅导员个体而言,由于感知内卷化背景中竞争的压力,受利益的驱使倾向于做出功利化选择,同时在专业发展中缺乏反思,缺乏改变现状的思考与行动。换言之,正是由于教育体制、学校组织和辅导员三方面的共同作用,导致当前少先队辅导员专业发展在教师内卷化背景下游离于"专业"之外。

五、内卷化背景下少先队辅导员工作实践的原因分析

通过上述分析可知,少先队辅导员的专业发展困境是教育体制、学校和辅导员三方面共同作用的产物。既然少先队辅导员职业仍然游离于"专业"之外,那么就需要推动其实现专业发展,使其成为真正的专业。破"卷"需要内外部共同努力,要促进少先队辅导员专业发展,有必要从内外两方面入手。一方面加强外部建设,重塑少先队辅导员专业发展的环境,促进教育体制的改革和学校教师培养与管理方式的更新。另一方面要激发辅导员内生动力,唤醒少先队辅导员专业发展的主体自觉意识。

1. 少先队辅导员的队伍建设

完善少先队辅导员专业发展制度,构建少先队辅导员专门职称考评体系。改革与创新少先队辅导员专业培训方式。以专业道德凝

聚辅导员专业发展合力，强化少先队辅导员专业道德建设。形成区域内少先队辅导员专业发展共同体。

2. 少先队辅导员专业发展主体性缺失

在紧张的学校教育工作中，既要做好以教学为本的主责工作，也要时刻保持少先队辅导员的政治身份。导致少先队辅导员专业发展的主体性不足，以学校为单位的个体，通常对少先队辅导员专业培训甚少，一般由区教育局主持开展。虽然能促进多个单位辅导员个体交流，也请有经验的辅导员传授经验，但是在实际工作中，依然存在一校一案，一校一特色的现实背景，通识性的培训和交流不具有针对性，角色主体性缺失。亟须增强主体意识，实现自我发展，形成专业认同，坚守专业自我。

六、突破内卷，指导少先队辅导员工作实践

1. 学校培养少先队辅导员的责任纠偏

个人在职业中的成长与发展离不开良好的专业发展平台。作为一种社会性机构，学校不仅要对校园内的学生承担起义务，还要对教师群体的职业成长和专业发展承担起责任。换言之，学校应帮助教师提高专业素养，对教师的专业发展负责，这种责任应是一种“完整的责任”。作为少先队辅导员赖以生存与发展的场域，学校既有责任促进其作为学科教师的专业性，也有责任帮助其提高作为少先队工作者的专业性。

2. 辅导员工作实践的主体回归

教师内卷化表面上是一种外部驱动的现象，其实教师的内部迎合进而导致持续性无意义投入。为了防止被外部压力与环境所裹挟，实现少先队辅导员专业发展，不仅需要外部环境的改善，也需要少先队辅导员从内部找准定位，适当倾听内心的声音，唤醒专业发展的自觉意识。如果没有少先队辅导员的自我觉醒与自我反思，就走

不出当下专业发展的困境。为了改变当前少先队辅导员专业发展的现实困境,辅导员个体及群体应付诸行动,增强主体意识,坚守专业自我,积极塑造专业认同,实现自我发展。

突破少先队辅导员专业发展的现实困境,离不开教育体制、学校、辅导员三方面的共同努力。教育体制作为一个宏观大系统,需要完善相关教育制度,营造重视少先队辅导员专业发展的良性发展环境,推动辅导员专业道德建设,凝聚区域内专业发展合力。

综上所述,我们探讨了少先队辅导员专业发展与教师内卷化之间的关系,审视了当前少先队辅导员专业发展的困境,分析了少先队辅导员专业发展困境的原因。在此基础上提出少先队辅导员专业发展的突围路径。教师内卷是一个复杂问题,促进少先队辅导员发展是一个长久的过程,如何通过更好的研究工具对两者进行考察,有待继续探索。

对理科实验班拔尖学生参与德育活动积极性的培养方法探究

孙家怡①

摘　要:学校德育活动作为促进学生全面发展、培养综合能力的重要途径之一,对理科实验班这批拔尖学生来说具有不可替代的作用。通过德育活动培养学生的综合素养,能激发学生的潜能,使其在各方面都能得到全面发展,从而激发学生的潜能。现实中往往存在理科实验班学生参与度不高、积极性不强的问题。本文将从拔尖创新人才早期培育的特点入手,结合他们的发展规律和趋势,探究如何培养理科实验班拔尖学生参与学校活动的积极性,从建立适配的兴趣环境、增加活动多样性、采用综合评价体系、激发合作交流等方面提出相应策略。

关键词:拔尖学生;活动积极性;综合素养

一、研究背景

理科实验班拔尖创新人才在学科领域中表现出很强的学习能力,有高度的专注度和自律性,因为面临学业的压力和竞赛的任务,他们每天的主要精力都投入学习。无论是平时的作业还是业余时间的竞赛任务,都占据了他们的大部分时间。长此以往,他们对学科以外的兴趣开发有欠缺,对自己其他方面的潜力和能力也没有足够的

---

①　作者简介:孙家怡,上海市民办华育中学英语教研组长,英语学科教师,中学一级教师,主要从事创新人才早期培育与学科德育研究.

信心。因此,在参与学校各项活动时,也会因时间不够、精力有限等问题而积极性不高。主要表现在:一方面报名的人数不多,另一方面在活动准备及排练过程中因没法坚持而中途退出。以上是笔者多年担任理科实验班班主任观察和发现的问题。为了培养学生在课余时间参与学校、社会各项德育活动的积极性,平衡好课内学习和课外实践活动,笔者结合拔尖创新人才的特点,特别是多年任教的华育中学理科实验班拔尖学生的特点,就如何提升他们参与活动的积极性,进而培养他们各方面综合能力的教育方法进行了探索。

二、拔尖创新人才特点

通过多年对学生的研究和教学经验的积累,发现拔尖创新人才有以下特点和共性。拔尖创新人才通常是指在多方面展现出卓越天赋和潜力的学生。他们的能力不仅在传统的学术领域出类拔萃,而且广泛体现在认知能力、情感潜力、创造力与想象力、社交互动能力等方面。结合我校学生特点,在初中学段,在部分学科展现出很大潜力的学生具有下列特点。

1. 强烈的求知欲

强潜能学生对知识充满渴望,他们对新事物有着浓厚的兴趣,愿意投入时间和精力去探索和学习。他们不满足于表面的了解,而是追求深入的理解和掌握。他们在课堂上非常专注,听课效率高,能积极和教师互动。课后对不明白的问题会及时与教师进行探讨或通过查阅资料等方式进行深度学习。同时,课本知识对他们而言偏简单,他们会主动通过查阅课外书、网络资源等方式,对感兴趣的领域深入研究,拓展自己的知识面。

2. 高度的自律性

这些学生能自我管理和自我驱动,不需要外界过多的监督或指导。他们有自己的学习计划和目标,并能自觉执行和调整。他们的自律性使他们在面对困难和挑战时更具韧性和毅力。例如，在每次大考前，他们都能制订详细的复习计划，提早安排复习工作。无论是知识点的梳理还是习题的巩固都能基本按照计划严格执行，很少受到外界的干扰，能按照自己的节奏有条不紊地完成学习任务，甚至超前完成学习任务。

3. 独特的思维方式

强潜能学生通常具有独特的思维方式和创新能力。他们能从不同角度看待问题，提出新颖的观点和解决方案。他们思维灵活而富有创造性，能在复杂的情况下迅速找到解决问题的路径。在课堂上，对教师提出的问题，他们积极思考，积极互动。对知识点和习题中的问题，有质疑精神，不盲目相信答案。甚至对一些习题，他们不拘泥于唯一的解答方法，能主动思考多种解决方案，从而探索出最佳方法。

4. 出色的学习能力

这些学生在学习上展现出惊人的能力，他们能快速掌握新知识，并将其与已有的知识体系融合。他们擅长归纳总结，能将所学知识运用到实际问题中，解决问题时富有条理和逻辑性。在同一门学科学习中，他们能将以前所学的知识灵活运用到新的知识体系中，甚至在教师还未讲授情况下能通过自学初步了解相关知识点。在不同学科学习中，他们也能融会贯通，找到各学科的相同点，不仅丰富知识体系，更有助于提高学习效率。

5. 良好的心理素质

拔尖创新人才在学习之路上会经历无数次的考试、竞赛，失败和成功都是他们需要面对的结果。俗话说："输赢乃兵家常事。"他们通常具有良好的心理素质，才能应对各种压力和挑战。他们在面对困难和挫折时能保持冷静和乐观向上的态度，不是一味沉浸在失败中不能自拔，而是尽快寻找解决问题的方法和途径，调整方法，积极迎接下一次挑战！面对成功，不骄不躁，及时总结经验，保持平和的心态,继续埋头努力。他们积极健康的心理素质使他们更加坚韧和自信,永不满足,不断朝着更高的目标攀登。

三、培养方式探索

我们知道,未来能在各行各业中取得成就、为国家和社会作出贡献的拔尖创新人才不仅是擅长某一领域的研究者,而且必须具备高度的创新精神、深厚的知识储备、优秀的实践能力和领导力、宽广的国际视野、强烈的使命感和责任心以及良好的身体和心理素质的领军人才。具备了这些特质,才能使他们成为引领国家科技创新与重要产业发展的关键力量,才能为国家和社会的进步作出重要贡献。

因此,无论是培养学科拔尖人才还是领域领军人才,都需要综合素质的赋能,华育中学多年来一直致力于对初中阶段不同学科展现出天赋和潜力的学生的综合素养的开发。不仅重视学业能力的培养,并且同样重视这类拔尖创新人才在其他各领域兴趣的开拓和能力的培养。在理想信念、意志品质、团队合作等综合素质的培育上不断探索,为学生搭建展示的平台,创造适配的环境,挖掘不同特点学生最大的潜能。笔者结合学校平时德育活动的形式和内容,加上自己多年班主任工作的实践,就如何提升拔尖学生的活动参与积极性,培养他们的综合素养方面进行初步探索。

1. 建立适配的兴趣环境

结合理科班学生的特点,华育中学每年会举办各类理科竞赛、讲座等活动,营造浓厚的理科学习氛围,让学生通过新颖的活动和比赛形式感受到理科的魅力,从而激发其参与学校活动的兴趣。例如,在初二年级时,学校举办了算 24 点比赛,先进行班级初赛,全员参与,进而选出实力最强的 4 位选手代表班级参赛,全班学生在现场观摩比赛。活动现场学生都积极参与,摩拳擦掌,气氛十分热烈。学校还提供丰富的学习资源,为理科实验班学生提供充足的实验器材、图书资料等学习资源，满足他们的学习和探索需求，使其能在学校活动中充分发挥自身特长。例如，我们有 VR 实验室、无人机实验室、物理化学实验室等，都为学生的综合能力拓展搭建平台。

2. 增加活动的多样性

在策划学校活动时，应充分考虑理科实验班学生的特点和兴趣，设计与之相关的活动内容和形式，以吸引他们的积极参与。鼓励活动策划者发挥创新思维，设计出新颖、有趣、富有挑战性的活动，以激发学生的参与热情。比如，结合理科实验班学生的需求，策划多种类型的活动，如科技制作、实验探究、课题研究等，以满足不同学生的兴趣和需求。

华育中学每周开设第二课堂和社团兴趣小组，学生根据自己的兴趣爱好选择喜爱的课程。学校定期邀请交大、复旦等名校的教授和中科院等专业院所的专家，给学生开设专题讲座，涉及数学、物理、化学、生物、医药、金融、艺术、心理健康、社会热点等方面，不仅启发学生对不同领域知识的好奇和探索精神，更激发学生将个人的发展和国家的命运结合在一起，从小立志用自己的学识和能力为国家的未来而奋斗，成为真正的栋梁之材。在每次讲座结束后，学生以小组为单位，对所听的讲座知识进行探讨和梳理，形成学习报告。在此过程中，每个学生分工合作，从笔记的梳理、相关资料的拓展、报告文稿的撰写等方面培养他们的团队合作和探索精神。专家教授会根据学生的报告进行点评、提供修改完善的建议，这也是初中生对今后学习研究报告和论文撰写的初步探索和尝试。

3. 家校共育，发挥优秀学生个体的榜样示范作用

班中配备从华育中学毕业的优秀毕业生担任班级校外辅导员，他们曾经也是班中的佼佼者，某些学科竞赛的拔尖人才。我们会定期邀请他们来校和在读学生进行经验交流。例如，现在我任教的 2024 届 8 班的校外辅导员就是 2020 届班长王同学，曾进入物理国家集训队，现就读于清华“姚班”。通过班会形式，他已经和班级学生就

"做时间的高效管理者""如何从活动中发现更好的自己""如何高效平衡校内学习和校外活动"等方面进行了面对面的交流。班级学生聆听了学长作为"过来人"的经验和教训分享,受益匪浅,能及时反观自己,调整学习方法,积极向学长学习,挖掘自己的潜能。

班级中的佼佼者和家长代表也会受邀在班会和家长会上分享自己学习的"独到经验",让身边的同伴和家长都能清晰地看到各科拔尖学生以及综合能力很强的学生如何在激烈的竞争环境中发挥自己最大的潜能。例如,在线上教学期间,我邀请小Z同学,通过视频直播的形式向大家展示他的钢琴演奏,为同学们表演大家非常喜爱的乐曲,很多学生没想到在繁重的学业压力下,竞赛任务同样很重的小Z同学,每天坚持练习钢琴,让大家羡慕不已,不仅敬佩他的琴艺,更受到鼓舞,开始在业余时间拾起自己多年不碰的兴趣爱好,某种程度上缓解了紧张的学业压力。

4. 鼓励多种形式的合作交流

华育中学鼓励学生参与团队活动:通过组建学生团队、参与课题研究等方式,鼓励学生进行合作交流,培养团队协作能力和创新精神。在活动设计方面,多数需要学生组建合作小组,组内分工合作,共同展示合作结果。例如,每年的英语配音比赛、课本剧表演、校园舞蹈大赛等活动的宗旨不是展示个体风采,而是需要班级学生共同参与,从人员选择、角色安排、台词分工等方面群策群力。从活动体验中,学生感受到集体的力量并懂得集体的优秀才能成就个人的成长。

在校园活动方面,加强师生交流。学生的每次活动都有教师的倾情投入。教师的陪伴和指导让学生在排练和准备过程中更加高效且安心。例如,每次班级参加学校合唱比赛、舞蹈大赛,笔者作为班主任都会亲力亲为,每次排练都能陪伴学生一起加班加点,及时给他们帮助和鼓励。同时,笔者还给学生买一些他们喜爱的零食和饮料,鼓励学生积极参与,让他们在辛苦训练过程中感到乐趣。

华育中学积极拓展校际合作，共享优质教育资源，拓宽学生视野和搭建交流平台，提高其参与学校活动的积极性和竞争力。学校曾多次选派优秀舞蹈团队、健美操团队、鼓号队成员代表学校参加区级甚至市级比赛，每次展演不仅开拓了学生的眼界，更锻炼了他们自信、独立的能力。

5. 注重综合评价体系的建立

为了激发学生的潜能，需要建立科学、全面的综合评价体系。传统的评价体系往往局限于对学生知识的测试，而缺乏对学生综合素养的评价。因此，应建立综合评价体系，包括知识的掌握、能力的发展、情感态度与价值观的形成等方面的评价指标。通过综合评价，能全面了解学生的发展情况，针对性地进行个性化培养和引导。

综合素养的培养是教育中的重要任务。通过创设多样化的教育方法、营造有利于综合素养培养的教学环境、开展多样化的教育活动和注重综合评价体系的建立，有效激发学生的潜能，使其得到全面发展。

华育中学一直坚信拔尖人才的发展潜力是无限的，秉持“上不封顶”的原则，鼓励学生在擅长的领域尽情发挥特长。通过每年颁发新生奖学金、学业奖学金、华育校长特别奖等形式鼓励各方面综合发展的学生在探索创新的道路上不懈努力。

教师应发挥积极的引导和激励作用，通过一定的表扬、奖励等机制激发学生内心深处的自驱力和积极性，培养他们的集体荣誉感，营造共同进步的学习环境。每周班主任和任课教师会通过发放“学科表扬条”和“班主任表扬条”的形式对表现优秀的学生进行表扬和鼓励。表扬的原因不局限于成绩方面，还包括“对身边同学的关爱”“对集体活动的热心参与”等方面。表扬班级中在坚持不懈、有集体荣誉感等方面有优秀品质的学生，鼓励优秀个体的持续成长，做集体的领头人、好榜样，带动班级其他学生弘扬积极向上的正能量，使大家齐心协力、你追我赶，营造共同进步的良性竞争环境。

随着科技的快速发展和全球化的加速推进,拔尖创新人才的培养成为国家和社会发展的重要战略。这类人才不仅具备深厚的专业知识,还拥有全面的综合素养,以适应复杂多变的社会环境。拔尖创新人才的综合素养培养是一个长期而复杂的过程,需要学校、教育机构、家庭和社会等多方面的共同努力。通过全面素质提升、兴趣导向教学、学习环境营造、评价体系建设、家校合作教育模式等多种方法的综合应用,可以有效地提升拔尖创新人才的综合素养和创新能力,为国家和社会发展作出更大贡献。

初中阶段是学生夯实基础知识,拓宽国际视野,形成良好世界观、价值观的重要阶段。华育中学在拔尖创新人才的培养上一直秉承“全面提升综合素养”的宗旨,积极鼓励有潜力的拔尖学生在基础科学与应用科学领域中深入研究,不设上限;在其他方面全面发展,为培养有深厚学科功底、强烈的爱国情怀和社会责任感的复合型人才创造良好的学习环境,助力他们勇攀高峰。

学校、家庭、社会“三位一体”的初中生生命伦理观念养成策略

彭　容[①]

摘　要：在当代社会背景下，如何使初中生拥有健康的心态，养成良好的生命伦理观念，正确处理人际关系，理性看待事物而又不失温度，对每位班主任都是一项复杂而重要的课题。依托学校、家庭、社会“三位一体”的培养体系，能启发班主任有效利用各类抓手，形成能为己所用的初中生生命伦理观念养成的班级建设策略，并在其中起到联系纽带的关键作用。

关键词：生命伦理；三位一体；班级建设

一、学校、家庭、社会“三位一体”养成初中生伦理观念

随着年龄增长，度过了幼儿期和儿童期的个体开始形成愈发复杂的道德价值观、道德判断和道德行为。初中生伦理观念的范畴与青少年的发展特点紧密相关：在儿童和青少年形成自我意识的过程中，主要是对重要关系和社会角色的学习。通过在社会群体中与他人合作，个体可以知道什么是道德上正确的，获得群体互惠要比个体独自得到的最大利益更重要等直接经验。[②]

在实际生活和教育教学实践中，青少年经常围绕如下几个方面

---

① 作者简介：彭容，上海市民办华育中学生物学科教师，中学高级教师，主要从事学校德育与生物教学研究.

② 彼得·史密斯，海伦·考伊，马克·布莱兹.理解孩子的成长（第4版）[M].北京：人民邮电出版社，2016：153－175.

产生伦理观的困惑、争议或成长:(1)与他人的关系,包括与同学相处、与教师相处、与家人相处。(2)"三观"的初步塑造,包括道德观念、规则意识、规范与约束、奉献与索取、家国情怀与民族认同、生命伦理、自我价值体现、关注情绪与心理健康等诸多方面。(3)关注社会新闻与热点话题,并在一定程度上参与社会行为。

初中生伦理观念的范畴可被理解为:青少年在初中阶段对重要关系和社会角色的学习过程中,不断形成并发展的道德价值观、道德判断和道德行为,主要涉及与他人的关系、"三观"的初步塑造,以及关注社会时事等。此伦理观念的范畴也体现出个体与社会的紧密联系。因此,学校的作用是通过积极促进学生投入责任性行为(如参与一些决策、担任班级代表、参加集体活动等)来创设背景,通过各类课程来培养学生道德观念和社会责任,从而提高他们对社会责任的觉知和关注。同时,这也能使未来的公民详细了解并积极涉足社会群体中的各类时事问题。

俗话说,"父母是孩子的第一任老师"。家庭是青少年成长过程中重要的心理支持来源,家庭中家庭成员情感联系、家庭规则、家庭沟通以及应对外部事件的有效性对孩子的影响是深刻和长远的。同时,家庭又处于社会中,每个人都不可避免地具有社会角色和产生社会关系。伴随个体的成长和成人的指导,社会群体在进化中鼓励保护、合作、互相牺牲等亲善行为,而成人的价值观和经验影响着他们在什么时候和怎样对青少年进行道德内化。

对初中班主任而言,如何利用好身边资源搭建学校、家庭、社会"三位一体"的培养体系,使初中学生在各类活动中切实体会伦理观念与自身成长的紧密联系、注重对生命伦理观念的思考,其实有着丰富的途径。

二、发挥学校教育的课程体系优势,为生命伦理观念养成提供丰富实践平台

在"五育"并举教育教学改革和发展的重要政策引领下,各地学

校均推行“五育”融合课程体系建设，为在校学生提供丰富的课程和活动。教师可充分利用学校的课程与活动资源，或结合自身学科特长进行渗透生命伦理观念养成的日常教学实践，或组织学生开展切实体会生命伦理观念与自身联系的各类校园活动，以启发学生对该类命题的思考与认识。

以笔者曾开设的一节主题班会“人工智能　展望未来”为例，作为华育中学班主任，笔者希望能引导学生通过积极讨论与交流，初步思考如何权衡一项新技术给社会带来的积极影响和伦理问题，并联系自身展望未来，明白当代青少年可以怎样做好职业准备。这一主题内容的选择，与学生的学情、其所处的社会时代特点和时事热点是相符的。在主题班会课上，笔者设计了如下活动：

1. 即兴辩论：“知识芯片”能否植入人脑

活动目标：通过即兴辩论“是否支持研制植入人脑的‘知识芯片’，让人快速获得知识？”与两方学生交流观点和看法，初步思考一项新技术可能对社会造成的影响和伦理问题。

学生活动	教师指导要点
◆ 选择任意一方，阐述“是否支持研制植入人脑的‘知识芯片’，让人快速获得知识”，两方轮流发言 ◆ 意识到对方观点的出发点和合理性，同时意识到己方观点可能存在的问题	◆ 引导学生从思考出发，积极表达观点和理由，并渗透辩证思维

2. 新闻评论：《自动驾驶事故频出》，摒弃与否

活动目标：通过评论三则有关自动驾驶汽车安全事故的新闻，探讨“是否应该摒弃自动驾驶技术”，分析科学技术发展的利与弊，初步思考利弊关系的权衡。

学生活动	教师指导要点
◆ 阅读三则新闻 ◆ 探讨问题:是否因交通事故而摒弃自动驾驶技术? ◆ 初步思考如何权衡一项新技术给社会带来的积极影响和伦理问题	◆ 向学生指出“人是目的”的重要性,人不能被当作手段,或为了技术进步而被无谓牺牲

3. 访谈交流:人工智能对各行业的影响

活动目标:通过采访家长了解人工智能对各行业的影响,并交流访谈所获得的信息与思考,从中获得对自己未来职业的一些启示。

学生活动	教师指导要点
◆ 在课前完成“人工智能小调查”的家长访谈 ◆ 交流对家长的访谈内容,思考人工智能会对哪些行业产生深远影响 ◆ 考虑自己未来的职业选择	◆ 课前对访谈记录进行查阅,并作出表扬反馈 ◆ 引导学生从家长的职业联想到自身未来的职业选择

4. 小组讨论:展望未来,做好职业准备

活动目标:通过小组讨论和交流,浅谈新兴技术对未来职业的可能影响,明白怎样做好职业准备。

学生活动	教师指导要点
◆ 小组讨论 ◆ 问题一:你们是否担心 AI 等技术的发展,对自己将来就业的影响? 为什么? ◆ 问题二:为了做好将来的职业准备,我们青少年要注意哪些方面?(具体阐述一个方面) ◆ 交流并总结	◆ 充分肯定“担心”或“不担心”两种答案的学生观点,不作价值评判 ◆ 引导学生做好未来的人生规划和职业准备,并着眼当下

除了紧扣时事和时代发展的主题班会课，教师亦可将生命伦理观念渗透进日常教学中，积极响应国家对教师跨学科素养培育的要求，发挥自身学科特点。笔者恰好任教生命科学学科，除了在课堂教学中引入生命伦理相关内容外，还借助学校的课后服务课程体系，在发展课中开设生命伦理系列讲座，与学生深入探讨相关话题。

华育中学拥有丰富完整的活动课程体系，每学期针对各年级开设多个不同主题的讲座，涵盖众多学科领域，学生参与度高，反响热烈。受此启发，笔者设计并开设与生命伦理相关的系列讲座（涉及转基因生物、克隆人研究、器官移植、安乐死、生殖技术等话题），并在讲座课堂上创新性地引入即兴辩论等环节，引导学生对当下各类生命道德伦理与科学观念伦理的热议话题进行讨论，启发学生对此类问题进行深入思考。

笔者通过问卷调查追踪和引导学生撰写论述，考虑到许多学生对伴随科学技术而生的伦理问题展现出自己独特而深入的思考。学生们也意识到，关于生命伦理问题的诸多讨论还将持续很长一段时间，也许人们还不能就这些问题达成某种程度上的共识，但是这种讨论不是毫无意义的，它体现了在科学飞速发展的今天，人们对技术之外社会伦理道德的日渐关注。

三、发挥家校社协同育人优势，为生命伦理观念养成提供强大的支持系统

教育离不开家校合作，教师除了与学生相处，也要与家长保持良好沟通。家校共育，关键在“共”，学校和家庭的配合程度影响着学生的成长和发展。学校教育是主体，是对学生进行素质教育的重要场所；家庭教育是基础，是对学校教育的必要补充。[①] 教师在其中可起

① 张烁.家校共育　携手同行[J].人民日报，2020-11-19(5).

到主导性、桥梁性作用。

以前文主题班会“人工智能　展望未来”为例,笔者在学习活动中设计了一项“人工智能小调查”的家长访谈,要求学生在课前采访自己的家长,询问他们关于人工智能对其所在行业的影响(不限好坏)并做好记录。笔者以为,此类活动设计,有明确的主题内容和具体的活动指引,能给家庭创设一个谈话情景,增进亲子互动与了解,无形中邀请家长加入对孩子的教育和引导过程,也使生命伦理观念成为青少年可与父母谈论的一个话题。

2022年,笔者开展了科学伦理系列主题班会课:“科技点亮梦想”“居家的日子:科技改变生活”“科技以人为本”等,体会科学技术改变生活,现举例说明如下。

【活动设计】主题班会课“科技点亮梦想”

即兴辩论:“世界是懒人创造的吗”

活动目标:通过即兴辩论与两方学生交流观点和看法,初步思考科学技术的发展和创新的原动力。

学生活动	教师指导要点
◆ 选择任意一方,阐述对“世界是懒人创造的吗?”这一表述的观点和态度,两方轮流发言	◆ 引导学生敢于从思考出发,积极表达观点和理由,并渗透辩证思维
◆ 意识到辩题中的“懒人”并非字面意义上的懒惰,而是寻求省力、高效解决问题的方法	◆ 引导学生厘清此处“懒”的内涵,以及“懒”与人类科学技术进步的紧密关联

自由展示:我的科技创新课题

活动目标:通过自由展示科创课题的成果,交流各自的科创课题方向与研究进展,初步体会科学研究和技术研发的过程,并树立信心。

学生活动	教师指导要点
◆ 展示介绍自己的科创课题 ◆ 聆听他人的介绍，可以适当提问 ◆ 初步体会科学研究和技术研发的过程 ◆ 初步树立开展科学研究和创新实践的信心	◆ 课前收集好学生的课题和展示方案 ◆ 引导听众对他人的课题进行思考分析 ◆ 鼓励每位上台展示的学生，给他们充分的肯定和信心

观看故事：《少年17岁时决定把海洋洗干净》

活动目标：通过观看故事，了解要将一个宏大的想法付诸实践和行动，需要哪些条件和努力，可以怎么做。

学生活动	教师指导要点
◆ 观看故事《少年17岁时决定把海洋洗干净》	◆ 提前准备好背景介绍、视频片段等素材 ◆ 引导学生关注故事主人公采取的具体行动

小组讨论：感想与启示，我能做什么

活动目标：通过小组讨论交流，谈谈感想与启示，明白当下的自己为了实现梦想可以做好哪些准备。

学生活动	教师指导要点
◆ 小组讨论 ◆ 问题一：我能从他的故事中获得哪些启示？问题二：现阶段我能做什么？ ◆ 交流并总结	◆ 引导学生从故事中获得激励，联系自身，想一想：为了实现梦想可以做好哪些准备？

除了开展相关主题的班会课，班主任还可利用家长资源、社会资源，为学生的生命伦理观念养成搭建良好平台。以华育中学为例，依托学校课程体系将上述资源“请进来”，并引导学生“走出去”，使学生成长畅通无阻，在其生活、学习、实践等环节构建连贯持续的能量流

动和物质循环,形成良性教育生态的有效做法。

1. 邀请具有专业背景的家长和学校特聘教授专家为师生开设讲座

譬如,从种子太空之旅到科学探索的奥秘,基因组中的可移动元件,诺贝尔奖得主进校园,隐秘而伟大的地下精灵——蚯蚓、精神疾病与暴力行为——是迷思还是科学,仁济医院重症医学科“心肺复苏与急救知识”公益讲座……高质量的讲座不仅为学生带来与生命相关的知识与技能,也拓宽了他们的科学与人生视野,激励青少年在科学求知的道路上继续前行,为社会发展作出自己的贡献。

2. 为学生提供情感陶冶和丰富生命内涵的舞台

华育中学不仅注重科学求真,也重视德育和美育发展。学校邀请特聘教授和专家为师生开设讲座。例如,提高审美力、认识不一样的杜甫、李白的诗酒人生、中国古典舞的审美意蕴等。与此同时,华育中学每年开展艺术节、音乐沙龙、露天音乐节、社团节等活动,为每个学生提供合适的舞台展现自我,于无声处涵养青少年蓬勃的生命力。活动的举办离不开家长的倾力支持,家校共建增进了亲子关系,为每个家庭留下美好的生活记忆。

3. 带领学生走出校园,开展长期的社会志愿者服务

华育中学鼓励每个班级定期开展志愿者活动,培养青少年服务社会的意识。伴随个体的成长和成人的指导,社会群体在进化中鼓励着保护、合作、互相牺牲等亲善行为,这也是青少年通过实践养成其生命伦理观念的绝佳途径。笔者曾组织班级学生开展了关爱大山里的孩子、与孤独症和唐氏患儿同行、蓝色侦探海洋环保、iLab 社区实验室等社会志愿者服务,服务量逾 500 人次,服务时长逾 1 500 小时。在社会资源和家长的鼎力支持下,每位学生都养成了服务社会的习惯,班级成长得到有效助力,学校、家庭、社会形成了紧密的教育命运共同体。

四、效果与反思

笔者通过数年实践摸索，在生命伦理观念养成方面形成了主题系列班会课、主题系列讲座微课程、以学生主导的科技志愿者服务课程体系，能在多个班级乃至初中学段学校进行推广试验。相信这些系列课程能较好地融入学校的课程体系，其经验也能为班主任所借鉴应用。

在学生层面，笔者观察到通过教师的引导启发，学生在生命伦理观念上的思考由浅入深，并与家庭成员展开相关话题讨论。以前文提到的主题班会课“居家的日子:科技改变生活”为例，笔者设计了采访身边的“抗疫故事”主人公这一活动，给学生布置的任务是采访身边的“抗疫故事”主人公（可以是医护人员、基层工作者、政府职能部门工作人员、保供单位工作人员、楼组志愿者……凡是身体力行参与抗击疫情的身边人），整理采访稿，并做好在线上班会课交流的准备。

学生将目光投向身边的家人，发现父母亲除了日常工作、维系家庭、抚养子女外，还积极投身抗击疫情和社区互助，如有的家长是楼组志愿者，每天分发物资、收垃圾、统计团购费用明细；有的家长是单位的党员突击队队长，负责将辖区内的病人转运到相应地点并进行医学治疗；有的家长是“方舱”医护人员，离家数周，始终奋战在一线，这位父亲对儿子说:“人类在突如其来的疫情面前，展现了人性的光辉，展示了团结的力量，在经历中成长！时代赋予我们不同于任何先辈的历史使命，我们都要努力。爸爸不负使命，请你也勇敢，不负十四岁的青春！”儿子在采访稿的结尾处写道:“看了爸爸发给我的照片和视频，我体会到逆行者的艰辛和坚持，我们一直被守护着！”

在阅读这些采访稿、聆听学生分享交流的过程中，笔者屡次深受触动。学生用自己的双眼去观察家人，用心去感受家人的付出与爱，而家长们也借这次采访，向孩子们诉说心中的挂念与关怀。通过这样的活动,能增进亲子的相互了解、促进孩子与父母的关系,有利于青少年对亲子关系和家庭角色的学习与发展。家长以自己的身体力行为榜样,这种言传身教如春雨般润物无声,教会孩子敢于面对生活中的各种挑战,不怕困难,保持乐观,敢于付诸行动,并使孩子明白当遇到重大危机事件时,人们可以互相帮助,共渡难关。

面对新时代的初中学生,教师(尤其是班主任)应引导学生更加全面和理性地看待社会发展和技术革新给生活带来的变化,妥善处理个体成长过程中遇到的矛盾和困惑,使其养成初步的生命伦理观念。

在今后的工作中,笔者会注意研究方向的普适性、调整性,针对不同年龄、不同特点的学生和班级开展多样化的教育教学、学生活动和研究实践,还可以结合时事热点对学生开展教育引导,培养科学意识、伦理观念、国家与民族认同感、社会公民责任感。同时,生命伦理观念的养成是一个长期的过程,贯穿青少年成长的全过程,故对其评价需要长期的跟踪研究。相信在学校、家庭、社会的协同配合与共同努力下,学生们会度过一段积极温暖、丰富充实的初中生活,满怀期待地迈入人生的新阶段。

构建有利于初中生社会情感能力提升的教育环境的策略研究

宋　晟①

摘　要：社会情感能力的培育对初中生的成长与发展至关重要。青春期的心理特点为社会情感能力的培养提供了关键时机。本文基于初中生青春期的心理特点，分析了社会建构理论视角下的社会情感能力，包括与自我、他人和集体的关系建构。强调了家庭、学校和社会在提供支持性环境方面的责任，提出了创设良好社会情感能力提升环境的策略，包括真诚倾听、陪伴同行、沟通艺术、特殊关怀和协同合作等。

关键词：社会情感能力；初中生；青春期；心理健康；教育环境

进入新时代，教育体系与人才培养模式的革新已成为时代发展的必然要求。当前教育的范畴已经超越了传统知识与技能的传授，开始更多地关注个体的全面发展，尤其是人格品质、情感质量和责任意识等非认知领域的提升。在这一背景下，探索如何将非认知因素融入教育体系，以促进学生在认知与非认知能力上的平衡发展变得尤为重要。教育模式的创新不仅关注学生的学术成就，也强调情感、社会和道德能力的培养。提升社会情感能力对学生的全面发展同样至关重要。

初中生正处于青春期这一人生关键阶段，在这个时期，学生在生

---

① 作者简介：宋晟，上海市民办华育中学数学学科教师，中学二级教师，主要从事学校德育与中学数学教学研究.

理、心理和社会性方面都经历着显著的变化。他们面临着自我认知的探索、同伴关系的建立,以及学业压力等带来的诸多挑战。青春期的心理特点使初中生在情绪调节、自我意识建立的过程中也面临更多困难,这为社会情感能力的培养提供了关键的时机。

把握初中生在特殊时期提升社会情感能力的机会,为他们创设良好的教育环境,不仅能激发初中生对知识的渴望,推动学业进步,也能使他们更好地适应青春期的身心变化,更有效地与他人建立积极的人际关系。同时,培养同理心与责任感,为初中生人格发展和精神成长打下坚实的基石,对预防青少年不良行为、促进道德和社会责任感的形成具有积极作用。

一、社会情感能力内涵认识

社会情感能力是儿童和成人在成长和发展的复杂情景中,掌握并应用的一系列与个体适应及社会性发展有关的核心能力。社会情感能力是指个体在认知、情绪、社交和行为等方面所展现的综合素质,包括自我意识、自我管理、社会意识、人际关系技能和负责任的决策等核心要素。教育部和联合国儿童基金会在"社会情感学习与学校管理改进"项目实施中提出,学生社会情感能力的提升就是要促进学生认识和管理与自我、与他人、与集体关系的态度、知识和能力的发展。①

社会建构理论强调,知识是从日常的人际交往和群体互动中"建构"出来的,该理论认为意识、情绪和认知不是存在于人的内部,而是存在于人与人之间,是社会建构的产物。社会建构论的主要奠基者肯尼斯·格根先生提出"关系性存在"理论,对探讨学生社会情感能

① 经超楠,朱周琳.关于社会情感能力的研究综述[J].文学教育,2020(35):2.

力培养的理论问题有着启发意义。在校园环境中，无论是学生与学生，还是学生与教师，这些关系的存在为帮助提升学生的社会情感能力提供了环境基础。提升社会情感能力涉及深层次的关系建构，这包括三个核心维度：与自我、与他人、与集体的关系。

1. 与自我的关系

与自我的关系主要包括自我认知和自我管理。自我认知涵盖对自己情感、兴趣、价值观及优势的深刻理解，强调自知、自信和自尊三个层面，鼓励个体积极认同自身的发展潜力并保持自信。自我管理则关注情绪调节、压力调适和积极反省，培养坚定的意志力和持续的进取心态。

2. 与他人的关系

与他人的关系包括他人认知和他人管理。他人认知是对他人情感、态度、兴趣和行为的识别与理解，倡导同理心和换位思考，以促进相互理解与尊重。他人管理涉及人际交往技能，如尊重个体差异、有效解决冲突，以及建立和维护积极的人际关系。

3. 与集体的关系

与集体的关系包括集体认知和集体管理。集体认知是对集体价值观和行为规范的认同，培养个体的归属感和荣誉感，以及对集体与个人关系的恰当理解。集体管理则是对集体规范的遵守，以及个体与集体关系的调适，明确个体在集体中的权利与责任，鼓励团结、合作和负责任的行为。

通过三个层面的关系建构，个体能在社会情感能力方面得到全面提升，为个人成长和发展作出积极贡献。

二、把握青春期学生的情绪特点

初中阶段的学生，正处于人生发展的关键时期，尤其是初一至初二年级，他们正处于青春期这一人生中的重要阶段。在这个时期，更是心理健康和情感发展的重要时期,学生开始形成自己的自我认同和价值观,这是他们个性发展和塑造世界观的基础。①

1. 青春期情绪特点

(1) 情绪波动大。青春期学生在不断寻求独立与自我表达的过程中,可能会遇到情绪波动大的情况。他们开始挑战家长与教师的权威,这不仅是对权威的质疑,也是对自我能力的探索和肯定。在寻求自我表达和自我实现途径的过程中,他们可能会经历自我怀疑、焦虑和兴奋等复杂情绪,这些情绪的波动性较大,有时甚至表现为对权威的挑战和反叛行为。

(2) 关注同伴关系。在青春期,同伴关系对青少年的自我认同和情绪稳定性具有重要影响,同伴的认可和接纳对青少年的自我认同至关重要。良好的同伴关系可以提供情感支持、增强自信心和促进社交技能的发展,而不良的同伴关系则可能导致孤立、自卑和情绪问题。因此,同伴关系在青春期学生的社会情感发展中扮演着至关重要的角色。

(3) 认知能力发展。皮亚杰认知发展理论认为,青春期个体进入形式运算阶段,能进行假设性思维和逻辑推理,不再局限于具体事物。青春期学生开始更加深入地反思自己的思想、情感和行为,形成更成熟的自我观念。

(4) 风险行为倾向。从生理角度分析,青春期的大脑前额叶仍处于发育过程中,这可能导致冲动控制能力较弱,使青少年更容易作出冲动的决策。过高的自我效能感可能导致青少年对风险的认知存在偏差,认为自己能控制任何情况,从而增加风险行为。同时,在探索自我身份和独立性的过程中,青少年可能会通过风险行为来表达

---

① 袁振国,黄忠敬,王纮,等.中国青少年社会与情感能力发展水平报告——基于第二轮SSES测评数据[J].华东师范大学学报(教育科学版),2024(5):1-32.

自己的个性和独立。

2. 青春期学生情绪波动的原因

身体激素的变化与大脑的发育是情绪波动的生理基础。同时，青少年对他人的看法和评价变得更加敏感。他们渴望得到认可，害怕被排斥，这种对社交反馈的敏感性可能会导致他们在面对批评或拒绝时的情绪反应更加激烈。除了社交，学业压力也是情绪波动的一个重要因素。青春期学生面临着许多选择和决策，如学业压力、兴趣爱好，甚至是未来的规划等，这些困惑和不确定性也是情绪波动的来源，可能会让他们感到焦虑和迷茫。

对这一时期的学生，帮助他们认识情绪的波动是他们正常成长过程中的一部分，给他们一定的情感支持是十分重要的。我们可以借助各种方式来帮助青少年学会恰当管理并表达自己的情绪，培养他们的适应能力和韧性，进而对学业、成长产生积极正面的影响。

三、创设良好的社会情感能力提升环境

当前，青少年心理健康问题日益受到关注。世界卫生组织指出，青春期是形成对精神健康至关重要的社交和情感习惯的关键时期。这意味着，良好的社会情感能力不仅对学生的校园生活有益，更对他们未来的社会生活和职业发展具有深远的影响。习近平总书记明确提出“加强学生心理健康教育”，每个人是自己心理健康第一责任人。社会情感能力的提升可以通过形式多样的活动和途径，帮助青少年学会识别和表达自己的情绪，以及如何通过健康的方式管理和调节情绪。

在这一背景下，家庭、学校和社会应共同努力，为学生提供一个支持性和保护性的环境，以提升社会情感能力。家长和教师可以通过提供积极的情感支持，帮助青少年建立稳定的情绪状态和健康的自我认知。同时，社会也应提供必要的资源和服务，如心理咨询、情

绪管理培训等,以帮助青少年应对可能遇到的情绪挑战。

1. 真诚倾听:信任与自我表达的基石

信任是师生关系中最宝贵的财富。师生间的信任一旦建立,它将成为教育过程中最强大的力量之一,为学生提供一个安全、支持、激励的环境。倾听是一种重要的社会情感技能,教师的倾听能为学生营造一种安全的环境,让他们感到被理解和支持。当学生感受到他们的意见能被家长和教师重视时,他们的自尊心和自信心会得到提升,这是自我意识和自我价值感的重要组成部分,从而学生也能进行更清晰和自由的表达,形成沟通的良性循环,使他们更好地应对困难和挫折,减少不良行为的发生。

教师倾听的方式很多,如课间或辅导学习时几句简单的生活交流,班会课上的自由讨论环节,或家校联系本上的沟通,在这些细微之处给学生一定的表达空间,同时教师尽量提供及时且正面的反馈,学生在情感上会逐步产生微妙的变化。

在相互信任关系建立后,学生处于一种良好的沟通过程中,后续的教育之路也将变得和谐顺畅。

2. 陪伴同行:共享成长旅程

青春期学生看似渴望独立,但陪伴依然可以为他们提供必要的情感支持和安慰,有着重要的地位。同时,青春期学生在价值观、道德观和社会规范方面仍处在形成阶段,师长的陪伴可以为他们提供指导,帮助他们建立正确的世界观,同时也为学生创设一种和谐共处的学习环境,为社会情感能力的提升提供支撑。

班主任作为与学生相处时间最长的一种教师身份,在与学生平时的相处中,可以充分利用好班主任角色中的陪伴特性,更好地开展班主任工作。例如,联欢会时可以与学生一起动手布置教室,一些校园活动如跳踢比赛、魔方比赛,班主任也可以一起参与,提高学生参与的积极性。通过这些互动,可以使学生认识到,班主任不完全是高高在上的权威象征,也是班集体中的一员,是他们成长道路上的同行者、引导者和支持者。这样的相处模式能拉近班主任与学生之间的距离，使学生更有同理心，对集体更有认同感和责任心，增强集体荣誉感。

3. 沟通艺术：多样的沟通方式

多样的沟通方式可以更全面地从不同角度理解他人亲情感的需要。针对不同的实际情况，也可以选择不同的沟通方式，从而取得更优的结果，促进问题的解决。多样的沟通方式不仅包括语言的多样性，还包括非语言沟通，如肢体语言、面部表情等，以及书面沟通等不同的形式。

例如，家校联系本是教师与学生及家长沟通的一座桥梁。它不仅是信息传递的工具，更是情感交流的平台。教师每天可以在家校联系本上留下当天学生情况的简评，学生也可以写下自己每天的心情感受，家长也可以及时记录自己与孩子的谈心情况，三方共同的沟通使家校联系更加紧密。教师与家长更深刻地理解学生的内心，三者之间透明的沟通方式有助于提升学生的自信与自尊。

此外，为了营造一个更为私密且安全的情感表达环境，班级中可以引入一个温馨的角落——班级树洞信箱。信箱钥匙仅由班主任一人保管，确保交流的私密性与安全性。学生可以匿名或实名分享他们的喜悦、困惑或烦恼。班主任定期查看信箱，并给予回复和指导，帮助学生解决问题。无论是学生的心情分享，还是班级问题反映，都可以使班主任及时窥见班级的真实面貌，掌握班级的动态，发现问题并寻求解决之道。

4. 特殊关怀：支持每一位学生的情感需求

每个班级总有一些特殊学生，他们更需要教师的关心与帮助，尤其是情感上的关注。当特殊学生感受到来自家庭、学校和社会的情感支持时，他们更有可能感到安全和被保护，这对他们的情绪稳定和心理健康至关重要。同时，一定的关注与支持有助于特殊学生建立自尊和自信，认识到自己的独特价值和能力，即使在面临挑战时也能保持积极态度。长期的情感关注有助于预防和减少特殊学生可能出现的焦虑、抑郁等心理健康问题。

我遇到过一位因学业压力而感到焦虑的学生,她的情绪敏感且脆弱,甚至一度因压力的重负而选择逃避学校。为了给她最贴心的关怀,我会选择在没有旁人时与她进行交流,以避免给她带来更多的社交压力。我不仅在学习上给她必要的帮助,还经常与她分享生活中的轻松趣事,以此来缓解她紧张的情绪。初二那年,尽管学业任务繁重,但当她提出要创建一个手工社团时,考虑到画手工是她的兴趣爱好,我支持了她的想法并提出担任社团的指导老师,陪伴她一起做她喜欢的事。在随后的社团活动中,她不仅熟练地指导社员完成各种手工作品,还在每次课程结束时,把制作好的手工作品送给我。随着时间的推移,她开始更加主动地向我请教问题,与我分享她的心情和生活。在初三学业最为紧张的学年里,她虽然经历了种种磕磕绊绊,但最终还是凭借坚忍不拔的意志,成功地坚持了下来,并考入了一所不错的高中。中考前夕,她给我写了一封信,在信中写道:"我会始终如一地像您一样,向别人传递温暖,正视困难。"

5. 协同合作:促进家校沟通

教育是一个多维度、多层面的过程,家庭教育在孩子的成长过程中扮演着不可或缺的角色,其重要性有时甚至超过了学校教育。家庭是孩子的第一个社会环境,父母是孩子的第一任老师。在孩子面临挑战或情绪波动时,家庭的支持和理解显得尤为重要。作为教育者,及时与家长建立有效沟通十分重要。当学生在学校遇到难题,如在班委竞选中未能当选,或考试成绩未达预期,可以及时与家长取得联系,详细说明情况,并强调家长在孩子情绪管理中的作用,如家长在孩子回家后,通过观察和交流,了解孩子的情绪变化,给予适当的安慰和鼓励。

青春期是孩子身心发展的关键时期,他们可能会经历情绪波动、自我认同的困扰以及与家长的矛盾。这些矛盾如果得不到妥善处理,可能会对孩子的心理健康和家庭关系产生负面影响。一个情绪稳定的家长能更好地支持孩子,帮助他们克服困难,而不是成为孩子情绪压力的来源。因此,教师可以提供适当的指导,帮助学生和家长建立有效的沟通方式,学会理解和尊重彼此,从而缓解家庭矛盾,促进家庭关系的和谐。通过组织家长会,可以为家长提供科学的教育方法和心理支持,帮助他们更好地理解青春期孩子的特点和需求。同时,鼓励学生参与家庭活动,表达自己的意见和感受,也学会去理解家长的言行,这样不仅能增强他们的自主性,也有助于增进家庭成员之间的理解和信任,使每一位学生的家庭拥有良好的氛围,成为学生社会情感能力提升的坚实后盾。①

综上所述,构建有利于初中生社会情感能力提升的教育环境具有深远的意义。教育是一个多维度的复杂过程,涉及学校、家庭乃至整个社会系统的协同作用,学校和教师可以营造一个全面、健康、支持性的成长环境,这不仅包括学术成就,也涵盖情感和社会交往能力的培养。通过家校合作,可以为学生提供一个连贯的支持系统,帮助他们在学业、情感和社会交往等各方面取得平衡发展。

培养初中生的社会情感能力,如自我意识、自我管理、社会意识、人际关系技能和负责任的决策,是他们成为有责任感、有同情心的公民的关键。在这个快速变化的社会中,初中生应当具备适应能力,灵活应对各种挑战。社会情感能力的培养有助于他们更好地适应未来的工作和生活环境。

通过构建一个有利于初中生社会情感能力提升的教育环境,不仅可以促进他们的个人成长,也有助于培养他们成为均衡发展、能适应社会变化、具有全球视野的公民。

---

① 杜媛,毛亚庆.基于关系视角的学生社会情感能力构建及发展研究[J].教育研究,2018(8):43-50.

微型德育课实施中的问题及对策研究

李　婷①

摘　要:微型德育课作为一种新型德育方式,以其灵活性强、贴近生活、易于操作等特点,逐渐成为德育工作的新亮点。然而,在实施过程中存在一些问题,包括课程设计缺乏系统性、教师德育能力有待提高、学生参与度不高以及评价机制不健全。为有效应对这些问题,须强化课程设计的系统性,提升教师德育素养,激发学生参与热情,并构建科学评价机制。通过实践中的不断探索与优化,如在晨会课融入德育元素、颁奖和聘用仪式中强化正面价值观引导,以及鼓励学生参与班级管理等成功案例,以彰显微型德育课的积极成效。

关键词:微型德育课;德育工作;德育素养

德育课程是培养学生良好品德和行为习惯的重要途径。然而,传统的德育课程常因形式单一、内容枯燥,难以激发学生的兴趣,导致德育效果不理想。随着教育改革的不断深入,微型德育课作为一种新型的德育方式逐渐受到重视。微型德育课以其"微型"的特点,即切入口小、时间短、内容精悍,充分利用课余时间,通过灵活多样的授课形式和贴近生活的道德素材,对学生进行即时的德育教育。② 通过晨会、午会、课间等零碎时间,选取生活中生动直观的道德素材进行即时授课,微型德育课在提高德育实效性、增强学生道德

---

① 作者简介:李婷,上海市民办华育中学道德与法治学科教师,中学二级教师,主要从事学生德育、道德与法治学科教学研究.

② 秦红英,陈永祥.微课程引领下的微型德育教学课的实践策略探讨[J].考试周刊,2020(70):9－10.

素质方面表现出显著优势。尽管微型德育课有着诸多优势，但在实际实施过程中仍面临一些问题，如课程设计缺乏系统性、教师德育能力不足、学生参与度不高及评价机制不健全等。这些问题严重影响微型德育课的实施效果，需要我们进行深入的研究与探讨，以便提出有效的解决对策。

一、微型德育课的特点及其重要性

微型德育课的“微型”主要体现为切入口小、时间短、内容精悍。利用晨会、午会、课间等零碎时间，选取生活中的生动直观的道德素材进行即时授课。这种方式具有灵活性强、贴近学生生活、易于操作等优点，有助于培养学生的道德素质和行为习惯。

1. 微型德育课的形式

在日常班级管理中，教师巧妙地运用多种方式来强化学生的德育教育，不仅促进了学生良好行为习惯的养成，还激发了他们的道德情感与责任感。首先，在口头通知与任务布置方面，教师会提前利用课间或放学前的几分钟，以清晰、简练的口头方式通知学生即将参与的讲座、会议等重要活动，同时强调活动的时间、地点及重要性，确保每位学生都能明确知晓并做好准备。此外，教师还会在班级的小黑板上精心书写活动提醒，以视觉上的双重保障，帮助学生养成遵守时间、重视集体活动的好习惯。

主题讨论作为德育教育的重要环节，教师会精心挑选贴近学生生活、具有启发性的道德议题，如“为什么要认真完成作业”，组织学生进行深入探讨。通过小组讨论、角色扮演、正反方辩论等多种形式，引导学生从不同角度审视问题，理解作业不仅是知识的巩固，更是对自我责任的承担和对未来学习态度的培养。这样的讨论不仅加深了学生对道德观念的埋解，还促进了他们批判性思维和表达能力的提升。

为了进一步增强德育教育的实效性和感染力,班级还会定期举行颁奖和聘用仪式。这些仪式简单庄重,旨在表彰在学业、品德、社会实践等方面表现突出的学生,以及选聘学生担任班级或学校的职务。[①] 通过颁发荣誉证书、佩戴标志牌等仪式化动作,让学生深切感受到德育成果被看见、被认可的喜悦,从而激发他们的荣誉感和上进心。同时,这种参与感也促使学生更加珍惜机会,积极投身于班级管理和各项德育活动。

鼓励学生广泛参与班级管理和德育活动,是实现自我教育、自我管理的有效途径。教师会根据学生的兴趣和特长,安排他们轮流担任值日班长、小组长等职务,参与班级纪律维护、卫生打扫、活动策划等工作。通过这些实践活动,学生不仅学会了如何与人合作、沟通协调,还深刻体会到作为班级一员的责任感和集体荣誉感。这种从"被管理者"到"管理者"的角色转变,让学生在实践中成长,在参与中进步,为构建和谐、向上的班级氛围奠定了坚实的基础。

2. 微型德育课的重要性

在提升学生道德素质的过程中,教师注重将抽象的道德理论融入生动具体的生活事例。通过讲述历史上的道德楷模故事、分析现实中的道德困境案例,以及引导学生反思自身行为中的道德表现,教师帮助学生逐步构建起正确的道德观念体系。这种即时的、贴近生活的道德教育方式,让学生感受到道德并非遥不可及,而是与日常生活息息相关,从而激发他们自觉践行道德规范的内在动力,养成良好的行为习惯。

为了增强德育工作的实效性,学校创新性地引入微型德育课的概念。利用课间、放学前等零碎时间,教师精心设计简短而有力的德育内容,如一句道德格言的解读、一个简短的道德故事的分享等,以

① 张洁.小学德育课程中家长资源的开发与利用策略研究[J].现代教学,2021(11):64-65.

灵活高效的方式对学生进行道德教育。这种微型德育课不仅避免了传统大课可能带来的时间浪费和注意力分散问题，还使得道德教育更加贴近学生的实际需求，提高了德育工作的针对性和有效性。

同时，学校还注重通过德育课程的全面渗透，促进学生的全面发展。德育课程不仅致力于道德知识的传授，更注重对学生情感、态度与价值观的培养。[①] 通过情景教学、角色扮演、社会实践等多种教学方式，德育课程让学生在体验中学习，在学习中成长，逐步形成良好的道德品质、积极的人生态度和正确的价值观念。这种全方位、多层次的德育培养模式，为学生的全面发展奠定了坚实的基础，也为他们未来的社会生活做好了充分的准备。

二、微型德育课实施中存在的问题

1. 课程设计缺乏系统性

微型德育课尽管以其灵活多变的形式为德育工作带来新的活力，但也面临系统性不足的挑战。由于时间紧、内容相对零散，微型德育课在构建完整德育体系方面显得力不从心，难以确保学生获得全面而连贯的道德教育。此外，教师在设计这些课程时，若缺乏统一规划与长远目标的指引，容易导致课程内容随意性较强，缺乏系统性、层次性和连贯性，进而影响德育效果的深度与广度。这些问题不仅限制了微型德育课在提升学生道德素质方面的潜力，也对德育工作的整体成效构成了制约。

2. 教师的德育能力有待提高

德育工作的有效开展，高度依赖于教师自身的道德素养与教育能力。然而，在微型德育课的实践中，一个不容忽视的问题是，部分

---

① 佚名.以微型德育课程促学生全面发展——江苏省邗江中等专业学校养成教育活动掠影[J].江苏教育，2020(52)：81.

教师由于未能接受充分的专业培训或缺乏足够的实践经验,导致他们在引导学生深入思考、积极实践道德规范时显得力不从心。这种能力上的不足,不仅限制了教师在课堂上的灵活应变与有效互动,也直接影响了德育内容的深度传达与学生的吸收效果,最终使微型德育课的德育成效未能达到理想状态。

3. 学生参与度不高

微型德育课作为提升学生道德素质的重要载体,其成效的显现离不开学生的积极参与和深度投入。然而,当前微型德育课在实施过程中面临的一个显著挑战是,课程形式趋于单一,内容设计有时显得枯燥乏味,难以激发学生的兴趣和共鸣。这种现状导致部分学生对微型德育课持消极态度,参与度低下,甚至产生抵触情绪。学生的这种非积极反应,无疑削弱了德育信息的传递效果,限制了学生在课堂上的主动学习与自我反思,从而影响了微型德育课整体德育目标的实现。

4. 评价机制不健全

微型德育课在推动学生道德素质发展方面扮演着关键角色,但其评价机制的不完善成为一个亟待解决的问题。当前,由于缺乏科学、系统的评价标准和方法,教师难以对微型德育课的实施效果进行全面、准确的评估。这种评估机制的缺失,不仅使教师难以把握学生在道德认知、情感态度及行为表现等方面的具体变化,也无法为课程的后续改进和完善提供有力依据。因此,微型德育课在持续优化教育内容与教学方法、提升德育实效性方面受到制约,影响其作为德育重要途径的充分发挥。

三、微型德育课实施的对策

1. 加强课程设计的系统性

微型德育课的成功实施,离不开一套统一的规划与长远目标的引领。在课程设计之初，教师应当明确德育的核心目标与阶段性任务，确保课程内容既具有系统性，能循序渐进地引导学生构建完整的道德观念体系，又保持连贯性，使每一堂课都成为学生道德成长道路上的坚实一步。此外，教师还须深入了解学生的实际情况与个性化德育需求，以此为基础灵活调整课程内容和形式，使之更贴近学生生活，激发学生的学习兴趣与参与热情。这样的课程设计策略，旨在提高德育的针对性和实效性，确保微型德育课真正触及学生心灵，促进其道德素质的全面提升。

2. 提高教师的德育能力

为了保障微型德育课的有效实施与持续优化，学校应把加强教师的德育培训置于重要位置。这要求学校不仅要关注教师道德素养的提升，还要致力于增强其教育能力，特别是在微型德育课领域的教学技巧与策略。通过组织专题讲座，邀请德育专家分享前沿理论与实践经验；开展交流研讨活动，鼓励教师之间分享成功案例与遇到的挑战，共同探讨解决方案，以及进行案例分析，让教师深入剖析德育教学中的具体问题，从而加深对德育工作的理解。这一系列培训措施旨在帮助教师系统掌握德育的基本理论框架与实践方法，进而提升他们设计、实施与评估微型德育课的能力与水平，为学生道德素质的全面发展奠定坚实的基础。

3. 增强学生的参与度

为了有效提升学生的参与度，微型德育课应当成为一场富有吸引力与启发性的道德教育盛宴。教师在课程设计时应注重内容的趣味性与形式的多样化，巧妙地将生活中的鲜活事例与直观素材融入课堂，通过故事讲述、角色扮演、小组讨论等多种形式，使德育内容更加贴近学生实际，激发学生的好奇心与探索欲，从而主动参与学习讨论。此外，教师还应积极引导学生参与班级管理和德育活动的策划与执行，让他们在实践中体验责任与担当，增强集体荣誉感与归属感。这样的教学策略不仅提升学生的参与热情，还能促进他们在参与中深化道德理解，形成积极向上的道德品质与行为习惯。

4. 建立健全的评价机制

为了确保微型德育课的有效实施与持续优化，学校亟须建立一套科学、系统的评价机制。这一机制应明确界定评价的标准与方法，确保对微型德育课的实施效果进行全面、客观评估。通过定期的教学总结与反馈环节，学校及时发现课程实施中存在的问题与不足，为后续的改进提供精准的数据支持与方向指引。此外，评价机制还应鼓励教师之间的交流与分享，促进教学经验的相互借鉴与提升。在持续的评估、反馈与改进过程中，微型德育课将更加贴近学生的实际需求，德育效果也将得到显著提升，为培养学生的良好道德品质与行为习惯奠定坚实基础。

四、实践案例分析

1. 案例一：晨会课的实践

晨会课作为微型德育课的一种重要形式，巧妙融合了日常管理与德育教育。例如，在年级大会召开之际，教师不仅通过简短而明确的通知，指导学生携带纸笔以备记录之用，有效解决了会议准备的实际问题；更借此契机，引导学生深入思考，鼓励他们利用大会时间思考和规划个人计划，在潜移默化中增强学生的学习自主性和时间管理能力。这一过程，不仅保障了班级活动的有序进行，更在细微处彰显了德育教育的力量，促进了学生综合素质的全面提升。

2. 案例二：颁奖和聘用仪式

教师巧妙利用颁奖与聘用仪式，为微型德育课增添了庄重与激励的氛围。在班级管理中，通过设立值日生、小组长等职务，并配以证书颁发与小礼物赠送，教师不仅明确了学生的职责与角色，更让这份荣誉成为对学生优秀表现的认可与鼓励。这一举措，让学生深切感受到德育教育的重视与关怀，有效激发他们的参与热情与集体荣誉感。同时，责任感的增强也使学生在日常生活中更加注重品德修养与行为规范，形成了积极向上的班级风貌。

3. 案例三：学生参与班级管理与微型德育授课

教师积极倡导学生参与班级管理，通过值日、小组评比及纪律维护等实践活动，有效培养了学生的责任感与集体意识。在班级内部，精心设立值日生与小组长等职务，赋予学生管理职责，并通过颁发聘书与小礼物的方式，对表现突出的学生进行表彰，以此激发他们的责任感与荣誉感。除此之外，在晨会、午会中安排系列性“小干部”分享，邀请表现突出的学生分享班级管理的心得体会，遇到困惑或疑问，请全班学生一起想办法解决……这一系列举措，不仅让学生在参与中学会自我管理，更深刻体会到作为集体一员的使命与担当，促进班级凝聚力的提升与和谐氛围的营造。

微型德育课作为一种新型的德育方式，凭借其灵活性、贴近现实与易于实施的优势，在德育领域内扮演着不可或缺的角色。然而，其深化实施过程中遭遇的诸如课程设计碎片化、教师德育技能待提升、学生参与度有限及评价体系缺失等问题，要求我们持续探索与革新。通过系统性规划课程设计，强化教师的德育素养与专业教学能力，同时激发学生主动参与的热情，并构建全面、科学的评价机制，微型德育课必将在促进学生全面发展、深化德育工作成效方面展现出更加显著的力量。

家校协同共育初中生创新素养的实践探索

李 珉[①]

摘 要:家校协同共育是提升初中生创新素养的重要途径。本文通过分析家校合作的重要性、创新素养的构成以及家校协同共育在实践中的策略和方法,探讨如何有效促进初中生的创新能力。家校协同共育能通过多样化活动和资源,为学生提供丰富的创新环境和支持,从而显著提升他们的创新素养。

关键词:家校协同;创新素养;初中生;实践探索;教育创新

在当今快速发展的社会中,创新能力被视为推动社会进步和个人发展的关键要素。教育领域也在不断探索如何有效培养学生的创新素养[②],以应对未来的挑战。对初中生而言,这个阶段是培养创新素养的关键时期。他们处于认知和情感发展的重要阶段,具备对新事物的好奇和探索精神。家校协同共育作为一种综合教育模式,能有效整合家庭和学校的教育资源[③],为学生的创新素养培养提供有力支持。[④] 本文将深入探讨家校协同共育在提升初中生创新素养方面的实践探索,分析其优势、挑战及未来发展的方向。

---

① 作者简介:李珉,上海市民办华育中学数学学科教师,中学一级教师,主要从事家校协同与中学数学教学研究.

② 李晓华,王浩然.家校协同教育与学生创新素养提升的路径研究[J].教育研究,2018(6):85-92.

③ 刘芳.家校协同共育在创新教育中的重要性[J].教育与教学研究,2021(4):34-38.

④ 张伟.家校合作在初中生创新能力培养中的作用[J].基础教育研究,2020(6):58-61.

一、家校协同共育的重要性

1. 家庭教育的作用与影响

家庭是学生最初的教育场所，父母是孩子的第一任老师。家庭环境对学生的性格、行为习惯以及兴趣爱好的形成具有重要影响。在创新素养的培养中，家庭教育发挥着不可替代的作用。

创造性思维的启蒙——家庭可以通过鼓励孩子探索和发现，提供丰富的学习资源和实践机会，激发他们的创造性思维。① 例如，通过家庭阅读、科学实验、动手制作等活动，帮助孩子发现问题、提出假设并进行探索。

创新精神的培养——家庭在日常生活中应鼓励孩子勇于尝试新事物，不畏失败，培养他们的探索精神和创新勇气。父母应以身作则，展示对未知领域的好奇心和探索欲望，成为孩子的榜样。

情感与支持的环境——家庭提供的情感支持和鼓励对学生的创新活动至关重要。孩子在面对挑战和困难时，父母的鼓励和认可能增强他们的自信心和毅力。②

2. 学校教育的系统性与专业性

学校教育具有系统性和专业性，是培养学生创新素养的重要场所。学校通过科学的课程设置和多样化的教育活动，为学生提供系统的创新教育。

课程设计与实施——学校可以通过设置创新课程和跨学科项目，培养学生的创造性思维和问题解决能力。例如，STEM（科学、技

---

① 赵晓燕.家庭教育对学生创造性思维发展的影响[J].现代教育科学，2017(12):53－57.

② 陈芳.家庭情感支持对学生创新能力的影响[J].心理发展与教育，2019(5):56－60.

术、工程和数学)教育融合了多学科知识,促进了学生的综合创新能力发展。

实验与实践活动——学校应积极组织各类实验课、科技制作和创新竞赛等实践活动,鼓励学生动手实践,提升他们的动手能力和创新意识。通过参与这些活动,学生将理论知识应用于实际问题解决,体验创新过程的乐趣。

教师的引导与支持——教师在教学过程中,通过设计开放性问题、激发讨论和鼓励思考,培养学生的批判性思维和创新精神。教师应关注学生的个体差异,提供个性化的指导和支持,帮助学生充分发挥其创新潜力。

3. 家校协同的必要性

家庭和学校在教育中的角色和作用各有不同,家校协同共育能充分发挥双方的教育资源和优势,为学生创新素养的培养提供更为全面的支持。

互补性——家庭教育注重个性化和生活化,学校教育注重系统性和专业性,两者相互补充,为学生提供全方位的教育支持。例如,家庭在日常生活中通过实地参观、户外探险等方式激发学生的创新兴趣,而学校则通过系统的课程和专业的指导深化这些兴趣和能力。

一致性——家校协同能在教育目标和教育方法上保持一致,为学生提供一个稳定和协调的学习环境,促进其全面发展。家长和教师在教育理念和方法上达成共识,有助于避免因教育方式的差异而对学生造成困惑。

资源共享——家校协同能实现教育资源的共享和优化配置,提高教育的效率和效果。通过家校合作,学校可以借助家长的专业知识和社会资源丰富教育内容,而家长也可以利用学校的教育资源提升家庭教育质量。

二、初中生创新素养的构成

1. 创新素养的定义

创新素养是指个体在面对新问题、新情景时，运用已有知识与技能，创造性地解决问题的能力。它不仅包括创造性思维能力，还包括探索精神、合作能力、自我管理能力和实践能力等。

2. 创新素养的构成要素

创造性思维：这是创新素养的核心，包括发散思维和收敛思维的能力。发散思维是指能从不同角度提出多种可能性，收敛思维是指从多种可能性中筛选出最优方案。例如，学生在解决复杂问题时，需要先进行发散思维，提出多种解决方案，然后通过收敛思维选择最佳方案。

探索精神：表现为对新事物的好奇心、开放的心态和持续学习的热情。学生在面对未知领域时，应具备主动探索和发现的精神，不断挑战自我。

合作能力：创新往往是团队合作的结果。学生需要具备与他人合作的能力，能有效地沟通、分享观点，集思广益，共同解决问题。

自我管理能力：包括自我调节、目标设定和行动规划等能力。在创新过程中，学生需要自我激励，制订明确的目标，并采取有序的行动来实现这些目标。

实践能力：这是将创意转化为实际成果的能力。学生需要具备动手实践的能力，能将理论知识应用于实际问题的解决中。

3. 初中生创新素养的特点

初中生正处于从儿童迈向青少年的过渡期，其创新素养的培养具有以下特点。

好奇心强——初中生对新事物充满好奇，愿意尝试和探索。教师和家长应通过提供丰富的学习资源和体验机会，激发他们的好奇心和探索欲望。

思维活跃——初中生的思维逐渐从具体到抽象,能进行一定程度的逻辑推理和创造性思考。在教学过程中,应鼓励学生提出问题和挑战权威,培养他们的批判性思维和创造性思维能力。

情感丰富——初中生情感丰富,具有强烈的自我意识和探索欲望,这为创新提供了情感动力。教师和家长应关注学生的情感需求,提供积极的情感支持,帮助他们克服创新过程中的挫折和困难。

合作意识增强——初中生逐渐认识到合作的重要性,愿意与同伴一起探索和解决问题。在创新活动中,应鼓励学生参与团队合作,培养他们的合作能力和团队精神。

三、家校协同共育在初中生创新素养培养中的实践探索

1. 建立共同的教育理念

通过学校家长会,传递学校对学生的期望。作为学校新一届学生,要站在新起点上,继承学长们代代传承的刻苦拼搏的精神,心怀底气和豪气,乘风起航,展示新一届学生的风采:第一,心中有韧劲,有拼搏精神;第二,眼里有光芒,保持好奇心;第三,脸上有笑容,累并快乐着。

自从学生跨进初中校门,随着学科种类的丰富和课程内容的深入,家长们开始担忧,过多的课外活动可能会挤占孩子宝贵的学习时间。笔者在第一次家长会上,就重点介绍学校活动给学生带来的积极意义,分享往届学生成长的事例,让家长对学校活动带来的正面影响有一个大致的认识。在每次彩排活动时,笔者都会跟热心来帮忙的家长聊天,跟他们分享排练间隙还在抓紧写作业或三五成群讨论学习问题的场面,让家长直观感受学生在参加班级活动时的氛围,不会耽误学习,反而提高学习效率,提高家长对参与活动的认同度。每次活动我都会全程跟进活动安排,协调场地、人员。活动结束后,我

都会当面或用微信向家长表示感谢。在这样的沟通方式中，拉近了笔者和家长之间的距离，有利于建立共同的理念。

2. 关注学生情绪变化，组织家长和学生共同参与活动

班级里有一名特殊的学生，性格内向，沉默寡言，鲜少参与活动。然而，在初一的一次合唱排练中，在指导教师的要求下，他表现得特别认真。于是，我郑重地向他发出参加舞蹈大赛的邀请，我提前跟舞蹈教师沟通，希望给零基础的他更多宽容与耐心。每次排练完，我跟家长反馈他在舞蹈排练中的表现，家长也热心地成为排练的志愿者。真心换真心。动作不会，进行一对一教学；队形不齐，一遍遍重来。最终，我们一起创造了无与伦比的精彩——舞蹈大赛冠军。他在舞台上自信的笑容，也让笔者和家长感到无比欣慰，这就是一个孩子的成长蜕变。

3. 倾听家长意见，及时反馈学生情况，共同调整教育策略

班级中有位学生，学习成绩优秀，生活上也特别自律。进入初一后，随着学习科目的增多，他很晚才能完成作业，每当超过晚上 9 点，该学生的情绪就会变得较糟糕。家长跟笔者电话反馈后，笔者找学生进行了了解。主要原因在于有几天晚上有培优课，导致他完成作业时间变晚。因此建议他抓紧利用白天的碎片化时间完成一些简单的作业，此外建议他尝试提早几天问好这周的作业，将有些作业提早完成，以免影响作息时间。同时，在调整的两个星期中，笔者会及时跟他沟通新措施的适用性、有效性，并鼓励他在平时学习中多学学其他优秀同学的处理方式。笔者也会及时和家长电话沟通，了解学习方法和习惯改变后有没有缓解学生在家的负面情绪，也希望家长在家里能进行正面引导，缓解孩子的压力，并给予有效支持。同时笔者也建议他多参与班级活动，在活动中纾解压力，提高解决问题的能力，希望他成为一个有责任感且全面发展的好学生。经过一个月的调整，他能从容安排好自己的时间分配。更让我欣慰的是，在这一系列调整中也拉近了我和他之间的距离，他也会主动承担起更多班级

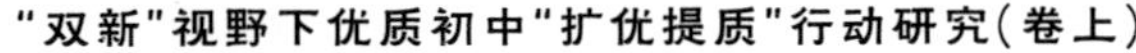

工作，在随后的班委竞选中，他成功当选班级体育委员，并连续两年参与班级舞蹈比赛。

4. 主动邀请家长参与学校工作，共建教育资源

课余，笔者利用家委会的力量，组织学生参加上海交响乐团的音乐沙龙，并担任志愿者，既接受了艺术的熏陶，也培养了学生的责任感。同时邀请家长参与学校讲座《新时代　芯生活》，让学生感受到科技的魅力。

家校协同共育是提升初中生创新素养的有效途径。通过家庭和学校的密切合作，学生能在丰富的学习环境和多样化的教育活动中，培养创造性思维、探索精神和实践能力。尽管在家校协同共育中面临诸多挑战，但通过沟通与合作、优化资源配置和关注学生的个体差异，可以有效促进初中生创新素养的发展。未来，随着教育模式的不断创新和信息技术的广泛应用，家校协同共育将在提升学生创新能力方面发挥更重要的作用。

初中阶段拔尖创新人才早期培养的家校合作方式探究

邓蓓静①

摘　要：在初中阶段创新人才早期培养的德育教育过程中，班主任主动参与构建和谐的家校合作模式，是促进有潜能的学生行稳致远的重要渠道。本文以所带教过的华育中学3个创新人才班学生为例，从家校合作的背景、家校合作面临的问题、家校合作改进的策略等方面，探究初中阶段拔尖创新人才早期培养的家校合作方式，并进行总结和反思。

关键词：创新人才早期培养；家校合作；育人方式

一、家校合作面临的背景

1. 社会对初中阶段拔尖创新人才培养家校合作方式的重视

在对初中阶段学生进行德育教育的过程中，学校教育是关键，但德育不是凭借"一己之力"就可以完成的，它需要家庭教育、社会教育的协同配合。以学校教育为基地，充分挖掘家庭、社会的德育资源，三者相互合作，形成一股合力，才能共同促进学生良好道德品质的形成，促进学生健康发展。在华育中学初中阶段创新人才早期培育的德育教育中，需要班主任营造氛围，提升家校合作的有效性，使学校德育教育与家庭德育教育紧密联系在一起，根据每一个学生的兴趣爱好与发展潜质，给予合适的教育生长环境，为初中阶段创新人才早

---

① 作者简介：邓蓓静，上海市民办华育中学英语学科教师，中学一级教师，主要从事学科德育与中学英语教学研究.

期培育的德育赋能,唤醒每一个学生的创新意识,培养他们的创新思维与人格,夯实他们未来成为创新人才的素养基础,让有潜能的学生行稳致远。①

2. 初中阶段创新人才家长的教育理念的变化

随着现代信息社会的发展与进步,家长对教育的要求、对学校和社会的期望也越来越高,家庭教育逐渐变得更加知识化和职业化。学校教育中个别化教育不足,与家庭教育中个别教育优势弥补。学校教育以集体教育为主,缺乏针对性。家长希望在与班主任沟通时接受家庭教育的建议。他们希望班主任能站在家长的立场看问题,预测他们的真实需求,并表达自己的同感。这些有潜能的学生能进入华育中学创新班,家长一定付出和牺牲了很多,当然也一定有他们自己的非常有效的家庭教育方法。

二、家校合作方式实践中目前面临的问题

1. 家长在家庭教育方式中遇到的问题

在一些家校合作方式中,班主任一味告状,让家长毫无章法地去教育孩子,或家长说要对孩子进行怎样的教育,班主任就怎样做。家长反感教师的一些做法。一些家长对孩子的期望与孩子的实际能力之间有较大差距。他们的挫抗力很差,继而情绪出现波动,在家庭教育中出现困难。家长在之前教育强潜能孩子的过程中,很少遇到孩子受挫的情况,所以在家庭中教育孩子如何面对挫折,是滞后和部分缺失的。对学校的教育理念,家长很难认同,往往更相信自己的教育方式,而没有意识到自己给孩子过大的压力,不能准确认识学生的个性及不同学生智力水平之间的差异。

---

① 郭丽英.教师与家长的有效沟通探析[J].教育观察,2023(24):56-58.

2. 家长参与学校教育存在误区

一些家长代替孩子参加学校的德育活动，如艺术节和义卖等学校大型活动。家长对参与学校德育教育的边界模糊。家长可以参与哪些活动？参与到什么程度？很难把握。家长参与德育活动，往往会把学生活动的排练和策划都揽到自己身上，而恰恰忘记学校德育活动的目的是培养孩子高尚的情操、提高各方面的素养、提升个人能力、学会团队协作等。

三、家校合作方式改进的策略

（一）在家校合作教育中，学校教育要起主导作用，班主任可参与指导家庭教育

在家校合作教育中，学校教育是重点，因为学校不但是学生日常生活和学习的主要场所，而且为学生提供更加专业的教育，所以在“三位一体”的家校合作教育模式中，学校应起到主导作用。[①] 以下从三个方面，谈谈班主任如何以学校教育的主导作用，参与指导家庭教育。

1. 班主任为家长和学校架起沟通的桥梁，充分发挥学校集体教育的主导作用

华育中学有一个传统，就是通过“家长学校”方式，组织家长到学校听一些家庭教育的讲座，对家长进行家庭教育知识方面的教学，班主任也应抓住这些机会，多旁听讲座内容和案例等，同时，班主任为家长和学校架起沟通的桥梁。每次在家长学校开讲座前，笔者在家长中先征集他们现阶段在家庭教育中遇到的困难，如亲子关系沟通、孩子的情绪、如何帮助孩子过好青春期等问题，再及时反馈给学校，

---

① 陈强，高月钦.构建“三位一体”联动教育的实践研究[J].新教师，2021(4)：17－18.

这样学校在安排"家长学校"的讲座时,就会有的放矢,针对家长所关心的问题,给予更有效的家庭教育的集体指导。比如,针对家长在家庭中教育孩子如何面对挫折方面的教育缺失,笔者及时上报家长们关心的问题,学校适时安排"培养孩子逆商"的家庭教育讲座,笔者又及时在家长中告知讲座内容,家长们积极参与,并虚心学习,接受学校的家庭教育指导,班主任就起到了一个很好的桥梁作用,让家长和学校进行有效沟通,使家长更信任学校,进一步发挥学校的教育主导作用。

2. 班主任与家长进行一对一有效沟通,指导家庭教育

学校教育中个别化教育不足,可与家庭教育中个别化教育进行优势弥补。学校教育以集体教育为主,缺乏针对性。作为班主任,不定期进行家访、校访、电话沟通等,面对面或单独地给家长提出一些家庭教育方面的建议。让家长在沟通过程中接受班主任的建议和认可班主任的教育方法是重中之重。

班主任要站在家长的立场看问题,预测他们的真实需求,并表达自己的同感。笔者本着不卑不亢,互相尊重的态度,真诚地与家长交流。交流前,班主任事先做好大量工作,充分了解孩子平时在校的表现、孩子在做事时所表现出来的优点和缺点、心理状况、各科教师反映的学习情况、孩子的脾气秉性,以及班主任和孩子个别谈话后了解的孩子的心理动向及孩子眼中的父母等。在做完这些"功课"后,班主任才能胸有成竹地和家长沟通。做到心中有数,再行动。笔者不会贸然打电话,而是先发短信,请家长在方便时回电,并加上一句"不是急事别担心",这样家长回电时就会心平气和。笔者的开场白总是从表扬孩子最近的进步开始,告诉家长周围同学和老师对孩子的喜爱,表扬家长教育有方。有时家长反而被笔者说得不好意思,接着告知孩子需要进步的地方。

3. 班主任要充分利用家长会,让学校教育进一步起主导作用

(1) 通过集体沟通,让家长认同班主任的教育理念。每次家长

会，笔者会根据学生在校和在家表现，提出优点和不足，也可在每个阶段，对班级德育工作重点提一句好记的话。例如，“本学期班级工作重点：让孩子全面适应，做会生活的孩子。”“让孩子在班里做到人人有事做，事事有人做。”……在家长会上与家长进行集体沟通时，笔者会多代入家长的角色，考虑孩子的问题，先真诚地说出笔者的想法，提前告知家长可能会出现的情况，让他们权衡利弊。

比如，在接手新班级的第一次家长会上，笔者就宣传家长要支持孩子多参加活动。特色班孩子学习任务重，让孩子挤出时间参加活动是非常有意义的。当家长对自己可能要为此投入大量人力物力而觉得麻烦时，笔者先预设家长关心但不好意思提的问题，一一作了解答。最后大家统一了思想，孩子能自己做的绝不代劳，比赛准备过程远比结果重要。后来我们班的创意秀等集体比赛，都是在家长们的关注下，由孩子们自己策划，互相帮助，抽时间在校排练、制作道具等。孩子们在集体中的价值感和协作能力有了提高，当然也多了很多作文素材。家长们更加支持和相信班主任，更加认同学校。

（2）家长会上，班主任应担任学生和家长沟通桥梁的角色。在家长会上，班主任也要把孩子们的想法向家长传递，如在预初时的一次家长会上，针对一些家长对孩子的期望与孩子的实际能力之间有较大的差距，特意设计了一个环节“爸爸，妈妈，我想对你说”。事先请每位学生在纸条上写好最想对父母说的几句心里话，可以不署名。会上我把署名的纸条交给家长，并且朗读了一些不署名学生的心里话，当听到：“妈妈，我知道华育中学强手如云，给我一些时间，我会努力赶上的，一定要相信我。”“爸爸，我不想上外面的课，因为我真的听不懂，可你为什么总不听我说的话呢？”家长们非常感动，说重新认识了渐渐长大的孩子，同时也意识到自己给孩子的压力过大。适时引导家长认识学生的个性及不同学生之间智力水平的差异，多看到他们的闪光点，让家长们达成共识，孩子的成功和进步是在原有基础上的提高。这样就在家长和学生之间架起沟通的桥梁，帮家长减压，帮学生减压。

(二)班主任引导家长共同参与学校教育

在华育中学,家长对孩子有比较高的要求,因为他们自己大都是各行业或各领域的佼佼者。特别是有潜能的创新班孩子,家长对孩子的成长更为重视,如果能挖掘家庭即家长的德育资源,可以提升对学生进行德育教育的有效性。

1. 班主任须识别并避免走入家长参与学校教育的一些误区

首先,班主任要认识到家长参与学校教育的一些误区。家长参与学校教育,并不是指家长全面接管参与或代替孩子参加学校的德育活动,甚至指导、架空班主任,如艺术节和义卖等学校大型活动。班主任要引导他们参与学校对孩子的德育教育。利用好家长资源。

比如,遇到学校大型活动排练需要孩子们团队协作时,笔者不会首先和家长商量,而是先做学生的工作。先鼓励学生参与活动,笔者和学生一起策划活动内容,引导学生讨论更好的活动方案。在这过程中,家长看到自己的孩子欢欣鼓舞,乐意参与活动,家长知道后,一定会满心欢喜地向班主任提建议,主动配合班主任和学校,积极发动自己的资源,参与德育教育活动。

2. 引导家长参与学生的班级主题班会,为创新人才早期培育的德育赋能

主题班会课是指在班主任指导下,以班级为单位,有目的、有计划、有组织地引导学生围绕某一主题进行的一种思想道德教育活动。一节成功的主题班会课可以提高学生的道德认知,陶冶学生的道德情感,锻炼学生的道德意志,培养学生的道德行为。家长作为家庭教育的主力军,参与班级主题班会,将进一步了解孩子的所思所想,了解孩子所在的集体,了解班会作为学校教育中育人主渠道的特点和方法,使家长更加信任学校和班主任,并使家庭教育更好地与学校教育保持高度一致。

(1) 引导家长间接参与班级主题班会。比如,笔者曾开过一次劳动教育的主题班会,在准备过程中,进行了一次“我眼中最美的劳动者”的寻访活动,学生采访自己的父母或其他家人,请他们谈谈自己作为劳动者的辛劳和感想。笔者了解到,学生主动要求和父母在国庆节期间一起加班,看看爸爸妈妈平时是怎样工作的,还煞有其事地写采访提纲。通过这次采访活动,孩子和父母的关系有了改善,孩子了解了父母工作的不易,平时叫苦叫累的孩子有了变化,亲子间话题也多了不少。我想家校的这次大型互动所产生的效果是非常有意义的。在班会上,请学生介绍这次寻访活动的感想。同学们介绍了当警察、外科医生、法官、无线通信工程师等父母的工作和作为劳动者的感想。从而懂得劳动最光荣,需要热情、辛勤汗水和责任心;成为合格的高素质劳动者既是实现个人价值的前提,也是对国家和社会的一种义务担当。现在除了完成知识的学习,还要在日常生活中培养坚韧的性格和高度的社会责任感。

(2) 引导家长直接参与班级主题班会。在关于如何与父母进行沟通的主题班会上,笔者邀请了几位同学和他们的家长谈谈想法。当大家听了有同学和他妈妈吵架事件的始末后,不由得感同身受,纷纷说出解决办法,学会了应设身处地考虑父母的感受,学会换位思考,纷纷表示学习之余也要多帮助家里做家务。所以,笔者有机会就请家长参加主题班会,家长也愿意参加,想多听听孩子们的想法。在这过程中,许多家长和孩子的亲子关系都有很大改善,家庭教育也更有效,家长也更信任学校和教师教育。

四、探究家校合作方式的思考

家庭教育是基础,学校教育是关键。在初中阶段拔尖创新人才早期培养的家校合作方式的实践中,班主任在家校合作中的位置举足轻重,是参与构建和谐家校合作模式的主要力量,构建以学校教育为主的沟通渠道,实现学校教育与家庭教育联动;构建以家庭教育为主的参与途径,让家长更加信任学校和依赖教师,才能更好地与学校教育保持高度一致。

班主任就像桥梁,架起家长和学校之间的沟通,使家长更信任学校,进一步发挥学校教育主导作用。特别在与家长沟通时,要多研究学生的成长环境,注重谈话切入点及口气语调等方式方法,用正确的教育思想去影响家长,而不是指责和粗暴要求家长改变教育方式。这样才能与家长进行有效一对一沟通,指导家庭教育。

在华育中学初中阶段创新人才早期培养的德育教育过程中,班主任主动参与构建和谐的家校合作模式,是促进有潜能的孩子行稳致远的重要渠道,并为初中阶段创新人才早期培育的德育赋能。

新教师家校合作胜任力的提升策略研究

曹　威①

摘　要:家庭和学校是学生学习和生活的主要场域,家庭教育需要学校助力,学校育人目标的实施也需要家庭支持,因此家校共同体的构建在学生的健康成长中具有重大意义。教师与家长之间的沟通互动是家校共同体构建的关键基础。笔者作为徐汇区新教师见习基地导师,了解到,入职初期,很多新教师最大的困扰就是如何与家长进行有效沟通。本文结合自己的工作经验和思考,阐述新教师家校合作胜任力的提升策略。

关键词:新教师;家校合作;有效沟通

初中阶段是学生身心发展的关键时期。与小学相比,他们开始有想法了,对家长和教师的话,他们不再言听计从,开始怀疑,否定,甚至批判。孩子们在这个阶段慢慢进入青春期。但是,与高中生相比,他们的想法没有成熟,缺乏经验和判断力,因此作为影响学生发展的核心角色,家长和教师展开有效的家校合作,对帮助学生顺利度过初中阶段,促进学生全面发展具有重要意义。②

沟通是人与人之间、人与群体之间、思想与感情之间的传递和反馈的过程,以求思想达成一致和感情的通畅。家校合作的核心是家校沟通,在此过程中,教师可以弥补在学校中对学生了解的不足,掌

---

①　作者简介:曹威,上海市民办华育中学年级组长,数学学科教师,中学一级教师,主要从事学校德育与中学数学教学研究.

②　庞佳慧,徐丹诚.家校合作对初中生非认知能力的影响研究——基于中国教育追踪调查数据分析[J].基础教育参考,2024(6):65-80.

握更多的关于学生的情况。家长可以了解孩子在校的情况,以便采取相应的措施,促进孩子的健康成长。新教师刚入职,本身就缺乏经验,如果能与家长进行有效沟通,得到家长的信任和支持,就会提高工作效率,使工作效果更显著。那么,新教师到底怎样才能与家长进行有效沟通?本文将结合案例从三个方面进行探讨。

一、沟通时注重共情换位

在处理学生问题时,要学会换位思考,站在家长角度考虑问题。反馈问题要客观,要实事求是。在与家长沟通时不可以抱怨或训斥家长。最好心平气和地进行沟通,与家长协商,根据孩子的具体情况提出操作性较强的解决方案。

【案例 1】在徐汇区新教师培训活动中,笔者作为见习教师的导师,在一次培训中做了一个模拟练习:让两位新教师一组,一位扮演班主任,另一位扮演家长。在电话里"班主任"向"家长"抱怨他的孩子在校表现什么什么不好,一直投诉了 3 分钟。问扮演家长的教师的感受时,得到的回答是:

"这个教师没水平,我心里真看不起他。"

"孩子在学校里课堂作业没有完成,也找家长,那老师做什么呢?"

"我听了老师的告状,觉得很绝望,把我孩子说得无药可救。"

"我真要被气死啦,孩子太不努力,太不用功了,回家后要好好教训他一顿。"

可见,这位"班主任"的"抱怨式"沟通不但没有解决学生的问题,还引发家长不满。因此,反思如下:(1)不要抱怨和告状,想清楚与家长沟通的目的;(2)给家长保留面子;(3)要得到家长的理解和支持,让家长知道教师是真心关心其孩子的;(4)要让家长看到孩子进步的希望,给家长鼓劲,从而更好地配合工作。

共情换位是保障家校双方相互理解、加深合作的基础，在沟通过程中，教师应始终保持情绪平稳、耐心倾听，不对家长进行说教或反驳家长的观念，并适时地回应家长的情绪，恰当给予反馈，使家长全面反映问题，给出完整建议。但移情换位也要适度，对家长做出的不利于学生身心健康发展的决定应及时劝阻，共同商讨合适的方法。①

在沟通时要态度诚恳。新教师由于缺乏经验，在与家长沟通过程中容易产生畏惧心理，因此，教师要有自信，要有礼有节，家长问的问题如果实在不清楚，也可以很坦诚地告知家长，这个问题不太清楚，等询问相关领导或教师后再答复家长。当然，新教师需要尽快熟悉业务，以免有太多的“不知道”而影响家长对你的信任。在沟通过程中，教师必须明确只有学生才是受教育的对象，家长不是受教育的对象，家校通力合作才能达到预期的目标，所以应基于平等地位与家长展开沟通。

二、选择不同的沟通方式要有不同的注意点

目前常用的沟通方式主要是微信、电话、面谈、家长会和家访。不同的沟通方式各有利弊，也有一些需要特别留意的地方。

1. 微信群

微信群是一种高效的联系方式，可以在第一时间通知所有家长，快捷方便。但是，也要注意几个原则。比如，班主任可以在班级群中经常发一些照片，如早操、升旗手、晨跑、运动会、早读和各种活动，让家长看到孩子在干什么，但是记得要每次发几张群像，尽量让每个孩子都有露脸的机会。

另外，不要在群里批评学生，群里只能表扬学生。

① 李晓虎，李艳红.初中班级管理中家校沟通的策略研究[J].中学课程辅导，2023(34)：63－65.

微信联系也有弊端,看不到沟通双方的语气和态度,所以重要的事不要用微信沟通。

2. 电话交流

现代社会,很多家长都很忙,有些家长因工作限制,不方便第一时间接电话,所以只要不是特别紧急的事,最好在微信里私信家长预约打电话时间。

3. 面对面约谈

与学生家长面对面约谈一般都是比较重要的事。首先,一定要约家庭中有话语权的家长,如果父母一起来是最好的。

正式面谈时,教师要选择一个合适的环境,尽量避免在办公室、教室、学校走廊内沟通,这样会对学生造成心理压力,也不便于家长吐露心声。可以选择公共教室、会议室、接待室等没有其他人的地方。

交谈中,教师不应高高在上,要以平等的身份与家长交谈。每个孩子都有其优缺点,在和家长反馈情况时要客观、全面。对孩子做得好的方面一定不要吝惜表扬之词。

约谈后,教师要针对面谈作一个小结,小结的内容包括:谁提出约谈、谁参加约谈、约谈中提出了哪些问题及解决的方案和措施、约定什么时间继续沟通等。

面谈后还应根据约定的时间跟进,孩子有进步,教师要及时肯定孩子的付出,同时表扬家长的努力和重视。进步不明显的,制订下一步措施。

4. 家长会

初中四年有多次家长会。家长会的形式有多种选择。低年级学生来自不同的小学,接受的教育不尽相同,建议由班主任主讲各方面的规范要求。班主任可以表扬做得好、进步明显的学生,并邀请优秀学生作为代表进行发言,或邀请个别家庭教育比较成功的家长向其他家长介绍经验。另外,也可以在家长会上展示学生的学习成果,如整齐漂亮的笔记，制作精良的小报，活动的照片和视频，让家长更具体地看到自己孩子在校的情况。高年级学生先后进入青春期，亲子关系变得紧张，可以要求学生以信件的方式向父母汇报自己在学校的情况，也可以写一些当面不敢表达的心里话。必要时借助外力，请教育专家给家长提供指导。

家长会一定要准时召开，教师的发言一定要提前准备好，发言要有目的性，才能取得家长的认同，从而得到大家的支持与配合。

三、不能用同一种方法接待不同类型家长

学生来自不同家庭，每个家长的职业不同，性格不同，教育理念及心态都不尽相同。新教师与家长交流时要多观察，他们属于哪一类家长，这样才能有效地进行交流，家校关系才会更为和谐，才会有更好的育人效果。对不同类型的家长，采用不同的方式。具体建议如下：

1. 针对有知识、懂教育的家长

面对这一类家长，新教师应如实反馈情况，认真倾听家长意见。肯定家长意见并提出自己看法，统一协商。新教师也可以多听这类家长是如何教育孩子的，也可以利用家长、微信群等分享家庭教育的方法，让大家一起学习进步。

2. 针对溺爱包庇型家长

学生犯错，最好的方法就是让学生自己思考问题所在，提出解决方案，这样容易落实，尤其对一些溺爱孩子的家长。

【案例 2】小 A 同学在一次随堂测验中翻开书本企图作弊，被旁边的小 B 同学看到并及时制止。下课后，小 B 同学说要告诉班主任，小 A 同学先他一步向班主任坦白。小 B 同学随后在班内讲了这件事。

班主任获知后，让两位学生写事情经过，并批评教育了小 A 同

学。之前在班里讲过作弊的危害,现在同学都知道这件事,造成非常不好的影响。所以,决定第二天开班会,小A同学在班内检查。班主任将这些情况和处理意见电话告知了孩子的母亲。当天晚上,班主任收到来自孩子爸爸的微信。他非常激动,直接指责班主任,不考虑孩子主动认错和知错就改的自省力,不给孩子改正的机会,打击了孩子的自信心,影响孩子的健康成长。希望班主任重新考虑。不要让孩子在全班作检查。

班主任也觉得问题很棘手,虽然是新老师,但很有智慧,她静下心来认真分析孩子的处境和情况。小A同学与班内同学相处不是很好,周围几个同学都提出过要换座位。另外,小A同学家里爸爸比较尊重妈妈的意见。

第二天一早,班主任先找小A同学谈心,和他敞开心扉地谈这件事,在批评他试图作弊的同时也肯定他及时认识错误,另外也问他这件事应怎样处理?小A同学思索了片刻,回答说当着全班同学的面作检查太丢人了。他不想作检查,班主任说这件事大家都知道了,不好的影响已经产生,现在应怎样消除?小A同学沉思片刻,以求助的眼神看向班主任。这时,班主任不紧不慢地说:"小A同学,老师给你讲个故事,有个歌手醉酒驾车,造成严重车祸,本来他的社会评价一定会大跌。但是,他态度诚恳,在案件中放弃无罪辩护,并公开道歉'酒令智昏,以我为戒',他以一人之错,警示了所有人,对全社会进行了一场很好的普法教育,结果人气不跌反升。"这时小A同学若有所思,回答道:"老师,我知道了,我愿意在全班作检查。"

做通了孩子的工作,接下来就直接电话联系孩子妈妈,再次耐心地进行沟通,孩子不反思,也可以,毕竟是作弊未遂,但是同学们就会认为他不诚实。反之,如果他诚恳地面对问题,感谢帮助他的同学,其实大家反而会感觉他很勇敢,也很诚恳。可能还会改善他的人际关系。妈妈很聪明,马上领悟了班主任的用心,明确表示,回去做孩子爸爸的思想工作。

3. 针对“无能为力”型的家长

这类家长经常会说：“老师，我们说的话不管用，孩子不听，孩子就听老师的话，你该骂就骂，该打就打，我们绝对支持。”对这类家长，教师要多报喜，少报忧，多观察孩子身上的优点，使家长认识到孩子的发展前途，同时要多肯定家长对孩子的成长产生的作用是不可替代的。

4. 针对“气势汹汹”的家长

面对这类家长，教师一定要注意控制好自己的情绪，不要动气，要冷静。做到有理有据地说服家长。

【案例 3】住宿生小 C 的钱包丢了，一度怀疑是同宿舍同学偷的，小 C 妈妈，直冲办公室，气势汹汹，出言不逊，说：“这么好的学校竟然有小偷，光天化日之下竟敢直接偷室友的钱包，学校一定要严惩这样的学生。”这些话谁听了都不舒服。当时班主任不在，一个新入职的任课老师询问了几个学生，觉得偷盗的可能性不大，所以耐着性子安抚小 C 妈妈，另外直接联系宿管员阿姨。宿管员说小 C 有点“马大哈”，于是老师就让宿管员陪同小 C 再次仔仔细细寻找了一遍，终于在柜子的角落里找到了钱包。原来是小 C 昨天换衣服时掉在那里的，且正好被柜子里的零食袋子挡住了。

这下轮到小 C 妈妈尴尬了，骂了小 C 几句就扭头走了。

这里真的要表扬这位刚入职不久的新老师，冷静智慧，以事实说话，以理服人。

综上所述，学校和家庭需要保持育人的同向性，通过必要的沟通。沟通是一门学问，也是一门艺术，入职初期的新教师要好好钻研，这样才能更好地向家长借力，做到教师、家长、学生三位一体，这样才能将学生教育好。

浅谈"五育"并举理念下的学生评语撰写策略

戴　卉[①]

摘　要:学生评语应与时俱进,体现"五育"并举的特点,关注学生工作中的付出,发现学生兴趣上的亮点,渗透劳动教育和心理疏导。学生评语的主基调应是鼓励和肯定,发挥学生评语的激励作用。

关键词:"五育"并举;学生评语;综合评价

学生评语是对学生一学年表现的综合评价,是班主任工作的一项重要内容。然而,写评语是一件辛苦且不易的工作,要写"好"更是知易行难。以往的学生评语往往停留在对学生操行的评定上,维度较为单一,用语平实,缺少"人情味"。结合"五育"并举这个新时代我国教育教学改革和发展的重要政策概念,浅谈学生评语的撰写。

一、学生评语应与时俱进,体现"五育"并举的特点

其实班主任写学生评语就好比医生的"对症下药""把脉""问诊""开处方",要想"药到病除"必须先对学生"望闻问切",仔仔细细了解学生的情况,才能领会学生丰富的内心世界,才能公正、有效地作出评判。班主任是班级教育教学的组织者、管理者与实施者。教师尊重每一个学生,赏识每一个学生,宽容每一个学生,才能为学生的健康成长搭建有利的平台,浸润他们心灵的绿地。

---

① 作者简介:戴卉,上海市民办华育中学语文学科教师,中学一级教师,主要从事班主任工作与中学语文教学研究.

学生评语的宗旨是教育学生。因此，学生评语除评价功能外，最终目的在于启发、引导、激励、鞭策学生。班主任用心写就的学生评语，应该将师爱融化在其中，观察学生方方面面的综合表现，肯定他，赏识他，将师爱倾注到学生的心田，才能达到春风化雨、润物无声的教育效果，学生也自然愿意向教师提出的方向努力。在倡导“五育”并举的理念下，学生评语除了要关注“德”与“智”，也应看到学生在“体美劳等方面的表现”。利用学生评语，拉近学生与自己的距离，转化学生，是一次有意义的尝试。

学生评语虽然要求班主任在期末撰写完成，但其实功夫仍在平时。我们经常会说“要和学生打成一片”，这并非要求班主任像对待朋友一样对待学生，而是需要我们真正热爱、关心每一位学生，经常和学生谈心就是好办法，了解他们的学习状况和心理感受，了解他们在人际关系中的成长烦恼与快乐，了解他们的兴趣爱好，甚至可以关注到他们各自的家庭情况。只有深入了解，学生才会向教师敞开心扉，只有这样，学生评语才有动人的真挚素材。“功夫在平时”就是需要班主任用心和学生交流，同时静静观察学生，观察他们在学期内的进步和表现，对照参考，发现他们的闪光点和不足之处。拥有一颗爱生之心再加上细致的观察力，为撰写学生评语积累最新的素材。

2017 届 7 班是笔者半路接手的班级，也是笔者进行学生评语撰写改革的开始。这个班级很有意思，许多教师都将其评价为一个“很整齐的班级”，这个班级的有趣之处在于，把学生拆分成个体看，不乏有许多一般意义上的“另类”学生，极具个性，特点各不相同。

比如，笔者的办公桌前经常会出现几个“常客”：充满奇思、多愁善感的小黄同学，故作世故、不遵守规矩的小薛同学，妄自菲薄、略带“迫害妄想症”的小廖同学……和他们聊聊天，帮他们解解惑，成了每周必做的事。

二、学生评语关注学生工作中的付出

小黄同学热心班级、学校事务,他自恃成熟,有时在班级中表现得过于清高,特立独行,但其内心非常在意别人对他的看法,但又不愿与他认为幼稚的同学为伍。尽管每次从大人角度看,他的忧心忡忡有点"小儿科",甚至杞人忧天,但这就是他内心真实的困扰,他愿意与班主任分享。知道他热心学校事务,就鼓励、举荐小黄同学参与大队部工作,每周的早操检查,艺术节、读书节、原创音乐、14 岁生日活动等现场,都有他积极投入的身影。当他结束初二最后一次的执勤任务时,深情地留下了一篇工作心得,保存在值班室,与学弟学妹共勉。

在他的评语中,我就写下了他曾经为班级做过的事,甚至他已遗忘的小细节,如有一次语文课上,在回答问题时,他故意报了一个很幼稚的错误答案,引得同学们热烈讨论,纷纷驳斥他的观点,激荡了思想,活跃了课堂气氛。我在评语中将其称为"心头好",也是肯定他的付出。

曾记得他说:"老师,我信任的人不多,真想把你加入我的'智库'中。"我内心充满了一种被信任的幸福感。

三、学生评语应发现学生兴趣上的亮点

小薛同学有些叛逆,还带着几许轻狂,规范方面做得不是很到位,人缘也有些欠佳。但是,他喜欢阅读,尤其喜爱诵读古诗词,也在尝试诗词创作,因此尽管他语文成绩不甚理想,我依然让他当课代表。有语文学科活动时,都力荐他参赛。他也不辱使命,总会摘得硕果。现在同学们送了他一个"教授"的称号,也有了一批知心友人。

在他的评语中,笔者将他在校园活动和各类竞赛中斩获的成绩

一一呈现，对他学业上的惰性问题送上寄语："应知学问难，在乎点滴勤。"一首褒奖兼带鼓励的藏格诗，更是让他决心提升一下学业成绩："晓月发云阳，落日次朱方。小薛受善言，笔耕不辍歇。气隆多慷慨，语澹无他力。惜取少年时，莫待空折枝。"

前面提到的小黄同学，也是一位文学爱好者，他看到笔者专门为他写的"参天嘉木始于苗，根植向深志凌云。雷厉风行多侠气，心直口快性冰清。好学深思避短长，学海浮沉树决心。木秀于林终有时，喜看云淡风亦轻"，更是激发了他的创作热情。

四、学生评语渗透劳动教育和心理疏导

小廖同学的情况比较特殊。他没有安全感，又习惯用挑剔的目光审视别人，经常将错误推给别人，因此尽管向往和渴望友情，却鲜有收获。由于成绩不够强，自傲中带着自卑。笔者刚接手班级时，第一个给笔者留下深刻印象的就是他。本校心理教师对该生进行了长期不定期辅导，充满耐心和爱心，给笔者留下许多启迪。小廖同学经常在笔者面前称赞心理教师睿智，对他很包容，让他感受到温暖。他说这些话时，笔者明显从他眼睛里看到光芒，也明白了他最想要的是老师、同学对他的理解和关注。

每当他向笔者抱怨同学对他的"不公"时，笔者会先问："小廖，你是如何应对的？"并且首先肯定他没有将矛盾升级的做法，然后帮助他逐一分析同学们为何对他有反感的情绪，告知他遇到同类事情，应如何处理更合适。比如，他习惯对别人说："你说什么，我没听见。"而且一句话往往重复三遍以上，让别人感觉他并没有在听别人讲话，不尊重别人，这样别人自然对他有反感。笔者教他试着认真地倾听他人的讲话，尽量减少"你再说一遍"之类的表述，更多对他人表示感谢，欣赏别人的优点。笔者也身体力行，只要看到他的优点就赞扬，并且告诉他一个小秘诀，"少说多做"。小廖同学也非常聪明，他立刻

领会到“劳动”就是他能发光发亮的主战场。他无私地为班级提供绿植，帮同学打印复习材料，帮家中有事的值日生义务劳动……哪怕是很细微的小事，只要笔者捕捉到，就会为他点赞，并且记录在评语中……在办公室里经常听见他说“谢谢老师”“老师再见”，更多的同学告诉笔者，小廖同学有改变了，这点点滴滴的微小进步令人欣喜，由衷地为他感到高兴。随着烦恼的减少，他的学习热情和主动性大大提高了。

笔者对他的每一个点滴改变都大加赞赏，以往他得到了太多的否定，急需正能量的灌溉。人际关系稍有缓和，就在评语中跟他分析进步的原因：“绿影复幽池，芳菲六月时。瑞气萦丹阙，祺烟散碧空。廖家大男儿，意气当奋发。心内存四海，何愁不识君？”

五、学生评语的“技巧”分享

改变评语中的人称，把“该生”“此人”等称呼改为第二人称“你”，使语言显得亲切、平和，还可以直呼孩子的小名或昵称。多用修辞或引用名言等增加评语的可读性，同时彰显教师自身的文化底蕴。体现学科特点，可图文并茂，可引经据典，可利用数学公式、化学元素符号等丰富学生评语的形式。

如对一位资质有限、态度亦不够端正的学生，我是这样鼓励他的：“科技节上小试牛刀就获得不俗成绩，可见实力不凡；鼓号队一练三年不惧雨打风吹，足现恒心可具。有这两点还担心学而不成吗？刻苦一点，自信一点，主动积极一点，积跬步以至千里。”对各方面习惯比较差但天赋不错的学生的评语是：“即便身处人群中，你也马上脱颖而出，特立独行，自成一派。这学期你在作业上是有进步的，虽然还没有尽善尽美，但努力了就应被肯定。眼前的道路似乎还不是一路平川，需要用心开垦，填平洼地，为自己铺设好一条通往理想学府的幽静小径。”这样的评语，教师的用意一目了然，学生、家长看后心中有数，班主任也不会觉得如鲠在喉，不吐不快。

撰写学生评语虽然是一件小事，但无疑是班主任工作中繁琐又有意义的一环。班主任用爱心浇灌而成的学生评语，更能彰显“五育”并举的要求，而学生阅读后内心也能泛起微微的涟漪。

最后，学生评语的主基调应是鼓励和肯定，发挥学生评语的激励作用。学生的表现并非恒定不变，每个学生一定有其优缺点，若我们只将目光锁定在缺点上，对学生进行全方位否定，即便出发点是好的，想让学生改正缺点，但很难让人接受，如此“扫兴”之举很难使学生评语发挥应有的作用。学生评语应对学生在“五育”发展方面取得的成绩表示肯定，将学生的缺点用委婉的信息折射出来，让学生取长补短，扬长避短，得到更全面发展。

我原想收获一缕春风，你却给了我整个春天；我原想捧起一朵浪花，可是你给了我一片海洋；……教师不就是爱的使者吗？

在优秀教师的成长过程中，自信、勤奋是基石，专业功底深厚是内核，良好心态是资本，与高水平立德树人和高标准学校发展同向是追求。

——李英

第二辑

班主任工作与心理教育研究

教师的责任在于通过自身的人格魅力影响学生，培养学生富有个性的思维品质、积极的人生态度和富有挑战的创新精神。

——李英

基于“内驱力”模型班级管理高质量发展策略

靳桂英①

摘　要:学校教育是教育的主体,学生进入学校接受系统的知识教育、行为规范教育、人生观教育,对孩子的成长影响之大,是其他教育无法比拟的。笔者基于任教班级的班情分析和育人理念,依托积极心理学,以构建“共生共荣”的班集体为班级发展总目标,以“唤醒学生的内驱力——激发其主观能动性,培养学生的自控力、创造力及解决问题的能力,帮助学生获得对自己生活的掌控感,赋予学生终身发展的原动力”为学生发展总目标。分阶段利用各种活动满足学生的自主感、责任感和归属感,提升学生的内驱力,班级管理从他治到自治,再到实现共治共荣。

关键词:内驱力;自主感;责任感;归属感;共生共荣

一、任教班级的班情分析

笔者所带某届班级共有 51 位学生,其中 15 位女生,36 位男生。非独生子女 10 人(女 4 人,男 6 人),单亲家庭 2 人(男),全职妈妈 7 人。通过观察,本班学生表现出来的能力优势较为明显,如学习能力、思维能力。但是,他们身上也暴露出一些问题,如做事缺乏主动性、畏难情绪明显、缺乏团队意识等。

为了更具针对性、更有效地建班育人,通过全方位调研后,将学生情况进行了 SWOT 分析(如图 1 所示)。从分析中可以看出:面临

① 作者简介:靳桂英,上海市民办华育中学生物学科教师,中学一级教师,主要从事班主任工作与中学科学和生物教学研究.

以下挑战,第一,学校和家长的限制过多,扼杀学生探索欲和好奇心;第二,学校和家长的边界感不清,破坏学生的自主感;第三,教师和家长对学生要求过高,破坏学生的内驱力。优势比较明显:触类旁通,学习能力强;思维活跃,可塑性强;单纯善良,可引导性强。需要改进的地方也比较突出:首先,做事缺乏主动性,自主意识薄弱;其次,畏难情绪明显,抗挫力较弱;最后,协作意识和团队意识较为薄弱。同时,学校提供的活动平台、机会增加以及家长配合度高又增加了机遇。

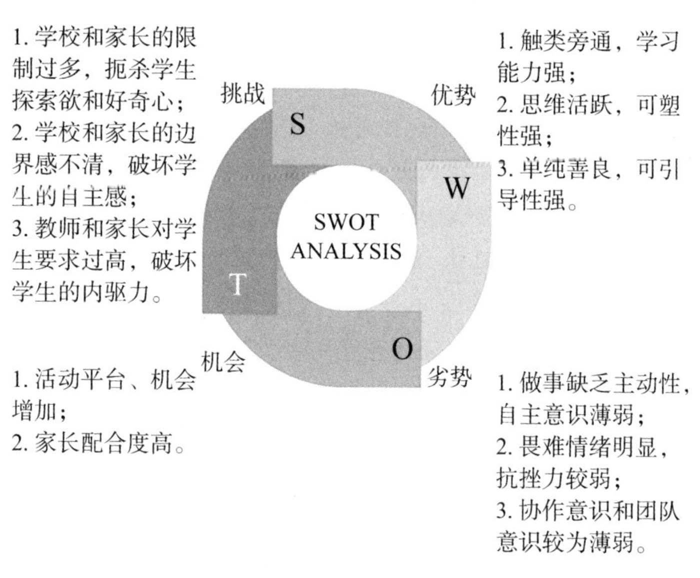

图1　本班学生SWOT分析

二、唤醒孩子内驱力,创建"共生共荣"的班集体

培养"自驱型"学生——逐步满足学生的自主感、责任感,让学生在有爱的环境中找到归属感,唤醒学生的内驱力,帮助学生获得对自己生活的掌控感,赋予学生终身发展的原动力;每个积极向上的学生相互协作相互影响,形成"共生共荣"的班集体。

内驱力是指做一件事的原因,是事情本身能带来满足感。内驱力在心理学上被高度重视,因为它深刻影响着个人的成长、发展以及心理健康。内驱力是人自身所具有的能量和潜力,是人终身发展的持续动力。学生发展的内驱力,既是自发也是自觉产生的,虽然个体发展的内驱力最终都与自我的心理需要有关,但是外在的因素往往具有重要的作用。在当下教育环境中,各种管控和约束,忽视了学生自身所具有的主观能动性,使学生外在压力过大,内在动力不足,产生矛盾和冲突。①

在动机理论研究中,两位著名的心理学家德西和瑞恩将人的内驱力分为三个基本的心理需要:责任感、自主感,归属感。② 如果这三个心理动机都得到满足,那么学生的内在驱动力就高了(如图 2 所示)。③

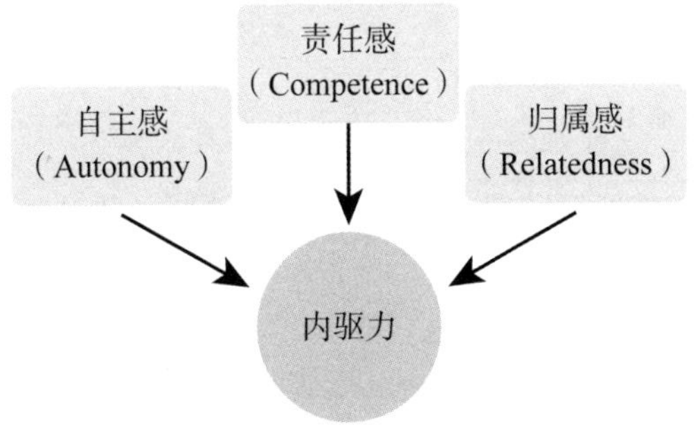

图 2　内驱力 CAR 模型

基于班情分析和育人理念,依托"内驱力"模型,以构建"共生共荣"的班集体为班级发展总目标,以"唤醒学生的内驱力——激发其主观能动性,培养学生的自控力、创造力及解决问题的能力,帮助学

---

① 陈艳,黄首金.教师自主支持与高中生自主动机、基本心理需要的关系[J].西南师范大学学报,2016(10):141－145.

② 盖笑松,王影,郭鹏鹏.当代动机心理学研究进展对自主教育的启示[J].教育家,2020(48):74－75.

③ 苗元江,朱晓红.自我决定理论及其幸福感研究[J].北京教育学院学报(自然科学版),2009(4):6－9.

生获得对自己生活的掌控感,赋予学生终身发展的原动力"为学生发展总目标。分阶段目标如下表所示。

表1 发展目标——个人与班级

激发内驱力	学生发展目标			班级发展目标
	内驱力三个基本需求			
	自主感	责任感	归属感	
第一阶段	培养规则意识	相信自我	被接纳	人人服从管理的集体
	与家长、教师一起制订学习生活的规则和评价体系,并能遵守	参与劳动技能、体育技能等练习,创设高光时刻,培养自信	通过日常相处,熟悉同学、教师,适应新的环境	班级同学一起制订班规和小组评分规则,建立班级基础运行规则。岗位设置——在擅长领域约束学生
第二阶段	培养目标意识	挑战自我	被需要	人人参与管理的集体
	学生自己制订计划,并主动为达成目标而努力	通过对自身的进一步了解,对性格、习惯方面的短板进行改进	通过参与学校组织的各种活动,找到志趣相投的朋友和伙伴	班级运行走向正轨后,新增岗位——存在短板,主要约束自己的岗位
第三阶段	培养自立意识	成就自我	乐奉献	人人优化管理的集体
	通过参与不同的社会实践和职业体验,找到自己的兴趣点	依托学校和社会平台,根据自己的兴趣,不断探索	通过同学间相互帮助,感受爱,通过各种志愿者活动,传递爱	班级自发组建帮扶小组,取长补短,共同进步,走出学校,服务社会

三、结合多方力量,以班级事务和育人活动为载体,分阶段唤醒学生内驱力

结合学校、家庭、社会三方力量,以班级事务和育人活动为载体,结合学生发展特点,分阶段利用各种活动满足学生的自主感、责任感和归属感;培养学生的自控力、创造力及解决问题的能力;逐渐唤醒

学生内驱力，帮助学生获得对自己生活的掌控感，赋予学生终身发展的原动力。基于此认识，形成如图 3 所示的实践流程图。

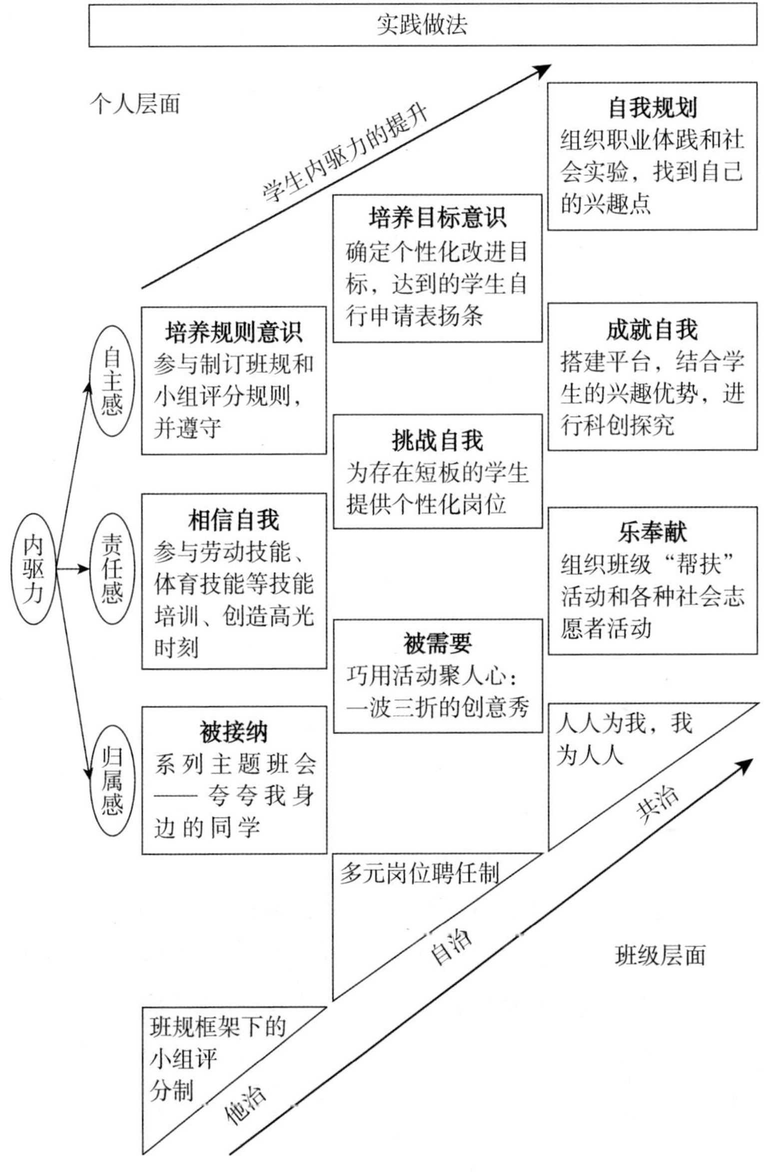

图 3　实践做法流程图

(一) 第一阶段

1. 自主感——规则意识的培养:参与制订班规和小组评分规则,并遵守

(1) 班风建设——确立规则意识,自己约束管理自己。班集体是对学生进行教育的基本组织形式,良好的班风对学生的养成教育具有积极的影响和作用。

新学期伊始,召开班委会确定班规初稿。班会课全班学生一起研讨:内容是否有遗漏,措辞是否合适,是否具有可行性等;然后举手表决,无异议后当场通过。如果试运行版本在实施过程中存在问题,班委和其他学生均可向班主任进行汇报,班会课继续讨论修正。另外,在班规的基础上,进行一定的评比,配备相应的奖惩制度,心有所畏,行有所止,让学生对规则时刻保持敬畏之心。在实施过程中务必注意公平公正公开,做到班规前面人人平等。

学生通过良好的班集体建设和班风的树立,把自己置身于新的大家庭中,有利于建立同学间的亲切感、信任感;班级常规管理的健全使学生有了道德、行为习惯的规范性制约;对学生新起点的认识和新目标的建立,又进一步激发了学生形成良好行为习惯的内驱力。

(2) 人人服从管理——班规框架下的小组评分制。积分制的小组评比制度能帮助教师更好地管理班级,充分调动学生的积极性,让班级充满活力。

宣传委员在班级墙上绘制了小组评分加扣分一览图,以专人负责为主,个人负责为辅,明确加扣分时间节点。为了实时反馈当周情况,我们以上周五至本周四为一个周期,学习干事周四中午统计每人总分,学习委员核对后,进行公示,小组长只需誊写组员分数,算出平均分,交给班长,班长周四放学前选出小组前四和个人先进即可(如图 4 所示)。

组别	第2周	第3周	第4周	第5周	第6周	第7周	第8周	第9周	第10周	汇总	第12周	第13周	第14周	第15周	第16周	第17周	第18周	汇总
星辰组																		
朝霞组	3																	
逐梦组		4																
虎啸组	1																	
旭日组		3																
雷霆组	2																	
龙吟组	4	2																

期中汇总一次：
七个小组，每周选前4，各积4、3、2、1分；
期中汇总，取总分最高的小组，组员每人一张表扬条；
班会发放，家长会表彰。

期末汇总一次：
七个小组，每周选前4，各积4、3、2、1分；
期末汇总，取总分最高的小组，组员每人一张表扬条；
班会发放，家长会表彰。

图4　小组先进评比和表彰

2. 责任感——相信自我：技能培训

运动是最公平的，你努力了就一定会看到自己的努力成果。科学的运动就会给你正面的回馈。这世上回响太难得了。运动的确会带来一种罕见的确定性，而这种确定性对人的改变是非常重要的。身体上的逐渐变化，以肉眼可见的事实告诉大脑，改变并没有预计的那么难。形成思维定式，对做其他事都是有益的，我们会更勇敢。

校外：我们以个人为单位，在保证安全的基础上，根据自己的兴趣，开展“青春脚步，快如夏蝉之翼”的活动。每位学生用数字、用照片记录自己的运动时刻，每周通过表格的形式上交至体委处，每月评选运动之星，并张贴在教室一角，参与温馨教室的评比，使整个班级沉浸在“我运动，我健康”的良好氛围中。

校内：跑圈活动。利用校内空暇时间，进行跑圈比赛。每跑一圈，可获得一个笑脸贴纸，教室内张贴统计，进行表彰。

3. 归属感——被看见，被接受：主题班会——夸夸我身边的好同学

表扬，作为一种教育教学手段，是一种对学生的思想和行为给予肯定评价，使其优点不断得到巩固和发展的教育方法。发放不同类型的表扬条，旨在评价多元化，缓解学生压力，缓和亲子关系，增加学生、教师和家长的幸福感。

根据班委首轮提案，班会课全班讨论，确定表扬条的发放机制。班级发放的表扬条分五类，包括在各类活动中展现自我、为班争光；

在考试中达成目标,取得进步,突破自我;在小组评比中积极参与,增添集体荣誉;还有学习中互帮互助,共同进步……作为表扬条的补充,班级宣传委员设计了班级特色的夸夸卡(如图 5、6 所示)。

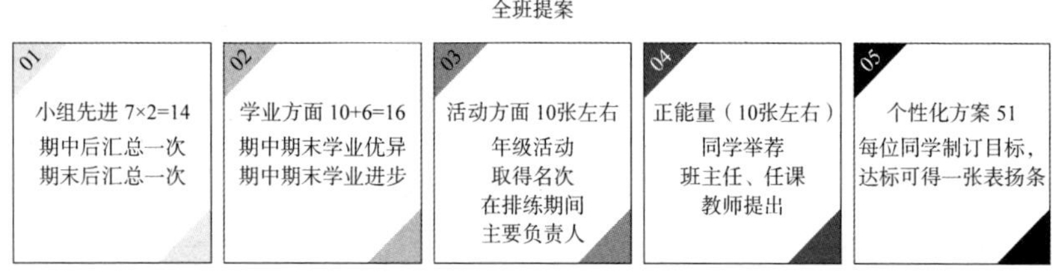

图 5　表扬条发放机制全班提案

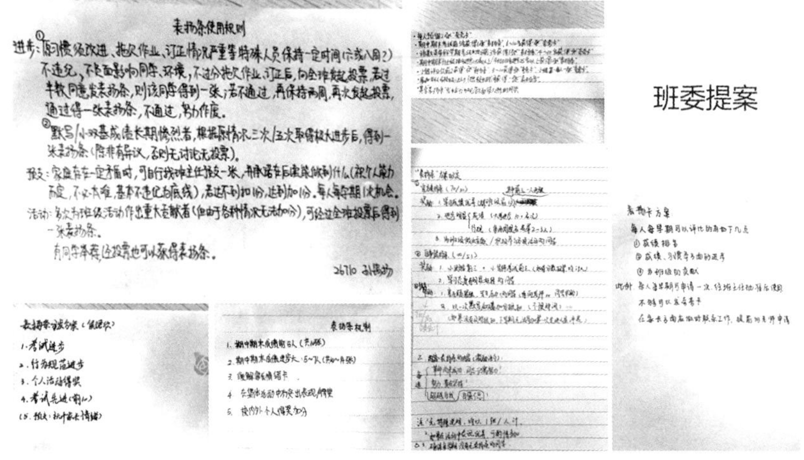

图 6　表扬条发放机制班委提案

(二) 第二阶段

1. 自主感——目标意识的培养:确定个性化的改进目标

根据一个半学期的了解,结合半学期学生的表现,选出比较普遍的、需要改进的方面,如学习习惯类:上课效率、作业质量、作业速度;科目短板类:数学计算,英语、语文的默写;行为习惯类:卫生习惯、文明休息、情绪控制等10个选项。学生根据自己的实际情况，进行填写（如表2所示），具体方法如下：

（1）在左侧选一两项本学期想重点改进或关注的项目，也可在最下面自行补充个性化内容。

（2）先设置一个学期目标，可以拆分为三四个小目标，下周一带到学校，班主任会逐一核对。

（3）每达到一个小目标可获得班级夸夸卡一张，总目标达到则可获得表扬条一张。

表2　学生个性化目标制订的照片示例

表扬条，我来了	
改进方向	目标
作业质量	
作业速度	
上课效率	
积极参加活动	
计算能力	
默写成绩	
文明休息	
卫生习惯	
情绪控制	
上课纪律	
……	

2. 责任感——挑战自我：为存在短板的学生提供个性化岗位

人人参与管理，多元岗位聘任制。除了擅长领域、督促他人的岗位。例如，小A擅长电脑基本操作，被聘为电脑管理员；小B读书声音响亮，到校时间早，被聘为领读员。这类岗位的推行比较容易，这里不再赘述。

新增存在短板、约束自己的岗位。这类岗位的推行相对困难,首先通过对班级的了解,先私下找有短板的学生谈话,说明意图,得到学生的肯定,再公开发布空缺岗位,让他主动报名。操作时一定要注意方式方法,避免产生反感情绪。针对这一岗位,提交提案,由该学生决定采用哪个名称,颁发聘书,增加仪式感;私下跟他讨论这个岗位的主要职责,制订细致的奖惩措施,让他有更多的责任感和认同感。

3. 归属感——被需要:巧用活动聚人心,一波三折的创意秀

创意秀预赛时,全班只有 10 个人参与,进入复赛,剧情有所变动,比赛需要增加人员,刚开始有一部分学生不想参加,认为核心成员不靠谱,担心参与这个活动只是浪费时间。当他们真的参与时,却看到核心成员的另一面,他们的认真、他们的专注,为了做道具,他们牺牲大量的课余时间。其他学生被感动了,排练剧情需要晚上留下时再无怨言,从原来的不愿到后来的乐在其中。因为他们有共同的目标,为班级荣誉而努力。

材料组、剧务组、后勤组、道具组,涉及的总人数有 30 人。从预赛到复赛再到决赛,持续时间长达两个多月,持续时间长,涉及范围广。道具前后做了四次,剧本前后共有十几版,排练几十次,从第一次毫无章法、毫无头绪的表演到最后一次的精彩亮相,学生们的心靠得更近了。

(三) 第三阶段

1. 自主感——自我规划:参与职业体验和社会实践,找到自己的兴趣点

在家长的帮助下,选择自己感兴趣的职业方向和组织各种职业体验,在体验过程中体会各行各业的不同魅力,找到自己感兴趣的方向,为学生的职业规划做一个初探。

华泾社区小课堂:暑期给需要的学生辅导作业,讲授科普小知识

东方美谷化妆品企业:参观,美妆产品小样制作体验

闵行区华人运通(上海运营中心):参观高科技新能源汽车

复旦大学附属华山医院：参观科普创新实验室，医学初体验

得力集团：参观，进车间参观模具的制作、注塑产品、组装生产的过程

上海模拟飞行训练中心：学习航空航天知识，体验模拟飞行

2. 胜任感——成就自我：搭建平台，结合学生的兴趣优势，进行科创探究

学生结合自己的兴趣学科，依托学校搭建的科创探究平台，从人工智能、微生物、植物生理、工程学等方向，利用课余时间进行科创探究。学习科学探究的流程，体会科学探究的不易，给学生播下科学的种子（如图 7 所示）。

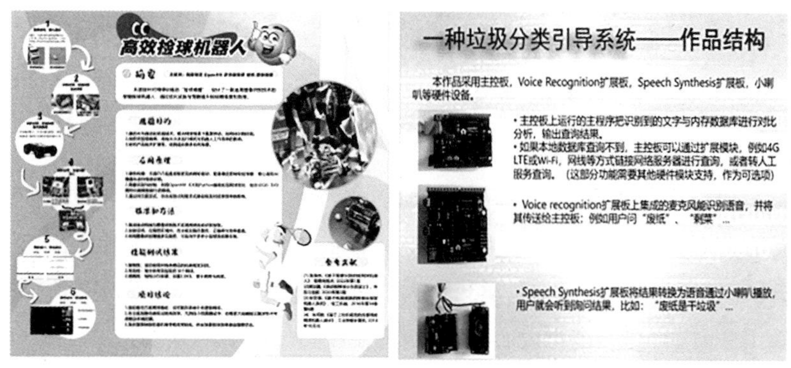

图 7　学生科创作品部分示例

3. 归属感——乐奉献：参与班级"帮扶"活动和社会志愿者活动

对学生来说，如果能把学习与帮助他人、服务社会绑定起来，学生会非常努力，会深刻体验到学习的意义，知道自己是为什么而学，学习不再是痛苦的，而是通往幸福的挑战。

(1) 自发的小组"帮扶"活动

新学期开始，班委制订了"一对一"计划，针对班里学习困难的学生，观察和发现他们可能存在的问题，制订可实现的目标和可量化的改进措施，利用下课和午休的时间帮助同学，互相交流自身优势学科

的学习方法。在这样的机制引导下，志愿者主动报名，受助者欣然接受。越来越多的学生积极报名参与，"帮扶"小组自愿结对。"赠人玫瑰，手有余香"。在帮助别人的同时，自己也能以此为镜，内化知识、提升能力。大家在互帮互助中，彼此成就、共同进步(如图 8 所示)。

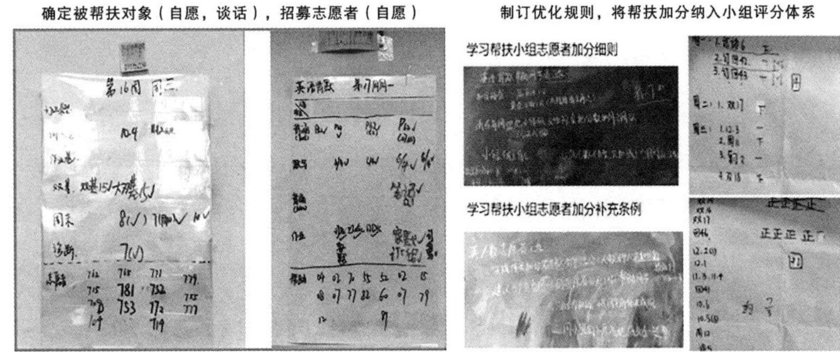

图 8　班级"帮扶"活动规则奖励机制

(2) 丰富多彩的志愿者活动

每学期每人至少参加两次志愿者服务活动。例如，去上海书城进行志愿者服务，获得成长，为城市文明添砖加瓦，成就更好的自己。又如，在校图书馆中，以小队形式每天进行书籍整理，擦拭书架，打扫图书馆卫生等。再如，进行爱心奉献活动，温暖每一个有需要的人。

四、实施效果与反思

(一) 个人层面

1. 学生整体学习自主性增强

作业拖拉现象明显改善，绝大部分学生能在校内完成作业。校内作业完成率达到 80%。让优秀的学生目标感更强，让中等的学生学习内驱力提升，让学困生缓解学习压力，提升学习兴趣。

2. 勇于挑战自我

体育运动的意识增强：不擅长运动的学生愿意去尝试、练习、精进，身体素质明显增强。班级里有位陈同学，预初时身高偏矮，身材偏胖，是同学口中的“小胖子”，他本人喜欢吃零食，不愿参加运动，自从参与学校组织的跑圈比赛后，在家运动的热情也高涨了起来，到初二时已经减重 30 斤，整个人变得更自信，且积极向上。

对待自己弱势学科的学习，克服畏难情绪，学会拆解目标，制订计划，一步一个脚印慢慢提升。比如，吴同学，理科成绩很好，但是英语、语文相对薄弱，甚至出现上课打瞌睡的情况。他第一批参与班级“帮扶”小组，帮助数学学习有困难的同学，接受同学对他英语和语文背默的监督，提高了上课效率，成绩有了明显提升，实现了自我价值。

3. 成就自我

唤醒内驱力后，有更多的学生充分利用课余时间，从兴趣出发，进行深入研究探索，并取得不俗成绩。

有的学生积极进行科创探究，发表论文及获奖。小董同学获得第 39 届上海市青少年科技创新大赛成果创新奖一等奖；尤同学荣获二等奖；另有 10 人荣获二等奖、三等奖。有的学生在软件编程方面进行探索，小朱同学荣获 CCF 非专业级软件能力认证提高组二等奖。在“2023 东亚银行杯上海市中学生金融教育校园行”金融知识比赛中，小葛和小马两位同学代表学校参加决赛，经过两个月的紧张准备，以全场最高分获得金牌。上海教育电视台以“从金融小白到捧起奖杯——这些少年树立正确的财富观”为题，进行了专题报道。

（二）班级层面

1. 归属感明显

我们班投票产生了“见贤思齐”的班徽、创办了“让梦想飞扬”的班级公众号，记录学习、生活中的点点滴滴。有拔河比赛中同学们齐心协力的呐喊，有合唱比赛上的悠扬歌声，有志愿者活动时的暖心付出。

2. 凝聚力提升

目前我班在连续四次先进班的评比活动中脱颖而出,增强了学生的归属感和成就感。

对不擅长的活动愿意去尝试,愿意为班级荣誉而努力。比如,舞蹈大赛从预初时需要反复"游说",才能达到比赛需要的人数,且成绩更不敢奢望;初一时慢慢摸索,反复练习,最终获得第二名的好成绩,大大增强了同学们的信心;到初二时,虽然学业压力增加,但是报名的人数超过了需要的人数,从定主题到排练统筹,井井有条,无论最终结果如何,他们的成长已悄然发生。

其他比赛上也屡屡斩获佳绩:开学初的拔河比赛,操场上,斗志昂扬,挥洒汗水,齐心协力斩获第一,刷新班级该项目最好成绩;魔方大赛上转动指尖,拨动世界,不负青春,勇往直前,获得第三名的好成绩;科普创意秀《AI,想说爱你不容易》创意无限,精彩演绎,引人入胜,摘得桂冠;参与的学生说,不敢上台的人永远没有影响力,演讲可以让人发生由内而外蜕变的神奇能力,在《今天我来说》这个舞台上,同学们感受到演讲的魅力,收获颇丰;合唱比赛中,《少年》的歌声悠扬动听,荣获第二名;一笔一人生,一字一文化,听写大赛前积极准备,比赛中沉着仔细,为班级获得第一名而贡献自己的力量……在参与活动的过程中,班级的凝聚力明显提升。

3. 家庭关系层面,亲子关系更融洽

表扬条的使用,提醒教师有意识地关注学生的进步,并及时向家长反馈,提升学生的自我效能感。对一些教育方式比较粗暴的家长,通过反复沟通,发放表扬条,肯定学生的进步,避免亲子关系进一步恶化;通过参与互助小组,提升学生成绩,家长抱怨的话少了,整体上家长满意度提高,亲子关系融洽。家长感受到学生在学校中的点滴进步,也愿意花更多的时间投身班级建设,支持学生参与学校的各种活动,学生体验到更多的价值感,进一步激发学生的内驱力,形成正向循环。

创新人才早期培养班级德育工作实践研究

张　辉①

摘　要：通过文献综述、案例分析，探讨创新人才早期培养过程中班级德育工作的成效策略与实践，培养具有创新意识、社会责任感和高尚品德的创新人才。先分析班级德育工作在创新人才早期培养中的作用，随后从班级德育工作的实践活动创新、教育环境营造等方面进行详细论述，并结合具体案例进行说明，以期为教育工作者提供参考和借鉴。

关键词：创新人才；早期培养；德育工作

党的二十大报告明确提出，要全面提高人才自主培养质量，着力造就拔尖创新人才。作为基础教育的重要组成部分，班级德育工作在创新人才早期培养中发挥着不可替代的作用。本文将从实践角度出发，探讨如何通过班级德育工作有效促进创新人才的早期培养。德育在创新人才培养中起着方向性、基础性和保障性作用。通过德育，可以引导学生树立正确的世界观、人生观和价值观，培养他们的社会责任感和高尚品德。指向创新人才早期培育的班级德育工作应注重以下几方面的实践策略。

一、注重人文关怀，厚植家国情怀，培养学生的健康心理

在班级德育工作中，教师应注重人文关怀，关注学生的心理健

① 作者简介：张辉，上海市民办华育中学年级组长，数学学科教师，中学一级教师，主要从事班主任工作与数学教学研究.

康。通过谈心、咨询等方式,了解学生的内心世界,帮助他们解决心理问题。对问题比较严重的,可以借助学校专业心理咨询师的力量进行有针对性的、有节奏的专业指导。同时,教师还应在德育活动和班会晨会活动中引导学生树立正确的价值观和人生观,培养其健康的心态和积极向上的精神风貌。借助知识竞赛、演讲比赛、辩论赛有步骤、有节奏地提升学生的人文底蕴,启发学生的实践创新能力。

在初中第一年组织文史哲法视觉艺术知识竞赛时,考虑到六年级学生理科知识积累、逻辑推理能力有一定的局限性,所以更多地涉及一些人文知识,给出一定的知识范围,明确学生自主学习的方向,降低学生参与的门槛,鼓励学生深入学习并掌握这些学科的基础知识。这些学科涵盖了人类文明的多个领域,通过参与这些竞赛,学生能拓宽自己的视野和兴趣,这有助于他们形成多元化的价值观和世界观,为未来的学习和生活打下坚实的基础。

竞赛以小队为单位,每个小队 7 人左右,最终派出三人参赛,需要组内通力合作,细致分工,如有的小队安排一位学生负责一门学科的材料收集,两位学生负责模拟命题。班级开展全班学生参与的笔试部分,班主任和各学科任课教师联合命题作为笔试试题,根据成绩,每小队派三位学生参赛,全班学生开展以小队为单位的现场赛,分为必答题和抢答题,最后评出班级前三名,并颁发奖状和奖品。本活动能帮助学生巩固和拓宽了学科知识,提升了语言表达能力、团队协作和竞争意识以及综合素质。同时,还拓宽了学生的视野并培养了学生的兴趣,为他们的全面发展打下坚实的基础。

在组织德育活动的实践活动中,激发学生在某个学科中的兴趣,进而引发学生主动钻研。初一时组织学生进行演讲比赛,演讲主题自定,可用 PPT 进行辅助,要求学生对某一主题进行深入研究和思考,并内化为自己的知识和观点,演讲比赛需要学生在有限的时间内清晰、准确地表达自己的观点,这就锻炼了他们的语言表达能力和独立思考能力。同时,全班学生作为听众和评委,既开拓了他们的知识领域，又增强了他们对社会不同领域的认知，为他们的全面发展奠定了坚实的基础。

为了培养学生的爱国热情，班级每年国庆节都组织“为祖国母亲庆生”的系列活动，或带领学生领略祖国大好河山，或和学生一起温习一段历史，或组织学生开展主题辩论赛及红歌会，让学生在活动中提升民族自豪感和爱国主义情怀。

二、强化实践教育，提升学生的创新能力

实践是创新的基础。在班级德育工作中，教师应注重实践教育，通过组织各种实践活动，如科技创新比赛、社会实践等，为学生提供实践创新的机会和平台。同时，教师还应鼓励学生自主思考、自主探究，培养其创新精神和创新能力。

以班级为单位组织学生参加社会实践活动。以华育中学 2019 届 4 班的志愿者服务——华泾镇“七彩小屋”为例，“七彩小屋”是华泾镇专为外来务工子女开办的暑期夏令营，设有手工制作、城市融入、课业辅导、艺术赏析等多门课程。华泾镇“七彩小屋”自 12 月初建立以来，每周定期向华泾镇的来沪青少年开放，通过与飞扬华夏青年公益事业发展中心合作，招募来自上海高校的青年志愿者为其开设形式多样、内容丰富的活动。2019 届 4 班的学生在班主任的积极沟通下成为“七彩小屋”最小的志愿者，同学们到现场参观，与高中志愿者交流经验，到场听课，经历了整整一个学期的筹备，正式进入“七彩小屋”担任小老师。其间，4 班学生向高中生和大学生请教，分小组组织，小组长开会讨论主题，再和组员一起搜集资料，准备 PPT 和讲稿，后登台。这个班级的学生在“七彩小屋”服务了三年，开设 40 余节课，涉及基础学科：语文、数学、英语、历史、地理、艺术、军事、科技等多个领域，学生接触到更多的知识和信息，拓宽了知识视野，为创新思维提供了更多的可能性。在过程中这些小志愿者

常常遇到各种问题需要解决,包括维持纪律、和小朋友的家长沟通、团队内部协作等,都需要他们主动思考,寻找解决的方法,这培养了他们关注社会、关爱他人的品质,增强了社会责任感。这项活动也给学生带来满足感和成就感,在紧张的学习之余有助于缓解学习压力和心理压力,增进中学生的心理健康,提升他们的抗挫能力。最后,由于在过程中中学生志愿者担当了教师的角色,让他们真切地体会到做教师的不易,体会到做教师需要耐心、爱心和责任心,增进了学生和教师的感情,回到课堂学习后,他们更珍惜教师上的每一节课,认真学好每一个知识点。

三、注重团队协作,培养学生的合作精神

团队协作是现代社会的重要素质之一。在班级德育工作中,教师应注重团队协作的培养,通过组织各种团队活动,如班级运动会、文艺演出等,让学生感受到团队协作的力量和乐趣。同时,教师还应引导学生学会合作、学会分享,培养其合作精神和团队意识。

对十几岁的孩子来说,师长固然值得敬重,书本上的知识也是非常珍贵的,但同龄人中的佼佼者往往更能成为偶像,引发他们高度的崇拜与模仿。如何把握和引导学生的这种心理,使之成为他们成长的动力,非常重要。班级的德育活动是一个很好的展示学生特长和性格优势的平台。我校每年组织学生进行单项体育比赛,如低年级的花样跳踢比赛,让学生尝试用不同的姿势跳绳和进行耐力练习,一个学年下来,原来不爱运动的学生也喜欢和同学们一起跳绳,不仅变得灵巧,且成功地减轻了体重。在运动过程中形成的意志力和竞争意识,同时辐射到学习和生活的方方面面。类似的活动还有年级层面的集体舞比赛让一些没有舞蹈基础的学生爱上了跳舞,培养了他们的艺术欣赏力和感知力,许多学生到了高中和大学成为班级中的艺术骨干,还能组织相关的学生活动,成为学生团体中有担当的有为

青年。虽然这些班级德育活动看上去不是那么轰轰烈烈，但是每一个活动都能有质量地组织学生参加，在学生成长和成才过程中起着至关重要的作用。

四、加强家校合作，形成教育合力

家庭是学生的第一所学校，家长是学生的第一任老师。在班级德育工作中，教师应加强与家长的沟通和合作，共同关注学生的成长和发展。通过家长会、家访等方式，了解学生在家庭中的表现和成长环境，引导家长参与学生的德育工作，形成家校共育的良好氛围。

为了提升家长教育孩子的能力，从而为学生的成长营造全面专业的环境，首先依托学校平台和家长资源，成立专业的心理讲师团队，邀请上海交通大学专业心理团队和华育中学专职心理教师、国家二级心理咨询师黄燕老师，针对不同年龄段学生的家长，制订符合其需求和特点的讲座内容，如：

预初年级：帮助学生尽快适应初中生活。

初一年级：帮助青少年确立目标的重要性。

初二年级：早期识别和转化学生的不良情绪。

初三年级：初三学生的心理需求分析及应对策略；家有考生，用心护航。

通过这些讲座，向家长介绍心理健康的重要性，帮助家长建立正确的心理健康观念，传授有效的家庭教育方法和技巧，提高家长的教育能力，教授家长如何与孩子建立良好的亲子关系，提高亲子沟通的效果。不仅如此，有些心理专家也会在讲座前设置一些问卷来了解家长和孩子的需求，帮助传达彼此的心声，在学生家庭的亲子关系中起到润滑和促进作用。

另外，学期末邀请家庭教育有方的家长分享他们的教育经验，并在班级层面进行交流和答疑，让其他家长从中获得启示和借鉴。

四年实践下来,家长收获颇丰,学生也在和谐的家庭中获取更多的能量来面对学习上的困难、社交上的无所适从等,提升了学生的自信心和融入集体能力。

通过一系列班级德育工作的实践探索,我们取得了显著的成效。首先,学生的创新意识显著增强,他们开始更加主动地探索未知领域,勇于提出新观点和新方法。这种创新精神的培养不仅体现在学术研究中,也渗透到他们的日常生活和人际交往中。其次,学生的社会责任感得到有效提升。通过参与社会实践和志愿服务等活动,学生深刻体会到作为社会成员的责任与担当。他们开始关注社会问题,积极为社区和学校的发展贡献自己的力量。此外,班级氛围变得更加和谐向上。在德育工作的引导下,学生们学会了尊重他人、团结协作,形成了良好的班风和学风。这种积极向上的氛围为创新人才的成长提供了优质土壤。

班级心理问题应对:化危机为转机

韩丰锐①

摘　要:在教育教学过程中,班主任所起的作用是统筹规划班级内的各项活动,在这些活动中可进行人际关系和心理健康教育的渗透,从而根据学生的实际情况营造良好的班级氛围。班主任应当抓住恰当的时机,化危机为转机,帮助学生走出困境。作为班主任,在班级出现心理问题时,需要有敏锐的观察力,有针对性地跟进和引导,以及突发事件出现时能在短时间内进行正确应对。

关键词:班级心理;班主任;教育过程

初中生处于青春期,随着升学压力的增大,心理问题逐渐增多。作为班主任,如果班级出现心理问题,那么班主任的工作也就跌宕起伏。在日常的班级工作中,对于怎样处理班级心理问题,需要班主任根据工作经验和具体实例想对策,化危机为转机。班级心理问题出现时,班主任应采取有效的对策及如何化危机为转机,作了探讨。

一、初中生心理问题产生的原因分析

1. 初中生抗挫折适应性较差

初中阶段的学生处于青春期,心理承受能力弱,缺少情绪管理能力且善变。初中阶段也是学生面对挫折比较多的时期,学生要面临

---

① 作者简介:韩丰锐,上海市民办华育中学数学学科教师,中学一级教师,主要从事学科教学与班主任工作研究.

学习、人际关系和兴趣等方面的困难。由于受主客观因素的影响,学生在这些困难面前如果无法有效应对,就容易造成心理方面的困扰。

2. 初中生学习的心理压力较大

初中生心理健康问题是多样的,其中学习层面问题比较突出,有来自父母对孩子的寄托,有教师对学生的期盼,有同学间的相互竞争,有考试焦虑……这些都会给学生带来很大的心理压力。厌学是初中生心理健康中常见的问题。初中阶段的学生各方面思维发展不成熟,学习方面应对能力有限,学习压力给学生心理健康带来严重的影响。①

二、班主任应对班级心理问题的态度

1. 对心理问题的出现,班主任要有敏锐的观察力

如果能及时发现一些问题,把心理问题的处理放在初级阶段,对学生的好转以及后续问题的解决都是有利的。比如,小 A 同学,她之前的主要问题是学习不自律。在初二上学期班主任发现她脸色不好,逐渐丧失这个年龄段孩子应有的光亮,上课经常趴着,数学考试时眼睛直勾勾看着试卷,不做题。于是,班主任就时不时找她聊一聊,学习上多鼓励。通过不断沟通,班主任发现了小 A 同学有自残行为,随即联系心理老师,进行多方干预,从而预防了问题的恶化。所以,对班级心理问题,班主任要尽早发现,及时干预,争取在初期进行化解。

2. 对心理问题的产生,班主任要有针对性跟进和引导

每个学生出现的问题是不一样的。所以,教师要根据孩子和家长的特点,变换自己的形式。比如,小 B 同学,在学校也出现了心理

---

① 豆利民.初中生心理健康问题的形成及对策探究[J].新课程,2022(23):238-239.

问题，教师知道她的父母通情达理，所以在与孩子及其父母的联系中，教师站在他们的角度考虑问题，与他们一起商讨缓解孩子压力的方法，让他们感受到教师的真诚，让他们愿意跟教师分享真实想法。这样一来，有些工作可以自然而然地渗透进来，让他们从根源上为孩子减压，从多方面、更长远角度考虑孩子。整个过程中家长都不会反感，且都很认同。

如果家长不配合，逃避孩子的心理问题，避重就轻，这样的方法就不适用。教师的工作思路就可以转化为多跟孩子谈心、沟通，关心他的近况。对孩子反馈给教师的一些担忧或孩子在学校的一些状况，教师可以用短信告知家长，提醒他们关注，并及时记录和家长的日常沟通。每个家庭都有不同的特点，作为班主任，大家必须在平时的交流中，准确判断家长和孩子的特点，“对症下药”——这对班主任开展工作是有利的。

3. 面对突发情况，班主任应冷静应对与合理判断

体育运动时，没有人愿意跟小C同学一组，小C同学情绪失控，恰好被经过的班主任看到。班主任马上走到他身边，先安抚他，劝他跟班主任出去走走，平复情绪。谁知，小C同学非但不领情，还骂班主任，并且嘴里不断重复着讨厌班主任等言语，并威胁自己要去死。面对这一系列冲击，班主任需要理智和冷静。班主任首先表明态度：告诉这个孩子，不要以死来威胁，班主任承受不起。随即，班主任电话求助德育校长，第一时间找到孩子的爸爸，要求他立即到场。几分钟内，德育处主任、心理老师都到场，但是并没有把孩子的情绪平复下来。当孩子的爸爸到校后，老师们向他告知了情况，并要求家长全程看管好孩子不要离开视线，暂时解除了危机。

这件事也是班主任处理该学生的一个转机，学校工作变被动为主动，并且也遏制了这个学生对其他学生的影响，班级氛围向好的方向转变。那段时间每当这个学生出现突发情绪崩溃时，班主任除了第一时间到场安抚他外，还让好友劝导他，同时及时找到他家长，向

德育校长汇报,并做好记录。

通过上述实例的处理,笔者想分享的是,在有学生存在心理问题的情况下,如何营造班级氛围,让其他学生积极完成日常学习,班主任也要多动脑筋。首先,班主任要明确的是,不是只有班主任一个人在战斗,身后有学校的支持,要学会寻求帮助,不要独自面对困难,把自己弄得疲惫不堪。学校的各种保障和应对机制更加成熟,这样可以预防不良情况的出现。其次,在一些突发情况出现后,要抓住机会,通过班会、午会、个别沟通等形式,去化解学生的焦虑和班级的负面情绪,让心理健康的学生不受干扰,能明确自己的定位和态度。最后,通过真情实意,让学生体会到你的初衷,让他们成为你的战友,并和你并肩作战,一起管理好班级。

三、化危机为转机的心理疏导思考

中学生的心理疏导是一项艰巨而细致的系统工程。作为负责做学生思想工作的班主任,对学生的心理疏导,一是要在学生心理障碍出现之前及时进行疏导;二是不仅要消除外部诱因,更重要的是控制内部的、促使潜在的心理障碍变为现实的因素;三是要经常不断地进行心理疏导,对极端的表现、不易觉察的心理障碍等要消除在萌芽状态。①

班主任要把每个学生都摆在与自己平等的位置上,要主动接受学生,深入他们的内心世界,设身处地为他们着想,并待之以真诚的关心和爱护。这样,才能实现真正的"情通理达"。② 班主任在加强

① 冯保荣.农村初中学困生心理健康教育策略[J].基础教育研究,2021(10):86-88.

② 武金双."唤醒　合作　发展"模式——高中心理健康教育活动课实施策略[J].黑龙江教育,2021(10):85.

心理健康教育引领的过程中，应有效优化心理健康教育的内容，提升教育效能，实现学生心理健康教育的常态化，帮助当代初中生拥有健康快乐的人格，并幸福成长。

当然，作为兼顾教学和德育的班主任来说，如何平衡两者，如何有更多的时间和精力去提升自己在应对心理问题学生时的专业能力，还有很多困难。在长时间应对心理问题学生和教学工作压力的环境下，班主任的心理调适也是需要关注的。

"破窗效应"与"护花原理"在班级管理中的实践探索

沈　敏①

摘　要:"破窗效应"与"护花原理"是两个重要的社会心理学理论,它们在教育管理、社会治理及个体行为引导中有着十分有效的实际应用。通过及时纠正学生的不良行为、建立有效的规章制度和营造积极向上的校园文化,学校可以有效防止"破窗效应"的发生,并借助"护花原理"的力量,培养学生的内在美德与责任感,实现教育管理的和谐统一。

关键词:"破窗效应";"护花原理";班级管理;德育有效性

"破窗效应",由犯罪学家凯琳提出,是指环境中的不良现象(如破损的窗户)若得不到及时修复,可能会引发更多的破坏行为,进而加剧社会无序与违法乱纪现象。这一理论强调了环境对个体行为的潜在影响,以及及时修复"第一扇破窗"的重要性。与之相对,"护花原理"则通过心理学家威尔逊在公共花园管理中的实践案例进行阐述。该原理认为,通过触动人心、倡导内在美与高尚行为的正面引导,可以有效减少破坏行为,维护环境的和谐与美丽。"破窗效应"与"护花原理"作为社会心理学的重要理论,不仅为我们揭示了环境与个体行为之间的复杂关系,也为教育管理与社会治理提供了宝贵的启示。

在班级管理中,教师应将"破窗效应"和"护花原理"相结合。一

① 作者简介:沈敏,上海市民办华育中学年级组长,数学教师,中学一级教师,主要从事数学教学与学生心理教育研究.

方面，要及时发现并纠正不良行为，维护班级秩序；另一方面，要通过正面的、积极的方式来引导学生，让他们从内心感受到被尊重、被欣赏，从而自觉维护班级秩序。这样的管理方式既能解决当下的问题，又能培养学生的良好品质，为他们的未来发展打下坚实的基础。

一、“破窗效应”——防微杜渐，守护秩序

一颗小石子击破了窗户，若不及时修补，便会引来更大的破坏。同理，微小的错误若被忽视，便会成为引发更大问题的导火索。每一扇窗户都是秩序的守护者，一旦有窗户破损，整个秩序都将面临挑战。防微杜渐，守护每一扇窗户，就是守护和谐班级。

某教师中途接手一个初二班级担任班主任，当时这个班级的常规评分位列全校倒数第一，接触班级学生后的最深感触是几乎所有学生都一副无所谓的态度，对班级分数的无所谓，对周遭评价的无所谓，对自身行为的无所谓，甚至大家会笑着说：“我们班纪律一向如此，有什么奇怪啊。”有经验的班主任明白，没有天生不求上进的班级，也没有真正认输的少年！破窗不是终点，而是改变的起点，每一扇窗户都在呼唤我们的修复与守护。

案例一：晨会活动——开启一天好状态

“一日之计在于晨”，规定每天到校时间，每天安排不同学科任务，制订学习规划，记录每天按时参加学生名单，定期拍照展示学生学习氛围。一段时间下来，学生参与度越来越高。通过这段时间晨会的调整，学生的状态好了很多。每天完成学科任务后，班主任利用5～8分钟的时间跟全班学生梳理当天校内安排，如活动、讲座、考试等，做到心中有数，沉着应对。一学期下来，明显感觉整个班级的学生十分明确自己一天的任务，有条不紊，不像以前那样毫无头绪。还有个附加值，就是迟到现象消除了，一举两得。

案例二:午会纪律——积攒零碎时间,凝聚班级风气

重塑一个班级的班风,不是一两天的事。班主任充分利用好每天午会的时间,半天学习任务完成,可以小结学生的表现,扬长避短,为下午的课做好提醒、预防工作。学生工作既有秩序和规则,有时也猝不及防,需要班主任有极高的灵敏度,及时发现问题,以小见大,防微杜渐。事实上这个班级一开始的午会,总有学生迟到,表现出对午会规则的忽视。对极少数学生,班主任采取说教、批评、惩罚等教育手段,在学生有转变后,及时表扬肯定。强化规则意识是班级管理中的重要一环,班主任应强调规则的重要性,并让学生明白规则是保障每个人权益的基础。通过制订明确的班级规则和奖惩制度,让学生明确知道哪些行为是允许的,哪些行为是不被接受的。这样可以让学生形成强烈的规则意识,自觉遵守班级规则,敬畏规则,逐步提升班级凝聚力。

二、"护花原理"——强调心灵美与外在美相互关联和影响

用"护花原理"在欣赏和保护外在美的同时,也要注重培养和维护自己的心灵美。通过尊重和欣赏他人,我们可以获得他人的尊重和欣赏,从而实现人际关系的和谐与美好。

在班级管理中,"护花原理"的运用体现了对学生个体及集体心灵的呵护与培育。通过营造积极、和谐的班级环境,尊重并激发学生的内在美,从而促使他们自觉维护班级秩序,形成良好的班风和学风。

案例一:加强班委培养,提升班委威信

某初二班级原本班委力量非常薄弱,甚至班委自己都觉得自己不够格,时间一长,班委在班级里根本没有存在感,更不要谈榜样作用。班级风气怎么会好呢? 面对这种现状,班主任通过班委会对班

委提出要求,明确在行规、成绩、学习态度等方面,班委必须树立榜样,一旦出现问题,先批评班委,所谓“预戴其冠,必承其重”。在班里,班主任也搭建了许多让班委展示的平台,在同学面前发声,首先要注意自身形象,要把最好的一面展示出来。一段时间下来,在班里班委逐渐树立了威信。班长全面管理班级各项事务;劳委负责每日班级卫生工作,如值日生安排、大扫除任务等;学委负责每日收作业统计,定期反馈学科情况;体委组织每日出操,体育活动时整理班级队伍……关于该班级的早操工作,十分值得一提,之前每日出操,同学们自说自话。班主任对体委提出要求,明确任务,从早操退场开始,班级队伍精神抖擞,状态积极,跑步时队伍方正整齐,脚步铿锵有力,受到体育教师表扬后,全班学生集体鼓掌,掌声既是送给体委,也是送给全班学生自己。一段时间下来,学生们都很振奋,觉得自己班级很棒,为自己班级感到自豪,尤其当其他班级投来羡慕的眼神时,他们可开心了。这时,所有人都相信,这个班级一定有希望。

案例二:传承学校信仰,端正班风学风

在班级逐渐进步的过程中,班主任及时捕捉机会,让班级学生展现自己。初三在中考前举行了一场“传承华育精神”的誓师大会,作为初二年级的学弟学妹,班级要给初三对应班级赠送加油海报,还要派班级代表给初三学长送祝福。班主任安排由班委代表、优秀学生代表、为班级贡献较多的学生代表组成小队,去初三(1)班参加活动。筹备时,班主任跟学生代表开会商量:“除了祝福,我们还能做些什么呢?”这时有学生提出:“我能向学长提问吗?”大家觉得这个想法非常好,于是让学生们汇总了大家感兴趣的问题,有学科学习方面的,有提升抗挫力方面的,有如何面对焦虑情绪等心理方面的……各种问题一下子让誓师大会的活动生动起来,初三的学兄学姐给出了很好、很实际的建议。初二学生受益良多,真正起到了“传承”的作用。班级代表回班后,及时召开班会,各类问题由班级代表向大家进行宣讲和解释,学生们很激动,受益匪浅,备受鼓舞。在班级管理中运用"护花原理"有效地提升了学生的综合素质和班级的整体水平。通过优化班级的心灵环境、以美好心灵育人以及及时修补"破窗"等措施,终于使班级形成了良好的班风和学风,为学生的成长和发展提供了有力的保障。

三、"破窗效应"和"护花原理"相结合,打出班级管理"组合拳"

不难看出,"破窗效应"强调的是从外在的环境影响人,"护花原理"则强调的是从内在的心灵感化人,两者结合起来,一定能达到外在美与内在美的和谐统一。在班级管理实践中,班主任应做有心人,进行多方面探索。

1. 优化班级的心灵环境

班级布置注重整体协调性和美观性,如公告栏、表彰栏、墙报等布置要协调美观。班级内物品摆放有序,如书柜中的书摆放整齐,墙上对称地张贴有教育意义的图文内容。通过整洁的教室、整齐的课桌等外在环境,让学生感受到舒适和愉快,从而激发他们维护美好环境的意愿。

2. 以美好心灵育人

强调学生个体的内在美,通过表扬、鼓励等方式激发学生的自信心和自尊心。培养学生之间的尊重和欣赏,让他们学会发现并欣赏他人的优点和长处。引导学生树立正确的价值观,培养他们积极向上、乐于助人的品质。

3. 及时修补"破窗"

当班级中出现不良行为或问题时,要及时进行处理和纠正,避免问题扩大化。通过召开班会、个别谈话等方式,引导学生认识自己的错误并主动改正。对改正错误的学生给予适当的表扬和奖励,增强他们的自信心和归属感。

4."护花原理"在班级管理中的效果与影响

(1)形成良好的班风和学风。(2)学生在和谐、积极的环境中学习,能更好地发挥自己的潜力,提高学习成绩。(3)班级成员之间相互尊重、相互欣赏,形成了团结友爱的良好氛围。(4)提升学生的综合素质。(5)学生在"护花原理"的熏陶下,逐渐形成了积极向上的心态和乐于助人的品质。(6)学生通过参与班级管理和维护班级环境等活动,提高了自己的组织能力和责任感。

通过对"破窗效应"与"护花原理"在班级管理中的实践探讨,本文揭示了这两个理论在维护班级秩序、促进学生成长方面的重要作用。"破窗效应"警示我们,班级中任何细微的不良行为若得不到及时纠正,都可能逐渐扩散,从而影响整个班级的学风与纪律。因此,班主任需要时刻保持警觉,及时发现并修复"第一扇破窗",以防止负面行为的蔓延。"护花原理"则为班主任提供了一条积极的管理路径。通过正面激励、榜样示范和心灵引导,班主任可以激发学生的内在动力,培养他们的责任感与自我管理能力。这种从内而外的教育方式,不仅有助于改善班级纪律,更能促进学生的全面发展,让他们学会尊重他人、珍惜环境、追求卓越。

企业文化营造理念在初中班级管理中的探索和实践

汤　琳①

摘　要:借用企业文化营造理念进行跨学科探索和实践,旨在提升班级管理的运营效能。通过对企业文化定义、作用及其与班级管理契合度的深入分析,本文揭示了企业文化在班级管理中的导向、凝聚、激励及约束作用。实践表明,这一跨学科探索不仅有助于缓解青春期学生的情绪波动和叛逆行为,还能促进班级凝聚力,提升学生的学习积极性和自我管理能力,为构建和谐、高效的班级环境提供新思路。

关键词:企业文化;班级管理;跨学科

初中教育作为基础教育的重要阶段,其重要意义体现在多个方面,不仅关乎学生个人的成长与发展,也深刻影响着社会的整体进步与和谐。本文就如何克服初中阶段青春期的不利影响?可借用企业文化营造理念进行跨学科探索和实践,以提升班级管理的运营效能进行论述。

一、初中班级管理针对青春期学生的教育难点

青春期是指由儿童阶段发展为成人阶段的过渡时期,是身心发展的重要时期,一般女孩 10～18 岁,男孩 12～20 岁。青春期可分为

① 作者简介:汤琳,上海市民办华育中学语文学科教师,中学一级教师,主要从事学科教学与班主任工作研究.

三个阶段，即青春早期、青春中期和青春晚期。初中阶段正值青春期的早、中期，这个阶段的心理特点是一个复杂而多元的系统，涉及生理、心理和社会等多个方面的变化。以下是对青春期学生心理特点的主要归纳。

自我意识增强。开始形成强烈的自我认同感，他们渴望独立，希望被当作成年人对待，同时也在探索自己的身份和角色。这种自我意识的觉醒使他们更加注重自己的思想和感受，并希望自己的意见得到尊重。

情绪波动大。由于激素水平的变化，青春期学生可能会经历情绪的剧烈波动，包括易怒、忧郁和情绪不稳定。这种情绪变化可能会对他们的日常生活和学习产生一定的影响。

叛逆性。为了寻求自主和独立，青春期学生可能会对家长、教师的权威产生挑战，表现出反抗行为。他们不愿意事事都听从大人的安排，希望有更多的自主权和决策权。

社交需求。更加关注同伴关系，他们希望与同龄人建立联系，寻求认同和归属感。在同伴关系中，他们可以找到共同兴趣和话题，分享彼此感受和经历。①

我校学生来自不同区域、不同类型的学校（如公办学校与民办学校），带来多方面的差异，这些差异主要体现在学习能力、教育资源、学习环境、学生特点以及心理状况等方面。这些差异也增加了班级管理的难度，亟待在教学中兼顾公平和效率的前提下弥补差异。

二、企业文化的定义及与班级管理契合度分析

1. 企业文化

企业文化是指企业在生产经营实践中逐步形成的、为整体团队

---

① 杜萍，沈新华．中学生青春期家庭教育探微[J]．成才，2023(1)：35－37．

所认同并遵守的价值观、经营理念和企业精神,以及在此基础上形成的行为规范的总称。它是企业的灵魂,渗透于企业的一切经营管理活动中,是推动企业持续发展的不竭动力。在企业文化的概念中有两种定义较为简单明了。

一种定义是企业成员共有的哲学、意识形态、价值观、信仰、假定、期望态度和道德规范。另一种定义是基于文化的经济学含义,考虑到企业所遵循的价值观、信念和准则等构成文化基础的东西都很难被观察和测量,因而采用一个更易操作的观点,即企业文化代表企业内部的行为指南,它们虽不能由契约明确下来,但可以制约和规范企业的管理者和员工。①

2. 企业文化与班级管理契合度分析

企业文化强调团队合作与共享,鼓励员工之间相互支持、共同完成工作目标。这种团队精神对提升企业整体效能至关重要。班级管理同样注重培养学生的集体意识和团队精神。班主任通过构建管理团队(如班干部、生活团队等),引导学生树立集体荣誉感,增强班级凝聚力。这种管理方式与企业文化中的团队精神理念高度契合,都有助于形成积极向上的集体氛围。

企业文化中的人本主义理念强调员工是企业最宝贵的财富,注重员工的个人成长和发展。企业会提供良好的工作环境和发展机会,激励员工充分发挥自己的潜力和创造力。班级管理也注重学生的个性化发展。班主任会根据学生的特点和能力,因材施教,鼓励他们发挥自己的特长和优势。同时,通过多样化的课外活动和小组活动,为学生提供展示自我、锻炼能力的平台。这种管理方式与企业文化中的人本主义理念相呼应,都体现了对个体成长的重视。

企业文化鼓励员工勇于创新,提倡开放、包容和多元化的思维方

---

① 张启云.论内部环境中企业文化的构建——基于传统儒家文化的分析[J].决策探索,2012(10):41-42.

式。企业会鼓励员工提出新的想法和建议，推动企业的不断创新和进步。班级管理也鼓励学生自主学习和探索。班主任会引导学生培养独立思考和解决问题的能力，鼓励他们积极参与课堂讨论和课外活动，激发他们的创造力和想象力。这种管理方式与企业文化中的创新驱动理念相契合，都有助于培养学生的创新精神和自主学习能力。

三、企业文化营造理念在初中班级管理中的构想和实践

1. 表面层的物质文化是班级的“硬文化”

班级的“硬文化”是班级文化建设的基础和前提，是其中最为直观和显性的部分，它主要通过班级内部的物理环境、设施布局、物品摆放以及装饰风格等具体形态来体现。班级标识是班级“硬文化”的富有创造力的表现形式。例如，班级名称、班徽、班旗、班级口号、文化墙等。这些标识能充分发挥班级智慧，增强班级成员的归属感和凝聚力，形成独特的班级文化氛围。通过精心打造班级的“硬文化”，可以为班级成员提供一个良好的学习和生活环境，激发他们的学习热情和创造力，也将管理的各项要求由外部要求变成班级成员的共识。

2. 班干部、家委会等中间层的组织保证

中间层的组织保证，在班级文化建设和管理中确实扮演着重要角色，这一层次主要由班干部、家委会，以及校外辅导员等组织或个人构成。以下是关于这些组织或个人在班级文化建设和管理中的具体作用：班干部是班级内部的学生骨干，他们负责在班级内部进行管理和服务，是班级文化建设和管理的重要力量。家委会是由学生家长代表组成的，尤其是那些服务能力强、有奉献意识的全职家长代表，可以充当教师和家长之间、教师与学生之间的沟通桥梁，将班级文化全方位地渗透进学生家庭生活氛围；同时，家委会还是班级管理

和服务的重要补充力量。校外辅导员是由优秀的往届毕业生组成的,是班级文化建设和管理的"云团队"。这些身在名校的优秀学长,不仅本身就是榜样,而且作为过来人的经验和教训,以及对未来方向的指引,都极具宝贵的现实意义。

3. 核心层的精神文化是班级的"软文化"

精神文化是班级文化中最为内在和深层次的部分,它体现了班级成员共同的价值观念、道德标准、精神追求和行为规范。这种文化不仅影响班级成员的日常行为和学习态度,还塑造着班级的整体氛围和凝聚力,让班级管理工作由他律变成根植于组织内部的自律。班级"软文化"的打造过程,融入班级各项事务中,以一种润物细无声的方式不断修剪、插枝和培育等方式,慢慢在组织内部生长出来。以下列举一些常用的方式:利用晨会、主题班会、家长会等时段,纠正不良行为,宣传正确的世界观、价值观,加强思想道德教育,培养学生的道德情感;利用班级公众号这一平台,记录班级的重大事件、同学的成长过程以及获得的荣誉,全员参与,成为班级文化打造的重要抓手和阵地;鼓励班级成员中基础好的学生和基础薄弱的学生互相结对子,营造一种互相帮助的班级文化;以项目运营的方式,将义卖品的设计、采购、下单、跟单到定价、促销等过程专业化,既让学生懂得用实际行动来帮助别人,又在过程中实实在在地提升了自身能力。

四、企业文化营造理念在华育24届7班的实践成效

企业文化营造理念,通常运用于企业组织内部,旨在构建积极向上的工作氛围,增强员工的归属感和凝聚力。班级作为一个实体,其主要功能和目标是进行教育教学活动,培养学生的综合素质和能力。

将理念运用于实践中验证,在华育2024届7班进行长达4年的尝试,并取得了令人满意的结果:该班一共45人,中考成绩重点率100%,四校本部率89%。在此理念的指导下,班级的各项管理取得

长足进步，并荣获“2023年度全国红领巾中队”光荣称号和“2022—2023学年上海市红领巾奖章·集体五星奖”等荣誉。

在此理念指导下，班级创造了良好的学习环境，学生不仅在学习上取得进步，而且在自己感兴趣、有特长的领域取得不少成绩和荣誉。

通过剖析初中班级管理中的难点，将企业文化营造理念引入初中班级管理的跨学科探索和实践，不仅提升了班级管理的运营效率，还增强了班级凝聚力，构建了更加和谐、积极向上的班级氛围。

融入积极心理学理论的学校主题班会实践研究

张牧晨①

摘　要:班会课作为班主任工作与学校管理和教育的重要组成部分,不仅是信息传递、班级交流的平台,更是培养学生综合素养,以德育人的关键环节之一。在班会课上用合理方式引导学生构建积极心态,对学生人生观、价值观有深远影响。本文从积极心理学理论融入班会课的研究背景出发,结合学生群体中实际存在的问题,尝试探索和实践日常学习与生活中积极思考的基本逻辑和实践方法,旨在鼓励学生建立正确健康的人生观和价值观。

关键词:积极心理学;班会课;积极教育

一、研究背景

积极心理学是由心理学教授塞利格曼、彼得森、契克森米哈赖等人提出并创立的,该理论受人本主义思想影响,同时重点关注人自身的积极因素,着重研究人类优势和美德,强调个体的优点、成就和情感的正面发展。该理论旨在帮助人们提高幸福感,使人们生活得更积极且更有意义。

积极心理学理论认为,积极乐观与个体的人格特质、认知方式和情绪反应有关,它是一种个体的积极的心理状态,而个体的情感和行为受到他们对环境的感知和解释的影响。认知理论中有两种常见模

① 作者简介:张牧晨,上海市民办华育中学英语学科教师,中学二级教师,主要从事学科教学与班主任工作研究.

式：一种是“疾病模型”，主要思想是直面消极和预防；另一种是“健康模型”，主要思想是直面积极和引导。通过班会课的铺垫和实践，教师可以收集并联系学生实际生活体验，创设积极的情境和氛围，通过引导学生探索个人优势，培养积极情绪，帮助学生更好地理解和应对挑战，培养他们的情感智慧和心理韧性。一系列研究表明，多数中学生整体心理健康水平良好，但他们或多或少地存在矛盾、失落等负面心理状态，尤其在面对学业困难及家庭矛盾时，焦虑、抑郁等负面心理状态表现较为明显，且在心理需求上呈现多元化和个性化趋势。

学校教育需要与时俱进，既要结合学生的实际情况，也要面向国家未来社会的发展需要。初中阶段是学生各方面快速成长和逐渐形成健全人格的关键时期。在这一阶段，通过思想道德教育，教师可以引导学生树立正确的人生观和价值观，这对学生的健康成长起着重要作用。相比传统教育，积极教育具有更加系统与完善的目标。[①] 积极的心理引导不仅帮助学生缓解负面情绪，纠正不合理认知及消除不适应行为等，更有助于学生提升人际关系，激发个人潜能，提高综合素养。

二、班会课案例与实践过程

1. 班会原因

第一学期，我班学生面临中学毕业考试，校内学习节奏紧张，各学科作业量加大，考试频率升高；同时，青少年时期的学生面临家庭期许带来的压力和个体意识成长导致的紊乱情绪，学生心理上存在不适应和矛盾的情况。经过一段时间的观察，我发现许多学生面对学业和生活压力都产生了明显的沮丧、迷茫、烦躁等不良情绪，其中

---

① 梁涛.论积极心理学视野下的中小学心理健康教育[J].新课程（教研），2011(2)：174－175.

部分学生对自己的能力和进步前景失去动力和信心,不能积极地对学业和考试中反映的问题进行调整。

我根据积极心理学的理论和策略,结合班级学生的具体情况,在班级中开设以“送你一朵向日葵”为主题的班会实践,旨在引导班级学生学会调整心态,以积极的态度面对学业压力,并对未来的学习和生活更有自信,坦然面对挫折。实践“向日葵精神”,帮助他人共同寻找“阳光”,乐观面对生活。

2. 实践过程

班会课开始后,我让学生首先观察两幅美术作品,感受《睡莲》和《向日葵》两种不同主题对应的不同氛围和情感。随后,学生简单了解梵高的生平,并分析梵高借向日葵系列作品表达了其在人生低潮时期的精神追求。由此为引入,学生思考并讨论向日葵这种花所代表的积极、乐观的品质含义,明确班会主题为“送你一朵向日葵”。学生结合自身实际情况,分享乐观积极的生活态度。

经过铺垫,教师向学生介绍积极心理学的基本概念和认知方式。包括认知理论中的两种常见模式:“疾病模型”,主要思想是直面消极和预防,这种认知的重点在于关注消极因素;另一种是“健康模型”,这种模型的关注点在于聚焦积极因素并且加以引导强化,两种认知形式反映了对同一事物的不同观察角度以及对应的不同策略。

学生了解两种认知角度后,教师以“工作”这一事务为例,启发学生从不同角度看待“工作”。学生经过讨论,大致提出三种观点:第一种观点,工作就是工作,没有附加的特殊意义,即“工作是为了得到工资而做的别无选择的事”;第二种观点,工作是某种职业,从这个角度出发的观点认为“工作的动力在于更快的晋升和更高的薪酬,在于与他人竞争后获取的胜利感”;第三种观点,工作是某种使命,即“工作的动力来自工作内容本身,这是一种自我和谐的目标,自我和谐的奋斗过程”。学生初步体会不同认知带来的不同情绪,并主动思考如何利用积极情绪让自己更好地适应当下的学习和生活。

教师根据积极心理学理论，提醒学生五种基本的保持积极心态的方法，具体如下：

策略一，留心发现生活中的小确幸。班会课前，教师要求学生记录几天内发生的有幸福感和挫败感的几件小事。班会课上，学生分享彼此在备忘录上写下的事例，讨论关于所谓快乐的事情和原因，教师鼓励学生当众分享一些典型事例，并将它们大致归为三种类型：感官的快乐、人格成长的快乐和乐于助人的快乐，提醒学生应当学会观察生活，从平凡中积累积极因素。

策略二，感恩一切都是最好的安排。组织学生观看电影《还能与你再见三次》的结尾片段，讨论在人生中与他人相处应当保有感恩和珍惜之心。很多幸福不是理所当然就存在的，当人们把好的东西看作理所当然的，那它会贬值甚至消失。通过电影片段，学生进一步感悟到"如果我们感激人性中好的一面，那它会增长，我们就会拥有更多"的道理。

策略三，善意的传递。积极心理学认为，幸福是正和博弈。教师向学生介绍数学中的"六度分隔理论"，即人和任何一个陌生人之间所间隔的人不会超过六个，也就是说，最多通过六个人就能认识任何一个陌生人。学生可以通过自己的运算证明，个体对世界的改变以指数级发生，积极因素的传递也是如此，快乐是可以传递并不断累积的。

策略四，专注和行动。在"六度分隔理论"基础上，教师引导学生分享自己经历过或见证过的坚持最终获取成功的案例，通过典型事例的分享引导学生增强积极情绪，产生共鸣。"信念是自我实现的预言"，现实将最终由行动创造。在这一环节，学生的个体正向意念进一步强化，所有学生完全融入并理解本节班会课传递的理念，积极参与事例的讨论并主动分享观点。

策略五，接受和允许。学生赏析海灵格的诗篇《我允许》以及海明威在《流动的盛宴》中关于春天到来的描写，教师启发学生思考失败后如何看待结果,如何自我调节,保持积极,鼓励他们学会坦然接受缺憾并结合自身实际进行讨论总结。

班会课结束前,学生重新思考如何用积极的心态看待备忘录上写下的遗憾和有挫折感的事情,并以此为主题完成一段《送你一朵向日葵》的歌词创作,记录个人在本节课中的感悟,并在班级中分享彼此的作品。这一实践旨在加深学生对积极心理学理论的认知,引导他们实践从想法转变为行动再转变为自我消解的良好循环,并且这一活动能让学生在今后的学习生活中持续给予自身和彼此正向情绪引导,进而达到"一课德育,受益终生"的教学目的。

三、研究结论与反思

心理健康教育在我国一直受到重视,是每个教师和学生都应关注的重要问题,而积极心理学则是一种帮助学生更好地理解自己内心世界,应对成长过程中的困难和波折的方法。在现代社会中,学生面对更庞大的、来自不同方面的更复杂的压力和挑战,因此,指导学生以积极的心态面对人生已成为学校教育的一项重要课程。在这种情况下,作为班主任,应充分利用班会课的德育平台,通过相关的主题讨论和活动,帮助学生树立积极的心态,养成健康的心理习惯,引导他们健康成长,培养积极向上的人生态度。同时,这也有助于学校营造积极向上、和谐稳定的学习氛围。

在指导学生积极心理学的班会课中,班主任需要具备一定的心理学知识和教育技巧,提高教育的时效性,贯彻素质教育的基本理念,注重每一位学生的个性差异,以人为本,不仅要教好书,还要育好人,综合运用各种资源,创造出适合学生发展的成长氛围。将积极心理学融入教育,高水平的心理健康课和心理咨询与辅导相配合,在学校教育中全面渗透积极心理品质的培养[①]，不仅对学生群体的心理健康有重要意义，也有更多方面的重要意义。积极德育和积极班主任工作，会使教师与学生的沟通更加真诚和紧密，由此的课堂将促成更为积极的师生关系以及学生与知识、技能的关系，使学生更有内驱力和进步性。同时，也会推动形成积极的家庭、家校关系等。循着这样的趋势，我们才能真正做到以心宽慰学生，引导他们走向健康成长的道路。教育将更加人性化，也更好地承担起为社会培育英才、滋养人心的使命。

① 蔡伟林.中小学生积极心理品质与学校心理健康教育的相关研究[J].吉首大学学报(社会科学版),2014(35):164－167.

指向拔尖创新人才早期培养的同理心教育策略

高丽君①

摘　要:初中阶段的教育在拔尖创新人才的早期培养中承担着重要的任务,除了保护学生的好奇心,激发其学科潜能之外,培养他们面向未来发展的能力也是至关重要的。在拔尖创新人才早期培养中,重视同理心的培养,有助于提升学生的合作能力和创造能力。本文就拔尖创新人才早期培养中面临的挑战,探讨培养同理心的教育策略。

关键词:拔尖创新人才;早期培养;同理心教育

党的二十大部署了"全面提高人才自主培养质量,着力造就拔尖创新人才,聚天下英才而用之"的战略任务,笔者所在的上海市民办华育中学紧跟国家大政方针,探索拔尖创新人才早期培养策略。助力拔尖创新人才的健康成长,同理心的教育和培养意义重大。

在维基百科中,同理心(Empathy)又称作换位思考或共情,是一种能站在对方立场设身处地思考的方式。同理心较强的人在社会交往过程中,能体会他人的感受和情绪,理解他人的观点和立场,善于站在他人的角度思考和处理相关问题。

中学阶段,青少年对父母的依赖逐渐减少,社会情感渐渐萌发,合作能力亟待提升。加强同理心的培养有助于促进青少年独立人格的健康发展,有助于帮助他们消除偏见,学会换位思考,提升合作能力;从未来发展角度看,青少年在同理心的驱使下,更有可能对他人

① 作者简介:高丽君,上海市民办华育中学年级组长,语文学科教师,中学一级教师,主要从事学科教学与学生心理教育研究.

的困境有悲悯之心，对生存的环境有感恩之心，能真正用地球公民的胸襟面对人类生存发展的大命题。

拔尖创新人才早期培养模式的特殊性，决定了同理心培养中也有其特殊性。本文重在探讨拔尖创新人才早期培养中提升同理心的教育策略。

一、循序渐进，进行班级价值观建设

心理学家丹尼尔·戈尔曼在其著作《情感智商》中提出“情感智力”的概念。① 情感智力包括自我认识、自我调控、自我激励、识别他人情感和处理人际关系等能力。同理心在“情感智力”中起着核心作用，它可以帮助人们更好地理解自己，更好地处理人际关系，从而提高情感智力水平，提升创新能力的培养。

拔尖创新人才通常较早地在自己感兴趣的领域展现出强烈的好奇心和钻研能力，这些学生会投入大量的时间去提升学科素养，从而在客观上减少了与同龄人、家人和社会互动的机会。这种缺乏与他人深入交流的环境，使他们的同理心素养难以建立起来。

基于以上挑战，班主任要明确在拔尖创新人才的早期培养中特别需要创设一个包容、多元和关注情感发展的教育环境。班级是学生成长的重要场所，班主任要成为价值观建设的引领者，使班级成为容错率高、评价机制多元的环境，为学生的自我成长提供宽容友好的氛围。鼓励学生重视体验，理解与他人的差异。

遵从学生的成长规律，遵照循序渐进的原则，班主任可以在初中四年的历程中，分阶段设立培养同理心的具体目标：六年级的目标是引领学生识别自己的情绪，学着表达情绪；七年级的目标是尊重差异，接纳他人的感受；八年级的目标是理解他人行为背后的感受和心

① 丹尼尔·戈尔曼.情感智商[M].上海：上海科学技术出版社，1997：1.

理,训练合作能力。当然这几个目标并不是截然割裂的,彼此之间有交织渗透,相辅相成,我们对目标的设定只是基于学生的成长规律,在不同的年龄阶段有不同的侧重。

班主任的主导阵地之一是班会课,笔者围绕同理心组织过一系列讨论,如主题班会“父母的那些话为啥总惹我烦”,笔者借用一位妈妈的信引入,“当你青春的脉搏开始跃动奔腾时,你急于摆脱被呵护被指定的生活模式,你急于想证明想塑造一个独立的自己,你要冲破的第一个桎梏便是父母的束缚,对吗?”在其引导下,学生回忆着自己对父母的种种对抗,在热烈表达、辩论中,学生初步达成共识,可以反对父母的观点,但表达方式要尽量得体。班会后,笔者要求学生在周记本上全面梳理自己本节课的感受,进一步提升学生换位思考、理解父母的能力。

二、实施全体学生参与活动,创设真实的情景

基于积极心理学研究的成果,儿童积极学习生活至少要具备充分交互的儿童学习场,设计持续激励、伙伴卷入的爬坡式意向性儿童学习活动。[①] 也就是说,抽象的德育目标必须要落实到具体的场景中,笔者在工作中发现,具备拔尖创新人才潜力的学生往往过于看重成绩,单一化的学习模式限制了他们的视野,使他们较难接受差异。而且,过分追求成绩导致带来过高的心理压力,这种压力屏蔽了对他人的理解,从而阻碍了同理心的培养。

基于这样的挑战,我们在工作中推崇“搞活动”,调动全体学生的参与。现列举几类我们的常识。

其一,训练倾听和表达。在每节课上,要求学生认真倾听,别人

---

① 宗锦莲.儿童应该过一种什么样的积极学习生活——基于积极心理学的启示[J].教育科学研究,2020(10):81-86.

发言不能打断，不再举手，而是安静地聆听并分析别人发言的要义，以此提升学生听懂他人表达的能力，以及尊重他人的品格。

其二，落实班委责任制。全班学生分成七个小队，由七位班委分别负责，组织各项活动。小到日常值日，大到校级比赛，都由班委组织各自小队参与。寒暑假各小队组织线上读书会，线下社会实践考察。从活动的策划到实施，班委与队员都要充分讨论，协商进行，这极大地提升了他们换位思考的能力和共情能力。

除了核心班委，班级还评选了若干“干事”，协助班委工作。在“我为人人，人人为我”的氛围中，每位学生能切身体会到人与人之间的差异。在无数次失败和成功的体验中，学生初步训练出了理解他人感受的能力。我们形象地称之为“长出了情感的触角”。部分学生在工作中拓展了创新思维，提高了领导力。六年级担任劳委的李同学，在工作中学着与不同性格的同学打交道，并与劳动干事摸索激励同学劳动热情的机制。慢慢地，该生的工作能力不断提高，两年后入选学校大队部，升入高中后，在竞争中脱颖而出，入选学生会，在更大的舞台上工作也游刃有余。

其三，提升表达感受的能力。心理学家大卫·基德发现，阅读文学作品可以显著提升学生的同理心。① 善于钻研理科的学生往往过于注重理性逻辑，缺乏对真实生活的观察，很难用准确细腻的言语表达内心的感受。笔者组织策划了很多形式丰富的活动，为学生提供课业之外表达自己的途径。例如，班级的演讲比赛、寒暑假小组的线上读书分享会、影片观后感分享、诗歌朗诵、优秀随笔公众号展示等。四年来，每位学生坚持写周记，记录一周的所思所想，日积月累，学生变得不再浮躁，从最初的被动应付，到自觉自愿地观察生活，记录感悟。学生的“自我认识”有了进步，提升了情怀，为自己未来的学习找

---

① 罗杰·科鲁兹，理查德·罗伯茨.变化的头脑[M].上海：上海教育出版社，2021.

到了较明确的动力。

三、强化家校合作,有效构建学生成长的支持系统

在内卷严重的教育环境中,部分家长的关注点可能只在于孩子成绩的提升和应试技巧的训练,而忽视了对孩子情感、价值观和社会责任的培养。这种单一的教育方式使学生缺乏对他人的情感共鸣和道德责任感,为孩子未来的成长带来隐患,更不利于拔尖创新人才未来的发展之路。

苏霍姆林斯基曾说过:“教育的效果取决于学校家庭的一致性,如果没有这种一致性,学校教育就会像房子一样倒塌下来。”如何加强与家长的合作,如何找到培养学生同理心的切入点,对教师工作提出了极大的挑战。

首先,教师和家长要达成共识,即使进入青春期的孩子有独立、表现自我的需要,但他们对家长的依赖、期待家长认同的心理有增无减。在家校合作中,我们始终强调家长陪伴和对孩子认同的积极作用。

其次,学生在校的行为具有“偶发性”,突发事件往往与偶然的意外有关,但学生处理问题的方式具有“习惯性”,这与他的认知、能力乃至成长经历有关。所以教师一定要与家长沟通在“真实场景”下的孩子的行为,避免信息不对称。但是双方要摒弃“告状”“推卸责任”的戒备心,共同分析造成这些问题的原因,从而找到更有效的办法,支持或改变孩子。

最后,虽然与家长达成共识容易,但建立真正的信任并不容易,需要班主任理解家长的心理诉求,注意沟通技巧,客观反馈学生的状况。四年来,笔者通过实践发现,持续但克制地与家长沟通是比较有效的。多反馈学生的行动,多询问家长对孩子的认识,多与家长讨论培养孩子面向未来的能力,以及多反馈孩子的进步——这些行动其

实都包含对学生的观察、尊重和爱，也更能得到家长的认同。

四、因材施教，遵从学生个性深化正向反馈

心理学家、教育家杜威主张教育应尊重个体性，允许学生参与教育过程，以发展学生的能力作为教育的目标。[①] 同理心的培养更要遵从学生的个性，因材施教，才能实现个性化的指导。

在教学实践中笔者发现，具备拔尖创新潜力的学生较难客观地看待竞争，对考试有焦虑情绪。伴随这些心理的是无谓的精神内耗，低效的合作能力，糟糕的人际关系。个别同理心弱的学生表现偏执，难以融入集体，严重影响学业水平的发挥。

基于此，笔者发现同理心的培养既要通过集体活动来实施，更要付诸日常生活。我们主张任教教师用心观察每位学生，积累每位学生在集体中的表现，评估其同理心的水平，然后进行因材施教，找准时机，用学生能接受的方式进行训练，提升学生的同理心。更重要的是，一定要有“持久战”的意识，允许学生有反复，对其成长有期待。假以时日，学生才会回馈你惊喜。

案例一：某生入校时理科成绩突出，但人际交往能力不强，与同学有矛盾时常采用简单粗暴的方式。多次谈心后，我们发现该生已有固化的“弱肉强食”的生存逻辑，过分看重成绩，怕被超越，常常表现出特别冷酷且有攻击性。了解该生的心理后，笔者就常常留意该生的兴趣爱好，鼓励他分享自己弹钢琴、看电影、养小猫等富有温情的感受。渐渐地，该生放下了戒备，不仅不再欺负同学，而且与班中大多数同学建立了较好的人际关系。最后该生“自招”成功，在奥数竞赛中获得一等奖，荣获校级奖学金。

---

① 王天力.马斯洛“自我实现论”的创造观及其启示[J].高等教育研究学报，2015(4)：20－24.

案例二:某生刚入校时,喜欢炫耀自己的数学成绩,轻视同学;爱出风头,在各项活动中,喜欢做主角,常随意发脾气,给周围同学带来困扰。经过四年的历练,该生在毕业时获得师生一致好评——与同伴合作大度大方,有集体荣誉感,有主动奉献精神。这种改变是在真实的活动中,是在较长的时间里,是在教师耐心的陪伴中发生的。该生在教师的鼓励下参加了多次活动,用自己的感受去体会老师和同学的善意,理解了优秀品质和优秀成绩不是一回事,慢慢完成了自我的蜕变和成长。

许多学生经历着同理心的培养,也享受着与人合作的乐趣。这与清华大学心理学教授彭凯平阐释的同理心的价值不谋而合——具有同理心的人,善于理解、帮助他人,更容易建立良好的社会关系,获得成功,拥有更高的幸福感。①

当前,我们国家正处在社会转型发展的关键时期,拔尖创新人才的培养是当务之急,但目前对拔尖创新人才的早期培养主要聚焦在学科能力的识别和提升上,虽然教育界已经开始重视拔尖创新人才的心理健康,但我们尚未看到具体对同理心教育的相关研究。一方面,可能是理论和实践的结合还需要较长时间,另一方面,即使在一线的教育教学中,“同理心”的概念还是非常抽象,难以纳入评价体系。因此,我们深切感受到该项研究的重大意义。

我们主张在拔尖创新人才的早期培养中,积极探索富有创造力的策略,以班主任为主导,尊重学生的成长规律,强化家校合作,在真实的情景中、丰富多彩的活动中,充分提升学生的同理心。马斯洛认为,人性中存在自我实现的本能,而人的创造力的发挥则是这种必然

---

① 彭凯平.心理丰富提高亲环境行为意愿[J].心理学报,2023(8):1330-1343.

性趋势的具体表征。① 四年的跟踪培养，部分具备潜力的拔尖创新人才提升了同理心水平，增加了继续深造的动力。

因为跟踪时间相对较短，有些指向拔尖创新人才早期培养的同理心教育策略还缺少更充分的实践支持。另外，这些教育策略的整体性、连贯性还有待整合和优化。初中四年的实践让我们有了更具实践性的设想——将心理学的测试量表引入“拔尖创新人才早期培养”评价系统，通过科学的设计，跟踪学生从入校到毕业的四年变化，比较客观地评估学生的成长指数，为其高中甚至未来的发展提供重要的参考。

① 俞国良.心理健康教育与服务：拔尖创新人才培养的根基工程[J].基础教育参考，2024(1)：3－16.

促进学生身心健康发展的初中主题班会探究与实践

朱依婷①

摘　要:中学生正处于生理、心理快速发展的青春期,这是人生中一个关键时期。对青春期心理的疏导,促进学生身心健康发展,是班主任工作的重点。主题班会是班主任德育工作中重要的教学手段,而以往的班会多为教师自主安排,缺乏系统性。本文聚焦中学生的身心健康,通过理论研究与课堂实践相结合的方式,探索促进学生身心健康发展的初中主题班会实施路径,以期培养身心健康、全面发展的未来公民。

关键词:身心健康发展;主题班会;班主任

一、当前初中主题班会实施现状

当今时代,飞速发展的互联网和新媒体技术已经迅速渗透到人们的日常生活和工作中。这种趋势不仅改变了我们的生活方式、学习方法和工作模式,而且对青少年的成长环境产生了深远的影响。在这样的背景下,班主任德育工作的开展正面临着前所未有的新挑战。

中学生正处于青春期,这一时期不仅标志着生理和心理的迅速发展,也是认知能力显著提升的时期。然而,许多中学生在这一阶段可能会经历心理认知与生理成熟不同步的挑战。具体来说,他们的

① 作者简介:朱依婷,上海市民办华育中学语文学科教师,中学一级教师,主要从事班主任工作与语文教学研究.

身体成长速度可能超过了心理成熟的步伐，导致一些学生在心理认知上感到困惑，难以有效管理自己的负面情绪，并对青春期的变化感到迷茫，从而产生不良的身心状态。①

此外，中学生正处于形成强烈自我意识的阶段，他们倾向于追求独立、自由和个性表达，这些特质在他们的日常生活中表现得尤为明显。在德育教育过程中，这种追求自主和个性的倾向有时会转化为对教育者的抵触和不合作，这成为教育者面临的主要难题。许多学生在德育教育中显得被动，不愿意积极参与，导致德育教育只停留在表面，缺乏深入和实际效果。因此，亟须改进促进学生身心健康发展的德育教育方式以满足学生的真实需求和促进他们的全面发展。

主题班会是班主任实施德育教育的有效抓手，根据《义务教育课程方案（2022 年版）》，一至九年级开展班团队活动，内容由学校安排。根据《上海市初中 2023 学年度课程计划》，初中阶段班团队活动为每周 1 课时，属于拓展型课程。虽然每周都有班会课，但教育者可能未充分认识到班会课在促进学生身心健康发展中的关键作用。有人认为，学校课程中开设生命教育心理健康活动课，由专业心理教师任教，可以解决学生心理方面的困惑。但是，由于心理教师面对的往往是自己并不熟悉的学生，而且面对的学生人数众多，难以一一深入了解并进行课后的追踪反馈。如学生遇到心理方面的问题，由于观念接受程度的差异和刻板偏见等原因，相当一部分学生和家长并不会及时向心理教师等专业人士求助，从而影响了学生的身心健康发展。班主任与学生的接触时间较长，比较了解学生，是学生的第一道心理防护网。班主任可以根据学生情况在每周班会课上组织德育教育活动，提高学生心理素质，助力学生身心健康成长。

班团队活动内容由学校安排，但往往缺乏统一的教材、课程标准

---

① 刘荣.中学生心理教育主题班会模式探究与实践[J].新课程·中旬，2019(2)：40.

或明确的框架指导,因而班主任在日常开展主题班会时,大多数内容为自行设计。这种做法虽具有灵活性,但也存在缺陷,如系统性和理论性不足,重点不够突出,以及形式上的单一性。此外,如何通过主题班会这一平台,将促进学生身心发展的内容有机地融入教学计划中,以实现五育并举的教育目标,也是亟待解决的问题。若主题班会缺乏针对性、内容空洞、形式单一,且缺少计划性和连贯性,将难以吸引学生的注意力,导致他们对班会失去兴趣,进而影响德育教育的成效。

要改善这一状况,主题班会的内容应更贴近学生的实际生活,采用多样化和互动性强的教学方法。同时,教师需要对班会的主题进行深入思考,确保每次班会都能有针对性地解决学生心理健康方面的问题,并通过系统性规划,使班会内容具有连贯性和深度,从而提高教育的吸引力和效果。这需要探索促进初中生身心健康发展的系列主题班会的实施策略,提高班主任在主题班会的组织和实施方面的专业性,确保班会内容既系统又具有针对性,形式多样且富有吸引力,从而有效提升德育教育的质量和效果。

二、促进学生身心健康发展的初中主题班会实施策略

(一)计划先行

要有效地实施德育教育,班主任需要有一个全面而周密的计划。

1. 全面规划各阶段德育教育方向

班主任需要对初中阶段的德育教育有一个宏观的认识和规划。这包括了解学生在不同年级的心理和行为特点,以及他们所面临的挑战。在此基础上,确定每学年德育教育的重点方向,如诚信教育、责任感培养、合作精神等。

2. 制订学期德育教育计划

在确定德育教育的总体方向后,班主任需要进一步细化,制订每

个学期的具体德育教育计划。这个计划应包括学期内要开展的主题班会课、相关的德育活动以及预期达到的教育效果。

3. 设计每次主题班会的具体方案

（1）确定主题。每次班会都应有一个明确的主题，这个主题应与学期德育教育计划相一致，同时能引起学生的兴趣和共鸣。

（2）规划内容。围绕主题，班主任需要精心设计班会的内容，充分备课，如准备相关的案例分析、故事分享、讨论话题等。

（3）选择形式。主题班会的形式应多样化，可以是小组讨论、角色扮演、互动游戏、辩论等，以适应不同学生的需求和兴趣。

4. 反馈与改进

在实施班会计划的过程中，班主任需要密切关注学生的参与度和反应，及时收集反馈信息。课后评估班会的效果，并根据反馈不断优化和改进后续主题班会计划，确保德育教育的有效性和针对性。

通过细致入微的规划和实施，班主任可以有效地引导学生形成正确的价值观和人生观，促进他们的全面发展。

（二）确定重点

根据初中各年级学生的身心发展特点，确定每学年德育教育的重点方向。

1. 预初年级

学生特点：刚从小学过渡到初中，面临新环境的适应问题；心理发展处于关键期，对新事物充满好奇，但也可能感到不安。第一学期德育主题“适应新环境，注重五育全面发展”，旨在帮助学生平稳过渡，积极参与校园生活，促进德智体美劳全面发展。第二学期德育主题“了解青春期，增强目标感”，让学生认识青春期的变化，建立积极的人生观和目标导向。

2. 初一年级

学生特点：基本适应初中生活，但开始面临更多学业和社交的挑战;心理逐渐成熟,需要培养更强的自我管理能力。第一学期德育主题"增强自律性,培养耐挫力",着重于提高学生的自我控制力和面对困难时的韧性。第二学期德育主题"学会制订计划,调节情绪",教学生如何有效规划时间和控制情绪,为进入高年级的学习生活做好准备。

3. 初二年级

学生特点:学生进入青春期,情绪波动可能较大;自我意识增强,有时可能会感到自卑或敏感。第一学期德育主题"克服自卑感,培养自信心",帮助学生认识自我价值,建立自信。第二学期德育主题"学会青春期交往,培养勤奋精神",引导学生掌握健康的人际交往技巧和养成勤奋学习的习惯。

4. 初三年级

学生特点:面临中考压力,学业负担重,情绪波动较大;与家长的关系可能出现紧张,需要有效沟通和情绪管理。第一学期德育主题"学会与家长沟通,化解情绪压力",强调沟通技巧的培养,帮助学生处理与家长的关系和学业压力。第二学期德育主题"树立目标感,培养进取心",在中考临近时,鼓励学生明确目标,激发他们的学习动力和进取心。

(三) 巧妙安排

在制订每学期的教育计划时,全局考虑是基础,但实际执行还需要结合学校的活动和学生具体情况进行更加细致巧妙的安排。

1. 与学校的大型活动相结合

将班会主题与学校的大型活动相结合是一种有效的策略,能激发学生参与活动的热情,培养学生成为德智体美劳全面发展的社会主义建设者和接班人。

例如,与学校艺术节相结合的主题班会,通过介绍艺术节活动的多样性,展示学生的艺术作品,激发学生创作灵感,鼓励学生参与创作艺术作品，增强学生的成就感。又如，与运动会相结合的主题班会，通过展示优秀运动员的风采，激发学生的运动热情，动员学生积极参加体育比赛和活动，不仅能增强学生的体育锻炼意识，增强集体凝聚力，更能培养学生坚毅勇敢、自信自强的品质，保持奋斗进取的精神状态。再如，与大扫除活动相结合的主题班会，向学生介绍大扫除的意义和重要性，明确大扫除的分工，确保每个学生都有明确的任务和责任，增强学生的劳动意识，培养责任感和团队合作精神。在大扫除结束后，通过班会进行总结，分享劳动的体会和收获。

与学校大型活动相结合的主题班会，不仅覆盖学生在德智体美劳等方面的全面发展，还能充分利用活动为学生提供丰富的实践机会和展示平台，促进学生的身心健康发展。

2. 收集意见，了解需求

通过问卷调查、备忘录留言等方式收集学生的意见和建议，了解他们的兴趣点和需求，还可以邀请家长共同参与，使班会的主题更加贴近学生实际。

比如，有学生在备忘录上留言：临近考试作业量增加，出现作业完成较晚，有学科作业出现缺漏的情况。根据学生反馈的这一问题，在班级开展“提升学习效率，做自己时间的主人”的主题班会。在班会前，通过调查问卷、个别谈话等方式，收集更多学生关于作业完成情况的反馈，了解问题的普遍性和具体表现。课上带领学生分析思考作业缺漏的原因，鼓励他们分享自己的经历和感受。总结可能的原因，如时间分配不合理、拖延、缺乏有效的学习方法等。最后根据学生的讨论，总结提升学习效率和时间管理的有效方法，如制订学习计划，合理安排作业时间，采用有效的记忆和复习技巧，校内抓紧时间并在备忘录上记录作业完成情况等。班会后，班主任持续关注学生的作业完成情况，利用学生记录的备忘录定期与学生和家长进行沟通，确保班会讨论的成果有效落实。

通过主题班会，不仅能解决学生当前面临的现实问题，还能培养学生的时间管理能力和自主学习能力,为他们的长远发展奠定基础。

(四)形式多样

在主题班会的实施过程中,教师应不断探索和实践,通过丰富多样的形式,提高班会的质量和效果。

1. 情景模拟

情景模拟是一种有效的教学方法,它通过创造一个与现实生活相似的环境,让学生在模拟的情景中学习和体验。例如,在“友谊的力量”主题班会上,教师利用情景模拟来深化学生对友谊重要性的理解,并通过角色扮演来探讨和解决实际问题。

可以选择与友谊相关的日常场景,如同学间的冲突、合作解决问题、分享快乐等。根据选定的情景主题,编写简短的剧本,包括角色对话和情景背景。根据剧本中的角色,给学生分配不同的角色,让更多学生有机会参与其中。上课时,教师首先向学生介绍情景和背景,解释情景中可能遇到的问题和挑战。接着,学生根据分配的角色进行表演,模拟情景中的互动和对话。其他学生观察表演,记录关键行为和可能的问题点。表演结束后,教师引导学生讨论情景中的行为,探讨角色的动机和情感。观察的学生分析情景中的问题,讨论如何通过友谊的力量来解决冲突和困难。表演的学生分享自己在情景模拟中的体验,以及对友谊的理解和感悟。

这一模式还可以进一步扩展,如进行小组合作,学生可以分组进行情景模拟,每组选择不同的友谊主题进行表演,并总结呈现的问题和应对方式。同时,鼓励学生发挥创意,自编自导自演,展现他们对友谊的理解和看法。①

情景模拟不仅能提高学生的兴趣和参与度,还能帮助他们更好

① 李然,洪宇琳,谭祖渝.“五育融合”理念下的高中生心理健康教育策略研究[J].高考,2023(7):155-158.

地理解和处理好人际关系中的问题，达到培养学生健全人格，学会交往，善于沟通，实现具有基本的合作能力和团队精神的教育目标。

2. 班级辩论

班级辩论是一种激发学生思考和表达的有效方式，留给学生充足的思考时间和空间。例如，在"诚信教育"主题班会上，通过组织辩论，教师可以引导学生深入探讨诚信的重要性，以及如何在日常生活中践行诚信。

选择与诚信相关的具体议题，如"诚信要靠自律还是他律""讲诚信更好还是讲善意的谎言更好"等。将学生分成正反两方，双方各自准备支持或反驳的理由和论据。鼓励学生收集相关的资料、案例和数据，以支持本方的论点。最后教师总结引导，强调杜绝考试作弊主要靠自律，指出考试作弊等不诚信行为的严重后果，引导学生在面对考试这一挑战时，应通过自身的努力和诚实的态度来应对，而不是采取投机取巧或作弊等不正当手段。通过这样的班级辩论，学生可以在思辨中学习和体验诚信的价值，懂得如何科学地管理和化解压力。

在辩论过程中，学生需要对自己的立场进行辩护，这促使他们进行自我审视和反思，从而更好地认识自己。在辩论中，学生需要从多个角度分析问题，考虑不同的可能性，这有助于他们形成全面和深入的思考方式。通过辩论，学生还可以更清晰地看到不同观点的合理性，有助于他们形成更加成熟和全面的价值观。

班级辩论不仅对学生个人能力的提升有显著效果，也为班主任了解学生、引导学生提供了一个独特的平台。在辩论过程中，学生需要阐述自己的观点，这些观点往往反映了他们的真实想法和感受，班主任借此机会鼓励学生自由表达。在辩论中，学生与班主任、同学之间的交流更加平等，有助于打破传统的师生界限，促进真正的沟通。班主任可以通过辩论观察学生在不同情景下的思考方式和反应，从而更深入地了解他们的心理状态和需求，便于更好地解决学生遇到的困惑。

中学生时期是形成人生观、价值观和世界观的关键时期,这个阶段的教育和引导对学生的一生都会产生深远的影响。班主任可以通过科学缜密的主题班会设计,分阶段、有计划地培养学生对新环境的适应能力,树立正确的生活观、健康的生活方式和行为习惯,引导学生在不同领域中发现自己的兴趣和特长,培养独特的个性,培养学生面对困难和压力时的心理韧性,为学生的全面发展奠定基础。①

而灵活多样的班会活动形式可以帮助学生更好地认识和表达自己的困惑,通过自我探索活动,让学生更深入地了解自己。学生在班会活动中的成功体验和正面反馈可以激励他们不断努力,建立积极的自我形象,追求更高的目标。这为学生身心健康发展奠定坚实的基础,帮助他们成长为具有责任感、适应力和创新精神的公民。

① 曹雪君.浅谈如何通过主题班会实施班级德育管理——以初中七年级为例[J].中华活页文选(教师版),2023(16):178-180.

同伴干预在心理委员工作中的作用浅探

田艳妮①

摘　要:在初中阶段心理工作中的一个重点是对青春期学生心理特点的探索,以及通过合理有效的方式协助学生解决内心困惑,最终形成完善的人格。为了达到这样的根本目标,可以通过很多形式来进行,如针对学生每个阶段成长的心理讲座、针对少数学生的心理沙龙和团体辅导、针对个别学生的心理咨询等,都有不错的效果。其中,心理委员的建设发挥更大的优势,在我校的心理工作中承担着重要的作用。

关键词:心理委员;青春期心理;同伴干预

一、学校班级设置心理委员十分必要

首先,心理委员的选拔。在开学之初,经过半个学期的了解后,由班主任根据学生的表现,从中挑选成绩优异、阳光温暖、热情助人、细心敏感、善于交际的学生来担任心理委员。这样的学生在班级里有比较高的威信,能得到同学们的欣赏,当同学遇到困难时,除了教师外,最容易依靠和求助的就是这些优异而有能量的学生。

其次,心理委员的培训。在选拔出适合的心理委员后,要对心理委员进行为期一年的培训。培训的内容主要包括:明确心理委员的职能,指导心理委员敏感地评判同学出现的情况,在看到和听到学生

① 作者简介:田艳妮,上海市民办华育中学学生处副主任,语文学科教师,中学一级教师,学校中级心理咨询师,主要从事学科教学与班级学生心理研究.

的问题时应怎样梳理事情的重点和原委,如何写清楚给教师的每月汇报表,运用基本的共情技术完成对问题不严重学生的疏导等。经过一系列培训后,最终通过心理委员的考试,结业后,正式上岗。其中,心理委员工作的重点有两条:一是用自己的能力帮助身边处在困难中的同伴;二是评判有困难同伴的情况,及时向学校心理教师转介并进行干预。

由于青春期问题具有内隐性和文饰性的特点,学生内心虽然有激烈的冲突,但又存在表达上的困难和隐藏,所以作为同学的心理委员就有了更加亲近的优势,这也是利用和发挥了青春期心理教学中的朋辈效应。

二、同伴干预在心理委员工作中的作用案例

D同学,男,偏科严重,给人印象机灵,上课注意力不集中,一节课能专心听课时间不超过10分钟,大部分时间东张西望,或咬铅笔,或发呆。D同学的父母带他去检查过,说他有"多动症",且吃药治疗已有一个学期,但教师没有发现他有任何好转。平时作业不能及时完成,几乎天天漏做或不做,成绩远远低于班级平均水平,人际关系不好,怨气很重,喜欢用贬义词攻击学生。自认为"很聪明,但不努力",学习中抱有幻想,认为自己没有问题,一直以"聪明者"自居。在这种状态下,同学帮助他反而会伤他的自尊心,他的交往风格也被同学排斥,成绩和同学关系越来越差,成为班级的"孤独者"。孤独的学生是心理委员工作的重点对象,所以我就找D同学谈话,希望帮助他们建立关联。

第一周,2022年9月7日,第一次谈话。目的是评判D同学接受同伴干预的可能性。

谈话内容如下(教师简称T):

T:你愿意接受A同学的帮助吗?

D:愿意。

T:你怎样评价A同学?

D:挺好的,同学们都喜欢他,选班委时,我也投票选他的。

T:你希望A同学能在什么方面帮助你?

D:处理同学关系。

T:这个时间可能有点慢,你有耐心吗?

D:有的。

T:你想知道A同学最想帮助你的地方吗?

D:不知道。

T:A同学最想帮你按时完成作业,因为不交作业会影响小队评比的分数,拖小队后腿,这是你被同学不喜欢的重要原因,你愿意在这方面努力吗?

D:(皱着眉头想了一会儿)我不是不会做作业,只是懒得做而已,那好吧。

从第一次谈话中,明显看出D同学的内心是有改善人际关系的渴求的,所以他马上就接受了人际关系很好的A同学来帮助他,并且直奔主题——希望能帮他改善人际关系,但是当听到要先从交作业开始时,有一些迟疑,考虑到这是实现目标的第一步,也就同意了。在D同学的身上存在性格孤僻学生的普遍共同点:有交朋友的渴求,但不知道怎样相处;做事有消极感,对别人的评价较迟钝,难以发现自己身上存在的问题。

谈话后,第一周的作业D同学都做了,而且质量还不错。第二周又出现不做作业的情况,基本上回到以前的状态。

第三周,2022年9月21日,第二次谈话。

T:说一说这两周的作业完成情况,自己感到满意吗?

D:我不要A同学继续帮助我了,我觉得根本没有用。

T:详细说。

D:第二周,在一次作业中我漏了一点点,他就惩罚我,不允许我参加 OM 训练。

T:你是 OM 队员吗?你特别喜欢 OM,是吧?

D:当然,我要参加美国比赛。

谈话简短地结束了,因为 D 同学的情绪不高,于是找来 A 同学一起商量,把处罚减轻,换成惩罚额外完成一定量作业的方式,不要停 OM 训练课,还有在跟 D 同学的谈话中,表露出来最明显的反抗情绪在于:他把 A 同学当成教师的角色,而不是来帮助他的朋友,他觉得 A 同学像教师一样管着他,这是让他想放弃“被帮助”的原因。基于这一点,在跟 A 同学的谈话中,我重点教 A 同学要和 D 同学处于平等地位,不要居高临下,多采用朋友式的规劝和谈心的方式,尊重他,慢慢增强他的信任感。

谈话后的两周时间里,D 同学的状态一直很稳定,按照约定作业很少出现问题,并且慢慢看到 A 同学和 D 同学一起吃饭,吃完饭一起散步,相处融洽。在四周的跟踪中,笔者发现孤独学生的特点:对他人信任感脆弱,由于缺少倾诉对象,情绪的自我调节能力较差,碰到挫折易放弃,所以选择干预的同伴类型应是有耐心、比较平和、情绪处理能力比较强的学生。

第五周,2022 年 10 月 5 日,第三次谈话。

这次谈话主要是了解 D 同学平时与同学交往的倾向。

T:你觉得以前自己在跟同学的交往中存在哪些问题吗?

D:经常起冲突,他们骂我,我也会骂他们。

T:是你先骂他们还是他们先骂你?

D:都有,我觉得他们是故意针对我的,如自修课上,其他同学同样不认真,但他们只向老师告我的状,还会因作业和成绩而嘲笑我。

T:那你是怎么做的呢?

D:我就故意发出声音,让小组扣分。

T:你仔细想想他们真的只针对你一个人吗?同学们对你有友好的表现吗?

D：嗯……上两周我作业全交齐了，小组同学都给我鼓掌，还把这周的进步之星给了我。

T：我们给小组同学作了问卷调查，他们对你的评价很客观，还列举了你的很多优点，“OM很好，头脑灵活”“D同学能做完功课，我们替他高兴”“D同学在上次运动会200米比赛中为班级拿了第一名，很厉害”……

D：我没想到他们都记得我的好，我原以为他们都觉得我是小组的累赘，想把我赶出小组。

T：你愿意尝试着跟他们交往吗？

D：愿意。

在谈话中，D同学已经开始反思自己与同学的交往风格，接下来的两周，A同学给笔者反馈说，看到D同学的明显变化，没有跟同学起冲突和骂人的情况发生，小组同学也看到了A同学的明显变化，发本子时不再飞本子，并认真完成值日工作，在卫生随检时他认真检查自己的桌面，把水杯放入桌肚里。

需要提及的是，这周虽然小组同学觉得D同学有很大进步，但是三位主科老师（主科老师与学生相处的时间比较多，对学生也比较了解）反映并没有感觉到除了作业外D同学有明显的变化；在对班级里其他同学进行访谈时，也没有察觉D同学有什么变化，大多数同学的回答是“没注意”。这说明对学生的转化，与他最近的小圈子同学是最敏感的，这种敏感度超越了其他学生、班委和教师。教师的工作比较多，自然不容易及时关注到每一个学生的细微变化，班级整体层面也只能起到氛围上对同学的帮助，座位较远的同学交集很少，所以安排学生座位时要注意。

第七周，2022年10月14日，第四次谈话。

刚刚坐下就感受到D同学很开心，眼神中放着光，跟以前不大一样。

T：最近有什么开心的事吗？

D:我们队要去参加全市的OM比赛了!老师觉得我在小组合作中制作道具的能力比较强,最后一轮确定名单时把我定为正式队员。

T:很厉害!这是团队项目,你要做很多准备,不怕辛苦吗?

D:当然不怕!我们吴老师特别厉害,她会指导我们的,而且吴老师什么都会,我们不用怕的。

T:比赛期间你没有上的课怎么办呢?

D:我们小组昨天开会了,他们分工帮我记笔记拿作业本,我不会拉下的,他们还一起送了我一个礼物,希望我比赛胜利,我也不能辜负他们,我得多带点钱,回来时也要给他们送礼物。

这次谈话是跟踪两个月以来D同学状态最好的一次,心态明显好多了,而且由于吴老师对他的认可和信任,他找到了自己心中的榜样,把吴老师当作自己崇拜的对象,言听计从。在感受到小组同学的祝福和帮助后,他也有勇气承担责任,懂得不要辜负别人的期望。但是,有教师反映在最近的集训时间里,他的作业又开始不交或漏做了,A同学叫他补作业时,他态度不好,说自己没有时间,甚至还跟A同学发生冲突,这是跟踪以来,D同学第一次跟A同学发生冲突。

分析上述表现后,我们看到D同学在无助时,他愿意接受任何形式的帮助,在有了进步后,特别是收获了其他同学的友谊和认可,他就开始与帮助他的伙伴发生冲突,出现反抗意识,就像每个生命在成长过程中,由对母亲的依恋逐渐走向独立和分离的过程,是一个新的整合时期。

同时看出,对学生的干预是比较艰苦且费时的,在这种情况下,需要重新审视两者的关系,把原来强帮弱的模式转变为互相帮助取长补短的模式,这种模式更加有利于激发D同学的自我调节潜能。

在期中考试中,D同学的各门功课都有进步,尽管去美国参加比赛用了一周时间,也没有完全放弃学习,回来后,比赛得了第一名,老师安排他在班级里分享心得体会,D同学的交往范围从小组走向全班，有共同爱好的同学跟他讨论 OM，有了共同话题，他就慢慢摆脱依靠老师指定与 D 同学做朋友的局限，慢慢在班级里有了其他朋友，告别了“孤独”的处境。

无论从发展的年龄特征，还是从人际交往的方式特征角度看，少年儿童的同伴群体从共生走向独立的过程中都具有人生重要的过渡性意义。在同龄伙伴之间，存在一种与成人的密切关系不同的完全平等的人际关系。在亲子关系和师生关系中，无论怎样平等，都存在依赖和被依赖、支持和被支持的角色区分。如果在同伴之间建立自我对象关系，即在伙伴之间情感联结的基础上将伙伴力量内化，形成积极的自我调节，那么自我心理学的研究成果会给我们启发和帮助。

从心教育　赋之以行

——初中个性化学生的集体归属感培养

沈含青①

摘　要:在初中阶段有一些有个性的学生,教师要善于用心教育他们,引导其在集体归属感培养中获得提升与发展。对学生有爱心是引导有个性的学生形成集体归属感的内在源泉。赋之以行是教师引导有个性的学生养成集体归属感的外化力量。

关键词:集体归属感;有个性的学生;用心教育

在初中阶段,有一些有个性的学生,教师要善于用心教育他们,引导他们在集体归属感培养中获得提升与发展。初中教育要引导有个性的学生获得良好发展,要用爱心去影响他们,让他们在成长过程中付诸良好行动,提升集体归属感。

一、对学生有爱心是引导有个性的学生形成集体归属感的内在源泉

心中有爱,于教师而言,即教师对学生的爱,一个心中有爱并让学生感受到的教师,在学生成长的轨迹上规范着他们的言行,使他们成为没有让教师失望的学生,也就有了对教师引导的班集体归属认知。

对学生怀有爱心,让自己在教师岗位上具备作为好教师的基础,

---

① 作者简介:沈含青,上海市民办华育中学英语学科教师,中学一级教师,主要从事学科教学与班主任工作研究.

而注重方式方法，能让自己在做学生工作中如虎添翼。我们在做学生工作时，光有一颗爱心是不够的，还得有方法。爱心是基础，也是我们要给学生的内容，但是如果缺乏正确的方式方法，再好的爱心也没有效果。因此，好教师一定还应注重对学生工作的谋略和方法。

笔者曾担任初二某班的班主任，接班之初就听说A同学和B同学是班级中两个最难管理的女生，不仅学习成绩不理想，而且在行为品德方面也缺乏自律，并造成很坏影响。笔者听到这个消息，第一反应是刚上初二，为何会有这种情况呢？我翻看了她们小学时的情况，发现两位学生在小学时的境遇并不相同。B同学小学时并不出色，成绩一般，如今这样并不奇怪。A同学在小学四次评为十佳好少年，年年担任大队委员，主持人等，小学很出色，是什么让如此好的学生变成现在这样呢？我决定先从A同学开始，暑假家访时重点去这两家看一看，了解一下情况。

在A同学家中，首先看到的是一个怯生生的孩子，心中不由得疑惑：这就是传说中的“小魔头”吗？我直接告诉A同学我心中不解，像朋友一样坦陈心中感受，询问原因。A同学说，进校后，一直是优等生的她屡次在测验和考试中不能名列前茅，成绩不再像小学时那么优秀，父母对她也由骄傲变成了失望。在和其他同学相比中，屡屡失利的她有了挫败感，心中的落差演变到后来就成了自暴自弃，然后和班上同样是后进生的B同学成了所谓的好友，但两人之间没有互相鼓励，共同进步，而是带着情绪，走上了下坡路。我跟她分析了现在她学习上欠缺的地方，并且和她恳谈了学习之外的问题。告诉她作为学生，学习的提升在于她思想意识的提升，如果她主观意识上不肯好好学，那么别人说得再多也没有用，只有她自己想学，那么转变才能水到渠成。交谈过后，我发现她主观意识上还是很想恢复到小学时的状态，但心中对自己缺乏信心。我要求她学习上先慢慢来，在思想品德上一定要约束自己，要有积极、美好、向上的表现，不要让自己带有以前的阴暗面，因为每个学生皆有很强的可塑性，想如何走取决于自己。

家访如我预期的成功,A同学表示让我看她下学期的表现,并要求老师能经常提醒她、规范她,能在她犯错误时不要对她失望,师生之间在这个夏天达成了"君子"协议。再访B同学,发现她和A同学截然不同,小小年纪,却透着与其年龄不相称的成熟,再观她的家庭条件,似乎不是很好。和她母亲交谈后,得知她父母早就离婚了,她母亲言谈之间,满是对其父亲的憎恨,而她则在一旁不语,神情里透着不屑和无所谓。心中不由得对她产生了怜悯,和她坐在一起交谈,发现她不好说话,有点难以相处,对什么都无所谓,颇有看破红尘的味道。试着和她谈学习,问她将来的打算……她认为她能学好的,其他人根本不算什么。在学习方面她虽然有点自以为是,但对学习似乎尚未失去信心,若能开导,不失为一个突破口。我认为在开学后要在这方面多下功夫。

开学后,A同学如我所预期的那样在各方面有了长足的进步,日常行为规范也有了可喜的变化。反观B同学,却一如既往地我行我素。在班里经常打打闹闹,欺负同学……我直接告诉她,我看到她的感受,我说我一度怀疑自己不是在一所优秀的初中,而是在一所困难学校,希望她能明白她的所言所行给班级造成的不良影响。她还是露出不在乎的表情,不懂自爱的她到底该如何是好呢?

我决定从两方面入手,一个是宏观,另一个是微观。宏观是指在全班树立正确的是非观,不能让其他同学有样学样,不能让不良现象在班上成风。于是,我利用每周五的晨会课,经常讲优秀学生应具备怎样的品质,对不良现象应如何处理,相信全班学生都有明辨是非的能力。在微观上,我经常观察她的反应,在她说脏话或欺负同学时进行规劝。一段时间后,我发现她有所改善,因为她说粗话时不再有人起哄或学着说,越来越多的学生对这种现象表现出正确的是非观,她在不知不觉中也收敛了很多。这样让有个性的学生在集体中找到了自己成长的归属与价值。

二、赋之以行是教师引导个性强的学生养成集体归属感的外化力量

对个性强的学生的成长，教师不仅要用爱心来感化，更需要引导学生在班集体行动中找到自己正向行为对同学产生正能量的影响，从情感入手培养有个性学生的集体归属感。

对上文所说的B同学，从情感入手，经常对她表示关心，她从最初的漠视到有点动容，从最初对我的不理不睬到后来有所反应，细微的改变让我越来越充满信心。我想她终能融入班集体，我要耐心等待她的改变。有一次，她把饮料倒翻在桌面上，我忙上前帮她一起擦，擦完后她把擦过的餐巾纸给我，让我去扔掉，我不语，将脏的餐巾纸用左手拿着，右手继续帮她仔细地擦桌面的角落，与其现在说她，不如等她自己感悟，言教不如身教，当我帮她收拾干净后，转身正要去扔那堆纸团时，她觉得不好意思，起身说："谢谢老师，让我来吧。"短短一句话，让我感觉到她进了一大步，苦心终于没有白费。

在学习上，我不断地鼓励她们，有点滴进步我就表扬，给她们更多的关心，甚至是偏爱，我相信学生是有第六感觉的，天长日久，师生之情终有互相理解的一天。

教育的道路是漫长的，也是普天下职业中最会发生变化的，因为不同的学生有不同的性格，如何与他们相处以及帮助他们成长是教师一生的作业，学生的成就取决于教师现在的努力。学生的不懂事、不进步以及"调皮捣蛋"也会让身为教师的我倍感难过，觉得他们辜负了教师的苦心。关爱学生是教师的天职，用真心之犁去耕耘学生的心田，再荒的地也会有复苏的一天，引导学生在行动中认识自己，获得成长。

守住心灵的契约

——论中学生契约精神的培养

刘 慧①

摘 要:针对初中学生的心理特点和认识水平,切实提升班级德育教育的成效,是班主任工作中亟待研究和解决的问题。本文根据青春期学生的特点,在教育教学实践中,尝试以契约精神为切入点,从探寻契约精神的内涵,分析契约精神的意义,开展契约精神的实践活动等多方面培养学生的契约精神,化被动为主动,提升学生的自主意识和责任担当意识。

关键词:契约精神;内涵意义;中学生

初中学生正处于世界观、人生观、价值观形成的关键时期,自我意识逐渐觉醒,培养学生的契约精神在班级管理和家庭教育中具有重要作用。一方面,当今社会中学生普遍对契约精神的认识不足,契约意识淡薄。面对升学压力,家长对孩子的关注点往往集中在学习成绩上,鲜少有人真正关注孩子契约精神的培养,而遵守契约精神是为人安身立命的根本,也是社会安定有序的重要保障,培养学生的契约精神对学生的全面发展具有重要意义。另一方面,青春期学生要求独立自主,因此传统的班级制度式管理和家长式权威对青春期学生作用不大,反而容易让学生产生逆反心理。契约精神是建立在双方自由、平等基础上的守信精神,它要求契约双方在平等协商的基础上都要受到契约内容的约束,信守约定,说到做到,有助于提升学生

---

① 作者简介:刘慧,上海市民办华育中学语文学科教师,中学二级教师,主要从事学科教学与班主任工作研究.

的主观能动性和责任担当意识。

因此，笔者在教育实践中进行了一系列培养契约精神的实践探索，通过班会课的开展和讨论引导学生认识契约精神的内涵和意义，认识到契约精神对个人、集体和社会的重要作用；通过班级契约的协商制订培养学生的民主意识和自主管理能力，充分发挥班集体的自治功能；通过家庭契约的协商制订，减少亲子沟通中的矛盾和冲突，家校配合提升学生的自我管理能力和内驱力。

一、在德育班会中探寻契约精神的内涵和意义

当前中学生普遍对契约精神的概念不够了解，在内心深处对契约精神也不够重视。因此，为了引导学生进一步了解契约精神的内涵和重要意义，笔者在班级开展了以“守住心理的契约”为主题的德育班会。

在导入部分，首先播放视频《老兵的承诺》，让学生结合感动中国人物董贵兵的感人事迹，初步感受契约精神的内涵。其次讲述契约精神的发展历程，从古希腊的商品交易到中国甲骨文“契”“约”传统，从法国著名启蒙思想家卢梭的《社会契约论》到当今社会的合同和信贷制度，从古今中外多角度探寻契约精神的内涵。最后归纳总结同学们的分析，提炼出契约精神是一种自由、平等、守信的精神，从本质上说，是在对规则的重视和敬畏的基础上，衍生出共同遵守契约的责任意识。这既是古老的道德准则，也是现代法治的要求。它要求社会上的每个人都要受诺言的约束，信守约定。

为什么古今中外都如此重视契约精神？它对我们当今社会有什么意义？结合所给的4则材料，学生分组进行讨论交流。结合材料1《最高人民法院关于公布失信被执行人名单的若干规定》，同学们发现对个人来说，守契约不弃约是个人安身立命、为人处世的基本原则，一个没有契约精神的人将寸步难行。结合材料2：上海疫情期间

宝山小超市无人售卖,购买者自行扫码付钱的新闻视频,同学们总结出对社会而言,契约精神是社会井然有序、和谐稳定的重要保障。结合材料3:商鞅《立木为信》的视频故事,同学们意识到契约精神更是国家依法治国,稳固发展的立国之本。结合材料4:《中国古画中的契约精神》和老子的《道德经》中"安可以为善? 是以圣人执左契,而不责于人。有德司契,无德司彻。天道无亲,常与善人"。[①] 小组讨论:契约精神到底是法律责任还是道德责任? 同学们集思广益,认为契约不仅是外部对一个人的要求,更是一个人内心秩序的建构,是一个人内心道德的坚守。从不同角度加深对契约精神内涵和意义的理解。

从学生的生活实际出发,让学生分享自己在平时生活中亲身经历或观察过的遵守或不遵守契约精神的例子,思考我们在学习生活中如何遵守契约精神。同学们结合自己的学习生活经历分享,如可以先树立一个明确的目标,将目标进一步细化和具体化,然后建立相应的奖惩机制,严守承诺,说到做到,绝不含糊。最后请4位学生上台,以三句半的形式总结分享如何遵守契约精神。

锣鼓敲得震天响,听我来把新事讲,千万注意别走神,快点讲!
少年儿童要知道,契约守信很重要,你要我要他也要,很重要!
健康成长第一条,做人处事要诚挚,品行高尚不可欺,不可欺!
对待父母要诚心,同学相处要真心,心胸坦然莫亏心,要上心!
要是犯了小错误,不要装模又作样,实把真情来相告,来相告!
应允别人办事情,尽力完成莫忘掉,人人夸奖人人赞,人人赞!
咱们是祖国新一代,契约常常心头记,契约之花代代开,代代开!
若是同学没遵守,不要旁观不理睬,帮其马上改过来,说得对!
契约要从小事做,不要轻易被动摇,高尚人格永伴随,永伴随!
大家都来讲契约,契约之花处处开,幸福属于你我他,你我他!

---

① 老子.道德经[M].北京:中国华侨出版社,2014:344.

二、在班级管理中构建契约化管理模式

在传统的教育教学中，教师和学校是教学的主体，学生往往是被动服从和接受的，而班级管理中契约化管理模式的构建需要树立学生的主体地位，发挥学生的主观能动性，让他们自觉主动地参与社会班级管理和建设，践行契约精神，遵守行为准则。

在新学期初，在本校《学生守则》的基础上，我们就班级契约，对全班学生开展民意调查和意见咨询。学生作为班级的建设者，集思广益，针对班级的实际情况，提出有建设性的意见，班主任搜集整理后，召开班委会，对班级公约进行补充修订，形成班级契约的初稿，在班会上进行举手表决，广泛听取学生的意见，通过多轮协商后就班级契约达成共识，获得校内师生和家长的认同。

班级公约张贴在班级醒目处，成为我们班级每位学生共同遵守的行为准则。从学习、行规、活动等方面开展小组评比，每周得分最高小组和最低小组的组长到讲台前进行总结发言，分享经验，总结教训，笔者也会进行适当点评，给最高分小组一些小奖励，并且鼓励暂时落后的小组汲取教训，小组合作，提升排名，在激烈的竞争和较强的集体荣誉感下，各小组基本做到自我约束，小组成员间也能相互监督提醒，班级学习和活动井然有序地开展起来。

有效的契约化管理模式发挥了学生的主观能动性，培养了他们自我管理、相互监督的意识，有利于良好班风学风的形成。就其形成过程而言，班级契约的制订和执行，秉持着契约精神中的自由、平等、守信的精神，每位学生都参与班级契约的制订，班级公约大家协商执行，共同遵守，人人都是班级的建设者和小主人。就实施效果而言，学生的契约精神和规则意识在不断强化，有助于培养学生自我约束、团队合作、诚实守信、敢于担当的优秀品质。

三、在家庭教育中营造契约式家庭氛围

契约精神的教育工作并不只是学校的责任,更是家庭和社会的责任。所以除了学校教育,家庭教育也必不可少,在"守住心灵的契约"班会课的最后,笔者布置了课后作业。本着"自由、平等、守信"的契约原则,家长(甲方)和学生(乙方)从学习习惯、生活习惯方面制订协议内容和要求:内容具体,结果可量化,并制订奖惩措施,由家长担任契约管理者(监督员),双方需要共同遵守约定。在契约的实施过程中,如果契约双方对条款的内容发生异议,应根据具体情况具体分析的原则作出判断。若要修改契约,那仍需要契约中的各方一起坐下来对有异议的条款进行协商,最后确定修改内容。契约协议一式三份,班主任、学生和家长各保管一份,契约双方共同遵守,并在备忘录中定期(21 天)反馈执行情况。在家长会和家长群里,笔者也和家长宣传了契约精神的重要性,并且家校配合,共同营造一个多元化的守约氛围,培养学生的契约精神和自我管理能力。

契约协议	
甲方(家长):	
乙方(孩子):	
根据"自由、平等、守信"的契约精神,甲、乙双方经过协商,从学习习惯、生活习惯方面等制订契约协议。 契约内容: 甲方想要达成的目标是________ 乙方想要获得的奖励是________ 如果做不到的惩罚是________ 双方自签订契约之日起,将严格按照本契约执行,甲、乙双方相互监督,共同遵守,并做好每天的评价检查工作,并定期(21 天)在备忘录上反馈,本契约有效期为________	
契约签订人:甲方:________	乙方:________
时间:________	时间:________

这一举措得到家长的广泛支持和认可，在后期反馈中，很多家长表示家庭契约的制订和执行对增强孩子的自我管理能力有很大帮助，而且在一定程度上缓解了青春期亲子矛盾和冲突。

小 W 同学进入青春期后，沉迷于电子游戏，成绩一落千丈，家长看在眼里急在心里，虽然苦口婆心多次劝导，但孩子依然难以管控自己，还经常产生家庭矛盾和亲子冲突。在契约精神的班会课后，小 W 父母和孩子坐下来一起协商制订电子产品的使用协议，双方就使用电子产品的条件、时长、电子产品的用途以及相应的奖惩制度进行了协商和制订，除了限制孩子电子产品的使用，小 W 父母也言传身教，在孩子做功课时，不再刷短视频，而是陪同孩子一起看书，营造良好的学习氛围。经过一段时间的执行，家长反馈小 W 的学习主动性明显增强了，放学回家后不再玩手机，而是抓紧时间完成学校的作业。在预习了第二天的教学内容并打卡后，才有资格换取电子产品的使用时间。有了奖惩制度，孩子增强了学习的主动性，在学习效率和质量上有了显著的提升，成绩自然也有了很大的进步，亲子关系也更加和谐。

传统的班级管理和家庭教育中，教师和家长往往是权威，学生是被管理者，被动地接受来自教师和家长要求遵守的各项规章制度和要求，孩子的主动性不能充分调动起来，随着青春期的来临，孩子自我意识不断加强，他们不再满足于被动地接受要求，更加想要自主管理，而“契约精神”是一种在自由、平等、理解前提下的规范和约束。因此，在契约关系下，父母、教师和孩子之间不是简单的“命令”与“服从”的管理关系，而是教师、父母和孩子平等交流、共同商榷与遵守执行的良性互动关系。相较于传统的班级制度化管理和家长式权威，在班级管理中构建契约化管理模式，在家庭教育中营造契约式家庭氛围，有助于孩子充分发挥主观能动性，制订切实可行的目标和计划，制订奖惩措施，以书面形式确定合同契约，并由监督人定期反馈，家校合作建立长效监督和奖惩机制，有利于缓解亲子之间的冲突与矛盾，培养孩子自我管理的意识，将他律转化为自律。

由早熟之花到青少年性教育实践初探

田楚翘①

摘　要:担任预初班班主任时,逐渐发现某位女生性格内向,在生理与心理上略显早熟,常以“性”为噱头企图获得成就感与归属感。由此笔者深度了解了这位女生的家庭背景、学校表现,以“教师对她的帮助”“班集体对她的帮助”“她对班集体的改变”三个角度逐层深入,不仅帮助这位女生树立更加正确的生命价值观,帮助其更好地融入班集体,并得到正向成就感,更启发笔者对青少年性教育理论的更多思考与实践。

关键词:初中生早熟;青少年性教育;突发事件处理

一、驿外断桥边,寂寞开无主——学生心理引导要早发现早干预

在刚接手预初班时,我像一位小心翼翼的花农,从各处郑重地移植来了49朵含苞待放的小花蕾。他们有的姹紫嫣红,有的娇嫩欲滴,有的端庄大方,有的青涩稚雅,但其中有一朵,那么朴素、那么平凡、那么不惹眼,甚至让我常常忘却她的存在。佳佳是我班的一位女生,在我的印象中她衣着简朴,个子高高壮壮,脸庞上不知何时已偷偷冒出了如雨后春笋般的小痘痘,留着齐齐厚厚的刘海,走路时常常低着头,一眼望去,在人群中并不突出。佳佳的成绩一般,且自开学

---

① 作者简介:田楚翘,上海市民办华育中学语文学科教师,中学二级教师,主要从事学科教学与班主任工作研究.

以来愈发下滑,教师每每与她单独沟通学习情况时,她总是凝重地望着脚尖,用厚厚的刘海强硬地阻挡住教师灼热的视线。而与其他学生谈起她时,很多学生向我抱怨:“老师,我们也想过和佳佳做朋友,但她脾气真的有点怪,一言不合就谁也不理,我们真的没办法。”她就像一朵特立独行的奇葩,形单影只,孩子的内心在想什么,我真的猜不透,就像花农想不到花苞中的细蕊有着怎样的颤抖与悸动。但是,似乎青春的疾风骤雨,过早地打在了这朵花上。

一天午后,学生们吃好饭,教室里一反常态地哄闹着,甚至有阴阳怪气的啸叫声。“在闹什么?”我不禁皱起眉,风风火火从后门踏进教室。可惜我脚步中的怒火并未激起丝毫波澜,半个班的学生都背对着我挤在黑板旁,位居旋涡中心的竟是平日沉默无闻的佳佳!我震惊之余不觉有一丝欣喜:“难道铁树开花了?佳佳也能和同学们打成一片了!”随着我的目光挤过人流,飘到黑板上时,却不由得愣住了。黑板上是一位栩栩如生、甜美可人的动漫美女,眼波流转似能挤出水一般湿润。只是美女的身材实在过于热辣,傲然的上围、纤细的腰肢和修长的双腿,再辅以单薄到让人不忍直视的衣裳,真是令我大惊失色,无论如何也想不到这竟出自一位不满12岁的女生之手。用余光瞟了一眼周围的小同学,慌乱者有之,暗笑者有之,脸红者有之,激愤者有之,而独独佳佳表情木然,一副事不关己的模样,要不是手中的半截粉笔刚刚还在黑板上龙飞凤舞,我还真的不敢相信。强忍怒火,我令全班学生回到座位安静自修,请班长到我办公室。

二、苔花如米小,也学牡丹开——班主任进行早期无痕渗透

在和班长的沟通中我了解到,课间佳佳在黑板上画画早已不是第一次了,一开始只是画卡通版花草和动物,不少学生都夸她的画又好看又逼真。可是过不多时,学生们便对这一课间趣闻失去了最初的好奇心。佳佳暂停了两天后,画风就愈发大胆了起来,有时是性感

火热的动漫美女,有时是身材健美的男生,更有甚者是男男女女的亲密互动。每当佳佳画完后,总在一片惊呼声中快速将黑板画"毁尸灭迹",以至于教师们从未看到。听完班长的述说,我不禁陷入了深深的自责——班里有如此情况和风气,身为班主任的我却完全没有发现,这不是失职吗?曾经口口声声说自己要全身心奉献给所有学生的我,又真的做到了吗?扪心自问,对佳佳,对班级,我亏欠太多。改变,一定要改变!先让自己变为温暖的人,再用光和热去温暖学生。

放学后,我立刻动身去佳佳同学家家访,佳佳的妈妈说道:"我们家她是姐姐,下面还有两个弟弟,从小佳佳跟着她爷爷奶奶长大,自己对她的关心的确不够,现在想管也管不住了。"佳佳妈妈哽咽着,说:"这孩子,成熟早!在家总是帮我、帮弟弟,没事时就自己看看书上上网,也不跟我们讲她到底看到了什么!老师,她是不是学坏了?"在与佳佳妈妈的沟通中,我了解到孩子在家、在校都没有受到足够的关注。在家中爸妈主要关心幼小的弟弟,在校佳佳又没有突出的成绩和引以为傲的特长,于是愈发寡言少语,就连平日回家后爸爸妈妈和她想要聊聊在学校中发生的趣事,都每每被她以沉默回应,将自己封闭在内心世界中。这朵本该有着热切希望而自信绽放的小花苞,却在日复一日的漠视中蒙尘,掩住了她的瑰丽。然而她总要绽放——或出淤泥而不染,或身上长满尘埃。回家的路上,我暗自下定决心,一定要呵护这朵花的成长。

某天课后我把佳佳请到办公室,这孩子依旧是一脸淡然地用厚厚的刘海阻拦住我的目光,这次我一反往日的严肃,请佳佳坐到我旁边,和佳佳讲述老师以前上学的故事,又请她分享最近读的课外书,夜幕降临,我们的话题越聊越广泛,我竟发现佳佳脸上流露出的明媚笑容。从此以后,我和佳佳约定每周五放学后,就是我们彼此的"约会"时间,通过每周"约会",我慢慢了解到佳佳一直认为自己是一个可有可无的人,没有人会在乎她、关注她、重视她。直到她在黑板上画动漫画,引起大家哄堂大笑的一瞬间,佳佳仿佛找到了如何填补自己内心空缺的方法。于是她在疯狂练习绘画的同时，也在网上搜罗更多与“性”相关的知识和图片，以此丰富自己的素材库。与之而来的代价是学习成绩一落千丈。佳佳虽有担忧，但又始终不想放弃搏众人一笑的机会，如此循环反复，便形成了一个恶性循环。那一刻，我意识到眼前这个女孩的心里是多么渴望被他人关注，哪怕是他人的嘲笑也可以让她有片刻的满足。

一天课后，我刚巧看见她又在黑板上涂涂画画，而周围的同学依旧哄闹着。看着她专心致志的背影，我并没有生气，也没有打断。等到佳佳画完，回过头看到我的时候，她愣住了，站在原地低着头，以为我要批评她。我走到佳佳的身边耐心地问道：“黑板上都是你画的吗？可以给我介绍一下画的都是谁吗？”佳佳听我这么一说，疑惑地看着我，我微笑着对佳佳说：“不愿意给大家分享一下你的大作吗？”她两眼放光，滔滔不绝地讲述了黑板上的人物，对人物的细节、构思讲得都特别细致，大家在惊奇的同时，不禁响起了雷鸣般的掌声。我因势利导地说：“你讲得真好！思路清晰，表达流畅，老师看到了你的专注和认真，老师也相信如果你能将这些品质用到学习上，那么你一定会变得更优秀！佳佳你能做到吗？”佳佳开心地看着我，并连连点头。

三、乱花渐欲迷人眼，万紫千红春满园——注重集体对学生个体成长帮助

放学后，我把班长和佳佳小队的组长叫到办公室，对他们说：“佳佳喜欢在黑板上画动漫人物，的确影响了大家。我们一起想办法，积极引导佳佳，让她尽快融入集体，是不是更好？”班长点了点头，组长小安默不作声。“小安，你作为组长，应该是最了解佳佳的人，你怎么想呢？”小安说：“老师，我们组不管加了多少分，总被她一下子扣光。我们小组的活动她从不参与，大家想带她玩，却总被她拒绝……”这个年仅 12 岁的小大人在我面前从理直气壮到语塞哽咽，我心软地拉

起小安稚嫩的小手,看着他委屈的样子,安慰地说道:"小安,你作为组长已经做得非常棒了!你看,7个人的大组你能管理得井井有条,还想方设法去帮助佳佳,你是老师心里的小功臣!班长、组长都是老师的左膀右臂,你们有最多的时间陪伴同学,所以帮助同学的重任,你们一定能做到最好,对不对?""对!"小安和班长异口同声地说,脸上洋溢着喜悦和自信。

通过对佳佳一段时间的观察以及班级同学的反馈,我发现造成这种情况的原因主要有两个方面:一是佳佳把在黑板上画漫画引起全班学生关注作为获得存在感的唯一方式,这件事给佳佳一个快速的反馈。如果在其他方面也可以让佳佳获得存在感,那么佳佳就会转移注意力,不再执着于在黑板上绘画。于是我让班长和组长成立学习小组,用一对一手拉手的方式帮助佳佳学习。组里的每一个成员都对佳佳有耐心,在课后会询问,佳佳本节课的内容有什么不懂的地方。每天还会督促佳佳学习,组内同学也进行分工,如班长负责英语,小安负责数学,小李负责语文等。同学们互相合作,当佳佳遇到不会的知识点时,大家会引导佳佳思考,而不是直接告诉佳佳答案,激发她学习的自主性和积极性。现在佳佳已经由原来被别人问有什么不会转变为主动向别人请教问题。渐渐地,当佳佳学会新的知识点时,同学们会向她投来赞许的目光,有时候还会向佳佳请教问题,循环反复,佳佳在黑板上绘画的次数越来越少了,在课后和同学们讨论问题的时间增加了。佳佳一改往日的寡言少语,现在变得有说有笑,积极乐观、阳光开朗。上课时,佳佳不再默默低着头,脸上有了开心的笑容和对知识的渴望。互助小组慢慢吸引了越来越多同学的加入,大家主动和佳佳交谈。慢慢地佳佳拥有了几个好朋友,她们经常一起讨论问题,一起学习,一起进步。在这样的环境中,不仅在学习上让佳佳建立了自信心,也让佳佳敞开了自己关闭已久的心门。

二是佳佳成熟早,要帮助佳佳建立正确的性观念。首先,班级宣传委员借助每月办黑板报的机会,在黑板一角开设了"谈谈我们的盛开——青少年性教育”栏目，宣传部同学集体推荐佳佳担任本期组长。随着和同学们一起积极讨论、查阅资料，佳佳也开始和大家一起集思广益，出谋划策。在收集资料的同时，佳佳对“青少年性健康”也慢慢地有了相对正确的认识，不再把性当成一个吸引别人注意的工具。后来佳佳又接受宣传委员的邀请，进入班级宣传部。她的绘画风格已经不是以往那种“性感成熟”的漫画，以后每期黑板报，佳佳都积极参加。班级同学对佳佳的态度发生了180度的大转弯，不仅夸赞佳佳学习刻苦，更喜欢佳佳的板报内容，一时间她成了班里的大红人！佳佳脸上露出了明媚的笑容，同学关系更加和睦、更加融洽。

四、待到山花烂漫时，她在丛中笑——学生个体成长对班集体的正向引导

此后，我常常反思，佳佳对性的好奇与曲解，其实是青春期学生共同面临的问题。同时，这正是给青春期学生进行“性教育”的大好时机。于是，在我的引领和班干部的组织下，我们班开展了多种以“性教育”为主题的德育活动——“性教育是科学教育 or 道德教育”辩论赛、“谈谈我眼中的最美异性”沙龙论坛、“我眼中的性感”演讲活动等。同学们通过对性知识的学习，不再把它当成“洪水猛兽”，或阴阳怪气的恶俗言语。“性”不再是大家讳莫如深的话题，不再把性描述为一种羞耻。不论是同性或异性，每当有同学遇到困难时，大家都会积极地伸出援助之手，班级的凝聚力得到了极大提升。

由此更启发了我对青少年性教育理论与实践的更多思考。青少年学习性知识既是对自己也是对他人的一种保护，更是对自身未来两性交往的一种了解和规划。每朵花的盛放，自有其时节，每个孩子的成长，也自有其光芒。为人师者不能规定每朵花的形态、颜色和品种，我们能做的，只是发现和欣赏每朵花的美丽，抖去其身上的尘霾，悉心浇灌，静听花开。

促进初中生的友谊健康发展

——以"友谊'诊所'"主题班会为例

朱咏琦①

摘　要:友谊在人的社会化进程中,在增加知识与社会技能过程中承担着重要的作用。如何引导中学生正确处理与朋友的关系,对教师特别是班主任来说是一个重要命题。构建一个促进学生间真挚友谊、增强班级凝聚力的平台至关重要。

关键词:初中生;友谊;社会化

古人云:"独学而无友,则孤陋而寡闻。"②可见友谊在人类社会化进程中,在增加知识与社会技能过程中承担着重要的作用。亚里士多德说:"独处者非神即兽。"③处于青春期的初中生,自我意识开始觉醒,表达意愿增强。除了咨询家长与教师,中学生更倾向于向他们的知心朋友进行倾诉。

朋友关系作为众多人际关系中的一种,对个体的成长具有强烈的影响,并且具有积极与消极两方面,特别是在心智尚不成熟的初中阶段。在积极方面,朋友关系可以为初中生提供情感上的支持,学习沟通合作、解决冲突等社交技能,帮助他们应对学业与家庭中的挑战,培养个人同理心,提升情感成熟度。在消极方面,朋友关系又会为心智尚未成熟的初中生带来诸多困惑。如何引导中学生正确处理

---

① 作者简介:朱咏琦,上海市民办华育中学地理学科教师,中学一级教师,主要从事学科教学与班主任工作研究.

② 李学颖.仪礼、礼记——人生的法度[M].上海:上海古籍出版社,1997:139.

③ 黄希庭.心理学与人生[M].济南:暨南大学出版社,2005:344.

与朋友的关系，对教师特别是班主任来说是一个重要命题。

一、教学设计和教学过程

在当今快节奏、高压力的社会环境中，人与人之间的关系越来越复杂，真诚和深厚的友谊变得尤为珍贵。特别是在学校环境中，学生面临学业的压力、人际关系的处理和自我认知的探索等多重任务，构建一个促进学生间真挚友谊、增强班级凝聚力的平台显得至关重要。

预初是学生刚进入初中的第一年，伴随着丰富而又快节奏的校园生活，学生从陌生变成熟悉，各种纠纷会随之发生。不少学生在每日备忘录中提及与朋友的矛盾、交往中的烦恼，个别学生甚至会用比较激烈的言辞以宣泄自己的负面情绪。为帮助学生和谐相处，维护学生心理健康，营造和谐友爱、互帮互助的良好班风，笔者作为班主任，决定开展主题班会活动——"友谊'诊所'"。通过一系列精心设计的互动环节，按照"友谊的问诊—友谊的病灶—友谊的会诊—友谊的保养"等流程，层层递进，分析常见的班级交友问题，帮助学生正确认识友谊，增进同学间的相互了解与信任，以促进学生之间的友谊健康长久发展。

教学目标：(1)学会甄别亚健康的友谊，理解什么是真正的友谊及其给人带来的积极影响。(2)能认清交友中常见的问题，初步掌握处理这些常见问题的思路或方法。教学设计与教学过程如下。

1."友谊的问诊"——提前做好问卷调查，摸清学生的真实交友情况

师：提前一周下发"友谊的小调查"问卷(见图1)并及时回收进行数据统计；在班会课的导入环节展示1～2题的调查结果(见图2、图3)。

生：通过调查结果了解本班学生现阶段对友谊的理解与交友现状。

设计意图：结合本班的实际情况导入班会主题，让学生从主人翁

视角投入这堂课,意识到本节课的主题与每个人息息相关,同时学生对问卷结果充满好奇心,进而达到良好的导入效果。

关于友谊的小调查

(本调查是匿名调查,请同学们填写真实的想法。)

1. 请用5个关键词描述你理想中的友谊。

________、________、________、________、________

2. 进入华育中学一个多学期,与你建立了理想中友谊的同学(班内或年级)人数为(　　)。

A. 3个以上　　B. 2~3个　　C. 1个　　D. 没有

3. 以你的某个好朋友为例,说一说,他(她)身上最吸引你的特质是什么?(如初中阶段还没有,可以写小学阶段的)

____

4. 请简要描写你在与(好)朋友交往中存在的困惑和烦恼。(1~2个)

____

5. 在本节班会课上,你还想学习哪些与朋友交往的相关知识?(选填)

____

图1　友谊的小调查问卷

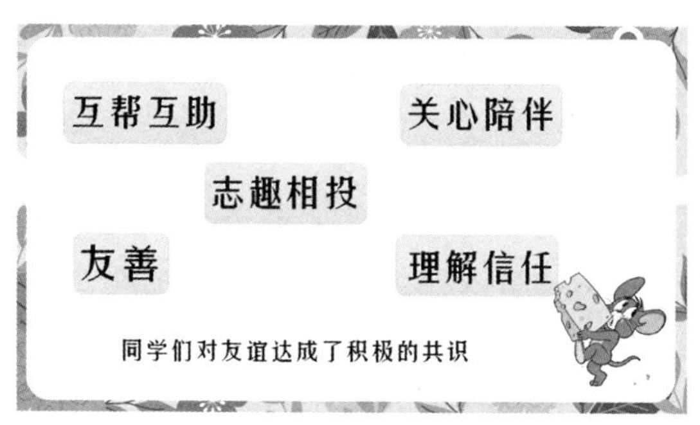

图2　描述友谊的5个高频词

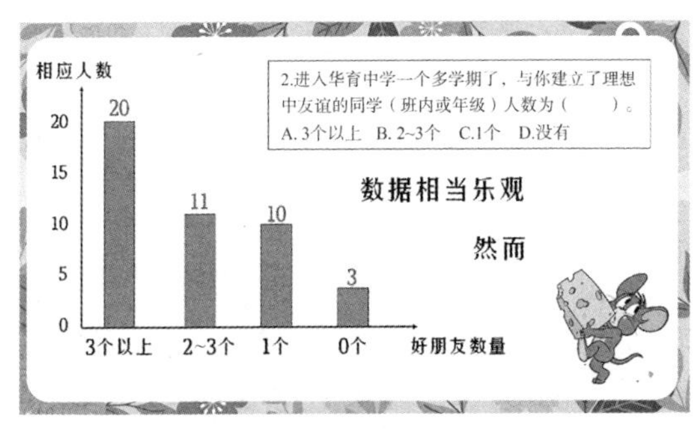

图3　班级同学之间的交友情况

2.“友谊的病灶”——观看“亚健康的友谊”，学生从第三视角发现问题

师：请几位学生上台演绎五种常见的同学之间日常交往的情景（见表1）；引导学生分析每个情景中存在的交友问题，总结亚健康的友谊带来的危害。

生：学生上台进行情景演绎，其余学生在台下观看，说一说，情景中的友谊出现了什么问题？为什么说它处于亚健康状态？

设计意图：情景选材于学生交往中常面临的问题，更具有典型性和普遍性。从过于熟悉的日常情景中抽离出来，利用戏剧陌生化效果，从第三视角进行观察，有助于学生发现核心问题，结合具体情景反思自己的交友情况，学会甄别亚健康的友谊。

表1　学生上台演绎的五种不同情景

具体情景	友谊处在亚健康的具体表现
情景一，试卷下发后分享喜悦的心情却遭嘲讽	嫉妒别人的成功，见不得别人比自己好
情景二，合唱队入选名单公布后发现落选了并被贬低	喜欢在他人不如意时贬低、挖苦、嘲讽
情景三，周末因突发事件无法赴约，被同学绝交	只在乎自己的情绪，不考虑别人的处境

(续表)

具体情景	友谊处在亚健康的具体表现
情景四,体育课打篮球无意踩到同学,被破口大骂	遇到小事斤斤计较,缺乏包容之心
情景五,在同学之间给他人起不雅外号	在语言上对他人产生精神伤害

3."友谊的会诊"——令人头疼的交友困惑和问题,为其搭建一个解忧驿站

师:给学生们呈现收集的本班学生在与同学交往过程中存在的困惑和问题(见表2)。引导学生开展头脑风暴,如果自己是当事人,会怎样思考并处理这个问题。

生:根据教师提供的问题清单,和周围同学展开热烈讨论,思考如何去梳理并解决这些困惑和问题,尝试找到解决办法,大胆地在全班学生前面进行交流与讨论。

设计意图:提前收集学生们关于交友的困惑与问题,以学生的反馈为基础,而非单纯根据教师的经验和猜测来设计问题,从而最大化地实现"为学生服务,以学生为本"的教育理念。针对收集到的问题,充分讨论解决的思路和办法,再由教师总结完善,进一步加深学生对友谊的认识,为学生的友谊发展排忧解难。由于情感类问题并无唯一标准答案,这个环节设计的深层目的是让学生将理论知识运用于实际问题中,培养学生的思考能力,针对同一问题探索多种解决思路和办法,并将这种思考习惯贯穿各类人际交往中。

表2　班级学生常见的交友困惑和问题

班级学生在交友中存在的困惑和问题(类似或重复的答案已做合并处理)
1. 我们之间总是因一些小事而发生矛盾,经常发生争执,我感到很疲惫
2. 我的好朋友总想和我一起做大大小小的各种事,不太给我留私人空间

（续表）

3. 我有很多好朋友，我很想和他们每个人都维持好关系，可是我的精力有限
4. 我的朋友犯错了，我不好意思指出怎么办
5. 有的朋友喜欢和我开玩笑，有时会传播我的隐私或心事
6. 我的好朋友和我不喜欢的人成为好朋友，我很难受，我该怎么办
7. 我的朋友总喜欢损我或和我开过分的玩笑，怎么说他都没有用
8. 我担心毕业后和朋友失联，我们的友谊走下坡路甚至不复存在

4.“友谊的保养”——好朋友我想对你说（用文字替你传递心口难开之意）

教师分发精美卡片，请学生本人把想给某位朋友说的话写在上面，提供几个角度作为参考：①感谢对方曾经给予过的帮助；②解开过往某件事的误会或心结；③许愿想和对方一起做的事；④回忆一起经历的某个美好时光。

用5分钟时间，让学生在卡片上写下自己想对班里某位朋友说的话，如有时间，让学生自愿展示交流。

设计意图：语言表达可能难以开口，请学生通过简短的文字传递自己的真情实感，进一步加深朋友之间的友谊，懂得彼此的重要性，珍惜友谊，和谐共处。

二、教学反思

“友谊‘诊所’”这堂班会课通过“友谊的问诊”来了解本班学生的交友情况，通过“友谊的病灶”来看懂亚健康的友谊，通过“友谊的会诊”来共同寻求朋友的相处之道，通过“友谊的保养”来加深彼此的友谊。以下是笔者对本堂班会课的反思。

1. 对班会主题的反思

班会主题是围绕友谊展开的。预初学生在道德与法治课上已学习了有关友谊的知识,有一定的认知基础。在日常校园生活中,同学之间的交往有很多温馨和美好,但也存在不少问题,为此经常向班主任打报告,严重的矛盾甚至会影响身心健康。因此,这个主题非常适合本班学生的情况,具有较实际的教育价值和意义。

2. 对班会目标的反思

本次班会的目标基本实现。通过情景再现,让学生切身体会发生在自己身上的一些交友矛盾,并分析问题出在哪里,让学生反思自己的行为,学会甄别亚健康的友谊。让学生反馈常见的交友困惑和问题,师生群策群力地共商朋友相处之道,答疑解惑,为学生之间的和谐交往提供范本。

3. 对班会内容的反思

班会内容围绕教育目标展开,活动形式多样,深度层层递进。"情景再现"选材紧贴班级实际情况,"解忧驿站"为同学们答疑解惑,"我想对你说"用文字传递感情。如果班会内容再增加一些立意更高的环节,如友谊对班风建设和班级凝聚力的影响,从个人上升到集体,更凸显班会的教育价值。

4. 不足与展望

在学生回答问题环节,氛围不够活跃,举手回答问题的学生比较少。笔者考虑到问题设置简单直白不够巧妙,且涉及情感话题,很多学生感到羞涩且难以启齿。所以如何让学生放下戒备、敞开心扉地表达,是这堂班会课最需要改进的地方。笔者希望未来的班会,能进一步增强学生的参与感,话题能触及学生的内心深处,真正起到教育作用。

浅谈运用呼吸引导学生静心

——以《正念—呼吸练习》课为例

朱定亚①

摘　要:正念有助于实现自我意识和控制情绪,从而做出更明智的选择。运用正念—呼吸引导学生静心很有必要。当正念的意识状态建立起来时,一个人能对他的环境进行重新定位,能使心理意识功能变得更强大。

关键词:正念;心理健康教育;意识状态

一、引入正念的心理健康教育价值

笔者从事中学美术教学二十多年,给初中生上心理健康课和做心理咨询已有十多年,在区青少年心理健康中心做志愿者近十年,在与青少年的接触中,发现学生越来越容易焦虑、抑郁或出现其他心理健康问题,他们常常沉浸在自己思想反刍中不能自拔,不能自我客观化,他们感觉自己出了问题,但内在的匮乏让他们对自己的困境无能为力。这种内在的匮乏与他们在成长过程中养育方式有关。

这一时期生理变化的特点是:生长发育突增,体格发育越发完全,骨骺完全融合,身高停止生长,青春期结束。在此年龄段中所发生的一系列意识形态、生理、心理和行为的改变程度,对每一个人来说,都是一生中其他年龄段所不能比拟的。由于生理上很快成熟,即将进入成年人,但心理行为和社会实践方面的发展相对滞后,造成青

① 作者简介:朱定亚,上海市民办华育中学美术与心理健康学科教师,中学一级教师,主要从事心理健康教育与美术教学研究.

春期发育过程中一些特有的问题。青春期问题是全球性问题,尽管不同国家、地区和民族的社会背景、文化及生活方式等存在差异,但都有一定的共性。处于青春期的孩子其情绪可能会出现较大变化。情绪起伏大给人阴晴不定的感觉,青少年自己也感觉到情绪的突变,往往没有征兆或原因,对他人的评价或批评非常敏感。他们这种内在的匮乏使他们无法完成自我同一性任务。

(埃里克森人格发展学说:埃里克森认为人的一生分为八个阶段,每个阶段是人生的一个转折期,每个阶段个体都面临重要的生活任务,需要个体去解决。如果个体能积极解决,那么将促进个体形成良好的自我品质,如果个体不能顺利应对,则会影响个体进一步发展或留下问题。他提出心理发展的八个阶段理论,这八个阶段分别是:第1阶段0～1岁,这个阶段需要完成基本信任与基本不信任的任务。第2阶段1～3岁,这个阶段需要完成自主性与羞怯或疑虑性任务。第3阶段4～6岁,这个阶段需要完成主动性与内疚性任务。第4阶段6～11岁,这个阶段需要完成勤奋与自卑的任务。第5阶段12～20岁,这个阶段需要完成同一性与同一性紊乱的任务。第6阶段20～24岁成年早期,这个阶段需要完成亲密与孤立。第7阶段25～65岁成年中期,这个阶段需要完成繁殖与停滞任务。第8阶段65岁至死亡成年晚期,这个阶段需要完成自我完善与绝望的任务。)

他们的内在匮乏源起家庭的教养方式,家庭教养没有完善其功能,使学生在一定环境中容易产生情绪问题,而没有解决问题的能力。他们常常处在过去或未来,唯独没有活在当下。幼时的一些思维习惯和行为习惯已成为他们个体独有的观念,以自动导航模式出现,这些自动导航冒出来的念头与想法或多或少地影响他们的情绪感受。情绪感受会影响他们对这个世界的应对方式,应对方式决定个体的行为,外界看到的就是个体行为。

我们常看到孩子精神自我内耗行为,如注意力不集中、做事拖延等影响学习和身心健康的行为,这些行为显而易见,但个体好像"视而不见”,或他们自己也不知道该如何解决,或把这个糟糕的循环中的某个环节抽走使其停止思想反刍。那改变哪一个环节,使这个循环问题解决呢？笔者认为日常心理健康课教学是带领学生走向未来的课程。那教学怎样的内容和技巧能让孩子在未来生活中活在当下,学会试着在混乱中进行觉察、感受自己真实的处境？试着去看见自己的真实情绪。不管是害怕、恐惧与惶恐,还是悲伤、痛苦与绝望……学会悦纳自己。年幼时他们无力承受“被抛弃”的恐惧,只能选择“讨好”,有时也会用“固执”来证明自己的存在,紧紧地抓住“大人”不放;随着青春期的到来,自我意识开始萌芽,经过近十年的认知学习,他们已经具备一定的智慧和成熟,发展内在自我,自赋安全感。

笔者尝试着把“正念”引入课堂。(正念是一种自我调节的方法,其核心在于通过倾听自身内心的声音,保持对当下的觉察,不评判、不纠缠于过去和未来的事情。它侧重于关注当下的感受和体验,接受和体验当下的一切,包括痛苦和不快的情绪。正念有助于实现自我意识和更好地控制情绪,从而做出更明智的选择。)从简单的呼吸开始,让学生从出生就具备的能力开始改变。

二、“正念—呼吸练习”课教学实践

通过本课程学习使学生明白提高专注力其实很简单就是从呼吸开始;在练习中使学生体验到集中专注力带来的愉快感;学生学会正念呼吸技术,并能学会自觉运用正念呼吸提高专注力。

教学重点是在正念练习中使学生体验到集中专注力带来的愉快感。教学难点是体验正念—呼吸练习时学生能做到有意识觉察,专注于当下,不附加主观评判。

课堂中一开始笔者使用“大家会呼吸吗?”这个“简单”而又“可笑”的疑问来引发学生的好奇心。正如预料的那样,笔者得到了“谁不会呼吸呢?”的回答——他们觉得又好笑又好奇,老师想说什么?

紧接着笔者抛出第二个问题:“那你们是怎样呼吸的呢?”看到课堂中有的学生听到第二个疑问时开始夸张地做着搞笑的呼吸动作,有的安静地做几个特殊的呼吸动作来观察自己是怎样呼吸的,有的找出生物书,按照生物书上对人类呼吸过程的定义来解释他们是怎样呼吸的。通过两个简单提问,笔者成功地让学生开始关注每分每秒都在做的且对我们生命至关重要的,但被忽略的——呼吸。

我通过看似简单可笑的疑问激发了学生对新知识的兴趣,又开始回到婴儿状态——关注自己,再一次认知。“当你们感到紧张害怕时一般采用什么方法让自己平静下来?”这时笔者请班里最容易紧张的孩子回答这个问题。他语气紧张且磕磕绊绊地回答:“我妈妈让我做深呼吸,我做了,但感觉没有用,有时我会走来走去或做别的事来转移注意力,可是也没有用,脑子总是想那件事,停不下来,总有很多想法不自觉地冒出来,控制不住,停都停不下来。我不知道该怎么办。”我问他:“你现在站起来回答问题时紧张吗?”“紧张”“你现在听我指令,现在你呼吸时用鼻子慢慢吸气,嘴巴吐气时稍微快一点吐出来。像我这样。”我当场给学生做示范,让学生直观地从我的示范中直接了解呼吸时气体进出的样子。

我说:“现在,把手放在肚子上,把注意力放在手心和肚子接触的地方,跟着我的指导语:鼻子慢慢吸气,肚子随着吸气而鼓起来,嘴巴吐气,随着吐气肚子瘪下去,你的注意力放在手心处感受肚子随着呼吸起起伏伏。我们做三次呼吸,吸气,吐气;吸气,吐气;吸气,吐气。现在呼吸时你还紧张吗?”“不紧张了。”他一边回答一边摇头,脸上露出不可思议的神态。“刚才你脑子里有什么想法吗?”他摇着头,说:“脑子里没有什么想法。”

我接着问:“三次呼吸间感觉如何?”他微笑着说:“舒服,平静,脑子里什么想法都没有。”其他学生对此感到不可思议和好奇,也做了起来。通过这个环节我成功地激起了学生想学的意识。我说:“现在我们就来学习正念呼吸之腹式呼吸法,以舒适的坐姿练习:请同学们坐好，挺直脊柱，头微微抬起，让自己有尊严地坐着，将双手轻轻地、自然地放在腹部用鼻子慢慢吸气，当肺部充满空气时，让你的腹部随着你的吸气慢慢鼓起来，嘴巴快速吐气，同时你的腹部随着你的呼气瘪下来。让你的呼吸尽可能深且缓慢。把你的注意力放在腹部的手心上，感受手心随着呼吸而起起伏伏。我们来做呼吸，吸气，吐气；吸气，吐气；吸气，吐气。”学生通过对正念呼吸的体验，觉察自己的呼吸，重新构建自己对呼吸作用的认知，并建立新的认知。

当学生掌握呼吸的技巧，会短暂控制自己注意力时，进入课程第二环节——接纳大脑本来的样子。指导语：请同学们坐好，舒服而放松地坐着，挺直脊柱，头微微抬起，让自己有尊严地坐着，你可以闭上眼睛，也可以自然地垂下眼皮，眼睛微微睁开，请把手放在肚子上，把注意力放在肚子上，感受手心和肚子接触的地方随着肚子的起伏而起伏。（此处停一分钟，让学生觉察自己的呼吸和手心的感觉，同时训练学生对注意力的控制。）现在我们把注意力从手心转到左脚大脚趾上，觉察左脚大脚趾的感觉，现在可能有痒痒的或麻麻的感觉，也许你什么感觉都没有，没有关系这就是你当下的感觉（等几秒，让学生觉察，接下来让学生体验自己对身体的觉察，由左大脚趾开始，然后其他脚趾、脚背、脚底、脚后跟、脚踝……一点一点向头顶扫描上去，随着扫描点的转移，注意力就转移到扫描点）。现在大脑里可能冒出一些念头和想法，走神时我们不需要评价，这是我们大脑本来的样子，我们只需要看看想法和念头，然后温柔地轻轻地把注意力拉回来，当下扫描到左膝盖，现在把注意力由左膝盖向上移到大腿部……（在指导学生做呼吸身体扫描时强调，当我们做身体扫描时觉察到出现走神，注意力关注想法和念头的情况是我们大脑喜欢做的事，也是它本来的样子，只需要看看想法和念头，然后只需要温柔地轻轻地把注意力拉回到我们当下扫描的部位就可以了。）

通过这样的训练使学生掌握一定的正念能力，使心理处于正念状态，能把自己从痛苦的思维、情绪中抽离出来，减轻症状造成的伤害,被称为去中心化过程。这些机制能使意识从僵化的关于自己和世界的框架中解脱出来。当正念的意识状态建立起来时,一个人能对他的环境进行重新定位,如注意力稳定,觉知清晰,能接纳和承受痛苦,化解冲突和超越障碍,使思维从冲突和障碍中解脱出来。本课程是一种教学生集中注意力的课程,同时也是一种与自我调节、元认知和接纳相关的课程。

第三辑

语文学科教育研究

我们的学子需要懂得比知识更重要的东西，首要是国际视野和家国情怀，就是要有为中华民族伟大复兴而读书的价值追求。

——李英

利用情景教学缩小初中生写作差距的策略研究

唐　铁[①]

摘　要:立足当前初中写作教学面临的挑战,深入剖析学生写作能力差异的根源,并探讨情景化教学策略在缩小这一差距中的潜在价值。基于对大量调研数据的分析,提出情景化作文教学的三大策略,创设情景以激发兴趣、引导情景体验、深化情感与思考、整合情景及提升学科核心素养。通过具体案例展示如何在不同教学阶段运用情景教学,促进学生写作能力的均衡发展。

关键词:情景教学;初中生;写作能力;差异化教学

一、问题的提出——差异化带来初中写作教学的挑战

1. 写作在初中教育中的重要性

《义务教育语文课程标准(2022年版)》(以下简称"新课标")指出:"义务教育语文课程培养的核心素养是学生在积极的语文实践活动中积累、建构并在真实的语言运用情景中表现出来的,是文化自信和语言运用、思维能力、审美创造的综合体现。"[②]在"新课标"中写作全面渗透义务教育阶段语文教学的方方面面,贯穿四个学段的六个语文学习任务群,从语言运用的基本技能到思维的发展、情感的表达

---

① 作者简介:唐铁,上海市民办华育中学常务副校长,语文教师,中学高级教师,主要从事中学语文教学与学校德育研究.

② 中华人民共和国教育部.义务教育语文课程标准(2022年版)[S].北京:北京师范大学出版社,2022.

及信息整合能力的综合培养,全面指向学生情感和人格的核心素养培育。

2. 当前初中写作教学面临的挑战

当前初中写作教学正面临着一系列严峻挑战,这些问题不仅制约了教学效果的优化,还加剧了学生间写作能力的显著差异。一方面,传统的写作教学过于侧重审题和结构的机械性训练,忽视了写作作为创造性表达与思维展现的核心价值,将这一灵动的艺术简化为枯燥的规则罗列,剥夺了写作的乐趣,导致学生缺乏主动探索和表达的动力。另一方面,教师在批改作文时普遍承受着时间和精力的双重压力,难以提供深入、个性化的反馈,这直接削弱了写作教学的针对性和有效性,限制了学生写作能力的提升空间。

3. 学生写作差异的多维度分析

与此同时,初中生在写作能力上的差距愈发明显,这种差距在语言能力、思维水平以及写作兴趣上尤为突出。语言能力的差异体现在词汇量、语法掌握和篇章结构的运用上,一些学生能自如地运用丰富多样的词汇和复杂的句型,展现出较高的语言表达能力;另一些学生则受限于词汇量的匮乏和语法的基础薄弱,难以实现流畅和精确的表达。思维水平的差异则体现在批判性思维、创造性思维和逻辑推理能力上,直接影响文章的深度、广度和创新性。那些思维活跃、见解独到的学生能创作出内容充实、思想深刻的佳作,而思维能力较弱的学生往往只能停留在表面,难以挖掘深层次的内涵。

学生对写作的兴趣也呈现出明显的分化,这种兴趣的差异与个人经历、阅读习惯以及教师的教学方法紧密相连。兴趣浓厚的学生往往对写作充满热情,乐于探索和实践,能主动寻求提高;缺乏兴趣的学生可能对写作任务感到厌烦,表现出被动和敷衍,这无疑进一步加剧了写作能力的差距。

造成上述差距的根源是多元化的，包括家庭教育背景、个人学习习惯和学校教育环境等多重因素。家庭的文化氛围和父母的教育水平直接影响孩子的语言习得和思维模式，学校教育中提供的写作实践机会及教师教授写作的方式等因素都是影响学生写作能力发展的关键变量。此外，学生自身的学习动机、对写作的态度，以及他们所接触的阅读材料的质量和多样性，都在不同程度上塑造了其写作水平。

二、问题的剖析——初中生写作情况评估

为了深入了解初中生在作文写作方面的能力差异，以及他们在写作过程中的态度和兴趣，笔者对全校6～9年级全体学生进行了前期调研，主要收集学生对写作的主观感受、兴趣偏好、写作习惯等方面的信息。为了后续更好地进行研究和更有针对性地进行教学干预，设计如下量表。

初中生作文写作情况前期调研量表

量表设计说明：
目标群体：初中生（六至九年级）。
调研目的：评估初中生在作文写作方面的兴趣、态度、习惯和能力水平。
量表类型：采用五点李克特量表（1＝完全不同意；5＝完全同意）。
量表内容：

类型	问题描述
基本信息	你所在的年级：＿＿＿＿＿＿＿＿
	你的性别：＿＿＿＿＿＿＿＿
写作兴趣与动机	我喜欢写作文，因为它让我有机会表达自己

(续表)

类型	问题描述
写作兴趣与动机	写作对我来说是一种乐趣
	我愿意花额外的时间来提高我的写作技能
写作习惯	我经常阅读课外书籍
	我通常在写作文之前先列大纲
	我会定期练习写作
写作技能与挑战	我在写作时会注意使用新学的词汇和句型
	我觉得写作文很困难,因为我不知道从哪里开始
	我在写作时经常遇到词汇贫乏的问题
	我在写作时很难组织好文章的结构
	我对自己的写作水平感到满意
写作支持与反馈	我的老师经常给我有用的写作反馈
	我的家庭成员鼓励我写作
	我的同学愿意和我一起讨论写作话题
	我希望得到更多有关写作的个性化指导
情景化写作偏好	我更喜欢写与我生活经历相关的作文
	如果写作任务与现实生活紧密相关,我会更感兴趣
	我希望写作任务能提供更多情景化提示和背景信息

通过四个年级，共计 1 206 位学生调查统计，按照年级汇总，情况如图 1 所示。

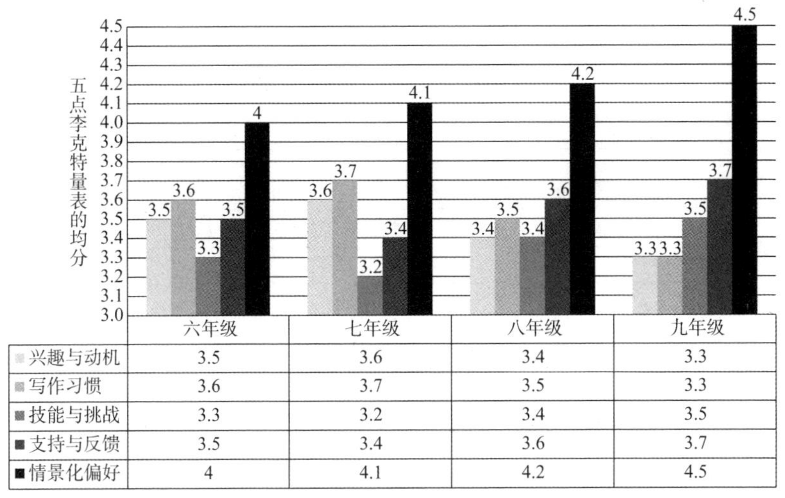

	六年级	七年级	八年级	九年级
兴趣与动机	3.5	3.6	3.4	3.3
写作习惯	3.6	3.7	3.5	3.3
技能与挑战	3.3	3.2	3.4	3.5
支持与反馈	3.5	3.4	3.6	3.7
情景化偏好	4	4.1	4.2	4.5

图 1　初中生作文写作情况调研统计

整体而言，低年级学生（六年级和七年级）在写作兴趣与动机、写作习惯方面表现更好，这可能与他们对新知识的好奇心有关。随着年级升高，学生的写作兴趣有所降低，这可能与课业负担加重、时间管理等因素有关。中高年级学生（七年级和八年级）在技能与挑战、支持与反馈两方面得分较高，这可能意味着他们在写作技巧和应对挑战的能力上有一定优势，也反映了他们对教师和家长给他们提供写作能力的关注度和渴望程度更高，希望能得到更多的帮助和建议。所有年级的学生在情景化偏好方面都取得了较高的分数，这表明他们都比较喜欢与现实情景紧密相关的写作任务。这可能有助于提高学生的写作兴趣和参与度。

1 206 位接受调查统计的学生中，男女生比例为 1∶1，统计结果如下图 2 所示。

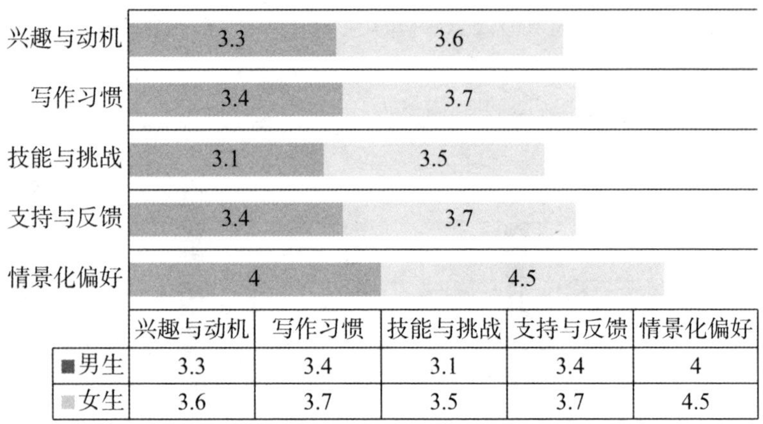

	兴趣与动机	写作习惯	技能与挑战	支持与反馈	情景化偏好
■男生	3.3	3.4	3.1	3.4	4
■女生	3.6	3.7	3.5	3.7	4.5

图 2　男女生写作情况指数对照

综合以上信息,我们看到女生指数普遍高于男生,这表明女生在写作过程中通常具有更高的动力、更稳定的习惯、更强的技能掌握以及更强烈的反馈需求。然而,无论男生还是女生,他们在情景化偏好方面得分都很高,这显示了学生普遍喜欢将写作与具体的情景相结合,这有助于提高他们的写作兴趣和参与度。

教师在进行写作教学时,可以充分考虑学生对情景化写作的喜爱,结合年级差别、性别差异和个性化需求,给予适当的激励和支持。特别是在高年级,尤其要注意男生在写作兴趣上的提升,为学生提供丰富的阅读资源和写作实践机会,将写作任务与实际生活情景相关联,以促进语言能力、思维水平和写作兴趣的全面成长。

三、问题的解决——情景化作文教学的实施策略

"情景"一词是指某一场合的具体情形、景象和境地,是对客观具体情景的概括。中国著名的儿童教育家李吉林老师首次提出了情景的概念,她认为情景是一种立足儿童情感,经过人为设计优化后融合教学内容来促进学生学习和发展的情感场。自 2015 年以来,我国以"核心素

养”为导向的课程改革使得情景的重要性得到广泛认可。很多学者主张在特定的情景中培养学生的综合能力，以便他们在面对复杂的情况时能做出明智且富有创意的决定和行动。在“原课标”中，“情景”一词出现了7次，但在“新课标”中，“情景”一词出现了多达51次，成为关键概念之一，突出了以“情景”为基础的教学和评价的重要地位。“情景”已经成为“新课标”的基本色彩，贯穿整个课程标准的始终。

基于学生作文情况的调查数据统计，我们尝试利用情景化作文教学缩小学生间写作能力的差距，这条创新解决路径由以下三个板块构成：一是在写作导入过程中有目的地创设情景，构建富有情感与想象力的情景，以鲜活而具象的场景作为切入点，激发学生的创作热情，缓解写作的畏惧感；二是在写作教学过程中关联生活特征，引导情景体验，提升学生的观察反思，培养学生写作习惯，减少对写作的疏离感；三是在写作交流过程中有意识地整合情景，利用学习任务群，提升学科核心素养。

（一）创设情景，点燃写作的兴趣，减轻对写作的畏惧感

兴趣是最好的老师，也是推动学生积极参与写作的重要因素。如果学生害怕写作或觉得写作很烦琐，那么写作教学的效果往往不尽如人意。因此，要缩小学生之间的写作差距，首先需要从根源上激发学生对写作的兴趣，在作文教学过程中通过创设情景的方式拉近学生和写作之间的距离，激起学生一定的情感态度体验，将“知识转化为生活情景中真实、复杂与结构不良的问题”①，当学生在学习过程中得到情景化的辅助时，他们所获取的知识会变得更加生动有力，同时也更易于在不同的情景中应用和扩展。创设情景的关键在于创设好的情景，好的情景具有真实性、整体性。

---

① 张良.核心素养的生成：以知识观重建为路径[J].教育研究，2019(9)：65-70.

1. 创设情景要立足学情,具有真实性

学生的年龄特征、生活经验、兴趣爱好及学习需求各不相同,单一的、脱离学情的情景创设是无法满足学生心理认知需求的,容易导致"真情景"和"伪情景"界线的模糊,不仅不能激发学生的写作激情,反而会影响和干扰写作效率的提高。以七年级上册第一单元写作"热爱写作,学会观察"为例,教师要求学生抓住"秋"的特点进行"校园一景"微写作,教师通常用图片、视频、音乐等媒介创设情景来帮助学生感受秋天校园的美;有创意的教师会带着学生走遍校园,让学生在真实的环境中感受秋天之美。两种创设情景的方式虽然都取材于真实的生活世界,但实际教学效用性不高,问题在于都忽略了学情。对七年级学生来说,抽象逻辑思维已替代具体形象思维占主导地位,这就意味着仅用图片、视频等具体事物创设情景的方式已经无法满足学生的思维发展需要,教师在创设情景时可以由研读朱自清的《春》到借鉴老舍《济南的秋天》再到品味郁达夫《故都的秋》,当眼前的实景和文学中构景相结合时,真正有价值的情景创设就诞生了,它能巧妙地调和学生认知发展中的关键对立面,如具体与抽象概念的转换、直观感受与逻辑思考的结合,以及过往知识与新信息的融合。对中高年级学生而言,他们不再只是被动接受知识,而是成为主动探索和创造意义的主体,不仅提供了丰富的想象空间,还促进了深度思考,让学生在创作中体会到成就感和乐趣,从而更加积极主动地投入写作活动。

2. 创设情景要建构主线索,具有整体性

好的情景创设不止作为写作课程的开篇序曲或过渡环节,它还应如同一条金线,贯穿教学的始终,巧妙地联结起各个知识点,使之形成一个连贯而和谐的体系。教师在创设情景时,需要从宏观角度审视整个写作框架,提炼出清晰的核心线索,进而打造一系列相互关联、主题突出的情景序列。这些情景应层层递进,彼此呼应,形成有机的整体,帮助学生在多重情景的引导下,从多元视角逐步深化对主题的理解,促进其批判性思维和创造性表达能力的发展。每个情景不仅是独立的知识载体，更是通往更深层次认知的桥梁，促使学生在探索中不断发现新知，实现知识的内化与升华。这样的教学策略，不仅丰富了学习体验，也极大地提升了写作教学的有效性和吸引力。

例如，笔者在市级公开课“横看成岭侧成峰，远近高低各不同——侧面描写的运用”中通过歌曲《如果你要写风　就不能只写风》这一主线索创设四个呈并列关系的情景将整堂课分为四个环节：感知歌词内容了解侧面描写的定义，调动感官体会侧面描写的特点，画面呈现感受侧面描写的好处，场景再现落实侧面描写的运用，帮助学生从情感、思维、方法和实践四个方面逐步学习侧面描写的写作手法，串联情景，前一情景为后一情景作铺垫，后一情景则是前一情景的具体化、深入化，成功打开学生的思维，让学生通过歌曲看到生活的多种姿态，从而引发学生对写作的兴趣和热情。

（二）引导情景，从观察反思中升华情感，减少写作的疏离感

在情景化作文教学中，引导情景体验是连接认知与情感、理论与实践的重要桥梁。这一环节主要包含三个关键步骤：深入观察、深度反思与情感的提炼与升华，指向全面提升学生的感知、思考和表达能力，进而培养良好的写作习惯。下面笔者以“如何阅读一座城市”的专题写作课程为例展开。

1. 浸润情景，引导深入观察

“阅读城市”这一主题所涉及的时间、空间的范围广。在写作教学过程中，构思一个与作文主题紧密相关的情景显得至关重要，教师应指向鼓励学生通过五官感受（看、听、闻、触、尝）全方位地沉浸在情景中，在大量的筛选和比较后，选择“菜市场”这个对学生而言熟悉又陌生的日常场景切入，布置学生的作业是：周末逛一次菜市场，分享他们眼中、鼻中的“菜市场”。近距离、多角度地接触和感知情景，收集丰富的感官信息和第一手资料。

2. 再现情景,引导深度反思

浸润情景,实地体验,教师要利用真实的情景引导学生进行深度反思,这一步骤是将直观感受转化为深刻理解的关键。笔者在课堂上先是抛砖引玉,介绍自己是如何跟操着浓重口音的老板闲聊,如何与当地客人拼桌拉家常,如何在菜市场看各地特色的蔬果食物,如何看卖菜的人,如何看买菜的人……情景再现后,笔者鼓励学生用图片和文字记录菜场中的见闻,将自己逛菜场的经历与同学一起分享和交流。当学生再次呈现"逛菜场"的实践体验时,笔者继续以情景为线,引导学生深度思考情景中的各个要素,如人物的心理状态、事件的起因经过、环境的细微描写等,使学生对自己的观察进行整理、分析和评价。

3. 结合情景,引导情感升华

在观察与反思的基础上,教师可以指导学生深入挖掘情景背后的情感价值和人生哲理,将个人情感与情景相结合,进行情感的提炼和升华。笔者带着学生去读汪曾祺笔下声色俱全的菜场,感受浓郁的生活气息和地方特色:"看看生鸡活鸭、新鲜水灵的瓜菜、彤红的辣椒,热热闹闹,挨挨挤挤,让人感到一种生活的乐趣。"带着学生感受季羡林笔下的菜场,红红黄黄、绿绿白白,每一帧画面都是生活最真实、最新鲜的素材:"肥大的水蜜桃、大个儿的西瓜、又黄又圆的香瓜、白嫩的鲜藕,摆在一起,竞妍斗艳。"还有金宇澄口中不忘却已然消逝的"虹口三角地菜市场",去体会现代感与怀旧并存,去感慨社会的变迁……人间烟火味,最抚凡人心,这时候"菜场"作为一个社会的微缩模型,不仅是经济活动的晴雨表、社会文化的交汇点、生活的真实写照,更是理解社会、洞察人性的一个生动课堂。"菜场"作为一个切入口,是学生准确表达个人的情感体验的载体,通过情感的共鸣与表达,学生的作品能超越表面的叙述,触及读者的心灵,使文章具有更强的感染力和深度。

综上所述,借助情景引导的力量,紧密连接生活实际,激发学生由静默的听众蜕变为敏锐的观察家、深刻的思考者以及情感丰富的体验者。这一转变不仅显著增强了学生的洞察力与理性分析能力，更在写作实践中催生了情感的真挚流露与深度挖掘，令文字间流淌出细腻入微、触动人心且富有活力的生命气息，让每一次书写都成为一次心灵与智慧的双重旅行。

（三）整合情景，利用学习任务群，培育学科核心素养

“新课标”在课程结构的设计上，遵循学生身心发展的规律，构建了六个语文学习任务群。这些任务群覆盖了各种类型的写作活动，包括“学习性写作”“实用性写作”“文学（创意）写作”“思辨写作”“跨学科写作”等。[①] 与传统教学模式相比，它们不再是孤立无援的技能清单，而是以情景驱动、任务导向、知识整合的形式展现出来。

这一革新性的教育理念，为我们开启了全新的教学视角和实践路径，强调在写作教学中系统地整合情景要素，精巧设计学习任务，以及促进跨学科学习的深度融合。目标是引导学生在解决真实世界问题的过程中，自然而然地培养出核心素养，包括批判性思考、创造性表达、合作交流以及自主探究等能力。这种模式不仅提升了写作教学的实效性，更全面推动了学生综合素质的跃升，让每一次学习经历都成为培养未来公民必备技能的宝贵契机。

1. 整合认知导向的情景，以任务群为驱动，促进认知能力的跨越发展

在任务群框架下的语文学习被视为一个认知深化的过程。通过精心设计的认知型情景整合，学生能激活并运用先前的经验，投身于崭新的学习旅程，从而实现认知能力的迁移与升级。这一策略促使学生在认知层面进行螺旋式提升，激励他们基于已有知识构建更为丰富和复杂的认知网络，有效地弥合在写作技巧上的差异，推动认知

① 荣维东，杨鸿霄.“任务群”写作怎么教[J].语文建设，2022(8)：12－15.

体系的更新与完善。

例如,七年级下册第三单元属于"文学阅读与创意表达"任务群,本单元写作主题为"抓住细节",强调用细节描写来表现人物性格特征。但是,学生陷入无法捕捉典型细节,不知道如何生动、形象、细腻地刻画人物形象的困境。教师可以整合认知情景,从教材中的典型文本到身边的人,从整体到局部,从阅读到写作,从欣赏到实践,将学生与文本的距离拉近,激发无限想象力,让学习过程变得生动活泼,充满探索的乐趣,生活中那些细微的容易被忽视的事物得以被关注,写作任务群可设置如下。

学习主题	抓住细节(七年级第三单元写作)		
学习任务	通过深入的语言赏析、文本分析及对比阅读等读写练习,精准掌握细节描写的要领,在写作中熟练地应用和演绎		
学习活动	活动一 悦享经典·学技法	活动二 纵横篇章·谈感悟	活动三 见字如面·展佳作
学习方式	梳理文本	比较阅读	情景整合
学习内容	仔细解读关键语句与细节描写,洞察角色情感变化,辨析人物性格的异同	通过对比分析单元内的选文,深入感受"平凡人物"身上所折射出的人性之光与形象的深层含义,同时领悟作者寄寓其中的情感与思想	熟练掌握细节描写的观察角度,基于对日常生活的细致观察,运用细腻的笔触来捕捉并描绘周围平凡人物的生动瞬间
学习作业	赏析细节描写,将人物情感的变化以图表的形式进行视觉化展示	选取选文中让你印象最深刻的"平凡人物",做读书心得笔记	在特定情景下,精选反映人物特质的细节,运用特写镜头手法进行细腻描绘及片段练习
学习评价	小组讨论交流:人物情感变化图	班级读书角交流:读书心得	年级展示:优秀细节描写习作

这一场景基于学生的理解能力，引导他们从日常生活中普通人的角度出发，激发学生的观察力与思考深度。通过利用教学资源，学生能细致研究课文中的寻常故事及其背后的情感波动。课程设计了一系列读写任务，可以促进学生对文本更深层次的解析和感悟，鼓励他们捕捉并表达平凡生活中的不平凡之处。这些活动不仅强化了人物细节描写的技巧，还促进了学生在问题解决、创新思维和批判性分析方面的全面发展，为他们构建了一个从知识到实践的桥梁。

2. 整合开放型情景，以任务群为核心，促进语文素养的提升

"建立语文学习与真实生活的联结，是'真实情景'设计的目的。"①构建语文教育与现实世界之间的桥梁，正是"真实情景"教学设计的核心追求。开放性情景的创设，旨在超越传统课堂的局限，鼓励学生融合个人的知识技能、生活体验及课堂所学，尤其是跨学科普遍概念，以应对现实生活中的挑战。这样做不仅深化学生对语文核心素养的培养，还促使他们在解决实际问题的过程中，实现理论与实践的无缝对接，进而提升自身的综合能力和批判性思维。

教师应当巧妙融合学习环境与社会现实，建立起教材内容与日常生活挑战之间的联系，借助开放式语言实践场景，激发学生运用自身见解来应对真实世界的问题。例如，九年级下册第一单元收录了一系列反映时代风貌的现代诗歌，我们可以设计、整合与之相匹配的开放性写作任务，具体方案如下：

围绕庆祝中华人民共和国成立 75 周年，学校即将开展一场以"云端颂歌·时代回响"为主题的诗歌庆典活动，用诗歌的形式展现祖国的光辉历程和伟大成就，点赞新时代、新征程上的新人新事新气象及新风新貌新变化。任务一：推荐一首能体现时代精神的诗歌，录制朗诵视频，并附上推荐词；任务二：以身边人、身边事为素材，原创

① 刘大鹏.任务群视角下情景的理论特质与创设策略——以高中语文教学为例[J].教学月刊·中学版，2022(7)：32-37.

一首诗歌作品,展示新时代少年热爱祖国、昂扬向上的精神风貌。

在"云端颂歌·时代回响"诗歌开放式情景整合过程中,学生沉浸于诗歌的美学世界,赏析丰富意象与情感美,通过反复诵读体会诗歌的节奏与韵律之美。这一过程不仅提升了审美鉴赏力,更激发了对语言艺术的探索兴趣。

在自主阅读与撰写推荐词的环节中,鼓励学生深入诗歌内核,锻炼批判性思维与深度学习的习惯。自主创作诗歌,则标志着学生从消费者转变为创造者,体现了初步的学术探究能力,全面提升了包括语言表达、情感共鸣、创意想象以及社会现象洞察在内的核心素养。

四、问题的总结——情景化作文教学策略的价值

综上所述,情景化作文教学积极响应了"新课标"对教学创新的呼唤,为缓解初中生写作能力的分化提供了新颖而有效的策略。通过精心创设情景、引导情景体验、整合情景的深入,不仅点燃了学生的写作热情,促进了情感与理性思维的融合,还显著增强了学生的学科核心素养,彰显了以学生为本、重视差异化教育的现代教育理念,为初中写作教育领域带来了革新与生机。

展望未来,伴随《义务教育语文课程标准(2022年版)》的深化落实,情景化作文教学无疑将承担更加核心的使命。教育者肩负重任,需要持续探索与实践,紧密结合课程标准的指导方针,设计出更多样化、更贴近学生个性的情景教学方案,致力于全面提升初中生的写作能力,为培育具备创新意识与实践能力的未来人才奠定稳固基石。通过不懈努力,我们期待情景化作文教学能成为推动我国基础教育高质量发展的强劲引擎,助力每一位学子在写作路上自信前行,绽放独特的光芒。

“双新”背景下初中语文跨学科教学主题设计

——以《我的叔叔于勒》为例

田艳妮[①]

摘　要：跨学科学习要求教师在语文的学科设计中，打破学科壁垒，通过多学科的交融学习提升语文素养，进而全面提升学科素养。本文立足教学实践，结合学生理科强的特点，从“新课标”出发对初中语文跨学科主题教学设计进行研究，分析了初三语文课程跨学科教学课堂实施的现状，在《我的叔叔于勒》的课例教学中实施数学函数知识的跨学科实践，分析教学效果。

关键词：初中语文；跨学科教学设计；跨学科

今天我们所面临的时代，是一个高度互联和智能的时代。时代的特点，也给教育带来了新的挑战，时代呼吁我们思考：应该培养什么样的人才去迎接时代的挑战。“跨学科”一词伴随着中考教学和改革的变化走进了大众视野，也促使我们在一线的课堂教学中去实践和探索跨学科教学设计的实施。笔者从事的是初中语文教学，在语文的“跨界”方面，也在思索如何结合自己学生的特点做有效的跨界。既保证语文教学的特色，又通过跨界的形式补齐目前语文课堂教学的短板。所以，在初三语文课上，以《我的叔叔于勒》为例进行了一次初中语文跨学科教学主题设计的有益探索。

---

① 作者简介：田艳妮，上海市民办华育中学学生处副主任，语文学科教师，中学一级教师，学校中级心理咨询师，主要从事中学语文教学研究.

一、跨学科主题提出:用真实数学情景解决语文课堂困境

笔者执教的是初三语文,初三学生在语文的课堂学习上主要呈现两方面的特点:

一是由于承受着较大的中考压力,对初三语文内容的学习都是从应试角度出发,缺少对文本进行探究分析;二是本校大多数学生理科思维较强,在文科的经典文本阅读和赏析方面兴趣不高,一旦涉及有深度的思考,在课堂上往往只有少数几个学生参与,使课堂氛围较为沉闷。这是初三语文课堂教学中存在的真实困境。

要想打破困境,首先想到从学生感兴趣、能理解角度入手,贴近学生的心灵和兴趣点,才是最真实有效的情景设计。部编版语文教材中有一篇经典的课文是《我的叔叔于勒》,这是世界短篇小说巨匠莫泊桑的代表作品。之所以放在初三语文教材中,我感觉一方面初三语文阅读教学中小说的阅读成为学习的重点之一;另一方面是以初三学生的阅读理解能力和眼界水平能从不同层次读懂这类经典文学作品。这篇文章的传统教学设计往往是依据小说的三要素——人物、情节、环境展开,在教师问题的设置中引导学生梳理情节、品评人物、剖析时代背景和社会环境,最后总结小说的中心主旨。但是,这样的传统教学设计,在初三课堂上,课堂气氛往往比较沉闷:一方面是学生的思维定式和课堂形式的固态化导致学生积极性不高,更多是以学生听教师解读为主的课堂模式;另一方面由于应试压力,教师不敢放手让学生进行多元思考和探索,只是教条化地解读,所以学生课堂参与和师生互动一般。这是初三学生在繁重的中考压力下,呈现出的真实的学习状态,这种真实状态既是困境,也是机会。在备课过程中,笔者思考用什么样的形式来设计跨学科内容,有针对性地解决课堂困境。

作为一个理科见长的学校,华育中学学生对数学有着强烈的兴

趣，如果能结合二次函数坐标轴的形式来梳理情节中人物关系的变化，引导学生在变化的关系中理解人物和中心，就能将原本拆散的情节、人物、环境三部分教学融合成一个有思辨关系的图形框架。使学生思考的过程转变为不是以得出正确答案为结果导向的思维模式，而是让学生结合函数坐标轴的横向坐标和纵向坐标来绘制小说中的人物关系，以过程导向的思维模式建构思考的路径，引发学生在课堂上的参与感和积极性，实现以学生为主体的课堂教学设计。

二、跨学科主题设计：将数学坐标知识与语文学习任务整合

首先，保证语文课程内容作为主干。上课开始，笔者先向学生介绍这篇作品的作者莫泊桑和小说背景，接着在PPT上出示一个没有坐标名称的坐标系，学生瞬间就被这个图标吸引，当笔者出示第一个问题：根据小说情节，用小组讨论的方式，给坐标系的横轴和纵轴分别标注坐标名称。教室里一下子热闹起来，同学们迅速而热烈地讨论起来，新颖的形式点燃了他们的好奇心。在经过讨论后，每个组由组长为代表在纸上写出坐标的名称，分别为：横轴——菲利普夫妇对于勒的态度，纵轴——于勒的经济状况（按照时间变化的顺序，分为三个阶段：挥霍家财阶段、经商发财阶段、衰败穷困阶段）。坐标系设计的初衷是引导学生完成对篇幅比较长的小说等作品的细致阅读和梳理，这是建立在语文阅读基础上的教学引导，大约用时20分钟。

其次，课堂的主体从教师转变为学生。要做到这一点，教师应做到放心和放手，让学生根据对课文的理解做出自己有创造性和思考性的解读，即便解读中有不够完善的地方，也可以引发学生相互讨论，思维碰撞，探讨解决问题的方法，这也是重要的学习过程，而不限于学习的结果——标准答案。接下来笔者提出第二个问题：请同学们根据小说中菲利普夫妇对于勒的态度变化绘制一个函数曲线，并说明原因。

时间到，所有学生停笔，并期待笔者提问，一改往日课堂提问时

的躲躲闪闪。

第一位学生分享他画的函数关系:我认为应是一个开口向下的开放式抛物线。抛物线的最高点和两个最低点在小说中能找到明确的文本依据:两个最低点都是于勒变成穷光蛋时,菲利普夫妇对他的态度也差到极点,用最恶毒的话辱骂他。最高点是听说于勒发了大财。所以菲利普夫妇对于勒的态度跟“钱”有着直接的关系,而跟“亲情”无关。

教师针对第一位学生的发言,请其他学生点评,大家纷纷表示赞同。

教师问:“是否还有不一样的绘图呢?”

第二位学生举手展示了关系图并阐释了理由:我大致同意前一位同学的画法,但稍有不同。主要体现在衰败穷困的原因方面,我认为菲利普夫妇在船上看到穷困的于勒时,他们的情感更加强烈,既有对于勒的嫌弃,也有对美梦破裂的歇斯底里,把满腔的愤怒化作最恶毒的诅咒。

教师问:“请其他同学点评这种说法是否有道理。”

很多学生点头,并结合自己的生活体验给出合理的验证。比如,有同学说,希望越大,失望也越大,美好梦想破裂后带来的负面情绪,引发更加强烈的厌恶、失望,甚至是绝望。

这时,还有学生举手表达自己的想法,他在思考是否一条抛物线就完全涵盖了于勒和菲利普夫妇之间的关系,这只是小说写到的部分,根据小说言有尽而意无穷的特点,如果往前推论或往后推论,于勒和菲利普夫妇之间的关系又会有什么样的曲线规律呢?如果于勒凭借自己的努力,改变了穷苦的现状,还能重新赢得菲利普夫妇的尊重吗?或许这不仅是一个在金钱和亲情之间的比对衡量,一条抛物线会继续演变下去,形成一条波浪线。

教师点评:这位同学的想法已跨越单纯的文学思考,而上升到哲学的思辨高度,这是一个跨学科思维。透过现象看到事情的本质,菲利普夫妇对于勒的态度随着于勒的变化而变化，而变化不只局限于小说中写的部分；同样，人心也是复杂的，世上没有绝对的善与恶，也没有简单刻板的好人与坏人，从人性角度思考，还包含亲情、性格等不同因素，画出的函数也就不同。经典文学作品的阅读，倡导读者带着自己的思考和体验去理解。

三、跨学科主题评价：思维导图强化语文同其他学科之间联系

一节课上完，笔者感到十分惊喜。主要有三个方面：一是学生的课堂反应更加活跃，没有教师一步一步的框架，学生的思维更加自由，表达更有创造性；二是评价方式的多元互动也给课堂增加了生机和活力，不仅有教师的评价，每个问题后还有学生的点评，要求提出赞同或质疑的观点，这就构成了课堂上的思维动态，而不是一个固定的答案；三是对小说的解读和对人物关系的理解跳出传统框架，不是按部就班从人物、情节、环境三个方面浅尝辄止地理解文本，而是抓住一个切入点进行纵深挖掘，进而将小说的三个要素连成一个网格，帮助学生立体地理解文章和人物，达到学习素养的提升。

在这次教学主题设计中，笔者尝试了将小说教学和数学的函数教学结合起来，这是初步尝试，并取得很好的效果。于是，又引发笔者关于语文跨学科主题设计的更多思考。比如，语文学科除了跨数学学科外，是否还可以跨历史学科，通过梳理历史事件强化具体文本的理解，并且形成历史和文学视角的思辨性解读角度；语文学科还可以跨地理学科，在地域的特点上凸显地域特点与水土人情的关系，进而影响人的性格和文学特色，构成对文本多层次多维度立体化理解和把握。这样的思考和探索，将在后续教学中进行尝试。

同时，还开发了一些评价工具，如头脑风暴、思维导图等，帮助学生归纳和迁移所学的知识。在这次语文跨学科教学设计中，笔者采

用数学函数的形式,也就是思维导图的方式,对理科强的学生来说,思维导图比语言描述更直观地让他们厘清人物之间的关系,由于形式直观简洁,记得很牢,不需要课后死记硬背笔记。头脑风暴也是跨学科教学中经常可以使用的方法,简单容易操作,并且容易调动课堂活跃的氛围,也能培养学生在思考问题时用发散性思维来进行创造性思考。

这次教学实践不仅是初中语文跨学科主题教学中的一次初步探索,而且也是一次非常有意义的探索:解决了初三语文课堂教学的困境;回归了语文核心素养;探索了主题设计多元化思考。原本在教学主题设计中主要是跨数学学科,在实际的课堂呈现中学生的思考还触及经济学、社会学等领域。给笔者的启示:可以在跨学科范围上多一些思考和尝试。

基于学习任务群的《唐诗三百首》教学

——以杜甫诗阅读为例

李婧熔①

摘　要：杜甫其人其诗中体现的“仁者心”“家国情”是《义务教育语文课程标准(2022年版)》课程内容中“中华优秀传统文化”的集中体现。基于学习任务群展开《唐诗三百首》中杜甫诗作的教学，使学生在教师的引导下熟悉诗歌内容、体悟杜诗的思想内涵、获得个性化的审美体验，进而提高审美品位，表达自己独特的体验与思考，并真正理解、内化杜甫诗歌中所蕴含的中华优秀传统文化。

关键词：学习任务群；《唐诗三百首》；杜甫

一、学习任务群简述

《义务教育语文课程标准(2022年版)》(以下简称“新课标”)在论及“课程理念”时提出要“构建语文学习任务群，注重课程的阶段性与发展性”。“新课标”在论及课程“内容组织与呈现方式”时明确：“义务教育语文课程内容主要以学习任务群组织与呈现。在设计语文学习任务时，要围绕特定的学习主题，确定具有内在逻辑关联的语文实践活动。语文学习任务群由相互关联的系列学习任务组成，共同指向学生的核心素养发展，具有情景

① 作者简介：李婧熔，上海市民办华育中学语文学科教师，中学二级教师，主要从事中学语文教学研究.

性、实践性、综合性。"①

学习任务群不同于教学目标或教学任务,它强调学习的主体——"学生"是学习过程的关键,由学生来完成学习任务,参与语文实践活动,进而获得学习成果,最终指向核心素养的形成与发展。教师主要通过设置学习任务群,引导学生参与语文实践活动,从而完成"语言文字积累与梳理"(基础型学习任务群)、"实用性阅读与交流""文学阅读与创意表达""思辨性阅读与表达"(发展型学习任务群)、"整本书阅读""跨学科学习"(拓展型学习任务群)等多个层面的、阶段性的学习任务。

二、《唐诗三百首》的教学难点

1. 古诗阅读的难度较高

《唐诗三百首》中虽然有很多语言清丽通俗、篇幅精致短小的诗作②,但也有篇幅较长、用典绵密、意蕴深厚的作品,杜甫的诗歌中就有《韦讽录事宅观曹将军画马图》《丹青引》《兵车行》等阅读难度较高的诗作,需要在教师的引导下、在恰当的学习任务的驱动下循序渐进地走入诗歌的意境,从而消解古诗阅读的难度。

2. 学生学习的自主性不高

《唐诗三百首》在教学中针对的学段是7～9年级,学生在学习古诗时常以背诵、默写为主要目的,对古诗中含蓄蕴藉的情感、风格各异的语言缺乏细腻的感知和体会。尤其对杜甫作品中所反映的历史变迁、文化发展更需要调动学生自主探索的兴趣去深入挖掘。如果

---

① 中华人民共和国教育部.义务教育语文课程标准(2022年版)[S].北京:北京师范大学出版社,2022.

② [清]蘅塘退士.唐诗三百首[M].金性尧,注,金文男,辑评.北京:人民教育出版社,2018.

仅停留在背默的学习层次，那么学生自主鉴赏古诗的能力就无法得到提升，对中国古典诗歌的美好与深刻也就无从领悟。

三、基于学习任务群的教学策略

本学习阶段分为三个课段实施，第一课段完成基础型学习任务群，引导学生了解杜甫的生平经历、理解诗歌的主要内容，能欣赏、交流所积累的诗歌名句，提升自身的中华文化修养。第二课段为发展型学习任务群，首先引导学生综合运用朗读、比较阅读、评述等方法深入理解诗歌作品，感受杜诗的思想性，提升古典文学的审美能力；其次，阅读相关诗话、文论的经典片段，尝试运用其中的观点欣赏、评析杜甫诗歌。第三课段为拓展型学习任务群，在阅读杜甫诗歌的基础上，引导学生独立阅读《唐诗三百首》，并结合自己的阅读体会，尝试撰写文学鉴赏文章。

在开展学习任务之前，可先将全班学生划分为 4～5 个学习小组，后续学习将以小组为单位展开各项活动。

（一）基础型学习任务群

1. 学习任务

(1) 学生以小组为单位，借助多媒体资源搜集介绍诗人杜甫的纪录片或知名学者讲述杜甫其人其诗的公开课，汇总后由教师分享给全班学生；(2)每位学生自主阅读《唐诗三百首》中 38 首杜诗，能大致说出每首诗的主要内容；(3)每位学生选择 3～4 句喜欢的杜甫诗句，以小组为单位，与组员分享自己喜欢这几句诗歌的原因，并派代表与全班分享。

2. 学习时段

寒假或暑假自主阅读，开学后 2 课时。

3. 完成任务

(1) 学生借助多媒体资源,找到BBC纪录片《伟大诗人杜甫》,央视纪录片《草堂杜甫》,公开课"百家讲坛之诗圣杜甫""莫砺锋:诗圣杜甫——纪念杜甫诞辰1 300周年"等。孟子云:"颂其诗,读其书,不知其人,可乎?"通过了解杜甫的家学渊源、生平经历等,学生更能在"知其人"的基础上理解杜甫诗歌的内涵,进而读懂杜诗的思想性。教师利用1课时,截取其中的精彩片段,串联起杜甫的人生四大阶段:读书漫游时期、困守长安时期、陷贼与为官时期、漂泊西南时期。

(2) 通读38首杜诗,查阅字典,明确字音,结合书中"注释"和"评析",理解每首诗歌的大意。这部分任务由学生自主完成。

(3) 利用1课时举办"杜诗名句分享会",每个小组分享组员喜爱的杜甫诗句。比如,《梦李白》中"冠盖满京华,斯人独憔悴",通过对比表达了诗人对李白坎坷遭遇的深切同情;《旅夜书怀》中"星垂平野阔,月涌大江流"写诗人离开成都乘舟东下时所见的壮阔雄浑之景,以乐景反衬出他孤苦的形象和晚年颠簸无依的凄怆心情;《蜀相》中"出师未捷身先死,长使英雄泪满襟",既咏叹了诸葛亮病死军中功业未成的不幸,又道尽古往今来壮志未酬的英雄悲愤的心情等。

4. 学习评价

(1) 背诵8~10首《唐诗三百首》中的杜诗(不包括初中语文课本中的作品)。

(2) 根据杜甫人生四大阶段和《唐诗三百首》中对杜诗的评析,将38首作品按四大阶段归类。

(二) 发展型学习任务群

1. 学习任务

(1) 在诗歌背诵的基础上融入情感,以小组为单位举行小型朗诵会;

(2) 按诗歌主题分类,以小组合作的方式对同一主题的不同诗作进行比较阅读；

（3）阅读诗话、文论中的经典片段，运用其中的观点评析杜甫诗歌。

2. 学习时段：3 课时

3. 完成任务

（1）在各小组中，每个学生准备一首杜甫诗作进行朗诵，朗诵时注意停顿、重音、语调、拖音等，建议学生为自己的朗诵选择一首符合意境的背景音乐，用旋律烘托情感，丰富表达。朗诵时可录制视频，汇总至教师处并与全班同学分享。

（2）杜甫在不同人生阶段创作过相同主题的诗作，请以小组为单位将下列表格（见表 1）填写完整，并利用 2 课时进行讨论、分析。

表 1　杜甫诗作比较阅读任务单

类别	主题	比较诗作	创作背景	思想情感
1	登高	《望岳》	公元 735 年，诗人到洛阳应进士，屡试不第后开始漫游齐、赵一带，途中作此诗	
		《登高》		
2	佳人	《佳人》		这首诗描写一个战乱时代的佳人，她出身于良家，然而在安史之乱中兄弟惨遭杀戮，丈夫见她娘家败落就遗弃了她，致使她流落无依。但她没有被不幸压垮，反而幽居空谷，立志守节，宛若清澈的山泉。此诗讴歌了佳人贫贱不移、坚守劲节的精神

(续表)

<table>
<tr><th>类别</th><th>主题</th><th>比较诗作</th><th>创作背景</th><th>思想情感</th></tr>
<tr><td>2</td><td>佳人</td><td>《丽人行》</td><td>唐玄宗时期,外戚凭借皇帝得宠的后妃官居高位,权倾朝野,过着骄奢淫逸的生活。外戚擅权也是后来酿成安史之乱的主因。诗作于公元 753 年</td><td></td></tr>
<tr><td rowspan="2">3</td><td rowspan="2">友人</td><td>《赠卫八处士》</td><td>公元 758 年,诗人被贬任华州司功参军,冬末赴洛阳,次年又返回华州,路中遇卫八处士这位二十年未见的朋友</td><td></td></tr>
<tr><td>《奉济驿重送严公四韵》</td><td></td><td>杜甫在成都时得到严武的诸多关照,他内心充满感激。此诗意在送严武奉召还朝,也表达了对这位朋友的赞美之情,更流露了严武走后诗人彷徨寂寞的心境</td></tr>
<tr><td rowspan="2">4</td><td rowspan="2">明月</td><td>《月夜》</td><td>公元 756 年,杜甫携家逃难,安家于鄜州羌村,自己投奔肃宗,途中被安史叛军所俘,押回已陷落的长安,诗人被禁长安,望月思家而作此诗</td><td></td></tr>
<tr><td>《月夜忆舍弟》</td><td></td><td></td></tr>
</table>

（续表）

类别	主题	比较诗作	创作背景	思想情感
5	夜宿	《春宿左省》	这首诗作于公元758年，757年唐军收复长安，肃宗自凤翔还京，杜甫从鄜州到京，仍任左拾遗（谏官），大事廷诤，小事上“封事”	
		《阁夜》		

通过集中阅读以上五组诗作，分析其所蕴含的思想情感，学生可以更深入地了解杜甫为何被誉为“诗圣”。不仅是他写诗时“毫发无遗憾”的精益求精和他高超的艺术表达，而且更重要的是他的诗歌中的思想性。

首先，杜甫的诗歌中有对国家的深切热爱和对百姓的深刻同情。在《阁夜》中，诗人记录了夜宿西阁的感受，抒写了“五更鼓角声悲壮”的战乱未息、“野哭几家闻战伐”的人间苦难及“人事音书漫寂寥”的身世飘零。在霜雪初霁的漫漫长夜，诗人身处荒僻的夔州，耳听战鼓与痛哭，遥想贤愚同尽，全诗以俯仰宇宙的胸襟写出了百姓疾苦与山河飘摇之慨，令人动容。其次，杜甫对贻害国家与百姓的势力怀着强烈的憎恨之情。在《丽人行》中，诗人详尽描摹了杨国忠兄妹出行游玩时的吃穿用度，揭露了他们势倾天下、奢侈荒淫的面目，讽刺之情跃然纸上。再次，杜甫对亲人、朋友有着深挚的情谊，读《月夜》便可见一斑：“今夜鄜州月，闺中只独看。遥怜小儿女，未解忆长安。”其中“独”字更是显出了诗人想及妻子的细致画面以及对远方妻子独自照顾家人、独自想念自己的体恤，可见诗人对妻子设身处地的细腻怀想。《月夜忆舍弟》《天末怀李白》诸诗更是“一片真气流注”，满含对兄弟、挚友的思念与关怀。

通过引导学生读出杜甫诗歌的思想性,帮助学生理解杜甫在诗歌史上地位如此崇高的原因,以提升古典文学审美品位,增强对中华优秀传统文化的自信心。

(3) 用1课时举办"独有工部称全美"诗评交流会,为学生准备如下问题,鼓励学生通过自己查询资料、小组内讨论交流、班内分享汇总的方式梳理问题的答案。

问题1:后人评价《登高》"一篇之内,句句皆奇",请根据自己的阅读体会谈谈对这句话的理解。

问题2:在清代徐增写的《而庵说唐诗》中有这样一句话:"子美作是诗,肠回九曲,丝丝见血。朋友至情,千载而下,使人心动。"你认为"是诗"是指《唐诗三百首》中的哪首杜诗? 阐述理由。

问题3:陆游有诗云:"文章垂世自一事,忠义凛凛令人思。"请结合《唐诗三百首》中的杜诗,谈谈杜甫的"忠义凛凛"。

问题4:苏轼评价杜甫:"古今诗人众矣,而杜子美为首,岂非以其流落饥寒,终身不用,而一饭未尝忘君也欤?"请谈谈对苏轼这句话的理解。

以上问题既引导学生对杜甫名篇进行深入研读,又开阔学生思维,从他人的评价中进一步了解杜甫如何成为中国诗歌史上当之无愧的"诗圣"。

4. 学习评价

(1) 对各小组提交的朗诵视频进行打分,推选优秀朗诵人。

(2) 各小组自行选取一个主题,列出该主题下的两首杜诗,并进行比较阅读,同时补充至表1中。

(3) 清人袁枚在《随园诗话》中写道:"人必先有芬芳悱恻之怀,而后有沉郁顿挫之作。人但知杜少陵每饭不忘君,而不知其于友朋、弟妹、夫妻、儿女间,何在不一往情深耶?"请谈谈对这段评价的理解,完成一篇不少于800字的读书报告。

（三）拓展型学习任务群

1. 学习任务

（1）以李白、王维、韩愈等人选诗作较多的诗人为中心，集中阅读该诗人的作品。

（2）以小组为单位，自主设计阅读活动并实施。

（3）引导学生撰写诗歌鉴赏文章。

2. 学习时段

本学期内学生自主安排。

3. 完成任务

（1）自主选择感兴趣的诗人作品进行阅读，并选择自己喜爱的诗进行朗诵、背诵。

（2）自主设计阅读活动。例如，以送别诗、怀古诗、边塞诗等诗歌题材为主题的阅读活动；以“盛唐诗风”为主题的阅读活动等。要求以充分阅读诗歌为基础，主题明确，分工合作，汇总成文字资料或视频。

（3）补充阅读论文集《被开拓的诗世界》，由学生自主选题撰写与《唐诗三百首》有关的鉴赏文章，并在班级内部传阅交流。

4. 学习评价

（1）在班级内分享各小组的阅读活动成果，全班学生投票评选“最佳读诗小组”。

（2）将学生撰写的鉴赏文章汇编成册，由“最佳读诗小组”成员校对审核，教师为文集写序。

四、教学策略探索思考

经过以上三个学习任务群的引导，学生在品读杜甫诗作的基础上了解了诗人的人生经历，感悟了诗人的“芬芳悱恻之怀”及“沉郁顿挫之作"①,从而领略中华优秀传统文化中的仁爱之心、家国情怀。同时,通过对杜甫作品的学习,学生掌握了阅读诗歌选集的路径与方法,进而自主进行整本书阅读,在对《唐诗三百首》的研读中与中国诗歌史上最辉煌灿烂的时代对话,让唐诗的丰神情韵浸润青少年成长中的心灵,让唐代才子向上向善、慷慨激越的精神面貌引领新时代的学子唱响时代强音。

---

① 游国恩.中国文学史[M].北京:人民文学出版社,2002.

任务驱动式教学在初中语文议论文教学中的应用研究

——以《敬业与乐业》一课为例

陈玉燕①

摘　要：在初中阶段的议论文教学中，应用任务驱动教学法，围绕初中议论文具体的教学目标和教学内容，通过创设恰当的情景，设计不同的学习任务，对提升学生对议论文的兴趣与理解有着积极的作用，为初中语文议论文教学提供了行之有效的策略。

关键词：任务驱动式教学；初中语文；议论文教学

《义务教育语文课程标准(2022年版)》指出："语文课程要以生活为基础，以语文实践活动为主线，以学习主题为引领，以学习任务为载体，整合学习内容、情景、方法和资源等要素，设计语文学习任务群。"②温儒敏提出："课标提出的'学习任务群'，不只是学习内容的呈现方式，同时也是一种新的教学模式。这种模式可以理解为以学习任务来带动教学，即'任务驱动'。"③任务驱动教学法起源于建构主义理论，通过构建一种情景，采用与课程内容紧密相连的任务作为核心媒介，引导学习者在完成具体任务的过程中达成教学目标。此方法显著特点在于其实践导向性和高度的可操作性，为教学活动提供了强有力的支撑。

---

① 作者简介：陈玉燕，上海市民办华育中学语文学科教师，中学一级教师，主要从事中学语文教学研究.

② 中华人民共和国教育部.义务教育语文课程标准(2022年版)[S].北京：北京师范大学出版社，2022.

③ 温儒敏.遵循课标精神，尊重教学实际，用好统编教材[J].语文学习，2022(5)：5－10.

统编版初中语文教材在议论文阅读的编排上遵循了由浅入深、层层递进的原则。从单元架构的视角审视,该教材围绕特定主题精心汇聚了三个议论文阅读单元,均分布在九年级。尽管九年级学生已初步形成逻辑思考与判断的能力,但在深入探索议论文的过程中,仍可能遭遇挑战。此外,议论文固有的文体特性——内容的理论性与深度,有时可能令学习过程显得较为乏味,导致学生在阅读时感到枯燥无趣。因此,在教学过程中要关注对学生兴趣的激发,使议论文的学习过程更加生动有趣。任务驱动教学法,围绕初中议论文具体的教学内容和教学目标,通过创设恰当的情景,设计不同的学习任务,有助于提高学生对议论文的兴趣与理解,为初中语文议论文教学提供了行之有效的策略。

《敬业与乐业》一文隶属于统编版初中语文九年级上册教材的第二单元,是梁启超先生于 1922 年,面向上海中华职业学校学子所进行的一场启迪人心的讲演。文章的论点清晰明确,论据翔实有力,论证过程严谨周密,是一篇比较典型的议论性文章。文章按照"总—分—总"的结构模式分为三个部分。第一段开宗明义地提出本文的中心论点,"敬业乐业"四个字,是人类生活的不二法门。接着,从中心论点分出三个分论点,依次论述了"有业之必要""要敬业"和"要乐业"。最后总结全文,勉励人们要敬业乐业。从提出问题,到分析问题,再到解决问题,其主旨之明确,逻辑层次之分明,恰如其分地彰显了议论性文章所特有的"论理"精髓,使论述过程有力且条理清晰。

笔者以教学《敬业与乐业》为例,研究探索"双新"背景下任务驱动式教学在初中语文议论文教学中的应用。

一、创设真实且富有意义的学习情景

在任务驱动式教学中,创设情景是至关紧要的一个环节。温儒敏提出:"设计和'典型任务'相配合的学习情景,即所谓语境,引发学生兴趣，让学生进入探究性学习的氛围，以此加强学生学习的主动性。"创设真实且富有意义的学习情景，能在课文、生活与学生的思维之间建立关联，那么一切都会变得生动有趣，也就更容易调动学生的求知热情和学习兴趣，有利于课堂任务的完成。《敬业与乐业》是梁启超先生于 1922 年面向上海中华职业学校学子进行的一场演讲。文中的"业"是指成年人的职业，但"敬业与乐业"的精神具有普遍意义，可以对学生自身的学习精神和生活态度有所启发。

笔者在课堂上设计了下列学习情景：

同学们，孔子说："吾日三省吾身。"你们已经身处初中阶段的尾声，大家是否曾对自己的学习态度与生活哲学进行过深入的自我审视呢？在求学过程中，你是否做到心无杂念、全神贯注呢？是否将学习视为一种愉悦的体验，并乐在其中？1922 年 8 月，学贯中西的梁启超先生来到中华职业学校，作了一场"敬业与乐业"的精彩演讲，深刻剖析了敬业甚至乐业的重要性。梁启超先生的论述仍对我们具有深远的教诲价值与启迪作用。今天，就让我们一起跟随这篇课文，回到百年前的中华职业学校，聆听梁启超先生的教诲，去审视并反思自身的求学精神与生活哲学，领会人生价值。

二、围绕语文教学目标设置学习任务单

任务驱动教学法，革新了既往以教师为主导、侧重于知识灌输的教育范式，是一种以学生主动完成教师设定的任务为主体的互动教学模式。在这个教学模式中，不仅激发了学生的学习兴趣和学习积极性，还能培养其自主学习、合作学习和创新实践的能力。

对初中阶段的议论文，《义务教育语文课程标准(2022 年版)》在学段要求——第四学段中指出："阅读简单的议论文，能区分观点和材料(道理、事实、数据、图表等)，发现观点和材料之间的联系，并通过自己的思考，作出判断。"

《敬业与乐业》一文隶属于统编版初中语文九年级上册教材的第二个单元,该单元的单元目标是:(1)了解议论性文章的基本特点。(2)正确把握作者的观点,区分观点与材料。(3)厘清论证的思路,学习论证的方法。

依据此单元的教学目标,笔者将《敬业与乐业》这篇课文的教学目标设定为四点:(1)把握本文有关"敬业与乐业"的观点,区分文章的观点和材料。(2)厘清文本的层次结构,把握文章的论证思路。(3)了解本文使用的论证方法,体悟论证方法的相关作用。(4)领悟"敬业乐业"的精神,树立"敬业乐业"的人生态度。

围绕四个教学目标,笔者制定了学习任务单,设置了四项任务。

《敬业与乐业》学习任务单		
任务一	梳理文章结构	快速浏览课文,圈画关键语句,完成相应的表格
任务二	理解核心概念	"敬业"与"乐业"是本文的两个核心概念。精读本文第 6~8 段,从"人""敬""乐""业"四个关键要素出发,绘制思维导图,探究这三段是如何层层深入地阐述"人要敬业"与"人要乐业"
任务三	把握作者观点	再次精读课文,合作探究"有业""敬业""乐业"三者之间的关联及"业"的具体内涵
任务四	联系生活实际	联系生活实际,谈谈自己身边"敬业乐业"的人

这四个任务的设置安排,让学生对文章的把握从宏观逐步走向微观。从掌握文本的总体框架到领悟文本的核心概念,再到厘清文章内在的逻辑关联,学生通过一步步剖析文本,把握作者的观点,领悟"敬业乐业"的精神,树立"敬业乐业"的人生态度。

三、任务驱动式教学过程倡导自主探究

在任务驱动的教学模式下,我们提倡在教师主导下推进学生自

主探究式学习。这要求教师精心设计任务，激发学生的内在动力，使他们运用既有的知识储备，积极主动地投身于问题的探索与解决中。在此过程中，学生不仅能在实践中增强学习的自信与成就感，更能在潜移默化中培育起自我探索、自主学习的精神与能力。在任务驱动教学法下，学生处于课堂的主体位置，他们通过自主研读、资料搜集、独立思考及团队合作等多种形式，共同迈向问题的解决之路。在这个互动频繁、探索不息的过程中，教师扮演着启发者与导航者的角色，为学生指明方向，助力其自主前行。

在“任务一”环节中，笔者给学生提供了一张表格，并给出提示：“这是一篇演讲词，有鲜明的观点、清晰的思路。这篇文章也是一篇典型的议论性文章。请大家迅速浏览文本，圈画出关键的语句，完成相应的表格。”

九年级学生，对议论文的文体特点已经比较熟悉，也具备了一定的阅读议论文的能力。对梳理文章结构这一任务，学生可以通过独立思考加以完成。

演讲词　议论性文章
- 提出问题　（1）中心论点：“敬业乐业”四个字，是人类生活的不二法门
- 分析问题　（2~8）
  - 分论点：有业之必要（2~5）
  - 分论点：要敬业（6~7）
  - 分论点：要乐业（8）
- 解决问题　（9）总结全文，勉励人敬业乐业

在“任务二”环节中，需要学生制作思维导图，理解“敬业”与“乐业”两个核心概念。这是一项思辨性任务，相较于“任务一”有一定的难度，因此笔者组织学生通过与同桌合作的方式完成。在这一过程中，笔者巡视课堂，观察学生的探究进展，并且适时给予一些纠正和指导。

在“任务三”环节中，需要学生厘清文章内在的逻辑关联。这项

任务特别容易产生思维的火花,因此笔者组织学生先通过个人独立思考,再组织小组讨论的方式完成。在多种探究形式的组合中,学生理解把握了作者的行文思路:以"有业是前提,敬业是基础,乐业是最高境界"的顺序,逐层递进,极具说服力。

在"任务三"环节中,笔者首先给出了提示:在我们身边,就有很多这样敬业乐业的人,他们坚守责任,爱岗敬业,无私奉献,为我们国家、为我们这个时代作出了巨大的贡献。接着,鼓励学生积极上台发言畅谈,学以致用,进一步巩固学习的成果。

四、关注学生获得感的任务驱动式教学效能

成果展示的目的是让教师了解学生在完成任务过程中的具体进展,进一步推进课堂进程,同时也能给学生及时的反馈,给学生以获得感。成果展示的方式有以下几种:对"任务一"和"任务二",笔者通过投影设备展示了学生填写的表格和制作的思维导图,对优秀的成果给予充分肯定并请学生上台讲解。对"任务一"的成果展示,如上文图表所述,对"任务二"的优秀成果,举例如下:

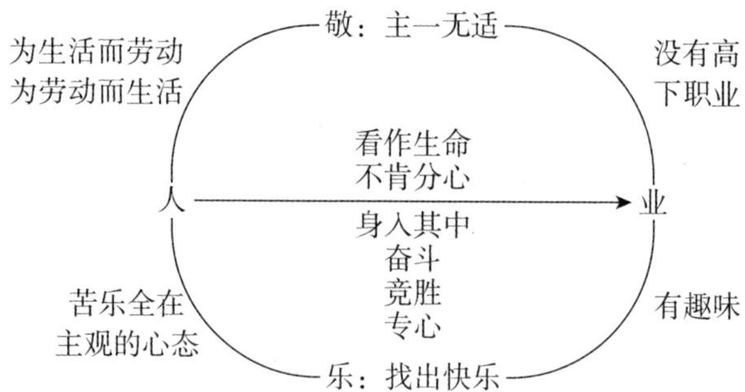

对"任务三",笔者请每组推荐一个代表,上台讲述小组的探究成果。之后,与同学们一起对探究成果进行点评、补充和修正。最终整理如下:"敬业"的生活是人生合理的生活,"乐业"的生活是人生理想

的生活。合理生活是理想生活的基础，理想生活是合理生活的最高境界，所以敬业是基础，乐业是最高境界。“业”的含义并非仅限于传统意义上的职业范畴。就像梁启超所述“凡可以名为一件事的，其性质都是可敬”。所以，“敬业与乐业”不仅指对职业的态度，也是指对人生和对生活的态度。“敬业与乐业”四个字，是人类生活的不二法门。作者向我们传递的不仅是职业观，更是如何合理生活的人生观。

对“任务四”，笔者鼓励学生积极上台讲述，畅所欲言。学生讲述了许多“时代楷模”的故事，如用生命托起大山的希望的山区教师张桂梅，董存瑞式的战斗英雄张富清，扎根电力抢修一线31年的普通工人张黎明，一个人照亮一座城的基层民警陈清洲，耄耋之年依然战斗在医学前线的麻风病防治专家李桓英，捍卫祖国蓝天的飞行员郝井文等。也有学生讲述了自己身边人的故事，如医生爸爸、护士妈妈、出租车司机外公等。课堂气氛十分热烈。借此，笔者顺其自然地向学生发出呼吁：无论我们从事什么职业，无论我们想要完成什么梦想，希望都能抱着积极乐观的心态融入其中，一步一步奋斗，在敬业与乐业中实现我们的人生价值及生命的意义。

从学生分享的成果来看，《敬业与乐业》一课设置的任务基本得以完成，也顺利达成了这篇文章的教学目标，是一次成功的尝试。

初中议论文教学是提高学生批判性思考及逻辑分析能力，培养语文核心素养的重要依托。在实际教学中，存在教学过程“程式化”、学生提不起学习兴趣等问题，任务驱动式教学则成为一种值得我们深入探究的崭新途径。通过创设情景、设置任务，能充分调动学生的学习积极性，使学生成为课堂主体。学生带着任务进行自主探究，充分释放自身的才智和活力，能充分提高教学效率和学生的自主学习能力，取得最佳的教学效果。

基于语文"新课标"的初中作文教学新路径探索

周　颖[①]

摘　要:为了解决作文教学中的随意性、无序性问题,贯彻"新课标"的指导方针,教师应深入教材,构建"读课文—淘生活—写作文—评作文"的写作路径:通过引导学生分析教材中课文的写法,将阅读路径作为写作支架以掌握写作的基本方法,同时将课文作为深入思考的切入口,拓宽学生的生活体验,提升思想深度,在作文讲评课上,以学生范文为例,进一步明确作文要求,并进行学生互评和自评修改,最后由教师进行点评,进一步引导学生修改作文。

关键词:新课标;作文教学;语文教学

一线教师应研读《义务教育语文课程标准(2022年版)》(以下简称"新课标"),领悟"新课标"的精神,并落实在日常的语文课程实践中。作文教学是语文教学的重点。作文不仅能体现一个人遣词造句的语言应用能力,更能体现一个人的思维品质与思想境界。语文中考满分150分,其中60分是作文,占总分的40%,可见其重要性。作文教学既是重点,更是难点。在日常语文教学中,虽然每周都设置作文课,但其本身呈现随意性、无序性。教师在进行作文教学时,常常缺乏教学目标,对初中四年的作文教学缺乏整体性认知,简单地将作文教学等同于给学生布置若干写作任务,无法保证教学效果。如何

---

① 作者简介:周颖,上海市民办华育中学语文学科教师,中学一级教师,主要从事中学语文教学研究.

贯彻“新课标”的指导方针，有效地进行作文教学，改变其随意性、无序性是值得深入思考的问题。

一、从“新课标”要求中明晰初中作文教学新路径

“新课标”中确立了语文课程总目标，其中涉及写作的是第五条、第六条、第七条。第五条是“学会运用多种阅读方法，具有独立阅读能力。能阅读日常的书报杂志，初步鉴赏文学作品，能借助工具书阅读浅易文言文。学会倾听与表达，初步学会用口头语言文明地进行人际沟通和社会交往。能根据需要，用书面语言具体明确、文从字顺地表达自己的见闻、体验和想法”。[①] 这一条将听、说、读、写综合在一起，侧重阅读与表达。对书面表达，首先提出“根据需要”，这里“需要”的主体是学生，让学生能在真实的语言运用的情景中写作。“见闻、体验和想法”明确了写作内容，三个词步步深入，从记录自己看到的、听到的，再到表达自己内心的感受，最后提炼为自己的认识与看法。强调写作的主体性，书写自己的生活见闻、思想情感。“具体明确、文从字顺”是写作要求，“具体”就是不泛泛而谈，要言之有物，“明确”就是不含糊其辞，能用准确的语句来表达，“文从字顺”是没有错别字、病句，表达通顺流畅。这一条主要对应语文核心素养中的语言运用。

第六条与第七条主要对应语文核心素养中的思维能力。第六条“积极观察、感知生活，发展联想和想象，激发创造潜能，丰富语言经验，培养语言直觉，提高语言表现力和创造力，提高形象思维能力”。[②] 偏重于形象思维。第七条“乐于探索，勤于思考，初步掌握比

① 郑国民，李宇明.义务教育语文课程标准（2022 年版）解读［M］.北京：高等教育出版社，2022：77.

② 郑国民，李宇明.义务教育语文课程标准（2022 年版）解读［M］.北京：高等教育出版社，2022：78.

较、分析、概括、推理等思维方法,辩证地思考问题,有理有据、负责任地表达自己的观点,养成实事求是、崇尚真知的态度",①侧重于抽象思维。在这两条中与写作有关的"提高语言表现力和创造力"和"有理有据、负责任地表达自己的观点",要达到这两个目标的前提是积极观察、感知生活,并进一步思考生活。

没有一条目标将写作单独拎出来,可见写作与阅读、生活紧密相连,作文教学也不能脱离学生生活,不能与阅读教学割裂开。以读促写、读写结合是"新课标"给作文教学的指示。这一点也体现在部编本教材的编制中。部编本教材每一单元都设置了"写作"板块,且将"阅读"板块中的课文作为范例进行写作的建议与指导。在"写作实践"中都为学生的写作创设生活化的情景或用导语引导学生关注自己的生活。

基于"新课标"的指导方针可以构建"读课文—淘生活—写作文—评作文"的作文教学路径。"读课文"是指教师通过引导学生分析教材中课文的写法,将阅读路径作为写作的支架以掌握写作的基本方法,同时将课文作为深入思考的切入口,拓宽学生的生活体验,提升思想深度。"淘生活"是指教师通过作文先导的方式引导学生观察生活、思考生活,建立读写之间的桥梁。"写作文"是指在作文课上,学生根据作文题目的要求当堂写作文,锻炼审题扣题的能力。"评作文"是指在作文讲评课上,教师以学生范文为例,让学生进一步明确作文要求,进行学生互评和自评修改,最后由教师进行点评,引导学生修改作文。

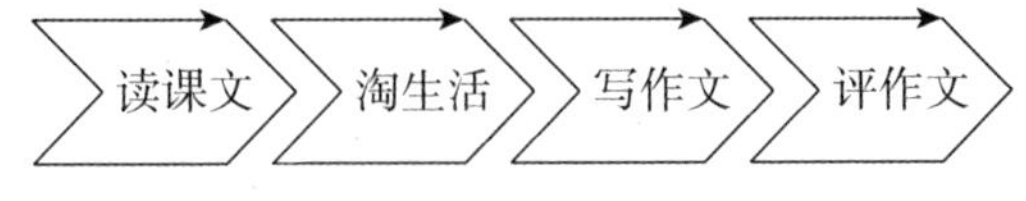

图1　作文教学新路径

① 郑国民,李宇明.义务教育语文课程标准(2022年版)解读[M].北京:高等教育出版社,2022:79.

二、写作教学新路径的实施要素分析

1. 读课文的真谛理解

文学大师高尔基在《论文学技巧》中指出："应该研究文学劳动的手法和技巧，只有在掌握了这种技巧的条件下，才有可能赋予材料以或多或少的完美的艺术形式。"作家"可以看到很多，读到很多，也可以想象出一些东西，但是要做，就必须有本领，而本领是研究技巧才能获得的。"①能被选进教材的课文，在质量上肯定都是有保障的，所谓文质兼美，可以作为学生写作的范例。在作文教学中，教师可以通过引导学生研究课文的写法来让学生掌握写作的基本方法。这样作文教学与阅读教学就能紧密地结合在一起，改变作文教学原先的随意性和无序性。

虽然说文无定法，但并不是随心所欲写都能成为好文章的。如果将写作比作在大海里航行，给学生自由，想怎么写就怎么写，想去哪里就去哪里，学生很可能茫然无措，压根不知道自己的目的地，不知道往哪个方向航行。将课文与写作关联起来，就像交给学生一份航海地图。学生拿到地图后，去哪里，怎么去，决定权仍然在自己手里，但比之盲目地在海上摸索，显然更有效率。

比如，初一第二学期的文章大多是写人，有《叶圣陶二三事》《老王》《阿长与〈山海经〉》《邓稼先》等。在学习这些文章时，不仅要让学生学会分析文章中的人物形象，更要明确阅读写人文章的基本路径。阅读写人文章的核心要点就是明确人物特点，可以从典型事件、细节描写、侧面烘托、议论抒情等方面进行分析。写作其实就是阅读的逆向输出。在写人作文中，学生也能有意识地将塑造人物特点作为写人作文的核心要点，从阅读中获得阅读路径，并成为写作的支架。比

① [俄]高尔基.论文学技巧[M].林焕平，译.北京：人民文学出版社，1978：317.

如,作文《我的朋友》,应将写作重心放在刻画"我的朋友是一个什么样的人",而不是写"通过我与朋友的相处,我明白了坚持的意义"。

除了通过课文来学习写法,课文还可以作为深入思考的切入口,拓宽学生的生活体验,提升学生的思想深度。课文包含了不同时代不同国家的不同作者所写的不同文体不同题材的作品,展示写法的多元性,更呈现生命的多样性。比如,《老王》这篇文章以"我"与老王的交往为线索,展现了特殊时代背景下老王与作者一家珍贵的友情。可以就"友情"这个主题,引导学生进一步思考,这篇文章所呈现的友情,与六年级《伯牙鼓琴》这篇课文中俞伯牙和钟子期的友情有什么区别?让学生对友情有更深的思考。这样的引导会让学生对自己的生活进行反思。写作没有技法不行,但空有技法也不行,更重要的是对生活进行思考沉淀,然后再用合适的方法表达出来。

2. 淘生活的实践体悟

对一些能善于观察生活、有积累作文素材习惯的学生来说,在研读课文了解基本的写法后,写作并不是一件难事,但大部分学生的问题不是不知道怎么写,而是不知道写什么,其实是欠缺生活积累这一环节。很多学生"看不起"也"看不见"生活,认为只有大事、要事才值得写。教师需要引导学生,观察生活,记录生活,思考生活。除了给学生布置日常的随笔任务,还可以通过"作文先导"的方式,在作文课之前,让学生有针对性地关注自己的日常生活,建立起读与写之间的桥梁。

作文先导主要由观察、回忆、思考、积累等部分构成,引导学生观察回忆生活中的人、事、物,思考其价值和意义,并有针对性地阅读名家名篇。图2是一个作文先导的样例,第一部分是"百端交集",要求学生列出泪水中可能蕴含的情感。第二部分是"忆海拾贝",请学生回忆让自己印象最深的一次流泪的原因、场景和自己的感触。第三部分是"美文摘录",请学生寻找与流泪有关的名家名篇,至少看完完整的一篇,摘抄其中让自己心动的句子并注明作家、出处。在设计作文先导时,要注意问题链的连续性,思考路径层层深入,从对表象的观察留意到对内在的价值与意义的思考。语文是一个注重积累的学科，如果要准确地表达自己的想法就需要积累丰富的语言形式，名家名篇是对教材的阅读补充，鼓励学生多阅读、多积累。作文先导中并不直接给学生作文题，而是引导学生对作文相关内容进行思考和积累。作文先导单既是某个作文题的先导，又能培养学生观察生活、积累写作素材的习惯。

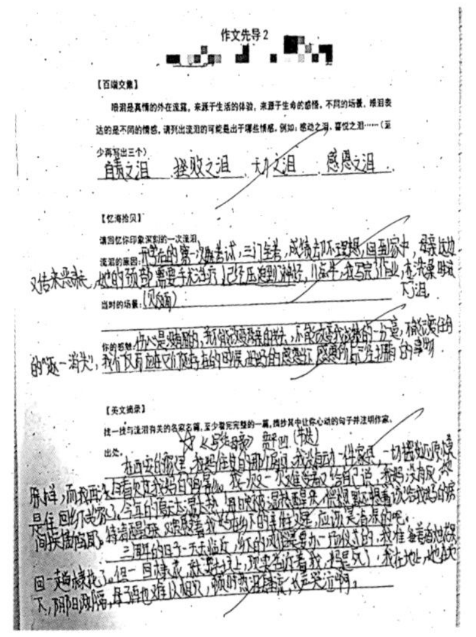

作文先导2

【百端交集】

眼泪是真情的外在流露，来源于生活的体验，来源于生命的感悟。不同的场景，眼泪表达的是不同的情感，请列出流泪的可能是出于哪些情感。例如：感动之泪、喜悦之泪……（至少再写出三个）

自责之泪　挫败之泪　无力之泪　感恩之泪

【忆海拾贝】

请回忆你印象深刻的一次流泪。

流泪的原因：

当时的场景：

你的感触：

【美文摘录】

找一找与流泪有关的名家名篇，至少看完完整的一篇，摘抄其中让你心动的句子并注明作家、出处。

图 2　学生的作文先导

3. 写作文的统整谋划

为了改变写作教学中的无序性和随意性问题，对写作文的统整谋划是必不可少的。

首先要具备单元意识，可以依照教材中的单元，也可以根据需要自定单元进行专题学习。专题学习“是从问题出发，在不断勾连的问题解决中走向立体、开放的课程形态”①，结构模型如图 3 所示。其次在进行专题学习时，要选择至少两篇阅读路径基本一致的课文作为一个单元，

① 张秋玲，等.新版课程标准解析与教学指导・初中语文[M].北京：北京师范大学出版社，2022：124.

另外可以增加一篇阅读路径不同的课文进行比读。篇目太少或太多,都不利于学生形成阅读路径,也会让专题的容量太大而影响课时进度。

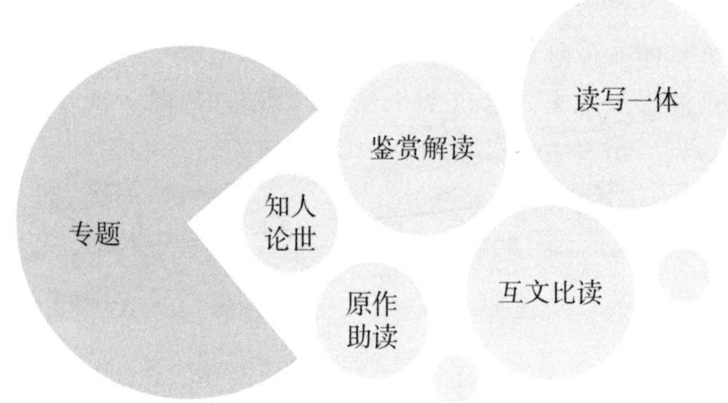

图3 专题学习的结构模型

最后根据写作教学的目标拟订作文题。可以参考课本中的作文题,也可以另出。在作文课上,学生根据题目的要求,对自己之前的作文先导卷上的内容进行筛选和调整,锻炼自己的作文审题扣题的能力。

那一刻,我流泪了

走在小区的街道上,无力地拉着沉重的书包走进电梯,包中那几张考试卷无声地躺在我的书包里,也重重地压在我的心头上。电梯门关上了,就好像关上了我最后一丝的希望,唯有头顶上那个正泛着白光的电梯灯还亮着。来到家门前,停下脚步,一口深呼吸,勉强挤出一点笑容走入家门。

进了家,看到戴着颈托的母亲,问道:"怎么了?"她答:"今天去看了医生,说是颈椎要手术治疗。"她的语气是镇定的,虽然可以看出她在用尽全力克制着自己的恐惧。我勉强挤出的笑容又瞬间就被收了起来,已经记不清用什么语气问道:"再看看其他医生的建议,能保守还是保守治疗,手术毕竟有风险。"借着洗手的名义,小步跑进了厕所,看着镜子里的自己,面庞稚嫩,脊背却像承着千斤担。

走出厕所,安静地坐下写作业,但是心里却是五味杂陈。我安慰自己:也许是这个医生的偏见,说不定情况还并没有紧迫到这种程度。开始写作业了,我却总是无法投入进去,总是不由自主地就去想母亲的病。

挂在台灯上的闹钟又一次把指针指向了11点半,我结束了全部作业,身体向后一倾,屁股也顺势向前移,因为没有枕头,头便自然下垂,面朝天花板,嘴张得老大,好似灵魂出窍一般,为什么我觉得已经拼尽全力却还是举步维艰?强行拉开已经难舍难分的眼皮,摇摇晃晃地走进浴室。

打开水,一股凉意冲了我一个激灵,大脑一下子清醒过来,回想起餐桌上母亲说的话:"问了几个医生,都说要动手术。"在餐桌上,碍于面子没哭,而现在我却肆无忌惮地哭了。眼泪、洗澡水混合着流过我的面孔,流到我的舌尖上,咸咸的。总幻想着被温柔以待,却不曾想已经脆弱到经不起生活的一盆凉水。压力、自责、不甘、心疼、彷徨、无助伴着泪水肆意流淌,看不到前方的路在何方,不知过了多久,直到母亲的催促声响起,我才赶紧关上水,擦干头发,走回卧室。

关上灯的房间四周黑洞洞的,黑暗却让我意识更加清醒:眼泪并不能改变母亲的老去,不能改变我成绩的一分一毫,不能改变任何的"逐一消失",我们应该在它们还存在的时候,好好地把握当下。拿起闹钟向前拨了半小时——5:30起床,背好英语和语文,再给母亲准备一份简单的早餐。尽管周围伸手不见五指,但是我前方的路一下子明亮了,通透了,舒畅了,就在那一刻,我笑着,但我也哭着……　(900字)

图4 学生作文

比如,在"学会抒情"单元中,从图2中,可以看出这位学生写得非常认真,他回忆了流泪的多个场景。作文课上学生的写作任务是以"那一刻,我流泪了"为题写一篇当堂作文。如果在一篇文章中展现多个场景的流泪是不符合审题要求的,应强化一个场景的流泪,将其他场景的眼泪隐去。这位学生也是这样做的,图4是他的作文终稿。作文先导相当于让学生对自己的生活进行淘洗,有了作文先导后,学生的写作过程明显变得流畅了。

4. 评作文的素养本位

评作文并不是一篇作文的结束,而是新作文的开始。写完作文后的作文讲评课上,教师以当次作文的学生范文为例,让学生进一步明确作文要求以及点评要点。比如,"那一刻,我流泪了","那一刻"对时间及事情的数量作了限制,要对那一刻的场景有具体刻画,"我"意味着要用第一人称叙事,写"我"的成长故事,"流泪"对事情的性质作了要求,要明确交代流泪的原因、事情的性质、自己的情感和感悟。学生阅读范文,小组讨论,围绕范文进行交流分享,然后学生互换作文,在作文本上写上对同学作文的评价与修改建议,写好后交还本人,再由本人对自己的作文进行自评并对自己的作文进行修改或重写。最后将修改稿交给教师,由教师进行点评,教师的点评进一步为学生修改作文指明了方向,学生可以再次修改并交给教师批改。

明确的教学目标为学生指明了写作方向,让他们更有针对性地进行写作。同时,多元的评价主体让学生接受来自不同角度和层面的评价,这有助于他们从多方面了解自己的写作状况。这种以评促写的教学方法,使学生在评价中不断反思、改进,从而更好地提升自己的写作能力。在这个过程中,学生不仅了解自己的优点和不足,还能通过评价他人的作文,拓宽自己的视野,激发创作灵感。这样的教学方式为学生提供了一个全方位、多角度的写作提升平台,使他们在评价中不断成长,在写作过程中更加得心应手,提高写作能力,更有助于培养学生的批判性思维和创造性思维,提升语文素养。

三、"新课标"视野下初中作文教学新路径启示

1. 将阅读、生活与写作关联起来

《义务教育语文课程标准(2011 年版)》依次规定了"识字与写字""阅读""写作""综合性学习"等板块的阶段目标与内容，而"新课标"中则是以"识字与写字""阅读与鉴赏""表达与交流""梳理与探究"等学习任务群为纲规定了学段目标与内容，均指向学生核心素养的发展，具有情景性、实践性、综合性。作文教学不能与阅读教学割裂开，而应具有"大语文"的眼光，将阅读、生活与写作关联起来。从阅读中积累阅读经验、获得写作启示、丰富精神世界，并将所学应用在日常生活中，从生活中汲取养分，培养观察生活、思考生活的习惯，用恰当的语言表达形式组织成文，提升自己的语文素养。

2. 为学生的写作提供支架

写作主要解决怎么写和写什么两个问题。在学习课文的过程中，既要抓住特性，又要分析共性。对特性的分析能让学生体会到表达手法的多样性，感受不同作家的思想情感，对共性的分析有利于让学生掌握某一类文章的某种写作思路。阅读经验的积累有利于写作能力的提高。除了阅读课文外，还要鼓励学生多读书、读好书，丰富自己的阅读体验。不仅要读，还要勤动笔、多积累。比如，摘抄好词好句、常写日记、写随笔积累写作素材等。另外还可以通过"作文先导"的方式引导学生进行观察和思考，让学生做到言之有物、文从字顺。

3. 设置多元评价模式

"好作文都是改出来的"，作文的改动方向与作文评价息息相关。设置学生自评、学生互评、教师点评三个角度让学生更加明确写作目标，更为立体地看到作文的得失，获得写作灵感。学生的主动性、参与性越强，越有利于激发他们写作文、改作文的动力。评价主体的多

元性意味着评价标准要尽可能趋于一致，这就要求教师在进行作文教学时要先有明确的写作教学目标，同时要让学生明晰每一篇习作的写作目标，而写作目标实际上就是作文评价标准前置，将目标与评价统一起来，提升教学的有效性。

构建作文教学路径的目的不仅是贯彻“新课标”的指导方针，让学生学会写作文，更是培养他们观察生活、思考生活的习惯，提高学生的语言表达能力，提升学生的思维品质。鼓励学生将阅读、生活与写作关联起来，不仅在作文课上，更是在学习生活的大背景下进行自主写作。

"双新"背景下的文言文阅读指导策略

——以《三峡》教学为例

宣　琰[①]

摘　要:新课程改革与新教材的全面推行意味着语文课程体系、教学目标、内容、方法也会随之发生变化。"新课标"中对学生的文言文阅读能力提出了"阅读浅易文言文,借助注释、工具书理解基本内容"的要求。因而,优化文言文阅读策略,提高学生的文言文鉴赏能力,丰富学生文学体验在日常教学中尤为重要。

关键词:语文教育;文言文阅读指导策略

一、初中语文教学中文言文阅读现状

传统的文言文阅读教学大体遵循理解文题、背景引入、疏通词句、内容理解、主旨归纳的路径,偏重于追求显性知识的习得,以教师讲授为主要方法,以记忆背默、阅读理解为考核学生学习情况的主要途径。这样的方式有益于实施,可以有序地快速推进课程内容,继而完成教学目标。但是,这样的方式会妨害学生的阅读兴趣,难以让学生真正参与、让学习有效发生。与此同时,逐字逐句解析后再对文章内容进行讲解,在无形之中会"化难为易",把文言文转化为低难度的短篇现代文,这无疑会消解文章的文言味、语文味,很难带领学生体悟到字词句背后更为丰富的内

① 作者简介:宣琰,上海市民办华育中学语文学科教师,中学一级教师,主要从事中学语文教学研究.

容意蕴。[①]

《义务教育语文课程标准(2022年版)》(以下简称“新课标”)指出,文言文阅读不应只是对知识点或写作技法的简单考察,而要以培育学生的综合实践能力为导向。因此,教师应在日常教学中,尊重语文教学规律,落实语文核心素养,提升学生语言综合实践能力。

二、初中语文教学中文言文阅读指导策略

1. 咬文嚼字,在推敲中知意

汉字,融音形义为一体,形声相生,音义相转,在阅读文言作品时,不可避免地会遇到生僻字。指导学生初读课文时,可以巧借字形,推测字意。阅读《三峡》,可以带领学生把目光聚焦在“峡”字之上,从而入乎文内。

师:根据“峡”的字形结构,什么样的地势才可以称得上“峡”?

生:两山相夹。

师:结合书中对标题作出的注释,想一想:两山之间夹住的是什么?

生:水。

师:观《三峡》,读《三峡》最不可错过的当属三峡山水,大家快速浏览课文,找出描绘山景的语句,并归纳作者的用字特点。

生:这些语句集中在第一段中,作者用了较多山字旁的字,如“峡”“山”“岸”“岩”“嶂”。

师:据此,我们可以对本段的信息进行概括,即“自三峡七百里中,两岸山,有岩嶂”。试与原文进行比较,体会作者的用笔精巧。

生:作者用“连”字,写出了两岸的山的连绵不绝;用“略无阙处”

---

① 王意如.文言文教学的概念、目标和路径探析[J].语文建设,2017(7):8-12.

表示完全没有空缺,写群山的绵亘不断;用"重"和"叠"两个意思相近的词语,强调悬崖峭壁的重叠险峻;最后两句突出山峦的遮天蔽日。

在审读题目后,通过对"峡"的字形辨析及注释信息,可抓住这篇文言文的写景重点——三峡山水。再根据对山字旁的字的圈画,不仅抓住了代表山景的名词,也由此厘清文章的先记山再述水的写作脉络。在此之后,顺势关注修饰名词的"一二字点缀",体悟作者在写景时不仅精准用语,还巧用修饰语:借助"略无阙处"的夸张极言山高,叙说江舟日行千里的侧面描写烘托流速之快,从而凸显三峡两岸山峰夹峙、高峻连绵的特点。峭拔高耸的山势决定了江流狭窄水势,先以山起笔,这也是为下文写水作铺垫。

2. 因声求气,在涵泳中体情

清代古文家刘大櫆在《论文偶记》中说:"行文之道,神为主,气辅之。"文章的精妙之处在于能体现作家品格和作品精要的神韵气势,读者可借助对音节的揣摩来领悟,而音节的把控则在于反复诵读。诵读是用略带夸张的语调,注意声音与意义的有机结合的方式读文言诗文。① 诵读有利于文言功底不甚的初中学生体察作者表达作品时的兴味,进而入境、入情。

在齐读文章第二段的内容时,学生借助动词"襄",时间副词"朝""暮",形容词"急""疾"等字词,可以快速理解"夏水"的特点。这一段中多用四字词语来表现水流的汹涌湍急,再辅以"至于""或""有时""虽"等字连缀,构成骈散结合,使其表述既具体生动又简明有力。诵读时可用稍快的语速表现激流的奔腾浩大。

在读到第三段开头处时,还是沿用第二段读法,在进入第三段首句时,一气呵成地连读,没有停顿。

师:春冬之时三峡的水流特点和夏季一致吗?

生:不一样,夏季水势大且疾。春冬两季颇具"良多趣味",有

① 张心科.论诵读的内涵、意义及要求[J].教育学报,2009(1):60-65.

"湍""潭""回清""倒影""悬泉""瀑布"等不同景致，还有"素""绿""清"等不同色彩，这都是水流湍急的夏季所没有的景色，在朗读的时候不能过快。

师：我们该如何断句才能读出春冬之景的风貌？

生：春冬之时，则/素湍绿潭，回清/倒影……清/荣/峻/茂，良多/趣味。

依据水的变化，可以总结出作者按照水势由疾到缓的顺序来安排不同季节景物的规律。在朗读第三自然段时，以轻柔舒缓的语调为主基调。打磨细节时，可以采用读好领起词"则"的短暂拖音，来引出对春冬清幽秀美景色的具体描摹。"清荣峻茂"四个形容词的连用，不仅展现出水清树荣、山高草盛的山水画卷，且四个字分别为阴平、阳平和去声声调，读时要有高低升降变化，读出抑扬顿挫之感。此时，可以补充"平长仄短"的吟诵规则，引导学生在朗读时，读出声调变化及节奏韵味。

澎湃壮阔的夏水与澄明空灵的春冬之景两相对照，由壮美写到秀美，使文章内容富有变化，朗读时的缓急与收放能帮助学生徜徉于同一地点、不同时令的多彩风貌之中，进而帮助学生深入其境，化文字为想象，感悟自然山水之大美。

3. 知人论世，在博观中悟理

魏晋南北朝时期，国土割据分裂，郦道元是北魏官员，未亲临地处南方的三峡，正所谓"体有万殊，物无一量，纷纭挥霍，形难为状"，①但他笔下的三峡焕发着冠绝古今的熠熠光彩。重溯先贤足迹，批文已入群，探求郦道元的创作历程，有利于激发学生的审美情趣。

《水经注》以我国第一部记述水系的专著《水经》为纲，又引述大量文献资料，是郦道元的呕心沥血之作。至于《三峡》篇，又参考了袁

① 陆机.文赋[M].上海：上海古籍出版社，2002：99.

崧的《宜都山水记》、盛宏之的《荆州记》等作品。

师:阅读下面文字,讨论郦道元状绘三峡之景的高妙之处。

《水经》中对三峡的描绘仅一句:又东过巫县南,盐水从县东南流注之。

《宜都记》:两岸高山重障,非日中夜半,不见日月,绝壁或千许丈,其石采色形容,多所像类,林木高茂,略尽冬春,猿鸣至清,山谷传响,泠泠不绝。

《荆州记》:峡长七百里,两岸连山,略无绝处,重岩叠嶂,隐天蔽日。常有高猿长啸,属引清远。渔者歌曰:"巴东三峡巫峡长,猿鸣三声泪沾裳。"

第一组:在描写三峡景色的时候,郦道元的文章更为有序,其他作品都是写三峡风光的概貌,而郦道元将夏、春冬、秋不同季节的独特景色一一道来。

第二组:郦道元巧妙地结合前人的作品,把三峡风光进行扩充,详尽地写了出来。在写景时,郦道元还对不同风格的作品做了语言上的调整,使句子的形式优美,有节奏感,如把"非日中夜半,不见日月"改写为"自非亭午夜分,不见曦月"。

第三组:我们可以再补充一点,作者把"属引清远"修改为"属引凄异",这就与后文的"泪沾裳"的内容更为契合。

第四组:郦道元在前人文字之上,作出了合理的想象,如文中的"素湍绿潭,回清倒影""每至晴初霜旦,林寒涧肃"等。

第五组:《水经》的原文用简明的语言说明了三峡的流向,偏向于地理学的记录,而郦道元的《三峡》更像一篇写景散文,语言优美,极具画面感。

在对郦道元写作方法的探讨中,可以总结出郦道元写法的精绝之处,一是采用山水游记的写法,化地理知识为山河风貌,更具意趣;二是先山后水的写作顺序,再依据水势变化行文,言之有物亦言之有序;三是抓住不同季节的景物特点,以此展现壮美、秀美、凄美的三重变奏;四是多用四字句,再加上修饰词、领起词等,形成骈散交织的形式美、节奏美;五是采用山水游记式的写法,加上合理的想象,使三峡山水有灵;六是融合化用,游目骋怀,用自己笔法绘制文气贯通的彩卷。

4. 群文共读,在思辨中明道

“新课标”倡导初中学段的学生通过阅读、比较、推断等方式,学习思考与表达的方法,在语文实践活动中进行思辨性阅读与表达。群文阅读是围绕议题对一组文章展开以比较和整合为主要行为的整体性、探索性阅读过程。[①] 大量的深度阅读可以引导学生从读懂“这一篇”走向读懂“这一类”。[②] 互文性是文言文的重要属性之一,在讲解文章中的难点时,可引入相关联文本,指导学生触类旁通、融会贯通。

师:《三峡》一文中的“常有高猿长啸”一句在李白的笔下化作《早发白帝城》中的“两岸猿声啼不住”,这个单元中《与朱元思书》也写有“猿鸟乱鸣”,请大家在课后思考探究,这些篇章中“猿”的异同。

生:相同点:都写到猿猴的叫声;不同点:《三峡》中的猿声凄异,印证了秋天三峡凄清之境,让画面更添悲凉之色;《早发白帝城》中的猿啼不止与诗人兴奋喜悦之情相合;《与朱元思书》中的猿声鸟鸣是回荡在山林间的美妙乐曲。

同样的景物在不同的文章中呈现出截然不同的面貌,是服务的主题不同,所以这些景物身上也附着了作品和作家的色调。带有主客观融合的物象在中国传统文论中被称为意象。在分析文言作品时,也可借由景、物来探寻作者的心境与作品的情思。

---

① 于泽元,王雁玲,石潇.群文阅读的理论与实践[M].重庆:西南大学出版社,2018:78.

② 倪文锦.语文核心素养视野中的群文阅读[J].课程·教材·教法,2017(6):44-48.

三、文言文阅读指导策略的启示

"双新"背景下,文言文的教学应当以培育学生的语文核心素养为目标,在积极的语言实践中发展文言文的阅读能力,进而感悟优秀作品的厚重文化底蕴,培植当代学生的审美趣味。在《三峡》的教学中,借助字形字意,快速明确文章写山记水的写作重心;借助诵读,揣摩写景语句进入诗文意境,感触古诗文的韵律美;借助注释及对作者、作品的介绍,理解诗文的写作技法,感悟文言用语的典雅凝练;借助群文连读,感受作家在作品中的情景交融、感发抒怀。

在初中学段的文言文教学中,我们要遵循"新课标"、新教材培养语文核心素养的导向,把握教材、单元的特点,也要注重策略、方法的提炼、实施和完善,既要教学有法,又要教出意趣,帮助学生在文言文的学习中,感受中国文明、中国文化、中国文学的不竭生命活力。

初中文言文教学策略引导

——以《曹刿论战》为例

邢素素[①]

摘　要:在初中文言文教学中,如何有效引导学生深入理解并欣赏文言文的魅力,一直是教育工作者不断探索的课题。文言文作为中华优秀传统文化的载体,其教学不仅关乎学生语言能力的提升,更关乎文化传承与民族认同的培养。本文将以《曹刿论战》一课为例,探寻初中文言文教学策略引导,以期为文言文课堂教学提供理论指导。

关键词:初中教育;文言文教学;曹刿论战

《义务教育语文课程标准(2022 年版)》对文言文的教学要求可以分为语言技能、学科知识、学习策略和情感价值等。在学科知识层面,课程标准要求学生熟悉文言文的语法、词汇和修辞手法。学生需要阅读浅易文言文,理解其中的基本内容和结构。同时,强调学生要阅读古代文学作品,深入理解其中的文化、历史、社会背景和思想。在情感价值观方面,课程标准鼓励学生积累、感悟和运用文言文,注重对古代文学作品情感的思考,培养学生的文学鉴赏能力,使他们深入理解文学作品中蕴含的情感、价值观和思想。此外,学习文言文也被看作是传承中华文化的一种方式,有利于培养学生对文化传统的热爱和认同感。[②]

在文言文教学中,若过于侧重知识传授与基础训练,如背诵

---

① 作者简介:邢素素,上海市民办华育中学语文学科教师,中学二级教师,主要从事中学语文教学研究.

② 中华人民共和国教育部.义务教育语文课程标准(2022 年版)[S].北京:北京师范大学出版社,2022.

和默写，而忽视对学生思考能力的培养，将导致学生所获知识呈现碎片化、表面化，这样的知识存储在头脑中，难以灵活运用。因此，学生虽在课堂上掌握了许多文言文，但面对课外文言阅读时却显得力不从心，得分不高，也难以将新旧知识融会贯通。为了提高初中语文的教学效果，实施有效的策略指导至关重要。在初中语文的文言文教学中，针对初中生的思维与认知特点，我们可以采用一种层次递进的教学策略，即"学生主体阅读""师生互动解析"和"由表及里深研"三步法，来引导学生逐步深入地进行文言文的阅读与学习，从而培养他们的阅读能力和思维深度，以提升学生的语文核心素养，本文以部编版语文九年级下册《曹刿论战》一课的教学为例。

一、关注学生主体阅读：掌握文言文基本内容

在"新课标"下，"以生为本"的理念已被广泛接受，教学中教师应以学生为中心，关注学生的全面发展，尊重学生的个性差异，激发学生的内在潜能。教师首先考虑学生的实际需求和学情，有针对性地制订文言文教学中的知识与技能、过程与方法、情感态度与价值观的三维目标，课堂教学中注重激发学生的学习兴趣和主动性，通过多样化的教学手段、课堂上有针对性练习等方式，以促进学生对文言文阅读能力的提升。

在《曹刿论战》教学的初期，阅读教学是重要的一环。通过阅读，帮助学生梳理课文的重点词语、文章主体结构和主要内容，以帮助学生把握中心思想，再以齐读、细读等方式引导学生理解，确保学生能有效掌握学习目标。①

---

① 杨怡.初中语文教读课的教学策略——以《曹刿论战》为例[J].语文天地，2022(11)：69－70.

1. 齐读,掌握文章的主体结构

《曹刿论战》作为叙事散文,其中心思想至关重要。在阅读教学中,教师应先确保学生准确辨识与书写生字词,之后,通过齐读,引导学生概括与分析文章情节,以深入理解其中心思想。在齐读的过程中,要求学生从全文的主体结构出发,通过梳理关键情节并概括,形成以“长勺之战”为线索的“战前—战时—战后”三个部分,即战前“请见”的原因,战争的经过,战后论述取胜的原因。教师指导学生进行归纳概括,培养学生能抓住关键词语概括主要情节的能力,而这是学生在理解文言文时必须掌握的技能,如果能将全文的主要内容提取出来,那么就可以构建起文章的架构,为后面的深度阅读奠定基础。

2. 细读,了解文章的整体脉络

情节是指作者叙述历史事件时所形成的一种合乎逻辑的结构,而其内容又是其“血肉”。在对情节进行整理后,教师要引导学生进行细读,知道文章讲的是什么样的故事,主人公具有什么样的品质等,这样才能把全文的内容牢牢地记在心中。在课堂上,细读文本时可以通过“师生问答互动”的方式以及学生分组合作探究的方式进行学习。阅读中把重点放在“曹刿”这一重要人物身上,引导学生围绕“我觉得曹刿是个怎样的人”这一模式,集中讨论全文的主旨。每个小组负责文章的一个或多个段落,通过讨论、提问、解答等方式深入理解文本。例如,课堂上学生回答“曹刿请见,与乡人的一番对话”可以看出“曹刿是个关心国事,深谋远虑的人”。接着,教师又以“能不能尝试着更深层地分析? 曹刿为什么要这么做?”之类的问题来进行提问,帮助学生厘清思路,通过分析探讨学生就能理解民心向背与战争胜负的关系。通过细读文本,学生既能掌握文章的内容,又能在对比阅读中塑造人物的形象性格:通过曹刿和“乡人”的对比,突出曹刿的挺身而出、参与国事的责任感。通过曹刿与庄公对比,突出曹刿的沉着、正确的战术思想和卓越的军事才能。

针对初中生的文言文学习,教师以"齐读"和"细读"为关键步骤。首先,通过齐读帮助学生梳理情节,消除语言障碍;随后,引导学生细读,深入理解文本中心思想和人物形象,这种层次性的阅读方式不仅使学生掌握文言文阅读方法,还能循序渐进地理解其内容和思想内涵,学生在提高阅读技巧的同时,深化对文言文的理解与欣赏。

二、关注师生互动解析:文言文深度内容剖析

在传统的语言教学中,教师往往只注重对文言文的认识和理解,忽略学生的主观感受。这种教学方法无形中拉大了学生与文言文之间的距离,不能让他们对文言文的情感真意和思想内涵有更深层次的理解,这对增强学生的阅读能力也是不利的。在解析文言文的过程中,教师可以通过设置"任务"来加深学生的阅读理解,拓宽他们的思维深度。通过分析《曹刿论战》等文言文,教师可以引导学生深入剖析内容与主旨,增强他们的思维逻辑与灵活性。

在初中文言文教学中,教师需要精心设计学习任务,巧妙导入教学内容,确保学生能在教师的引导下,系统地掌握文言文知识,提高阅读和理解能力,进而培养思维逻辑能力。在教学的各个阶段,将不同种类和难度的学习任务导入,让学生通过阅读、梳理、探究、拓展等过程,建立起一套完整的知识输入、加工和输出方式,促进学生自主地进行深入思维与探究。① 具体如下。

① 课前预习。鼓励学生课前自主预习,通过查阅字典、注释等方式解决生字词障碍,初步理解文章内容。这个阶段需要学生仔细地阅读课文,纠正字音,并与课文中的注解相联系,从而对作品内容和主旨有一个全面的了解。

---

① 张芳丽.初中语文文言文教学策略研究——以《曹刿论战》为例[J].教法案例,2023(23):75-77.

② 课堂教学。教师可以设计任务单，引导学生思考文章的主题、人物性格、情感表达等方面的问题，为课堂讨论打好基础。这个阶段学生需要对文本的结构、详写和略写的内容有一个大致的认识，对作品的人文内涵有一个大致的认识。

③ 课后巩固。学生需要通过拓展阅读、课外练习、知识补充等方式进行学习效果的检验。

根据以上所述的学习任务，我们可以在以下几个方面来设计分阶段的学习任务。

1. 课前预习，重点考查字词学习状况

教师在课前布置预习作业，要求学生自行查找并标注文中生字词的读音、字形和初步含义。在课堂上通过提问、听写或小组检查等方式，检验学生的预习效果。针对文中出现的重点字词，教师进行详细讲解，包括其读音、字形、古今异义、用法等。通过例句分析，帮助学生理解字词在具体语境中的含义和用法。学生通过自读课文，自译课文，教师听学生的读与译，并指出不当之处，同时引导学生质疑解难。

2. 课堂教学，设置学习任务深入解读

在课堂上，教师首先设计“梳理故事情节”的环节，学生梳理课文的主要情节，包括战前准备、战争过程、战后总结三个部分，让学生仿照示例，绘制故事情节的图表，并据此复述课文。其次设计学生深入分析与讨论的环节，可以就“曹刿与鲁庄公的人物形象分析”“曹刿的战略思想探讨”等问题引导学生评价两人的性格特点，讨论曹刿的战略思想和鲁军以弱胜强的原因。在学生学习过程中，要有目的、有选择地让学生呈现自己的学习结果，可以组织学生进行角色扮演活动，通过模拟场景、对话表演等形式，让学生身临其境地感受文言文的魅力，对古文的内容进行更深层次的整理与整合，深化对文章的理解。

3. 课后巩固，思维拓展与能力提升

在课后复习巩固阶段，教师可以设置问题引导学生深入思考，如“曹刿的民本思想对战争有何影响?”“如果鲁庄公不听从曹刿的建议,结果会怎样?”等,通过问题的探讨拓宽学生的思维。还可以用读写结合的方式,让学生尝试用自己的话编写一篇短文,讲述自己对长勺之战的理解和感受。除此之外,也可以古今结合,引导学生思考这些古代战争智慧对现代社会的启示,如团队合作、战略思维等。通过以上学习任务的设置,学生可以更深入地解读《曹刿论战》这篇课文,这样不仅能掌握文言文的阅读技巧、相关知识和技能,还能拓宽学生的思维广度。

三、关注由表及里深研:探索文言文思想内涵

初中阶段学生的思维是由浅入深的,在对文言文进行解释时,他们经常会先注意到表面的字词、句式、文章内容,然后再去了解文言文深层的文化内涵。在教学过程中,教师应按照层递性原则,逐步引导学生进行美学欣赏和艺术赏析。教师可以先引导学生理解《曹刿论战》的表层内容,如词句的翻译和基本情节,然后逐步深入探讨曹刿的战略思想和人物性格,从而提高他们的文言文阅读水平。

文言文语言简练,思想深刻,特别是记叙类史书,记载了中国各朝代的一些史实和人物,具有丰富的思想内涵和丰富的文化内涵,使后世的人们获得足够的思考和研究价值。所以教师在设计“情感态度与价值观”的目标时应该从“培养学生热爱祖国传统文化的情感,学习曹刿的爱国精神和深谋远虑的品质,增强对古代战争智慧的认识”等角度出发。

1. 以思想主线为切入点

《曹刿论战》一文包含治国和用兵两方面的思想。首先,从鲁庄公与曹刿两人的对话中,鲁庄公所言“衣食所安,弗敢专也,必以分人”“牺牲玉帛,弗敢加也,必以信”,可知鲁庄公的治国理念“小惠”“小信”不会实现“民从信乎”,这充分表现出他在治国上的目光短浅。而从曹刿与庄公论战的全过程中,学生可以明白曹刿“取信于民”的

民本思想。其次，曹刿用兵思想体现在“一鼓作气，再而衰，三而竭。彼竭我盈”，把握有利时机发动进攻，以及选择敌人“辙乱”“旗靡”的时机乘胜追击，表明曹刿善于把握战机，具有正确的战术思想。以全文的思想主线为切入点，以此使学生对文中所体现的古代军政思想进行深入研究，从而理解这些思想在战争中的重要性。

2. 以历史主线为切入点

在课前，可以通过查阅史料让学生了解春秋时期的时代背景，特别是齐国与鲁国的关系，以及长勺之战的历史背景。在导入新课时，教师可以通过介绍古代以少胜多的著名战役，如赤壁之战、淝水之战等，引入《曹刿论战》。还可以通过多媒体展示相关的历史背景、地图、人物画像等，创设一个生动的历史情景，激发学生的学习兴趣。在课后，教师可以推荐学生阅读《左传》中的其他经典篇目，如《烛之武退秦师》等，进一步了解春秋时期的历史和文化。也可以推荐阅读其他古代战争故事，如《孙子兵法》中的战例，比较不同战略思想的异同。通过这些方式加深学生对历史人物和历史事件的理解，培养学生历史唯物主义思维方式和文学鉴赏能力，同时培养学生的爱国主义精神和战略思维能力。

在初中文言文教学中，教师应聚焦阅读方法、学习任务和篇章主线的引导。以《曹刿论战》为例，不仅能让学生掌握文言文的阅读技巧与精髓，还能通过深入学习，夯实文言文基础知识与文学常识，丰富知识储备。这一教学策略不仅提升学生的语言能力，更通过这一历史案例，拓宽他们的历史文化视野，让学生在鉴赏与阐释中增强对文言文的理解。这样的教学方法，不仅提高了学生的文言文水平，更在无形中增强了他们的文化自信。

部编版(五四学制)语文教材六至九年级古诗词曲教学策略浅探

陈惠卿①

摘　要:为适应国家大力弘扬传承中华优秀传统文化、增强民族自信、文化自信的发展潮流,部编版语文教材在以往篇目的基础上大幅增加了古诗文的篇目,尤其是其中的古诗词曲。在教学中,要守好这方阵地有颇多挑战,需要教师对其篇目及编排特点有足够的认识。基于此,对部编版(五四学制)语文教材六至九年级古诗词曲篇目进行完整的梳理,并对可采取的教学策略进行初步探索,以期助力语文教学。

关键词:部编版(五四学制);语文教材;古诗词曲教学

古诗词曲是中学语文教学的重要一环,很多能让人们熟记的经典名句大多数来自中学阶段的语文教材,直接指向义务教育课程培养的核心素养——文化自信。② 因此,在语文教学中将古诗词曲的背默、理解、赏析落实到位,是这一阶段的重要任务。在实际教学中,古诗词曲往往散落于四年的八本教材中,难成体系,学生很容易形成教一首、学一首、背一首、忘一首的循环。探索更有效、更多元化的古诗词曲教学模式对新使用的部编版(五四学制)教材而言,既是迫切的需求,又面临诸多挑战。

---

① 作者简介:陈惠卿,上海市民办华育中学语文学科教师,中学一级教师,主要从事中学语文教学研究.

② 郑国民,李宇明.义务教育语文课程标准(2022年版)解读[M].北京:高等教育出版社,2022:61.

一、部编版(五四学制)语文教材六至九年级古诗词曲概览

探索教学策略的基础，在于对部编版(五四学制)教材中古诗词曲篇目及编排的整体把握和系统认识。只有全面了解教材古诗词曲篇目的概貌，才能建立起全局的教学观，并进一步建构指向"文化自信—语言运用—思维能力—审美创造"核心素养培养的教学体系。因此，笔者不揣简陋，将部编版(五四学制)语文教材六至九年级中的古诗词曲进行了完整的梳理(附于文末)，并从课文类型、朝代分布、体裁特点、诗人汇总四个方面进行系统性统计，结果如下四表。

表1　部编版(五四学制)语文六至九年级古诗词曲课文类型

年级	六(上)	六(下)	七(上)	七(下)	八(上)	八(下)	九(上)	九(下)	总
篇目	21	12	12	14	18	13	12	17	119
必读	7	6	4	6	10	5	4	9	51
自读	4	4	8	8	8	8	8	8	56
日积月累	10	2							12

表2　部编版(五四学制)语文六至九年级古诗词曲朝代分布

朝代	先秦	东汉	魏	晋	南北朝	唐	宋	元	明	清	近代	总
诗人	0(书)	2(+书)	1	1	3(+书)	28	18	2	3	4	3	65(+3书)
篇目	4	6	2	1	4	55	33	3	3	4	4	119

表 3　部编版(五四学制)语文六至九年级古诗词曲体裁特点

年级	诗		词		曲	
	必读	自读	必读	自读	必读	自读
六(上)	6	14	1			
六(下)	6	6				
七(上)	3	8			1	
七(下)	6	8				
八(上)	9	4	1	4		
八(下)	5	6		2		
九(上)	2	6	2	2		
九(下)	3	2	5	4	1	2
总计	40	54	9	12	2	2

表 4　部编版(五四学制)语文六至九年级古诗词曲诗人汇总

诗人	朝代	篇目	体裁
杜甫	唐	7	诗
李白	唐	6	诗
苏轼	宋	5	1 诗 4 词
辛弃疾	宋	5	词
《诗经》	先秦	4	诗
陆游	宋	4	3 诗 1 词
孟浩然	唐	3	诗
王维	唐	3	诗
岑参	唐	3	诗
刘禹锡	唐	3	诗
杜牧	唐	3	诗
李商隐	唐	3	诗

（续表）

诗人	朝代	篇目	体裁
曹操	东汉	2	诗
《古诗十九首》	东汉	2	诗
曹植	魏	2	诗
《乐府诗集》		2	诗
刘长卿	唐	2	诗
韩愈	唐	2	诗
白居易	唐	2	诗
李贺	唐	2	诗
王安石	宋	2	诗
秦观	宋	2	1诗1词
李清照	宋	2	词
文天祥	宋	2	诗
张养浩	元	2	曲
毛泽东	近代	2	1诗1词
刘桢	东汉	1	诗
陶渊明	东晋	1	诗
谢灵运	南朝	1	诗
谢朓	南朝	1	诗
王籍	南朝	1	诗
王绩	唐	1	诗
陈子昂	唐	1	诗
王勃	唐	1	诗
卢照邻	唐	1	诗
贺知章	唐	1	诗
王湾	唐	1	诗

(续表)

诗人	朝代	篇目	体裁
崔颢	唐	1	诗
常建	唐	1	诗
韩翃	唐	1	诗
李益	唐	1	诗
孟郊	唐	1	诗
王建	唐	1	诗
贾岛	唐	1	诗
许浑	唐	1	诗
卢仝	唐	1	诗
温庭筠	唐	1	诗
王禹偁	宋	1	诗
范仲淹	宋	1	词
晏殊	宋	1	词
梅尧臣	宋	1	诗
欧阳修	宋	1	词
苏舜钦	宋	1	诗
朱敦儒	宋	1	词
陈与义	宋	1	词
杨万里	宋	1	诗
朱熹	宋	1	诗
赵师秀	宋	1	诗
马致远	元	1	曲
于谦	明	1	诗
王磐	明	1	曲
夏完淳	明	1	诗

（续表）

诗人	朝代	篇目	体裁
纳兰性德	清	1	词
郑燮	清	1	诗
龚自珍	清	1	诗
谭嗣同	清	1	诗
秋瑾	近代	1	词
鲁迅	近代	1	诗

1. 课文类型

部编版（五四学制）语文教材六至九年级共设置古诗词曲篇目119首，除六年级“日积月累”板块有12首仅列出单句外，其余107首古诗词曲均为完整篇目，其中51首为必读篇目，56首为自读篇目，比例大致相当，自读篇目略高一点，对以教学带动自学的要求较高。

从年级分布情况来看，只有六年级13首必读，多于8首自读，其余三个年级分别为：七年级10首必读，16首自读；八年级15首必读，16首自读；九年级13首必读，16首自读；均为自读多于必读。这也同样印证，随着学生年级的增长，学习能力的增强，古诗词曲教学对自读的要求更高。因此，在前期的教学过程中，不能仅仅满足于诗歌内容的讲解，对于学法的指导更为重要。只有让学生掌握一些阅读、理解、赏析古诗词曲切实可行的方法，才能为他们的自学奠定坚实的基础。

2. 朝代分布

部编版（五四学制）语文教材六至九年级的119首古诗词曲，从朝代分布来看，从先秦到东汉、魏晋南北朝、唐、宋、元、明、清、近代均有涉及，全面覆盖了我国断代文学史的每一个阶段，能让学生通过四年的学习，对各个朝代最具代表性的诗词曲篇目建立初步的认识，把握各个朝代的时代特征和文学风貌。

从先秦《诗经》的四言诗为主到东汉《古诗十九首》的五言诗定形,再经魏晋南北朝声律知识的发展,对诗歌五言、七言格律的探索,到唐代正式形成体例完备的格律诗,再进一步发展出"别是一家"的词和曲,分别在宋代、元代成熟并流行起来,学生也可以通过学习各个朝代的诗词曲,建立起初步的文学史流变观念。

当然,各个朝代的分布情况相差很大,在整体把握的基础上,教材重点突出的是唐、宋两代,这也是我国文学史上古诗词大放异彩、名家辈出的时期。因此教材各自安排了唐代 28 位文人的 55 首作品、宋代 18 位文人的 33 首作品,将诗词中最为璀璨的精华集中起来,在四年中慢慢浸润学生的心田。

基于此,古诗词曲的教学中应贯彻以唐、宋为主,但不忽略整体文脉发展的思路,才能串点成线,真正将我国文学史的整体框架在学生心中建立起来。

3. 体裁特点

同朝代分布的特点相一致,部编版(五四学制)语文教材六至九年级的 119 首古诗词曲在体裁上依然是以诗为重点,但不忽略词、曲,指向依然是建立学生完备的文学知识和完善的能力培养。

最重要的诗也是学生最熟悉的一种体裁,占据了 119 首中的 94 首,接近八成,类型从四言、古体、歌行到五七言格律齐备,其中自读篇目更是高达 54 首,是教学的重中之重,也是学法指导的重中之重。

词、曲的学习大部分集中在八、九年级的高年级学段,六、七年级只各有必读词一首、曲一首。可以采取六、七年级先由教师教读,引导学生熟悉词、曲的文体知识和基本规范,到八、九年级再强化理解、赏析的教学思路。

4. 诗人汇总

顺应朝代分布的特点,部编版(五四学制)语文教材六至九年级中 119 首诗词曲的作者分布跨度极广,共涉及先秦以来的 3 本诗歌选集和 65 位文人。

3 本诗歌选集分别为先秦时期的《诗经》、东汉时期的《古诗十九首》和宋人郭茂倩所编的以汉朝、魏晋、南北朝民歌为精华的《乐府诗集》，共入选 8 首诗，很好地呈现了我国诗歌发展的早期雏形和民间歌谣的独特风貌。

65 位文人同样是以名家为主，但不局限于名家，如东汉刘桢，南朝王籍，唐代王绩、王湾、王建、许浑、卢仝，明代王磐，近代秋瑾等学生以前可能并不熟悉的文人，也在教材中有所安排。顺应这一变化，教学安排就绝不能仅以名家名作为主，应全面把握才是教学的方向。

当然，李（6 诗）、杜（7 诗）、苏（1 诗 4 词）、辛（5 词）依然是古诗词教学的重头戏，通过对名家多作品的系统学习，更深入地把握唐、宋这两个诗词文学发展巅峰时期的朝代精神。还要注意的是，爱国诗篇，尤其是近代爱国诗篇的加入，也是一个大趋势，通过教学贯彻德育，以文育人，也应是教学过程的新趋向。

二、部编版（五四学制）语文教材六至九年级古诗词曲教学策略浅探

基于以上对部编版（五四学制）语文教材六至九年级古诗词曲篇目的完整、系统梳理，笔者将其呈现的整体特点总结如下：第一，自读篇目占比超过一半，以教读带动自读的要求较高；第二，朝代分布唐宋占比超七成，完整覆盖先秦至近代；第三，涉及体裁诗占比近八成，词、曲主要分布于高年级学段；第四，入选名家极具代表性，但并不局限于名家。

针对这些特点，笔者以为，在进行古诗词曲教学的过程中，探索更有效、更多元化的古诗词曲教学策略，是语文教师用好部编版教材所面临的重大课题，至少在以下几个领域可以迈出尝试的脚步。

1. 低年级衔接教读与自读，注重学法的培养

顺应自读要求的提高，在低年级教学必读篇目时，应在过去以该

首诗词曲的理解、赏析为主的基础上,增加对学法的指导。以六年级第一首必读诗孟浩然的《宿建德江》为例:在教学时,可以重点通过指导学生查阅作者生平,了解诗人及其所属的山水田园诗派;判断五言绝句这一体裁,掌握基本的格律诗范例;描绘诗歌的具体画面,如"野旷天低树,江清月近人",体会融情于景、借景抒情的写作手法……并在其后学生自读杜甫的《绝句(其二)》时,有意识地引导学生自己去从这些方面对诗歌内容进行理解和赏析,去感受美、发现美,感受语言文字的丰富内涵。

2. 高年级以名家为核心,形成专题深度阅读

与低年级学段侧重学法培养不同,高年级学段更需要提升学生的整体素养,这就要进一步拓宽他们对古代社会的认识、重大历史事件的把握,以及诗词曲内涵的深入挖掘。因此这一阶段的教学更应注重引导学生去总结和探索,以名家为核心就是一个切实可行的抓手。以杜甫为例,教材入选的七首诗中,《春望》《绝句(其二)》《江南逢李龟年》《石壕吏》《月夜忆舍弟》《茅屋为秋风所破歌》六首的写作背景和写作内容均与安史之乱后唐朝由盛变衰的巨大变迁有紧密的联系,其中既有小人物在时代洪流中的个人命运,如李龟年的乱时辗转;又有大背景下整体社会的动荡不定,如面对石壕吏挺身而出走上战场的老妇一家令人泪下的遭遇;更有贯穿始终诗人不变的忧国忧民和悲愤感慨,"安得广厦千万间,大庇天下寒士俱欢颜"的呐喊穿越时光,依然令人动容。进入高年级后,可以将其串联起来,形成一个专题组织展开深度阅读,既能有效地把之前所学的零散篇目形成系统,又能在前期基础上进一步深入对杜诗的解读。这样的尝试更能助力学生培养语文学习过程中的联想想象、分析比较、归纳判断等思维能力,养成积极思考的习惯。

3. 高年级以朝代为线索,建立文体流变框架

除了以名家为核心的专题阅读,高年级还可以尝试以朝代为线索,串点成线,在纵向上系统把握诗词曲文体流变的脉络。《诗经》和

东汉时期以曹操《观沧海》《龟虽寿》为代表的四言，到东汉末年《古诗十九首》的五言，到魏晋南北朝时期以陶渊明、大小谢为代表的进一步文人化的五言，到唐代形成五、七言绝句和律诗，最后通过增减字，加入口语，渐渐演变出词、曲两种形式。通过四年诗词曲的学习，可以引导学生在高年级通过探究，依次串联各朝代的典型作品，建立起对诗词曲发展流变的宏观架构。不同时期不同风格的作品，也能反过来培养学生热爱祖国文化、认同中华文化、建立文化自信。

4. 探索多元化教学，引入比较阅读

在教学过程中，教师也可以打破常规思维，变单篇的诗词曲教学为多篇的比较阅读、共同教学。例如，笔者曾经尝试将北宋苏轼的《卜算子·黄州定慧院寓居作》和南宋陆游的《卜算子·咏梅》放在一起，通过比较阅读的形式让学生进行自读，就取得了很好的效果。首先，这两首词是同一词牌，都运用了托物言志为主的手法，在情感上都有不流于世俗的表达，但词意较为深涩，学生很难理解。但是，放在一起比较，学生就能很快发现这些相同之下微妙的不同，如“梅”的生活环境要比“孤鸿”恶劣得多，而它的态度也更激烈得多，这其实和北宋与南宋不同的时代背景有很大关系，虽然同样是遭贬谪的个人际遇，但陆游面对的还有家国沦丧之痛，情感自然更深沉悲愤。在比较中，学生自然能对文本进行更深入和细致的挖掘，所获也就更大。

5. 结合现代文文本，渗透德育元素

部编版教材增加了爱国主义诗词的选编，尤其是近现代爱国主义诗词，共选录了毛泽东《七律·长征》《沁园春·雪》、秋瑾《满江红》、鲁迅《答客诮》，这也给了将诗词曲教学与现代文教学结合的空间，可以通过互读的形式，用现代文丰富诗词的内容，体会诗词不同于现代文的凝练。例如，《七律·长征》就可以和《飞夺泸定桥》《金色的鱼钩》《老山界》等现代文互读；鲁迅《答客诮》就可以和鲁迅单元互读，彼此渗透，以文育人，渗透德育元素。中华文化在不同历史阶段形成了与之相适应的主要文化表现形态，革命文化就是中国近现代文化发展的成果体现,展现了中国人民顽强不屈、坚韧不拔的民族气节和英雄气概,也是中华民族生生不息、发展壮大的丰富滋养。通过与历史、与现代文的互读,能让学生筑牢对中华文化的自信。

古诗词曲是中华文化中璀璨夺目的一颗明珠,形式多种,风格各异,内容五彩斑斓,意蕴含蓄绵长,经典诗词曲甚至会影响学生的一生。因此,在教学中积极探索更有效、更多元、更系统的教学策略是一个长期的课题。

关注“生活”，分享“意趣”

——“新课标”下的初中语文写作教学初探

赵　艺①

摘　要：本文以华育中学“初中立体化作文教学团队建设”这一课题下的一次写作教学为案例，以一个特别的城市空间——菜市场为切入点，探究如何把日常生活中的发现引入写作教学，引导学生以崭新的眼光发现生活、感受生活，体察自我成长，进行真诚表达，使学生真正做到“我手写我心”。

关键词：初中语文；写作教学；日常生活；菜市场

《义务教育语文课程标准（2022 年版）》（以下简称“新课标”）要求考试命题以情景为载体，依据学生在真实情景中解决问题的过程和结果评定其素养水平。“命题情景往往从个人、学校、社会等角度设置，这就要求教师在初中四年的日常语文教学中厚积薄发，关注语文的‘浸润式教学’，从课堂走向生活，为学生提供足够的真实情景，让学生有事可记、有材可选、有话可说、有情可抒”。②

语文教学要扎根于日常生活的土壤，华育中学充分关注学生的核心素养发展，在初中四年中，华育中学的学生拥有大量参与校园活动、社会考察、社会实践的机会。例如，语文学科的课本剧比赛、讲故事比赛、对联比赛、汉字书写比赛等，以及“今天我来说”演讲比赛、主持人大赛、辩论赛、校艺术节、合唱比赛、舞蹈比赛、运动会、第二课

---

① 作者简介：赵艺，上海市民办华育中学语文学科教师，中学二级教师，主要从事中学语文教学研究.

② 赵艺.浅谈“新课标”下的中考作文教学[J].中文自修，2024(4)：43－45.

堂、学生社团、爱心义卖、校内外各类志愿者活动等。教师鼓励学生积极参与不同年级、不同形式、不同学科的各类活动,勇敢地尝试挑战,体味成长。通过真切、丰富的实践活动,学生不仅磨砺了意志、学会团队协作与人际交流,更充分体验和参与当代文化生活,积淀充沛的生活情感体验,将这些经验贮藏为自己日常写作的宝贵养料。

一、关注生活空间,获取写作养料

诺贝尔文学奖获得者、哥伦比亚作家加西亚·马尔克斯在他的传记《活着为了讲述》的开篇中写道:"生活不是我们活过的日子,而是我们记住的日子,我们为了讲述而在记忆中重现的日子。"[①]钱谷融先生说:"文学是人学。"而写作,不仅是语文学习中的一种能力,更可以成为一种生活方式,成为我们打量世界的一种眼光。以华育中学"初中立体化作文教学团队建设"这一课题的研究过程为例,笔者的写作教学以一个特别的城市空间——菜市场为切入点,试图引导学生以崭新的眼光发现生活、记录生活。

课程设置的背景可追溯至2020年初的疫情,在疫情笼罩的三年中,我们没有太多的机会走向远方,但从另一个角度来说,这也是我们重新打量周围生活的一个契机。当脚步无法延伸至远方的世界,笔者希望学生对自己身处的城市产生新鲜的观察与体会,不要对周围的人事物"熟视无睹"。所以笔者尝试在作文拓展课中开设了一组名为"如何阅读一座城市"的专题课程,既分享自己的生活体验,又从文化研究角度帮助学生拓宽思路,同时与学生一起阅读名家名作,以读促写,发现身边的生活细节。在专题课程中,与学生一起挖掘了很多城市空间,如地铁、书店等,其中最让学生感兴趣的,是一个重要的

---

① [哥伦比亚]加西亚·马尔克斯.活着为了讲述[M].李静,译.海口:南海出版公司,2015.

城市空间——菜市场。

如果城市有生命，那菜市场必定是她的胃，只有胃先温暖了，一座城市的血液才能昼夜奔流不息。汪曾祺写道：“我是很爱逛菜市场的。到了一个新地方，有人爱逛百货公司，有人爱逛书店，我宁可去逛逛菜市。看看生鸡活鸭、鲜鱼水菜、碧绿的黄瓜、通红的辣椒，热热闹闹，挨挨挤挤，让人感到一种生之乐趣。”①菜市场是每个人日常必需的生活空间，值得被关注与书写。为了启发学生对日常生活进行“重新审视”，在写作课上，笔者与学生分享了以“菜市场”为主题的旅行经历——从苏州的新民桥菜场到葑门横街，从昆明的篆新农贸市场到木水花野生菌交易市场，从大理的沙溪古镇集市到温州的水心农贸菜市场，从海拉尔的环卫二路早市到南京的三七八巷菜场，从沈阳的八一早市到哈尔滨的道里菜市场，笔者与学生分享自己在全国各地逛菜场的经历，通过系统的文字记录，讲述旅途中的见闻，为学生打开新的写作视角。通过文字、图片乃至视频的“讲述”，笔者向学生展示如何跟操着浓重口音的老板闲聊，如何与当地客人拼桌拉家常，如何充分打开自己的感官，如何倾听菜市场的“众声杂陈”，如何在菜市场“用眼睛”——看各地特色的蔬果食物，看卖菜的人，也看买菜的人。此外，笔者在课中引入纪录片《最美不过菜市场》，启发学生从中感受城市里的平凡角落。

二、以阅读促写作，师生写作交流

除了文字分享，笔者还带学生开启名作的阅读，在阅读中学习写作。笔者广泛地搜罗文本，挑选名家名篇，在课上与学生一起阅读、欣赏、讨论。我们读季羡林的散文《逛菜市场》，看他笔下 20 世纪 60 年代的上海如何成为一幅“流动的盛宴”。我们读汪曾祺的《食道旧

① 汪曾祺.独坐小品[M].郑州：河南文艺出版社，2017：406.

寻》,学习如何把菜场写出生之乐趣,如何写食物,如何通过食物来写人情味。我们读上海作家金宇澄用沪语写作的长篇小说《繁花》的片段,小说开篇第一句是"沪生经过静安寺菜场",小说从菜场这一场景起笔,奠定了整部小说的市井底色。从此,各个人物你方唱罢我登场,几十年辰光悠悠流过,琐碎的故事在这里发生,读者从菜市场的众声喧哗开始侧耳聆听,感受上海滩的独特品格。

"教学相长",在写作教学的备课过程中,课程建设也反过来督促教师的成长与进步。笔者在与学生交流的过程中,不断更新着自己对"菜市场"的种种理解,对自己的生活经验进行重新梳理。无论是繁华都市还是小镇县城,"菜市场"这一空间是每座城市不可或缺的存在,它治愈着人们饥饿的胃,更抚慰着努力生活的每一颗心灵,这是平凡城市的活色生香。菜市场是一个小小的江湖,是巨大的生活荧幕,有最地道的市井文化以及最地道的美食文化,它总是以最直接的方式传达给我们一座城市的信息。它展演着形形色色的人间真情,它一点也不精致,一点也不时髦,但只有看过了这些,我们才能真正理解"人"。十指不沾阳春水的人永远无法触及真正的生活,只有有了烟火作底色,方能懂得"诗与远方"的可贵。

作文专题课上,给学生布置的作业是:周末逛一次菜市场,重新打量与发现身边的世界,看一看,你能获得什么?第二节课,请学生分享他们眼里的"菜市场"。学生们兴高采烈,踊跃分享,纷纷朗读了自己的习作。让笔者印象深刻的是一个初一小男孩,他坚持用沪语朗读自己的文章,声情并茂地讲述他与他从小长大的松江菜场的故事,绘声绘色地学着熟识的菜场老板们的不同口吻。他写,自己挽着外婆的手,逛一圈菜场,买上点滋味丰厚的鱼肉虾蟹,抑或买两把新鲜便宜的青菜,在夕阳余晖中慢慢踱回家中厨房,看外婆用最踏实的烟火味,烹出生活的色彩。十二三岁的孩子们在写作中体味着百味人生的"另一片江湖",他们学着打开日常生活的褶皱,发现其中的意趣与况味。

三、作文话题拓展，写作视角延伸

在作文课的结尾，笔者与学生讨论：关于“菜市场”的观察角度，其实可以延伸到类似的城市空间和置身其中的人物。比如，那些街头巷尾具有烟火气和人情味的各种小店。又如，小区里形形色色的邻居、保安、工人、快递员、外卖员，我们身边那些“熟悉的陌生人”，那些“不普通”的普通人。

那么，如何启发学生从对城市空间的关注延伸到对置身其中的人的关注呢？笔者从一次逛书店的偶然收获中得到了灵感。一次，笔者在徐家汇衡山合集书店发现了一个名为《上海人》的画展，不同的插画师有着不同的视角，创作出各自心中不同的“上海人”。通过细腻入微的观察和精彩的奇思妙想，他们把对“上海”这座城市的印象和自己的生活体验凝结成一幅幅精彩的插画作品。或是举目远眺时的繁华气质，或是微小点滴中的琐碎日常，或是历史记忆中的万千风情，或是包罗万象间的都市情怀……插画师用艺术化的笔法向我们展现出“魔都”的不同面相。笔者买下了那本画册，在课堂上将插画展示给学生，尝试与学生一起“阅读”图画资料与影像资料，解读画面中的符号和象征，诠释其内涵。课堂上，透过不同年龄、不同国籍、不同身份、不同喜好的插画师的视野，学生从插画中发现惊喜、重现记忆、寻找共鸣，挖掘属于每位学生自己的“上海瞬间”。从石库门弄堂到早高峰二号线的站台，从浦东陆家嘴林立的高楼到斑斑驳驳的老城区，从夏夜地铁站门口的小吃摊到杨浦公园中的大象滑梯，学生深入上海这座城市的“毛细血管”中，重新审视自己的生活，才发现原来它竟是那般滋味丰富。

在那个专题系列写作课程中，学生朗读分享自己的习作、交流讨论、互提修改意见，经过师生交流、生生交流、反复修改后，学生纷纷向主题为“爱上海·我讲上海故事”的上海市中小学生阅读与实践创作活动主题征文投稿,一篇篇文章是学生对上海的深情告白,他们以自己独有的视角、独特的故事向我们所热爱的城市致敬。一位初二女生写下了洋洋洒洒几千字的文章,讲述自己父母作为"新上海人"的打拼故事,另一位学生则用动情的文笔记述了家门口馄饨店的年轻夫妻如何用食物治愈他人情感创伤的温暖故事,都给笔者留下了深刻的印象。

从家门口的"菜市场",到自己置身其间的"城市",再到自己生活环境中的"每个人",笔者带领学生开启了一场精彩纷呈的"探索之旅"。在课题进行期间,像这样的写作教学,笔者始终在探索与尝试,团队中其他教师也会给笔者很多帮助与指导。比如,在网课时期,学校筹划举办了主题为"又一个春天"的征文活动,鼓励学生观察与记录自己的居家生活,重新审视自己曾经"熟视无睹"的生活。又如,在日常教学中,笔者也要求班上学生保持家校册的记录,关注日常生活点滴,自由而真实地记录每一日的生活感想。学生通过记录日常生活,关注自身成长,写下了真诚的、有意义的文字,得到家长的好评。

关注"生活",分享"意趣"。在华育中学每学期的作文训练、随笔训练,甚至在学生每天的备忘录随记中,丰富多彩的校园环境、生活体验、社会实践激发了学生的创作动机,成为他们四年中写作素材的主要源泉。所谓"修辞立其诚",在诸多真实情景的体验中,教师引导学生感受生活,体察自我成长,进行真诚表达,使学生真正做到"我手写我心"。

语文的外延,就是生活的外延,而写作,正是对日常生活的体认、提炼与表达。在"新课标"的指导下,语文的写作教学需要学生立足日常生活,因此教师应力求做到用生活的能量激发学生对写作的热爱,反过来,也用文字的力量激发学生对生活的好奇。以文字记录生活、讲述生活,我们因此得以经由文字的力量重构生活,真正做到"生活不停步,写作无止息"。

故乡深处是真情

——浅谈语文的“乡土情怀”

王　静[①]

摘　要：故乡是生我育我的地方，是我们第一眼所看到的世界，它的一山一水、一草一木都会深藏于每一个人记忆的深处，烙印于每个人的骨血中。在初中语文的教学过程中带领学生去体会故乡类主题文章的深意更能激发学生对乡土情怀、家国情怀的深刻认识，更能引发思想情感的真切共鸣。

关键词：故乡；家国情怀；初中语文

《义务教育语文课程标准(2022年版)》明确表达了要将家国情怀、文化素养、道德修养等思想政治教育元素融入课程中。在初中语文教材中有许多关于“故乡”主题的文章，这些课文是进行故乡情结和家国情怀引导和渗透的最好载体。教师应将这些分散于不同年级的文章进行梳理，并带领学生去总结这些课文中的相似点及不同的侧重点，让这些经典篇目的魅力深深地影响学生的心灵，激发他们内在真实的感受，体会这份乡情后所寄托的深意，进而帮助学生更好地掌握解读故乡主题文章的方法。

一、认真品味故乡文章中的风土人情

每个人的心里，都有一方魂牵梦萦的土地。得意时想到它，失意

① 作者简介：王静，上海市民办华育中学语文学科教师，中学高级教师，主要从事中学语文教学研究.

时想到它。辽阔的空间,悠邈的时间,都不会使这种感情褪色:这就是乡土情结。纵观初中语文课文,《老北京的小胡同》对胡同叫卖声、儿时游戏精彩细腻的描写中;《滹沱河和我》对干涸抑或是洪水滔天的滹沱河的描摹中,我们深深感受到作者对故乡的眷恋、喜爱和赞美之情。故乡是什么?故乡是生我育我的地方,是我们第一眼所看到的世界,它会成为脑海中挥之不去的牵挂和惦念。所以,我们可以看到作家在写故乡时,所描写的对象都是非常普通而平凡的景、人、事,没有波澜壮阔的叙事,却有情意绵长的回味,这些平凡的人和事,于作者而言就如空气一般习以为常地感受不到它们的存在,但又无时无刻不弥漫在周围,无法割舍、不可或缺。在讲授这类文章时要引导学生总结归纳其共性特点:在平凡的人、事中寄予深情。进而让学生明白在阅读文章时就能以此为抓手来鉴赏故乡类文章。在阅读此类文章时可以让学生养成圈画梳理文章脉络的习惯,先厘清文章写了什么,如哪些事、哪些人、哪些景以及这些事物的特点,因为这些特点往往就能体现故乡的特质,从而帮助学生整体理解文章的内容。比如,在《社戏》中作者对赶去看戏途中有一段优美的景物描写从而体现故乡的景美;还写了小伙伴如何陪他一起看戏的过程,以及六一公公送罗汉豆邀请品尝的片段,在这些事件和人物的刻画中,我们看到了乡亲们的淳朴善良、热情好客。文章通过景的美丽和人的美好呈现出乡村独有的宁静和温馨。培养学生梳理文章中的描写对象,从中把握故乡的整体特征。

二、切身体会作者对故乡的一往情深

"为什么我的眼里常含泪水,因为我对这土地爱得深沉",作者在描写故乡的事物时一定会顺着记忆的藤蔓,在对平凡事物的描写中寄予深厚的情感。那么,我们在品味故乡类文章时除了厘清文章"写了什么",还需要细细揣摩"怎样写的",在这样的写法中去感受作者真挚情感。比如,教材《滹沱河和我》这篇课文采用了想象和夸张的手法描写滹沱河的神秘莫测和气势磅礴，深刻地揭示出牛汉对滹沱河的崇拜和喜爱，因为故乡的这条河是作者的本命河，它和作者有一样的脾气和个性，故乡的山水塑造了自己桀骜不驯、刚正不阿的骨气，我们看到了故乡对每一人融入骨髓、烙印心间的深远影响。张抗抗的《故乡在远方》中将冰天雪地恶劣的环境描摹得美轮美奂，比喻、拟人手法的娴熟运用使冰雪成为童话的王国。严寒的北方成为第二故乡，将作者这样一个纤弱的江南女子磨砺成坚忍顽强、不畏于命运、不屈于世俗的强者，曾经流过的泪和汗都化成了深深的爱。我们指导学生在阅读过程中关注修辞手法的运用，细细品味这样写的用意，才能体会隐含在描写背后的情感。

在故乡类主题的文章阅读中，还可以借用朗读的手段，让学生在朗读过程中去体会情感。散文的教学目标之一就是让学生从一篇美文中看出它的语言运用的精彩之处。很多细微的描写和句式的运用在反复朗读品味中慢慢显现深意。比如，《祖父和我》中有一段对小园的描写“倭瓜愿意爬上架就爬上架……玉米愿意长多高就长多高……”通过反复朗读学生发现读起来如此琅琅上口的原因在于不断反复的句式，一气呵成。作者的写法一定蕴含特别的情感，文中就是要表达自由自在、无拘无束的快乐之情。所以，让学生在朗读过程中抓住个性化语句表达，从而体会作者独特的情感体验。

在故乡类主题的文章中还可以适当地补充一些与文本阅读有关的资料，结合作者的创作背景和个人经历，学生更能体会作者对故乡的深情。比如，在学习《爸爸的花落了》时，可以补充《城南旧事》中其他的故事片段，让学生不仅体会爸爸对英子的影响和父女情深，还能感受小说对童年的留恋以及对不断长大不断离别的遗憾。当学生了解了鲁迅的生平经历就能理解鲁迅的《社戏》中那些淳朴勤劳的乡亲，那些人与人之间的温情，是成年后见惯了嗜血的黑暗和人情冷漠的鲁迅永远追忆的世外桃源，那点善和温柔一直温暖着遗世独立、艰难前行的他，所以人到暮年也难以忘怀，在这些故乡的景和故乡的人中感受到在人世间的勇气和力量。所以,在教学过程中要引导学生关注作者的表达方式和描写手法,带领学生圈画文章中描写细腻的语句,学会品味修饰性词语和运用修辞手法语句的作用,并且抓住作者抒情议论的语句,并加以细细揣摩,从字里行间学会点评和批注,这样有助于学生更深入地体会文章的情感主旨。

教师利用社会实践的机会,带领学生走访和观察从书本上所涉猎的情节和场景,如学校在西塘的春游中,正好看到在江南水乡的小桥流水中矗立着一座戏台子,当时笔者随口问:"谁能说说这个水中建筑的用途?"有学生马上问答:"是不是社戏里提到过的戏台子?"很多学生呼应说:"在河上划着船,站在船上看戏,好方便呢。"这样利用实地考察,让学生对抽象的文本描述有了直观深刻的理解,体验了一次水上行船,月夜看戏的生动联想。所以,如何让学生对故乡有更深入真切的认识,可以补充一些与文本相关的资料信息,既拓宽了学生的眼界,又能引发学生的共鸣。

三、由课内拓展课外品味文学作品中的乡情

除了课本中鲁迅、牛汉、叶圣陶、萧乾等写过关于故乡的记忆,其实很多作家都会在他的作品中或多或少地折射出他故乡的影子。沈从文在《边城》中描写了湘西独特的地理风貌和民族文化,赞美了人们的真诚、质朴和充满人性之美。路遥这位陕北汉子,从他的《平凡的世界》里,我们看到的是一股纯正刚烈、执着豪放的高原之风,洋溢着英雄主义的气概,敢于面对一切苦难的勇气。所以,在一个作家的文字里,我们总能读出浓厚的故乡情结,故乡的一切都会化为作家笔端流淌出来的文字。

诺贝尔文学奖获得者莫言的《红高粱》《丰乳肥臀》《生死疲劳》《蛙》都以故乡高密东北乡为原型浓缩了整个时代和国家的沧桑变化,诺贝尔文学奖评选委员会评价莫言:"用魔幻般的现实主义将民间故事、历

史和现代融为一体。”莫言曾经回忆说:“一开始尝试写作,总是中规中矩地模范一种套路,当‘高密东北乡’第一次出现在莫言的小说里,自此一发不可收拾,以前总觉得没东西可写,但自从用了这个之后,仿佛打开了一道闸门,发现自己少年时期的生活被激活了,要写的东西源源不断地奔涌而来。”借着“高密东北乡”,莫言进入了与童年经验紧密相连的人文地理环境,在这个没有疆域的文学王国中,他可以自由驰骋,信马由缰。

在故乡类的教学中笔者也曾经结合自己拍摄的童年居住的城隍庙一带的石库门房子的照片与学生交流自己所写的童年生活以及对已经拆迁的故居的怀念之情,也建议学生带着照相机去拍摄一次童年生活的地方,并且尝试用文字去描述照片背后的故事,去感受故乡带给自己的深远影响。

课内教给学生的阅读方法是为了让学生能在课外有更多独立而自由的运用。所以,我们可以整理关于故乡主题的小说和散文并推荐给学生,拓宽他们的阅读视野,深入理解这类文学作品深厚的人文情怀和对历史变迁的洞察。让学生在享受阅读快乐的同时,能使用这些品味语言的方法去感受更为辽阔的文学世界。同时,也要激发学生自己对故乡的回忆和观察,由此更能产生强烈的共鸣。

何止是这些作家对心中的故乡如此魂牵梦萦,相信每一个人的心中一定有他故乡留下磨灭不去的痕迹。故乡是一个人认识世界的起点,构成了对世界最初的认识;故乡的水土温润了我们的心灵和塑造了我们个性;它是我们心灵的归宿和力量的源泉。费孝通在《乡土中国》中写道:“人的当前是整个靠记忆所保留下来的‘过去’的累积,如果这些‘过去’消失了、遗忘了,我们的‘时间’可说是阻隔了。”语文教学通过引导学生学习这些故乡主题的文章,调动起学生的感官敏锐度,尝试留心观察自己身边的平凡人和事,去感受其中的温情和回忆,去发现生养自己的故乡不为人知的美丽,用自己细腻的文笔去记录去描摹,对学生自身而言也是在不断塑造生命的过程。一切书写都源于内心渴求抒发的真情,故乡深处有真情。

初中语文教学生活化要素认知与策略探究

曹佳妍①

摘　要:初中语文教学生活化作为与时俱进的教育理念,其核心在于将日常生活的元素巧妙地融入语文课堂,构建生动、贴近实际的教学情景。这种方式不仅能有效吸引学生的注意力,激发其探索未知的好奇心,还能促进学生自主学习能力的培养,为语文教学模式开辟新路径。本文以教学生活化含义、特征和重要性为切入点,提出几点生活化教学策略,以期为广大的教育工作者提供有益的借鉴和启示。

关键词:初中语文;教学生活化;教学策略;素质提升;兴趣培养

在初中语文生活化的教学中,教师不仅需要对学生进行语文知识的教授,还需要引入各种生活化内容,形成多样化的课堂教学模式,加强学生对语文知识的理解。日常生活有取之不尽的教学宝藏。初中语文教师应敏于观察生活,巧借身边事物,将生活中点滴转化为教学的鲜活素材,紧密贴合学生日常生活背景与情感体验,通过巧妙融合现实世界与课本知识,激励学生主动投身于学习过程、勇于探索与实践,培养其对初中语文知识的探索精神,全面提升学生的语文素养。

---

①　作者简介:曹佳妍,上海市民办华育中学语文学科教师,中学一级教师,主要从事中学语文教学研究.

一、初中语文教学生活化要素认知

1. 初中语文教学生活化内涵要素

初中语文教育的生活化融入，旨在搭建一座桥梁，连接课本知识与学生的日常体验，让语言文字的魅力在生活的土壤里生根发芽。这一教学理念不仅深化学生对社会的认知，还激发其对语文知识的直观感悟，赋予学习更深层次的意义。同时，教师巧妙地将生活元素融入课堂，不仅促进学生情感的健康发展，还拓宽生活视野，使学习成为既贴近生活又富有启发性的活动。

生活化教学在初中语文教育中彰显出两大核心价值。

一是促进学生将抽象的理论知识与鲜活的生活实践相结合，培养其良好的学习习惯。

二是教师创建的真实生活情景，让学生像日常生活一般对待语文学习，从而在日常行为规范和精神世界的构建上，实现量的积累与质的飞跃，促进其全面健康发展。

另外，通过生活化教学，学生不仅学会如何更好地表达和理解世界，还学会如何用一颗温暖的心去感受生活，用敏锐的眼光去观察多彩生活，用勤劳的手去创造美好生活，真正实现教育的初衷——让每一个孩子都能在知识的海洋中自由翱翔，成长为有思想、有情感、有能力全面发展的个体。①

2. 初中语文教学生活化特征要素

初中语文生活化教学，其特征可归纳为开放性、主体性及实践性三个维度。

开放性意味着教学内容不再局限于课本的狭窄框架，而是向广

---

① 李发娣.初中语文生活化教学有效路径探索[J].中学语文，2023(32)：109－110.

阔的生活世界敞开怀抱,教师可以灵活地将课程与学生的生活经验相联结,如在讲解某一文化主题时,通过引入全球视角下的同类文化比较,扩大学生的知识面,让课堂变得生动而多元。

主体性强调的是对学生主动学习能力的培育。生活化教学策略的采用,旨在营造学生熟悉的环境,降低知识的接受门槛,鼓励学生自主探索,逐步形成独立学习的能力。传统的填鸭式教学往往枯燥乏味,难以激发学生兴趣,而生活化教学可以适时引入贴近学生生活的实例或话题,能显著提升学习的趣味性和吸引力,进而构建良性循环的学习模式。

实践性则是生活化教学的核心价值所在,面对部分初中生理论与实践脱节的问题,生活化教学提供了一条解决路径。其促使学生将所学知识与日常生活紧密相连,达到学以致用的目的。这种教学方式不仅充实了学习内容,避免了空洞无物的学习体验,而且有助于学生深入理解知识,实现深度学习,为未来的学习和生活奠定坚实基础。

3. 初中语文教学生活化的价值要素

生活化教学在初中语文教育中的应用,不仅激发学生的学习热情,提升审美与道德素养,还顺应教育改革的趋势,为培养全面发展的新时代人才奠定坚实基础。

一是激发学习热情,构建高效学习机制。初中阶段,正值青少年身心快速发展的黄金期,此阶段的学习兴趣对学业成效影响深远。新课改倡导的"知识与技能、过程与方法、情感态度与价值观"三维目标,特别强调情感与价值观在学习中的重要地位。生活化教学通过紧密贴合学生日常生活,关注其内心体验与情感需求,有效增强学生的学习认同感,从而激发内在的学习动力,实现由被动学习转变为主动学习,显著提升学习效率。

二是提升审美情操,深化德育教育。初中语文教学不仅是知识传授的载体，更是人文精神与德育教育的窗口。① 生活化教学方法的引入，不仅强化语文教育的功能性和引导力，更通过紧密关联学生生活，加深语文学习的内涵。学生在日常生活中感悟语文教材中的正面事迹与人物，无形中提升了文化素养与审美能力，实现了语文德育教育的深层次目标。

三是助推教学改革，适应时代需求。在新时代背景下，初中语文教育面临革新挑战，传统灌输式的教学模式已不合时宜，亟待融入素质教育理念。生活化教学以其"以学生为中心"的核心原则，关注学生实际生活，提供个性化教学，正符合教育现代化的要求。这不仅深化了语文教学的内涵，更有力地推动了教学改革进程，为构建高质量的语文教育体系开辟了新的路径。

二、初中语文教学生活化的主要策略

1. 创设生活化教学情景，拉近学生与生活之间的距离

在初中语文教育中融入生活化教学，最直接有效的途径是教师依据教材内容与学生特点，精心设计贴近生活的教学情景，以此激发学生的学习热情与主动参与意识，让其在生动的情景中领悟知识，为自主学习铺设坚实的基础。

例如，在讲授《只有一个地球》这一篇课文时，教师借助互联网资源，搜集关于地球、自然生态的图像或视频资料，将抽象的文字描述转化为直观的生活场景，为学生营造身临其境的学习体验。开篇，教师可展示宇宙深邃的星空图景，引领学生在广阔的宇宙背景下发现地球的渺小与美丽，感受生命的奇迹。随后，通过对比展示人类活动导致的环境破坏画面，如水土流失、森林消失，直观呈现人与自然关

① 田广科.初中语文生活化作文教学策略探索[J].试题与研究，2022(23)：134-135.

系的复杂性,激发学生对环境问题的深刻思考。① 在此基础上,教师引导学生探讨敬畏自然的重要性,鼓励他们运用所学知识反思人类行为,唤醒社会责任感。为进一步深化教学效果,可组织学生撰写倡议书或公开信,表达对环境保护的关切与建议,这不仅锻炼了写作技能,更培养了学生的公民意识和社会责任感。

通过创设生活化教学情景,学生在具体情景中感悟语文的魅力,将理论知识与现实问题紧密结合,不仅提高了语文综合素养,还促进了情感态度与价值观的全面发展,实现语文教育的深层目标。

2. 选择生活化的教学内容,强化学生理解和掌握文本知识

语文教材中的文章往往承载着作者对生活细腻入微的观察与深刻感悟。因此,采用生活化教学法,能促进学生将个人经历与文本内容相融合,激发情感共鸣,从而深化对作品的理解与体会。为此,教师在备课阶段应深入剖析教材,提炼与日常生活紧密相关的内容或价值观念,以增强教学的亲和力与实用性,使学生学有所用,将语文知识灵活运用于解决实际问题。

例如,在讲授老舍《济南的冬天》这篇课文时,为了加深学生对冬季景象的感受与认知,教师可设计一项生活化作业——撰写一篇关于冬日印象的短文。要求学生从个人生活体验出发,描绘他们眼中独特的冬季景色,尤其是雪景,这一自然界的常见元素。学生在创作过程中,自然而然地联想到与“雪”相关的种种生活细节,写作时便能得心应手。结合教师的专业指导,不仅能提升学生的写作技巧,还能增进他们对《济南的冬天》主题与情感的把握。在实际教学中,教师应注重将生活素材与课文内容巧妙结合,引导学生学习模仿优秀作品,强调源自生活的创意最能触动人心。这种方法不仅激发学生的学习热情,还帮助他们在实践中积累知识,全面提升综合素养。

---

① 石应虎.初中语文生活化作文教学策略探索[J].学周刊,2022(16):138-140.

选择生活化的教学内容不仅让语文课堂更加生动有趣，还能培养学生观察生活、感悟生活的能力，实现语文教育的情感熏陶与能力培养双重目标。

3. 转变语文教学理念，挖掘生活化教学素材

面对语文教育体系的革新需求，教师作为教育改革的前沿力量，其教学观念的更新显得尤为重要且紧迫。当前，特别是在一些农村地区，初中语文教育仍受制于应试导向的传统框架，忽视对学生全面发展的培养。在应试教育模式下，学生思考实践能力发展受限，与素质教育倡导的全新教育理念背道而驰。[①] 为在初中语文教学中融入生活化元素，教师须主动跳出固有思维，深刻领悟生活实践对学生成长的重要性，确立以生活为中心的教学观。这意味着教学设计应扎根于学生的日常体验，激发其内在情感，促进理论与实践的有机结合，从而构建富有成效的语文学习环境。在具体教学实践中，鉴于语文课程内容与学生生活密不可分的特性，脱离实际情景的教学无疑会削弱学生的学习动力与兴趣。因此，教师应精心筛选教材中贴近学生生活实际的片段，搭建知识与生活的桥梁，使“学以致用”成为必然结果，进而提高学习效率与质量。

例如，在讲授朱自清《背影》这篇课文时，教师可以引导学生回忆家庭生活中与长辈相处的点滴，鼓励分享那些触动心灵的小故事。这种教学策略不仅深化了学生对父爱伟大与无私的理解，还潜移默化地提升了其道德情操，彰显了语文教育的人文价值。

教师作为生活化教学理念的践行者，其角色的转变与教学方式的创新是推动语文教育现代化的关键。通过贴近生活的教学设计，不仅提升学生的语文素养，更能培养其批判性思维与社会适应能力，为终身学习奠定坚实基础。

---

① 谢建花.基于生活化理念的农村初中语文作文教学的实践与探索[J].学周刊，2021(36)：187－188.

4. 开展语文实践活动,让学生深入体验生活

在语文教育领域中,教师的角色远不止于传授书本知识,更在于引导学生将学习延伸至广阔的生活舞台,通过丰富的实践活动,让学生在亲身体验中领悟语文的魅力,深化对生活的认知与感悟。这一过程不仅丰富了学生的情感世界,更促进了其综合素质的全面提升,是现代语文教育不可或缺的重要组成部分。为了让学生深切体会大自然的壮丽与奥秘,教师可以策划一系列户外探索活动,如可以组织学生前往公园、植物园乃至郊外的自然保护区,让其近距离接触花草树木、山川湖海。在自然的怀抱中,学生不仅能观察到生物多样性的奇妙,还能感受到季节更迭的节奏与生命循环的哲理,这些直观的体验将成为他们写作与表达的宝贵素材。更重要的是,置身于大自然中,为语文学习注入鲜活的生命力。① 除了自然界的探索,教师还应引导学生走进历史的长廊,参观各类博物馆、名胜古迹或具有文化意义的遗址,让学生在历史的见证下,感受文化的底蕴与民族的智慧。在这些充满故事的地方,每一块砖石、每一幅壁画都承载着厚重的历史信息,能激发学生的好奇心与求知欲,促进其对传统文化的了解与尊重。通过聆听历史的声音,学生不仅能在情感上产生共鸣,还能在思想上获得启发,学会从不同角度审视问题,培养批判性思维与审美鉴赏能力,为语文素养的提升打下坚实的基础。

5. 关注语文教学理论与实践结合,引导学生在生活中运用知识

将课本知识与现实生活紧密相连,应用在生活中,不仅激发学生的学习兴趣,更能促进其全面成长。教师作为这一过程的引导者,肩负着将语文教学从教室延伸至生活实践的重任,旨在让学生在真实情景中领悟知识的价值与应用,从而激发其主动学习的热情。为了实现这一目标,教师在规划教学活动时,应当精心设计贴近学生日常

① 张传青.初中语文生活化作文教学策略探索[J].语文教学通讯·D刊(学术刊),2021(8):35-36.

生活的实践场景，鼓励学生走出教室，将所学知识与生活经验相结合。这不仅包括观察自然、体验文化等宏观层面的探索，也涵盖了家庭生活、社区交往等微观层面的互动。

例如，在学习六年级下学期第一单元和八年级下学期第一单元的课文(关于家乡风俗的单元)时，教师可以引导学生利用假期或周末，回访自己的故乡或深入探访一个陌生的小镇，通过亲身体验，收集关于“乡愁”的个人感受与故事。鼓励学生以日记、散文或诗歌的形式记录这些珍贵的瞬间，再与课文中的情感表达进行对比分析，从而深刻理解作者遣词造句的精妙之处，以及背后蕴含的文化情感与社会背景。

生活化的教学模式不仅关注知识的传递，更重视情感教育与审美素养的培养。在上述实践过程中，学生不仅学会了如何观察生活、提炼素材，还能在情感共鸣中提升自身的文学鉴赏能力和人文关怀。教师应适时点拨，帮助学生挖掘生活中的美，无论是自然风光的壮丽，还是人们情感的细腻，都能成为语文学习的生动教材。通过这样的方式，学生不仅掌握语言艺术的基本技能，更能培养善于感知、勇于表达的心灵，为未来的成长奠定坚实的人文基础。

综上所述，生活化教学方法可以巧妙地将日常生活的丰富内涵融入课堂教学，创造出一种既贴近现实又超越现实的学习体验。在初中语文教育中，这一方法的应用尤为关键，它不仅激发学生的学习热情，还能显著提升教学质量，使语文学习变得生动有趣且富有成效。因此，初中语文教师应积极探索和实践这一教学策略，不断创新教学手段，使语文课堂真正成为学生探索世界、实现自我成长的舞台。

浅谈"生生互评"在初中语文作文教学中的运用

朱　海[①]

摘　要:"生生互评"提升了学生在写作过程中的主动性和参与度,促进他们的写作能力和批判性思维的发展。通过引导学生相互评价作文,可以改变传统教学中教师单一评改的模式,使学生在互动中学习,获得多元视角。本文探讨初中语文作文课堂中的"生生互评"策略,通过具体的教学实例与数据分析,对现在已经推行的互评方法进行总结与丰富。

关键词:作文教学评价;生生互评;策略

写作教学是初中语文教学的关键组成部分,从本质上说作文评改是对学生某一次写作的全方位反思。这种全方位反思,不仅指向学生的语言运用,更是指向学生观察理解事物的思维,以及对写作思维反思的"元思维"。[②] 如何让作文评价用于指导学生写作以及完善教师的写作教学,一直都是教学实践中的难题。华育中学采用的"生生互评"策略,作为一种多元化的评改模式,克服了教师评价的单一性,符合语文教学核心素养的要求,可以很好地帮助教师发现学生的写作困境,为学生描绘写作路径。

在"生生互评"的实施过程中,我们也遇到了一系列问题。例如,学生在评价过程中可能出现主观性较强、评价标准不一致等问题。

---

① 作者简介:朱海,上海市民办华育中学语文教研组长,语文学科教师,中学一级教师,主要从事中学语文教学研究.

② 熊政.作文评改不可忽视学生的主体地位[J].中学语文教学参考,2021(15):10.

因此，教师在引导和规范学生评价行为中的角色至关重要。有效的"生生互评"策略需要在明确评价标准、加强指导和培训等方面不断优化，以确保其真正发挥应有的教学效果。华育中学在"生生互评"的推进过程中不断丰富其策略，从课堂讨论，到学生互评，再引入量表等客观评价手段。通过反复的教学实践，我们逐渐摸索出一条"生生互评"的路径。

一、互评量表为"生生互评"提供客观依据

量表评价的使用在初中语文作文"生生互评"策略中具有重要意义。这种评价方法通过细化评分标准，使学生明确写作要求，并在互评过程中做到客观公正。量表评价通常包括多个维度，如内容、结构、语言表达、创意等，每个维度下设具体评价指标，这样学生在互评时有据可依，减少主观因素的干扰。

通过制订可量化的分数标准，学生不仅可以直观地发现自己和他人的差距，而且能通过扣分标准，了解自己的水平，进而提升写作和学习热情。① 在具体实施过程中，我们首先会提供一个基础的评价量表，量表涵盖作文的主要评价要素，并细化每个要素的评分标准。例如，对于内容维度，可以设置"事例翔实""中心明确"等指标；语言表达维度则可以包括"描写细腻""运用修辞"等。此外，量表还可以留有一定的弹性空间，允许学生在评价时进行合理的主观判断。

评价维度	评价内容	评分	备注
中心	事例翔实（20 分）		
	中心明确（10 分）		

① 陈海梅.把握好互评自改作文的四个维度——基于学生互评自改作文的探索与实践[J].学苑教育，2021(13)：47－48.

(续表)

评价维度	评价内容	评分	备注
中心	情感充沛(10 分)		
结构	结构新颖(10 分)		
	匹配中心(10 分)		
语言	描写细腻(15 分)		
	运用修辞(15 分)		
	语言新颖(10 分)		

在此基础上,教师可以根据不同的习作要求,调整量表。比如,在习作"美丽的风景"的教学中,需要凸显环境描写的作用。教师就可以将"中心"与环境描写的匹配程度作为评价的内容之一,以确保评价的科学性和"生生互评"的可操作性。

量表的引入,不仅提高了作文互评的效率和精准度,还增强了学生的写作意识和评价能力。学生在使用量表评价他人作文时,能更加全面地审视作文的优缺点,从而提高自身的写作水平。此外,这种方式也促进了学生之间的交流与合作,有助于营造良好的学习氛围。在作文的互评中,量表的标准化虽然无法兼顾文章内容的多样性,但可以为"生生互评"奠定客观基础。

二、"对话"让"生生互评"实现多元化

在初中语文作文教学中,作者与读者"对话"作为"生生互评"策略的重要环节,能有效促进学生写作水平的提高。通过这种"对话",学生不仅能从同伴的视角获得反馈,还能更好地理解读者的需求与期待,从而不断调整和优化自己的写作方式。

这种"对话"互动评价主要体现在两个方面:一是作者在陈述写作意图和理念的过程中,能帮助读者更深层次地理解作文的内涵与

立意；二是读者通过具体的评论和建议，帮助作者发现文章中的优点与不足之处。比如，读者可以从文章的结构、语言表达、论据使用等多个维度提出反馈，这不但有助于作者意识到写作中的问题，也培养读者自身的批判性思维和审美能力。

值得注意的是，这种“对话”交流评价强调双向互动。作者在接受反馈的过程中，也能质疑或反思读者的意见，形成一种动态的思维碰撞。实际操作中，教师可以提供具体的反馈范例和评价标准，指导学生如何进行建设性评价。明确的评价标准不仅能提高评价质量，还能使学生的反馈更具针对性和操作性。

当然，针对低年级学生，教师可以通过展示修改作文的过程，并设计问题链来辅助学生完成交流。例如，从文中，你读到了什么？你觉得，哪个段落特别打动你？你觉得，哪个段落比较无趣？你愿意帮他修改一下段落吗？如果改不出来，你能给他一些修改建议吗？

与教师评价不同的是，在“生生互评”过程中，学生之间采用的是更为平等和亲近的交流方式，能激励学生更多地表达自己的见解和建议。教师在鼓励多元主体评价的同时，反思课堂上单向的权力关系，给学生更多的自主空间和参与空间。[①]

通过这种方式，作者收到的反馈往往更贴近真实的读者感受，而不是教师单一视角的批改。学生在重新写作时，能更好地结合这些多元化的意见进行内容、结构、语言等方面的调整，从而使作文更具条理性和吸引力。

作者记录读者评价的过程，就是对习作进行反思的过程。比如，在《感谢有你》的片段修改中，学生的评价就很有见地。

---

①　李刚，洪倩．走向形成性评价：教学评价的改革升级[J]．中国教师，2023(12)：6－11.

原文片段	"对话"摘要
大家都走了,只留下我在空荡荡的游泳池中,脑子里回荡着教练的话:今天练不好,就不要上来了。我强忍着泪水,继续练习,可越是烦躁越是无法成功。 你又折了回来,头发上滴着水,想必是已经冲凉打算走了,又回来了。我略有些惊讶地看着你,你二话不说跳到池中,一把拉住我的胳膊:"愣什么,快练。"我似乎找到了救星一般,哪敢不照做,赶紧潜入水中。一圈、两圈,第三圈了,我的力量泄了下去,动作也开始歪。这时小腿一紧,你及时扶助了我,我分明感觉到你手上的力量,不由脚背又绷紧了。翻过去了!我还来不及高兴,就听见你的口令:"再练!"游泳馆里,你的嗓音和着我击水的声音,莫名让我有了一种力量。 幸亏有你的陪伴,我才有了战胜困难的勇气。	1. 我觉得写得挺好的,但是总觉得教练对"我"的帮助有点少,"力量"来得有点突然。 2. 教练严厉有余,关心不足。 3. 对教练的人物描写太少了,是不是还可以有些环境描写? 4. 感觉教练只是做了一些稀松平常的事,"我"为什么会有如此深厚的感激之情?

学生的"对话"虽然欠缺条理性,但是由此建立起作者与读者交流评价机制,能最大限度地发挥作文评价的作用,使学生在互相学习的过程中共同进步。这种互动模式不仅提升了学生的写作能力和语言表达水平,更有助于培养他们的合作精神与批判性思维。

更重要的是通过同龄学生之间"对话"式的交流与反馈,作者能从读者视角更清楚地认识到自己文章的优缺点,进而提高写作水平。这种反馈机制有助于激发学生的写作兴趣。看见同伴对自己文章的积极评论或提出建设性意见,学生会感到自己的写作得到了认可和关注,从而增加写作的动力和信心。当然,在这个环节中,教师也可以以读者的身份加入评价。课堂上,通过给出一篇文章的完整点评,或者给出评改支架,来引导学生完成书面评价的撰写。

三、搭建修改支架，完成“生生互评”的闭环

在“生生互评”过程中，学生通过对他人作文的分析和评价，激发对自身作文的反思与修正。这一过程不仅帮助学生发现自身写作中的不足，还通过他人视角获得新的写作灵感和改进策略。通过互评活动，学生能在相互学习中逐渐掌握写作要领，提升写作技巧。

“生生互评”促使学生在评改中学到更多写作策略和方法。学生在评改他人作文时，往往会注意到自己平时不易察觉的细节和问题，如段落衔接不畅、结构分散或语言表达不够精炼等。这些发现并不局限于单纯的批评或建议，更多的是引导学生在重写过程中进行有针对性的修改和提升。在互评过程中，学生不仅是评改者，同时也是被评者，接受来自同学的反馈和意见，从而对自己写作的优劣有更清晰的认识，这种双向互动使评改过程富有建设性和实效性。

讨论作品的过程，本质上就是描绘写作路径的过程。作者想要表达什么，读者读到了什么，在认知差中，作者会自觉纠偏，进而探索准确表情达意的方法。这样的作文修改与重写效果，明显优于教师一言堂的指导，让整个评改成为作文重写的主要支架。如在《感谢有你》的“对话”交流后，作者自己总结了自己最大的问题：没有找到写作的重点，没有全面描写题目中“你”的形象。在重写作文时，他明显增加了对教练的描述，写出了教练严厉背后的温情。且为了更好地展开人物描写，有意识地将对教练的第二人称变成了第三人称。

原文片段	文章修改
你又折了回来,头发上滴着水,想必是已经冲凉打算走了,又回来了。我略有些惊讶地看着你,你二话不说跳到池中,一把拉住我的胳膊:"愣什么,快练。"我似乎找到了救星一般,哪敢不照做,赶紧潜入水中。一圈、两圈,第三圈了,我的力量泄了下去,动作也开始歪。这时小腿一紧,你及时扶助了我,我分明感觉到你手上的力量,不由脚背又绷紧了。翻过去了!我还来不及高兴,就听见你的口令:"再练!"游泳馆里,你的嗓音和着我击水的声音,莫名让我有了一种力量。 幸亏有你的陪伴,我才有了战胜困难的勇气。	没想到,教练又折了回来,他站在门口,仿佛一堵墙挡住了楼道里的光线。我略有些惊讶地看着他,而他说着话,下到游泳池中。在水里走得很稳,站到我旁边。拉住我的胳膊:"愣什么,快练。"我似乎找到了救星一般,哪敢不照做,赶紧潜入水中。一圈、两圈,第三圈了,我的力量泄了下去,动作也开始歪。这时小腿一紧,教练扶住了我,他的手掌大且有力,我不由脚背又绷紧了。翻过去了!我探出水面,就看到了教练平时总抿成一条线的嘴唇微微有了几分弧度,可开口的声音还是低沉着:"再练!"游泳馆里,他立着的坚实的身影,莫名让我有了一种力量。 从水里出来,我嗫嚅出一句:"谢谢!"他摇了摇头,仿佛并不在乎,又挥了挥手:"快去冲个澡,池子里的漂白粉对皮肤不好。"看着教练早已泡得发白的脚趾,我鼻子一酸,一丝暖意涌在心上。 幸亏有你的陪伴,我才有了战胜困难的勇气。

我们的写作不仅为应试,更是为学生未来的表达打基础。在互评过程中,学生因参与集体讨论和互相学习而感受到一种归属感与成就感。这种情感体验有助于增强他们对写作的投入度和积极性。当学生发现自己的评价被同学接受并认可时,他们的自信心和成就感也会随之提升。"生生互评"能促使学生在互动中掌握更多的写作技巧和知识。当学生参与互评时,他们不仅需要对同学的作文进行批判性阅读,还要根据写作标准做出评价。这种对他人作文的审视和评价能力的培养,反过来提升了他们自身的写作素养和批判性思维能力。此外,不同学生的多样化意见可为被评作文的作者提供多角度的反馈,使其从中发现更多的改进空间和写作灵感。"生生互评"作为写作教学中的关键环节,让写作教学的要求得以全面体现。

评改活动在初中语文作文教学中不仅是学生重新审视自己作品的契机，也是教师评估写作教学有效性的主要手段。在初中语文作文教学中，“生生互评”策略的引入打破了传统教师单向评价的模式，形成了一个完整的教学闭环。

通过“生生互评”，教师可以更好地掌握学生的写作水平和学习进展。在互评过程中，教师能观察到学生之间的互动和反馈，这为教师提供了宝贵的教学信息。通过分析这些信息，教师可以及时调整教学策略，针对学生的共性问题和个性差异进行有针对性的辅导，从而进一步优化教学效果。

综上所述，“生生互评”在初中语文作文教学中扮演着重要角色，通过多维度、多层次的互动与反馈，形成了一个有效的教学闭环。这种闭环不仅提升了学生的写作能力和兴趣，还为教师提供了更为精准的教学反馈，最终达到了优化写作教学的目的。

初一年级统编版初中语文教材写作教学探究

金国旗①

摘　要:在实际教学过程中,一线教师往往易忽视对教材中"写作"板块的关注,甚至完全抛开教材命题。须重视语文教材的写作教学,构建有梯度的写作序列,切实落实读写结合。

关键词:初一年级;统编版语文教材;写作教学

《义务教育语文课程标准(2022年版)》(以下简称"新课标")课程总目标指出,学生在语文学习过程中能借助不同媒介表达自己的见闻和感受,学习发现美、表现美和创造美,形成健康的审美情趣。

写作是人们表达与交流的重要方式,也是语文学科最重要的教学内容之一。初中时期是语文写作能力培养的关键时期。统编版初中语文教材每个单元都设有"写作"板块,这是体现知识体系和能力点的重要渠道。在实际教学过程中,一线教师往往易忽视对教材中"写作"板块的关注,甚至完全抛开教材命题;自行命题时,也存在写作训练缺乏梯度和序列、随意命题、一题一练等问题。如何运用教材,已成为一线教师的新课题。

笔者旨在以初一年级为例,在分析统编版教材"写作"训练内容的基础上,结合教学实际,重新设置一定梯度的教学内容,以期给一线教学提供帮助和建议。

---

① 作者简介:金国旗,上海市民办华育中学语文学科教师,中学一级教师,主要从事中学语文教学研究.

一、七年级教材中的写作训练点及对应课标分析

“部编版语文教材的编写力图突破既有的模式，在突出综合能力的前提下，注重基本写作方法的引导”①。与以往教材相比，统编版教材关于写作部分的编写，对初中学段的写作要求，紧跟着单元课文内容学习写作，对写作训练做了能力的切分和选择，以培养学生的写作能力为目标，构建了相对科学、完整、阶梯性的写作训练体系，可帮助学生有针对性地进行写作学习和训练。

为合理运用教材，笔者对七年级上下册教材中“写作”板块的训练点进行了梳理。内容如下：

七年级上册“写作”内容举隅

单元	训练点	具体要点	落实课标
第一单元	学会观察生活	1.保持敏感和好奇心，时时捕捉生活素材。2.不仅要“扫视”，发现生活的概貌，还要学会凝视，体验生活的细节，更要深入生活的肌理，用心去思考。3.多读书多看报，听广播，看电视，关注网络热点问题等	多角度观察生活，发现生活的丰富多彩，能抓住事物的特征，为写作奠定基础
第二单元	学会记事	1.记事能力的培养方法与途径：反复学习、训练；养成写日记或周记的习惯。2.记事的要求：(1)写清楚：“写出起因、经过、结果”“厘清来龙去脉，按顺序有条埋地写”。(2)有感情：“写亲身经历的、有真切感受的事，说发自内心的话”。(3)“锤炼语言”	1.写作要有真情实感，表达自己对自然、社会、人生的感受、体验和思考，力求有创意。2.写记叙性文章，表达意图明确，内容具体充实

① 温儒敏．“部编本”语文教材的编写理念、特色与使用建议[J]．课程·教材·教法，2016(11)：3－11.

(续表)

单元	训练点	具体要点	落实课标
第三单元	写人要抓住特点	如何写好一个人:(1)"首先要细心观察,抓住人物的特点",继而"展开具体描写""注意抓住人物区别于他人的独特之处"。(2)把人放在事件中来写(与人交往,个性化语言、动作行为和心理活动)。(3)选择表现人物特征的事件来写	能抓住事物的特征,为写作奠定基础
第四单元	思路要清晰	1.阅读要厘清思路。2.作文要思路清晰,方法:(1)整体构思。(2)根据文体特点和题材需要来确定写作顺序。(3)列提纲	合理安排内容的先后和详略,条理清楚地表达自己的意思
第五单元	如何突出中心	1.作文的基本要求:围绕中心写作。 2.如何突出中心:(1)可以设置一条贯穿全文的线索。(2)注意安排好内容的主次和详略。(3)采取一定方法、技巧,如开门见山,点明题旨;可采用卒章显志、前呼后应、铺垫渲染、抑扬对比等	1.写作时考虑不同的目的和对象。根据表达的需要,围绕表达中心,选择恰当的表达方式。2.合理安排内容的先后和详略,条理清楚地表达自己的意思
第六单元	发挥联想和想象	1.运用联想与想象,需要注意:一是联想要自然贴切;二是想象要合情合理;三是联想和想象要有新意。2.如何激发自己的想象力:仔细观察,勤于思考,积极探索,对世界始终保持旺盛的好奇心	运用联想和想象,丰富表达的内容

七年级下册“写作”内容举隅

单元	训练点	具体要点	落实课标
第一单元	写出人物的精神	1.既能写人物的外在特点，也能写出内在的精神。 2.注意点：(1)抓住典型细节来表现人物的精神风貌。(2)借助一些写作手法来加以突出、强调，如对比、衬托、正面描写与侧面描写相结合等。(3)借助一些抒情、议论的句子，对人物的精神品质进行点睛式概括	1.能抓住事物的特征，为写作奠定基础。2.引导学生成长为主动的阅读者、积极的分享者和有创意的表达者
第二单元	学习抒情	1.情贵在真，要抒发自己的真情实感。2.常见的抒情方式有两种：直接抒情和间接抒情	根据表达的需要，围绕表达中心，选择恰当的表达方式
第三单元	抓住细节	细节描写是对人物、景物、事件等表现对象的细微刻画，往往能起到以小见大、画龙点睛的作用。 细节描写注意点：(1)真实。(2)典型。(3)生动	能抓住事物的特征，为写作奠定基础
第四单元	怎样选材	怎样选材：(1)写作的材料源于生活。最重要的还是自己的亲身经历。(2)围绕中心进行选材。(3)注意材料的真实和新颖	写记叙性文章，表达意图明确，内容具体充实
第五单元	文从字顺	注意点：(1)语句表达要准确，避免因用词而产生歧义。(2)要注意语句间的连贯。(3)写完后起码要通读一遍并改正不当之处	根据表达的需要，借助语感和语文常识修改自己的作文，做到文从字顺
第六单元	语言简明	怎样做到语言简明：(1)行文时要围绕中心来写，不旁生枝节。(2)在没有特殊的表达需要时，要避免词语的重复。(3)注意不要堆砌词语	根据表达的需要，借助语感和语文常识修改自己的作文，做到文从字顺

二、基于教材的七年级写作训练序列重构

梳理七年级统编版教材"写作"板块训练点后可知:

"观察生活""怎样选材"解决的是"写什么"的问题;"如何突出中心""学习抒情"解决的是"写作要有目的"的问题。——这两项是写作的基础。"思路要清晰"这是"怎么写"的基本要求;"学会记事""写人要抓住特点""写出人物的精神"解决的是"如何记事""如何写人"的问题。"文从字顺""语言简明"则是对语言的要求。这些训练点在写作中属于写作过程中不同阶段,真正落实时,需要进行重新整合,设定相对完整的写作支架。

当然,要设计合理的写作训练序列,还需要依据学情,针对不同写作基础的学生设计不同内容、不同梯度的训练项目群,并依据项目内容和学情,设计篇章写作和片段化写作的不同要求;提供不同程度的支架,精选教学策略,指导写作过程。细化写作任务的设计,才能符合不同层级学生的学情,既满足部分学生对深度写作的探索和追求,也能提高基础薄弱学生的写作兴趣。

以训练写人为例,七年级上册"写人要抓住特点",提出教学建议:"要细心观察,抓住人物的特点;展开具体描写,注意抓住人物区别于他人的独特之处;把人放在事件中来写(与人交往和个性化语言、动作行为和心理活动);选择表现人物特征的事件来写。"七年级下册"写出人物的精神",提出教学建议:"抓住典型细节来表现人物的精神风貌;借助一些写作手法来加以突出、强调。例如,对比、衬托、正面描写与侧面描写相结合等;借助一些抒情、议论的句子,对人物的精神品质进行点睛式概括。"

笔者将这两部分训练目标进行整合,且又针对不同学生的水平,制订不同的写作要求,提供评价量表。例如,七年级上学期习作《就喜欢 Ta 这一点》写作训练:

1. 细化写作要求:(1)以二三事表现人物的特点;(2)人物特点具有个性,注意抓住人物区别于他人的独特之处;(3)能抓住典型细节表现人物的精神风貌;(4)能借助一些写作手法来加以突出、强调,如对比、衬托、正面描写与侧面描写相结合等;(5)借助一些抒情、议论的句子对人物的精神品质进行点睛式概括,句子和内容相匹配;(6)语言生动形象,能运用恰当的修辞手法。

2. 针对不同层级的学生提出不同的要求,设计不同的写作支架。例如,对"以二三事表现人物的特点"的要求进行进一步分层:(1)能以二三事表现人物特点;(2)能以事情表现人物特点,叙事具体;(3)能以事情表现人物特点,叙事清晰;(4)能学习教师提供的片段,进行仿写等。又如,针对"借助一些抒情、议论的句子对人物的精神品质进行点睛式概括,句子和内容相匹配",分级要求:(1)要求自行提炼概括;(2)教师根据写作内容,修改时补充合适句子;(3)要求填入与之匹配的词语等。

三、基于教材的读写结合教学思路运用

"新课标"中教学建议:"体现语文学习任务群特点,整体规划学习内容。""关注不同学习任务群之间的内在联系,以及同一学习任务群在不同学段的连续性和差异性。"统编版教材注重学习任务群的构建,其中重要环节便是以读促写的运用。每个写作训练点后都设计了教材范例,供学生参考学习,提供了很好的教学素材,教师应当重视这一部分内容的使用。

读写结合,要充分使用教材范例。例如,七年级下册第三单元"抓住细节"训练点,教学建议中结合《阿长与〈山海经〉》《老王》《台阶》《卖油翁》等课文让学生对什么是细节描写,细节描写如何做到真实、典型、生动进行例句说明,为教学提供了很好的范例。

读写结合,要深读教材重视细节。例如,《细节描写之(一)——

写好人物的语言》写作训练,可结合《秋天的怀念》《从百草园到三味书屋》《阿长与〈山海经〉》《老王》等课文中的典型人物语言,通过品读语句,引导学生训练人物语言的刻画。

通过"什么时候?""你要是愿意,就明天?"她说。"不知道!""人都到哪里去了?!""读书!""哥儿,有画儿的'三哼经',我给你买来了!""我不吃。""我不是要钱。"引导学生把握话语的长短、说话的语气,人物的语言风格要符合人物身份、性格特点,表现人物当下的心理。

通过比较①"北海的菊花开了,我推着你去看看吧。"她憔悴的脸上现出央求般的神色。"北海的菊花开了,我推着你去看看吧。"②"什么时候?""什么时候?"我不耐烦地说。③她高兴得一会坐下,一会站起:"那就赶紧准备准备。""那就赶紧准备准备。"引导学生把握话语前后恰当的动作、神态等描写,可以更加准确描摹说话的语气,突出人物心理。

也可以通过对《秋天的怀念》和《老王》中直接引语和间接引语的品读,引导学生理解间接引语可以对人物语言进行加工,更便于推动情节发展;相比之下,直接引语更加凸显人物形象。

"部编版初中语文教材在编写时,就特别强调将阅读与写作贯穿起来,这就使得语文教学有一条明晰的主线——读写结合"。① 统编版教材提供了读写结合的范例,也提供了大量优秀的范本,教师应重视教材在写作教学中的运用,充分挖掘教学资源,让学生领略名家写作风采,学习优秀写作范例,从而提高写作能力。不仅如此,用好以读促写也会达到以写思读的效果,反哺阅读过程。

写作教学是语文教学的重点,也是难点。如何构建有梯度的写作序列,如何切实落实读写结合,这些都是一线教师值得思考研讨的问题。有了合理的训练目标,才能提升评价的有效性,激发更多学生

---

① 肖敏.创设主题情境 推进读写结合[J].语言文字报,2023-11-8.

的写作兴趣;更好地落实读写结合,才能让更多学生的写作有优秀范本可学,不为写作所困。

统编版教材将根据实际情况不断进行调整,但是它对作文的关注具有传承性和发展性,给作文教学提供了优秀的资源。合理运用、整合教材,在写作教学中注重针对性和计划性,是教师日常写作教学的重要内容。

初三阶段语文综合运用板块题型特点及复习策略

陈　琦①

摘　要:随着语文学科部编版教材在上海的全面落实,综合运用板块呈现出分值增加、题目类型多样化、灵活度高等特点。本文以2023学年初三年级一模考的综合运用板块为分析对象,从名著考查频次统计及高频考点统计、考题学习水平分类统计、文字表述题评分标准、新题型分析、对部分区卷题目的设计及答案的质疑、关于综合运用备考教学的思考等角度进行系统分析。

关键词:初三年级;语文题型;复习策略

一、名著考点统计及考题学习水平分类统计

1. 名著考查频次统计

以2023学年初三年级一模考综合运用板块的分析为例,当年名著考查频次统计如右表所示。由此看到,初三阶段名著的考查基本上覆盖了五四学制初中阶段涉及的十四本书,尤其是我们国内的作品,比国外作品的考核频次更高。

名著	数量	名著	数量
《水浒传》	11	《经典常谈》	2
《红星照耀中国》	8	《海底两万里》	2
《钢铁是怎样炼成的》	7	《童年》	2
《艾青诗选》	7	《骆驼祥子》	1
《昆虫记》	6	《鲁滨孙漂流记》	1
《朝花夕拾》	5	《儒林外史》	1
《西游记》	3	《简·爱》	0

注:表格中的"数量"指的是考核名著的区卷数量。

① 作者简介:陈琦,上海市民办华育中学语文学科教师,中学一级教师,主要从事中学语文教学研究.

2. 名著考查高频考题类型

以 2023 学年初三年级一模考综合运用板块的分析为例，各区常见的考题类型有：文学常识、涉及名著内容理解的选择题、人物特点分析、活动方案设计、排序题。

二、文字表述题典型题目分析

在近两年的上海市中考语文试卷中，综合运用部分的最后一题考查往往是大分值的主观表述题，分值在 6～8 分，要求字数一般是 80～100 字。

其实，这种题型并不是“创新”，是“旧瓶装新酒”，老在形式，新在内容。综合运用是自 2014 年开始加入中考试卷中的，而在此前已有大分值的主观表述题，此类题目当时是放在现代文阅读第二篇——记叙文阅读中的最后一题，即 80 字左右的 6～8 分题。

从现在综合运用部分进行的试卷改革角度来看，加入名著阅读部分的联合考查，综合运用的命题越发多样和灵活，既有结合实际的综合能力的考查，也有中规中矩的名著基础知识识记类的考题。在这些题目中，结合名著知识内容与学生生活实际设置一道大分值、多字数的主观表述题，也就是我们常说的小作文，几乎成了一种必然。作为综合运用板块的最后一道题，常常用于体现考试的区分度。下面就针对 2024 届一模各区区卷中综合运用部分的最后一题，即文字表述题进行内容分类以及典型例题分析。

（一）分析名著中的人物形象和故事情节，理解作者的创作意图

例题：2023 学年第一学期嘉定区一模卷第 23 题。

23.《童年》《鲁滨孙漂流记》《水浒传》三部作品深受读者喜爱。

小佳为此设计了"谁是英雄"有奖征集活动,英雄候选人必须是以上三部作品中的主要人物,请结合其性格特点和主要经历等阐释理由。(6分)

Ta的姓名:＿＿＿＿＿＿;理由:＿＿＿＿＿＿＿＿＿＿＿＿。

【评分标准】人物姓名(1分),写清该人物符合"英雄"的理由,包括人物性格、主要经历等(4分),语言表达通顺连贯(1分)。

【分析】本题考查名著人物形象的分析。

(二)名著结合现实谈自己的感受、启示或成长

例题:2023学年第一学期宝山区一模卷第22题。

22."班级读书档案"即将编写完成,装订成册。编委会请你结合《红星照耀中国》或《钢铁是怎样炼成的》的阅读经历,写一段话作为封底留言,阐述对"阅读经典现实意义"的思考。(60字左右)(6分)

【评分标准】联系名著内容(1分);阅读这本名著的收获(2分);联系现实生活阐述阅读经典的意义(2分);语言通顺(1分)。

【分析】考查阅读感悟的表达。要求结合作品,谈阅读经典的现实意义,作品情节和现实意义两者要紧密结合,缺一不可,体现自己的思考和成长。

(三)名著相关信息和社会热点相结合的拓展题

例题:2023学年第一学期普陀区一模卷第21题。

21.【任务四】活动反思

这次诗歌迎新会上,用AI创作诗歌颇具争议。对此,你持怎样的观点?请用80字左右的短文表达自己的看法。(6分)

【评分标准】表明观点(1分),根据诗歌创作的特点,分析AI技术创作诗歌时的优势和不足,言之成理即可(4分);语言表达通顺连贯(1分)。

【分析】考查个性化解读名著的能力。首先需要表明观点，可以选择“支持”或“不支持”，答案不唯一。根据诗歌创作的特点，分析AI技术创作诗歌时的优势和不足，言之成理即可。

这类题目不仅关注了社会热点，同时，非常强调对学生思辨能力的考核，“语言文字既是重要的交际工具，也是重要的思维工具。本次课程标准修订将‘思维能力’作为核心素养的四个方面之一，并单独设置思辨性阅读与表达学习任务群，体现了对培养学生思维能力的关注”。① 可以说，这类题目也呈现出今后综合运用题目命题的方向——将名著阅读和社会热点相结合，考查学生的思辨能力。

三、新题型分析

题目设计的推陈出新一直都是试卷设计的难点也是亮点，2023学年一模卷中也同样出现了不少新场景、新题型，以下是对其中一些典型新题的分析。

1. 将名著考核和教材联系在一起的新题

例题：2023学年第一学期虹口区一模卷第19题。

19. 小雨想以典型汉字为例，向同学介绍《经典常谈》一书中关于“六书”的内容。在准备阶段，他无法判断“友”字的造字方法并分析其结构特点、推断其意义，请结合《经典常谈》一书相关内容，参照下图由中华文字博物馆提供的“友”字甲骨文字形及“六书”简介，帮助他完成。（3分）

① 郑国民，李宇明. 义务教育语文课程标准（2022年版）解读[M]. 北京：高等教育出版社，2022：167.

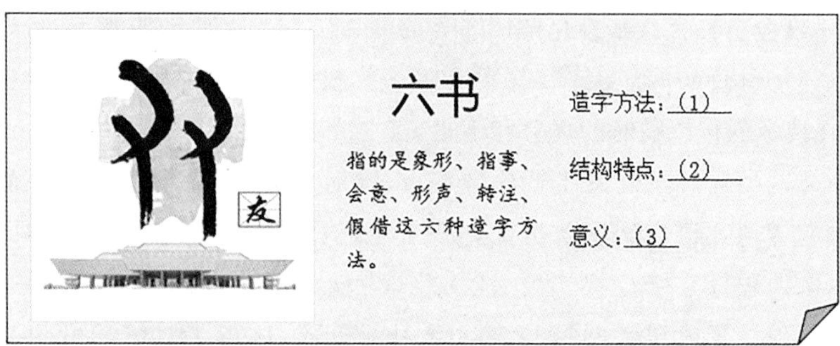

【分析】该题是对新增名著《经典常谈》的一次命题尝试。这是一道关联《经典常谈》的命题，本书的考核在近几年的一模卷中就出现得很少；不仅如此，本书在阅读和理解上也对学生提出了更高的要求。同时，这道题也紧密联系了语文教材。命题的方向与语文六年级上册第六单元综合学习“遨游汉字王国”有一定关联性。

2. 联系时下热门话题命题

例题：2023学年第一学期黄浦区一模卷第21题。

21.【实践和运用】

阅读下列材料，按要求答题。(6分)

“i人”和“e人”是2023年的网络流行语，“i人”指性格内敛，“e人”指性格外向。两者最大的区别是“i人”比较容易享受独处，更注重自我反省和内心体验；“e人”更愿意在与人交往中收获乐趣，坦诚、果断，直言不讳。

小说《钢铁是怎样炼成的》主人公保尔·柯察金是“i人”还是“e人”？说说你的看法，并结合与人物相关的内容，简要说明理由。

【评分建议】1.有能体现人物性格的故事情节的简要概述；2.能将人物性格特点与“i人”和“e人”的特点相关联；3.语言通顺，阐述合理。

【亮点分析】

1. 八年级上册第四单元综合学习“我们的互联网时代”有关于

“网络词语”的话题探讨。

2. 题目的设计将时下网络热点——“i人”和“e人”的话题巧妙地联系到对名著内容的分析中。

四、关于初三阶段综合运用教学的复习策略

从综合运用板块出现至今，正好已经有十年的时间了，在这十年中，我们不仅直观感受到综合运用板块的分值在不断增加，更感受到该板块的命题也在推陈出新，可以说综合运用板块是整张语文试卷中聚集亮点最多、最能综合考查学生语文学科能力和素养的一个板块。

在越来越重视综合运用板块的同时，还对后阶段的备考教学进行了思考和讨论。

（一）明确考题学习水平类型，提升考点分类意识

分类的过程也是明确考点的过程，这对初三阶段的教学和综合运用板块的复习是很有意义和价值的。

以2023学年初三年级一模考的综合运用板块的分析为例，笔者根据学生的学习水平进行了分类统计。将综合运用的考题划分为“知道”“理解”“分析”“综合”四大类。需要说明的是，这四个类别本身没有难易之分，并不是说“知道”类的题目要求低、更容易得分，“综合”类的题目一定就比“知道”类的题目难，这四大类其实是针对学生不同学习水平的考核方向。另外，四种类别之间也存在相互联系。比如，部分“分析”类考题其实需要学生在“理解”的基础上加以分析，部分“综合”类的考题不一定经由“理解”和“分析”，但有可能需要“知道”作为基础——如需要应用文写作、常识等作为答题基础。

就题目数量来说，“知道”类考题数量最少，基本占比7%左右，

"理解"类考题次之,基本占比17%左右,"分析"类和"综合"类考题占比最大,笔者认为这也是今后综合运用板块命题的趋势——更加注重学生综合能力的考查,考题灵活度比较高。

"越来越多的中考题倾向于在语文综合性学习、口语交际等板块中考查学生的'表达交流'能力。综合性学习的'综合'包含三个层面:一是语文内部的综合,是听说读写的结合;二是学科与学科之间的综合;三是语文学科与生活的综合。因此,综合性学习的考查不只是语言运用规律本身,还包括跨学科、社会实践等内容"。①

学习水平(行为动词,表征认知水平)

行为动词		学习水平
知道	背诵、默写、识别、积累、匹配、标识、辨认等	A
理解	概括、解释、归纳、预测、判断、归类等	B
分析	梳理、辨析、说明、阐释、分解、区分、推断、推理等	C
综合	鉴赏、评价、探究、比较、编写、创造、设计、批判等	D

下面以一模考中的典型题目为例进行说明:

1. "知道"类考题

"知道"类考题,要求学生掌握最基础的与名著相关的知识,如文学常识积累、文本内容的识别、书中情节的匹配等,这类考题在各区的命题中非常普遍,也是最直观反映学生名著阅读情况的一类题目。

例题:2023学年第一学期宝山区一模卷第21题。

21.(1) 小敏同学提交的《水浒传》读书档案卡中缺漏一些内容,请你补填完整。(4分)

① 张秋玲,牛青森等.新版课程标准解析与教学指导初中语文[M].北京:北京师范大学出版社,2022:210.

《水浒传》读书档案卡

<table>
<tr><td>书目</td><td colspan="2">《水浒传》</td></tr>
<tr><td>作者</td><td>元末明初</td><td>____①____（人名）</td></tr>
<tr><td>出版社</td><td colspan="2">人民文学出版社</td></tr>
<tr><td>作品简介</td><td colspan="2">《水浒传》记述了梁山好汉从起义到兴盛再到最终失败的全过程，是中国历史上第一部歌颂农民起义的长篇小说。作品塑造了一大批栩栩如生的人物形象。其中梁山好汉就有__②__个，如宋江、吴用、林冲等，形象鲜明，各具特点。</td></tr>
</table>

【分析】这道题用“读书档案卡”的形式，设计的两个空格其实都是对《水浒传》相关文学常识的积累的考核。

2.“理解”类考题

“理解”类考题，要求学生对名著内容有概括、解释、归纳、预测、判断等能力，相对“知道”类题目，对学生提出了更高的要求。这类题目在各区一模卷中也是非常常见的考题。

例题：2023 学年第一学期奉贤区一模卷第 20 题。

20. 展厅的电子书架中录入了各种类别的名著。请将下面七本图书归入电子书架的相应类别中（填序号）。（4 分）

①《朝花夕拾》（鲁迅）

②《西游记》（吴承恩）

③《艾青诗选》（艾青）

④《昆虫记》（法布尔）

⑤《红星照耀中国》（埃德加·斯诺）

⑥《童年》（高尔基）

⑦《水浒传》（施耐庵）

【分析】这道题是典型的名著文体归类题，属于“理解”类题目，要求学生在掌握基本文体特征的前提下，将文体相同的书籍进行归类。这类考题,比前一类单纯考查文本文学常识的“知道”类考题要求高,需要学生有一定的判断和归类意识。

3.“分析”类考题

“分析”类考题是指在理解的基础上对文本进行分析的考题。相较于“理解”类考题,要求更高,不仅需要考生有概括、判断、归类等能力,还需要在此基础上进行梳理、推断、说明、阐释等。“分析”类考题需要学生具有更全面的对文本的解读能力,在本次综合运用考题归类的过程中,我们发现“分析”类考题所占的比重越来越多,大部分区卷都有此类题目的考核,而且都非常注重对学生的思辨能力、表达能力的考查。

例题:2023 学年第一学期浦东区一模卷第 23 题。

23. 在《水浒传》和《儒林外史》中,有一些看起来特别夸张的故事情节。请你从下面选一个人物,结合具体内容分析作者这样写的用意,做好读书交流的准备。(80 字左右,6 分)

A. 鲁智深　　　　B. 严监生

【分析】这是一道小作文题目,由于“分析”类考题对学生阅读、理解、分析能力的要求更高,所以常常会以小作文的样式出现。这道题不仅要求学生对名著中一些夸张的故事情节有概括能力,同时还要结合作者的写作意图加以分析,作者想刻画怎样的人物形象?作者对这一形象的态度是怎样的?会产生怎样的艺术效果?这些都需要学生对小说情节有一定的区分、概括、阐释、推理能力。

4.“综合”类考题

与“分析”类考题一样,自全面使用部编版教材以来,“综合”类考题在各区模拟考中所占的比重非常高,几乎所有区卷都有此类题目的考核。这类题目的特点在于灵活性高,贴近生活,涉及的考核角度多种多样,对学生综合能力的要求比较高。这类题目也是与“综合运用”板块的“气质”最相符的一类题目,同时也是很难有所准备的一类考题。

例题:2023学年第一学期徐汇区一模卷第22题。

22.心理小屋的树洞邮箱收到一封求助邮件。请运用情绪知识,结合《钢铁是怎样炼成的》或《红星照耀中国》中的人物或内容,给×同学回一封邮件,为他/她提供帮助。(100字左右)(8分)

树洞:

你好!最近我感到数学学习很困难,今晚我为了一道题目苦苦思索了三个小时,却怎么也解不出来。我感觉自己太没用了!你能告诉我该怎么办吗?

初三(7)班×同学

【分析】这是徐汇区一模卷的最后一题,也是一道典型的"综合"类考题。这道题对考生的要求是多方位的,在内容方面,不仅要求考生能用上题中学习和掌握的情绪知识,同时还要能以名著内容或名著中的人物作为对×同学提供帮助(疏导建议或引发自我思考)的依据;在语言方面,需要运用第一、第二人称完成一次对话的撰写,要求语句通顺、有对象感;在格式方面,考生若能有模仿"求助邮件"的格式意识则更好。

(二)练习用的题目的选取和设计要有突破性

在在初三阶段综合运用在备考过程中,教师可以多选择与名著相关的开放度、包容性比较大的题目,培养学生积极思考和思辨能力。"教师要关注互联网时代日常生活中语言文字运用的新现象和新特点,认识信息技术对学生阅读和表达交流等带来的深刻影响"①,因此,在教学和题目设计过程中,尤其可以关注或设计具有时代特色的话题、场景的题目。2023学年第一学期各区一模考中有不

① 中华人民共和国教育部.义务教育语文课程标准(2022年版)[S].北京:北京师范大学出版社,2022:46.

少区卷的题目就进行了全新的尝试，如"文创产品设计""AI诗歌创作""树洞投稿""'i人''e人'的讨论"等。

例题：2023学年第一学期普陀区一模卷第20题。

新年将至，学校文学社准备举办诗歌迎新会，请你参与并完成相关任务。

20.【任务三】当诗歌遇上AI

艾青的诗歌《礁石》写于1954年，只有两个诗节，下列诗歌中的第三个诗节是AI(人工智能)的续写，放在原诗两个诗节后是否合适？请结合诗歌的表现形式与情感主旨作出评价。(6分)

礁石

一个浪，一个浪
无休止地扑过来
每一个浪都在它脚下
被打成碎末，散开……

它的脸上和身上
像刀砍过的一样
但它依然站在那里
含着微笑，看着海洋……

(以下为AI创作)
你看那礁石，面对着大海，
眼神是那样的坚定。
它用它的沉默，
诉说着无尽的故事……

【亮点分析】

1.知识点与教材的关联：九年级上册第一单元《艾青诗选》中关于如何读诗的指导。

2. 如今 AI 已经为大多数人所熟悉,不再是什么新名词。科技日益发达的今天,既有轻松完成万能文字 AI 工具 ChatGPT,更有 2024 年 2 月 15 日刚发布的火爆全球的 AI 视频工具 sora(可以在线一键生成以假乱真的 AI 视频)。综合运用本身就是对学生语文学习能力的综合考核,自然不再局限于名著的阅读,像这一类能体现对科技发展和科技前沿关注的命题,可以说是必要的、新颖的,也是非常能体现时代特色的考题。

(三) 在教学中,切实落实学生对名著的阅读

名著的阅读不应独立于语文教学之外,教师应有意识地培养学生将名著阅读与课堂学习相结合的习惯,同时,要避免以做题代替阅读的“走捷径”的教学模式。只有真正读过才能留有印象,可以说整本阅读是学生面对千变万化的考题的“底气”。笔者在初三阶段教学过程中,发现部分学生在面对名著阅读的过程中存在明显的畏难情绪,对一些类似于《海底两万里》《鲁滨孙漂流记》之类故事情节比较强的作品,部分学生尚且无法做到整本阅读,那么面对《儒林外史》《经典常谈》等书籍时,学生完成阅读的情况就更让人担忧了。学生不能完成书籍的整本阅读,已成为语文综合运用教学的最大障碍,在初三紧张的复习迎考阶段,再捧起名著一页一页、一章一章阅读也是不现实的。以下给出一些阅读名著的建议,供大家参考。

1. 充分利用在校的零散时间督促学生阅读

今后再接手新班时,大家可以有意识地在班级中营造读书的氛围,如利用午自修、课后服务的时间,督促学生完成名著的阅读。另外,也可以让学生自行组建阅读小组,制订名著阅读计划,互相督促名著阅读。

2. 名著阅读“赶早不赶晚”

对本身有难度或比较厚的名著,如《儒林外史》《经典常谈》《水浒传》等,不要等到初三时再着手阅读,对于目前涉及的 14 本名著阅

读,教师可以对其进行分类重组,预初阶段只有两本,阅读压力和难度都不大,其实可以增加一两本初一阶段的名著,提前阅读。以此类推,争取提前一个学期完成14本名著的阅读。

3. 将名著阅读和课文教学相结合

例如,进行课内古文、古诗词教学时,可以联系《经典常谈》中的相关章节进行讲解、布置阅读任务;教鲁迅先生的散文作品时,可以布置《朝花夕拾》的阅读;初三学习现代诗时,布置《艾青诗选》的阅读。将名著阅读分散到日常教学中,学生的阅读压力也会减小,名著的阅读也会成为日常课文教学的有益辅助和拓展。

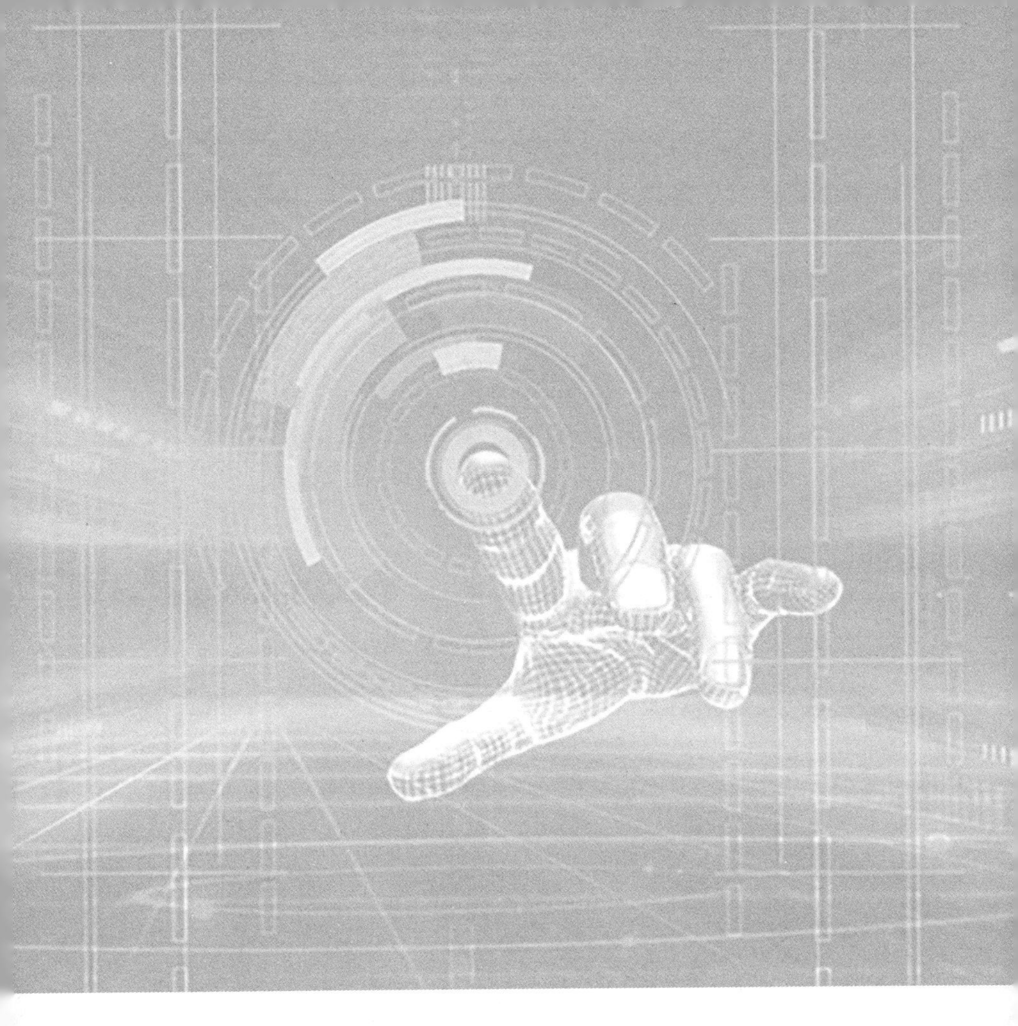

第四辑

数学学科教育研究

教师要用自己的知识、智慧、人格魅力去影响学生，唤醒学生心中沉睡的希望，提升学生内在向上的精神追求。

——李英

数学拔尖创新人才早期培养的十年探索

徐　汜①

摘　要:拔尖创新人才培养是一场接力赛,华育中学自建校以来,一直积极探索拔尖创新人才的早期培养。自2014年以来,经过十年的实践,我校认为构建学生的潜能识别的标准是数学拔尖创新人才早期培养的先决条件;促进学生志存高远,感受数学文化的浸润是数学拔尖创新人才早期培养的重要奠基;深化专业化课程培训和教师带教制度是数学拔尖创新人才早期培养的主要途径;完善评价观念与体系的改革是创建数学拔尖创新人才成长环境的重要因素。

关键词:拔尖创新人才;早期培养;数学课程

一、研究背景

1. 中美科技竞争,国家强基计划

习近平总书记指出:"全部科技史都证明,谁拥有了一流创新人才、拥有了一流科学家,谁就能在科技创新中占据优势。"②创新是引领发展的第一动力,国家科技创新力的根本源泉在于人才。

从2019年5月开始,美国不断在高端光刻机、芯片制造、核心工业软件等关键领域开始"卡脖子",发动了一场没有硝烟的战争。针

---

① 作者简介:徐汜,上海市民办华育中学副校长,数学教师,中学一级教师,主要从事中学数学教学与强潜能学生培养研究.

② 习近平.在中国科学院第十九次院士大会、中国工程院第十四次院士大会上的讲话[N].光明日报,2018-5-28.

对美国极端的竞争手段，教育部发布了《关于在部分高校开展基础学科招生改革试点工作的意见》，决定自2020年起，在部分高校开展基础学科招生改革试点，也称强基计划。① 考生可在高考前申请参加"强基计划"招生，以精准选拔并培养有志于服务国家重大战略需求，且综合素养优秀或基础学科拔尖的学生，聚焦高端芯片与软件、智能科技、新材料、先进制造和国家安全等关键领域，以及国家人才紧缺的人文社会科学领域。

2. 华育中学新一轮发展五年规划

华育中学在李英校长引领下，于2020年制订了学校发展新的五年规划，学校将认真贯彻执行中共中央、国务院《关于深化教育教学改革全面提高义务教育质量的意见》文件精神，把握中国与上海教育现代化2035的战略目标和愿景，把准华育中学高水平培养人才的现代化目标与方向。

在2020学年至2025学年发展过程中，将立足于发展与新时代育人要求相适应、与上海国际化大都市和全球科创中心相匹配的初中教育改革创新探索，努力成为本市一流的学术型、创新型民办初中。

在高标准、高品质、有特色、规范化实施国家必修课程的基础上，进一步完善学校课程教学纲要，大力推进必修基础上的选择性拓展、提升与整合性课程，落实学校自主建设的发展空间，在学校课程的系统性、结构性、选择性上凸显因材施教的强度，关注学生兴趣爱好、个性潜能的开发。继续强化数学、物理学、化学、生命科学、计算机科学等五个学科竞赛强潜能学生培育，对学生发展高度不设上限，充分重视创新人才的早期培养，为创新人才的成长创造有利条件。重点培养一批在数学领域有探究精神、发展潜能并逐步形成专业志向、具有

① 中华人民共和国教育部.关于在部分高校开展基础学科招生改革试点工作的意见[J].教学〔2020〕1号，2020-1-14.

基于一定领域创新素养的优秀学生。探究数学拔尖创新人才的潜能识别和培养模式，为日后更多领域创新人才培养提供可供借鉴的经验。

二、研究的意义

拔尖创新人才是指在某一领域或某一行业中为社会发展和人类进步作出创新贡献的人。19 世纪英国教育家纽曼对创新人才的理解是："学会思考、推理、比较、辨别和分析，情趣高雅，判断力强，视野开阔的人。"德国大学的人才培养深受洪堡大学理念的影响，德国教育家雅斯贝尔斯提出，大学应该培养具备"全人"的理念，追求"全人"前提下的创新。20 世纪中叶，美国教育家赫钦斯强调，教育的目的在于培养完人，要养成智性美德，实现最高的智慧及最高的善，从而培养出"完人"。①

中国人民大学附属中学校长刘彭芝多年来一直致力于拔尖创新人才的早期培养工作。她认为：国际竞争的核心是人才竞争，人才竞争的关键是拔尖人才的竞争；培养拔尖创新人才是一个系统工程，其中拔尖创新人才的早期培养是基础工程。人的禀赋有区别，智商有高低，对智力超群、有高创新潜质的孩子，我们应实施特别的教育培养，拔尖创新人才的培养应该从孩子抓起。许多国家在这方面"见识比我们早，动手比我们快，措施比我们实"。② 例如，美国、英国、韩国、新加坡、日本、俄罗斯、印度等国，都已有相关的立法，从国家利益角度出发，给天才儿童教育提供法律、经费、人力、研究等全方位的保

---

① 郭天翔.创新型人才内涵、特征、培养及评价——从国际比较、评价角度分析[J].内蒙古教育，2021(4)：11－16.

② 孙金鑫.拔尖创新人才的早期培养——来自名人大家的观点[J].中小学管理，2010(5)：4－7.

障与支持。

数学在人类历史发展和社会生活中,发挥着不可替代的作用,同时也是学习和研究现代科学技术必不可少的基本工具。因此在拔尖创新人才早期培养方面,我们应该有紧迫感和责任感,尽快建立拔尖创新人才的早期培养基地。在基础数学方面,打下坚实的基础,为将来培育一大批日后能为解决科学技术上“卡脖子”项目而攻关的学科人才梯队。

三、数学拔尖创新人才早期培养进展概况与成效

(一)参与培养的学生

每个年级组建创新人才培养梯队,通过教师推荐、选拔考试等方式组建两个梯队。第一梯队大约 30 人,打破初高中数学知识体系的束缚,采取研究生式带教学习模式,高观点高思辨,对人才培养不设上限。第二梯队大约 40 人,重点培养学生数学核心素养,循序渐进。每届创新人才培养梯队学生,都受到市实验性示范性高中的青睐,有些学生甚至收到北京大学、清华大学提前录取意向。

(二)培养模式

为实现数学拔尖创新人才早期培养,我们从课程体系、课程形式、课程内容等方面作出了针对性安排。

1. 课程体系以激发数学志向为导向

在课程体系方面,我们注重对学生个人理想与数学志向的引导和建设,同时也注重对学生数学学习兴趣能力的培养。在理想与立志方面有如下常规安排:

(1) 利用学校的特聘教授资源,定期聘请不同领域的专家、教授、顶级科学家等来校做主题报告。报告内容或涉及主讲嘉宾的个人成长成才经历,或涉及其研究领域的发展前景与前沿。用能量传

递能量，用人才启发人才。

(2) 利用我校自身的教师资源，定期开展丰富多彩的专题讲座。华育中学有一百多名教职员工，他们毕业于各大高校的不同专业。教师根据自己的学科特长开设主题讲座，拓宽学生的知识面，开阔学生的眼界和格局，激发学生的求知欲。同时，数学教师还会开设与数学发展史和数学家成长史相关的课程。用灵魂塑造灵魂，用英雄培养英雄。

(3) 利用各种比赛机会，及时进行红色教育。华育中学的数学拔尖人才每年都有机会参加全国各地举办的各种层级的数学学科竞赛。在外出参加比赛期间，竞赛教练总会带领学生参观当地的红色教育基地，让学生接受红色教育洗礼，了解革命先辈为祖国强盛作出的努力和贡献。

2. 授课形式以学生能力发展为基础

华育中学数学拔尖创新人才早期培养模式，遵循“点线面体”的培养思路和因材施教的教学原则。

对极个别天赋异禀的学生，我们采用“点对点”的师徒带教制度，让学生的个人才华得到充分发挥，也会利用实验性示范性高中、高校资源对学生进行个别辅导和培养。

对数学特别拔尖的第一梯队学生，我们采用集体面授、分组讨论学习加个别辅导的形式，确保水平高的学生上限不封顶，其他学生能力不掉线。

对数学拔尖的第二梯队学生，我们采用集体面授、动态管理的方式，充分调动学生的积极性，确保学科竞赛力量的基本面厚实稳定。

对全体华育学生，我们明确提出“华育以数学学科见长”，其目的就是确保全体华育学子数学学科能力和学科素养保持高水平。①

这样的安排，不仅做到了因材施教，而且还确保各层次学生都能

---

① 李英.初中阶段创新人才早期培育的“点线面体”实施路径[J].上海教育，2024(15)：32－33.

得到最大收获和成长。同时也培养学生创新思维与团队协作精神。

3. 课程内容以提升不同层次学生能力为突破点

在课程内容安排方面,我们注重知识体系的系统性、科学性、完备性。根据授课内容,我们数学学科竞赛安排了数学A班、小班、研讨班、第二课堂、活动课、专业课等。其中数学A班针对初中竞赛和初升高的四校自招,活动课、专业课针对全国高中数学联赛一试;小班、研讨班、第二课堂等针对全国高中数学联赛二试。通过不同课程内容的设置,满足了学生差异化学习,因材施教,极大地提升了学习的效率。

(三) 培养初步成效

1. 在升学方面,数学拔尖创新人才培养梯队中的学生进入市实验性示范性高中比例远远高于普通学生。以2020、2021届学生为例:

2020届数学拔尖创新人才培养第一梯队31人,29人进入四校,四校率为93.5%。26人进入四校特色班,四校特色班率为83.9%。

2020届数学拔尖创新人才培养第二梯队38人,27人进入四校,四校率为71.1%。22人进入四校特色班,四校特色班率为57.9%。

2020届其他毕业学生264人,143人进入四校,四校率为54.2%。51人进入四校特色班,四校特色班率为19.3%。

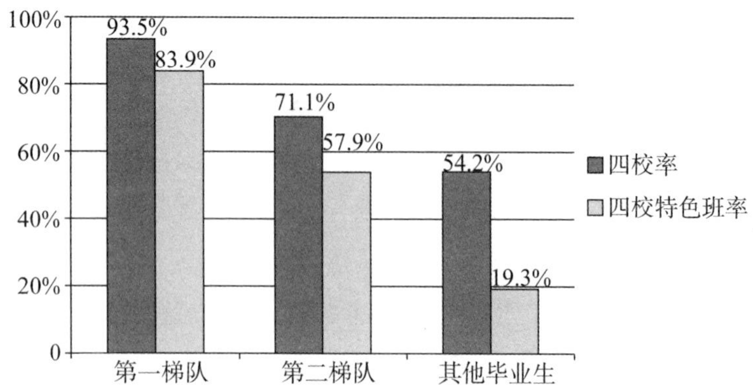

2021 届数学拔尖创新人才培养第一梯队 30 人，全部进入上海中学和华东师范大学附属第二中学，四校率为 100.0%。进入上海中学数学班和华师大二附中基科班共 21 人，进入其他特色班 6 人，四校特色班率为 90.0%。

2021 届数学拔尖创新人才培养第二梯队 37 人，31 人进入四校，四校率为 83.8%。17 人进入四校特色班，四校特色班率为 45.9%。

2021 届其他毕业学生 277 人，167 人进入四校，四校率为 60.3%。54 人进入四校特色班，四校特色班率为 19.5%。

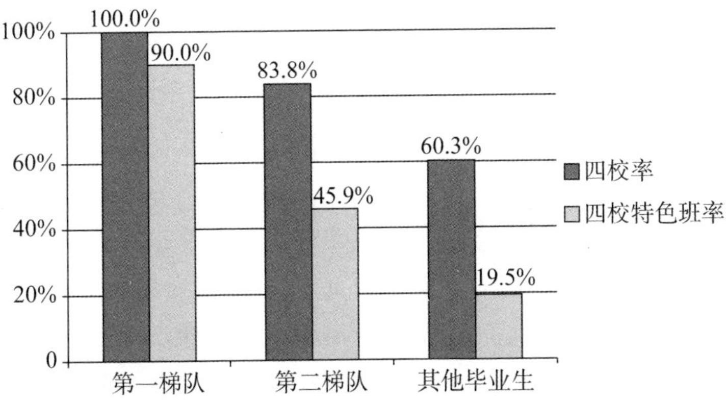

2. 在获奖方面，数学拔尖创新人才培养梯队在国内和国际上获得重要奖项。2018 届学生，初三参加全国高中数学联赛，5 人获得一等奖(上海市初中生共 6 人获得一等奖)。2020 届学生，参加 2019 年东南数学奥林匹克竞赛，获得高一组团体总分第一名，8 名参赛队员获得 7 枚金牌和 1 枚银牌；参加 2020 年东南数学奥林匹克竞赛，获得高二组团体总分第二名。2021 届学生，参加 2021 年东南数学奥林匹克竞赛，获得高一组团体总分第二名，高二组团体总分第四名。2023 届学生，参加 2023 年东南数学奥林匹克竞赛，获得高一组、高二组团体总分第一名。

华育中学学生以初中生身份，4 人进入全国数学冬令营，1 人进入中国数学国家集训队。2021 年，2021 届初三学生邓恒煦，参加清华大学丘成桐数学领导计划选拔,最终入围 123 人最后面试环节,获得北大数学夏令营一等奖。

华育中学建校 20 年以来,毕业学生共有 8 人 10 次入选中国数学奥林匹克国家队,获得 9 枚国际数学奥林匹克金牌,近 10 年来,共有 20 位学生入选中国数学国家集训队。

3. 后续学习方面,数学深造仍然是第一选择。20 个入选中国数学国家集训队学生中有 17 人进入麻省理工学院、耶鲁大学、北京大学数学系继续深造,有 3 人进入清华姚班学习计算机理论。一些学成归来的学生,已经成为国家高科技储备人才,潜心钻研理论数学,成为解决科学技术上“卡脖子”项目攻关人才。

四、数学拔尖创新人才早期培养形成的基本结论

通过华育中学建校以来的经验积累,尤其是 2018 届、2019 届、2020 届、2021 届四届学生的重点研究,我们认识到数学拔尖创新人才的早期培养,需要在潜能识别、培养理念、课程建设、评价体系等方面作出切实的变革,并得出以下四个具有一定普遍意义的结论。

(一)构建学生潜能识别标准是数学拔尖创新人才早期培养先决条件

潜能,不是指此刻已有的成就,而是指待提升可开发的隐藏的实力,它在某种意义上决定数学学习的上限。不同学生的潜能展现领域不同,有的是单核的(在单一学科领域),有的是多核的(在多个学科领域)。识别学生是否在数学领域具备潜能或有多大潜能,这决定学生学习的最终高度,是教师对学生潜能开发的先决条件。

1. 有潜能学生成长类型

华育中学学生在四年的学习生活中,成长过程不同,天赋展现模式不同,能力突破自我与飞跃时间不同,大致可以分成以下几类。

（1）高起点的学生

他们对数学学科有浓厚的学习兴趣，求知欲强，不满足于课内知识，进入华育中学前有一定的名气，数学学习大幅度超前，并且很早立志在数学竞赛中取得佳绩。有些学生在中学数学学习方面如鱼得水，更上一层楼。例如，2006 届牟晓生（2008 年第 49 届国际数学奥林匹克竞赛金牌），2011 届张耿宇（2014 年、2015 年中国数学国家集训队队员）。有些学生在学习过程中会较早遇到瓶颈，在克服困境后显现天赋。例如，2012 届窦泽皓（2015 年中国数学国家集训队队员），2017 届黄凤麟（2020 年中国数学国家集训队队员），2019 届邵子健（2020 年中国数学国家集训队队员），2018 届夏一翀（2021 年中国数学国家集训队队员）。

（2）综合全面的学生

他们是学校的优秀学生，各科成绩长期名列前茅，具有较强的应用能力，能应用所学数学知识解决实际生活中遇到的问题，并促进其他相关学科的学习。在华育中学的土壤中，数学天赋逐步显现，成绩水到渠成。例如，2010 届宋杰傲（2014 年中国数学国家集训队队员），2013 届高继扬（2014 年第 55 届、2015 年第 56 届国际数学奥林匹克竞赛金牌），2014 届庄子杰（2017 年中国数学国家集训队队员），2016 届李洲子（2019 年中国数学国家集训队队员），2019 届石鎔诚（2021 年中国数学国家集训队队员），2019 届王元鸿（2021 年中国数学国家集训队队员），2020 届刘胤辰（2021 年中国数学国家集训队队员）。

（3）大器晚成厚积薄发的学生

他们在学校中并不突出，甚至有时还默默无闻，是学习的跟随者。但是，他们具有较强的思维能力，思维水平具有深刻性、广泛性和灵活性。他们最具有爆发力，学习中往往会产生多次质的飞跃，达到更高的高度。例如，2008 届聂子佩（2010 年第 51 届国际数学奥林匹克竞赛金牌），2009 届周天佑（2011 年第 52 届国际数学奥林匹克竞赛金牌),2010 届刘宇韬(2013 年第 54 届国际数学奥林匹克竞赛金牌),2017 届赵文浩(2019 年中国数学国家集训队队员),2018 届黄嘉俊(2019 年第 60 届国际数学奥林匹克竞赛金牌),2018 届王一川(2021 年第 62 届国际数学奥林匹克竞赛金牌)。

(4) 偏科的数学天才

他们不善于沟通,缺乏感性的体会,但是他们具有很好的数学素养,沉迷于数学的书海,废寝忘食。偏科的他们,往往会因传统学习而泯然众人,他们需要伯乐的眼光,细心的培养,耐心的陪伴。例如,2012 届孙天宇(2013 年、2014 年中国物理国家集训队队员)。

(5) 坚持不懈执着的女生

女生对数学学习,往往受到世俗的影响而半途放弃,一颗永恒的决心往往起决定性作用。她们需要同伴、老师的鼓励,她们同样能创造辉煌的成绩。例如,2016 届张澄(2017 年女子数学奥林匹克竞赛金牌,2018 年中国数学奥林匹克金牌)。

2. 有潜能学生成长共性特征

(1) 超越常人的自主学习能力

优秀的数学学习者,都有一定的自学能力,通过举一反三,将新知识与旧知识有机联系在一起,而超越常人的自主学习能力,往往能打破年龄的局限,在低年龄阶段完成所有初等数学学习,甚至高等数学学习,在研究数学问题时能站在更高角度,弄清楚数学问题的本质。

2011 届学生张耿宇,在 6 年级一个多学期完成了整个初中数学课程的自学,数学老师随即推荐一些数学专业书籍和习题,让小张同学在代数、几何、数论、组合等方面进行自我深度学习。他平时在学校和老师探讨数学问题,寒暑假每天坚持 8 小时数学探究,在 7 年级时获得初中数学竞赛一等奖。9 年级时完成所有高中数学课程和部分大学课程学习,在研究一道代数题目最值问题时,自己探索了初中数学法、高中柯西不等式方法和大学求导数求极值方法,展现了不同维度的思考。高二时进入中国国家数学集训队，保送北京大学数学系，后去哥伦比亚大学读数学系研究生。

2021 届学生邓恒煦，9 年级参加丘成桐数学领军计划选拔，最终入围 123 人最后面试环节。其中数学测试涉及微积分、线性代数、群论等相关高等代数知识，邓恒煦在短短 6 个月的时间中利用课余时间自学了上述课程，最终数学测试达到优秀成绩。

超越常人的自主学习能力，不是通过简单的校外机构培训就能达到的，是通向数学殿堂的基石，教师也由教学制变成导师制，在每个学习的时间节点，给予适合的学习资料和正确的指导，让学生追逐更高的数学理想。

（2）执着的追问精神

如果说失败是成功之母，那么问题就是方法之母。好问的人，只做了五分钟的愚人；耻于发问的人，终身为愚人。只有勤于思考，勇于提问，才能促使自己接近真理，获取解决问题的方法。

2024 届邓乐言同学，在新预初时达到高中数学联赛一等奖水平。他的口头禅是："老师，我有一个重要的问题""老师，我想问一下"……一个厉害的学生，往往有很多问题，这个现象不得不引人深思。从某种意义上讲，一个人知道得越多，思考得越深入，那么他的知识边界也就越宽，所涉及的未知的东西就越多，产生的问题自然就越多。不断提出问题，解决问题，是自我提升的最快方式。

（3）坚持不懈的原创动力

在数学学习过程中，不乏一些大器晚成的学生，他们可能没有碰到伯乐，没有展现超强的自学能力，教师如何识别学生的后天潜能？看他们解决问题的原创性。经过长期训练的学生，往往解决问题的方法机械，看似漂亮的结果，都是预先设定好的。奇特的解法，甚至比较复杂的解法，才能透露出强有力的潜能。

2008 届学生聂子佩，初二时才开始接触数学竞赛，特别喜爱研究问题的他总能引起教师的注意。初一时，教师提出问题："三角形的两个角平分线长相等,则这个三角形是等腰三角形。"他自己独自钻研多种初等解法,如几何不等式同一法、代数方程计算法等。方法不如标准答案精彩,但另辟蹊径,提出独到的见解。

2018届学生黄嘉俊,起初是一个普通学生,刚好有机会进入数学兴趣小组学习。他善于用代数方法解决数学问题,数论、几何问题通过构建代数模型解决。他的特点引起教师的关注,在高二时就解答了一道不等式最优解问题并在专业期刊上发表了论文。

(4) 豁达开朗有韧劲,不获全胜不收兵

学习之路与人生之路一样,不可能一帆风顺。如何面对挫折,怎样看待失败,是一个永恒的话题。最终能取得成功的学生往往都豁达开朗,坦然面对失败,并从失败中吸取经验教训。纵使屡战屡败,也一定要屡败屡战,充满韧劲,不达目标不罢休,不获全胜不收兵。

(二) 促进学生志存高远,感受数学文化的浸润是数学拔尖创新人才早期培养的重要奠基

数学是一门课程,也是一种文化。数学文化是对数学知识、技能、观念和素质等的高度概括。数学文化本身就是数学教育的重要组成部分,其内容是丰富多样的。带领学生感悟数学悠久的历史和文化,体会数学中浓郁的人文精神,帮助学生理解数学文化的内涵,完善认知体系。我们认识到数学知识培养与数学文化价值认同同等重要,让全体学生了解数学发展史上著名数学家,如祖冲之、刘徽、杨辉等,以及阿基米德、欧几里得、毕达哥拉斯、欧拉等,了解世界三大数学猜想:费尔马大定理、四色问题、哥德巴赫猜想;提高学生数学欣赏水平,发现数学公式美、图形美、黄金分割美,通过欣赏数学,上升为懂得人生美和世界美的境界。

1. 志存高远能激活学生的内驱力,直接影响学生发展的高度与广度

数学学习是一个长期而艰苦的过程,当学习遇到困难时,为什么

学习，为谁学习，怎样才能坚持下去，会困扰很多优秀的学生。智力水平相仿的学生，如果能树立高远的志向，有利于提升他们的思想境界和社会责任感，并产生源源不断的动力，并进一步提升他们抗挫折能力，进而向更高层次目标去努力。带领学生了解近现代数学家工作和我国青年数学家研究状况，如数学天才澳籍华人陶哲轩，默默无闻潜心研究 30 年的我国数学家张益唐，青年数学家恽之玮、张伟等，不断激励学生努力学习，报效祖国。

2. 数学文化的浸润有利于学生突破发展的瓶颈，为进一步飞跃打下基础

对优秀初中生而言，在数学学习过程中存在三个时期：成长期(知识点快速学习，很快学完高中知识)，瓶颈期(短期学习无法取得进展，出现停滞，不能持续走向更高的发展平台)，飞跃期(克服各种困难，开始飞跃，达到更高层面上的学习)。几乎所有学生都会遇到瓶颈期的困扰，教师通过数学文化的浸润，让学生感悟数学家的奋斗历程，学会如何面对挑战，产生新的目标激励和内在努力，不断突破瓶颈期的束缚，走向一个又一个飞跃期。

(三) 深化专业化课程培训和教师带教制度是数学拔尖创新人才早期培养的主要途径

这里的专业化课程是指经过课程重构后的校本课程，打破初高中数学知识体系的束缚，分成代数、几何、数论、组合四大板块，由不同教师分阶段、循序渐进、专业化授课。学生的培养方式有面上的集体面授制、线上的教师带教制，以及特别优秀学生点对点的教师集体规划制。

1. 专业化课程的学习直接影响学生的潜能开发与发展趋势

专业化课程的学习，同学之间建立一个协作、竞争的学习“共生圈”，形成比学赶超、群雄逐鹿的氛围。不同年级的学生，同一个问题，迸发出不同的思维火花，在共生效应下，共同进步。此外，优秀的

经验,学习方法的传承,能促进学生快速成长。同样,学生也能认清自己的潜能所在。

2. 教师带教制度有利于培养学生思维的深刻性、缜密性和灵活性

不同学生的潜能是不一样的,在自己所擅长的领域需要进一步探究,需要教师更多地关注学生可以选学的专门课程的开设与基于专门课程学习的课题探究。不同教师在自己擅长的领域,带领学生进行课题研究,小组讨论,集众人智慧,更深入分析研究课题,在问题提出、分析、解答、结论等方面进行科学探究,促进数学拔尖创新人才被早期发现与脱颖而出。此外,通过现有问题,衍生出新的问题,让学生自己发现问题、提出问题,培养科学的思维品质和灵活性。

(四) 完善评价观念与体系的改革是创建数学拔尖创新人才成长环境的重要因素

数学拔尖创新人才的培养,是一个不同于普通学生的培养方式,需要多元化的评价方式。在实践中,评价体系既要有选拔性分数评价,又要有过程性评价、发展性评价,单一教师评价转变为多个教师不同领域和模块的多元化评价,这样才不至于使有潜质的学生早期被埋没。此外,学校、家庭和社会要建立有效的衔接、沟通机制,形成正确的认识。

1. 注重对学生的个性化、差异化评价,积极鼓励学生挖掘自己的优势潜能

不同学生成长经历不同,天赋显现的时间不同,有些甚至大器晚成,教师要善于发现学生的优势潜能所在,以发展的眼光看待学生,以某一板块和领域作为突破点,带动整体进步。2018 届学生王一川初期整体能力一般,但他几何能力突出,张老师给予极高评价,使他看到了自己的潜能,立志从事数学研究。

2. 家庭对学生的评价要不断更新，与学校形成合力

家长对学生的培养，往往只注重成绩的排序，关注学生的升学，重视眼前的成绩。学生自己潜心钻研的时间没有了，往往用简单机械的刷题代替学校导师制培养，产生适得其反的效果。培养学生的过程，也需要建立学校和家长之间的有效沟通，让家长做学校的好帮手，家长与学校形成有效的合力，为学生搭建飞跃所需要的平台。

3. 对接优势高中，延续学生进一步培养与发展

学生的后续发展，适合的才是最好的，哪所高中能为学生提供更好的发展，就应把学生输送到哪所高中。分析各所优秀高中的特点，为学生创造更好的发展空间，也是学校和教师重点关注的。

数学拔尖创新人才培养是一个接力赛，早期取得的成绩仅仅是一个起点，如何继续渗透近现代数学科学思想和科学方法论，如何将学生从学习型转变成研究型，任重而道远。此外，应看到学生更长远的发展，将学生发展与民族命运紧密联系起来，以建构有志于服务国家、服务社会的人才梯队。

"双新"背景下数学课程的重构与新生

黄立勋[①]

摘　要:在"双新"背景下,新课程与新教材的推出,为初中数学课程注入全新的发展动力。新教材则根据"新课标"的变化以及现行教材使用情况的反馈,对教材结构进行了完善,对教材内容进行了调整,从而进一步推动了初中数学课程的优化进程。本文旨在以新教材为基石,对华育中学数学课程教学内容进行"重构",以期实现课程的"新生",提升学校数学课程的教学质量,为学校数学教育的持续发展贡献力量。

关键词:新课标;新教材;双新;初中数学;数学课程

初中数学课程是培养学生逻辑思维、数学素养和创新精神的重要载体。在"双新"背景下,需要关注课程内容的重构与教学方法的革新,以适应学生发展的需要,推动初中数学教育的深入发展。现阶段初中数学课程的改革存在一些不足,如部分教材内容过于陈旧,难以适应新时代的教学需求;教学方法单一,缺乏对学生个体差异的关注和引导;评价方式过于注重分数,忽视对学生的综合素质和能力的培养等。这些问题制约了初中数学课程的进一步发展和完善,亟待进行深入的反思和改进。

"新课标"和新教材为改革提供了方向和契机,因此华育中学数学课程重视学生数学核心素养的培养,加强数学与现实生活的联系,

---

① 作者简介:黄立勋,上海市民办华育中学党支部书记,数学教师,中学高级教师,主要从事学校党建与中学数学教学研究.

让学生在解决实际问题中掌握数学知识与技能，鼓励教师进行跨学科教学，提升数学思维能力。学校数学教研组积极开展数学课程的研究，使教学内容更贴近学生需求和认知水平，引入更多来自生活情境的数学问题，让学生体验数学的实用性和趣味性，注重知识系统性和连贯性，帮助学生建立完整的数学知识体系，助力创新人才在初中阶段的早期培养。

一、德育课程：扬民族之文化，铸数学之精神

1. 以"民族故事"书写"数学名家"的重要贡献

数学教育作为深刻影响个体思维的重要教育方式，必须坚实地立足于对祖国的深厚情感认同以及对民族文化的深刻理解之上。它不仅是学科知识的单纯传授，更承载着文化传承与民族精神培育的重要使命。因此，华育中学数学课程应当充分展现其鲜明的民族特色，使学生在学习过程中能深刻感受到中华民族在数学领域的辉煌成就与卓越贡献。诸如，杨辉三角、赵爽的勾股定理以及祖冲之对圆周率的精确计算等，都是我国古代数学家所取得的伟大成就，不仅是中华民族在数学领域的璀璨瑰宝，更是我们民族文化的重要组成部分。中国古代的数学巨著《九章算术》更是凭借其独特的数学思想和解题方法，对全球数学发展产生了深远的影响。学校数学教师在实施数学教学中，积极引入具有中华民族特色的数学故事与成就，让学生充分了解数学名家的杰出贡献，深刻感受数学与中华民族文化之间的紧密联系。通过这样的方式，不仅激发潜在的创新人才对数学学习的兴趣与热情，更能培养他们对民族文化的自豪感与认同感，从而为他们的全面发展、成人成才奠定坚实的基础。

举例：杨辉三角与数学概率问题

杨辉三角，是二项式系数在三角形中的一种几何排列，除每行最左侧与最右侧的数字以外，每一行的每个数字等于它的左上方与右

上方两个数字之和，如图 1 所示。杨辉三角是中国古代数学的杰出研究成果之一，它把二项式系数图形化，把组合数内在的一些代数性质直观地从图形中体现出来。

1

1　1

1　2　1

1　3　3　1

1　4　6　4　1

1　5　10　10　5　1

1　6　15　20　15　6　1

图 1

在八年级数学《概率初步》一章中，课上教师通过弹珠跌落游戏，引入杨辉三角，并最终解决概率计算的问题。

跌落游戏是指，弹珠沿着瓶口向瓶里做自由落体运动，如图 2 所示，当弹珠触及第一行的物体后向第二行下落，如此反复进入最底层的七个区域中。最后弹珠落到位置的区域决定了奖品的质量，其中第一、第七区域是特等奖，第二、第六区域是一等奖，第三、第五区域是二等奖，第四区域是三等奖。学生思考，落在七个区域的概率分别是多少？

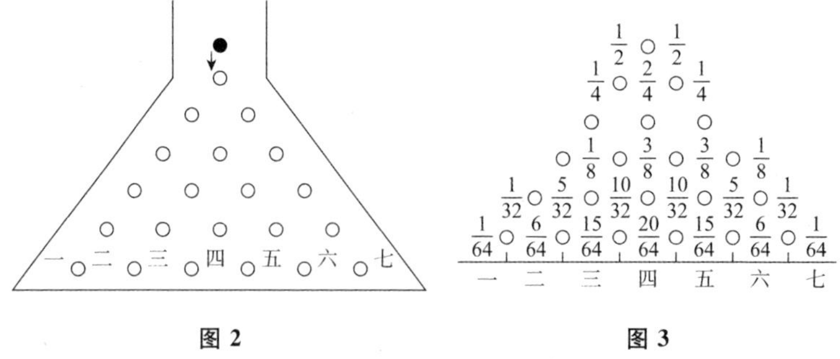

图 2　　　　**图 3**

如图 3 所示，通过计算知道，弹珠最终进入位于瓶最两侧的第一、第七区域的概率要比其他区域小很多，越往中间区域进入的概率越大，所以奖品的质量从两侧到中间递减。把这些概率数值提取出来组成的数列，其实就是杨辉三角。通过杨辉三角的有趣应用，我们发现，数学的思维时刻影响着我们的生活。数学是科学的语言，是思维的工具，是一种思想方法，是一种理性的精神，更是中华民族文化传播的方式。

2. 以“立德树人”提升“学生个体”的内驱能力

德育是教育的灵魂，是培养学生成为具有高尚品德和健全人格的重要途径。在“双新”背景下，华育中学将德育融入数学课程中，以“立德树人”为核心，提升学生的内驱能力。在数学教学中，学校教师注重培养学生的数学道德，如诚实、严谨、勤奋等品质，让学生在数学学习中不断锤炼自己的品格。关注学生的个体差异，因材施教，让每个学生都能在数学学习中找到自己的兴趣点和成长点，激发他们的学习动力。特别是数学教师能结合情感教育，围绕钓鱼岛、南海填岛、先进隐形飞机飞行等当下热点话题设计具有时代特色的数学问题，如“钓鱼岛与地理位置坐标的关系”“南海填岛与面积计算”“先进隐形飞机飞行与数据分析”等，让学生在解决问题的过程中，增强国家意识和民族自豪感，提升他们的社会责任感。结合数学课程内容，开展形式多样的数学德育活动，如数学学科竞赛、24 点计算学科活动、数学专题讲座、数学说唱表演等，让华育学生在参与中感受数学的魅力，提升数学素养，同时培养团队合作精神和创新能力。

举例：融合家国情怀的数学问题解决

2011 年 1 月 11 日，中国第四代隐形歼击机歼-20 首架工程验证机 2001 号横空出世。2015 年 12 月 26 日，编号为 2101 号的第九架歼-20 的亮相，迎来了一个新的里程碑，即将交付中国空军，成为美国 F-35 和 F-22 之后世界上第三款隐形歼击机。如图 4 所示，现我国某地共有 O、B、C 三个空军训练基地，基地 B 在基地 O 的正西面 $200\sqrt{3}$ 千米处，基地 C 位于基地 O 北偏西 60° 的方向，歼-20 在某次试飞过程中,飞机从基地 O 出发,沿着北偏西 23° 的 OA 方向以一定的速度飞行。为了更好地观察歼-20 的飞行状态,常常需要其他飞机伴飞,因此在歼-20 试飞的同时一架歼-10 战斗机也从基地 B 出发,沿着北偏东 30° 的方向以 $10\sqrt{3}$ 千米/分钟的速度飞向基地 C,在到达基地 C 的上方时适当调整方向继续按原速度直线飞行,12 分钟后与歼-20 相遇,当这两架飞机相遇时它们与基地 O 的距离是多少千米。(参考数据:$\sin 23^{\circ}=0.39$,$\sin 37^{\circ}=0.6$)

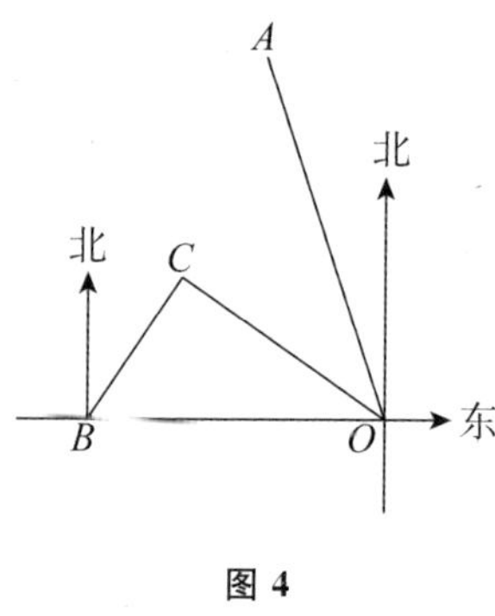

图 4

二、校本课程:显理性之特色,展创新之魅力

1. 聚集学生需求,整合课程内容,设计"多元化"数学课程纲要

"新课标"明确提出要培养学生的数学核心素养,包括数学抽象、逻辑推理、数学建模、直观想象、数学运算和数据分析等。① 根据学校创新人才培养的需求,华育中学数学组设计了"多元化"的数学课程纲要,围绕基础型、拓展型和探究型三个层次展开,整合课程内容,将各个知识点有机地串联起来,形成完整的知识体系(见表 1)。

---

① 朱雨轩,朱哲.人工智能时代计算思维发展学生数学核心素养的价值——兼谈对我国初中数学课程改革的启示[J].中学数学杂志,2024(4):1-5.

表1　基于学生发展需求的华育中学"数学课程纲要"的分层体系

纲要层次	课程内容	建立作用	课程内容
基础型	关注数学的基本概念、原理和方法	注重数学基础知识和基本技能的培养，为学生打下坚实的数学基础	基于国家教材的分层教学体系的校本开发和实践
拓展型	涉及广泛的数学主题和思想的大中小型课程	拓宽学生数学视野的讲座，引入更多的数学思想和方法，培养学生的数学思维能力	开展《几何的奥秘》《代数的力量》《函数探索》《概率趣谈》《数学建模》《π的历史》《数学的美之特点》《艺术中的数字逻辑》《数学与科学碰撞》等数学讲座
探究型	数学强潜能学生的数学探究与学习	培养数学强潜能学生高阶数学思维能力和解决问题的能力	数学强潜能学生学习的校本课程

基础型课程注重数学基础知识和基本技能的培养，为学生打下坚实的数学基础；拓展型课程则进一步拓宽学生的数学视野，引入更多的数学思想和方法，建立大中小型数学相关的课程，培养学生的数学思维能力；探究型课程则鼓励有数学潜能的学生深入开展数学的探究和实践活动，培养他们高阶数学思维能力和解决实际问题的综合能力。

2. 立足教师发展发挥群体智慧，完善"研修性"数学课程结构

教师作为数学课程的实施者，其专业素养和教学能力对课程质量具有重要影响。因此，华育中学立足教师发展，发挥群体智慧，完善"研修性"数学课程结构，提升学校的数学课程质量。首先，学校加强数学教师的专业发展培训，提高数学教师的数学素养和教学能力。

通过定期举办教研活动、教师研修班、教学研讨会等活动,为学校教师提供学习和交流的平台,帮助他们不断更新教育理念,掌握新的教学方法和手段,提升教学效果。其次,学校数学组发挥教师群体的智慧,鼓励教师共同参与课程设计和开发(见表2)。

通过开展集体备课、磨课等活动,让教师共同研讨课程内容、教学方法和评价方式,形成具有本校特色的数学课程结构,帮助教师学科知识的延伸和拓展,把握知识的整体脉络,提升教学的针对性和实效性。最后,注重教师的科研能力提升,鼓励教师开展数学课程和教学研究,通过撰写教学论文、参与课题研究等方式,提升教师的科研水平,推动数学课程的不断创新和发展。

表2 华育中学数学教研组“研修性”课程

数学建模实例	辅助线添加技巧
数学定理研究	数学方法研究
计算器辅助教学	几何画板教学
数据统计研究	初高中课程衔接

三、融合课程:聚学科之优势,促思维之拓展

1. 搭建交叉学科桥梁,实现数学与STEM课程的深度融合

STEM课程强调科学、技术、工程和数学之间的跨学科融合,旨在培养学生的创新思维和实践能力。华育中学在数学课程中融入STEM教育理念,帮助学生更好地理解和应用数学知识,提升他们的综合素养。首先,以问题为导向搭建数学与STEM课程的桥梁,以实际问题为切入点,引导学生运用数学知识和方法解决现实问题。例如,在学习几何知识时,引入建筑设计的问题,让学生在解决实际问题的过程中掌握几何原理和应用技巧。其次,注重跨学科知识的

整合与运用，将数学与其他学科知识进行有机融合，形成综合性学习任务和项目。利用学校的3D打印实验室、人工智能实验室、电子工程实验室等设计涉及数学、科学、技术和工程的综合项目，让学生在实践中探索数学的应用价值。例如，在拓展型数学课程中，引入与现实生活密切相关的STEM项目，如“3D打印：设计一座稳定的桥梁”“人工智能实验：优化城市交通信号灯控制系统”“电子工程实验：开展单片机的学习和电路设计”等，让学生在解决实际问题的过程中，运用数学知识和方法，提升他们的跨学科思维和实践能力。

2. 借助信息技术工具，构建线上线下结合的教学模式

随着信息技术的快速发展，线上线下结合的教学模式逐渐成为教育领域的新趋势。在学校的数学课程中，借助信息技术工具，可以丰富教学手段和资源，提高教学效果。学校利用在线学习平台，特别是Classin软件，构建线上班级模式，为学生提供多样化的学习资源和学习路径。通过上传教学视频、课件、习题等资源，让学生在课前进行预习和自主学习，了解课程的基本内容和要求。设置在线测试和讨论区，让学生随时检验自己的学习成果，与教师和学生进行互动交流。我们认为，教学应是面对面有情感的对话，因此学校也结合每天的课堂教学活动，通过组织课堂讨论、小组合作、实践操作等活动，让学生在教师的指导下进行深度学习和探究，培养他们的数学思维能力和解决问题的能力。① 同时，注重学生的情感体验和参与度，数学教师采用发表扬条和小奖状等鼓励形式，让学生在轻松愉快的氛围中学习数学，感受学习的获得感和成就感，享受数学学习的乐趣。同时，为学生终身学习数学打下坚实的情感基础。

综上所述，在“双新”背景下，华育中学数学课程的重构与再生是一项涉及多方面、多层次的综合工程。这要求每位数学教师从各个

---

① 李树臣.认真研读课程标准　精心编写数学教材——初中数学教材编写的五个主要原则[J].中学数学杂志，2019(8)：5.

角度进行深入的探讨和全面的实践。其中,德育课程的深入实施、校本课程的持续开发,以及融合课程的创新发展,构成了学校数学课程重构的核心内容,也共同塑造了学校数学课程的新生态。这一新生态的形成,不仅为学生的数学学习提供了全新的学习环境,也为学生数学核心素养的培养、创新能力的提升提供了坚实的保障。

基于学生问题解决能力培育的初中数学教学策略

——以初中二年级《动点问题：等腰三角形》教学为例

季燕丽[①]

摘　要：初中数学教学，应重视学生对问题解决能力的培育。以初中二年级《动点问题：等腰三角形》教学为例，基于学生问题解决能力培育的初中数学教学策略应关注学生问题意识的培养，教学内容选择带有鲜明的问题探究意识，教学组织过程中关注问题解决思考过程，引导学生运用数学知识多视角解决问题。

关键词：初中数学；问题解决能力；教学策略

初中数学教学，应重视学生对问题解决能力的培育，对集聚数学基础相对较好的学生群体的华育中学来说更应如此。问题解决能力培养也是推进学生创新素养培育的重要内容，初中数学教学促进学生问题解决能力提升，更是《义务教育数学课程标准(2022年版)》(以下简称"新课标")的基本要求。"新课标"在7至9年级数学教学任务中有这样的阐述："探索在不同的情景中从数学的角度发现和提出问题，综合运用数学和其他学科的知识从不同的角度寻求分析问题与解决问题的方法，能运用几何直观、逻辑推理等方法解决问题，形成模型观念与数据概念……能回顾解决问题的思考过程，反思解决问题的方法和结论，形成批评性思维和创新意

① 作者简介：季燕丽，华育中学教学处副主任，数学学科教师，中学一级教师，主要从事教学管理与数学教学研究.

识。"①这个任务表述中明晰了一些初中数学教学促进学生问题解决能力培育的策略。学生问题解决能力培育,是通过一节节带有鲜明导向的课堂教学实践进行积淀与突破的。现以初中二年级《动点问题:等腰三角形》教学为例,结合华育中学数学教学实践,开展基于学生问题解决能力培育的初中数学教学策略探究。

一、教学设计应关注对学生问题意识的培养

初中数学课堂教学,应在教学设计中重视学生问题意识的培养。通过巧妙地设计数学教学问题,让学生针对这些问题进行数学知识的习得与思考,并且在数学问题的探讨中提出自己感兴趣的问题。这就是从问题探究入手,学会提出数学问题。在《动点问题:等腰三角形》一课的设计中,注重以下几个设计要点:其一,教师在教学目标导引上注重引导学生对几何图形的探究活动和对例题的分析关注探究动点问题剖析,促进学生解决问题能力提升,在动点问题中选择合适的代数或几何方法解题。其二,教师在教学重点安排上,注重动点问题中选择合适的代数或几何方法解题,尝试引导学生运用多种方法去解决问题。其三,教师在教学难点设计上,特别关注动点问题中应用几何的方法。《动点问题:等腰三角形》教学设计注重学生问题培养显现的设计要点如下。

衡量维度	对学生问题意识培养的设计要点
学科课程标准要求	1. 明晰几何图形的性质,学会在平面直角坐标系中列函数关系式。 2. 基于对几何图形的探究活动和对例题的分析,认识探究动点问题,提升学生问题解决能力

① 中华人民共和国教育部.义务教育数学课程标准(2022年版)[S].北京:北京师范大学出版社,2022:14.

（续表）

衡量维度	对学生问题意识培养的设计要点
学科教学指南要求（结合华育中学学生实际提出的教学要求）	1. 充分考虑华育学生特点，引导学生对动点问题进行自主学习与合作探究。 2. 关注学生运用多种视角去解决等腰三角形的动点问题，提升学生的批评性思维与创新意识
学科教学手册要求（内化标准的教学实施要求）	1. 理解图形的运动，感受图形大小、位置、形状的变化。 2. 从数量关系和位置关系深入研究和思考图形特点。 3. 分类思想指导，逐步养成良好的数学思维品质
课时教学目标	1. 利用等腰三角形三线合一的性质解题，在几何图形中通过添垂线利用直角三角形的性质解题。 2. 分类思想指导，逐步养成良好的数学思维品质
教学重点难点	在动点问题中选择合适的代数或几何方法解题

二、教学内容选择带有鲜明的问题探究意识

为培养学生的问题解决能力，就需要在教学内容的选择与组合中关注有鲜明问题探究价值的内容安排，不仅关注教材中的教学内容，也可以关注其他教学内容的选择融入，以学生的问题探究意识培养为准绳，不拘一格地使用各类教学内容，注重对数学课程标准规定的教学内容进行创造性实施。动点问题是这几年各地中考数学试卷中的一个热点，已成为众多试题中一道亮丽的风景。这类问题的主要特点是把一个主题分成若干小问题，由易到难层层递进，较全面地考查学生的综合理解和分析问题的能力，它区分了学生的综合素质和数学修养，体现了“关注每一个学生的发展”。

教师理解数学教学内容的深度，一定程度上影响了学生理解的深度，教师提出一个数学问题，就首先要思考这个问题对学生认识数学问题的思维倾向与问题探究意识。教师要在教学过程中给学生思考问题的及时点拨和纠正；对学生的出色表现进行适当的表扬，引导

他们树立良好的思维倾向。在备课过程中,教师对数学例题的选取也要深思熟虑,才能引导学生对数学问题进行深入探究,并且找到不同的解决问题的视角,获得对这一知识点有更多新的认识。在《动点问题:等腰三角形》教学内容安排中,教师选择下列例题来引导学生对动点问题有更多的探究意识。

例1 如图,已知正方形 $OABC$ 的边长为 2,顶点 A、C 分别在 x、y 轴的正半轴上,M 是 BC 的中点。$P(0,m)$是线段 OC 上一动点(C 点除外),直线 PM 交 AB 的延长线于点 D.

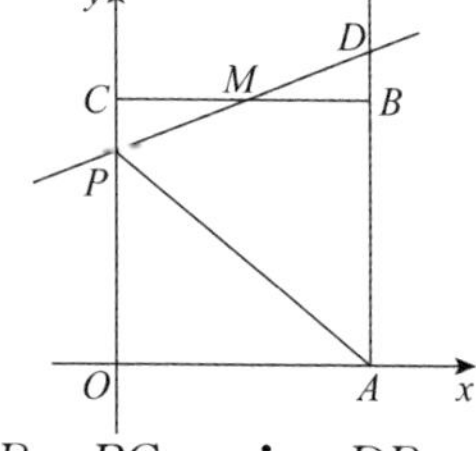

(1) 求点 D 的坐标(用含 m 的代数式表示);

(2) 当$\triangle APD$ 是等腰三角形叫,求 m 的值。

解:(1)由题意得 $CM=BM$,∵ $\angle PMC=\angle DMB$, ∴ $Rt\triangle PMC\cong Rt\triangle DMB$, ∴ $DB=PC$, ∴ $DB=2-m$,$AD=4-m$, ∴ 点 D 的坐标为$(2,4-m)$.

分析(2)P、A、D 三点的坐标很容易表示,所以我们可以用两点间距离公式表示$\triangle APD$ 三边的长。再分三种情况讨论:① 若 $AP=AD$,解得 $m=\frac{3}{2}$.② 若 $PD=PA$,解得 $m=\frac{4}{3}$.③ 若 $DP=DA$,解得 $m_1=\frac{2}{3}$,$m_2=2$(舍去).综上所述,当$\triangle APD$ 是等腰三角形时,过 m 的值为$\frac{3}{2}$、$\frac{4}{3}$或$\frac{2}{3}$.

教师在此又提问:三种情况中的某种情况是否可以有其他做法?引导学生用其他方式去解决等腰三角形的动点问题,运用两点间距离公式直接表示三角形三边长,学生也的确给出了多样的其他做法,提升了学生的问题探究意识。

三、教学组织过程中关注问题解决思考过程

教师在教学组织过程中应注重学生对问题解决的思考过程，在教学内容的学习过程中形成自身问题的解决能力。这种过程也是不断培育学生的批评性思维过程。通过对数学问题的探究，学生的创新意识也会在数学学习过程中得到培养与锻造。为培养学生的数学问题解决能力，不仅需要在教学过程中选好教学内容，授之以“鱼”；同时要根据学校集聚学生的特点，重视学习方法的传授，授之以“渔”。一堂好的数学课，不仅要让学生会做这节课讲到的题目，而且要通过这堂课的思维方式训练与知识理解，学会举一反三的问题解决方略。教师重视课堂教学内容与方法结合的传授，教师活用教材、学生活学教材，能有力提升学生的数学能力。

为引导学生在解决数学问题中进行持续思考与进行思维锻炼，在课堂教学过程中要注重教学内容的坡度、难度的安排，以学生发展为本，提高学生持续挑战数学问题的意识；同时教师应有意识地关注课与课之间的衔接，深化课内学生主动学习、合作学习和课外探究学习的相互补充与配合。学生学习应将每一堂课作为整个数学课程教学内容序列中的一环。每一节课的教学过程，既是上节课的延续，又是下节课的基础。例如，《动点问题：等腰三角形》就是注重整体设计中的一个环节，还有课堂中的例题也关注连贯性，这就更考验数学教师的专业能力。这里选取《动点问题：等腰三角形》的学习过程来反映数学教学过程中要注重学生对数学问题的持续思考。

学习目标	活动内容	活动方式方法		教学意图
		授课方式和方法	学习方式和方法	
引入主题	【问题1】如图,已知正方形 $OABC$ 的边长为 2,顶点 A、C 分别在 x、y 轴的正半轴上,M 是 BC 的中点。$P(0,m)$ 是线段 OC 上一动点(C 点除外),直线 PM 交 AB 的延长线于点 D.(1)求点 D 的坐标(用含 m 的代数式表示);(2)当 $\triangle APD$ 是等腰三角形时,求 m 的值。	几何画板演示	学生思考并举手回答,教师板书	借助简单图形,举一反三,为后继问题提供铺垫
类比引领	【问题2】如图,在四边形 $ABCD$ 中,$AD\parallel BC$,E、F 分别是 AB、CD 的中点,且 $EF\parallel BC$. $AB=CD=4$, $BC=6$,$\angle B=60^\circ$. (1) 求点 E 到 BC 的距离; (2) 点 P 为线段 EF 上的一个动点,过 P 作 $PM\perp EF$ 交 BC 于点 M,过 M 作 $MN\parallel AB$ 交折线 ADC 于点 N,联结 PN. ① 求 $\angle PMN$ 的度数;	探索结论开放和条件开放题目的教学尝试,通过问题 2 进一步让学生理解图形运动中的一般规律	学生分小组讨论,对结论开放问题和条件开放问题发表观点并交流各自结论	从问题1的图形变化对结论的研究过渡到在变化过程中对条件的思考,从充分性和必要性两个维度加强学生的理解

（续表）

学习目标	活动内容	活动方式方法		教学意图
		授课方式和方法	学习方式和方法	
类比引领	② 设 $EP=x$.当点 N 在线段 DC 上时(如图 2),是否存在点 P,使△PMN 为等腰三角形?若存在,请求出所有满足要求的 x 的值;若不存在,请说明理由。 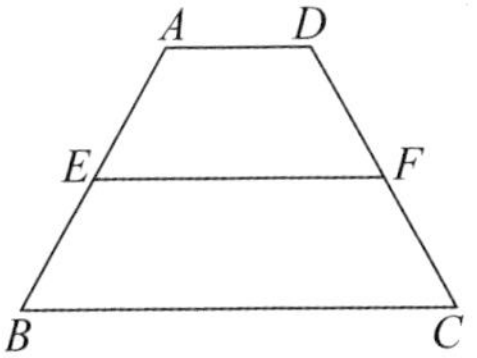 图 1 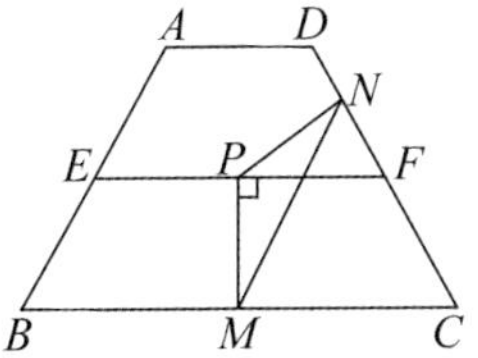 图 2			
星级递进,应用新知	【问题 3】在直角坐标平面内,有点 $B(-2,4)$ 和 $C(-4,0)$,过点 B 作直线 AB 平行于 x 轴,交 y 轴于点 A.直线 DE 平行于直线 BC,且交 x 轴于点 D,交 y 轴于点 E,点 P 在直线 AB 上,联结 PD、PE. (1) 求直线 BC 的解析式。	借助电脑几何画板演示;通过电脑演示使学生体会到以 DE 为斜边的等腰直角三角形 DEP 的 P 点有 2 个	能力进一步提升,小组交流	巩固和提高教学效果

（续表）

学习目标	活动内容	活动方式方法		教学意图
		授课方式和方法	学习方式和方法	
星级递进，应用新知	(2) 当$\triangle PDE$是以点P为直角顶点的等腰直角三角形时，求P的坐标。 (3) 当$\triangle PDE$是以点E为直角顶点的等腰直角三角形，求P的坐标。 （图：坐标系中点 y、E、B、A、P、D、C、0、x）			
反思小结	在探索图形数量关系和位置关系的动点问题中选择合适的代数或几何方法解题	教师提问：通过本节课的学习，你有哪些收获？	学生交流，教师提炼，交流共享	知识巩固和提炼

四、引导学生运用数学知识多视角解决问题

为引导学生提升数学问题的解决能力，进而推进他们对生活中的数学问题乃至其他问题的解决，要特别注重培养学生运用数学知识进行多角度解决问题，这也是培养华育学生未来成为各种类型的创新人才所要关注的。数学教师要通过师资培训、教学研

究、竞赛活动、兴趣小组、转化学生活动及优化课程教学设置，来提升引导学生运用数学知识进行多视角解决问题的能力，以教研促教学。这节课主要解决动点问题中的等腰三角形问题，教师采用层层递进的模式，让学生由易到难，从用最简单的两点间距离公式表示三角形三边长解决问题到利用等腰三角形三线合一的知识解决问题。例 1 中的第二种解法为例 2 的解法作了铺垫，例 3 的解法在难度上又上了一个台阶。整节课都以体现数学理解为最根本的目的。

学生是学习的主体，在引导学生进行多视角问题解决时一定要关注学生的数学学习实际，以学生的思考为主线，让学生参与结论的研究，让学生构建自己的想法，解答课堂中的生成性问题，特别是条件设计环节中激发学生对问题的探究和思考。我校学生基础比较好，对教材中的知识掌握得比较好，解题能力强。但是，题目之间是如何发展变化的，有什么内在联系，他们并不清楚，对我校学生来讲可以作一些探讨。通过本节课的学习，让学生学习研究数学问题的方法，抓住数学问题的核心，让学生通过数学问题的设计和解决来与文本进行对话，培养自主探索和研究能力。

对动点问题的理解，对八年级学生而言已经有了一定的空间观念，具备一定的自学能力，应多为学生创造自主学习、合作探究的主动学习机会。但是，囿于知识所限，如还未学习相似三角形及锐角三角函数等，所以有些知识还不能加入，这给学生带来一定的局限性。本节课的设计是想有效地融合全等和直角三角形性质核心模块知识，自然地体现知识点之间的联系，在初二阶段培养学生的空间观念，提升学生多视角解决数学问题的能力。这节课还设计了一个课后内容，让学生进行多视角探讨（见下页图示）。

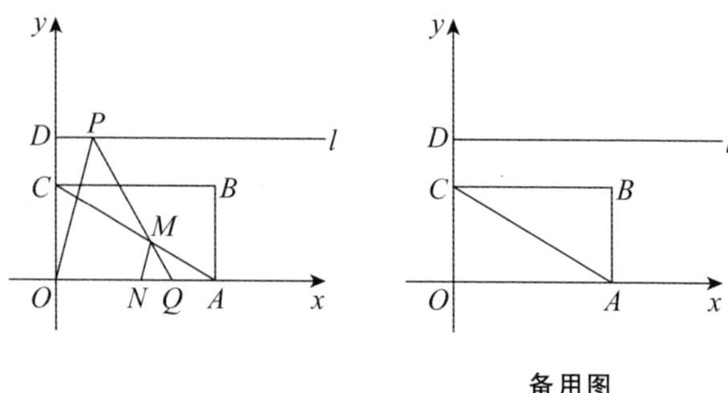

备用图

课后探讨示例:如图,在矩形 $OABC$ 中,$A(6,0)$、$C(0,2\sqrt{3})$、$D(0,3\sqrt{3})$,射线 l 过点 D 且与 x 轴平行,点 P、Q 分别是 l 和 x 轴正半轴上动点,满足 $\angle PQO=60°$.

(1) ① 点 B 的坐标是________;② $\angle CAO=$________度;③ 当点 Q 与点 A 重合时,点 P 的坐标为________。(直接写出答案)

(2) 设 OA 的中点为 N,直线 PQ 与直线 AC 相交于点 M,是否存在点 P,使△AMN 为等腰三角形?若存在,请直接写出点 P 的横坐标为 m;若不存在,请说明理由,请从多种视角去探讨这一数学问题的解决。

显然,提升学生问题解决能力是实现初中生数学核心素养培育的重要措施。① 教师在教学过程中提升学生的数学问题解决能力,还可以有多种方略,包括加强课堂教学数学问题的解决与现实生活的联系,关注多情景引入课堂教学,引导学生思考数学问题解决,利用现代数字技术来推进学生数学问题解决能力的提升等。这些方略的运用与探究,都需要聚焦学生的数学核心素养培育与学校对创新人才早期培育的追求,大力引导教师持续加强数学教研,推进数学教学共同体的构建,开展提高数学问题解决能力的专题研讨。专题研

① 黄玲玲.浅议核心素养下初中生解决数学问题能力的提升[J].中学课程资源,2021(6):47.

讨包括针对期中、期末和各年级各阶段学习重点、难点的教学研讨，专题研讨如何命题，不同类型课（如新授课、复习课、试卷讲评课）的不同授法的专题研讨，关于最新中考题型、动态的研究，关于如何利用电脑如几何画板等更好地为教学引导学生问题解决能力服务。教师应持续关注分析教材、创造性使用教材、寻找提升学生问题解决难点的突破口、优化教学过程，凝聚数学教学培养学生问题解决能力的集体智慧，使数学教学在培养学生批判性思维、创新意识方面更有系统性和可持续性。

我国中学数学教育对数学运算素养的培养

范慧慧①

摘　要:数学运算是解决数学问题的基石,它不仅是数学学科内部交流的语言,也是连接数学理论与实际应用的桥梁。随着教育理念的更新和课程改革的深入,我国中学数学教育逐渐从偏重"复杂与技巧"向关注"运算素养"的方向转变,这一变化对数学教学产生了深远的影响。本文旨在探讨我国中学数学教育对数学运算素养的培养现状、重要性、实施策略及未来展望,并用相关文献支持论点。

关键词:中学数学教育;数学运算;聚焦;数学核心素养

数学运算作为数学学科的核心内容之一,贯穿数学学习的始终。它不仅包括基本的算术运算、代数运算、几何运算等,还涉及更高级的数学方法和技巧。在我国,数学教育一直备受重视,尤其是中学阶段,作为学生数学素养形成的关键时期,其数学教育质量直接影响学生的未来发展。因此,如何有效培养学生的数学运算素养,成为中学数学教育的重要课题。

一、现代数学教育中的数学运算能力和素养

中华人民共和国成立以来至2003年之前,我国的数学教育重视"思维能力、运算能力、空间想象能力"三大能力;《普通高中数学课程标

---

① 作者简介:范慧慧,上海市民办华育中学数学学科教师,中学一级教师,主要从事中学数学教学研究.

准(2003年版)》提出"要着重培养学生的空间想象、抽象概括、推理论证、运算求解和数据处理等五大数学基本能力";《普通高中数学课程标准(2017年版)》提出"数学抽象、逻辑推理、数学运算、直观想象、数学建模和数据分析"六大数学核心素养;我国数学教育逐渐从以算学为中心拓展为注重包括数学运算素养(能力)在内的几大核心素养(能力)。在中高考及各级各类数学竞赛中,数学运算素养(能力)一直都是考查的重要内容。近些年来,我国的数学教育呈现出从过去的偏于"复杂与技巧"向现在的聚焦"运算素养"的方向发展的新趋势。

二、聚焦数学"运算素养"对数学教学的影响

1. 夯实数学运算基本能力

数学运算基本能力是指学生在理解数学运算对象、掌握基本运算法则和方法的基础上,实施基本的数学运算,求得运算结果的能力。过去,有很长一段时期,三角和解析几何的命题偏向于复杂的计算、不常用的变形和狭小空间的技巧,这不仅对学生的后续学习没有益处,而且大大加重了学生的学习负担,打击了学生学习数学的积极性,甚至使学生对数学的理解产生偏差。其实,数学运算基本能力是数学运算素养生成和提升的基础,我们的数学教学首先要立足培养学生的数学运算基本能力,正所谓"磨刀不误砍柴工"。近年来,高考数学命题避免出现"繁、难、偏"的运算,重在考查学生的数学基本运算能力,看下面两道题:

例1　(2017年江苏高考数学卷第16题)已知向量 $a=(\cos x,\sin x)$, $b=(3,-\sqrt{3})$, $x\in[0,\pi]$.

(1) 若 $a/\!/b$,求 x 的值;

(2) 记 $f(x)=a\cdot b$,求 $f(x)$ 的最大值和最小值以及对应的 x 的值。

例 2 (2017 年江苏高考数学卷第 17 题)椭圆 E:$\frac{x^2}{a^2}+\frac{y^2}{b^2}=1(a>b>0)$的左、右焦点为 F_1、F_2,离心率为$\frac{1}{2}$,准线之间的距离为 8。点 P 在椭圆E 上且位于第一象限,过点 F_1 作直线 PF_1 的垂线 l_1,过点 F_2 作直线 PF_2 的垂线 l_2.(1)求椭圆 E 的标准方程;(2)若直线 l_1、l_2 的交点 Q 在椭圆E 上,求点 P 的坐标。

分析:首先,例 1 和例 2 的构成元素都是数学基本概念和基本对象。例如,正弦、余弦、平行、数量积、椭圆、焦点、离心率、直线、垂直等。例 1 重点考查学生对三角、向量的基本概念的理解和基本运算公式的掌握情况,例 2 重点考查学生对直线、椭圆的相关基本概念的理解情况,对基本公式的掌握情况和执行解析几何中的基本运算的能力。每一步,都只要求学生会简单运用公式进行计算不涉及复杂的运算、不常用的变形和狭小空间的技巧。

2. 培养数学运算探究能力

在很多数学情景中,需要学生充分挖掘问题的特征,进行探究,确定运算的思路、选择运算的方法,数学运算的探究能力对学生数学运算素养水平提升非常重要,在平时的教学过程中,教师要有意识地培养学生的数学运算探究能力。现在,高考数学试题中已很少出现“机械、有套路”的运算,试题一般需要学生探究运算的思路、方法和方向。

例 2 略解:设点 P 的坐标为(x_0,y_0),其中 $x_0>0,y_0>0$.当$x_0=1$ 时,l_1 与 l_2 相交于点 F_1;当 $x_0\neq 1$ 时,PF_1 的斜率为$\frac{y_0}{x_0+1}$,l_1 的斜率为$-\frac{x_0+1}{y_0}$,PF_2 的斜率为$\frac{y_0}{x_0-1}$,l_2 的斜率为$-\frac{x_0-1}{y_0}$.l_1 的方程为 $y=-\frac{x_0+1}{y_0}(x+1)\cdots$①,$l_2$ 的方程为 $y=-\frac{x_0-1}{y_0}(x-1)\cdots$②,由①②解得 $x=-x_0,y=\frac{x_0^2-1}{y_0}$,所以点 Q 的坐标为$\left(-x_0,\frac{x_0^2-1}{y_0}\right)$.由

点 P 和点 Q 都在椭圆上，且它们的横坐标互为相反数，数形结合，知：它们的纵坐标相同或互为相反数。因此，$\frac{x_0^2-1}{y_0}=\pm y_0$，即 $x_0^2\pm y_0^2=1$，与 $\frac{x_0^2}{4}+\frac{y_0^2}{3}=1$ 联立方程组，解得 $x_0=\frac{4\sqrt{7}}{7}$，$y_0=\frac{3\sqrt{7}}{7}$，点 P 的坐标为 $\left(\frac{4\sqrt{7}}{7},\frac{3\sqrt{7}}{7}\right)$.

分析：首先，本题涉及的每一步运算都是基本运算，考查学生的数学运算基本能力，但要把这一系列基本运算"串"起来，需要探究运算的思路和方法。本题的运算思路是：先设参数，建立直线方程，算出点 P 和点 Q 的坐标，再根据点 P 和点 Q 都在椭圆上，建立方程组并求出参数。本题有两种设参数的方法：一种是设点 P 的坐标为 (x_0,y_0)；另一种是设 PF_1、PF_2 的斜率分别为 k_1、k_2.经过探究发现，设斜率的方法运算太复杂，所以选择设坐标的方法。最后，根据点 Q 在椭圆上列方程时，需要数形结合，探究"点 P 和点 Q 的纵坐标互为相反数"，列出方程 $\frac{x_0^2-1}{y_0}=\pm y_0$.

3. 突出数学运算基本思想

在一些具体的数学情景中，以数学运算基本思想为指导，可以自然地找到运算思路和运算方法或发现新的数学定理。数学运算基本思想是培养学生高水平的数学运算素养的关键，在平时的教学过程中，教师要引导学生感悟数学运算的基本思想。常用的数学运算基本思想有：消元思想、换元思想、函数思想、方程思想、整体思想、数形结合思想、坐标思想、参数思想、类比思想、对称思想、递推思想、算两次思想等。数学课程、教材和近年的高考数学命题也突出对数学运算基本思想的关注。

例 3　(2016 年江苏高考数学卷第 13 题)$\triangle ABC$ 中，D 是 BC 的中点，E、F 是 AD 上的两个三等分点，$\overrightarrow{BC}\cdot\overrightarrow{CA}=4$，$\overrightarrow{BF}\cdot\overrightarrow{CF}=-1$，

则$\overrightarrow{BE}\cdot\overrightarrow{CE}$的值是________。

例 4 (2017 年江苏高考数学卷第 12 题)平面内向量$\overrightarrow{OA}$、$\overrightarrow{OB}$、$\overrightarrow{OC}$的模分别为 1、1、$\sqrt{2}$,$\overrightarrow{OA}$与$\overrightarrow{OC}$的夹角为α,$\tan\alpha=7$,$\overrightarrow{OB}$与$\overrightarrow{OC}$的夹角为 45°.若$\overrightarrow{OC}=m\overrightarrow{OA}+n\overrightarrow{OB}$,则 $m+n=$________。

分析:向量问题核心的运算思想是"坐标思想",学生只要感悟到这一核心思想,例 3 和例 4 就不难解决。

例 5 (苏教版高中数学教材选修 2-3P43,拓展探究)二项式$(1+x)^{2n}$的展开式中 x^n 的系数为 C_{2n}^n,又$(1+x)^{2n}=(1+x)^n\cdot(1+x)^n=(C_n^0+C_n^1x+C_n^2x^2+\cdots+C_n^nx^n)(C_n^0+C_n^1x+C_n^2x^2+\cdots+C_n^nx^n)$,$x^n$ 的系数为 $C_n^0C_n^n+C_n^1C_n^{n-1}+C_n^2C_n^{n-2}+\cdots+C_n^nC_n^0=(C_n^0)^2+(C_n^1)^2+(C_n^2)^2+\cdots+(C_n^n)^2$,因此得到组合恒等式$(C_n^0)^2+(C_n^1)^2+(C_n^2)^2+\cdots+(C_n^n)^2=C_{2n}^n$.

分析:算两次思想是将一个量用两种方法分别算一次,从而建立等式,是功能很强的一种运算思想。例如,例 5 中用两种方法算 x^n 的系数,从而发现了一个组合恒等式。又如,列方程解题时要从两个侧面列式表示同一个量,几何中的等积法、两角差的余弦公式的证明等,都是算两次思想的应用。

4. 重视估算

估算是根据具体条件及有关知识对事物的数量或算式的结果作出大概的推断或估计,如各种估计、近似、插值等。估算的方法有:近似估算、直觉估算、特例估算、图形估算、极限估算、模型估算、统计与概率估算、放缩估算、对应估算、用局部估算整体、用一般规律估算个体情况等。① 计算机技术的日新月异,大数据时代的到来,使得估算在现代数学和科学领域中有着非常重要而广泛的应用,这必然对数学教学产生重要影响,这在数学课程、教材和高考数学命题中可窥

① 夏春南.关于高一新生数学运算能力的调查研究[J].中学数学月刊,2017(2):37-41.

一斑。

例 6　(2016 年江苏高考数学卷第 19 题)函数

$f(x)=a^x+b^x(a>0,b>0,a\neq1,b\neq1)$.设 $a=2,b=\frac{1}{2}$.(1)求方程 $f(x)=2$ 的根;(2)若对于任意 $x\in\mathbf{R}$,不等式 $f(2x)\geqslant mf(x)-6$ 恒成立,求实数 m 的最大值;(3)若 $0<a<1,b>1$,函数 $g(x)=f(x)-2$ 有且只有一个零点。求 ab 的值。

例 6(3)略解:$g(x)=a^x+b^x-2$,由 $g(x)$ 只有一个零点,且 $g(0)=0$ 得,0 是 $g(x)$的唯一零点。$g'(x)=a^x\ln a+b^x\ln b$,由 $0<a<1,b>1$ 知方程 $g'(x)=0$ 有一个根 $x_0=\log_{\frac{b}{a}}\left(-\frac{\ln a}{\ln b}\right)$,且 $g'(x)$是 R 上的增函数。所以,在$(-\infty,x_0)$上 $g'(x)<g'(x_0)=0$,$g(x)$是减函数;在$(x_0,+\infty)$上 $g'(x)>g'(x_0)=0$,$g(x)$是增函数.下证 $x_0=0$:若 $x_0<0$,则 $g(x_0)<g(0)=0$,又 $g(\log_a 2)=b^{\log_a 2}>0$,且函数 $g(x)$的图像在以 x_0 和$\log_a 2$ 为端点的闭区间上不间断,所以在 x_0 和 $\log_a 2$ 之间存在一个 x_1 是 $g(x)$的零点,这与"0 是 $g(x)$的唯一零点"矛盾;若 $x_0>0$,同理可得矛盾。因此,$x_0=0$.从而,$-\frac{\ln a}{\ln b}=1,\ln a+\ln b=0,\ln ab=0,ab=1$.

分析:本题中,用特殊的零点"0"和极值点"x_0"来算 ab 的值,以及用函数的零点存在定理确定在 x_0 和$\log_a 2$ 之间存在函数 $g(x)$的一个零点 x_1,都是估算,属于特例估算,又带有直觉估算的影子,是近年高考考查的热点和难点知识之一。

例 7　若函数 $f(x)=ax^3-3x+1$ 对任意 $x\in[-1,1]$总有 $f(x)\geqslant0$ 成立,求实数 a 的值。

解:由 $f(-1)\geqslant0$ 且 $f(1)\geqslant0$ 算得 $2\leqslant a\leqslant4$. $f'(x)=3a\left(x+\frac{1}{\sqrt{a}}\right)\left(x-\frac{1}{\sqrt{a}}\right)$,在$\left(-1,-\frac{1}{\sqrt{a}}\right)$上,$f'(x)>0$,$f(x)$单调递增;在$\left(-\frac{1}{\sqrt{a}},\frac{1}{\sqrt{a}}\right)$上,$f'(x)<0$,$f(x)$单调递减;在$\left(\frac{1}{\sqrt{a}},1\right)$上,$f'(x)>$

0,$f(x)$单调递增。$f(x)$在$[-1,1]$上的极小值 $f\left(\frac{1}{\sqrt{a}}\right)\geqslant 0$,算得$a\geqslant 4$,从而 $a=4$.

分析:本题中,若直接用分类讨论或分离变量等方法解题,讨论的情况非常多,通过考察函数 $f(x)$在两个特殊值-1和1的状态,估算出 $2\leqslant a\leqslant 4$,从而减少了讨论,体现了特例估算在简化数学运算中的强大功能。

此外,数学教材中还分布着其他一些常用估算,如极限估算、图形估算、模型估算、统计与概率估算、放缩估算、对应估算、用局部估算整体、用一般规律估算个体情况等。

5. 重视算法

一类问题机械的统一的求解方法叫作算法。将算法转换成计算机语言,就可以借助计算机提高解决问题的速度和能力。所以,算法的思想十分重要。我国各套数学教材中都花了较大的篇幅介绍算法;各地的高考数学试卷也都将算法列为必考内容。

数学运算是解决数学问题的基本手段,是我国数学教育的重要内容;数学运算素养作为数学核心素养十分重要的组成部分,既为数学运算能力的提升、数学思维的发展提供基础和支撑,又促进形成规范化思考问题的品质,养成一丝不苟、严谨求实的科学精神,成为我国数学教育的聚焦点之一。

随着数学教育的不断进步和深化,数学运算素养的培养已成为我国中学数学教育不可或缺的一部分。它不仅关乎学生数学能力的提升,更直接影响到他们逻辑思维、问题解决能力乃至创新思维的发展。这一任务的完成需要教育者、学生乃至社会各界的共同努力和持续投入。展望未来,我们有理由相信,随着教育理念的持续更新、教学方法的不断创新以及教育技术的飞速发展,我国中学数学教育将在数学运算素养的培养方面取得更加显著的成效。学生将在更加开放、灵活和富有挑战性的学习环境中,不断提升自己的数学运算能力,掌握更多数学思维方法,为未来的学术研究和职业生涯奠定坚实的基础。

初中数学教学教材、方法和信息化的探索与创新

李　昂[①]

摘　要：中学数学教育中的创新实践，课程资源开发、教学方法创新以及信息技术的应用对提高教学质量和培养学生数学素养十分重要。深入开发和使用教材，适当扩展和深化教材内容，能有效激发学生的学习兴趣，提升教学效果。通过创新教学策略、整合信息技术以及完善评价与反馈机制，中学数学教育能有效地培养学生的数学思维和问题解决能力，为他们的全面发展奠定坚实基础。

关键词：初中；数学；翻转课堂；网络资源；过程性评价

数学作为基础自然科学，对发展学生的逻辑思维、空间想象力、数据分析等能力具有不可替代的作用。在中学阶段，数学成为构建学生知识体系的关键环节，不仅为深入学习更高层次的数学知识打下基础，而且提供了解决日常生活中实际问题的强大工具。

在实际教学过程中，我们很容易发现，中学数学教学的有效性常受到多种因素的限制。传统的教学方法通常侧重于知识的灌输和考试训练，忽略了学生的主动性和创造力，导致学生对数学学习失去了兴趣和动力。此外，课程资源的单一性、评估和反馈体系的不完善等问题，也限制了中学数学教育的效率和效果的提升。

改善中学数学教学的方式和方法，提高教育的效率和效果，成为一个迫在眉睫的教学问题。本文的撰写目的是探讨初中数学教师如

---

① 作者简介：李昂，上海市民办华育中学数学学科教师，中学二级教师，主要从事中学数学教学研究.

何提高数学教育的效果,包括创新方法、网络技术等的融合整合、信息和资源的挖掘利用、评估和反馈体系的优化以及数学问题解决能力的培养等。通过深入研究和实践应用这些议题,我们希望为中学数学教育的发展提供有益的指导和范例。

首先,我们将探讨中学数学教学中新方法的应用,讨论诸如翻转课堂、项目式学习、协作学习等新方法的优势和不足,以及它们的实施策略,并分享一些成功的实践应用案例和效果评估。其次,将考察信息技术在数学教学中的应用,分析现代信息工具如何增强数学学习的互动性和趣味性,以及如何通过信息技术整合数学教育来提高教学效果。

一、初中数学课程资源的开发与利用

在初中数学教育中,课程资源的开发与利用是提升教学质量、激发学生学习兴趣、培养数学素养的重要途径。在这部分中,我们将深入探讨初中数学课程资源的内涵、重要性、开发策略以及具体实践方法。

随着教育理念的更新和技术的发展,教学内容和形式也在不断丰富和扩展。以下是关于中学数学课程资源开发和利用的详细信息。

(一)中学数学课程资源的重要性

中学数学课程资源是数学教学的基础和支撑,包括教材、辅助材料、网络资源、实践活动等多个方面。这些资源不仅为学生提供了丰富的学习材料,还为教师提供了多样的教学手段和方法。通过合理的信息和全新的教育资源运用,激发学生积极性,使教学效果得到长足的发展和进步。

（二）中学数学课程资源的开发和使用策略

在中学数学教育领域中，课程资源的开发与利用是提升教学质量、激发学生兴趣、培养数学思维能力的关键环节。这一过程不仅涉及对教材的深入理解和灵活运用，还涵盖教学材料的创新开发、网络资源的广泛整合以及实践活动的精心组织。以下是对这些方面的详细探讨与扩展。

1. 深入开发和使用教材

教材是中学数学课程的核心，包含数学知识的基本概念、定理和公式。教师需要深入研究教材内容，理解教材编写的意图和教学目标，并根据学生的实际情况制订教学计划。例如，我们在教学生函数时，首先引导学生对函数概念有一个清楚的理解，再深入函数的性质、图像、应用等，使学生在开始学习前，就有一个完整的认识。

同时，教师可以根据需要适当扩展和深化教材内容，教材中往往隐藏着丰富的思想方法和数学文化。教师可以通过挖掘教材例题、习题的深层含义，引导学生探索数学规律，领悟数学思想。同时，结合历史背景、现实应用等，逐渐使数学知识变得生动具体。将数学知识与实际生活紧密结合，从而为理解应用数学打下良好的基础。

2. 开发和使用教学辅助材料

教学辅助材料是中学低年级数学课程的重要组成部分，为学生提供了更详细和系统的学习材料。教师可以开发适合学生需求和兴趣的教学辅助材料，如针对不同层次的学生，教师可以设计不同难度和类型的练习题，以满足学生的个性化需求。或为学有余力的学生设计挑战性强的拓展题，为学习有困难的学生提供基础巩固题。同时，利用错题本、在线题库等工具，实现练习题的动态调整和个性化推送。

随着信息技术的发展，教学辅助工具的种类日益丰富。我们还能使用几何画板、电脑数学软件或平板电脑中的App等工具制作课件,用生动的表现形式帮助学生理解抽象的概念。此外,还可以开发互动式学习软件,让学生在游戏中学习数学知识,提高学习兴趣和参与度。

为了帮助学生系统地整理和复习所学知识,教师可以编写知识手册或学习指南。这些手册应包括知识点梳理、解题技巧、常见错误分析等内容,为学生提供自主学习的有效工具。

3. 收集和整合网络资源

互联网是获取数学课程资源的重要途径。教师可以收集与数学有关的网络资源,如视频、课程、测试、试卷、题目,甚至是各大教育主播的趣味短视频、小红书笔记等各类信息。通过搜索平台或在线平台,为学生提供更多范例、学习方案、学生试错和共享,相较于传统的例题、试卷,更为生动和直观,也是教育工作者比较新颖的教学手段。

在收集和整合资源时,我们应规范学生的搜索方式方法,以及如何筛选正确的资料,既保证学生的学习效率,也要确保学生的身心健康,同时获得正确的学习方法。作为教育工作者,我们还应引导学生避免过度依赖网络,忽视教学材料和辅助材料。

4. 组织和开展实践活动

实践活动是中学数学课程资源的重要组成部分,为学生提供了亲身体验数学的机会,让学生领略了数学的魅力。

总之,发展和利用中学数学课程资源是提高数学教学质量、丰富学生学习体验的重要途径。通过深入研究教学材料、开发教学辅助材料、收集和整合网络资源、组织实践活动,我们可以为学生提供更丰富的学习资源和体验。同时,我们也要解决在使用教学资源时遇到的问题,并采取有效的应对措施。

二、中学数学教学方式方法的创新、研究与实践

多年来，传统的教学方法在某些课堂中没有得到颠覆性改变。时代在变化，学生的学习环境、生活环境以及更高教育素质的父母和信息获得方式都发生了巨大的变化，如今已经无法满足现代教育的需求。所以中学数学教学中的创新与实践变得尤为重要。近年来，诸如翻转课堂、项目式学习和协作学习等新教学方法逐渐吸引了教育界的关注。这些以学生为中心的方法强调学生的主动性和创造性，帮助学生提高自主学习技能和团队合作能力。

1. 翻转课堂模式

翻转课堂颠覆了传统的教学方法，将原本在课堂上需要由教师讲解和讲授知识的过程，进行对调，转变由学生自行通过网络、视频等各类先进的自学方式，由已经掌握知识的学生在课堂上先展示，后通过教师辅导发现学生的薄弱点，着重指导。课前，我们引导学生自行主动学习，通过观看视频，自行完成布置的作业。在课堂上，我们再次组织学生进行分组讨论、回答我们提出的质询并进行思考和实践操作，以加深对知识的理解。这种模式有效地提高了学生的自主学习技能和课堂参与度。①

在中学数学教学中，翻转课堂模式可应用于多个方面。例如，在学习几何证明时，教师可以提前录制视频讲座，让学生在上课前自学证明方法和步骤。在课堂上，教师引导学生进行小组讨论和实践操作，探讨不同证明方法的优势和不足，从而发展学生的数学思维和问题解决能力。

以下是在中学数学教学中应用翻转课堂方法的一个创新案例：

---

① 林忠云.翻转课堂教学模式在初中数学教学中的运用探析[J].成才之路，2023(33)：101－104.

在一堂数学课上,我们采用翻转课堂方法来教授"一元二次方程"。课前,我们向学生详细解释了翻转课堂的格式、必要的准备和任务,制作了教学视频,并分发了相应的预习作业。学生在家中通过观看视频和完成预习作业,对一元二次方程的基本概念和解法有了初步的了解,并准备了演示文稿。

在课堂上,我们首先通过提问来检查学生的预习效果,然后组织小组讨论和实践练习。学生在小组内分享了解一元二次方程的经验,完成了一系列与一元二次方程相关的家庭作业,讨论了不同解法的优缺点,并尝试解决一些实际问题。最后,教师进行总结并给出反馈,强调一元二次方程在现实生活中的实用价值。

在这种翻转课堂的教学实践后,大多数学生对这项新的教学方法表现出极大兴趣。他们表示,翻转课堂的方法让他们有更多的时间进行自主学习,能快速掌握已知或易于理解的知识点,而不需要花费太多时间,同时可以将更多的时间用于学习薄弱环节和通过互联网进行自主学习,这使得对复杂知识点的记忆变得更加深刻。他们能充分准备并在课前思考新知识。同时,课堂上的小组讨论和实践练习帮助他们更深入地理解数学知识的本质和应用方法。

从教学效果来看,采用翻转课堂方法的班级在数学成绩上有了明显的提高。学生的数学思维和解题能力也有了显著提升。这是翻转课堂的效果和价值在我们初中数学课堂上得到了体现。

2. 项目式学习

项目式学习是我们在生活中遇到了真实问题后的一种解决方式的课堂实践。这种学习方式有利于发挥学生更多的自主能动性,积极解决项目问题。在应用过程中,因为问题是真实发生的,所以有利于学生有效提高各项能力和创造性思维。①

在学习概率论和统计学时，我们组织学生参与了课外相关的项目活动。学生需要独立设计调查问卷，收集数据，并运用概率论和统计学的知识进行分析。通过项目实施，学生不仅深化了对概率论和统计学的理解，还提高了数据分析解决问题的能力。

以下是在教学中应用项目式学习方法的一个创新案例：

在学习三角形面积的计算后，为了加深学生对计算的理解，提高他们的动手能力和解决实际问题的能力，我们设计了一个项目式学习案例，要求学生设计并制作一个简易的三角形面积测量仪。

我们首先复习三角形面积的计算公式，并展示一些需要计算三角形面积的实际场景，如土地测量、建筑规划等。然后提出问题：如果没有现成的测量工具，我们如何快速准确地测量三角形的面积？在此激发学生设计三角形面积测量仪的兴趣。

接下来是学生分组，学生自由组合成小组，每组 4～5 人。各组讨论并确定测量仪的设计思路，包括所需的材料、测量仪的结构、使用方法等。然后各组绘制设计草图，并列出所需的材料和工具清单。材料和工具由教师提供，如尺子、硬纸板、细线、铆钉和敲铳工具等。学生根据设计草图，利用提供的材料和工具制作三角形面积测量仪。在制作过程中，教师巡回指导，帮助学生解决遇到的问题。

学生使用自己制作的测量仪测量已知大小的三角形，并与实际面积进行对比，检查测量仪的准确性。

根据测试结果，学生对测量仪进行优化和改进，以提高其精度和实用性。每组展示自己的测量仪，并演示其使用方法。师生共同评价每组的作品，包括设计合理性、创新性、测量精度和实用性等。

教师引导学生总结项目过程中的收获和体会，如如何应用数学

① 许龙武，吕文梅.探索基于项目的学习在初中数学教育中的应用——实践经验与教学设计[J].数理天地(初中版)，2024(10)：74－76.

知识解决实际问题、动手制作的乐趣等。学生反思自己在项目中的表现,提出改进意见和建议。

通过项目式学习,学生不仅巩固了三角形面积的计算公式,还提高了动手能力和解决实际问题的能力。小组合作和展示环节培养了学生的沟通能力和团队合作精神。

3. 协作学习模式

协作学习模式强调学生之间的互助和合作,通过小组讨论、角色扮演和团队竞赛等方式激发学生的学习兴趣和团队合作能力。

例如,在教学函数图形时,我们让学生自行组织小组协作。每个小组分配不同类型的函数,小组成员一起讨论和研究函数图形的特征和属性,并尝试绘制相应的图形。通过合作,学生可以更深入地理解函数的本质和图形变化的规律。

以下是我们关于初中数学协作学习模式的案例:

我们希望学生通过协作学习,探索并理解三角形全等的条件,特别是"边角边"(SAS)条件。

首先,我们展示几组三角形图片,让学生观察并猜想哪些三角形可能全等,提出疑问,引发学生思考。其次,通过协作学习模式的实验,让学生自己发现答案。将学生分为若干小组,每组 4～5 人,每组讨论并尝试通过画图、剪纸、测量等方法,验证不同条件下三角形的全等性。每组用一张长方形纸剪出不同但可能全等的直角三角形,讨论并验证"两边一角"(SAS)条件下三角形的全等性。再次,学生在小组内分工合作,通过实际操作、测量和记录数据,验证猜想,讨论遇到的问题,并尝试解决。组外分享成果,交流经验和发现。最后,我们引导学生总结三角形全等的条件,特别是"边角边"(SAS)条件。由各小组派代表汇报学习成果,全班共同讨论并补充完善。

通过小组合作学习,学生不仅掌握了三角形全等的条件,而且提高了学生的合作精神和数学思维能力。当然这种别样的学习方式,也使学生对初中数学的日常学习,产生了浓厚的兴趣和积极性。

三、中学数学在网络信息技术上的利用

随着信息技术的迅猛发展,其在教育领域的应用也越来越广泛。中学数学与网络技术集合,将获得形形色色的资源和更多的方法,也为教师提供了更有效的教学工具和方法。以下是中学数学与信息技术整合的详细讨论。

(一) 信息技术在中学数学教学中的作用

信息技术在中学数学教学中扮演着多种角色。首先,它为学生提供了大量学习资源和信息。其次,信息技术有助于创造生动直观的教学情景,帮助学生更好地掌握数学的抽象概念和方法。例如,动画、建模等展示几何图形的转换和性质的方法,使学生更直观地理解几何知识。此外,信息技术能实现教师与学生之间以及学生之间的直接互动,为数学教学提供更灵活和高效的教学方式。

(二) 中学数学与信息技术整合的实践案例

1. 应用智能教育平台

智能教育平台是网络科技和信息技术应用在数学现代化互联网化教育中的重要工具。这些平台通常整合了丰富的学习资源、交互式工具和数据分析功能,为教师提供全方位的教学支持。例如,教师可以通过平台发布讲义、布置作业、组织在线测试等;学生则可以通过平台自主学习材料、完成作业、检查结果并获得反馈。①

在实践中,许多中学数学教师已经开始使用智能教育平台进行教学。他们通过平台发布预习作业、上传学习资源、组织在线讨论

① 单巨东.信息技术与初中数学教学的融合研究[J].开封教育学院学报,2018(4):4.

等,使学生深入准备和思考。首先,我们运用平台的社交工具,帮助学生建立小组,引导学生分组,进行内部讨论、思考、辨析,将学习成果分享给组内成员等,使课堂更生动有趣。课后,我们通过各种网络平台,如QQ、微信、钉钉等工具,查看学生的数据和反馈,进行连线沟通,发现学生学习方法的优缺点和知识获得的薄弱环节,并进行针对性辅导。

2. 数字资源的使用

数字资源是中学数学与信息技术整合的另一个重要形式。这些资源包括电子书、在线视频、交互式课程等,具有快速更新、易于访问、易于分享等特点。教师可以根据学生的需求和兴趣选择合适的数字资源进行教学。例如,教师可以利用在线视频资源向学生展示几何图形的变换和性质;使用电子书为学生提供丰富的扩展阅读材料;利用交互式教学程序引导学生进行自主学习和研究。

在实践中,许多中学数学教师已经开始积极使用数字资源进行教学。他们通过搜索引擎、在线资源库等途径获取不同的数字资源,并根据教学内容和学生的实际情况进行选择和整合。教师还鼓励学生自主寻找和使用数字资源进行学习,培养他们的信息素养和自主学习能力。

四、初中数学评价、反馈机制与教学创新的协同

在初中数学教学过程中,评价与反馈机制不仅是衡量学生学习成效的重要标尺,更是促进教学创新、提升教学质量的关键环节。一个科学、合理且富有创新性的评价与反馈体系,是可以非常准确地抓到学生的学习精神面貌与学习中的需求,为我们教师在调整教学方法、优化教学内容时提供有力依据,进而推动数学教学向更加高效、个性化的方向发展。

(一) 构建多元化评价体系

传统的数学教学评价往往侧重于考试成绩,忽视了学生在学习过程中的表现、努力程度及情感态度的变化。为了全面评估学生的数学素养,我们需要构建一个多元化的评价体系。这包括:

1. 过程性评价

关注学生在课堂参与、作业完成情况、小组合作中的表现,通过日常观察、口头提问、小组讨论等方式,收集学生学习过程的动态信息。

2. 项目式评价

结合项目式学习的生活实践,对学生的问题解决、创新、协作等综合能力进行评价。同时,根据学生提交的实践报告、展示成果或口头汇报,综合评价学生的学习成效。

3. 自我评价与同伴评价

鼓励学生进行自我反思,明确自己的优点与不足;同时,通过同伴评价,促进学生之间的相互学习与借鉴,培养批判性思维和合作精神。

(二) 建立即时反馈机制

即时反馈是教学创新中不可或缺的一环。为了实现即时反馈,我们采取了各种方式方法。

1. 利用信息技术工具

如在线作业平台、智能教学系统等,能自动批改部分客观题,即时给出答案和解析,为学生提供即时的学习反馈。同时,这些工具还能收集学生的答题数据,为教师提供详细的分析报告,便于教师精准施教。

2. 课堂互动反馈

在课堂上,教师通过提问、分组讨论、为学生答案投票等,有效快速地了解他们学习中遇到的问题,此后,给予更精准的指导。这种即时互动,既具体解决了学生的问题,同时还激发了学生的学习兴趣。

3. 个性化反馈策略

在辅导不同学生的学习需求方面,在发现学生各自的特点上,应提供更有针对性的建议。对学习方法正确、成绩优秀的学生,可以提出更高的要求和目标;对学习有困难的学生,则应发现他们的薄弱处,提醒改善学习方法,巩固基础知识。

(三) 促进评价和反馈机制的协同创新

评价和反馈机制与教学创新是相辅相成的。一方面,科学的评价和反馈机制能准确反映教学创新的效果,为教学改进提供方向;另一方面,教学创新又能不断推动评价和反馈机制的完善和发展。因此,我们需要促进两者之间的协同和发展。

1. 评价反馈中融合新技术

我们已经在互联网上发现很多大数据分析和 AI 等领先技术,对学生日常学习可以进行数据收集、深度分析,以此发现他们的学习规律和方法,提供更好的技术支持。

2. 建立评价反馈的循环机制

在教学过程中,评价体系应形成一个闭环。通过评价反馈,教师可及时了解学生的学习状态、分项成绩,循环地有针对性地调整教学方式;学生以此明确自己的目标,不断改进学习方法。

3. 鼓励师生共同参与评价反馈

建立开放、包容的评价与反馈机制,鼓励师生共同参与评价反馈过程。教师可以引导学生参与评价标准的制订和反馈内容的讨论;学生则可以主动表达自己的学习感受和建议,与教师共同推动教学创新的发展。

综上所述,初中数学评价、反馈机制与教学创新的协同是推动数学教育发展的重要动力。通过构建多元化评价体系、建立即时反馈机制并促进两者的协同创新，我们能更好地促进学生的学习发展，提升数学教学的质量和效果。

五、研究结论与思考

通过深入剖析中学数学教育，我们深刻认识到，数学教育的核心不仅在于知识的传授，更在于能力的塑造与思维的启迪。从课程资源的精心开发到评价与反馈机制的不断优化，再到解决数学问题能力的全面培养，每一环节都紧密相连，共同构筑了中学数学教育的坚固基石。

高效开发与合理利用数学课程资源。这要求我们深入钻研教材精髓，创造性地开发辅助材料，广泛搜集并整合网络资源，以及精心策划实践活动。通过一系列举措，为学生提供丰富多元的学习资源与实践机会，激发他们的学习兴趣，促进学习效率的显著提升。

优化评价反馈机制是激发学生潜能、指引学习方向的关键。我们倡导构建多元化评价体系，强调过程性评价的重要性，实施个性化反馈策略，加强师生间互动与沟通。这样的机制能更精准地反映学生的学习进展，提供定制化的教学指导，同时激发学生的内在动力，促进其全面发展。

培养解决数学问题的能力是中学数学教育的核心目标。我们致力于加强数学基础知识的教学，注重学生数学思维的培育，传授有效的解题策略与方法，并强化数学实践活动的组织与实施。这些措施旨在帮助学生构建扎实的数学基础，锻炼其逻辑思维与创新能力，最终提升其应对实际问题的能力。

综上所述，中学数学教育是一项系统工程，需要我们全方位、多角度地精心设计与实践。通过持续的研究与探索，我们不断优化数学教育体系，提升教学质量。同时，我们也应清醒地认识中学数学教育是一项长期而艰巨的任务，需要我们保持耐心与毅力，持续努力，不断前行。

引导学生探索随机世界

——以《概率应用》一课为例

李若愚①

摘　要:在纷繁复杂的现实世界中,概率应用如同一盏明灯,照亮了随机性背后的逻辑与秩序。本文将带领读者走进概率应用的课堂,探索如何将这一数学分支生动地融入教学之中。通过精心设计的教学活动和深入的实践反思,旨在培养学生的数学思维,提高他们解决实际问题的能力,同时点燃他们对探索未知世界的激情。

关键词:概率;可能性;数学期望

一、教学设计

1. 教学理念与目标

本课程以实际应用为核心,致力于将概率论的抽象概念转化为学生易于理解和操作的技能。教学理念是将理论与学生的日常生活紧密联系起来,让学生在具体情景中感受概率的实际意义,从而激发他们对概率学的好奇心和学习兴趣。

教学目标旨在通过复习和巩固概率一章的基本计算方法,如简单事件的概率计算、组合与排列等,来巩固学生的数学基础知识。同时,通过解决实际问题,如掷骰子、抽扑克牌等游戏,让学生在实践中掌握概率的计算和应用,提高他们的数据分析能力和逻辑思维能力。

---

① 作者简介:李若愚,上海市民办华育中学数学学科教师,中学二级教师,主要从事初中数学教学研究.

课程还注重培养学生的实际操作能力和问题解决能力。通过设计贴近学生生活的实际问题，如估计上学途中遇到不同交通灯的概率，让学生运用所学的概率知识来分析和解决这些问题。这样的教学方法不仅帮助学生更好地理解概率知识，还提高他们将数学知识应用于现实生活中的能力。

2. 教学内容的设计

本课程以实际应用为核心，致力于将概率论的抽象概念与学生的生活经验相结合，使学生直观感知和实际操作这些概念。我们的教学理念是让理论与现实世界的联系生动地展现在学生面前，从而激发他们对概率学的理解和兴趣。在教学目标上，我们不仅复习概率一章的基本计算方法，如公式 $P=k/n$ 的应用，还注重培养学生的数据分析能力、逻辑思维和解决现实问题的能力。

教学内容的精心设计覆盖了概率论在日常生活中的广泛应用，从彩票中奖的概率计算到生日悖论的探讨，再到保险业中风险评估的实际案例。这些内容的选取，帮助学生认识到概率学不仅是数学的一部分，更是解读周围世界、做出明智决策的重要工具。

例 1　取数问题〈初步引入乘法原理〉

□ 从 1 到 4 中可重复地任取 2 个数，第一个比第二个数大 2 的概率是多少？

□ 从 1 到 4 中可重复地任取 2 个数，两数之差不等于 2 的概率是多少？

两个问题均由学生解答。第一题：$P=\dfrac{k}{n}=\dfrac{4}{16}=0.25$.学生口答方法，教师画树状图解答。第二题有两种解法。其一，仍然利用前一小问的树状图可得 $P'=0.5$，其二，利用前一小题的结论，$P'=1-2\times0.25=0.5$.两种解法均可以得到答案，但是第二种解法中利用两个对立事件概率和为 1 的结论，可以解决不少后续问题。

为了提高教学效果，本课程采用案例分析、小组讨论、模拟实验等多种教学方法。案例分析如"400 个学生中一定有两个学生生日相同的概率",让学生深入理解概率理论的实际应用。小组讨论则促进了学生之间的思想交流,共同探讨问题,如"67 个学生中,有两个学生生日相同的概率"。模拟实验提供了一个平台,让学生在实践中体验和掌握概率知识,如通过模拟掷骰子来理解概率分布。

在教学中,我们特别强调问题的不同解法,鼓励学生从多个角度思考问题。例如,在解决"取数问题"时,我们展示了两种解法:一种是通过构建树状图来直观展示所有可能的结果;另一种是利用对立事件的概率来简化计算过程。这种方法不仅帮助学生理解概率的计算,而且培养他们分析问题和解决问题的能力。这种教学方法不仅适应不同学生的学习风格和需求,而且通过实际操作让学生在体验中学习,在探索中理解。通过这种教学方法,我们期望学生在轻松愉快的氛围中学习概率知识,体验数学的乐趣,并为未来学习打下坚实基础。

3. 教学过程的具体实施

在本课程中,教学过程的实施与学生的积极参与是紧密相连的两个环节,共同构成了一个互动性强、以学生为中心的教学环境。课程开始,我们通过贴近学生生活的例子引入概率概念,如通过讨论"每天出门是否会遇到下雨"的问题,让学生感受到概率的实际意义。随后,通过直观的讲解和演示,学生逐步掌握了概率的计算方法。

进入小组讨论阶段,鼓励学生提问题、分享想法,并在小组内共同分析和解决实际问题。这种小组学习不仅促进了学生之间的思想交流,也锻炼了他们的合作能力。在实践环节,学生通过模拟实验,如掷骰子、抽扑克牌等活动,亲身体验概率的应用,这种体验式学习让学生对概率有了更深刻的认识。

教学过程中,我们特别强调互动性,设计了各种互动教学活动,如班级抽奖、概率游戏等,让学生在轻松愉快的氛围中学习和应用概率知识。这些活动不仅增强了学生对概率概念的理解,而且培养了他们的团队合作精神和沟通能力。在课的最后，总结，回顾所学知识，强调概率在日常生活中的重要性，确保学生在一个连贯的学习过程中，逐步构建起对概率论的整体认识。通过这种教学设计，学生不仅理解并掌握概率计算的技能，还能在实际情景中运用这些知识，解决现实问题。我们相信，这种融合了教学过程实施和学生积极参与的教学方法，能有效提升学生的学习兴趣和参与度，帮助他们建立起对概率论深入且全面的理解。

二、教学过程

1. 课程导入与兴趣激发

课程的导入环节是激发学生兴趣和好奇心的关键。在概率应用的课堂上，我们采用贴近学生生活的例子来吸引他们的注意力。例如，通过提出一个看似简单却能引发深思的问题："如果你去买彩票，中奖的概率是多少？"这个问题立即触及学生对运气和机会的日常体验，引发他们对概率概念的好奇心。通过展示一组数据，如彩票销售量和中奖人数，让学生直观感受到中奖的难得，从而引导他们思考背后的数学原理。这种以问题为中心的导入方式，不仅迅速吸引学生的注意力，而且为后续概率学习奠定了基础。

利用多媒体工具，如视频或动画，展示概率在现实世界中的实际应用，如天气预报的概率预测、交通流量的概率模型等。这些生动形象的展示，让学生感受到概率并非遥远抽象的数学概念，而是与我们的日常生活息息相关。最后鼓励学生提出自己的问题。例如，"为什么有时候我们感觉好运气会连续发生？""坏运气会不会也是一连串的？"……这些问题的提出，不仅能激发学生的思考，而且为接下来的教学活动提供丰富的讨论素材。

通过这样的导入方式，能成功地将学生来自日常生活的直观体验，引导到对概率这一抽象概念的探索，为整个课程的学习打下坚实的基础。

2. 概念讲解与基础构建

在概率应用的课堂上,复习概率论的基本计算方法是一个重要的环节。我们首先引导学生回顾概率的基本原理,如样本空间、事件,以及它们的概率值。通过这些基本概念,让学生建立起对概率计算的初步理解。

接下来,我们深入讲解概率计算的核心公式 $P=k/n$,即事件发生的概率等于该事件发生的次数 k 与所有可能事件的总数 n 之比。这个公式虽然简单,却是解决各种概率问题的基础。通过具体的例子,如掷骰子、抽牌等,让学生练习如何应用这个公式来计算特定事件的概率。在学生掌握基本的计算方法后,我们引入更复杂的概率问题,这些问题往往需要建立数学模型来解决。例如,我们讨论"从 1 到 4 中可重复地任取 2 个数,第一个数比第二个数大 2 的概率是多少?"这样的问题,引导学生如何建立合适的数学模型来解决实际生活中的概率问题。

同时,本课程还重点讲解乘法原理和排列组合在概率问题中的应用。乘法原理教会学生如何计算两个独立事件同时发生的概率,而排列组合则帮助学生理解在有限的选择中不同事件发生的可能性。通过这些原理和方法的介绍,学生更加深入地理解概率论,并能解决更复杂的实际问题。在这一阶段,应注重培养学生的逻辑思维和计算能力,鼓励他们通过小组讨论和互动来加深对概念的理解。同时,我们也通过实际问题来检验学生对概率计算方法的掌握程度,确保他们将所学知识应用于解决现实问题。通过这种复习和实践,学生更加熟练地运用概率论的基本计算方法,为后续深入学习打下坚实的基础。

3. 实际应用与案例分析

将概率理论应用于现实情景是加深学生理解的关键。本课程通过精心挑选的案例分析,让学生将抽象的数学概念与实际问题联系起来。例如,引入“生日悖论”,探讨在一个群体中任意两人生日相同的概率,引导学生运用组合原理来计算并理解这一现象背后的数学逻辑。

例题:我们班级有无学生同月同日生?

一般来说,班级中会有学生同月同日生,因为依照前面提供的公式,$P=1-\frac{365\times364\times\cdots\times319}{365^{47}}\approx0.97$,这个概率其实比较大,在班中做实验的成功率是很大的。

在班级学生中找出同月同日生的学生时,教师可以说明,其实调查了其他班级的情况,绝大部分班级中,都有同月同日生的学生。这个概率比较大的情况,可以从教师调查事件发生的频率角度进行粗略验证。

此时教师提出:如果没有,是否说明我们计算有误?

可以教师答,也可以学生答。结论是:不是。因为随机事件中,概率再大也会有不发生的可能性,概率再小也会有发生的可能性。

进一步问题:产生错觉的原因是什么?(算法问题)

M 个人中有 2 个人同月同日生的概率是 50%:

$$P(M)=1-\frac{365\times364\times\cdots\times(365-M+1)}{365^{M}}=0.5,M\approx23.$$

N 个人中恰好有人和你同月同日生的概率是 50%:

$$P(N)=1-\left(\frac{364}{365}\right)^{N}=0.5,N\approx253.$$

我们平时容易产生误解的原因是经常会误读这个问题。认为要找的是和自己生日相同的人,这样的话,需要的总人数会很多,超过原题的 10 倍。

在另一个例题中,教师与学生探讨“买彩票合算不合算”的问题。学生举出的例子往往是:x 月 x 日,我爸爸买彩票中奖了,所以是合算的。教师可以引导学生从具体数据出发,计算平均每张彩票的中奖概率与奖金额之积后再做求和，由此得到平均每张彩票是赚还是亏的结论。数据如下：

中奖概率：

一等奖(6+1)中奖概率为：

红球 33 选 6 乘以蓝球 16 选 1=1/17 721 088=0.000 005 6%；

二等奖(6+0)中奖概率为：

红球 33 选 6 乘以蓝球 16 选 0=15/17 721 088=0.000 085%；

三等奖(5+1)中奖概率为：

红球 33 选 5 乘以蓝球 16 选 1=162/17 721 088=0.000 9%；

四等奖(5+0)中奖概率为：

红球 33 选 5 乘以蓝球 16 选 0=240/17 721 088=0.001 4%；

四等奖(4+1)中奖概率为：

红球 33 选 4 乘以蓝球 16 选 1=1/654 720=0.015%；

五等奖(4+0)中奖概率为：

红球 33 选 4 乘以蓝球 16 选 0=1/40 920=0.024%；

五等奖(3+1)中奖概率为：

红球 33 选 3 乘以蓝球 16 选 1=1/87 296=0.11%；

六等奖(2+1)中奖概率为：

红球 33 选 2 乘以蓝球 16 选 1=1/8 448=0.12%；

六等奖(1+1)中奖概率为：

红球 33 选 1 乘以蓝球 16 选 1=1/528=0.189%；

六等奖(0+1)中奖概率为：

红球 33 选 0 乘以蓝球 16 选 1=1/16=6.25%.

此处，六等奖的中奖概率可由学生自行计算，而一等奖的中奖概率涉及利用乘法原理计算组合数，解释如下：总的可能性 $n=\frac{36\times 35\times 34\times 33\times 32\times 31}{720}\times 16$.此处的分子表示选择第一个号码有 36 种可能性，第二个号码有 35 种可能性，以此类推。分母的 720 请同学们自行查阅相关资料。

【注：此处 $n=16C_{36}^{6}$】

总中奖率：

1 188 988/17 721 088＝0.067 094 526 024 587 203≈6.7%.

按照概率如果守一个号，哪怕每天开一次奖，平均中一次特等奖需要 x 年。

$x\approx 17\ 721\ 088\div 365\approx 48\ 550.$

平均 48 000 多年才能中一次特等奖，究竟中奖可能性大还是不大，明眼人一看便知。

经过具体数据分析后，学生自己可以得出买彩票合算还是不合算的结论。

在案例分析过程中，教师引导学生从不同角度审视问题，鼓励他们提出自己的见解和解决方案。学生通过小组讨论，共同分析案例中的数学模型，计算概率，并讨论其在现实世界中的意义。这种教学方法不仅帮助学生巩固了概率计算技能，而且培养了他们的批判性思维和解决实际问题的能力。通过这些实际案例的分析，学生更加直观地看到概率论在现实生活中的应用价值，从而激发他们进一步探索和学习的兴趣。

4. 思维拓展与实践培养

在概率应用的课程中，我们将思维拓展与实践培养紧密结合，形成了一个互动性强、实践性突出的教学环节。通过将学生置于现实世界问题的情景中，我们鼓励他们运用概率理论来分析和解决问题。例如，在探讨“掷骰子”游戏中的概率问题时，学生不仅需要理解单次掷骰子的结果，还要学会如何计算多次掷骰子中出现特定序列的概率。我们将学生的思维与实践活动融合，通过设计实验和模拟游戏来加深对概率概念的理解。在模拟彩票抽奖活动中，学生亲自体验概率事件的发生，观察不同结果的分布，从而直观感受概率的现实意义。这种从理论到实践的过渡，不仅巩固了学生对概率计算的掌握，而且锻炼了他们的数据分析能力和实验设计技巧。

在这一过程中,教师通过提出富有挑战性问题,引导学生进行深入思考和讨论。学生在小组内交流想法,共同设计实验方案,进行实验操作,并对结果进行分析和解释。通过小组合作,学生学会了如何表达自己的观点,倾听他人的意见,并在交流中达成共识。通过实践活动,学生将抽象的概率知识转化为具体的操作和分析,这种经验对他们未来解决更复杂问题具有重要的价值。通过这种融合思维拓展与实践培养的教学方法,我们旨在培养学生的创新思维和实际操作能力,为他们在现实世界中应用数学知识打下坚实的基础。

5. 综合应用与能力提升

教学过程的最后阶段是综合应用。在这一阶段,应鼓励学生将所学的概率知识应用于更复杂的情景中。例如,通过分析"双色球"彩票的中奖概率,学生不仅需要运用组合数学的知识,还需要理解概率与期望值的概念。此外,通过讨论"掷骰子游戏"的公平性,学生能将概率知识与现实世界的决策联系起来。

通过这几个阶段的教学过程,本课程旨在帮助学生从基础概念的理解到复杂问题的综合应用,逐步建立起对概率应用的深刻认识。我们相信,通过这种系统的教学设计,学生不仅能掌握概率论的知识,而且能在实际生活中运用这些知识,做出更明智的决策。

三、教学反思

在本课程中,我们对概率应用的教学进行了全面的反思,以期不断优化教学策略,提高教学效果。

对教学目标的实现,通过观察学生在课堂互动和小组讨论中的表现,注意到学生对概率基本概念和计算方法的掌握程度较高。他们在小组活动中展现出积极参与的态度,能提出问题并尝试解决问题。然而,也发现在面对复杂问题时,部分学生的应用能力有待加强,这提示在未来的教学中需要更多地培养学生的综合思维和问题解决技能。

对教学内容和方法的有效性进行深入分析。案例分析、小组讨论和模拟实验等方法有效提升了学生的参与度和兴趣。同时,也认识到有必要进一步丰富教学内容,引入更多与学生生活紧密相关的实际问题,以提高教学的现实意义和吸引力。

在教学互动方面,设计了互动性强的教学活动,成功激发了学生的学习热情,并培养了他们的团队合作精神和沟通能力。不过,也意识到需要进一步提升学生的主动参与意识,鼓励他们更加积极地提出问题和分享想法。

对教学评价体系来说,采用多元化的评价方式,包括课堂观察、学生自我评价、同伴评价和教师评价,以全面了解学生的学习情况。这种评价体系有助于及时发现教学中的问题,并进行相应的调整。计划进一步发展这种评价体系,使之更加科学和系统。

最后,对教学中的创新与挑战进行了思考,尝试了多种创新的教学方法和技术,如使用多媒体工具和在线平台来辅助教学,这些创新手段在提高教学效率和学生学习体验方面发挥了积极作用。同时也面临着如何更好地整合这些技术与教学内容的挑战,以及如何确保所有学生都能从这些创新中受益。

通过这次教学反思,获得了宝贵的经验和启示。将继续探索和实践,不断改进教学设计,丰富教学内容,创新教学方法,以满足学生的学习需求,提高教学效果。相信通过持续的教学反思和改进,能为学生提供更高质量的数学教育,帮助他们建立起对概率论深入且全面的理解,并培养他们解决现实问题的能力。

数学学科人才早期发现与培养的实践探索

卢　亮①

摘　要:因材施教、因势利导,让学生在自己感兴趣的领域中做自己喜欢做的事,潜能得到最大程度发挥,是学校培养人才的重要举措。重视数学学科人才早期发现与培育,要把握好他们的特征,关注他们的优秀品质和良好习惯培养。形成培养体系、课程体系、教学体系、评价体系等五大育人体系。

关键词:数学人才;培养体系;育人体系

数学学科人才早期发现与培养是有重要意义的。从国家层面来讲,国与国的竞争归根到底是人才的竞争,而数学人才又是基础理论研究的重要力量。从某种程度上说,数学人才的强弱决定了一国科研科创能力的上限。培养数学拔尖人才事关国家昌盛民族兴旺的大事!从学校层面来说,因材施教、因势利导,让学生在自己感兴趣的领域做自己喜欢做的事,潜能得到充分发挥,是学校培养人才的重要举措;从家庭层面来讲,孩子是家庭的未来和希望,让每个孩子成就最好的自己,是对孩子和家庭最好的负责。

华育中学自创办以来,在全方位、多层次创新人才早期培养方面进行了长期系统性的探索,形成了成熟的识别体系、课程体系、师资体系和评价体系,而且成绩斐然,硕果累累。2018 年以来,毕业于华育的新高一学生高中五大学科竞赛中获得一等奖 120 人;华育毕业生 146 人

---

① 作者简介:卢亮,上海市民办华育中学教学处副主任,数学学科教师,中学二级教师,主要从事初中数学强潜能学生培养研究.

进入上海市代表队，44 人进入国家集训队。特别是近两年，每年均有 12 位华育毕业生进入国家集训队。华育中学自 2019 年开始组队参加中国东南地区数学奥林匹克竞赛，获得 2019 年高一组团体第一名、2022 年高二组团体第一名、2023 年高一组和高二组团体第一名、2024 年高一组和高二组团体第一名。

一、早期学科拔尖人才的共同特征与数学学科人才的特有特征

作为长期处于教学一线的数学竞赛教练，通过对早期数学拔尖人才的长期观察和系统分析，笔者认为初中阶段的学科人才往往表现出以下特征：① 好胜心强，情感体验能力较弱；② 逻辑思维能力强，语言组织能力较弱；③ 学习自主意识强，生活自理能力较弱；④ 深度思维和数字敏感性强，记忆性思维较弱；⑤ 精力充沛且思维活跃，而身体协调性较差；⑥ 接受来自外界表扬的能力远远强于接受批评的能力，对实力的崇拜远远高于对外形的欣赏；⑦ 求知欲旺盛，喜欢问为什么；⑧ 目标感强，情绪稳定性差，愿意在一个问题上持续发力思考且愿意为实现既定目标努力奋斗；⑨ 时间观念强，效率高，厌恶做重复低效而无技术含量的事；⑩ 可塑性强，兴趣点广泛，经过合适的引导，可以在短期内有很大的变化。

数学学科人才有其特殊性，早期往往表现出以下特征：浓厚的兴趣；好问、善问；令人惊讶的解法；自然而优美的创造性解法；独特与深刻的视角；跳跃性、发散性思维；热衷于寻找问题之间关联，善于推广和改进问题；能轻松看懂抽象的数学专著。

除了这些典型特征外，要成为一位优秀的数学学科人才，学生身上必须具备以下五个良好的品质和习惯：① 对待学习有目标、有规划、有执行力；② 凡事喜欢多问几个为什么，既问老师，也问课本，更

问自己;③ 快速思维和深度思维卓越;④ 时间观念强,效率高;⑤ 豁达开朗有韧劲,不获全胜不收兵。

二、优秀数学学科人才的五个优秀品质和习惯

数学竞赛是发现和培养早期数学学科人才的重要抓手和途径。下面结合中学数学竞赛与数学早期学科人才的发现与培养,谈谈上述五个品质与习惯在优秀数学人才身上的体现。

1. 对待学习有目标、有规划、更有执行力

数学竞赛,尤其是初中学生参加高中竞赛,没有目标是不行的;没有目标的努力是无效努力,其结果可能也是无效的;当然光有目标也不行,初中学生获高联一等奖不是喊喊口号就能实现的;我们需要有科学的学习规划。比如,什么时候完成初中基础知识学习?什么时候完成初中竞赛学习?什么时候完成高中基础知识?什么时候开始学习高联一试?什么时候学习高联二试?二试的四个板块(代数、数论、平面几何及其组合)按照怎样的时间先后来学习……如果说科学的学习规划相当于支票上0的个数,那么强有力的执行力则是0前面的1。有执行力的规划才是有生命力的规划,无执行力的规划就是纸上谈兵。

2020届8班的小石同学是华育校史上第一位在初二时就荣获高联一等奖的学生,现在就读于清华大学姚班。笔者带了这位学生四年。刚开始小石同学就表现出对数学的极大热情,他整天看数学竞赛的书也不觉得累,在数学学科上花的时间比其他科目多很多、比班上其他同学多很多,然而开始阶段的数学竞赛成绩一般。这是什么原因呢?经过与小石同学及家长沟通后,发现小石同学存在的问题是:看的书多而杂,不系统,也不精练,做题讲结果不求过程,盲目赶进度,囫囵吞枣,缺乏思考。笔者问他,为什么学得这么快?他说他希望在初二时就能参加高联比赛,留给他的准备时间只有两年。在

知道他的目标后，结合小石同学本身代数、数论、组合很强的特点，以及初中生发展的基本规律，笔者给小石同学确定的规划是：一试部分先自学完成高中新思路（精编），时间为两个学期加一个寒假，不会来问；后面一年加暑假，认真完成高联一试的基础知识与方法加中等数学模拟题40套；二试部分主攻代数（尤其是不等式）、数论、几何三个模块。后来小石同学严格执行约定，并最终在初二时参加的高中联赛中获得一等奖。

2. 凡事喜欢多问几个为什么

如果说失败是成功之母，那么问题就是方法之母。好问的人，只做了五分钟的愚人；耻于发问的人，终身为愚人。只有勤于思考，勇于提问，才能使自己接近真理，获取解决问题的方法。

2024届8班的小邓同学，在数学竞赛圈中，知道他的人不少。这位学生在预初时获得高联一等奖，初一时过省队线，初二、初三时均为上海赛区第一名，2024年阿里巴巴全球数学竞赛预赛第26名。他是我班上最喜欢发问的学生，他的口头禅是："老师，我有一个重要的问题。""老师，我想问一下。"……最厉害的学生，往往总是有最多的问题，这个现象不得不引人深思。从某种意义上讲，一个人知道得越多，思考得越深入，那么他的知识边界就越宽，所涉及的未知就越多，发现的问题自然也就越多。不断提问题、解决问题是自我提升的最快方式。

3. 快速思维和深度思维卓越

快速思维，是指遇到问题，能快速反应并解决；深度思维是指思考艰难问题时能持续不断思考，并不断接近问题的本质。快速思维要求学生勤加练习，做到熟能生巧，同时善于归纳总结，做到举一反三；深度思维要求学生对艰难问题迎难而上，不断求索，并最终解决。

4. 时间观念强，效率高

华育中学的学习，可以总结为全面发展，优势突出。这主要是有别于一些学校"赌博式"的竞赛学习。大家知道,华育中学竞赛成绩非常突出,但是课内知识一点没落下,连续十多年位居上海市中考第一。这就要求学生全面发展,课内课外两手都要抓,两手都要硬。有人可能会说这怎么可能呢?每个人的时间和精力都是有限的,为什么在相同的时间里就能比别人做更多的事呢?答案在于,这些学生的时间观念强,凡是能利用的时间都用来学习,而且在学习期间,还保证充分的专注力,效率高,腾出来的时间用于学科竞赛或自己感兴趣的事。所以,时时刻刻、随时随地都可以写作业,如地铁上、乘校车、食堂排队……

5. 豁达开朗有韧劲,不获全胜不收兵

学习之路与人生之路一样,不可能一帆风顺,不如意之处时常有之。如何面对挫折,怎样看待失败,其实是一个永恒的话题。最终能取得成功的学生往往都是豁达开朗,坦然面对失败,并从失败中吸取经验教训。纵使屡战屡败,也一定要屡败屡战,充满韧劲,不达目标不罢休,不获全胜不收兵。

2020 届 8 班的小霍同学被清华大学新领军计划录取,成为首届新领军计划的学生。原本在华二高一在读的他已进入清华园学习,开始了他的大学生涯。回顾小霍的四年华育生涯,可以说充满坎坷与坚持,浸满泪水与汗水。小霍同学开始时在学科竞赛上并没有表现出特别的天赋,一开始选奥数小班,还落选;后来,他向笔者申请加入小班,在小班中虽在 10 名左右徘徊,但初三的高联考试发挥一般,初三自招升学测试又被上中理科班拒绝。但是,小霍对自己的学习丝毫没有放松,对数学的学习更是有增无减,最终印证了那句老话,功夫不负有心人。

以上的特征、品质与习惯为我们识别和发现早期学科拔尖人才,尤其是数学学科拔尖人才提供了有力的依据。也构成了华育中学数学拔尖人才识别体系中的核心。

三、华育中学早期拔尖人才识别与培养体系

华育中学在20多年的数学拔尖人才培养过程中已经形成了识别体系、培养体系、课程体系、教学体系、评价体系等五大育人体系，下面分别作简短的说明。

1. 识别体系

在学生入校前，就做了大量的排摸工作，依据华育中学独有的识别评价体系，邀请符合华育中学认定标准的学生入校。入校后，我们先给学生提供各种深度学习的平台，通过观察学生的表现，并结合学生和家长的意愿，指明学生的发展方向。可以是学科竞赛，也可以是综合全面发展，因人而异，因材施教。先培养后定位。不求取长补短，不被"木桶原理"束缚，而是扬长平短，追求卓越。

2. 培养体系

华育中学拔尖人才培养体系可总结为"下有托底，上不封顶，因势利导，百家争鸣"。"下有托底"是指白天高质量的教学常规课，托底中考和自招；"上不封顶"是指晚上高难度的学科拓展课，根据学生实际情况，难度从初中竞赛、高联一试、高联二试到CMO(中国数学奥林匹克)集训应有尽有，让所有学生都学有所得。"因势利导"，在先期提供平台的基础上，教练团队会进行过程跟踪，发现学生的兴趣点和潜力点所在，并逐步鼓励引导学生进行相应的学科学习，让学生在自己感兴趣和擅长的领域快乐遨游；"百家争鸣"有三层含义：一是学校评价体系多元化，我们把学科竞赛、课内学科全面发展、个人领导力、艺体特长等都作为评价学生的指标；二是晚课学科和难度的多样化和差异化，数学、物理、化学、信息、生物、大语文、英语等学科竞赛应有尽有，难度跨度非常大，给学生提供充分的发展空间；三是优质丰富的校外资源大量进入校园，开拓学生的眼界和格局，来自交大和复旦的高校教授、中科院的科学家团队、各行各业的翘楚作为华育

中学特聘教授,定期为学生开讲座,在学生心中播下各种理想和希望的种子。这里要特别提到的是:上海中学给华育中学发展提供的全方位支持,如拔尖学生的贯通培养,竞赛资源的共建共享,校园文化与培养理念的一脉相承等方面有着非常重要的意义。

3. 课程体系

经过二十多年的探索,华育中学已逐步形成“国家核心价值观课程”+“校本特色课程”相结合的课程体系。“国家核心价值观课程”是华育中学拔尖人才早期发现培养的重要组成部分。华育中学根据拔尖人才早期的发展特点和需要,又逐步制订“校本特色课程”。华育中学的“校本特色课程”包括:持续两年半的高质量高思辨的初中课内常规教学、持续三年半的系统完善的初中竞赛及四校自招内容的课程、持续两年的系统的高联一试课程、持续两年半模块化的高联二试课程、持续一年的 CMO 集训课程等。

4. 教学体系

为了培养更优秀的学生,华育中学学科竞赛一直采用的是团队教学和模块化教学。简而言之,每个学生都会跟团队中的每个教练学习,而每个教练每年都在教自己感兴趣和优势的板块,从而实现专门的人做专业的事,起到“1+1>2”的效果。同时考虑到初中阶段的学生表现欲强、好奇心重的特点,我们开设了形式多样、难度各异、内容丰富的课程。例如,第二课堂、分班课、竞赛 A 班、竞赛小班、竞赛小小班,这些课或采用点拨式教学,或采用讨论式教学,或采用集体学习,从授课形式和内容上充分调动学生的积极性。

5. 评价体系

学科竞赛、课内学科全面发展、个人领导力、艺体特长等都作为评价学生的指标。学科竞赛方面以比赛为抓手,实现评价学生和提升学生的双重目标。目前我校重要的学科比赛有:华育杯学科能力综合测试、学科高中联合竞赛校内同步考、东南地区数学奥林匹克竞赛、晚课期中期末考试等。在这些比赛中,学生通过考试,提升了自身实战能力，检验了自己的水平，知道了目前在校或在同届学生中的定位，为今后的发展提供了很多有益信息；如果获得了好的成绩，还能在奖学金认定或综合排名上获得加分，能极大地激发学生学习学科竞赛的热情。课内学科全面发展的学生则可以在年度考评时获得对应的学业奖学金和表彰。个人领导力有以优秀班干部、优秀学生的评选为抓手；艺体特长则以对应的文体比赛作为评价舞台，如卡拉OK大赛、主持人大赛、创意秀、舞蹈大赛、小品相声大赛等。

数学拔尖人才的早识别、早发现、早培养是一个重要的课题，华育中学在过去的二十多年中进行了很多有益探索，并且形成了一套行之有效的模式；未来，华育中学将继续不忘初心，在拔尖人才早期培养的路上更加坚定地走下去，贡献华育力量、提供华育智慧、形成华育方案。

初中阶段具有数学拔尖创新潜能学生的识别和培养研究

罗家亮[①]

摘　要:具有数学拔尖创新潜能初中学生的特征,可以分为学科素养和学习品质两大类,基于这些特征可以对初中学生进行有效识别。对具有数学拔尖创新潜能学生的培养,可以采取个性化培养方案,提供丰富学习资源和机会,并且重视发展学生的批判性思维和独立思考能力,重视数学解题,注重心理素质和情感教育。正确发挥教师的示范和引领作用,创设良好的学习氛围,持续跟踪与反馈,培养学生的国际视野、激发学生的数学兴趣和热情。

关键词:数学拔尖创新人才;初中阶段;识别;培养

基础学科的拔尖创新人才培养已不再是单一的教育议题,而是关乎国家繁荣发展和民族复兴的重大课题。近年来,国家陆续推出多项政策和计划,目的在于加速培育在基础学科领域中作出显著贡献的人才。这些政策和计划为那些具备突出创新潜力的学生提供了更加丰富的学习资源和发展机遇,使他们得以在更广阔的舞台上展现自己的才华。

数学作为基础学科之一,对个体智力的培养和社会进步具有深远的影响。在初中阶段,学生的数学学习不仅关系到其数学能力的根基,还直接影响到他们对数学的兴趣以及进一步探索的动力。因

① 作者简介:罗家亮,上海市民办华育中学数学学科教师,中学二级教师,主要从事初中数学教学研究.

二、具有数学拔尖创新潜能初中学生的识别

华育中学在识别和培养数学拔尖创新人才方面积累了十多年的丰富实践经验，形成了一套行之有效的培养模式。通过对学生的学科素养和学习品质两个既包括学生智力因素又包括学生非智力因素的科学的识别策略，学校能发现并着手培养具有数学拔尖创新潜能的学生，为其未来的发展奠定坚实的基础。

1. 课堂教学中的识别策略

在日常的数学课堂教学中，教师可以通过多种方式识别具有数学拔尖创新潜能的学生。这些方式不局限于观察学生的课堂表现，还包括他们在课后作业和小组讨论中的参与情况。教师可以通过观察学生对问题的思考、解决和书面表达的过程，评估他们的数学逻辑推理能力和解决问题的方法。学生在解决问题时展现出的创新思维和独特见解，往往是他们数学潜能的重要体现。

同时，通过长期的、系统的课堂教学，教师可以发现学生在学习品质上的优缺点。华育中学通过跟踪学生的日常行为和学习习惯来识别具有数学拔尖创新潜能的学生。这种方法侧重观察学生在日常生活中的行为模式和学习策略，从而揭示他们的潜在能力和学习倾向。

2. 定期测验和数学竞赛的成绩分析

考试是教师了解学生水平、挖掘学生潜能的重要教学手段之一，也是评估数学拔尖创新潜能的重要依据。华育中学数学考试分为定期测验和数学竞赛两大类。定期测验每隔 1～2 周进行一次，内容主要为课内知识，考查学生在数学基础知识、基本技能方面的掌握情况。

华育中学数学竞赛考试种类繁多，包括针对学生所学科目的专门测试（如数论、几何、组合和代数）以及按季度进行的“四季赛”大型

数学竞赛考试。竞赛的题目有足够的挑战性,除了考查学生的解题技巧之外,还能甄别他们思维能力的高低,给学生充分展现实力和个性的机会。

优异的平时成绩和竞赛成绩不仅反映了学生在数学知识与技能方面的高水平掌握,还能揭示其在压力下独立解决问题的能力和反应速度,还有思维的灵活性和创新性。学生通过接触到更具挑战性的问题,激发他们的潜能,培养他们的应变能力和创造力,从而及时发现具有数学拔尖创新潜能的初中学生。同时,通过各类考试,教师及时了解学生在不同类型问题上的表现,发现他们的优势和不足,从而有针对性地进行指导和培养。

3. 个性化评价的作用

仅通过考试成绩来评价与衡量学生是远远不够的。个性化评价在识别数学拔尖创新潜能的过程中起着至关重要的作用。教师通过长期观察和深入了解学生的学术表现和潜力,可以为其提供有力的推荐和评价。这些评价不仅限于考试成绩,还包括学生在课外活动中展现的领导力、团队合作能力和自主学习能力等方面的表现。

通过个性化评价,教师可以全面了解学生的综合素质,为其提供个性化培养方案。例如,对在团队合作中表现突出的学生,教师可以引导他们参加更多的团队项目和竞赛,培养他们的领导力和协作能力。对在自主学习方面表现优秀的学生,教师可以提供更多的资源和指导,鼓励他们深入研究和探索。

4. 识别是长期的、持续的过程

识别具有数学拔尖创新潜能的学生是一个长期的、持续的过程。教师需要用发展的眼光看待学生的成长,通过不断观察和评估,及时发现和培养有潜力的学生。仅仅通过几次考试成绩或课堂表现来判断学生是否有学术潜力,是不合理也是不负责任的。

在这个过程中,教师需要不断更新和调整识别策略,适应学生的发展变化。例如,随着学生年龄和知识水平的提高,教师需要不断提高对学生的要求，提供更具挑战性的学习内容和任务。此外，教师还需要与学生保持良好的沟通，了解他们的兴趣和需求，提供针对性指导和帮助。

三、具有数学拔尖创新潜能初中学生的培养

在识别具有数学拔尖创新潜能的初中学生后，如何有效地培养他们成为具有卓越创新能力的数学人才是关键。通过长期的关注和持续的培养，教师可以帮助学生不断提高数学能力，激发他们的创新潜能，为他们的未来发展奠定坚实的基础。这不仅有助于发现和培养未来的数学人才，还能提升学生的整体素质和综合能力，为社会的发展和进步作贡献。华育中学充分参考和吸收国内外数学拔尖创新人才培养的优秀经验①②③，并在十多年的实践中，形成了一套系统化、科学化的培养模式。以下是一些培养策略和方法。

1. 制订个性化培养方案和课程体系

培养具有数学拔尖创新潜能的学生，关键在于尽早开始，甚至可以从少年时代入手。根据他们的兴趣和能力，学生应自主地或在家长和教师的引导下，加快数学学习的进度，同时拓宽知识的深度与广度。接触数学大师和经典教材，能帮助他们始终站在较高的视角研习数学。

个性化培养方案的制订至关重要。教师需要全面了解学生，为每个人量身定制学习计划和发展路径。例如，对几何表现突出的学

---

① 李法瑞.国内外拔尖创新人才早期培育课程建设研究综述[J].现代基础教育研究，2020(4)：157－163.

② 陆一，朱敏洁.美国的“少年班”何以成立：一种高选拔适度竞争的英才教育路径[J].国家教育行政学院学报，2019(9)：61－68.

③ 张倜，曾静，熊斌.数学英才教育研究述评[J].数学教育学报，2017，26(3)：39－43.

生,可以提供更多几何难题和相关资源,帮助他们深入研究和突破。对擅长代数和数论的学生,可提供更具挑战性的题目和项目,激发他们的探索欲望。当然,个性化培养并不意味着对学生综合素质培养的忽视,注重文理通识教育,更要处理好博和专的关系。

具体教学时,华育中学采用两年的时间完成初中课程标准要求四年完成的内容,再利用一年半的时间完成高中部分课内内容的学习,以此加速教学进度。在深度上,利用课外活动时间,教师与学生一起参与数学竞赛活动。通过高难度的数学解题活动,不仅激发学生的兴趣,还能在解决实际问题的过程中,快速提升他们的思维能力和数学素养。在广度方面,教学不仅局限于初等数学,还会紧扣当前教学主题,适当加入一些高等数学的内容或观点,为学生未来的数学学习打下坚实的基础。

在培养数学拔尖人才时,虽然教学进度的加速、教学内容的加深和拓展是必要的,但这并不意味着教学系统性的缺失。我们依然需要遵循数学知识内部的顺序和结构,逐步建立和完善知识体系,确保数学教学的系统性。系统性意味着从基础概念开始,逐步深入,确保学生对每个概念都有深刻理解,并将这些概念应用于解决更复杂的问题。同时,在数学拔尖人才的学习和教学过程中,也应允许一定的跳跃性。跳跃性学习可以激发学生的好奇心和探索精神,鼓励他们进行创造性思考,培养解决复杂问题的能力。

2. 提供丰富的学习资源和机会

培养数学拔尖创新人才,学校必须提供充足的学习资源和机会。华育中学在这方面采取了多种措施。包括:

建立数学实验室。通过设立专门的数学实验室,为学生提供一个沉浸式学习环境,让他们通过实践操作深入理解数学概念和原理。

开设专题讲座。定期邀请数学领域的专家和学者开设讲座,让学生有机会近距离接触前沿的数学思想和研究成果,激发他们的学习兴趣和探索欲望。

邀请知名数学家讲学。通过邀请国内外知名的数学家来校讲学，不仅能提升学校的学术氛围，还能让学生直接从大师那里学到宝贵的知识和经验。

参与数学竞赛。鼓励学生积极参加各类数学竞赛，如数学奥林匹克竞赛、数学建模比赛等。这些竞赛不仅是展示自己数学能力的舞台，更是锻炼他们解决问题和团队合作能力的机会。

参加数学夏令营。组织学生参加数学夏令营，通过与其他优秀学生的竞争和合作，提升他们的数学水平和社交能力。

参与科研项目。鼓励学生参与数学科研项目，通过实际操作和研究，培养他们的创新能力和实践能力。这不仅能加深他们对数学知识的理解，还能锻炼他们的科研能力。

学校通过这些措施，致力于为学生提供一个全面、多样化的学习平台，帮助他们在数学领域中不断进步和成长。

3. 发展学生的批判性思维和独立思考能力

培养学生的批判性思维和独立思考能力是数学创新人才培养的核心。教师在教学过程中应注重引导学生进行深度思考，鼓励他们提出问题并进行独立探索。例如，在课堂上设置开放性问题，引导学生进行讨论和辩论，培养他们的逻辑推理能力和创新思维。

此外，教师还应鼓励学生阅读和研究数学文献，了解数学发展的前沿动态。通过阅读和研究，学生可以开阔视野，了解不同的数学思想和方法，进一步提升自己的创新能力。

4. 重视数学的解题活动

数学是一门实践性极强的学科，数学竞赛的学习更是如此。想在数学竞赛中取得好成绩，完成一定量的练习题是必不可少的。做题不仅是深化理解和掌握数学概念的过程，更是锻炼思维和解决问题能力的过程。通过不断练习，学生能厘清概念之间的联系，构建起扎实的知识体系，强化自己数学思维和使用相关技术的能力。

数学竞赛题具有相当高的难度，学习者需要理性对待。面对难题,首先要分析其难点所在,然后有针对性地进行学习和训练。有些题目之所以难,是因为解题者不知道相关的数学知识,因此突破知识壁垒,多接触与之相关的数学概念和理论,便可以解决这部分难题。简而言之,要做好这类题,需要"多学一点"。其次,还有一些题目难在需要解题者具备一些不同寻常的思维方式和较强的逻辑推理能力,如从简单情况入手、正难则反、分析与归纳等。要做好这类题,就需要"多想一点"。学生通过系统学习和训练,能力也能很快得到提升。

最后,还有一部分题目本身知识要求和思维要求都不高,但是过程纷繁复杂,或者纯粹是一些技巧的堆砌,对这类题目,应当及时放下,不做也罢。因此,解题也应有度,要多做经典的问题。

5. 注重心理素质和情感教育

在培养数学拔尖人才的过程中,除了智力因素(如逻辑思维、数学理解力、解决问题的能力等)外,还需要重视非智力因素的培养。要善于激发和维持学生对数学的兴趣和热情,这是他们持续学习和深入研究数学的动力,是自己克服数学学习中的困难和挑战的动力源泉。只有热情才能有韧性,才会有自信心,才会有毅力。同时,帮助学生管理好自己的情绪,保持好积极向上的心态,遇到阻碍时保持冷静,分析问题,提出解决方案。还有,独行快,众行远——数学研究和竞赛往往需要团队合作,培养学生的合作精神,使他们与他人有效沟通和协作。通过团队协作,互帮互助,砥砺前行。

培养数学拔尖创新人才不仅是提升学术能力,还需要注重心理素质和情感教育。在学习过程中,学生可能会遇到挫折和挑战,教师应及时给予鼓励和支持,帮助他们建立自信心和应对困难的能力。

通过心理辅导和情感教育,教师可以帮助学生正确看待学习中的成功与失败,培养他们的抗压能力和韧性。同时,注重学生的心理健康,提供必要的心理支持和辅导,帮助他们在追求卓越的道路上保持良好的心态。

6. 正确发挥教师的示范和引领作用

教师在学生成长过程中角色在不断转变，从最初的直接指导，到后来的陪伴和支持，再到最后的观察和顾问，而学生则经历了从依赖到自主，再到自我超越的成长过程。教师的工作分以下三个阶段。

首先，领着学生跑。在学生刚开始接触具有挑战性数学内容时，教师(教练)需要扮演引导者的角色，为学生提供基础知识的讲授，确保他们能理解学习要求和标准。教练需要通过示范和指导，帮助学生建立起对数学学习的基本认识和兴趣。

其次，陪着学生跑。随着学生对数学学习的了解逐渐加深，他们开始独立学习一些中等难度的内容，解决一些问题。在这个阶段，教师的角色转变为陪伴者和支持者，与学生一起面对挑战，提供必要的帮助和指导，但同时给学生提供更多的自主空间，让他们尝试自己解决问题。

最后，看着学生跑。当学生在数学学习中积累了足够的经验和能力，能独立解决高难度问题时，教师的角色进一步转变为观察者和顾问。教师不再直接参与学生的数学学习过程，而是在关键时刻提供策略建议和心理支持，让学生在数学学习中自主发挥，进一步展现自己的实力。

7. 创设良好的学习氛围

一个良好的学习氛围对学生的成长和发展至关重要。华育中学注重营造积极向上的学习环境，通过组织各种数学活动和竞赛，激发学生的学习兴趣和热情。例如，学校定期举办数学讲座、数学沙龙和数学文化节等活动，让学生在轻松愉快的氛围中体验数学的魅力。

此外，学校还鼓励学生之间进行合作与交流，通过小组学习和讨论，培养他们的团队合作精神和沟通能力。在这样的学习环境中，学生可以相互学习、共同进步，不断提升自己的数学能力和创新潜力。

8. 持续的跟踪与反馈

培养数学拔尖创新人才是一个长期的过程，需要持续跟踪与反馈。教师应定期与学生进行沟通,了解他们的学习进展和遇到的困难,及时调整培养方案和教学策略。

通过定期的测评和反馈,教师可以全面了解学生的成长情况,为其提供更有针对性的指导和帮助。此外,学校还可以通过建立学生档案系统,记录学生的学习轨迹和发展变化,为培养工作的科学性和有效性提供数据支持。

9. 培养国际视野

为了培养具有国际竞争力的数学人才,学校还应注重学生的国际视野培养。通过组织学生参加国际数学竞赛和交流活动,让学生了解国际数学教育的最新动态和发展趋势。例如,安排学生参与国际数学夏令营,与来自不同国家的优秀学生进行交流和学习,拓宽他们的视野,提升他们的国际竞争力。

此外,学校还邀请国际知名数学家和教育专家来校讲学,通过讲座和交流活动,帮助学生了解国际数学界的最新研究成果和发展方向,激发他们的学习兴趣和研究热情。

10. 激发学生的数学兴趣和热情

兴趣确实是学习任何学科的最好老师,尤其是对数学这样一门需要深度思考和逻辑推理的学科。激发学生对数学的兴趣和热情,是培养数学拔尖创新人才的关键所在。为此,教师可以采取多种策略和方法,让学生在轻松愉快的环境中体验数学的魅力和乐趣。

教师可以通过讲述数学史和数学家的故事,让学生了解数学的历史和发展。数学不只有冷冰冰的公式和定理,它背后还有着丰富的历史和文化。通过了解历史上的数学家如牛顿、高斯、华罗庚等的故事,学生可以感受到数学的伟大和美丽,从而激发他们对数学的敬仰和热爱。这些故事不仅增加学生的知识储备,还能激发他们的学习动力和探索欲望。

组织学生参观数学博物馆和科研机构也是一个很好的方法。在这些场所,学生可以直观地看到数学在实际生活和科学研究中的应用。例如，他们可以看到数学在建筑设计、工程设计、数据分析等领域的具体应用，了解数学如何帮助解决实际问题。这种亲身体验能让学生更加深刻地理解数学的价值和意义，增强他们的学习动力。

教师还可以通过与学生的互动和讨论，鼓励他们提出问题和解决问题。在课堂上，教师可以设置一些开放性问题，让学生自由思考和讨论。这种方式不仅能培养学生的独立思考能力，还能激发他们的探索精神和创新意识。

11. 不能只限于中学数学竞赛内容

中学阶段的数学竞赛的主体内容是初等数学，并且都是前人已经充分研究过的领域，所有问题都有答案。解决若干已有答案的问题固然值得欣喜，但学问的关键是“问”！能在已有知识的前提下，提出新的问题，打开新的视角，展开新的领域才是求知求学者的终极目标！提出一个好的问题在某种程度上比会做一百道有答案的问题更重要。在此，笔者呼吁那些已经熟知初等数学大部分内容的资优生，大胆地向更高深、更抽象的高等数学内容发起挑战，以期实现更为长远、更为全面的发展。这好像爬山过程中，正好爬在半山腰，也许此时的路旁风景秀丽，让人驻足欣赏，但要知道只有爬到山巅，才能一览群山的巍峨。正所谓“会当凌绝顶，一览众山小”。

参加数学竞赛是提升学生数学能力的有效方式，妖魔化数学竞赛毫无必要，但并非唯一途径。学生通过阅读数学科普书籍、阅读数学家的故事、参与数学建模活动、参加当地数学俱乐部活动或参加数学夏令营等来激发对数学及数学学习的兴趣。这种没有功利心的自由探索的过程不仅有助于学生发现数学之美，理解数学在现实世界中的应用，而且能培养他们对数学的兴趣和养成终身学习的习惯，通过提供适当的资源和鼓励，我们一定可以帮助学生在数学的道路上走得更远。

12. 来自前辈和家庭等其他社会资源的支持

在培养数学拔尖创新人才的过程中，除了学校的努力，社会和家庭的支持同样重要。社会各界可以通过多种方式为数学教育提供支持。例如,企业或个人可以设立奖学金,奖励那些在数学学习中表现突出的学生,激励他们继续在数学领域深入探索。此外,举办数学竞赛和讲座也是有效的方式。通过这些活动,学生不仅能展示自己的数学才能,还能接触到更广泛的数学知识和思想,从而激发他们的学习热情和创新精神。

家长在这一过程中也扮演着重要角色。他们应当鼓励孩子探索数学的奥秘,支持他们参加各种数学活动,如数学夏令营、数学竞赛等。通过这些活动,孩子们不仅能提升自己的数学技能,还能培养自信心和解决问题的能力。家长的支持和鼓励是孩子在数学学习道路上不可或缺的动力。

同时,历届校友的经历和成就也是激励学生成长的重要资源。校友在数学领域的成功案例可以作为榜样,激励在校学生努力学习,追求卓越。他们的经历和故事可以激发学生的好奇心和探索欲,帮助他们树立远大目标,并为之不懈努力。通过与校友的交流和互动,学生能获得宝贵的经验和建议,这对他们的成长和发展具有重要的指导意义。

总之,来自前辈和家庭等其他社会资源的支持,对数学英才教育的成功至关重要。通过社会各界的共同努力,我们可以为学生创造一个更加丰富、多元的学习环境,帮助他们在数学领域中取得更大成就。

运用类比推理促进概念理解

——以《函数的概念》一课为例

时 文[①]

摘 要:本文旨在讨论类比推理在初中函数概念教学中的重要性及其有效运用。通过分析类比推理的优势,结合具体授课实例,运用类比推理帮助初中生理解抽象概念:两个变量的“确定的依赖关系”。类比推理降低了初中生对概念理解的难度,提高了学生的理解能力,培养了初中生的思维品质。通过生活中具体实例的直观对应,使初中生更加形象地感受、理解函数的本质特征。

关键词:类比推理;初中函数概念;抽象概念理解;概念教学

一、数学类比推理对概念理解的优点分析

由于两类不同对象具有某些类似特征,在此基础上,根据一类对象的某些特征,推断另一类对象也具有类似的某些特征,我们把这种推理过程称为类比推理,简称类比。

类比推理作为一种合情推理,不是严谨的逻辑推理,而是科学发现和创造的基础。类比推理被广泛使用在数学教学过程中。比如,在立体几何教学中,经常类比平面几何中的研究对象具有某类结论,类比推理出相同或相似的结论。类比推理是基于人们认知的相似性与关联性原则,当两个或多个事物在某些方面具有相似性时,我们可

① 作者简介:时文,上海市民办华育中学数学学科教师,中学一级教师,主要从事中学数学教学研究.

以通过已知事物的特征和规律来推测未知事物的特征和规律。

数学概念是建立知识体系的基石,对初中生理解和应用知识至关重要。然而,如果概念具有抽象性和复杂性,势必给学生的学习带来一定的困难,不仅影响学生对概念本身的理解,也会影响后续知识的学习。在数学教学中,概念教学是至关重要的环节,类比推理作为一种常见的教学手段,可以帮助初中生理解和掌握抽象概念。类比推理作为一种启发式教学方法,在概念课教学中也有很大优势,笔者认为有以下优点。

1. 降低了初中生对概念的理解难度

通过将新的概念与学生已熟悉的事物或概念进行比较和联系,能有效降低学生学习的难度。对抽象、复杂的概念,初中生往往难以理解其核心本质。类比推理能将这些概念与学生熟悉的、简单的事物进行类比,使晦涩的概念变得具体、形象,从而降低学习的难度。

2. 促进初中生对概念的理解

类比推理能启发学生发现不同概念之间的相似性与联系,帮助学生理解抽象概念,抓住概念的核心特征,构建更加完整的知识体系。

3. 培养初中生的思维品质

在运用类比推理理解概念的过程中,初中生需要进行观察、分析、比较和推理等思维活动,这个过程能帮助培养初中生的逻辑思维、创新思维和批判性思维的能力。

4. 激发初中生的学习兴趣

生动、有趣、形象的类比推理能吸引学生的注意力,激发学生的学习兴趣和积极性,使初中生更加主动地参与学习过程。

二、类比推进课堂教学的组织设计

目前沪教版初中教材的函数概念表述是:在某个变化过程中有

两个变量，设为 x 和 y，如果在变量 x 的允许取值范围内，变量 y 随着 x 的变化而变化，它们之间存在确定的依赖关系，那么变量 y 叫作变量 x 的函数，x 叫作自变量。

初中生第一次接触函数概念，与以往的知识相比，无论是文字表述还是思维理解都有巨大飞跃。与以往的教材相比，目前初中函数概念没有涉及“对应法则”；与高中函数概念相比，这种处理的确对学生认识函数降低了起点要求，但在教学过程中，学生对概念理解显然不够到位。主要问题是不能正确理解两个变量的“确定的依赖关系”，进而不能运用概念处理相关问题。

本节课的教学目标是希望学生理解两个变量的“确定的依赖关系”，能运用概念处理相关问题。“确定的依赖关系”往往被教师用“有且仅有”来解释，缺乏具象化，而初中生学习函数概念时，年龄普遍是 13 或 14 岁，对这类抽象概念毫无经验可谈，很多学生只能死记硬背。面对这种困境，我们可以类比生活中的实例：放学后，每个孩子走出校门去寻找来接自己回家的妈妈，那么每个“孩子”与每个“妈妈”之间就存在“确定的依赖关系”，包含以下基本事实：

1. 每个孩子都有唯一的妈妈与之对应；
2. 多个小孩可以有同一个妈妈；
3. 不存在没有妈妈的小孩；
4. 每个小孩不可能有多个妈妈。

在满足以上事实的情况下，我们称：每个“孩子”与每个“妈妈”之间就存在确定的依赖关系。这样就形象地解释了概念的核心内涵，初中生也非常容易理解和接受。

在学生理解以上事实的基础上，我们引入概念，变量 x 与变量 y 之间存在确定的依赖关系，这里 x 与 y 用“孩子”与“妈妈”类比，也包含以下基本事实：

1. 每个 x 都有唯一的 y 与之对应；
2. 多个 x 可以与同一个 y 对应；

3. 不存在没有 y 对应的 x;

4. 每个 x 不可能与多个 y 对应。

通过具象化的类比推理,理解生活中常见的基本事实,进而学习函数概念,初中生更容易理解、接受概念的本质核心。根据这两类不同对象在对应方面的相似或相同,帮助学生理解抽象概念的内涵,进而为后续的具体函数的学习夯实基础。这种推理具有启发意义,将晦涩难以理解的概念,通过生活化的“孩子与妈妈”的对应,迅速让初中生在头脑中具体化、形象化,同时这种有趣的类比推理也能激发初中生的学习兴趣和探索欲望;这种推理具有直观性,通过生活中具体实例的直观对应,使初中生更加形象地感受、理解函数的本质特征;这种推理具有迁移性,在学生理解“孩子与妈妈”的对应后,能将这种对应迁移到“两个变量确定的依赖关系”上,促进了知识的整合与运用。

在概念课的教学中,坚持目标导向,围绕函数概念的理解展开教学;坚持问题导向,通过具体问题的解决,实现对概念的理解;注重对实际问题的有效回应,能分辨各类关系式是否满足函数概念;遵循学生身心发展规律,通过生活中的具体事例的类比讲解,既明确了实施要求,也增强了授课的指导性和可操作性。

三、类比推理在初中概念课中的具体运用策略

1. 选择合适的类比对象

教师根据具体的教学内容和初中生的实际情况,选择合适的类比对象。类比对象应具有与新授概念相同或相似的特征和结构,并且是初中生所熟悉和容易理解的。以函数的概念教学为例,两个变量的确定的依赖关系,与孩子与妈妈的确定的依赖关系相似,这种类比学生熟悉且容易理解。

例如:判断由下列关系式所确定的变量 y 是否是 x 的函数。

(1) $y=\frac{4}{5}x+\frac{1}{3}$；　　(2) $y=\begin{cases}x+1(x<0),\\ \frac{1}{x}(x\neq 0);\end{cases}$

(3) $y=-\frac{1}{3x}$；　　(4) $y=\pm\sqrt{x}$；

(5) $y=\sqrt{x^2}$；　　(6) $y^2-3=x$.

此题从解析式切入，学生往往对(2)(4)(6)辨析有误。比如(4)，可以通过举反例，当 $x=1$，$y=\pm 1$，违背了函数概念中确定的依赖关系，通过类比推理，相当于一个“孩子”有两个“妈妈”，这样学生就能比较明确地分辨各题的区别。

2. 启发学生进行类比推理

在新授课的教学过程中，教师要启发初中生主动参与类比推理，让学生通过观察、分析、比较等活动，找出类比对象与新授概念之间的相似点和不同点，从而得出结论。数学知识的生发与形成，切忌教师包办，通过教师的引导启发，类比讲解，让学生自主归纳总结，形成属于学生自己的数学思维。以函数的概念为例，在用生活中具象化实例类比后，绝大部分学生都能正确辨别各类变量是否具有函数关系。

例如：下列图像中，变量 y 是关于变量 x 的函数的是________。

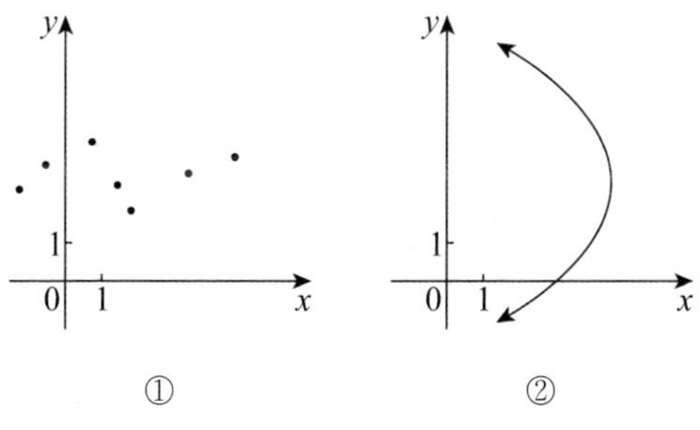

①　　　　②

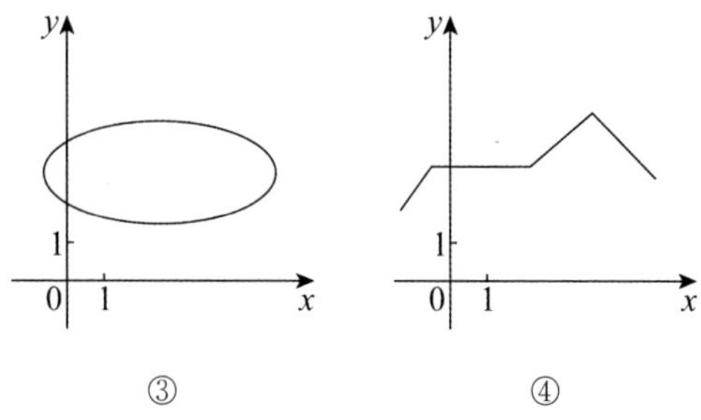

本题从图像角度让学生分辨各类图像是否符合函数概念,在本题之前需要讲解函数图像的含义,在理解图像的基础上,引导学生分辨②③存在一个 x 与多个 y 相对应的关系,违背了函数概念。

3. 重视类比的有效性和合理性

教师在运用类比法时,要注重类比对象的有效性和合理性,避免出现牵强附会或错误的类比,避免造成学生误解。紧抓类比对象与概念教学对象的相同或相似之处,不做其他与概念教学无关或无关联的性质比较。

例如:直线 $x=-3$ 是函数吗?直线 $y=\sqrt{2}$ 是函数吗?为什么?

本题看似简单,但初中生往往难以理解,可借助问题,从解析式与图像角度,解释直线 $x=-3$ 中 x 只有一个值,而与之对应的 y 是整个实数集,相当于一个"孩子"有无穷个"妈妈",这显然违背函数概念;直线 $y=\sqrt{2}$,学生又往往认为不是函数,可从图像角度解释 x 可取一切实数,每个 x 都与 y 对应,初中生难以理解时也可以通过类比:"一窝白蚁"的"妈妈"都是同一个"蚁后",也符合确定的依赖关系,帮助学生理解。

4. 及时训练、巩固和拓展

在完成类比教学后,教师要及时、多角度地对学生进行针对性巩固练习,分辨概念理解是否正确,检验学生能否使用概念辨析相关问题，促进对概念的理解和掌握。同时，还建议引导学生对类比对象进行拓展和创新，培养学生的创新思维能力。例如，函数概念教学后，可以从函数解析式角度、列表法角度、函数图像角度，训练学生分辨两个变量是否具有函数关系。

四、类比推理在概念课教学中的实践思考

通过将较为抽象的概念与具体化、形象化的熟悉事物进行类比推理，让初中生直观地感受概念的内涵和外延，从而更好地理解概念的本质。类比推理虽然比较常用且有效，但在教学实践中也存有一定的局限性。教师要积极引导学生认识类比只是一种近似的推理，不能完全替代对概念的精确理解。此外，在教学过程中还应注意以下几点：

1. 注意避免过度的类比推理

并不是所有概念课都适合类比推理教学，类比推理教学应适度，不能为了类比而类比，牵强附会的类比会导致学生产生错误的理解。例如，在反比例函数的教学中，不宜用正比例函数进行类比，即使两者之间存在类似性质，但也存在大量相悖的性质，倘若进行类比，学生反而容易产生错误的推理。

2. 研究学生，了解学生已掌握的知识和经验

不同学生的知识背景和经验不同，选择的类比推理对象要具有普遍性和一般性。如果学生不理解类比的对象，就会南辕北辙，丧失教学的意义。例如，在对初中生进行函数教学时，就不宜用映射来解释，初中生不明白映射的内涵，倘若进行这样的类比推理，等于用抽象概念解释抽象概念。

类比推理在概念课的教学中具有重要的实践价值。在教学过程中，通过合理运用类比推理，能提高初中生的理解能力，培养他们的逻辑思维能力、思辨能力和创新精神。当然，在教学过程中，教师需

要充分考虑各种因素(如学生的年龄特点、已掌握的知识等),精心设计类比对象,以确保类比推理在教学中的有效实施。随着教育研究的不断深入,类比推理在概念课教学中的应用一定会不断完善和发展,为教育教学质量的提升发挥更大的作用。

利用变式教学进行创新人才培养的有效性

——《相似三角形综合题》公开课教学的反思

孙逸夫①

摘　要：创新人才培养需要切实推进课程教学变革的深化。本文旨在探究创新人才培养的课内教学如何设计课程。通过对题目的调整、设计，实现较为良好的课堂表现和学生培养，结论是变式教学有助于创新人才培养。

关键词：初中数学；变式教学；创新人才培养

创新人才变式教学是通过变更概念非本质的特征，变更问题的条件和结论，转换问题的形式和内容，而使概念或本质不变的一种教学方式。何谓创新人才？创新人才就是具有学习力、思考力和行动力，能引领未来的人才。培养引领未来的人才，需要将创新能力培养融入学生学习实践全过程，培育创新文化。② 创新人才培养需要切实推进课程教学变革的深化，具体来说需要在习以为常的题目中挖掘关联性，深入分析并引导学生进行探究，从而激发学生的好奇心、想象力、探求欲。③ 相似综合题在初中几何中是重中之重，具有多变复杂、难以归纳、易遗漏情况等难点，教学中处理此类问题时，较适合

---

① 作者简介：孙逸夫，上海市民办华育中学数学学科教师，中学二级教师，主要从事初中数学教学研究.

② 高松.高校要坚定不移担当自主培养创新型人才的时代重任[N].中国青年报，2023－2－8.

③ 叶文梓.深化课程教学系统变革　打开创新人才培养新局面[M].中华人民共和国教育部网站 http://www.moe.gov.cn/jyb_xwfb/moe_2082/2023/2023_zl09/202307/t20230704_1067174.html.

采用变式教学的方式让学生体验其变化过程,找到变式中不变的重要线索,然后让学生自行应对多样的变化,过程就是学生能力的提升。本文是笔者在一堂《相似三角形综合题》的习题课中设计了一系列同一模型的由浅入深的变式问题,并在教学后反思中归纳的经验,目的是培养学生的学习力、思考力和行动力,从而起到创新人才培养的效果。

一、课程设计

课程目标:1.通过寻找三角形相似"一线三等角"所需的条件,进行变式与例题的类比,体验类比思想;经历例题证明的推导过程,能运用有关性质找到图形中的相似三角形,提高演绎推理能力。2.通过对相似三角形的理性思考,提出关于变式中可能的相似三角形及辅助线添加的猜想,再进行推理证实,经历数学探究的完整过程;体会从例题到变式中有关几何量和图形的变与不变的辩证关系,掌握基础模型中的不变的性质,并能运用性质解决相关的几何问题。3.在发现和证明图形性质的过程中,领略数学探索的意义,体会化归的思想、运动的观点和分类讨论的思想以及从特殊到一般的思维策略,培养学生的学习力和思考力。

模型引入:过一个角的顶点,在角外部作一直线,直线上,此顶点两旁各取一点,在直线同侧各做一个等角分别与原角两边相交(如图1)。因为,此时这条直线上共三个相等的角,故称为"一线三等角"模型,此时,图中必围成至少两个相似三角形。

例1 $\triangle ABC$ 中,$AB=AC$,$\angle EDF=\angle B$,求证:$\triangle BED \backsim \triangle CDF$.

证明:

$\because$ $AB=AC$,

$\therefore$ $\angle B=\angle C$,

又$\because$ $\angle EDF=\angle B$,

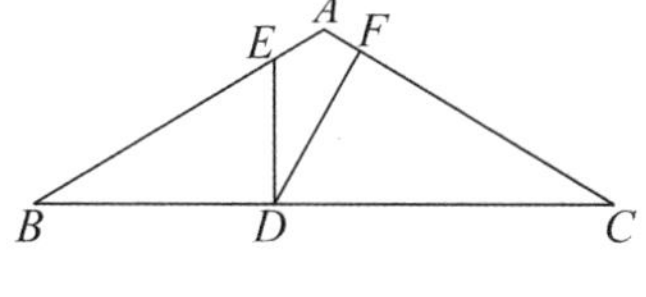

图1

$\angle B+\angle BED+\angle BDE=180°$，$\angle EDF+\angle CDF+\angle BDE=180°$，

故有$\angle BED=\angle CDF$，

$\therefore\quad \triangle BED\backsim\triangle CDF$.

该问题为整堂课共同的基础模型，证明难度不高但形式千变万化。

变式(1)一线三等角＋中点：$\triangle ABC$ 中，$AB=AC$，$BD=CD$，$\angle EDF=\angle B$，求证：$\triangle EBD\backsim\triangle EDF$.

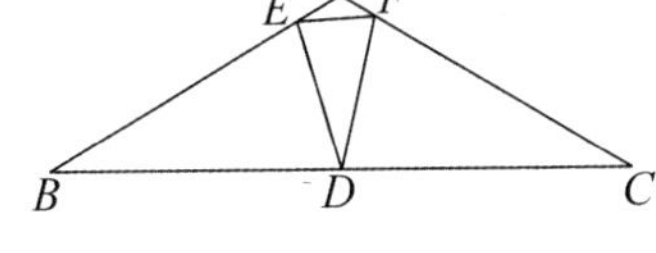

由例 1 有$\triangle BED\backsim\triangle CDF$，

$\therefore\quad \dfrac{DE}{DF}=\dfrac{BD}{CF}$，

又$\because\quad BD=CD$，

$\therefore\quad \dfrac{DE}{DF}=\dfrac{CD}{CF}$，

再加上$\angle EDF=\angle B$，可得$\triangle EBD\backsim\triangle EDF$.

该题在基础模型上添加了中点条件，借助等量代换得到了第 3 组相似，也是后面问题的组成部分。

变式(2)添辅助线构造一线三等角：此法适用于图中的一线三等角基本图形不全时，通过添加辅助线的方法补足模型，从而利用一线三等角模型中的相似三角形，对后面解决问题提供帮助。

例 2　(2020 徐汇区一模 25)如图，在$\triangle ABC$ 中，$AB=AC=5$，$BC=6$，点 D 是边 AB 上的动点(点 D 不与点 A、B 重合)，点 G 在边 AB 的延长线上，$\angle CDE=\angle A$，$\angle GBE=\angle ABC$，DE 与边 BC 交于点 F.

(1) 求 $\cos A$ 的值；

(2) 当$\angle A=2\angle ACD$ 时，求 AD 的长；

(3) 点 D 在边 AB 上运动的过程中，$AD:BE$ 的值是否会发生变化？如果不发生变化，请求 $AD:BE$ 的值；如果发生变化，请说明理由。

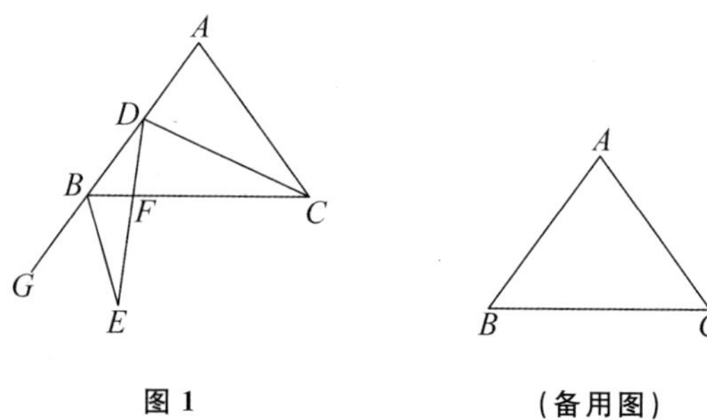

图 1　　　　(备用图)

(1) 略　(2) 略

(3) 分析:图中$\angle CDE=\angle A$提供了一线三等角中的两个等角,只要在射线DG上再补充一个等角即可得到相似,考虑到问题求$AD:BE$的值以及条件中的$\angle GBE=\angle ABC$,可选择使第三个角$\angle BHE=\angle A$过点E,此时可同时得到一组一线三等角以及$\triangle HBE\backsim\triangle ABC$,题目就迎刃而解。

解:$AD:BE$的值不变化。

在射线BG上取点H,使$\angle BHE=\angle A$,

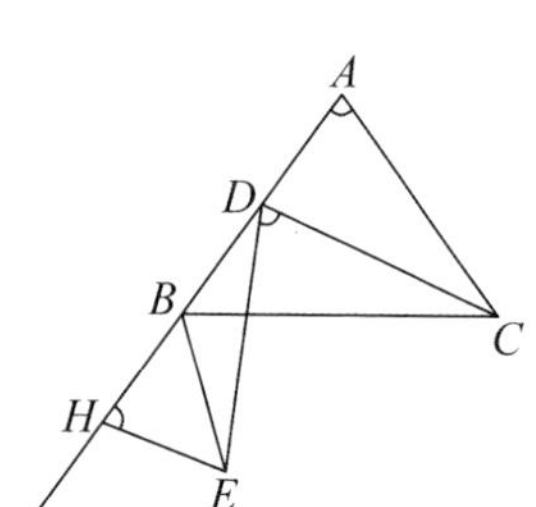

$\because\ \angle A=\angle CDE=\angle BHE$,

$\angle A+\angle ACD+\angle ADC=\angle CDE+\angle HDE+\angle ADC=180^\circ$,

$\therefore\ \triangle ADC\backsim\triangle HED$,

$\therefore\ \dfrac{AD}{HE}=\dfrac{AC}{DH}$①.

又$\because\ \angle GBE=\angle ABC$,

$\therefore\ \triangle HBE\backsim\triangle ABC$,

$\therefore\ \dfrac{BH}{AB}=\dfrac{EH}{AC}=\dfrac{BE}{BC}$.

$\because\ AB=AC=5,BC=6$,

可设$BH=HE=5k,BE=6k$,代入①式可得$\dfrac{AD}{5k}=\dfrac{5}{5-AD+5k}$,

化简后可得$(AD-5)(AD-5k)=0$，$\therefore\ AD=5$(舍)或$AD=5k$，

则$AD:BE$的值为$\frac{5}{6}$.

本题的标准答案为联结CE，在图中构造四点共圆模型后进行相似推导，相对来说，一线三等角模型更为基础、易懂，也更加直接。

变式(3)一线三等角中的等角为直角情况：此时也叫作一线三直角，除仍具有原三等角的一切性质外，在直线从角内穿过时，相似仍成立。

如图，$\angle BAC=90^\circ$，过点A的一条直线l，由B、C点分别作l的垂线，垂足分别为D、E，求证：$\triangle ADB\backsim\triangle CEA$.

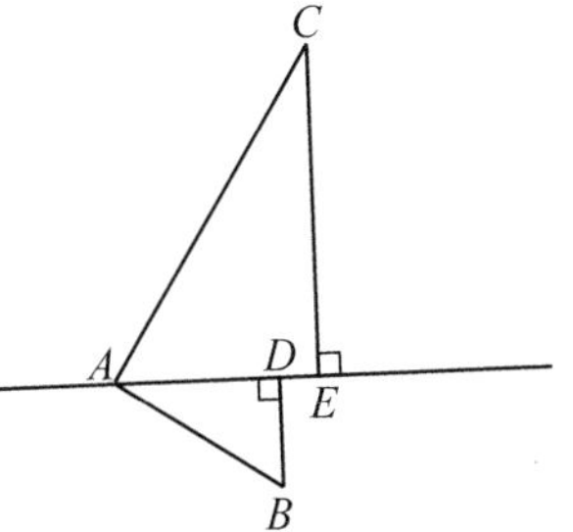

证明：

$\because\ \angle ADB=\angle CEA=90^\circ$，

$\therefore\ \angle DAB+\angle B=90^\circ$.

又$\because\ \angle DAB+\angle CAE=90^\circ$，

$\therefore\ \angle CAE=\angle B$.

由此可得$\triangle ADB\backsim\triangle CEA$.

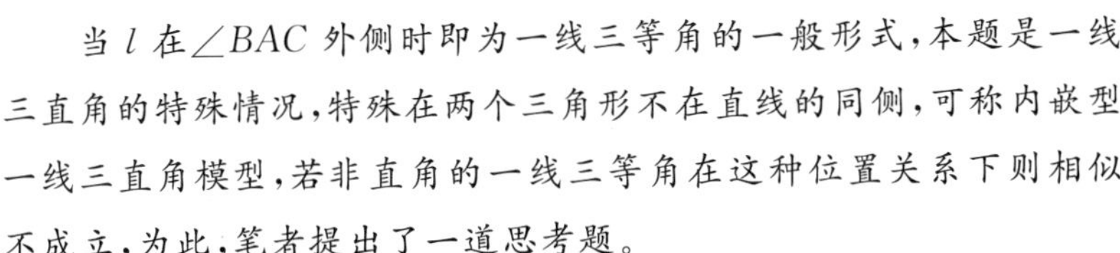

当l在$\angle BAC$外侧时即为一线三等角的一般形式，本题是一线三直角的特殊情况，特殊在两个三角形不在直线的同侧，可称内嵌型一线三直角模型，若非直角的一线三等角在这种位置关系下则相似不成立，为此，笔者提出了一道思考题。

变式(3)思考：内嵌形一线三直角模型中，与基础模型在证明上有何异同？由此，如果内嵌形模型中不再局限于直角，相似是否仍然成立？

变式(4)类似一线三等角模型但不相似的图形：借助之前证明的技巧，从没有相似的图形中找出相似的可能情况，从而解决问题。

例3　梯形$ABCD$中，$AD//BC$，$\angle ABC=\alpha(0^\circ<\alpha<90^\circ)$，$AB=DC=3$，$BC=5$.点$P$为射线$BC$上动点(不与点$B$、$C$重合)，点$E$在直线$DC$上，且$\angle APE=\alpha$.记$\angle PAB=\angle 1$，$\angle EPC=\angle 2$，$BP=x$，

$CE=y$.

(1) 当点 P 在线段 BC 上时,写出并证明$\angle 1$与$\angle 2$的数量关系。

(2) 随着点 P 的运动,(1)中得到的关于$\angle 1$与$\angle 2$的数量关系,是否会改变?若认为不改变,请证明;若认为会改变,请求出不同于(1)的数量关系,并指出相应的 x 的取值范围。

(3) 若 $\cos\alpha=\dfrac{1}{3}$,试用 x 的代数式表示 y.

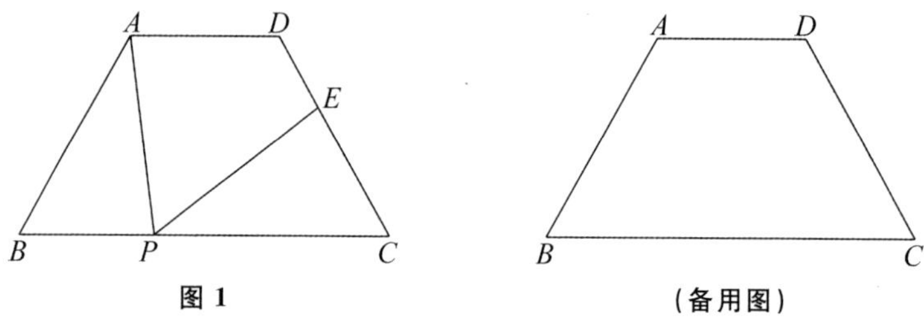

图 1　　　　(备用图)

分析:图 1 显然是一线三等角模型,利用已有结论则(1)(2)(3)都能得到较好解决,但此题中动点 P 在射线 BC 上,则要考虑 BC 延长线的情况(如图 2),此时图中找不到相似关系,将此图与变式(2)联系起来,则$\triangle ABP$、$\triangle CEP$ 可称内嵌型一线三等角,但用一线三直角方法证明时发现$\angle APB+\angle BPE=\angle B$,$\angle CEP+\angle BPE=180^\circ-\angle B$,由于$\angle B$ 是一个非 90°的锐角,无法得到等角关系,自然相似也无从证起。于是在图中构造$\angle AJB=\angle CKE=\angle B$,则得到$\angle KEP+\angle BPE=\angle B$,从而在找相似的路上迈出了重要的一步。

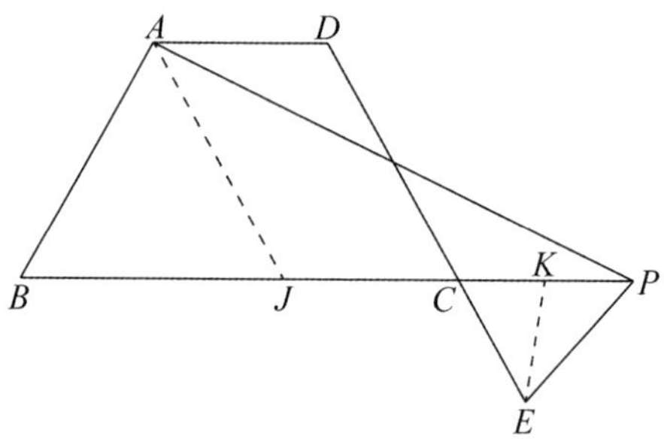

图 2

解：(1) 略证$\triangle PAB \backsim \triangle EPC$，从而$\angle 1=\angle 2$.

(2) 当点 P 在 BC 延长线上时，$\angle B+\angle 1+\angle APB=180^\circ$，$\angle 2+\angle APB=\angle APE=\angle B$，化简得$\angle 1-\angle 2=180^\circ-2\alpha$，此时 $x>5$.

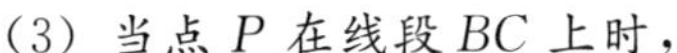
(3) 当点 P 在线段 BC 上时，

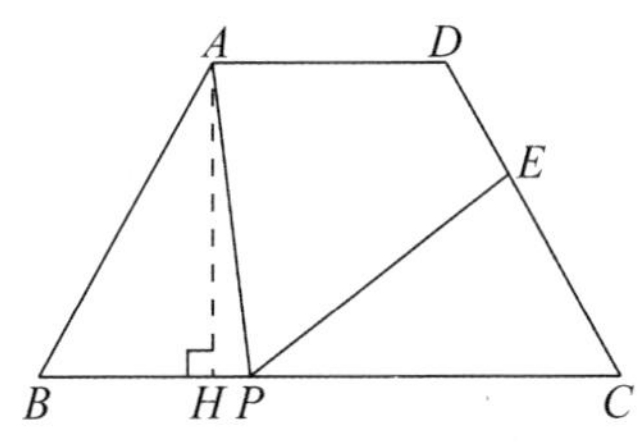

$\because$ $\triangle PAB \backsim \triangle EPC$

$\therefore$ $\dfrac{AB}{CP}=\dfrac{BP}{CE}$，

可得 $y=-\dfrac{1}{3}x^2+\dfrac{5}{3}x$.

当点 P 在 BC 延长线上时，作 $AH \perp BC$ 于点 H，

$\because$ $\cos\alpha=\dfrac{1}{3}$，

$\therefore$ $BH=1$.

再作 $AJ=AB$，$EK=EC$，

则有 $BJ=2BH=2$，$\angle AJB=\angle B$，$\angle EKC=\angle ECK=\angle BCD$.

$\because$ $\angle B=\angle BCD$，

于是这些角都相等，则有$\triangle ABJ \backsim \triangle ECK$，

$\therefore$ $\dfrac{CE}{AB}=\dfrac{EK}{AJ}=\dfrac{CK}{BJ}$，$EK=CE=y$，$CK=\dfrac{2}{3}y$.

$\because$ $\angle APB+\angle BPE=\angle APE$，$\angle KEP+\angle BPE=\angle CKE$，

而$\angle APE=\angle B=\angle CKE$，

$\therefore$ $\angle KEP=\angle APB$.

又有$\angle AJP=\angle EKP$，

$\therefore$ $\triangle AJP \backsim \triangle PKE$，$\therefore$ $\dfrac{AJ}{KP}=\dfrac{JP}{EK}$，代入得$\dfrac{3}{x-5-\dfrac{2}{3}y}=\dfrac{x-2}{y}$，

化简得 $y=\dfrac{3x^2-21x+30}{2x+5}$.

本题难点在点 P 在 BC 延长线上的情况，关键在于与第一种情况的方法统一，联想到内嵌形式，从而构造出新的相似。

二、课程设计说明

笔者选用的题目根据与基本模型的类似程度进行排序,变式(1)仅在原图上加了一个条件,多证一个结论,变式(2)必须添加适当的辅助线来补全模型,变式(3)难度较低,主要是为了与变式(4)进行比较和作铺垫。直到变式(4)仅有名字上的“一线”与“三等角”,实际的证明方式已经完全不同,必须由学生思考、猜想、尝试,抓住“一线三等角”中的相似核心才能解决。

解决问题时,虽然题目各不相同,但其中“一线三等角”的要素以及由此推出的相似完全一致,运用变式教学,就是希望通过对图形条件的变换思考,在“变”中发现“不变”,深刻认识图形所蕴含的三角形相似的本质,学会合理选择证明方法,并从中总结出相关问题的一般方法和规律。

在实际课堂教学中,第一次进行本堂课的教学时,笔者并没有安排变式(3)及相关思考问题。学生在原题及变式(1)(2)解决后,在变式(4)中碰到很大困难,关键在于他们并不能在题目和图形中发觉其中有一个残缺的内嵌形一线三等角模型。部分学生难以解决,有些学生使用解三角形、勾股计算等较为繁琐的方法尝试得到结果,花费了很多时间,且正确率也难以得到保证。在课后反思中,为了引导他们联想到一线三等角模型,笔者加入了变式(3),第二次授课时,虽然学生都能解决变式(3),但能由此联想到变式(4)的学生只是少数,于是在授课后又加入了一个思考问题进行引导。至此,进行第三次授课时,学生对前三个变式接受程度很高,部分学生能从接受教师的方法到自己总结规律和方法进而自己解决问题,并独立解决变式(4),最终,在讲完所有变式后,笔者在课堂上将“它与之前的题不变的核心在哪里”,即“从变化中找不变”的思想详细地给学生进行了分析,从而使学生理解整堂课设计的递进性和关联性,使学生基本掌握解题思路，进一步激发学生的好奇心、想象力、探求欲，并养成在其他类似的题目中先学习基础模型，再思考其中不变核心的习惯。

变式(2)(4)作为综合题，解法不唯一，在课堂上，部分学生找到其中的其他相似模型，找到了另外的解决方法，这体现了学生思维的灵活性，值得表扬。

三、教学后记

总的来说，利用变式教学培养学生的学习力、思考力和行动力时应关注以下几个方面：

1. 变式的目的是提高教学的有效性，围绕教学目标进行的问题设计应蕴含不变的本质，即万变不离其宗。高效的变式问题不在于它设计得多么蹊跷、多么精彩、多么丰富，而在于适度、合理、符合学生实际。

2. 变式问题不能仅凭想象，不是把几个同类或有关联的问题放到一起就可以了。高效的变式设计应该是问题既需要突出所蕴含的数学本质，每个问题之间还应有关联、有层次、有突破。

3. 课堂应以学生为主体，很多问题都是“条条大路通罗马”，教师不应强制学生使用当堂教授的方法，或直接进行“填鸭式”教学，而是引导学生逐渐找到适合的方法，即只要有清晰的思考脉络的方法，即使没有解决题目，仍然值得鼓励。

在反思批判中构建初中数学深度学习

汪　杨[①]

摘　要:"新课标"强调学生应具备发现问题、分析问题和解决问题的能力,认为培养学生深度学习的能力至关重要,这也与华育中学培养创新人才的目标一致。华育中学在数学教学中反对教学方法的单调性,重视引导式与个性化教学,鼓励学生主动探索、质疑与反思,同时营造开放包容的课堂氛围,为批判性思维的培养提供沃土。期望通过这些策略的探索与实施,激发初中数学教师对批判性思维培养的重视,进而在教学一线积极探索并应用更加高效、多元的教学方法,有效提高学生批判性思维能力,为其终身学习及适应未来社会奠定坚实基础。

关键词:初中数学教学;批判性思维;策略

一、批判性思维的基本内涵

批判性思维是一种反思性思维方式,它要求学生在学习过程中不断提问、质疑、分析、评估,从而达到深入理解知识、提高解决问题的能力。具体来说,批判性思维包括以下几个方面:

(1) 发现问题。学生能主动发现问题、提出问题,并寻求解决问题的方法。

(2) 逻辑推理。学生能运用逻辑推理方法,严谨地论证结论的正确性。

---

① 作者简介:汪杨,上海市民办华育中学数学教研组组长,数学学科教师,中学一级教师,主要从事中学数学教学研究.

(3) 创新意识。学生在解决数学问题时,能突破传统思维模式,提出新颖的解题思路。

(4) 自我评估。学生在学习过程中,能对自己的学习方法、思维方式进行反思,不断调整和改进。

二、初中数学学习批判性思维的培养策略

批判性思维的培养应与数学教学有机结合起来,学生只有牢固地掌握数学基础知识,才能批判性地看问题。因此,在数学教学中,要特别注重概念、公式、法则和定理的教学,让学生理解它们的产生过程、发展、地位、作用及适用条件。

1. 主动探究,加深理解

通过探究性学习发展学生的批判性思维。教师在课堂上不直接告诉学生知识的结论,而应引导学生探究结论,帮助学生在走向结论的过程中发现问题、探索规律、掌握方法。

2. 提供批判性思维样例

在数学教学中,教师应提供具有批判性思维的样例,让学生学习如何提出问题、分析问题、解决问题。这些样例可以来自教材、习题集或实际生活中的问题。

3. 鼓励大胆质疑

教师应鼓励学生敢于质疑、敢于创新,不盲从权威和已有观点。在课堂上,教师应为学生创造一个宽松、自由的氛围,让他们敢于表达自己的观点和疑问。

4. 开展合作学习

合作学习是培养学生批判性思维的有效途径之一。在合作学习中,学生可以通过讨论、交流来相互启发、相互补充,共同提高批判性思维能力。

三、初中数学学习批判性思维的教学实例

以求方程组的解为例,在预初学习二元一次方程组的解法时我们引导学生对求解的过程进行思考和探索。

例如:解方程组$\begin{cases}x-2y=1\cdots①\\3x-5y=4\cdots②\end{cases}$

解:由①得 $x=2y+1\cdots③$

③代入②,解得:$y=1$.

当解得 y 的值再代入求解 x 时,让学生自主选择回代上面的①②③中的任一个方程。大部分学生会选择代入③,原因很简单,学生认为这样求解方便。作为教师,需要引导学生从直观感受到找到数学知识的支撑来解题,因此在这里会设问:"如果代入②或③结论是否相同?"学生通过实际操作得到的结果是肯定的。进一步提问"为什么结论会相同",有部分优秀学生指出由于组成二元一次方程组的两个方程中所含未知数的次数都是一次,因此 x 和 y 之间是一一对应关系,代入消元后解得的 y 对应的 x 是唯一的,因此代入所得的结果是一样的。此时引导学生进一步思考,我们代入消元求解并再回代求 x 的过程中,方程组变形的过程是否是同解变形,

如果代入③等价变形为方程组(Ⅰ)$\begin{cases}x=2y+1\cdots①\\3(2y+1)-5y=4\cdots②\end{cases}$

如果代入①等价变形为方程组(Ⅱ)$\begin{cases}x-2y=1\cdots①\\3(2y+1)-5y=4\cdots②\end{cases}$

如果代入②等价变形为方程组(Ⅲ)$\begin{cases}3(2y+1)-5y=4\cdots①\\3x-5y=4\cdots②\end{cases}$

这里的方程组(Ⅰ)(Ⅱ)(Ⅲ)与原方程组都是同解方程组。因此,得到的结果是一样的。最后由学生总结得到二元一次方程是由两个一次方程组成,所有含未知数的项的次数都是一次,两个未知数

之间属于线性关系，即每一个 x 唯一对应一个 y 的值，因此在求出一个未知数后任意代入一个方程都可以得到唯一解。在这个过程中学生对方程组解的基础知识有了更深刻的理解，教师引导学生探究结论，在帮助学生寻找结论的过程中发现问题、探索规律、掌握方法，让学生初步形成函数的模型观念。

在学习一次函数后，我们可以进一步探究一次函数和二元一次方程之间的关系，我们看到二元一次方程含有两个未知数，并且含有未知数的项的次数都是1，一般都可以写成 $ax+by=c$（a、b 为常数，且 $ab\neq 0$）的形式。若两个变量 x、y 间的对立关系可以表示成 $y=kx+b$（k、b 为常数，且 $k\neq 0$）的形式，则称 y 是 x 的一次函数。例如，从“数”的角度看关系式 $y=5-x$，如果把 x、y 看作两个未知数，则 $y=5-x$ 是二元一次方程；如果把 x、y 看作两个变量，则 $y=5-x$ 是一次函数。从“形”的角度看，二元一次方程 $y=5-x$ 的解 x、y 的值作为坐标的所有点构成的图形即为一次函数 $y=5-x$ 的图像。所以，从“数”的角度看，$y=kx+b$（k、b 为常数，且 $k\neq 0$）既是一次函数又是二元一次方程，只是观察的角度不同。从“形”的角度看，把二元一次方程 $y=kx+b$ 的解作为坐标的点在平面直角坐标系中描出来，依次连接这些点便得到一条直线，这条直线也是一次函数 $y=kx+b$ 的图像。反过来，一次函数 $y=kx+b$ 图像上点的坐标对应的数值是方程 $y=kx+b$ 的解。实际上二元一次方程和一次函数都是描述一个过程中两个量之间关系的式子，其中 x、y 都没有确定的值，两个式子可以通过恒等变形转化为相同的形式。二元一次方程和一次函数都可以有不同的表现形式，如代数形式、图像或表格。[①] 在充分理解二元一次方程和一次函数之间的关系后，笔者再次抛出之前的二元一次方程组 $\begin{cases} x-2y=1\cdots① \\ 3x-5y=4\cdots② \end{cases}$，

① 武玉芳，常磊.明晰教学内涵　提升教师素养——以“二元一次方程与一次函数”PCK 内涵分析为例[J].中学数学教学参考，2018(11)：56－59.

让学生思考除了原来的代数法外是否还有其他解决方法,学生很快给出反馈,可以将这个问题转化成求直线 $y=\frac{1}{2}x-\frac{1}{2}$ 和直线 $y=\frac{3}{5}x-\frac{4}{5}$ 的交点。通过图形呈现,学生指出这个交点既在直线 $y=\frac{1}{2}x-\frac{1}{2}$ 上,也在直线$y=\frac{3}{5}x-\frac{4}{5}$上,并且根据两条不平行的直线的交点有且只有一个得到这个交点的存在性和唯一性。这也就解释了解二元一次方程时可以将解得的一个未知数的值回代入任意一个方程都得到这两个方程公共解的原因,即为这两个方程组成的方程组的解。通过利用数形结合的方法,学生更加深刻地理解了二元一次方程代入消元法解法的意义。

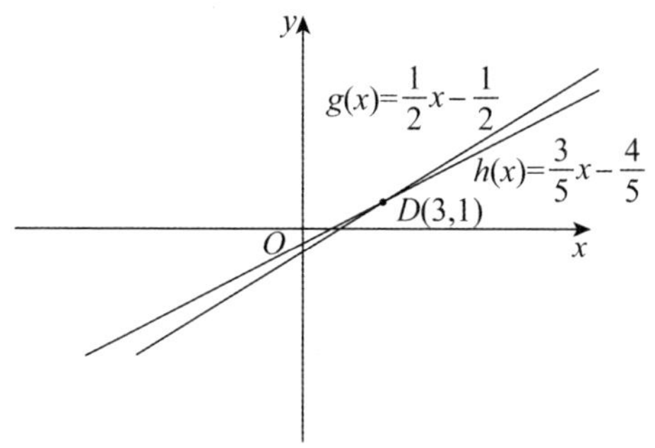

利用二元一次方程组和一次函数的关系不仅让学生更加直观地看到原来二元一次方程组中解的唯一性,同时引导学生利用函数图像这一工具来探究方程组的解的问题,逐渐培养学生对问题的深入思考和研究。

学生从预初开始,在学习数学的过程中渐渐养成对问题做有深度的批判性思考的习惯,从原本的被动学习转化为主动学习,并且随着年龄的增长,知识储备越来越丰富,他们对一些传统的解法会提出质疑。例如,当初二学到二元二次方程组中一二型方程组的解法时,有学生自然对传统的代入法求解的过程提出了质疑,请看下面这个例题。

解方程组：$\begin{cases}x+y=5\cdots①\\x^2+y^2=13\cdots②\end{cases}$

解：由①得 $x=5-y\cdots③$

③代入②得 $(5-y)^2+y^2=13$，整理得 $y^2-5y+6=0$，

解这个方程得：$y_1=2, y_2=3$.

把 $y_1=2$ 代入③得：$x_1=3$；把 $y_2=3$ 代入③得：$x_2=2$.

∴　原方程组的解为 $\begin{cases}x_1=3,\\y_1=2,\end{cases}\begin{cases}x_2=2,\\y_2=3.\end{cases}$

这是传统教学中惯用的解法，通过消元先求解出 y 的值，再代入①式求解 x 的值，由此解得方程组的两组解。此时有学生提出为什么代入①，而不是代入②？并且通过自主探究发现如果代入②将会得到四组解，产生的增解问题如何解决？首先充分肯定学生的质疑，这是课堂上得到的惊喜，接下来在课堂上让学生进行小组活动，自主探究：方程组 $\begin{cases}x+y=5\cdots①\\x^2+y^2=13\cdots②\end{cases}$ 解得的 $y_1=2$、$y_2=3$ 分别代入方程②所得的增解 $\begin{cases}x_3=-3,\\y_3=2,\end{cases}\begin{cases}x_4=-2,\\y_4=3\end{cases}$ 如何舍去？学生通过类比解二元一次方程组，给出两种理解方式和舍解的方法。有学生认为，二元二次方程组的解应同时满足两个方程，因此可以将解得的两组解代入方程①检验，发现不符合，即舍去。也有学生认为用数形结合的方法，把这个解方程组的过程看作是求函数图像的交点问题，方程①在平面直角坐标系中表示的是一条直线，方程②则表示的是以 $(0,0)$ 为圆心，$\sqrt{13}$ 为半径的圆，所以通过作图可以很直观地看到圆和直线只有两个交点，并且交点是在第一象限，因此要将 $\begin{cases}x_3=-3,\\y_3=2,\end{cases}\begin{cases}x_4=-2,\\y_4=3\end{cases}$ 两组解舍去。

学生通过方程组解的代数意义和几何意义分别论述了如何去舍解，那么我们需要进一步提出问题，为什么会多解呢？再一次进行小

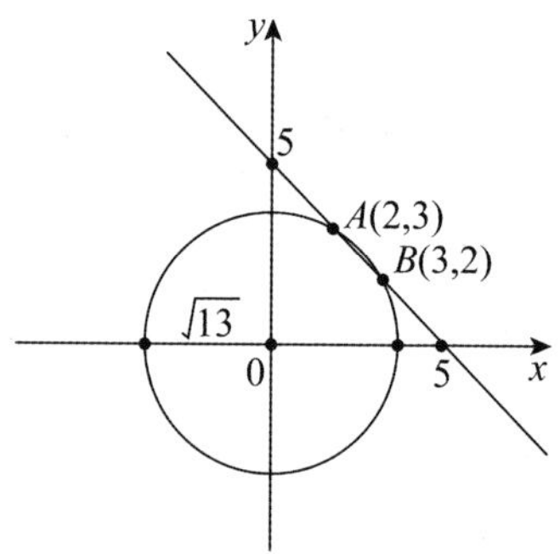

组讨论,类比二元一次方程组为什么不会增解的原因,有学生从变形过程中是否保持是同解方程进行了论述:

方程组(Ⅰ)$\begin{cases} x+y=5\cdots① \\ x^2+y^2=13\cdots② \end{cases}$

如果代入①等价于变形成方程组(Ⅱ)$\begin{cases} x+y=5\cdots① \\ (5-y)^2+y^2=13\cdots② \end{cases}$

如果代入②等价于变形成方程组(Ⅲ)$\begin{cases} x^2+y^2=5\cdots① \\ (5-y)^2+y^2=13\cdots② \end{cases}$

方程组(Ⅱ)和方程组(Ⅰ)是同解方程,但方程组(Ⅲ)将原来的一二型升次到二二型,因此不是同解方程,所以会产生增解。

从探究解二元一次方程组方法,到学习一次函数后,利用数形结合的方法直观理解方程组解的意义,这是教师带着学生一起去反思、质疑、探索并进行深度学习的过程。对二元二次方程组中一二型方程组的解法提出质疑,则是学生进行自主反思成果的体现。

在初中数学教学中培养学生的批判性思维是一项长期而艰巨的任务。教师需要关注学生的批判性思维培养,采取有效的教学策略来激发学生的学习兴趣和动力。同时,学生也需要积极参与学习过程,不断提问、质疑、分析、评估,从而提升自己的批判性思维能力。通过教师和学生的共同努力,可以使学生成为具有独立思考、创新精神和社会责任感的新时代人才。

一个函数最值问题的几何解法

王　江①

摘　要:有些函数最值问题,我们根据题目的结构,通过联想它的几何背景与几何最值原理,构造几何模型,把代数问题转化成几何问题,就能得到巧妙解法。本文遇到的最小值问题,通过联想几何中的“垂线段最短”基本原理,并应用初中几何证明中常见的“半角模型”,得到巧妙的解决。

关键词:函数极值;几何解法;垂线段最短;半角模型;初高中衔接

一、引言

《义务教育数学课程标准(2022 年版)》(以下简称“课程标准”)明确指出,数学课程的目标是立足学生核心素养发展,集中体现数学课程育人价值。数学课程要培养的学生核心素养,主要包括会用数学的眼光观察现实世界,会用数学的思维思考现实世界,会用数学的语言表达现实世界。其中对“用数学的思维思考现实世界”,具体包括根据已知事实或原理,合乎逻辑地推出结论,构建数学的逻辑体系,运用符号运算、形式推理等数学方法,分析、解决数学问题和实际问题。另外,“课程标准”对 7～9 年级《图形与几何》学业中有如下要求:会用坐标表达图形的变化、简单图形的性质,感悟通过几何建

①　作者简介:王江,上海市民办华育中学数学学科教师,中学一级教师,主要从事中学数学教学研究.

立直观、通过代数得到数学表达的过程,在这过程中,感悟数形结合的思想,会用数形结合的方法分析和解决问题。①

基于此,笔者在日常学习中,有意识地对那些能体现“数形结合”思想的问题,进行收集,在教学中,用相关材料对“数形结合”思想进行普及,让学生在学习“图形与几何”的过程中感悟数形结合的思想与意义,会用数形结合的方法分析和解决问题,从而在空间观念的基础上进一步建立几何直观,提升抽象能力和推理能力。

二、问题提出

笔者在一份高中数学卷中,看到以下问题,记为问题1:

直线 l 经过定点 $P(2,1)$,且与 x 轴正半轴、y 轴正半轴分别相交于点 A、点 B,点 O 为坐标原点,则 $\triangle OAB$ 周长的最小值是多少?

笔者第一反应,设直线 l:$y-1=k(x-2)(k<0)$,则 $A\left(2-\frac{1}{k},0\right)$,$B(0,1-2k)$,

$$C_{\triangle OAB}=2-\frac{1}{k}+1-2k+\sqrt{\left(2-\frac{1}{k}\right)^2+(1-2k)^2}$$

$$=3-2k-\frac{1}{k}+\sqrt{4k^2-4k+5-\frac{4}{k}+\frac{1}{k^2}}.$$

求上述关于 k 的函数的最小值,似乎困难重重,必须另辟蹊径。

于是,笔者改用三角函数表示 $\triangle OAB$ 的周长。如图1,设 $\angle OAB=\theta(0°<\theta<90°)$,过点 P 作 $PG\perp OA$,$PH\perp OB$,垂足分别为点 G 与点 H,则 $PA=\frac{1}{\sin\theta}$,$PB=\frac{2}{\cos\theta}$,$BH=2\tan\theta$,$AG=\frac{1}{\tan\theta}$.

---

① 中华人民共和国教育部.义务教育数学课程标准(2022年版)[S].北京:北京师范大学出版社,2022:71-72.

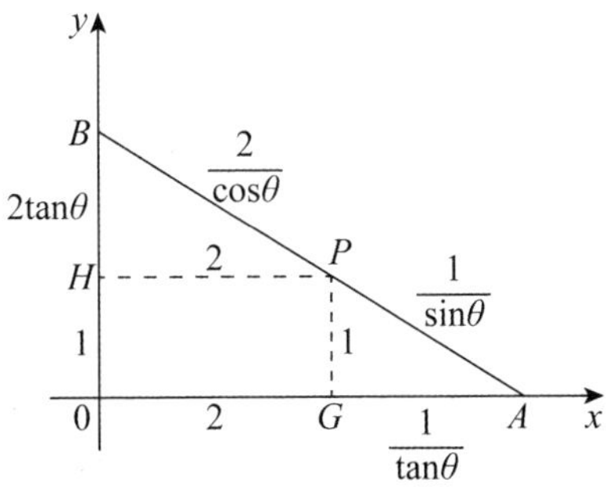

图 1

所以，$C_{\triangle OAB}=1+2\tan\theta+2+\frac{1}{\tan\theta}+\frac{2}{\cos\theta}+\frac{1}{\sin\theta}$.

设 $t=\tan\frac{\theta}{2}(0<t<1)$，

则 $C_{\triangle OAB}=1+\frac{4t}{1-t^2}+2+\frac{1-t^2}{2t}+2\cdot\frac{1+t^2}{1-t^2}+\frac{1+t^2}{2t}$

$=3+\frac{1}{t}+\frac{2t+2}{1-t}$

$=6+\frac{1-t}{t}+\frac{4t}{1-t}$

$\geqslant 6+2\sqrt{\frac{1-t}{t}\cdot\frac{4t}{1-t}}=10.$

当 $\frac{1-t}{t}=\frac{4t}{1-t}$ 时，即 $t=\frac{1}{3}$，即 $\tan\theta=\frac{3}{4}$时，取到等号。

通过半角公式，将函数表达式中的 $\tan\theta$、$\cos\theta$、$\sin\theta$ 统一转化成 $\tan\frac{\theta}{2}$，再通过构造不等式来求最小值，这样就完美地解决了这个问题。

用代数方法解决最值问题后，笔者考虑到，这是一个求三段线段之和的最小值问题。在几何中，求几段线段之和的最小值问题，通常可以用“两点之间线段最短”的原理或用“垂线段最短”的原理来解决。比如,非常著名的"将军饮马"问题和"胡不归"问题,就是用这两个基本原理解决的。

那么这个问题,是不是可以通过构造几何模型来解决呢?

三、几何解法

当笔者再看问题 1 中的周长问题时,脑海中出现了另外一个初中的几何问题,记为问题 2:

如图 2,在正方形 $ABCD$ 中,点 E、点 F 分别是边 BC 与边 CD 上的动点,且 $\angle EAF=45°$,若正方形边长为 1,求 $\triangle CEF$ 的周长。

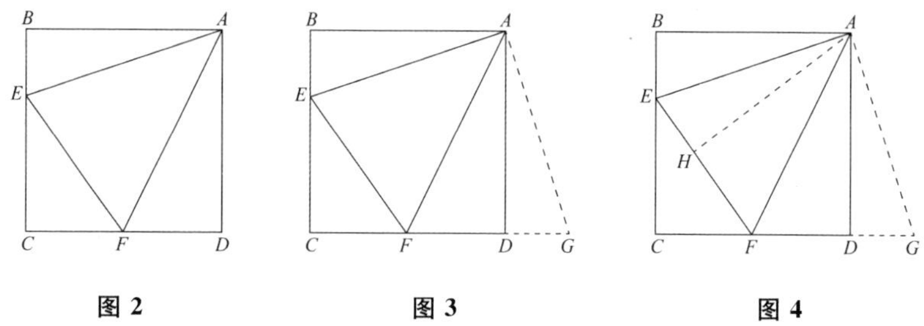

图 2　　图 3　　图 4

这个问题,在初中的平面几何中,是很经典的半角模型。

解法如下:

如图 3,延长线段 CD 到点 G,使 $DG=BE$,联结 AG,

$\because$ $DG=BE$,$\angle ADG=\angle B=90°$,$AD=AB$,

$\therefore$ $\triangle ADG\cong\triangle ABE$,

$\therefore$ $AG=AE$ 且 $\angle DAG=\angle BAE$.

$\because$ $\angle EAG=\angle DAG+\angle EAD=\angle BAE+\angle EAD$,

$\therefore$ $\angle EAG=\angle BAD=90°$.

$\because$ $\angle EAF=45°$, $\therefore$ $\angle FAG=90°-\angle EAF=45°$.

$\because$ $AE=AG$,$\angle EAF=\angle GAF$,$AF=AF$, $\therefore$ $\triangle AEF\cong\triangle AGF$, $\therefore$ $EF=FG$.

$\because$ $FG=FD+DG$, $\therefore$ $EF=FD+BE$,

$\therefore\quad C_{\triangle CEF}=CE+CF+EF=CE+CF+BE+DF=2.$

在这个经典问题中，$\triangle CEF$ 的周长的三边的位置类似于问题 1 中要求的$\triangle OAB$ 的三边，那么我们是否可以构造类似的半角模型，来求解问题 1 中$\triangle OAB$ 的周长呢？

首先，我们思考在图 1 中，是否可以在$\triangle OAB$ 的右侧构造类似的正方形？如何构造正方形？也就是，如图 2，在已知点 C 和直线 CE、直线 CF 的情况下，如何确定正方形的顶点 A 的位置？

我们需要进一步研究图 2 中线段与角的特征。如图 3，我们在解决问题 2 时，已经证明了 $\triangle AEF\cong\triangle AGF$，所以有 $\angle AFE=\angle AFG$，即 AF 是$\angle EFD$ 的平分线；因为$\angle AEF=\angle G$，$\angle G=\angle AEB$，所以$\angle AEF=\angle AEB$，即 EA 是$\angle BEF$ 的角平分线，故点 A 是$\triangle CEF$ 的旁心，若作 $AH\perp EF$，则通过$\triangle ABE\cong\triangle AHE$，可得 $AH=AB$，如图 4.

按照上面分析，如果在图 1 的$\triangle OAB$ 中，作$\angle OAB$、$\angle OBA$ 的外角平分线，交于点 M，如图 5，再过点 M 作 $MC\perp OA$、$MD\perp OB$，垂足分别为点 C、点 D，则由$\angle D=\angle DOC=\angle C=90^\circ$，可得四边形 $OCMD$ 为矩形。

过点 M 作 $MH\perp BC$，垂足为点 H，由点 M 为$\triangle OAB$ 的外角平分线的交点，可得 $MD=MH=MC$，从而四边形 $OCMD$ 为正方形。

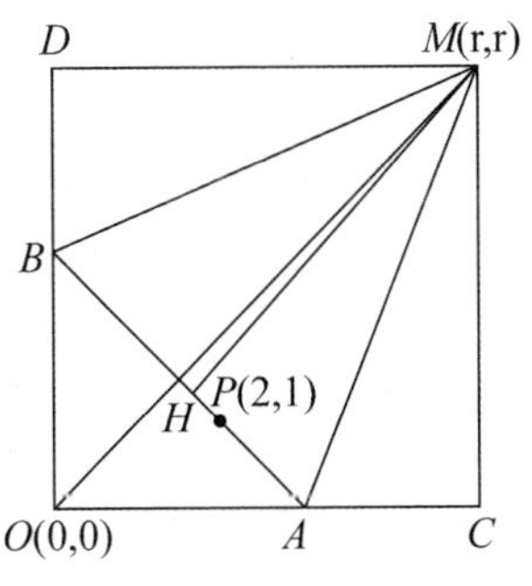

图 5

由旁心的性质可得，$\angle AMB=90^\circ-\frac{1}{2}\angle AOB=45^\circ$，这样图5就满足了问题2(即图2)的半角模型的条件，由问题2的结论，$C_{\triangle OAB}=OC+OD=2MD$，因为$MD=MH$，故$C_{\triangle OAB}=2MH$.

记点$M(r,r)$，则$MP=\sqrt{(r-2)^2+(r-1)^2}$，由垂线段最短的原理，得$MP\geqslant MH$，而$MH=MD=r$，所以得到关于$r$的不等式：$\sqrt{(r-2)^2+(r-1)^2}\geqslant r$，解得$r\geqslant 5$，从而$C_{\triangle OAB}=2r\geqslant 10$，当且仅当$MP\perp AB$时取到等号(即线段$MP$为点$M$到直线$AB$的垂线段时取等号)。

通过构造初中平面几何中常见的半角模型，我们顺利解决了图1的周长最小值问题。

四、对取到最值时情形的分析

笔者对图5中的"当且仅当$MP\perp AB$时，$\triangle OAB$的周长取到最小值"并不满意，因为在图5中，点A、点B、点M均为动点，MP与AB的位置关系对$\triangle OAB$的周长的影响，并不容易想象。

笔者将这个问题再一次进行转化：

如图6，已知正方形$OCMD$，不妨设$OC=1$，点A与点B分别是边OC与OD上的动点，且$\angle AMB=45^\circ$，取边CM的中点N，联结线段ON，线段AB交线段ON于点P.

如果以点O为直角坐标平面原点，以射线OC为x轴正方形，以射线OD为y轴正半轴建立坐标系，则点M坐标为$(1,1)$，直线ON的解析式为$y=\frac{1}{2}x$.这样原问题中，当点P为定点时，求正方形$OCMD$的边长的最小值，现在转化为正方形$OCMD$的边长固定，点P在线段AB上，且点P的横纵坐标比为$1:2$，求线段OP的最大值。

那么,在图 6 中线段 OP 何时取到最大值?

在这个问题中,如果作 $MH\perp AB$,由前文图 5 可得,$MH=MD=1$,由“垂线段最短”的原理,有 $MP\geqslant MH=1$,即 MP 有最小值为 1.此时点 M 为定点,点 P 可以视为以点 M 为圆心以 MP 为半径的圆与定线段 ON 的交点,当 MP 取到最小值时,PN 也就取到最小值,即 OP 取到最大值。所以当 $MP\perp AB$ 时,OP 取到最大值。这等价于图 5 的问题中,$MP\perp AB$ 时,$\triangle OAB$ 的周长最小。

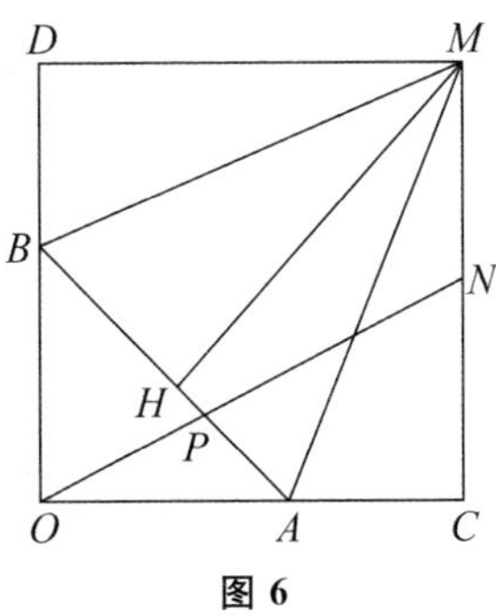

图 6

五、研究结论

在本问题的解决过程中,笔者将一个高中的函数最值问题,通过初中平面几何中的半角模型与“垂线段最短”原理,转化为平面几何最值问题,将代数问题转化为具体形象的几何问题,这种数形结合与化归的数学思想的实践,将未知问题转化为熟悉的已知问题,是对学生发现问题、提出问题、分析问题、解决问题能力的培养。

求函数的最大值和最小值是中学数学代数部分的重要内容,也是高考中的常考题型,解法丰富多变,对一些较繁琐的代数问题,用常规的代数方法显得很困难。用几何模型解题,用数形结合的数学思想思考这类问题,具有一定的优越性,同时,用几何模型解题,也能深化学生对几何的认识。①

在教学中,对适合用数形结合思想解决的代数问题,值得多引导学生思考,多积累,教师在教学中不断发现、利用、开发这类问题,有利于培养学生的几何直观、推理能力、模型观念、应用意识等核心素养。

① 霍梦园,王韵.函数最值的几何解法[J].高师理科学刊,2011(9):引言部分.

基于数学核心素养提升的大单元教学实践研究

曹　威[①]　李　珉[②]

摘　要：在"双新"背景下，如何通过课堂教学来提升教学质量，回应教育改革的要求？本文对以大单元教学实践来培养学生数学核心素养作了探究。大单元教学就是围绕数学基础知识，按其所属的知识领域，将初中数学教学的内容按照大单元教学的标准，对知识重新排序，形成我校数学国家基础课程校本化，然后通过走班教学，进行学生数学核心素养提升的实践研究。

关键词：数学核心素养；大单元教学；走班教学

《义务教育课程方案》和《义务教育数学课程标准（2022 年版）》强调以核心素养为导向，加强学科实践，培养有理想、有本领、有担当的全面发展的社会主义建设者和接班人。教育始终坚持全面贯彻党的教育方针，坚持为党育人、为国育才。教师在日常教学过程中，也需要用实际行动回应和落实习近平总书记提出的"培养什么人，怎样培养人，为谁培养人"的教育根本问题。

让所有的学生都获得良好的数学教育，使不同的学生在数学教育中获得不同的进步，帮助学生培养有助于终身发展的核心素养，从而达到义务教育阶段的培养目标。将数学教育的目标通过大单元教学的教学方式提升学生的数学素养。使学生从数学角度看世界，利用数学思

---

① 作者简介：曹威，上海市民办华育中学年级组长，数学教师，中学一级教师，主要从事中学数学教学研究.

② 作者简介：李珉，上海市民办华育中学数学教师，中学一级教师，主要从事中学数学教学研究.

维思考和解决问题,能用数学语言刻画世界的美好,进而养成良好的思维品质,形成严谨的科学态度和自主学习的学习习惯。

初中阶段学生数学核心素养的培养不仅要把握基础性的核心特征,更要通过开展具体的教育教学活动,着重培养学生的"抽象能力""运算能力""几何直观""空间概念""推理能力""数据概念""模型观念""应用意识""创新意识"等九个核心素养。通过对数学教学内容的调整,通过走班制教学的尝试,我们探索了基于数学核心素养提升的大单元教学实践。

一、研究背景

在民办学校摇号招生新政策的背景下,我校将全面贯彻党的教育方针,认真落实立德树人根本任务,坚持高标准办学思路,坚持高质量、高水平实施国家及上海市课程,对三类不同学生(智力优异的、学有余力的和需要巩固夯实基础的),实行因材施教。针对智力优异的学生,重点培养他们学习探究和创造性思维;针对学有余力的学生,重点培养兴趣以形成特长;针对需要巩固夯实基础的学生,重点是打牢根基,掌握和巩固基础性知识。学校将根据每一个学生的实际情况,提供适合个人的组合性选修课程,确保在课程上的全方位落实。

二、实践措施

在课程的重组中,要先设定教学目标,体现课程中要解决的基本问题,联系生活实际,选取典型的、能体现数学问题的案例或素材,建立起结构合理、逻辑清晰的教学体系。根据不同的教学板块,从智力发展和能力培养两个方面,采用合适的教学手段,形成立体的、多样化的教学方式。

(一) 对知识章节作重新排序,以适应走班教学

国家基础课程要求所有学生共同需要掌握的数学基础知识,按其所属的知识领域,分为“数与运算”“方程与代数”“图形与几何”“函数与分析”“数据整理与概率统计”等五个部分。[①②] 我校进行了知识章节的重新排序,形成数学教学进度表,并进行与之适应的走班教学。

1. 了解学习需求,做好因材施教

学生作为课堂教学的主体,不仅是课堂教学的受益者,更是课堂教学的掌控者。走班教学作为围绕学生所开展的教学方法,其第一步就是要积极了解学生的学习需求。通过问卷调查、试卷测试、课后谈心和家长沟通等多种方法的综合运用,对班级中每个学生的实际情况都有较为深入的了解,并根据学生的实际情况为他们制订相应的课程教学计划。

2. 充分结合课程内容,做好教学目标定制化设计

在学习过程中,目标是最为重要的学习动力,如果没有目标,学生很难保持良好、持久的学习状态;如果目标过大,学生有可能因难以实现而产生畏难心理。因此在教学目标分层时,教师应做到在掌握学生实际学习水平的基础上,充分结合课程内容,按照教学大纲要求来进行科学的教学目标定制化设计。

3. 巧妙运用课堂教学,做好教学过程优化

课堂教学是学生实现知识学习的直接过程,教师想要保证走班教学的效果,实现对学生的培养,就必须做好对教学过程的优化。在这一环节中,为了能激发学生的学习动力,让每个人都能参与学习,

---

① 丁步洲.课堂教学策略与艺术[M].重庆:重庆大学出版社,2013.

② [英]斯托尔,[加拿大]芬克.未来的学校:变革的目标与路径[M].柳国辉,译.北京:北京大学出版社,2010.

教师必须让学生在课堂学习过程中有所表现,为此教师应多鼓励学生在课堂上进行发言。但是,不同学生的实际学习水平和学习能力是不同的,因此教师需要注意对各学生进行不同水平的课堂提问,只有学生在课堂上正确回答问题,才能让他们感受到成功的快乐,进而达到激发学习兴趣、建立起学习自信的目的。

4. 全面掌握学生学习水平,做好课后作业设计

完成课堂教学后,教师为了让学生更好地掌握课堂所学知识,都会为学生安排课后作业,在走班教学过程中,课后作业设计非常重要。与目标、课堂教学方法相同,课后作业设计也是在学习主体差异化情况基础上进行的,但其比前两者的设计更为困难,因为走班教学已经到了最后环节,学生已在走班教学中有所收获,因此教师必须综合多方考虑来进行课后作业设计。

5. 通过单元测试卷,完善走班教学过程

单元测试卷是初中数学教学中不可或缺的资料组成部分,它与期中考试、期末考试试卷不同,没有高度的综合性,更侧重了解学生章节学习内容的掌握程度,对学生所接触章节知识体系和思维体系起到查漏补缺、承上启下的作用;同时它兼具培养学生的学习和考试的习惯,达到进一步指导学生学习和教师教学的效果。可以说,单元测试卷利用的情况将左右学生在重要考试中的成绩。教师可以通过课堂上学生的表现,结合针对不同学生的教学目标,在单元测试卷命题时兼顾每个学生的能力,根据相同知识点,设置不同类型的题目,以达到更好的反馈效果。对课程目标进行审核、检查,评价课程目标的可行性程度,检验课程设计的实际效果,从而改进项目内容,完善实施方案。

(二) 实践过程

1. 第一轮实践

根据我校学生的具体情况,课题组成员既尊重教材,又不拘泥于

教材，对教材进行再加工，创造性地重新设计教学过程，旨在提升学生对数学知识的整体认知，发挥他们学习的主动性，拓宽学生的思维，深化对知识点的理解，使教材成为“学生学数学之素材”，而不是唯一依据，在2023届学生中进行了第一轮实践。

在这轮实践中，我们将上海四年的初中数学教学分成五块内容：(1)小初衔接课程；(2)代数式和方程部分；(3)平面几何部分；(4)函数部分；(5)相似形和圆。对以上五个板块知识的学习，我们分别进行了“直线式”集中编排，每块知识点一次性地在某个阶段内完成，并尽可能一讲到底，让学生对这个板块的内容有系统且深入的理解。

比如，在教授小初衔接课程中，我们遵照课本上原有知识板块进行教学，作为深度学习初探，我们在整数和整除一章中增加了能被7、9、11、13整除的特征以及同余问题等简单数论知识，使学生对整除的概念理解得更深刻，也为今后方程学习中的整数解问题奠定基础；在圆和扇形部分，我们增加了在图形的动态变化中扫过的图形周长和面积求法，如下所示。

例　如图，一个半径为1厘米的硬币沿着长方形纸板的边缘滚动，长方形纸板长30厘米，宽20厘米，当硬币滚回到原来位置时，硬币扫过部分的周长是多少厘米？

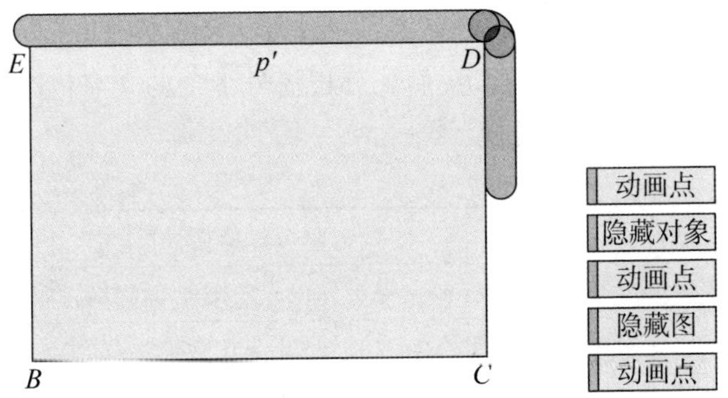

在有理数一章中，我们增加了绝对值的几何意义以及零点分段讨论，含绝对值的代数式最值问题的探究；在一元一次方程一章中增

加了方程根的讨论,提升学生对方程概念的理解以及方程的根与方程类型的关系,为今后代数方程的理解奠定最初的基础。

在长方体的再认识中增加了空间内直线与平面平行、直线与平面垂直、平面与平面平行、平面与平面垂直的判定定理,对教材本身的教学目标在直观认识的基础上强化其理论基础,让学生从逻辑上对几何有更深刻的认知。

这次实践是在2023届学生群体中做的研究和探索,并取得了良好的效果。2024届是第一届摇号生源,虽然我们也预估到生源的区别,并采取了一周3节走班分层的安排,但是在课程的安排上我们依然按照之前的"直线式"编排来上课。我们发现这样的课程安排,仅对少数尖子生培养起到立竿见影的效果,极大地节约了学生炒冷饭的时间,更激起了他们在数学学科的逻辑研究中的兴趣,培养了学生思维能力和探究精神;但大部分学生并没有达到预设的教学目标,尤其是后进生,这种教学安排使部分学生自信心受到打击,削减了他们对数学学习的积极性。我们的教学目标不是只针对拔尖学生的培养,而是要扩展到全体学生,顾及绝大多数学生。所以打算在第二轮实践中,即2025届的教学中进行调整。

2. 第二轮实践

学生摇号入学,学生的数学基础水平、数学学习能力和努力程度,都有明显差异。于是,我们先分析摇号学生的学习情况,从三个维度对学习主体进行分层。

层次名称	分层依据
A1	学习兴趣浓厚,基础知识非常扎实,学习能力非常好
A2	学习兴趣较高,基础知识比较扎实,学习能力较好
B	学习兴趣一般,基础知识较为扎实,学习能力一般
C	学习兴趣不足,基础知识不够扎实,学习能力较差

对智力优异、学有余力和需要扎实基础的不同类型的学生，我们根据因材施教理念，对智力优异学生，着重培养他们学习探究和创造性思维；对学有余力的学生，着重培养兴趣，形成特长；对需要扎实基础的学生，着重巩固和扎实基础。学校根据学生的实际，分别提供相应的组合性选修课，在课程上确保全方位落实。

我们重构了原有的教学大纲，针对教学内容进行了调整，主要分基础部分、拓展部分和探究部分。在每学期行政班的教学中都安排了代数、几何或函数的教学内容，采用螺旋式上升的课程设计。

《上海市中小学数学课程标准》把所有学生共同需要的数学基础知识，按其所属的知识领域，分为“数与运算”“方程与代数”“图形与几何”“函数与分析”“数据整理与概率统计”等五个部分。在2025届第二轮实践中，我们将遵循螺旋式上升的课程设计。

以六、七年级为例：

六年级：数的整除、分数、比和比例、圆和扇形、有理数、一元一次方程(组)和一次不等式(组)、线段和角的画法、长方体的再认识、整式。

七年级：分式、实数、二次根式、一元二次方程、相交线、平行线、三角形、平面直角坐标系。

对个别关系紧密的章节在教学顺序上作了适当调整。比如，我们把二次根式移到实数后。又如，在第五章中，绝对值教学涉及不等式性质的相关内容，在以往的教学中我们比较顺利，但是在摇号后明显出现了学生无法理解的现象，所以尝试教学上把绝对值教学移到不等式相关内容教学完毕后讲，发现学生的接受程度有改善，是一次较为成功的尝试。

对智力优异的学生，我们在走班选修课以及晚课上开展进一步拓展和探究学习。比如，安排了分数的速算巧算、数值估算、初等数论、抽屉原理、容斥原理、极端原理、排列组合、方程(组)不等式(组)拓展、整式分式根式等代数式的拓展等。

探究部分我们增加了能被3、9、5、7、11、13整除的数的规律,利用素因数找数,将一个分数拆成几个不同的单位分数之和等内容。

"螺旋式上升"的教育与"一步到位"的教育无论在知识的深度上,还是在知识的广度和时间上都有很大差别,基于《义务教育数学课程标准(2022年版)》,同时又结合学校资优生的特点,我们在第二轮实践中所采用的"螺旋式上升"的课程安排取得了一定成果,培养了学生研究数学问题的兴趣,也丰富了学生的数学思维和数学观念。

三、实践研究体会与启示

高品质学校教育离不开高品质课程体系。学校数学教师本着以生为本、因材施教的理念,以培养学生核心素养为核心,基于学校的实际情况对数学教学内容进行调整,通过走班制教学的尝试,来探索基于数学核心素养提升的大单元教学实践研究。将立德树人的根本任务落到实处,真正把课改精神融入师生心田。

优化学校选修课程分数调整机制：基于公平性与实证分析的研究

翁中亚[①]

摘 要：随着学生摇号入学、分层走班制的实行，原有的评价体系已不再适应当前教育教学的需求。本文旨在优化学校的选修课程评分机制，通过一系列数据分析，尝试建立一个更加公平合理的评价体系，力求使学生的成绩与其实际能力相匹配。

关键词：选修课程；分层走班；公平性

2021年3月，教育部等六部门联合发布的《义务教育质量评价指南》明确指出，评价工作应以习近平新时代中国特色社会主义思想为指导，全面贯彻党的教育方针，坚持社会主义办学方向，遵循学生成长规律和教育规律。基本原则包括坚持正确的方向、以人为本、问题导向以及评价促进发展的原则。

随着我校摇号入学、分层走班制的实行，原有的评价体系已不再适应当前需求。因此，在新的环境和形势下，如何科学、合理、公平地评价学生成为一个亟待解决的问题。本文旨在优化本校的选修课程评分机制，通过一系列数据分析，尝试建立一个更加公平合理的评价体系，力求使学生的成绩与其实际能力相匹配。

---

① 作者简介：翁中亚，上海市民办华育中学数学教师，中学二级教师，主要从事中学数学与课程教学研究.

一、现状分析

鉴于本校报名人数很多,故新生采用“摇号”入学的方式。由于不再筛选生源,入学学生的学习水平参差不齐。为了实现因材施教的目标,学校采用分层走班的教学模式:学生一周内一半的课程仍在原班级上课,另一半课程则在走班教室进行。根据学生的学习水平,从高到低分为A层、B层和C层三个层次。在最终评价环节,考虑到各层次之间实力差距较大,若采用同一份试卷,势必导致C层学生得分偏低,从而打击其自信心,违背《评价指南》中“育人为本”的原则。因此,在实际考试中,我们将满分100分的试卷划分为两个部分:公共部分和选修部分。由于公共课程与选修课程的比例为1∶1,公共部分和选修部分的分值设定相同。因此公共部分占50分,对应公共课程的内容;选修部分同样占50分,对应分层走班课程的内容。

在奖学金评选过程中需要统一的标准,因此有必要对选修部分成绩进行调整。为此,我们需要为选修部分试卷增加一个权重系数,用于调整参与奖学金评选的分数。调整后的分数虽不计入学生成长手册,但仍能帮助学生明确自身与其他同学之间的差距,以此激励A层学生保持谦逊态度,避免安于现状;同时引导B层和C层学生认识到自己的潜力,激发他们更加努力,不断进取。

要实现这一目标,首先需要确定选修部分三份试卷的不同难度系数。如果直接人为设定系数,则可能缺乏客观依据,过于主观。因此,需要设计一套科学合理的方案来生成这些系数。

原第一次期中考试的方案如下:B层的折合系数等于B层公共部分的平均分除以A层公共部分的平均分。这一思路的核心在于利用公共部分的成绩作为参考,判断不同层次学生的学习水平,进而得出系数,用于计算选修部分的成绩。这一思路简单明了,在选修部分均分普遍较高的情况下并无问题，适用于第一次期中考核。但是，从数学教师角度出发，我们认为仍须进行严谨的分析。

二、预设条件

在正式讨论前，必须明确的一点是无论采用何种成绩调整方案，总有人感到不满意，有人受益，有人受损。对个体而言，这是不可避免的现象。因此，在模型分析时，不考虑个别学生情况，而是将学生群体作为一个整体来考虑。

1. 理论实验条件

一个模型要在实际情况下成立，首先必须在理论状态下成立。因此，为了便于分析，本文所论述的均为理想状态下的情形：在理想状态下，学生的成绩仅受到学生本身实力、试卷难度和满分分值的影响。换句话说，学生的水平在同一场考试中不会因做公共部分和选修部分的先后顺序、时间安排或心态等因素而发生变化。

2. 学生实力

鉴于各层次学生的实际能力存在差异，即使是A层学生之间，也存在相当大的能力差距，因此需要引入一个变量：学生的实际能力值，简称实力。本文设定本年级最强学生的实力为1，则A层学生的平均实力为0.8，B层学生的平均实力为0.7，C层学生的平均实力为0.5。

3. 满分分值

为了方便起见，本文设定所有试卷的满分分值均为100分，后续不再赘述。

4. 理论成绩计算公式

首先，学生在考试中取得的成绩与实力成正比。其次，学生在考试中取得的成绩与试卷难度成正比。再次，学生在考试中取得的成绩与试卷满分分值成正比。因此，本文假设学生的成绩可通过以下公式计算:成绩=试卷难度×学生实力×满分分值。实际上,这里还可以增加一个比例系数,但考虑到添加额外的系数没有必要,笔者直接将这个系数整合进试卷难度中。因此,本文中的试卷难度与通常意义上的试卷难度略有不同。

5. 试卷难度

本文原计划采取的试题难度计算方式为得分率法,这是最直接的方法之一,计算公式为:试题难度=答对该题的学生人数/总学生人数。也就是说,试卷越难,难度的数值越小;试卷越简单,难度的值越大。由于以下两个原因,本文不直接计算试卷的难度。

其一,我们在计算B层学生折合后分数时,是用B层的公共部分分数加上选修部分分数再乘以B层的折合系数,即B层折合分数=公共+系数×选修。如果B层与A层难度相同,那么系数应为1;如果试卷越简单,系数应越小。因此,即使计算出试卷理论难度,也需要进行换算,得出各层的折合系数,反而不太方便。

其二,计算试卷的总体难度是以全体学生的全卷平均分进行计算,这里的全体学生包含A、B、C三个层次的所有学生。但是,选修部分,A、B、C三个层次的学生分别做本层次的试卷,因此只能计算B层试卷对B层学生的难度,无法得出一个适用于所有学生的标准难度。更无法用这个数据来计算B层选修部分折合系数。

本文不计算实际试卷难度,而是直接计算各层的折合系数,选修部分试卷的难度仅作为一个假设的理论值。如何设定一个合理的试卷难度理论值呢?为了符合本校最强学生在正常难度的试卷中能取得满分的一般印象,结合公式成绩=试卷难度×学生实力×满分分值,以及之前假设的学生实力为1.0,可以计算得出试卷难度也是1.0。即当试卷难度为1.0时,学生实力为1的最强学生能取得满分。再根据上述假设的A、B、C层学生实力可得:A层学生的得分=1×0.8×100=80(分),B层学生的得分=1×0.7×100=70(分),C层学生的得分=1×0.5×100=50(分),上述成绩较贴近实际情况。本文后设定常规试卷的难度为1.0,这与考试后通过得分率法计算的试卷难度有所不同。但是,为了简化公式,剔除额外系数,这是必要的权衡。在这样设定下,如果试卷特别难,如竞赛卷,最强学生只能拿到满分100分中的50分,则难度为0.5。如果试卷特别简单,如本文设定某些试卷难度高达1.8,并不是说最强学生能突破满分的限制考到180分,而是表示最强学生可以在规定时间内做类似的卷子1.8套,并取得满分。

6. 四种基本情景

本文假定分层试卷中采用50分公共部分,50分选修部分。公共部分相同,因此可以简化地认为系数均为1,选修部分难度可能不同,需要分几种情况讨论。考虑四种不同的情况:情景一,各层试卷难度相同,没有难度梯度。A、B、C的选修部分难度均为1.00。情景二,试卷难度梯度符合要求,A、B、C依次更简单,但是整体偏简单。A、B、C的选修部分难度分别为1.00、1.20、1.80。情景三,试卷难度梯度符合要求,A、B、C依次更简单,但是整体极难。公共部分难度为0.5,A、B、C的选修部分难度分别为0.50、0.80、1.00。这可能是本校的某次附加考试。情景四:试卷难度梯度不小心弄反了,A难度正常,B比A难,C比B更难。A、B、C的选修部分难度分别为1.00、0.80、0.50。

三、不加入折合系数会发生什么情况

我们探讨四种情景下,如果不加入折合系数会发生什么情况。

情景一,公共部分50分,难度为1.00;选修部分50分,难度也为1.00。这意味着学生实际上是在参加统一难度的考试,其成绩能真实反映他们的实际能力。在这种情况下,无须额外增加系数,最终成绩就已经公平了。

		公共部分难度	公共部分分值	选修部分难度	选修部分分值	总分
学生实力	分层		50		50	100
0.8	A 各项得分	1.00	40	1.00	40	80
0.7	B 各项得分	1.00	35	1.00	35	70
0.5	C 各项得分	1.00	25	1.00	25	50

情景二,公共部分 50 分,难度为 1.00;选修部分 50 分,A 层难度为 1.00,B 层难度为 1.20,C 层难度为 1.80。在这种情况下,可以看到 B 层与 C 层的成绩得到了一定的提升,但对 A 层来说是不公平的。

		公共部分难度	公共部分分值	选修部分难度	选修部分分值	总分
学生实力	分层		50		50	100
0.8	A 各项得分	1.00	40	1.00	40	80
0.7	B 各项得分	1.00	35	1.20	42	77
0.5	C 各项得分	1.00	25	1.80	45	70

事实上,以上两个情景足以说明加入折合系数的必要性。不过,我们继续探讨情景三和情景四。

情景三,公共部分 50 分,难度为 0.50;选修部分 50 分,A 层难度为 0.50,B 层难度为 0.80,C 层难度为 1.00。由于选修部分的难度差距过大,导致 B 层最终得分超过了 A 层,这种情况极不公平。

		公共部分难度	公共部分分值	选修部分难度	选修部分分值	总分
学生实力	分层		50		50	100
0.8	A 各项得分	0.50	20	0.50	20	40

（续表）

		公共部分难度	公共部分分值	选修部分难度	选修部分分值	总分
0.7	B各项得分	0.50	17.5	0.80	28	45.5
0.5	C各项得分	0.50	12.5	1.00	25	37.5

情景四，公共部分50分，难度为1.00，选修部分50分，A层难度为1.00，B层难度为0.80，C层难度为0.50。“不小心”A、B、C的难度顺序出现了颠倒，导致对C层学生不公平。

		公共部分难度	公共部分分值	选修部分难度	选修部分分值	总分
学生实力	分层		50		50	100
0.8	A各项得分	0.50	20	1.00	40	60
0.7	B各项得分	0.50	17.5	0.80	28	45.5
0.5	C各项得分	0.50	12.5	0.50	12.5	25

通过对四个情景的分析，我们可以看出，只有情景一在不加入折合系数的情况下是公平的。对其他三个情景，如果不加入折合系数，明显失去公平性。因此，加入折合系数是必要的。

四、加入原本折合系数进行分析

原本折合系数的计算思想是，以公共部分的成绩为依据，判断不同分层学生的实力，将这个比值作为折合系数。因此，X层的折合系数计算为：

$$\text{X层选修部分折合系数}=\frac{\text{X层公共部分成绩}}{\text{标准层公共部分成绩}}$$

接下来，在四个情景中，我们用原有的方案计算成绩：

情景一,增加系数后的成绩如下表所示。

		公共部分难度	公共部分分值	选修部分难度	选修部分分值	总分	系数=某班公共部分成绩/A层公共部分成绩	修正后的选修部分成绩=系数×原选修成绩	修正后的总分
学生实力	分层		50		50	100			
0.8	A各项得分	1.00	40	1.00	40	80	1.000	40.00	80.00
0.7	B各项得分	1.00	35	1.00	35	70	0.875	30.63	65.63
0.5	C各项得分	1.00	25	1.00	25	50	0.625	15.63	40.63

在实际考试中,如果使用统一试卷,自然不会进行这样的修正。但如果在出卷时出现意外,导致选修部分的难度没有拉开差距,使用原有的系数修正方案,就会导致A、B、C各层之间的分差被放大,使B层和C层处于不利地位。

情景二,类似本次的情况,选修各卷的难度都相对较低。增加了调整系数后,修正后的总分接近于原来的实力之比,B层和C层甚至略微获得了一些优势。

		公共部分难度	公共部分分值	选修部分难度	选修部分分值	总分	系数=某班公共部分成绩/A层公共部分成绩	修正后的选修部分成绩=系数×原选修成绩	修正后的总分
学生实力	分层		50		50	100			

（续表）

		公共部分难度	公共部分分值	选修部分难度	选修部分分值	总分	系数＝某班公共部分成绩/A层公共部分成绩	修正后的选修部分成绩＝系数×原选修成绩	修正后的总分
0.8	A各项得分	1.00	40	1.00	40	80	1.000	40.00	80.00
0.7	B各项得分	1.00	35	1.20	42	77	0.875	36.75	71.75
0.5	C各项得分	1.00	25	1.80	45	70	0.625	28.13	53.13

情景三，类似于情景二的情况，但由于公共部分相对较难，加上选修部分的难度差距过大，即便加入调整系数，修正后的成绩仍然显示出B层超过了A层，B层与C层获得的优势较为明显。

		公共部分难度	公共部分分值	选修部分难度	选修部分分值	总分	系数＝某班公共部分成绩/A层公共部分成绩	修正后的选修部分成绩＝系数×原选修成绩	修正后的总分
学生实力	分层		50		50	100			
0.8	A各项得分	0.50	20	0.50	20	40	1.000	20.00	40.00
0.7	B各项得分	0.50	17.5	0.80	28	45.5	0.875	24.50	42.00
0.5	C各项得分	0.50	12.5	1.00	25	37.5	0.625	15.63	28.13

情景四，原本C层就已经处于不利地位，增加了调整系数后，C

层的情况变得更加不利。

		公共部分难度	公共部分分值	选修部分难度	选修部分分值	总分	系数=某班公共部分成绩/A层公共部分成绩	修正后的选修部分成绩=系数×原选修成绩	修正后的总分
学生实力	分层		50		50	100			
0.8	A各项得分	0.50	20	1.00	40	60	1.000	40.00	60.00
0.7	B各项得分	0.50	17.5	0.80	28	45.5	0.875	24.50	42.00
0.5	C各项得分	0.50	12.5	0.50	12.5	25	0.625	7.81	20.31

不可否认,在出卷教师和审卷教师的严格把关下,情景二是最常出现的情况。因此,使用原有的方案是恰当的。但是,一旦出卷出现偏差,就会系统性地产生实力与成绩不匹配的情况。

五、改进思路

在上一部分内容中,我们讨论了在试卷出现偏差时,或多或少会出现一些学生获益或吃亏的情况。在正常情况下(情景二),这种误差尚在可接受范围内。但是,在情景一、三、四中,误差显得让人难以接受,因此我们需要对原有方案进行改进。

首先,我们需要明确改进的核心思路:(1)获取各层试卷的平均分(尽管理论难度难以直接获取,但我们可以通过各层的平均分近似代表理论难度)。(2)根据难度,算出不同选修卷对应的分数修正系数。(3)得到修正后的总分,使这个总分尽可能接近学生的真实实力。

根据之前的设定，由于公共部分是相同的，因此不同选修班级的公共部分平均分之比就是学生实际实力之比（实际上，如果不这样设定，那么原有的方案也就无法成立）。通过一系列计算可得：

$$\text{X 层选修部分折合系数}=\frac{\text{标准层选修部分成绩}\times\text{X 层公共部分成绩}}{\text{X 层选修部分成绩}\times\text{标准层公共部分成绩}}$$

具体计算过程如下：

以 B 层系数计算为例，我们用 K_B 表示 B 层选修部分的折合系数。

那么我们可以根据公共部分的均分之比得到修正后的总分之比。

再结合 X 层总分＝公共＋折合后的 X 层选修部分分数，首先可得下列等式：

$$\frac{\text{A 层公共部分成绩}}{\text{B 层公共部分成绩}}=\frac{\text{A 层总分}}{\text{B 层总分}}$$

$$=\frac{\text{A 层公共部分成绩}+\text{A 层选修部分成绩}}{\text{B 层公共部分成绩}+\text{B 层折合后的选修部分成绩}}$$

再根据合比性质可得：

$$\frac{\text{A 层公共部分成绩}}{\text{B 层公共部分成绩}}=\frac{\text{A 层选修部分成绩}}{\text{B 层折合后的选修部分成绩}}$$

$$=\frac{\text{A 层选修部分成绩}}{K_B\times\text{B 层选修部分成绩}}$$

最终得到 $K_B=\dfrac{\text{A 层选修部分成绩}\times\text{B 层公共部分成绩}}{\text{B 层选修部分成绩}\times\text{A 层公共部分成绩}}$

类似地，$K_C=\dfrac{\text{A 层选修部分成绩}\times\text{C 层公共部分成绩}}{\text{C 层选修部分成绩}\times\text{A 层公共部分成绩}}$

六、代入新公式进行计算与分析

接下来,我们将新的系数计算方案:

$$X\text{层选修部分折合系数}=\frac{\text{标准层选修部分成绩}\times X\text{层公共部分成绩}}{X\text{层选修部分成绩}\times\text{标准层公共部分成绩}}$$

代入四个情景进行计算与分析:

情景一,由于难度相同,因此计算出的系数也都相同为1。虽然C层的成绩有些不尽如人意,但至少最终的结果是公平的。

		公共部分难度	公共部分分值	选修部分难度	选修部分分值	总分	X班系数=(X班公共部分成绩×A层选修成绩)/(A层公共部分成绩×X班选修成绩)	修正后的选修部分成绩=系数×原选修成绩	修正后的总分
学生实力	分层		50		50	100			
0.8	A各项得分	1.00	40	1.00	40	80	1.000	40.00	80.00
0.7	B各项得分	1.00	35	1.00	35	70	1.000	35.00	70.00
0.5	C各项得分	1.00	25	1.00	25	50	1.000	25.00	50.00

情景二,与原方案相比,新方案的结果大致相似,依然保持了公平性。

		公共部分难度	公共部分分值	选修部分难度	选修部分分值	总分	X 班系数＝(X 班公共部分成绩×A 层选修成绩)/(A 层公共部分成绩×X 班选修成绩)	修正后的选修部分成绩＝系数×原选修成绩	修正后的总分
学生实力	分层		50		50	100			
0.8	A 各项得分	1.00	40	1.00	40	80	1.000	40.00	80.00
0.7	B 各项得分	1.00	35	1.20	42	77	0.833	35.00	70.00
0.5	C 各项得分	1.00	25	1.80	45	70	0.556	25.00	50.00

情景三，虽然三个班级的成绩都不尽如人意，但仍然符合原有的成绩分布，因此依然保持了公平性。

		公共部分难度	公共部分分值	选修部分难度	选修部分分值	总分	X 班系数＝(X 班公共部分成绩×A 层选修成绩)/(A 层公共部分成绩×X 班选修成绩)	修正后的选修部分成绩＝系数×原选修成绩	修正后的总分
学生实力	分层		50		50	100			
0.8	A 各项得分	0.50	20	0.50	20	40	1.000	20.00	40.00
0.7	B 各项得分	0.50	17.5	0.80	28	45.5	0.625	17.50	35.00

(续表)

		公共部分难度	公共部分分值	选修部分难度	选修部分分值	总分	X班系数=(X班公共部分成绩×A层选修成绩)/(A层公共部分成绩×X班选修成绩)	修正后的选修部分成绩=系数×原选修成绩	修正后的总分
0.5	C各项得分	0.50	12.5	1.00	25	37.5	0.500	12.50	25.00

情景四,尽管C层的考试难度最大,但修正后的成绩更贴近原有的实力分布。

		公共部分难度	公共部分分值	选修部分难度	选修部分分值	总分	X班系数=(X班公共部分成绩×A层选修成绩)/(A层公共部分成绩×X班选修成绩)	修正后的选修部分成绩=系数×原选修成绩	修正后的总分
学生实力	分层		50		50	100			
0.8	A各项得分	0.50	20	1.00	40	60	1.000	40.00	60.00
0.7	B各项得分	0.50	17.5	0.80	28	45.5	1.250	35.00	52.50
0.5	C各项得分	0.50	12.5	0.50	12.5	25	2.000	25.00	37.50

需要注意的是,在这种情况下,出现了系数大于1的情形。为了避免出现成绩超过100分的情况,实际上可以将公式反过来应用,设定试卷难度最大的C层系数为1,进而计算A、B层的系数。具体情

况如下表所示。

这样既消除了成绩超过 100 分的担忧，又确保总分按照实力分布。

		公共部分难度	公共部分分值	选修部分难度	选修部分分值	总分	X 班系数=(X 班公共部分成绩×A 层选修成绩)/(A 层公共部分成绩×X 班选修成绩)	修正后的选修部分成绩=系数×原选修成绩	修正后的总分
学生实力	分层		50		50	100			
0.8	A 各项得分	0.50	20	1.00	40	60	0.500	20.00	40.00
0.7	B 各项得分	0.50	17.5	0.80	28	45.5	0.625	17.50	35.00
0.5	C 各项得分	0.50	12.5	0.50	12.5	25	1.000	12.50	25.00

通过以上讨论，得出结论：

$$\text{X 层选修部分折合系数}=\frac{\text{标准层选修部分成绩}\times\text{X 层公共部分成绩}}{\text{X 层选修部分成绩}\times\text{标准层公共部分成绩}}$$

这样的系数比原来的系数更加科学有效。当然，这个模型还非常简陋，有许多值得完善的地方。例如，在实际情况中，由于选修 C 层的学生可能会集体先做选修卷，再做公共部分，导致整体的公共部分得分低于预期，进而导致系数偏低。或者同样是选修 C 层的学生，由于选修卷过于简单，使得 C 层学生有非常充足的时间去做公共部分，导致公共部分得分偏高，进而导致系数偏高。因此，需要今后进行更加细致的定量分析来加以完善。

七、该方法在期末考试中的实际应用情况

	公共部分难度系数	公共部分分值	选修部分难度系数	选修部分分值	总分	X班系数=(X班公共部分成绩×A班选修成绩)/(A班公共部分成绩×X班选修成绩)	修正后的选修部分成绩=系数×原选修成绩	修正后的总分
分层		50		50	100			
A各项得分	?	40.86	?	41.20	82.06	1.000	41.20	82.06
B各项得分	?	35.76	?	43.25	79.01	0.834	36.06	71.83
C各项得分	?	27.46	?	36.70	64.16	0.754	27.68	55.14

在这次考试中,B层选修部分的折合系数为0.834,C层选修部分的折合系数为0.754,这是一个比较合理的系数。

八、该方法在英语学科中的实际应用

这是期末考试后,英语各层的成绩及各层折合系数的计算表:

	公共部分难度系数	公共部分分值	选修部分难度系数	选修部分分值	总分	X 班系数＝(X 班公共部分成绩×A 班选修成绩)/(A 班公共部分成绩×X 班选修成绩)	修正后的选修部分成绩＝系数×原选修成绩	修正后的总分
分层		75		25	100			
A 各项得分	?	61.94	?	17.94	79.88	1.000	17.94	79.89
B 各项得分	?	54.63	?	16.78	71.41	0.943	15.83	70.46
C 各项得分	?	38.92	?	12.43	51.35	0.907	11.27	50.20

英语的公共部分满分 75 分，选修部分满分 25 分，仍然可以套用这个公式。

九、实践反馈与思考

B、C 层学生在了解这套折合分数的方法后，普遍选择先做选修部分，再做公共部分，先易后难，同时提升自己的卷面分。甚至教师也会有意引导学生这样做，因此数据出现了系统性偏差。C 层的折合系数比较低，这一点在实际考试中多次出现。为了修正这个问题，通常会设定一个最低系数，如 C 层系数计算出来低于 0.7 时，一律按照 0.7 处理。虽然 0.7 只是经验值，没有科学依据，但是总比计算出来的 0.5 要合理。

也遇到过英语 B 层的系数超过了 1 的情况。由于笔者非英语专业，也不了解题目是否确实 B 层比 A 层更难，因此系数都按照 1 来处理。不过数学的系数一直可以,有较为明显的难度梯度。

选修C层的学生,选修卷太简单,留足了时间做公共部分,导致公共部分得分偏高的情况是不存在的。但对个别优秀的学生,由于选修C部分简单,有充足时间做公共部分,因此拿到满分的情况确实发生过,因此很快就升层了。

本文讨论了在多层级班级中,如何通过合理的分数转换规则确保不同难度的选修考试成绩能公平反映学生的真实学习水平。最初,笔者提到一种简单的系数调整方法,即以B层公共部分均分除以A层公共部分均分来确定系数,以此调整选修部分成绩。这种方法在选修均分较高时适用,但在不同班级间选修难度差异显著时,可能无法保证公平性。

随后,笔者提出改进方案的核心思想:通过计算试卷的真实理论折合系数,进而得出不同班级选修卷的分数修正系数,使修正后的总分能更好地对应学生的实际能力。具体操作中,利用不同分层公共部分均分之比作为实力比,反推出选修卷的分数修正系数。

$$\text{X层选修部分折合系数}=\frac{\text{标准层选修部分成绩}\times\text{X层公共部分成绩}}{\text{X层选修部分成绩}\times\text{标准层公共部分成绩}}$$

本文展示了无折合系数方案、原始方案和改进方案的效果。在原始方案中,当试卷折合系数均衡时,系数为1,结果公平;当难度不均时,可能造成高难度试卷班级的学生吃亏。改进方案则通过动态调整系数,确保即使在试卷难度梯度偏差较大的情况下,也能维持总分与学生真实实力的一致性,特别是在情景三和四中,通过调整系数避免了不公平现象的加剧。

综上所述,本文强调了在复杂的教育环境中,单一系数调整方法的局限性,并提出基于公共部分成绩与选修成绩对比的动态调整策略,以期达到更加公平、合理的成绩评价体系。尽管新模型尚有提升空间,但在处理试卷折合系数差异带来的不公平问题上迈出了实质性一步,为教育评价的公正性和准确性提供了新的视角和解决方案。

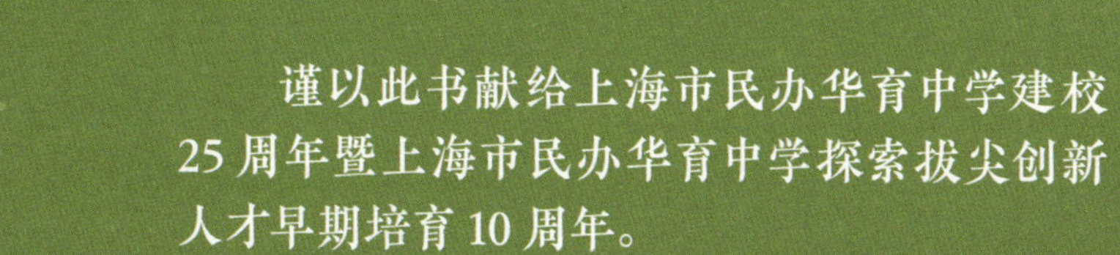

谨以此书献给上海市民办华育中学建校25周年暨上海市民办华育中学探索拔尖创新人才早期培育10周年。

——李英

真诚希望广大教师在项目化、跨学科学习、数字技术、智能技术、探究性学习等方面取得创新性突破，以推进拔尖创新人才早期培育的实践和研究。不忘“为党育人、为国育才”的初心和使命。

——唐盛昌

华育

华育中学建校25周年全体教职员工合影留
2024.9.

真心希望广大教师从因材施教的视野关注和培养一大批初中阶段有数理等方面发展潜质学生及关注他们的可持续发展，把初中阶段拔尖创新人才早期培育的实践和研究引向新的高度，取得更丰硕的成果。

——李英

最佳教师

华育中学2022学年
最佳
荣誉证书

最佳教师

華育
2023届初三毕业典礼

毕业证书
DIPLOMA

李　英 /主编

双新视野下优质初中“扩优提质”行动研究

（卷下）

——华育中学深化创新人才早期培育方式变革教研文集

图书在版编目（CIP）数据
“双新”视野下优质初中“扩优提质”行动研究：华育中学深化创新人才早期培育方式变革教研文集 / 李英主编. — 上海：上海教育出版社，2024.11.
ISBN 978-7-5720-3235-6
Ⅰ. G632.0
中国国家版本馆CIP数据核字第20244QQ731号

责任编辑　徐建飞
美术编辑　金一哲

“双新”视野下优质初中“扩优提质”行动研究
——华育中学深化创新人才早期培育方式变革教研文集
李　英　主编

出版发行　上海教育出版社有限公司
官　　网　www.seph.com.cn
地　　址　上海市闵行区号景路159弄C座
邮　　编　201101
印　　刷　上海盛通时代印刷有限公司
开　　本　890×1240　1/32　印张 27.25　插页 16
字　　数　726 千字
版　　次　2025年1月第1版
印　　次　2025年1月第1次印刷
书　　号　ISBN 978-7-5720-3235-6/G·2876
定　　价　98.00 元（上、下册）

如发现质量问题，读者可向本社调换　电话：021-64373213

重新认识初中阶段拔尖创新人才早期培育

（序一）

上海中学原校长、上海市民办华育中学理事长　唐盛昌

党的二十大报告强调要提升人才自主培养质量，着力造就一批拔尖创新人才。基础教育是拔尖创新人才早期培育的基点，在新时代教育强国建设、信息时代与人工智能背景下，需要我们重新认识初中阶段拔尖创新人才早期培育的价值与内涵，有条件的学校可以在这方面有所作为。上海市民办华育中学(以下简称“华育中学”)创办于 1999 年。那时，上海市上海中学按照上海市教育改革政策实行初高中脱钩，由原来的完全中学变为高级中学。为解决一部分初中富余师资的问题，时任上海中学校长的我与徐汇区教育局、华泾镇政府实业合作创办了“强强联手”的华育中学。从一开始就把这所民办初中定位于推进初高中衔接、办学质量一流的学校。由于学校办学基础厚实、发展后劲足，在 25 年中已成为上海领先、全国一流的优质初级中学。持续致力于初中阶段拔尖创新人才早期培育的实践探索，并且站在新的时代背景下，重新认识初中阶段拔尖创新人才早期培育。

一、初中阶段推进拔尖创新人才早期培育的实践价值

学校致力于推进拔尖创新人才早期培育，既有自身发展的实力与根基，也有我们对初中阶段拔尖创新人才早期培育的实践价值追寻。初中阶段推进拔尖创新人才早期培育的实践价值在于夯实他们早期必须夯实的素养根基，培育他们对某一或某些领域的兴趣、好奇心，让他们对自身发展的潜质有早期认识。

学校开展初中阶段拔尖创新人才早期培育实践,其价值在于遵循人才成长的阶段发展规律与早期培育必要性。在初中阶段关注拔尖创新人才早期成长需要夯实的基本观念、基本认识、基本素养的可行性与必要性。因为人的生理发育过程既是人的思想发育过程,也是人的基本概念认识成长的过程。如果在这个阶段学生的某些思维观念、认识不能夯实,等到了大学阶段再去做,或早期成长出现偏差,到了大学再扭转就来不及了。

一些发达国家在初高中阶段尤其关注创新人才早期培育,其理论依据也是人才成长规律。今天学生的发育成熟程度比以前的学生早一至两年,特别是对一些强潜能的学生,对他们的潜能认识与开发,不管怎么评价都不过分。我们必须用现代观念认识初中阶段学生能达到的潜能高度与认识水平,这也是华育中学为数学、物理等方面有发展潜质学生创设他们通过努力能达到的水平的成长环境所关注的。

在初中阶段推进拔尖创新人才早期培育还有一个重要价值在于从初中阶段培养或保护学生对某一领域的兴趣以及引导学生对自身发展潜质的早期认识,不要磨灭有发展潜质学生的好奇心与学习力。我们对有发展潜质的学生在初中阶段要做到“上不封顶”,创设他们的兴趣激活与潜能开发的广泛空间。这也是我们让有发展潜质的初中生参加数学、物理高中阶段联赛的原因。因为拔尖创新人才是分领域的,培养有发展潜质学生在某一领域的兴趣很重要。在某一领域的兴趣能否成为未来发展的创新人才指向性领域,就要看这些有发展潜质学生的兴趣与潜能是否匹配。初中阶段推进拔尖创新人才早期培育就需要在这方面有所作为。

二、初中阶段推进拔尖创新人才早期培育的实践策略

与工业时代、教育大国建设视野不同,信息时代、教育强国建设

视野下推进初中阶段拔尖创新人才早期培育,需要关注的育人实践的策略是不同的。也就是说,学校在育人做法上有自身的特色与做法。

1. 关注有发展潜质学生的学科领悟力培育。不同优势潜能领域的学生学科领悟力是不同的,学校需要创设良好的学科知识结构让不同发展潜质学生的学科领悟力得到培育与锻炼。学生的学科领悟能力是有层次的,与学生的学习内容相关、与学习难度相关。不同领域学科知识学习的难度上去了,领悟就不一样,有的学生学科难度上去了照样能领悟,就显现学生在这个阶段对这个学科领域的某一阶段知识有领悟力,因此对初中阶段有发展潜质的学生要提供良好的教师导引与成长环境,不设成长上限,上不封顶。

当初中生在学习某一阶段的学科领域知识与内容难度上去后,他能轻易地把它克服掉,这就说明他在这方面潜力是比较强的。竞赛成绩高低在某种程度上说明他解决困难问题的潜能,即在某种程度上竞赛成绩的高低还是能看出学生发展潜能的。为什么要鼓励学生从认识潜能而非功利角度去参加必要的、有一定难度与层次的学科竞赛(包括初中生参加高中生联赛)?其原因是可以看出某些学生的发展潜质。但是,对学生在初中阶段身心素养与道德品质的培育,就要遵循初中阶段学生的特点进行教育与引导,不能拔苗助长。

2. 关注有发展潜质学生的不同领域发展基础。我们当前培养的学生要在未来成为拔尖创新人才,他们要在未来信息时代与人工智能时代做出创新,需要我们夯实这些有发展潜质学生面向未来发展需要的知识基础,从适应工业时代到适应信息时代、人工智能时代的知识基础,这个根本性问题,必须涉及一定领域的学科知识基础。我们经常关注国际上同类学校在初高中阶段培养学生的知识基础,其中有一个方面就是用高等数学的方法去解决数学或物理某一领域的相关问题,这也反映了传统工业时代对学生成长的知识基础与信息时代所要求的知识基础是不一样的。还有一个知识基础就是我们现在关注更多的是静态、精确的知识,而国际上同类学校更多地关注动态的知识更新以及概率、估算的知识价值。这告诉我们在信息时代推进初中阶段拔尖创新人才早期培育,要关注与之前我们理解的不同的知识基础,学校也在重新审视与组织初中阶段拔尖创新人才早期培育的知识基础。

因此,学校在校本专门课程开发上要注重凸显"三个优化":优化数学特色课程体系,夯实数学基础学科领域与数学应用领域拔尖人才的早期知识基础,拓宽中学数学教学体系,更好地衔接中学与高等院校培养体系,适当加入大学基础数学如微积分、线性代数、微分方程、概率论等学习;优化数学特色课程学习基础上的课题与项目探究模式,强化物理、化学、生物、计算机科学等相关领域学术志趣与素养的特聘教授资源引领;优化"数学、物理、化学、生物、计算机科学、语言、人文、艺术、体育"学科领域感兴趣学生的学科潜能开发环境,深入推进华育中学与上海中学、高等院校、科研院所等实质性合作育人课程资源开发。

3. 关注有发展潜质学生的学习与探究共进。在初中阶段夯实拔尖创新人才早期培育根基,学校注重推进不同学科领域有发展潜质学生有深度、难度、广度的学习,而且注重引导这些学生基于感兴趣领域的探究能力的提升。学校陆续建设了机器人、电子工程、非线性编辑、VR 虚拟体验、微生物、植物生理学、环境监测实验室、模分离技术、大气监测和水质监测、太阳能综合利用等方面的 15 个现代化实验室,通过开发微课程的方式让学生分时间段进入各类实验室体验学习,培养学生动手与探究能力。

放眼当今世界,国际上初高中阶段拔尖创新人才早期培育都注重学习与探究整合。项目化、跨学科学习都具有学习与探究结合的属性。现阶段初中有发展潜质的学生,在借助数字技术进行学习、探究方面有的比我们的学科教师还强,他们在未来人工智能时代更有可能借助现代数字技术、智能技术探究方面取得创新突破。因此,我们在夯实当今时代初中阶段拔尖创新人才早期培育基础时，就需要考虑学生未来适应智能时代的智能型学科基础，包括借助人工智能技术进行学习与创新的能力，与他人进行合作学习的能力。

三、初中阶段推进拔尖创新人才早期培育的实践思考

初中阶段推进拔尖创新人才早期培育，还有许多我们需要进一步认识的关键难题与实践问题，包括关注点面结合推进学科拔尖人才与领域领军人才早期培育。

初中阶段推进拔尖创新人才的早期培育，既要关注有学科发展潜质学生的“上不封顶”的兴趣与潜能培养，也要关注面向全体学生的义务教育阶段厚实的各领域学科核心素养与思想品德的培养，关注学生责任与境界的提升。如果只有学科领域的发展潜质提升，可能只能成为学科拔尖人才，而既有某一或某些领域发展潜质又有全面知识基础与能力的学生未来可能成为领域领军人才。因此，我们在初中阶段推进拔尖创新人才早期培育，既要注重学生某一或某些领域的兴趣激活、潜能开发，也要关注学生全面知识的夯实与思想境界、社会责任的培育，只有这样才能在未来的发展中站得更高、走得更远。

初中阶段推进拔尖创新人才早期培育，不仅在课堂上教学与引导，更需要学校营造一个好的成长环境，让各方面有天赋的学生，在学校营造的多元发展环境中自主学习与主动成长，就更容易冒出来。站在贯彻落实党的二十大有关“推进教育强国与科技强国，为中国式现代化实现提供人才支撑”的精神与落实好习近平总书记强调的“树立正确人才观”“营造人人皆可成才、人人尽展其才的良好环境”“努力让每个人都有人生出彩的机会”等要求，深化教育强国建设视野下的学校推进拔尖创新人才早期培育的实践探索，必将为学校在新时代、新征程中进一步发挥在初中阶段教育改革的示范作用，在提升学校人才自主培养质量上作出新贡献。

因材施教视野下拔尖创新人才早期培育的初中实践

（序二）

上海市民办华育中学校长　李　英

党的二十大报告指出，“坚持为党育人、为国育才，全面提高人才自主培养质量，着力造就拔尖创新人才，聚天下英才而用之”。拔尖创新人才早期培养是一个大中小衔接连贯的“接力赛”系统工程，具有长周期、阶段性及特殊性，需要从教育强国建设的基础教育这一基点及早思考与谋划。基础教育与高等教育均是拔尖创新人才早期培育阶段，“如何尽早从低年级着手、完善基础教育与高等教育阶段的衔接贯通培养体制，是我国选拔培养拔尖创新人才需要聚力攻关的难题”。① 从因材施教的视野关注一批初中阶段有数理等方面发展潜质学生培养与他们的可持续发展，推进拔尖创新人才早期培育实践值得探究。现结合上海市民办华育中学（以下简称“华育中学”）探索，分析因材施教视野下推进拔尖创新人才早期培育的初中实践。

一、拔尖创新人才早期培育初中实践的时代意义与重要价值

站在教育、科技、人才一体化视野下推进拔尖创新人才早期培育，从初中阶段开始识别一批有数理等发展潜质学生进行因材施教，关注这些学生的个性化知识构成的夯实，根据学生成长的阶段特征

① 景安磊，周海涛，施悦琪．推进拔尖创新人才的一体化选育［J］．教育研究，2024(4)：25.

来引导他们创新思维突破与创新人格养成,开展拔尖创新人才早期培育实践,应站在新时代教育强国建设视角重新认识。初中阶段有些学生已经显现了数理等某些学科发展的潜质与领悟力,在学习过程中逐渐凸显某些领域发展潜质与好奇心。早发现、早识别这些学生,为他们提供成长的良好土壤,把握时代需求,因势利导,有利于这批学生更好地发展。与此同时,初中阶段也需要创设那些尚未显现发展潜质、需要各类平台激发兴趣的学生的成长空间。

华育中学于1999年创办,基于长达25年的实践探索,提供了一个在初中阶段开展拔尖创新人才早期培育的因材施教实践例子,明晰了针对数理等方面有潜质学生因材施教培育的可行性与必要性。25年来,华育学子获得9块IMO(国际数学奥林匹克竞赛)金牌、1块IPHO(国际物理奥林匹克竞赛)金牌,1块IOI(国际信息学奥林匹克竞赛)金牌,为国家培养五大(数学、物理、化学、生物学、信息)学科领域强潜能学生千余名,有的毕业生已经成为大学教授、青年数学家以及科技领域拔尖人才。2018年以来,升入新高一的华育学子中,在高中五大学科竞赛中获一等奖的学生就有132人;在华育毕业生中206人次进入上海市队,55人次进入国家集训队。特别是2022年、2023年,每年均有12位华育毕业生进入国家集训队,2024年已有10位华育毕业生进入物理国家集训队和数学国家集训队,另有1人进入信奥国家队。

1. 拔尖创新人才早期培育初中实践的价值分析

初中阶段推进拔尖创新人才早期培育,其价值在于遵循人才成长的阶段发展规律,夯实他们未来成长需要的素养根基,保护他们对某一或某些领域的兴趣、好奇心、学习力以及引导他们对自身发展潜质的早期认识。在初中阶段夯实他们未来成为拔尖创新人才的基本观念、基本认识、基本素养具有必要性。如果在这个阶段需要夯实的基本思维观念、认识不能养成,等到了高中阶段、大学阶段去做,或早期成长出现偏差,到了大学阶段再扭转就来不及了。还有一个不可忽视的问题是当今初中阶段学生的心智发育程度比工业时代学生的心智发展程度成熟早一至两年。特别是一些强潜能的学生，对他们潜能的认识与开发，无论怎么评价也不为过。

不同时代对拔尖创新人才的需求是不同的，且需要夯实的早期培养基础也是不同的。现在讨论从初中阶段开始推进拔尖创新人才早期培育，就需要关注他们未来适应信息时代、人工智能时代教育强国建设的要求，因而推进拔尖创新人才早期培育的"基础性"内容在不断发生变化。从早期知识基础而言，我们既要关注有发展潜质学生"上不封顶"的教育内容引导，只要学生够得着就可以提供他们所需要的学习内容，关注他们对某一领域或某些领域的学科领悟力提升以及有发展潜质学生在不同领域发展的基础；又要考虑未来他们适应信息时代发展拔尖创新人才的必备知识基础，包括信息素养基础，用高等数学方法解决数学或物理领域问题的基础，关注动态的知识更新以及概率或估算的价值而非一味地关注静态、精确的知识等。

2. 因材施教视野下拔尖创新人才早期培育的华育中学历程

从 1999 年至 2020 年的二十多年里，华育中学一直是选拔学生入学，注重引导有数理发展潜质的学生得到更好开发与培育。从 1999 学年至 2006 学年期间，注重传承上海中学初中教学基地文化底蕴，实现区域突破领先，集聚初中生资质呈现良好发展趋势，重视数学强潜能学生培育；从 2006 学年至 2013 学年期间，注重质量为重，形成全市领先的优质初中提升内涵发展，对数理方面有发展潜质的学生进行因材施教的系统设计与实施；从 2013 学年至 2020 学年期间，大力推进学校教育综合改革，注重在全市领先、全国知名学校的初中改革中发挥引领作用，数理等学科领域强潜能学生都得到针对性培育。自 2020 年开始，华育中学积极响应国家"双减"政策要求，全面实行摇号招生入学，学校的生源结构发生了很大的变化，因材施教的内涵也发生了变化。

2020 学年后入学的学生经过学校针对性培养，约 50%保持华育中学原来选拔生源的平均水平,其中有数理等学科发展潜质的学生仍然保持相当高度;另50%的学生,其中20%接近华育中学原来平均水平,20%稍高于上海市初中阶段学生平均水平,10%基本达到上海初中的平均水平(这部分学生相对薄弱)。学校在培养策略上,仍然坚持对已显现数理等方面潜质学生的针对性教育;同时,也不忽视对其他学生数理等多方面潜质的识别与培养,充分考虑学生发展的可持续性,给学生提供多样选择的发展空间,坚持“面向全体、因材施教、人人成才”,为他们未来成为某一或某些领域的拔尖或优秀人才奠定坚实基础。

二、拔尖创新人才早期培育初中实践的因材施教课程建设

初中阶段作为学生打基础阶段,我们既要关注那些已经显现或在培养过程中显现数理等方面发展潜质学生的针对性培育,同时也不能忽视还没有显现发展潜质,但很有可能在未来持续发展中具有不可估量潜力学生的培育,不抹杀学生未来成为拔尖创新人才的可能性。拔尖创新人才早期培育初中实践应围绕学校育人理念、培养目标进行顶层设计,充分关注因材施教的课程体系建设。

1. 围绕学校育人追求进行课程体系顶层设计

初中阶段学校立足培养为实现中华民族伟大复兴所需要的各类人才奠基,包括为拔尖创新人才奠定早期知识基础、创新思维基础与创新人格,既要落实“人人皆可成才、人人尽展其才”的创新人才早期培养体系,也要引导有数理等方面发展潜质学生朝向未来拔尖创新人才发展的早期培养,打造“学科有专长、思维有品质、心中有格局、眼中有阳光”的青少年成长高地。为此,华育中学明晰了“培育志存高远、追求卓越、坚韧担当、爱国奉献的时代新人与创新人才”的育人定位,从担当民族复兴大任所需要的高素质创造性劳动者(面向全体,人人都是劳动者)、高素质创造性专门人才(全方位,致力于培养

各行各业创造性人才或创新专门人才）、拔尖创新人才（多层次，不仅要培育大量各领域创新专门人才，还关注国家所需要的能解决“卡脖子”科技关键领域的拔尖创新人才或国家发展其他战略领域的领军人才）等要求出发，在面向全体、全方位、多层次的创新人才早期培养上进行课程、教学、资源、评价等方面整体突破，引导与激励学生把个人发展的小我融入民族复兴、祖国繁荣、人民幸福的波澜壮阔的征途之中，实现个人发展与国家命运的同频共振。

为此，学校厚植“国家课程＋数理等校本特色课程”的课程体系根基，牢牢把握初中阶段学生极强可塑性特点，提供符合国家发展需要又能适合学校集聚学生特点的校本特色课程体系（主要有利于数理等方面有潜质的学生识别与开发的特色课程），培育“全面发展＋学科专长（数学、物理、化学、生物、计算机科学等学科领域）＋创新潜能开发”的有可持续发展强大后劲的学生。对数理等方面已经显现或在培养过程中发现具有潜质的学生进行培育，要特别关注在落实国家课程过程中对学生必备品格与关键能力的培育，厚植社会主义核心价值观，扣好人生的第一粒扣子，夯实德智体美劳全面发展根基。要注重对学生立志与理想的培育，引导学生心系祖国发展，厚植家国情怀；注重学生动手实践与创新能力培养，促进学生认识问题、解决问题的实践能力提升；注重学生人文与艺体修养培育，促进学生身心健康发展；注重引导学生认识基于感兴趣学科领域的创造性思维养成。

2. 关注学生发展潜质进行因材施教课程建设

针对初中阶段数理等方面已经显现一定发展潜质或在学校教育过程中发现在数理方面有发展潜质的学生，为夯实他们未来成为拔尖创新人才的早期基础，首先需要在学校课程体系建构上下功夫，根据他们数理等方面的潜能识别与早期开发，根据学生表现出的能力进行因材施教，设置有层次性、递进式、系统化的“强潜能”开发课程体系。

学校应根据学生数理潜质开发的需求，在校本特色课程建设上突出“学科专长(数学、物理、化学、生物、计算机科学等)”课程层次性、系统性开发，引导学生在某一或某些学科领域方面激活兴趣并开发潜能专长，形成未来具有可塑性的强大后劲。对在某一学科领域极个别天赋禀异的学生，采取“点对点”定制课程，教师开展师徒带教授课，人尽其才；对学科特别拔尖的学生，关注针对性课程开发，采用集体面授、分组讨论学习加个别辅导形式，确保水平高的学生上限不封顶，其他学生能力不掉线；对学科相对拔尖的学生，学校形成整体性课程内容架构，采用集体面授、动态管理的方式，激发他们的学习积极性，确保学科竞赛力量的基本面厚实稳定；对数理方面有发展潜质的学生群体，学校特别注重他们的数学学科能力和学科素养保持高水平。①

在校本特色课程开发上，华育中学注重凸显三个优化：(1)优化初中数学特色课程体系，夯实数学基础学科领域与数学应用领域拔尖人才的早期知识基础。这有利于更好地衔接中学与高等院校培养体系，根据学生的可接受特点适当加入大学基础数学(如微积分、线性代数、微分方程、概率论等)学习。微积分等数学基础内容的学习，也会让学生对物理学习的领悟力提升，促进学生对物理学科求解物体受力后运动方程、分析与计算运动中的速度及加速度等知识的理解，有利于帮助学生建立更科学全面的知识结构。(2)优化数学特色课程学习基础上的课题与项目探究模式，强化物理、化学、生物、计算机科学相关领域学术志趣与素养课程开发，形成“大学科观”和“跨学科”思维，增强解决实际问题的能力。(3)优化数学、物理、化学、生物、计算机科学等学科领域感兴趣学生的学科潜能开发课程，深入推进华育中学与高中、高等院校、科研院所等实质性合作课程开发。

---

① 李英.初中阶段创新人才早期培育的“点线面体”实施路径[J].上海教育，2024(15)：32－33.

3. 强化数理等学科方面有发展潜质的学生课程内容贯通学习

学校努力构建层次递进、系统贯通的课程体系，为数理等方面潜质学生未来成为拔尖创新人才努力“护苗培土”。学校强化数学与物理、化学、生物、计算机科学有发展潜质的学生与时俱进的校本特色课程贯通系统。对国家课程的必修内容，采取“加速学习”的方式，在国家规定的周课时数中，对数学领域创新人才早期培养，聚焦学生数学强潜能开发与综合素质提升；对“数理综合(物理、化学、生物、计算机科学)”学科创新人才早期培育，留出不少于每周 8 课时进行“数学＋物理、化学、生物、计算机科学”专门课程的系统化学习，注重初中、高中、大学相应学科领域的贯通学习。

对数学等学科领域的专门课程知识贯通学习，华育中学注重贯通学习的系统性、科学性、完备性，将参照数学学科竞赛的数学小班、数学 A 班、数学 B 班，第二课堂、活动课、CMO 集训课等形式，进行课程内容的系统、整体、贯通学习的安排，力争做到基础夯实牢靠；学科知识面广阔，进行初、高、大学内容贯通学习；学科深度大，绝大部分内容达到高中竞赛要求；学科高度适度拔高，既有理论习题类经典问题，又有当前科技前沿的应用问题。在某些点上达到大学水平，让初中阶段学生数理等方面的潜质开发达到应有的高度，学生在各平台的小组学习过程中彼此激发，茁壮成长；对初中生的心智发展则按照学生成长阶段规律循序渐进。①

三、拔尖创新人才早期培育初中实践的因材施教改革策略

初中阶段学生具有强大的可塑性，整体表现在三个方面：(1)认知旺盛，观察力、想象力、记忆力和接受新知识的能力超强，具有很大

① 陈之腾.华育中学：“拔尖创新人才”护苗培土之探[J].上海教育，2024(15)：24－29.

的发展性;(2)兴趣广泛,精力充沛,不知疲倦,一旦潜力被激发出来,身上的爆发力不可限量,具有成才的多样性;(3)自我意识迅猛发展、敏感,受环境和同伴的影响很大,同伴激励成为有发展潜质的学生最大的外在激活源之一。为此,拔尖创新人才早期培育初中实践应抓住学生的阶段特点与资质差异,充分考虑未来拔尖创新人才分领域特质,针对有发展潜质的学生探索因材施教的改革策略。这里主要分析初中阶段在数理等方面有发展潜质的学生潜能开发的因材施教方法策略与评价改革。

1. 根据初中阶段数理等方面有发展潜质的学生特点开展教学重点突破

初中阶段数理等方面有发展潜质的学生,往往表现出这个阶段学生成长过程的一些共性与个性,需要根据这些学生的特点开展教学重点突破变革。例如,我校在实践中发现,初中阶段数理方面有潜能的学生,往往好胜心强,情感体验能力较弱;精力充沛且思维活跃,而身体协调性较差;接受来自外界表扬的能力远远强于接受批评的能力;对实力的崇拜远远高于对外形的欣赏;求知欲旺盛,喜欢问为什么,目标感强,情绪稳定性差;愿意在一个问题上持续发力思考且愿意为实现既定目标努力奋斗;时间观念强,效率高,厌恶做重复低效无技术含量的事;兴趣广泛,经过引导,可以在短期内有很大的变化。对这些“强”与“弱”,我校教学改革需要思考哪些强项需要进一步发扬,哪些“弱项”需要进行针对性指导与改变。

初中阶段数理等学科发展有潜质的学生所表现出的“强”与“弱”,除了需要班主任进行品格与身心健康教育的引导外,还需要配备高素质的、与学生发展有潜质的学科教师作为“导师”,给学生在阶段发展飞跃期进行引导,在发展困难时给予指导突破,让学生走出迷茫期,突破高原期,走向飞跃期。譬如,2018 届 5 班黄同学,刚入校时是大家眼中的普通学生,然而数学任课教师在课堂上抛出的数学难题难不倒这个男生,后转入数学小班学习,在数学竞赛教师指导下得到突破，在高一时摘得国际数学奥林匹克竞赛金牌。我校2021届有一位学生在数学、物理学习方面表现突出，但在发展过程中遇到困难，不善于表达，一度不肯来校，情绪不稳定，后学科“导师”多次找他谈心，从全国高中数学联赛学校同步测试这个话题找突破口，以目标激励其战胜自我，给其个性化指导与帮助，后来该学生不仅进入心仪学校，而且在高中阶段入选国家集训队，获得稳健发展。

针对初中阶段数理等方面有发展潜质的学生的教学，仅仅关注学生的学科发展潜质开发，不断提升课程教学内容的难度还远远不够，要着眼于其未来在基础科学、应用科学和科技创新等多领域发展的可能性，在教学重点上有所突破，既包括引导他们通过团队合作、同伴激励去解决难题，注重培养他们的批判性思维与逻辑思维能力，还有一个重要的教学改革突破点，在于推进这批学生的学习与探究共进，把握他们未来成为学科拔尖人才乃至某领域领军人才所需要的品质进行教学突破。

推进这批有数理等方面发展潜质的学生学习与探究共进是因材施教改革的发展趋势。为了使这些在数理方面有发展潜质的学生未来能发展成为创新人才，就需要在初中阶段注重他们探究精神与实践能力的培养，推进数理等方面潜质开发的课程学习与基于感兴趣领域的探究紧密结合起来，“放眼今天的世界，国际上初高中阶段拔尖创新人才早期培育都注重学习与探究结合的属性”。① 让这批有发展潜质学生的学习与探究共进，积极开展项目研究、基于数字技术的学习与探究是发展这些学生创新能力的重要抓手。为此，学校注重与现代技术发展结合的、有利于学生的学习与探究结合的创新实验室建设，建设了机器人、电子工程、非线性编辑、VR虚拟体验、微生物学、植物生理学、环境监测、模分离技术、太阳能综合利用等方面

---

① 唐盛昌.重新认识初中阶段拔尖创新人才早期培育[J].上海教育，2024(15):31.

的15个现代化创新实验室,通过微课程的方式让学生分时间段进入各类实验室进行动手体验学习。如果学生对某一领域创新实验室感兴趣,就可以提出自己的课题与项目,并开展深入学习,培养动手实践与探究创新能力。

创新人才早期培育应注重学生基于一定领域知识学习基础上的探究,这是由创新人才分领域的特殊性所决定的。当今的学生在运用现代技术、数字技术进行学习与探究方面,有时比教师还强,就需要引导他们在学习与探究结合上走出坚实的一步,这也有利于他们未来适应乃至引领时代潮流更好地成长。

2. 大力推进初中阶段拔尖创新人才早期培育的学校教育生态建构

初中阶段拔尖创新人才早期培育,要培植良好的学校教育生态,包括学校集聚的多学科领域高素质的校内外师资、促进学生探究的实验室等硬环境建设以及鼓励学生冒尖的校园文化氛围。充分调动校外资源对有发展潜质学生进行早期培育,促进初中、高中、大学贯通培养机制形成。

促进因类(不同类型学科领域强潜能学生群体)指导的拔尖创新人才早期培育教学改革,离不开对学科强潜能学生引导的高素质教师以及各学科领域的优秀教师队伍引导,离不开教师团队对学生的共同影响。只有优秀的教师才能培养更优秀的学生,只有更优秀的教师团队才能让更优秀的学生团队可持续发展。以数学为例,1名学生在初中四年发展过程中除了常规的数学必修课教学老师外,还有负责竞赛的指导老师团队、校外指导老师共同影响。有的负责初中知识夯实的,有的负责高中数学加深的,还有负责现代数学极限或微积分教学的,他们共同促进学生获得更好成长。与此同时,对数理等方面有发展潜质学生的指导,仅仅靠学校教师还远远不够,还需要引入一批有利于初高衔接、大中衔接贯通培育的校外专家团队与学校各领域专家特聘教授团队来加强对学生的教育引导,拓宽这批有发展潜质学生的知识面与视野，让学生得到更好、更全面、有个性的发展。从 2017 年起，华育中学开始邀请各领域教授进校园与学生面对面授课、指导，已经有 30 多位来自中国科学院、复旦大学、上海交通大学、华东师范大学等科研院校专家担任特聘教授并来校给学生授课，为学校开展初中阶段拔尖创新人才早期培育带来了智慧与力量。

对于数理等方面有发展潜质的学生，在初中阶段不仅要关注对这些学生学科潜质的开发，更要关注对他们科技领域感兴趣的好奇心的激发，引导他们树立科学探究的兴趣。只有如此，他们才能更好地往国家需要的科技领域拔尖创新人才方向发展。为鼓励学生“冒尖”以及引导学生对数理等方面发展潜质的开发，华育中学创设了丰富多样的选修课程供他们选学，如人工智能探究课、科技创新 STEM 课、60 多门拓展型选修课与 10 多门科技创新课程等，让不同学科发展潜质的学生找到持续发挥自身才能的学习平台。与此同时，学校还鼓励学生参加各种能力考察与竞赛平台，在挑战自我中发现自己的潜能所在。例如，鼓励学生参加高中学科联赛学校同步测、中国数学东南区奥林匹克竞赛（2022 年学校获得高二团体第一，2023 年获得高一和高二两个团体第一，该赛事自举办以来从没有过学校获得如此优异的成绩）。

初中阶段拔尖创新人才早期培育，需要整合学校与高中、大学、科研院所、高新企业等多种资源来联合影响学生以及为初中阶段开展拔尖创新人才早期培育实践注入智慧源泉，为了使这些学生得到更为健康的成长，引领初中阶段的改革探索在思维方式等方面做到初高、大中衔接，做到能甄别、能建构、能协同、能创造，引导学生关注自我价值的认识并与自己所喜爱领域的终身学习结合，注重学生在成长过程中的“干细胞式”发展（具有自我造血、自我革新、自我生长等特征），关注真实情景学习、多元视角对话、跨界理智思辨、深度融合创造等,真正做到多元化识才、多手段育才与多渠道成才。①

3. 拔尖创新人才早期培育的初中评价应注重思想境界与潜能开发并重

初中阶段拔尖创新人才早期培育评价系统探索,既要为数理等有发展潜质学生的因材施教与潜能开发提供评价激励,也要为这批学生未来成为不同领域的拔尖创新人才提供早期评价导引基础。唐盛昌指出,智力与学业水平相当的学生未来发展的高度取决于他的志向、责任感、思想境界、意志品质,单一模式选拔与培养评价,很难培养各领域的拔尖创新人才。② 因此,在考虑初中阶段拔尖创新人才早期培育评价系统建构时,既要关注学生发展的潜质得到良好识别与开发,更要关注学生这一阶段发展的全面知识基础夯实、身心健康发展与思维品质、创新人格的锻造。

初中阶段推进拔尖创新人才早期培育,需要关注数理等方面有潜质学生的早期识别评价。这些学生往往对新知识的学习有浓厚的兴趣与不懈的探索精神;学习能力强且效率高,学习自律性与内驱力比较强,有自己独特使用的学习方法和模式。在识别过程中,一方面关注数理课程学习方面的潜力,通过学生的学习进度、广度做判断;学科导师根据学生的短板或优势及时进行调整,有一定的"容错"机制与导引方略,鼓励学生在擅长领域尽情发挥所长。而且,初中阶段学生潜能认识是呈阶梯式发展的,要根据学生当前的学习成绩,适配最合适的课程学习难度与进度。

初中阶段的学校在推进数理等方面有发展潜质学生的成长中,应以学生的创新素养提升为导向,大力推进以增值评价为重点的综

① 上海市民办华育中学.跑赢创新人才早期培养的"接力赛"——"双新"背景下初中教育"扩优提质"暨深化初中阶段创新人才早期培育方式变革研讨会综述[J].现代基础教育研究,2024(6):"校园风采"专栏.

② 唐盛昌.拔尖创新人才早期培养的维度与内涵变化[J].中国教育财政,2021(13):4.

合评价改革，把学科竞赛、课内学科全面发展、个人领导力、艺体特长等都作为评价学生的指标，强化对进入学校“数学＋数理综合(物理、化学、生物、计算科学)”学科实验的学生进行动态管理与追踪评价，引导学校在推荐数理等方面有发展潜质学生的成长过程中，强化大学教授、科研院所专家、学校教师以及学生参与的学术共同体构建。为引导初中阶段数理等方面有发展潜质的学生在未来走向拔尖创新人才早期培育之路上走得更稳健，对这些学生的教育应以立德树人为先，以社会责任为重，以身体健康为要，以艺术修养为基，以学科专长为核，以劳动教育为引。

初中阶段学校既要关注已经有发展潜质学生的潜能开发，又要充分考虑他们初中阶段心智成熟的情况与未来发展的各种可能性，注重他们德智体美劳全面发展与责任和思想境界的提升、情感智能与思想品德的养成以及同伴之间的交往能力培养。只有如此，他们在未来的发展中才能站得更高、走得更远。在初中阶段如何引导数理等方面有发展潜质的学生更好地成长，最大限度地激活学生的发展潜能与创新潜质，是我们一直关注的焦点。在教育、科技、人才一体化视野下推进初中阶段拔尖创新人才早期培育，还有诸多值得深入探究的难题(包括初中、高中、大学一体化推进拔尖创新人才早期培育衔接方式、内容与机制建构等)需要在实践中加以思考与解决。

当教师要有情怀和格局，情怀决定格局，格局也支撑情怀，情怀偏于感性，格局归属理性。当教师真正拥有了情怀和格局，他的人生必然是精彩的、幸福的、有价值的。

——李英

目　　录

附录

后记

第五辑

英语学科教育研究

在构建具有引领价值的学科课程与非学科课程系统架构和体系实施过程中，学校教师应当具有学生志趣引领的能力、进行学校课程开发的能力、开展具有国际视野的比较能力及运用现代数字技术进行教育教学的能力。

——李英

“新课标”下初中英语教学提升学生课堂参与的探讨

蔡媛婷[①]

摘 要:如何在“新课标”框架下,有效提升学生在英语课堂中的参与性,成为当前初中英语教学改革亟待解决的关键问题。应引导学生情感参与,构筑学习情感的坚定基石;促进学生行为参与,塑造高效学习行为的保障;强化学生认知参与,激发高阶思维的核心引擎。

关键词:“新课标”;初中英语教学;课堂参与

随着《义务教育英语课程标准(2022 年版)》(以下简称“新课标”)的深入实施,初中英语教学正经历着深刻的变革与重塑。“新课标”不仅强化了英语课程的综合性、实践性与人文性,还明确提出了以主题引领、语篇为依托的教学策略,旨在促进学生文化意识、思维品质及学习策略的全面发展。然而,传统教学模式下普遍存在的“哑巴英语”“鹦鹉英语”现象,揭示了学生在语言实践中的缺失与被动,严重阻碍了其英语综合运用能力的提升。因此,如何在“新课标”框架下,有效提升学生在英语课堂中的参与性,成为当前初中英语教学改革亟待解决的关键问题。

在此背景下,探讨“新课标”下初中英语教学如何增强学生课堂参与,不仅是对传统教学模式的革新,更是对学生主体地位的尊重与回归。提升学生课堂参与,不仅能激发学生的学习兴趣与热

① 作者简介:蔡媛婷,上海市民办华育中学英语教师,中学一级教师,教学处副主任,主要从事中学英语教学研究.

情，培养其学习主动性和探索精神，还能通过增强师生互动，促进深度学习，进而提升学生的学业成绩与综合素质。同时，这一过程也是培养学生社交技能、团队合作精神及批判性思维能力的重要途径，为学生未来的全面发展奠定坚实基础。本文即以此为主题，通过理论分析与实践探索，力求为“新课标”下的初中英语教学提供一套行之有效的教学策略与方法，以期构建更加高效、生动、互动的英语课堂。①

一、学生课堂参与的概念内涵认识

学生课堂参与，在“新课标”视野下，是一个多维度、深层次的概念，它超越了简单的行为表现，触及学生心理、情感和认知的全方位投入。具体而言，学生课堂参与是指学生在英语教学活动中，以积极主动的态度，通过提问、回答、讨论、合作等多种方式，全身心地融入学习过程，展现出对知识的渴望、对思考的热爱以及对交流的热情。这种参与不仅是声音的传递或身体的动作，更是心灵的共鸣与智慧的碰撞，它要求学生在情感上产生共鸣，行为上积极投入，认知上深入探索。

学生课堂参与应成为一种常态，而非偶然。它倡导构建一个以学生为中心的互动学习环境，鼓励学生主动探索、积极思考、勇于表达，将英语学习与自身经验、文化背景及思维能力的发展紧密结合。在这样的课堂中，学生不仅是知识的接受者，更是知识的探索者和创造者，他们通过参与，实现知识与能力的双重提升，促进个人全面发展。因此，理解并促进学生课堂参与，不仅是提升教学效果的关键，更是培养学生成为未来社会所需人才的重要途径。

---

① 陈伟.指向学生自主阅读的初中英语泛读课探索[J].中小学班主任，2020(4):3.

二、提升学生课堂参与的主要方向

“新课标”的变革，其核心聚焦学生综合素养的全面提升，而非局限于语言技能的传授。在这场变革中，提升学生课堂参与成为实现教育目标的关键一环，它不仅关乎教学效率的提升，更是促进学生全面发展、培养其成为未来社会所需人才的必由之路。从根本上提升学生的课堂参与，我们必须深刻认识到情感、行为、认知三个维度的重要性，并针对性地采取措施，以形成合力，共同推动学生参与度的全面提升。

1. 情感参与：构筑学习情感的坚定基石

情感参与是学生课堂参与的情感基础，它关乎学生对学校的归属感、对学习材料的兴趣及与教师、同学之间的情感互动。当学生感受到来自学校的温暖与关怀，对学习充满兴趣，师生间建立起深厚的情感纽带时，他们便以积极的心态投入学习。因此，教师应致力于营造一个充满爱、尊重与理解的课堂氛围，通过个性化关怀、鼓励性评价等方式，增强学生的情感参与。同时，教师应深入挖掘教学内容的趣味性，让英语学习成为学生探索世界、感受文化魅力的窗口，从而激发学生对英语学习的浓厚兴趣。

2. 行为参与：塑造高效学习行为的保障

行为参与是学生课堂参与的外在表现，它体现在学生的学术活动和社会交往中。明确的期望、有序的课堂环境以及丰富的互动机会，都是促进学生行为参与的重要因素。教师应为学生设定清晰的学习目标，并通过多样化的教学活动引导学生积极参与其中。同时，教师应鼓励学生自主管理学习行为，如按时提交作业、积极参与课堂讨论等，以培养学生的自律性和责任感。此外，同伴合作与互动也是提升学生行为参与的有效途径，通过小组合作、角色扮演等活动，学生可以在相互学习中共同进步，形成积极向上的学习氛围。

3. 认知参与:激发高阶思维的核心引擎

认知参与是学生课堂参与的核心所在,它要求学生在学习过程中投入智力努力,进行复杂思考和创造性解决问题。为了提升学生的认知参与度,教师应注重培养学生的批判性思维、创新思维和解决问题的能力。这要求教师不仅要传授基础语言知识,更要引导学生深入探究语言背后的文化意义和社会价值,培养他们的跨文化意识和全球视野。同时,教师应采用差异化教学策略,针对不同学生的需求和特点提供个性化学习支持,让每个学生都能在适合自己的学习节奏中取得进步。此外,教师还应及时给学生反馈,帮助他们明确学习方向,调整学习策略,以提高学习效率和质量。

从情感、行为、认知三个方面来提升学生课堂参与,是“新课标”下初中英语教学改革的必然要求。三个方面相互关联、相互促进,共同构成学生全面发展的坚实基石。只有当学生在三个方面都积极参与,他们才能真正成为学习的主人,享受学习的乐趣,实现自我价值的最大化。因此,我们应不断探索和实践有效的教学策略与方法,努力提升学生的课堂参与,为他们的未来发展奠定坚实的基础。

三、提升学生课堂参与的基本途径

在新课程改革的浪潮中,初中英语教学正逐步转向以学生为中心的教学模式,旨在通过多维度的互动与参与,促进学生综合素养的全面发展。课堂参与作为衡量教学质量与学生学习成效的重要指标,其提升需要从情感、行为、认知三个维度综合施策。以下将详细探讨如何通过这三个方面来有效提升学生的课堂参与。

(一) 情感参与:构建积极的学习氛围,激发内在动力

1. 营造温馨的课堂环境

情感投入是学生在课堂活动中不可或缺的内在动力,一个温馨、

包容且充满鼓舞的课堂氛围，能显著增强学生的归属感与安全感。作为教师，我们应以平等和尊重为基石，对待每一位学生，鼓励他们勇敢地表达自我观点与情感，让每一位学生都能深切感受到被看见、被听见、被珍视。

在营造这样一个积极向上的学习环境时，平等相互理解的沟通成为笔者手中不可或缺的钥匙。它教会笔者如何细致观察学生的行为表现而不急于评判；真诚分享自己的情感体验而不带任何负能量；清晰界定自身的教育需求与期望，同时不忘肩负的引导责任；在提出合作请求时，保持谦逊与尊重，避免给学生带来不必要的压力。

例如，面对学生间偶尔的非学习性交谈，笔者会这样引导："我注意到你们之间的交流非常热烈，这显示出你们的兴趣和好奇心，这非常宝贵。不过，现在正是我们深入探索课程内容的时刻，能否请你们将这份热情转移到我们的讨论主题上来？如果你们有任何疑问或想要分享的想法，我非常欢迎你们在接下来的提问环节或课后时间与我一起探讨。"通过这样的沟通方式，我们不仅维护课堂秩序，更能在尊重与理解中激发学生的潜能，促进情感参与与课堂管理的完美融合，共同营造一个和谐、高效且充满爱的学习环境。

2. 增强师生情感联系

师生情感纽带是课堂活力的核心。我们倾听学生心声，让他们感到被尊重；及时给予帮助，让他们感受到关怀；共同参与学科活动，加深了解和信任。特别是，个性化关怀就像一把钥匙，打开了学生的心扉，让教师成为他们真正的倾听者、理解者和支持者。比如，住校生小 A 因父母忙碌，生日没人陪伴。笔者就悄悄为他准备了一个小蛋糕，那一刻，他眼中的光芒告诉笔者，这份简单的关怀对他意义重大。之后，笔者能感受到他对笔者更加亲近，对英语学习也充满了热情。

这些细节汇聚成一股暖流，让我们的课堂变得和谐、积极、充满爱。每位学生都在这里找到了归属感，他们的学习热情被点燃，师生之间的信任桥梁更加坚固。

3. 激发学习兴趣与动机

兴趣是最好的老师。教师应努力将英语教学与学生的兴趣相结合,设计富有吸引力的教学活动。通过引入学生感兴趣的话题、使用生动有趣的教学材料、组织多样化的课堂活动等方式,激发学生的学习兴趣和好奇心。同时,教师可以设定明确的学习目标,让学生感受到学习的成就感和价值感,从而增强学习的内在动力。

(二) 行为参与:促进主动学习与互动合作

1. 设计贴近生活的教学活动

行为参与体现在学生的具体学习行为中,包括听讲、讨论、练习等。为了提高学生的行为参与度,教师应设计与学生日常生活紧密相关的教学活动。例如,在讲解英语单词和句型时,可以引入学生熟悉的场景和事物作为例子;在组织课堂讨论时,可以围绕学生感兴趣的话题展开。这样的教学方式能让学生感受到英语学习的实用性和趣味性,从而更加主动地参与课堂教学。比如,教授牛津英语 8A "U2 A day in the life of whizz-kid Wendy"这一课时,笔者会先引导学生分享自己日常学校生活,如时间安排、喜欢的课程等一系列贴近日常的问题,让学生轻松地从自身经验出发回答。在问题设计时注意步步提升,让班中各层次学生都有话可说,更容易参与课堂讨论。

2. 强化合作学习与互动交流

合作学习是促进学生行为参与的有效途径。教师可以通过小组合作、同伴互助等方式,让学生在互动交流中共同完成任务、解决问题。在合作学习过程中,学生可以相互学习、取长补短,同时培养团队合作精神和沟通能力。为了确保合作学习的有效性,教师应明确任务分工、设定合作规则、提供必要的指导和支持。比如,小组合作一般就近开展,但是笔者会提前了解,通过左右、前后、斜角配对等方式,尽量给各层次的学生找到合适的配对,以便让讨论和交流顺畅进行。在讨论前给出明确清晰的要求，在过程中注意观察，及时提供帮助和补充。

3. 实施差异化教学策略

由于学生的学习能力和兴趣存在差异，因此教师需要采用差异化教学策略来满足不同学生的需求。例如，对基础较好的学生，教师可以设置更高难度的学习任务和挑战性问题；对基础较弱的学生，则提供更多的帮助和支持，确保他们能跟上学习进度。通过差异化教学，教师可以让每个学生都能在自己的能力范围内获得成长和进步，从而提高他们的课堂参与度和学习成效。

（三）认知参与：深化思维训练，提升高阶能力

1. 加强阅读教学，培养批判性思维

阅读是提升学生认知参与度的重要途径。教师应选择高质量的阅读材料，设计多层次、多角度的阅读任务，引导学生深入理解文本内容并进行批判性思考。例如，在阅读过程中，教师可以设置问题引导学生思考作者的观点、论据以及文本的深层含义；在阅读后，组织学生进行讨论和分享自己的见解和感受。通过这样的方式，学生可以培养自己的批判性思维能力并加深对文本的理解。① 比如，教授牛津英语 8A“U6 Nobody wins”这一课时，课后配套的 More Practice 是一篇名为“Aliens land on our world”的文章。作为一篇阅读文章，笔者更多利用提问启发的方式，让学生自己去思考、理解和体会。文中 Tina 和 Tom 对外星人的描述是“They were very ugly. They had some hair, but they didn’t have any feathers.”笔者请学生用简笔画的形式画出他们心目中的外星人。随着故事一步步

① 花海玲.核心素养视角下初中英语教学中问题的设计与提出——以 Unit 5 Let’s celebrate Reading 部分的教学为例[J].英语教师，2022(23)：115－118.

发展,当学生读到文中 Children spread their wings 的动作后,恍然大悟,原来"外星人"正是我们人类自己。这时再回头看刚才自己创作的"外星人"不禁哑然失笑。笔者趁热打铁,追问为何地球人成了 Aliens。原来一切都有可能,在不同人的眼里,世界就是不一样的。在主人公 Tina 与 Tom 眼里,地球人就是 Aliens;在我们地球人眼里 Tina 与 Tom 是 Aliens。学生在教师的启发下,具备了换位思考的能力,对 Aliens 有了较深的理解。由此再引出"思维定式"的概念,通过小组讨论,说一说身边由于受单一视角的局限,在生活中出现的情况,并且如何去打破这种局限,对多角度看问题究竟有什么意义,得出更高维度的解读,引发学生对生活和社会进行更为深刻的思考。笔者进一步追问:"为什么在这样的设定下,地球人会成为'外星人'?这反映了什么?"通过这样的问题引导,学生开始从多个角度思考问题,他们意识到,在不同的视角和情景下,同一事物可能有着截然不同的解读。为了打破这种局限性,笔者组织了一场小组讨论,鼓励学生分享生活中因单一视角而受限的经历,并探讨如何从更加开放和多元的视角审视问题。从解题思路的分歧到社会热点的多元解读,乃至国际文化间的误解与融合,学生们畅所欲言。笔者鼓励他们不仅要敢于质疑既有观念,还要学会用证据和逻辑来支持自己的观点。这场讨论不仅深化了学生对文本的理解,更在无形中锻炼了他们的批判性思维能力,使他们学会以更加宽容友善的态度,与周围世界和谐共处。

2. 设计挑战性学习任务

为了激发学生的认知参与度,教师需要设计具有挑战性的学习任务。这些任务能激发学生的好奇心和求知欲,使他们运用所学知识进行思考和探索。例如,教师可以设置一些开放性问题或项目式学习任务,让学生自主研究、合作探究并展示成果。这样的学习方式不仅提升学生的认知能力,还培养他们的创新精神和实践能力。设计挑战性学习任务,是激发学生深层认知参与及潜能挖掘的关键策略。以牛津英语 8B “U7 Poems”的教学为例，尽管课文内容相对易懂，但深度挖掘英语诗歌的节奏美、韵律美及其蕴含的情感深度，对学生而言无疑是一项富有挑战性的任务。为此，笔者精心设计了一堂别开生面的课，不仅分享了笔者挚爱的诗歌“The Road Not Taken”，还引导学生品味其中每一个音节的跳跃与情感的流淌，让他们切身感受英语诗歌的独特魅力。这节课的作业，要求学生结合课堂所学，创作自己的英语诗歌作品，使他们跳出常规的思维框架，用英语语言的精妙之处来表达个人情感与见解。在创作过程中，学生不仅需要回顾并巩固课堂上学到的诗歌元素，还需要发挥主观能动性，探索新的表达方式与诗歌形式。最终，通过一次精彩的诗歌展示会，学生纷纷亮出自己的得意之作。他们的诗歌或深情款款，或激昂澎湃，各具特色，充分展现了他们在挑战性学习任务中的成长与蜕变。经过全班投票，我们评选出了“班级诗歌达人”，这一荣誉不仅是对他们个人才华的认可，更是对全班学生勇于挑战自我、追求卓越精神的肯定。通过这样的设计，学生不仅加深了对英语诗歌的理解与欣赏，更在挑战中培养了创新精神与实践能力，实现了知识与能力的双重飞跃。

3. 引入信息技术手段

信息技术的发展为英语教学提供了新的可能性。教师可以利用多媒体、网络资源等信息技术手段来丰富教学内容和形式，提高学生的认知参与度。例如，通过播放英文电影片段、使用在线互动平台等方式来激发学生的学习兴趣和积极性；通过引入虚拟实验室、在线游戏等方式来进行探究式学习和体验式学习。这些信息技术手段能为学生提供更加生动、直观的学习体验，从而提升他们的认知参与度和学习效果。①

---

① 张嘉敏.基于深度学习理念下的初中信息技术教学模式的应用研究[J].读与写，2021(31)：189－190.

综上所述，提升初中英语教学中学生课堂参与，需要从情感、行为、认知三个维度综合施策。通过构建积极的学习氛围、设计贴近生活的教学活动、加强阅读教学和引入信息技术手段等方式来提升学生的情感参与度和行为参与度；通过设计挑战性学习任务、加强思维训练和引入信息技术手段等方式来提升学生的认知参与度。只有在这三个维度上共同发力，才能真正实现学生课堂参与的全面提升，进而促进学生的全面发展。

如何在初中英语教学中提升学生全球意识

——基于六(下)“U10 Forests and land”英语公开课的实践思考

陈　刊①

摘　要:在英语日常教学中通过活动激发学生积极思考、养成全球意识等创新人才所必备的品质尤为重要。在初中英语课堂上有效培养学生的全球视野,帮助他们更好地适应和参与全球化时代的挑战与机遇。

关键词:初中英语教学;全球意识;跨文化交流

培养创新人才是基础教育的重要任务,且对国家科技创新和经济发展、社会进步和问题解决、国家安全和国际影响力等方面都有重要意义。创新人才培养需要从小抓起,且渗透在日常教学中,英语学科是基础学科,作为国际语言,具有帮助学生开阔视野和培养创新思维的能力,因此在英语日常教学中通过活动激发学生积极思考、养成全球意识等创新人才所必备的品质尤为重要,应进一步认识在初中英语教学中提升学生全球意识的价值与方略。

一、学生的全球意识内涵与培养价值

全球意识是指一种对全球化影响和全球问题的认知及理解能力。具备全球意识的人能意识到世界各地的文化、经济、社会和环境

① 作者简介:陈刊,上海市民办华育中学英语学科教师,中学二级教师,主要从事中学英语教学研究.

之间的相互关系和影响。这种意识不仅是知识层面的广泛涵盖,还包括对全球化趋势的敏感度和对全球性问题的关注。具体来说,全球意识包括以下几个方面:跨文化理解和尊重,能够理解和尊重不同文化背景下的价值观、信仰和行为习惯,以及欣赏多样性和重要性;全球视角和思维,具备超越国界的视野,能分析全球化对社会、经济和环境等方面的影响,思考如何在全球范围内解决问题和促进发展;关注全球性挑战,对全球性问题(如气候变化、贫困、人权等)的认识和关注,以及参与解决这些问题的意愿和能力;全球市民责任感,意识到全球是一个人类命运共同体,每个人都是全球社会的一部分,有责任为全球的可持续发展和进步作贡献。全球意识不仅是对全球化时代现象的认知,更是一种开放、包容和关注全球整体利益的心态和能力。

在初中阶段培养学生的全球意识是十分重要的,主要原因包括多个方面:全球化的影响日益深远,当今世界正经历着前所未有的全球化进程,国家之间的经济、文化、政治联系日益紧密。培养学生的全球意识有助于他们理解和适应这种全球化的背景,为未来的国际交往和职业发展做好准备。跨文化交流的需求增加,全球意识教育可以帮助学生建立起对不同文化的理解和尊重,培养跨文化交流的能力。全球问题需要全球公民的参与,当今世界面临诸如气候变化、贫困、人权等诸多全球性挑战。培养全球意识有助于学生认识到自己作为全球公民的责任,激励他们为参与解决这些问题而努力。提升竞争力和职业发展前景,全球化已经改变了就业市场的需求,雇主越来越需要具备跨文化沟通能力和全球视野的人才。初中阶段培养学生的全球意识不仅有助于他们个人的全面发展,也是为了应对全球化时代的挑战和机遇,为未来的国际交往和职业发展打下坚实的基础。

二、怎样在英语教学中拓宽学生的全球视野

随着全球环境问题日益严重,教育不仅需要传授学术知识,更需

要培养学生的环境意识和解决问题的能力。下面以六下“U10 Forests and land”的一堂公开课为例，谈谈笔者对如何在英语课堂上实施全球意识培养的想法和思考。

1. 教学设计与实施

（1）阅读理解与词汇学习。本课教学内容是在教科书中比较靠后的位置，之前学生对长篇文章的接触比较少，大多数以对话或分段故事为主，因此针对本文理解设计了很多活动，包括连线、回答问题、T/F 和概括，帮助学生深入理解文章内容。同时这篇文章中没有需要学生重点掌握的句型或短语，语法点也比较分散，所以在帮助学生理解文章内容的过程中，加入了一些关键词汇和短语的用法，如 shelter、furniture、provide sth for sb、cut down a tree，并在后面的活动中有意识地让学生学会使用。这些词汇不仅是语言学习的一部分，也是理解森林生态系统功能的重要基础。

（2）角色扮演与共情体验。在文本理解后，紧接着是让学生采访森林中小动物的活动，形式非常新颖，且和前面的教学相呼应，能引导学生运用前面教学部分所学的词汇和短语，帮助学生从动物角度思考森林环境问题，培养他们的共情能力和对自然界的尊重，也留出空间让学生自由发挥（可以选取森林中任何小动物），培养学生想象力、深入思考和口头表达能力。

（3）创意表达与倡导。从难过的树桩到森林被毁坏的现状（网站上数字的飞速变化）和讨论保护森林的方法，再到提出制作海报和海报制作教学，一步步激发学生保护森林的意识，并引导学生积极制作海报来提高人们保护森林的意识。海报制作分组进行，学生需要绘制海报的画面、写标语、描述绘画内容和创作原因，既考验学生的动手绘画能力、创造能力，又培养他们口头表达和写作能力。通过小组合作，不仅锻炼了学生的团队协作能力和创造力，还提升了他们的表达能力和说服力。每个小组通过展示他们的作品，向同学传递保护森林的重要性和必要性，激发更广泛的社会关注和参与。

(4) 全球意识的拓展。初中英语教学,不仅要注重语言技能的培养,还应当重视全球意识的培养,帮助学生建立开放、包容和具有全球视野的思维模式,为他们未来的国际交往和全球化时代的竞争做好准备。课程的最后阶段是介绍和倡导国际森林日的意义和活动。通过这一环节,学生不仅加深了对全球森林问题的理解,还明白了自己作为全球公民的责任与使命。教育不仅是传授知识,更是培养学生在全球化时代面对复杂问题时的思维和行动能力。

2. 教学结论与效果分析

通过"Forests and land"英语公开课的实施,学生在语言能力、环境意识、团队合作和创新表达等方面取得了显著进步。他们不仅学会了如何运用英语表达观点,还培养了着眼于全球问题、保护环境和推动社会变革的动机和能力。这种综合性教育方法有效地促进了学生向创新型人才发展的目标。

在教学中培养学生的全球视野是一个重要而又有挑战性的课题,可通过以下多种方式来实施。

(1) 多元化教材的选择。选择涵盖不同国家和文化背景的英语教材和阅读材料,让学生从阅读和听力中了解不同文化的风俗习惯、历史背景和社会特点。

(2) 跨文化交流的活动。组织学生参与跨文化交流的活动,如与国外学生进行网络交流、组织国际文化节等,让学生通过实际交流感受和理解不同文化间的差异与共通之处。

(3) 全球问题讨论与分析。引导学生讨论和分析全球性问题,如气候变化、全球贸易、人权问题等,激发他们对全球问题的关注和思考,并探索可能的解决方案。

(4) 实地或虚拟国际体验。利用虚拟现实技术或实地考察的方式,让学生"亲身体验"不同国家的文化和生活方式,增强他们对全球多样性的感知和理解。

(5) 鼓励国际主题的写作与演讲。鼓励学生选择和探索与国际化相关的主题进行写作和演讲，培养他们的表达能力和对全球问题的思考深度。

通过以上方法，可以在初中英语课堂上有效地培养学生的全球视野，帮助他们更好地适应和参与全球化时代的挑战与机遇。

学生根据文本内容，厘清文章结构，从认识森林，到森林对动物的作用，对人类的重要性，再到我们要保护森林，归纳完成本课的思维导图，并由此进一步拓展，完成以"如何保护森林"为主题的海报制作，做到将课内所学运用到课外的实际生活中。学生在了解森林对生物界作用的过程中，感受到保护森林的重要性，实现立志保护森林的情感目标。

"Forests and land"英语公开课作为创新人才培养的一种实践方式，不仅在学术上提升了学生的语言能力，还在社会责任感和全球意识方面培养了学生的潜力。这种教育模式不仅适应了当今全球化发展的需求，也为学生未来的职业发展和社会参与奠定了坚实的基础。

英语阅读教学中学生批判性思维培养的实践研究

——以牛津教材上海版 9A “U6 Protecting the innocent”为例

鞠 扬①

摘 要：“新课标”强调培养学生的核心素养，其中思维品质是其重要组成部分。在英语教学中，不仅要提高学生的语言能力，更应注重培养和开发学生的批判性思维。以牛津教材上海版 9A “U6 Protecting the innocent”为例，通过引导学生对文本进行分析和解读，探讨如何在英语教学中培养学生的批判性思维。研究发现，通过提出思考性问题、分析文本中的论点和论证，以及鼓励学生发表自己的观点等方式，能有效地培养学生的批判性思维能力，提高其思维品质，从而实现英语教学的核心素养培养目标。

关键词：牛津教材上海版；批判性思维；英语学科核心素养

《义务教育英语课程标准（2022 年版）》指出：英语课程要培养的学生核心素养包括语言能力、文化意识、思维品质和学习能力等方面。其中思维品质是指学生在理解、分析、比较、推断、批判、评价、创造等方面的层次和水平。批判性思维则是体现学生思维品质的一个重要方面。它鼓励人们挑战传统观念，提出新的观点和解决方案。这种思维方式有助于打破思维定式，激发创新潜力，是个人成长、社会进步和科学发展的关键驱动力。初中高年级学生的思维发展也逐步趋向独立和创新，而传统的初中英语阅读教学过于注重学生对知

---

① 作者简介：鞠扬，上海市民办华育中学英语学科教师，中学一级教师，主要从事中学英语教学研究.

识的记忆和机械应用，忽视了语言运用能力的培养。[①] 由于时间紧迫，在特定的课堂教学中，教师可能只专注于教授课本语言知识，只关注课文内容信息的提取和问答，忽略了学生的思维能力培养。鉴于此，本文将以牛津教材上海版 9A "U6 Protecting the innocent"阅读教学为例，从提高思维能力角度帮助学生深度理解文本内容，培养学生的批判性思维。

一、在英语阅读教学中培养学生批判性思维的价值诠释

美国约翰·杜威是被公认的最早对批判性思维做出解释的学者。他认为"批判性思维"即"反思性思维"，人们应有思考、批判、质疑获取信息的过程，而不仅是接受信息。Halpern 认为批判性思维是有意识的，以目标为导向使用认知技巧或策略来评估思维过程的产出。[②] 根据美国哲学协会的定义，批判性思维是一个重要的质疑工具，用来对一些事实性、概念性、法性或标准性内容进行分析、推断、评估、理解和解释，从而得出评估结果。

批判性思维能帮助学生打破思维定式，激发创新潜力，是个人成长的关键驱动力。它鼓励学生挑战传统观念，提出新的观点和解决方案，有助于培养独立思考和解决问题的能力。传统的英语阅读教学过于注重学生对知识的记忆和机械应用，忽视了语言运用能力的培养。批判性思维的培养使学生深入理解和分析文本，从而更有效地运用语言进行思考和表达。

通过批判性思维的培养，学生在阅读过程中不再停留在信息提

---

① 李泽鑫，张朝霞.新课标背景下如何活化初中英语课堂[J].海外英语，2024(9)：181－184.

② Halpern, D. F. *Teaching for critical thinking: Helping college students develop the skills and dispositions of a critical thinker* [J]. New Directions for Teaching and Learning, 1999.

取和表面理解上,而能深入挖掘文本背后的含义、作者的意图和情感态度,从而提升阅读理解的深度和广度,有助于学生形成质疑和批判性阅读态度,对文本信息进行评估和判断,避免盲目接受和轻信,培养独立思考的习惯。

二、探索英语教学中培养学生批评性思维的策略

牛津教材上海版 9A "U6 Protecting the innocent"所在的模块主题是 Fight Crime,单元主题是 Detectives,属于"人与社会"主题,通过反复阅读文本,梳理分析文中侦探身上的优秀品质,在一次次深挖对话的过程中,发现 Detective Ken 不同方面的人物特征,以及通过对不同调查动作的强调以及疑似证据的推翻,学生能直观地感受到层层递进的关系,认识到:Seeing may not be believing. 逐步形成批评性思维。

(一) 利用读前活动,引起学生兴趣,打开学生思路

第一步,笔者首先播放一个不称职侦探的视频,观看视频后,学生可以得出视频中的侦探非常的粗心和冲动,不经过仔细思考和调查就轻易得出结论,紧接着引导学生对比好侦探应是什么样的形象。第二步,介绍大家熟知的侦探形象。例如,柯南、包拯、福尔摩斯和李昌钰等,从虚拟到现实。第三步,请学生自己尝试侦探角色,在给出的图片中找出异常之处,背景使用柯南破案时的音乐,学生的积极性和兴趣得到充分调动。小活动结束后,再次请学生谈一谈好侦探需要哪些品质。通过完成以上教学步骤,帮助学生培养分析问题和综合归纳的能力。

(二) 充分分析文本,推进思维层次

文本以对话形式呈现,结构清晰,课程主线分两个方面,一方面

在对话中找出 Detective Ken 的人物特征，另一方面带领学生根据对话中的线索自行推断犯人是谁。找出矛盾点。

在学生听完第一段对话后，第一次提问引导学生在文中找出细节线索并思考“Based on the underlined sentence, what kind of detective do you believe Ken is?”。笔者总结学生答案，可以得出 Ken 的第一个人物特征——practical。接下来，根据找出的细节，请学生站在侦探角度思考“Who do you believe could be the suspect(s)?”。在头脑风暴后，笔者带领学生继续寻找更多的线索来验证之前的结论。播放完第二部分录音后，要求学生根据录音补充完整句子，而句子缺失部分正是新的线索，这部分也是 Detective Ken 亲眼所见的现场。随后，笔者再次提问“Based on the underlined sentence, what kind of detective do you believe Ken is?”，学生可以得出 Ken 的第二个人物特征——careful；同时根据新的线索再次请学生推测“Who could be the suspect(s)?”，至此，有的学生已经开始转变想法，修正自己之前的结论，根据线索认为可能有不同的嫌疑人出现。笔者继续带领学生寻找细节线索，在第三部分对话结束后，进行头脑风暴，要求学生思考 Ken 可能询问 Mr. Jones 的问题：

Q：What questions did Ken ask Jones?

Anyone have the key to your house?

Did anyone break into your house recently?

Where did you buy it?

What information do you think the seller would tell him?

…

再次提问“What kind of detective do you believe Ken is?”推断出 Ken 的第三个人物特征——experienced and organized.通过三次提问，不断丰富 Ken 的人物特点，同时学生也紧跟细节线索，一次次修正自己之前的结论和猜测，体验“眼见为实”的局限性，为最后点出主题作铺垫。在上一部分问询完 Mr. Jones 后，Ken 得出新的线索——保险,再次让学生有了新的疑点,跃跃欲试,想和 Ken 一起找出犯人。在读完最后一部分后,第四次提问:“What kind of detective do you believe Ken is?”推断出 Ken 的第四个人物特征——responsible。

通过四次提问同样的问题,不仅让学生认识到不同层次的 Detective Ken,也让学生不断留意每一个细节,层层推进,既有浅层次的信息梳理,又有深度内涵的挖掘,还包括了比较、总结等逻辑思维能力的培养。学生在笔者有效问题链设计的引导下不断得到激发和拓展,语言表达能力也得到充分展示。

文章梳理完后,笔者带领学生就 Ken 的破案流程进行了梳理,发现一开始 Ken 所看到的线索和最终他发现的犯人之间并无直接关系。最后有学生提出 look less think more 这个观点,直接联系批判性思维,是本堂课的点睛之笔。

“眼见为实”是我们常说的一句话,但在现实生活中,偏见、误解和刻板印象等也可能是由这个观念所导致的,而在这次破案过程中,通过反复引导学生分析人物特征、修正猜测结论,最终达到对“眼见不一定为实”这一核心观点的深刻理解,让学生意识到要真正了解表象后面的真实情况,在复杂情景下做出明智决策,不仅需要亲眼所见,更需要带着思考和批判性态度来解决和处理问题,才能避免主观推测所带来的偏见和错误。

教师在本节课中也成为批判性思维的引导者,鼓励学生质疑、思考、讨论。从表象向内在本质思考,同时提供开放性问题,鼓励学生独立思考并表达自己的观点,培养质疑常识的勇气和开放的态度。

阅读的目的是从文章的字里行间“读出”作者想表达的内容,在本篇阅读的教学过程中,学生需要在每一个细节里推敲思考作者所传递的信息,并不断更正自己的观点,一步步体验和学会批判性地看待“眼见为实”这个观点。

总而言之,在英语教育中,批判性思维的培养至关重要。它不仅关乎学生能否在英语学习中深入挖掘语言背后的文化、历史和社会背景，更关乎他们是否能在全球化舞台上运用英语进行有深度的思考和交流。

随着教育理念的更新和教学方法的创新，我们期待在英语课堂上看到更多关于批判性思维的讨论和实践。每一位学生都应被鼓励去质疑、去分析、去评价，而不仅是接受和记忆。通过批判性思维的培养，我们不仅能提高学生的英语水平，更能培养出具有独立思考能力和创新精神的国际化人才。①

因此，让我们共同努力，在英语教育中融入更多批判性思维元素，为学生提供一个更加广阔、深入的学习空间。只有这样，才能真正培养出适应21世纪知识经济时代需求的优秀人才。

---

① 杨秀珍.基于英语学科核心素养的高中生批判性思维能力培养探究——以Come and Eat Here(1)阅读教学为例[J].英语教师，2018(2)：116-118.

学科核心素养背景下初中英语命题分析

——以学业水平考试模拟测试为例

牛佳颖[①]

摘　要：考试是“教—学—评”一体化过程中评价环节里的重要部分，对教师的后续教学、学生的后续学习都有指导意义。因此，初中英语命题决不能脱离学科核心素养的大背景。以上海市各区学业水平考试模拟测试的具体试题为例，从学科核心素养视角进行分析和探讨，为学校自主命题的实践提供指导。

关键词：学科核心素养；初中英语；命题分析

随着义务教育全面普及，科学技术水平不断发展，人民群众的教育需求已经从“有学上”转变为“上好学”。随着“新课标”的出台，日常教学也应与时俱进，满足新时代的需求。考试是“教—学—评”一体化过程中评价环节里的重要部分，对教师的后续教学、学生的后续学习都有指导意义。因此，命题决不能脱离核心素养的大背景。作为教师，命题能力的提升也应随着时代的变化而发展，而不能仅仅满足于旧有试题库或从浩如烟海的网络资料中随意搜寻。上海市各区学业水平考试模拟测试（以下简称模卷）试题是经过教研员精心打磨的，适合作为命题理念、趋势与具体策略的研究对象，也是一线教师进行自主命题的指导。

---

① 作者简介：牛佳颖，上海市民办华育中学英语学科教师，中学一级教师，主要从事中学英语教学研究.

一、英语教学树立先进的命题理念

义务教育英语学科的课程性质，体现了工具性与人文性的统一，具有基础性、实践性和综合性特征。核心素养是课程育人价值的集中体现，是学生通过课程学习逐步形成的适应个人终身发展与社会发展需要的正确价值观、必备品格和关键能力。英语课程要培养的学生核心素养包括语言能力、文化意识、思维品质和学习能力等方面，四个方面相互渗透，融合互动，协同发展。

传统的考试主要集中于对语言能力的考查，而“新课标”对“教—学—评”一体化的强调，丰富了评价的意义，体现多渠道、多视角、多层次、多方式的特点。在纸笔测试的形式下，英语试题也应发挥育人功能与导向作用，不仅考查学生的语言能力，也要对学生的文化意识、思维品质与学习能力进行测试与评价，把核心素养落到实处。试题应考查学生综合运用英语理解和表达意义、解决问题的过程和结果的能力；考查学生的价值观、必备品格和关键能力；考查学生基于对中外文化的正确理解而表现出的跨文化认知、态度和价值取向；考查学生是否能运用理解、分析、比较、推断、评价、批判、创新等思维过程和方法，是否能运用各种学习方法和策略去解决实际问题。①

在试题命制过程中，需要避免采用机械记忆类试题，控制答案唯一试题的数量，提高综合性、探究性、开放性试题的比例。在现行学业水平考试的框架内，英语听说能力测试的实行已经体现了对听说能力同步发展的重视和对综合性、开放性试题比例的提升。纸笔测试也应跟上时代发展的脚步，体现先进的命题理念，更有效地以评促教、以评促学。

---

①　周伟.指向英语核心素养的初中英语命题例析[J].中小学外语教学(中学篇)，2018(6)：49－55.

二、基于学科核心素养的模卷命题分析

在上海市初中学业水平考试(以下简称中考)改革的背景下,近几年的中考英语命题已经作出了不少卓有成效的探索与尝试。例如,2021 年中考英语考查形式由原本的 150 分纸笔测试改为 140 分纸笔测试和 10 分听说测试,减少了答案唯一试题的数量与比例,将语音考查与交际用语考查从单项选择题改为人机对话形式的朗读与情景对话,增设了复述与自由表达环节,大大提升了考查的交互性、动态性与即时性。中考对育人导向和素养立意的强调,引领模卷的命题方向。分析和研究这些试题,有助于一线教师加深对核心素养测评的理解,提升指向学科核心素养的命题能力。

1. 语言能力

语言能力是指运用语言和非语言知识以及各种策略,参与特定情景下相关语言活动时表现出来的语言理解和表达能力。英语语言能力的提高有助于提升学生的文化意识、思维品质和学习能力,发展跨文化沟通与交流的能力。语言能力的测评向来是纸笔测试的重点,词汇掌握、语法规则、句式结构、语篇知识等都包括在语言能力的范围中。以下将从几个不同的侧面,浅析模卷命题中对语言能力提升的检验。

(1) 调用多种能力。在大众的普遍观点中,词汇是英语学习的基石,“背单词”几乎成了英语学习的代名词。“新课标”强调,词汇教学应让学生认识到词汇学习不是单纯的词汇记忆和机械性操练,而是要学会运用词语在特定情景中理解和表达意义,需要调用学生对语法、语篇等方面的知识,综合起来解决实际问题。因此,在命题中对词汇的考查也从机械地考查学生是否背出某个单词的词义,转换为考查学生是否能从上下文联系中推断出陌生单词的词义,或通过语境判断特定单词具体的用法与含义。

【案例 1】 It is accepted that the time needed to ___40___ a house has been also reduced over the last few years as more and more machines have been invented. A(n) ___41___ of this is the washing machine.

A. example　B. reply　C. run　D. complete　E. modern

(选自 2024 年虹口区中考英语二模卷,选词填空)

选项中的 run 是一个拼写简单,而词条释义多、用法搭配灵活的单词,几乎不会在拼写和常用释义方面对学生构成挑战。在 40 题的思考过程中,除了词性辨析这一选词填空重点考查的侧面外,学生需要根据上下文联系,尤其是后文举的洗衣机的例子来推测 run 这一单词在语境中作为"管理"的具体词义用法,而不仅是选择一个动词。

【案例 2】 Harbin is a popular tourist destination in winter as the city becomes an ice wonderland. It attracts many tourists at home and abroad. Check out our four-day Harbin tour service. It only costs 468 U.S. dollars per person. You can find the <u>itinerary</u> below!

The underlined word "itinerary" in the first paragraph probably means ________.

A. natural features　　B. historical event

C. cost of the journey　　D. plan of the journey

(选自 2024 年金山区中考二模卷,阅读理解)

本文选自旅游网站,是一篇旅游计划书。画线词不在义务教育要求掌握的英语词汇范围内,也不是在学生熟悉单词的基础上进行前缀或后缀的变化。学生无法通过"背单词"的方式为此类题目做准备,考查的重点转移到是否能从上下文联系中推断出陌生单词的词义,考查的是学生的语言理解能力,而非机械的词汇积累。

(2) 拓展语言技能。传统上对英语语言技能的理解主要包括听说读写四个方面,而"新课标"中,除了传统的四种语言技能外,还补充了对"看"这种理解性技能的强调。"看"通常是指利用多模态语篇中的图形、表格、动画、符号和视频等理解意义的技能,观察图表中的信息,理解符号和动画的意义。在纸笔测试中,动画、视频较难作为素材,但是从模卷的命题中,已经能看到对"看"的重视与凸显。

【案例 1】

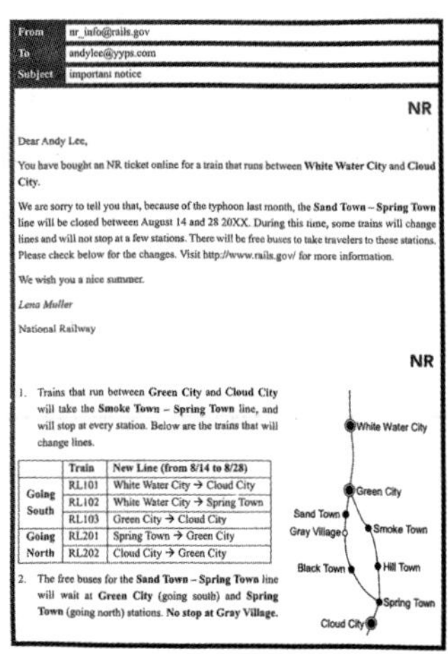

From: nr_info@rails.gov
To: andylee@yyps.com
Subject: important notice

NR

Dear Andy Lee,

You have bought an NR ticket online for a train that runs between **White Water City** and **Cloud City**.

We are sorry to tell you that, because of the typhoon last month, the **Sand Town – Spring Town** line will be closed between August 14 and 28 20XX. During this time, some trains will change lines and will not stop at a few stations. There will be free buses to take travelers to these stations. Please check below for the changes. Visit http://www.rails.gov/ for more information.

We wish you a nice summer.

Lena Muller

National Railway

NR

1. Trains that run between **Green City** and **Cloud City** will take the **Smoke Town – Spring Town** line, and will stop at every station. Below are the trains that will change lines.

	Train	New Line (from 8/14 to 8/28)
Going South	RL101	White Water City → Cloud City
	RL102	White Water City → Spring Town
	RL103	Green City → Cloud City
Going North	RL201	Spring Town → Green City
	RL202	Cloud City → Green City

2. The free buses for the **Sand Town – Spring Town** line will wait at **Green City** (going south) and **Spring Town** (going north) stations. **No stop at Gray Village.**

(选自 2024 年杨浦区中考一模卷,阅读理解)

本篇阅读文本形式多样,除了传统文字信息外,还包括站点线路图和列车行程表。该文本以电子邮件通知的形式呈现,以遇到自然灾害、列车线路需要检修而关停部分站点为背景,与生活实际情景结合紧密。问题设置包括推断隐含信息类(如收件人在订票时留下何种联系方式、文本细节推断等)、写作目的理解、图表理解等。学生需要仔细阅读文本,观察图表,能理解和解释以文字、表格和线路图等不同形式呈现的信息,从而解决真实情景中的真实问题。

【案例 2】 Ideas to get more creative

Here are some ideas to get you started:

◇ Daily Activities: Every day is an adventure! Write about what you did, saw or felt.

◇ Nature Observations: You could write about a tiny insect you saw or the way the leaves rustle (make soft sounds when they movie in the wind).

◇ Simple Doodles: A diary doesn't have to be all about words. Paint something you saw, or draw a picture about your summer holiday.

◇ Goals: What are your hopes for this summer or the new school year? Write them down and make a plan on how to achieve them.

Which of the following may NOT be seen in a summer diary?

（选自2024年青浦区中考一模卷，阅读理解）

本篇阅读文本是关于如何制作暑假日记的一份简单的说明，从为何要制作暑假日记、制作素材、选材方式与收获等角度介绍了暑假日记的重要性与做法。与前一案例相同，本题同样考查学生“看”的能力，但是呈现方式刚好相反。本题需要学生从文字阅读入手，理解暑假日记的选材要求,在选项中进行读图,判断每个选项是否属于选材要求中的类别,从而做出判断。

以上案例均体现模卷命题中"重能力素养、轻机械记忆"的理念与趋势,对一线教师的日常教学与自主命题都有很强的指导意义。

2. 文化意识

在"新课标"中,文化意识被定义为对中外文化的理解和对优秀文化的鉴赏,是学生在新时代表现出的跨文化认知、态度和行为选择。文化意识的培育有助于学生增强家国情怀和人类命运共同体意识,涵养品格,提升文明素养和社会责任感。

在大国复兴的背景下,学习英语不仅意味着了解其他国家的优秀文化与风俗习惯,也包括对本国优秀文化的了解与认识,并能用英语讲好中国故事,破除英语中心论的迷思,建立平等自信的跨文化交际能力。中国故事不仅意味着用英语介绍传统文化,也包括介绍生机勃发的新兴事物。此外,"新课标"对学生在文化知识方面的要求,也包括不同文化背景下人们的态度、观念、学习生活方式,以及在科研、体育和劳动中传递出的精神,内化于心,外化于行。

(1) 精选素材。纵览 2024 年上海市 16 区的所有模卷,在阅读文本素材选择中,对于文化意识的凸显是非常清晰的。所有 16 个区的模卷中,都包括了能体现人文精神、科学精神、劳动价值和中外社会生活中传统美德的阅读文本素材,塑造学生健康向上的审美情趣和正确的价值观,渗透学科的育人价值。

在传统观念中,英语学习是为了学习西方发达国家的先进文化,而随着中国国力的增强与国际地位的提升,越来越多的人意识到本土文化的可贵之处,意识到用英语讲好中国故事的重要性。在一模纸笔测试中,文本素材选择了中国故事的区有 7 个,占比43.75%,而在二模纸笔测试中达到了 10 个,占比提升到 62.5%。中国故事包括传统技艺、习俗、历史人物介绍,本国新兴科技成果、旅游热点、青少年、运动员、科学家等人物事迹等,加深了学生对中华文化的理解和认同,强化了学生的国家认同感与文化自信。

同时,文化自信并不意味着沾沾自喜、故步自封。对不同国家优秀文明成果的了解与欣赏,也是文化意识重要的组成部分。在模卷文本素材的选择中,也能看出对优秀文明成果的介绍与呈现。2024年普陀区中考二模卷中,选择了一位教师在线上写作课程中借助莎士比亚的戏剧为学生提供写作建议的素材。同年虹口区中考二模卷中,节选了著名儿童文学作品《海蒂》的选段。这些文本素材让学生接触和了解各国优秀文学作品的魅力,培养鉴赏能力,潜移默化地塑造学生构建人类命运共同体的概念,认识到全人类共同价值的普世性。

(2) 真实情景中的跨文化交流。语言是交流的工具,进行有效的跨文化交流是英语学习的重要目的之一。在"新课标"中,对九年级学生的文化意识学段目标设定为"能认识到有效开展跨文化沟通与交流的重要性;初步具备用所学英语进行跨文化沟通与交流的能力"。在纸笔测试中,需要在命题时设置合适的情景,既考查学生跨文化交流的能力水平,又让学生有话可说,克服处理陌生文化可能产生的焦虑情绪,增强跨文化沟通与交流所必需的自信心。

【案例 1】

近日,由电动自行车引发的火灾屡屡发生。今年 2 月 23 日,南京市雨花区一处住宅小区因电动自行车引发整栋楼大火,造成 15 人遇难。2 月 26 日至 3 月 4 日,上海接连发生因违规停放电动自行车和在非指定地点充电引发的火灾,3 名车主被拘留。

你是玫瑰花园小区(Rose Garden Estate)的居民张磊(Zhang Lei)。你的小区有不少外国友人租住,他们中也有不少人是电动自行车的使用者。小区物业请你协助参与对这些外国友人的宣传工作。

任务 1:撰写一份演讲稿,对他们进行安全宣传和教育。

任务 2:设计一份告居民书,张贴在电梯中,以起到警示告诫的作用。

任选一项任务。

提示：

① 参考词汇：electric scooter 电动自行车，non-motor vehicle park 非机动车停车场，charge the battery 给电瓶充电。

② 若选择任务一，请在答题纸写作部分的首行书写 Dear friends；若选择任务二，请在写作部分答题纸的首行书写 To all electric scooter owners.以上内容不计入总词数。

③ 写作内容中不得出现姓名、校名等真实信息。

(选自 2024 年杨浦区中考英语二模卷)

本题摘自 2024 年杨浦区中考二模卷的作文板块。所给材料紧跟时事热点，创设了非常贴近生活实际的跨文化交流情景，为学生运用所学语言知识进行有效的跨文化交流构建了合理的背景，也考查了学生表达自己情感价值取向的能力水平。同时，考虑到初中学生的词汇掌握情况与语言能力，在最容易造成表达障碍的用词方面，提供了参考词汇进行表达支持，增强了学生的表达信心。

模卷的命题从文本素材的选择方面和具体试题的情景创设方面，都体现出对文化意识的重视。核心素养的培养绝不是一蹴而就的，在学习的每一个环节，兼顾人文性与科学性、注重思想性与教育性、覆盖中国故事与世界故事的文本选择与情景创设，都有助于潜移默化地对学生进行引导，指向核心素养的培养与提升。

3. 思维品质

“新课标”中，对思维品质的定义是指人的思维个性特征，反映学生在理解、分析、比较、推断、批判、评价、创造等方面的层次和水平。思维品质的提升有助于学生学会发现问题、分析问题和解决问题，对事物作出正确的价值判断。

思维品质的发展不是孤立的，需要在语言学习中进行，而语言学习的进步又同样需要在思维发展中推进，两者相辅相成。因此，对思维品质考查也同样融入语言能力的考查。在纸笔测试中，思维品质的考查较多地从关联词考查和语篇阅读中体现。

（1）逻辑关系判断。“新课标”中对九年级学生的思维品质要求包括能辨识语篇中的衔接手段，判断句子之间、段落之间的逻辑关系。在纸笔测试中，逻辑关系判断往往以考查连词与关联词的形式出现，用于考查学生是否能准确判断句与句、段与段之间的逻辑关系。

【案例 1】

There was something wrong with my bicycle, ________ I had to go to school on foot yesterday.

(A) and　　(B) or　　(C) but　　(D) so

（选自 2024 年宝山区中考英语一模卷）

【案例 2】

Detective fiction got really popular in England with Wilkie Collins's "The Moonstone", and in the U. S., Anna Katharine Green wrote the first detective novel. __80__, it was Sherlock Holmes who truly fascinated readers around the world with his extraordinary intelligence and skill in solving extremely difficult cases Inter on.

80. (A) However　　(B) As a result

(C) What's more　　(D) For the time being

（选自 2024 年静安区中考一模卷）

以上两个案例分别用于考查学生是否能准确识别句内逻辑关系与句子之间的逻辑关系。单单认识所考查的词汇或词组本身，并不能确保学生答对此类试题。学生需要调用日常生活常识、人情事理等背景知识，深层理解段落内容，理解作者的表达逻辑，才能准确推断出答案。此类命题方向，体现了从旧知（词汇释义、背景常识）到新知的拓展，考查锻炼了学生的思维品质。

（2）高阶思维能力考查。高阶思维是指发生在较高认知水平层次上的心智活动和认知能力。在"新课标"对学生的思维品质要求中,着重强调提取、整理、概括稍长语篇中关键信息、主要思想内容与观点,进行判断、推断、质疑、评价、改编和创编的能力。高阶思维孕育于复杂情景,具有显著的整体性、发展性特征。

【案例 1】

81. Write down one question you think the girls asked Mr. Li?

82. Why did the girls call the rabbit "Double love"?

83. Would Mom be happy with the girls' choice? Why or why not?

(选自 2024 年浦东新区中考二模卷)

所选案例为阅读语篇中回答问题的题型,文章内容描述了一对兴趣与观点大相径庭的双胞胎姐妹挑选宠物的过程,两人从一开始意见相左,到最后共同选定一只兔子作为宠物,并把宠物命名为 Double Love。所选三题的答案都无法从文中找到完全一致、直白表述出来的客观答案,而需要学生结合语篇中的关键信息进行推断和评价。学生需要通过语篇中母亲要求双胞胎姐妹列出想要了解的关于宠物的所有问题,以便去宠物店自行挑选宠物时可以询问老板这一信息点,结合生活实际,推断出所问的问题需要从双胞胎姐妹原本想要挑选的猫或狗的生活习性出发,询问其作为宠物饲养时的注意要点。接着,学生需要对语篇中人物的情感态度进行推测,结合人物台词,判断出 Double Love 所指代的内容。最后,学生需要深层理解整个故事,理解作者通过故事表达的主题,以推测故事结尾时母亲的情感态度。三个问题环环相扣,着重考查提取、概况、推断与评价的能力,体现了整体性与发展性,展现出对高阶思维能力的重视。①

4. 学习能力

学习能力是指积极运用和主动调适英语学习策略、拓宽英语学

① 王彤.核心素养背景下初中英语命题原则及策略研究[J].外语教学与研究,2022(5):96-97.

习渠道、努力提升英语学习效率的意识和能力。学习能力的发展有助于学生掌握科学的学习方法，养成良好的终身学习习惯。纸笔测试无法提供合作互助的形式，但是通过恰当的素材选择，依然能潜移默化地引导学生从保持学习兴趣、调整学习方式、学会自我管理等方面提升学习能力。

例如，2024 年崇明区中考一模卷中，涉及去电影院看电影还是在流媒体上不出家门看电影的语篇选材，结合当下学生的生活实际，体现时代特点，让学生能意识到英语学习与时代生活息息相关，提升兴趣，学以致用。2024 年金山区中考二模卷中，其中一篇阅读语篇的内容是对一位英语教师的访问，访谈中涉及对英语学习者的建议，为学生提供具体的学习方法与调节学习心态的策略。

学科核心素养囊括的范围之广，难以全部用纸笔测试的形式进行全面而深入的考查，但这并不意味着教师的日常命题就可以脱离核心素养的背景，可以机械化、单一化地考查单个知识点的掌握。研究各区模卷的命题思路及其与核心素养背景的融合，其根本目的还是为校内自主命题、日常教学提供指导与参考。

在校内自主命题方面，教师应在选择语言素材的过程中紧扣学科核心素养要求，选取能渗透文化意识、学习能力等要素的语言素材与阅读语篇，润物无声，让学生在阅读过程中将文本内容自然而然地内化于心。同时，教师选取的语言素材也要更加多样化，不局限于连续性文本，可以适当加入更多融入“看”这项语言能力的多模态文本，更贴近生活、更多元化地考查学生的理解。在题目命制过程中，教师也应打开思路，拓宽视野，提高主观题比重，侧重检验学生的思维能力而非机械记忆，让学生在纸笔测试中也能用语言模拟跨文化交流，解决实际问题。

让学生在纸笔测试中拥有足以应对以上命题方向的能力与素养，必须将学科核心素养意识融入日常课堂教学中。在日常课堂教学中，除了教授知识点以培养学生的语言能力外，教师也应创设更贴近生活、稍许复杂的跨文化情景,让学生在课堂上进行提取、整理、概括、判断、推断、质疑、评价、改编和创编等高阶思维训练,培养文化意识,以用促学,学以致用。①

在"新课标"和先进命题理念的指导下,以日常的课堂教学与评价体系作为抓手,才能把核心素养的种子真正播进学生的心田,落地生根发芽,开花结果。

① 杜颖妮.指向核心素养的初中英语阅读理解命题探析——以部分省市中考题为例[J].试题与研究,2021(29):1-2.

读写结合模式在初中英语写作教学中的实践探究

庞　栩①

摘　要:英语学科核心素养提出了提升学生的语言能力、文化意识、思维品质和学习能力要求。其中语言能力与思维能力的培养成为英语核心素养的重点内容。写作作为语言输出的重要形式,是学生传递知识、用文字来实现沟通的创造性脑力活动,能有效促进语言知识的内化和应用。培养英语写作能力日益受到重视。本文结合英语写作教学的现状,从英语写作的重要性和现在初中英语写作教学存在的问题展开,探讨以读写结合的教学模式开展英语写作教学。

关键词:初中英语写作;读写结合;英语教学

一、"新课标"背景下初中英语写作教学的重要性

写作是一种通过语言表达思想和描述现实的关键技能,是学生英语语言能力发展的重要组成部分。通过写作,学生不仅展示了语言的运用能力,也提升了他们的逻辑思维和表达技巧。随着学生语言能力的提高,他们在文化理解、思维能力和学习策略等方面也会有所增强。刘道义(1994)认为,对大多数英语学习者而言,写作是听、说、读、写四项基本能力中最困难的。因为英语写作对学生的词汇量、语法、句法能力和逻辑思维能力提出了极高的要求。在"新课标"背景下,初中英语写作教学不仅是提升学生英语核心素养的有效途

①　作者简介:庞栩,上海市民办华育中学英语学科教师,中学一级教师,主要从事中学英语教学研究.

径,也是全面培养学生综合素质的重要手段。

写作是一种使用语言符号来反映事物和表达情感的重要方式。通过写作,学生不仅可以围绕特定主题充分表达自己的观点和感受,还能与他人进行积极的沟通。教师可以在初中英语写作教学中融入德育元素,有针对性地引导学生围绕社会问题、时事热点、品德修养、个人感悟进行写作,从而增强写作教学的教育功能。通过这些有意义的写作思考和练习,学生不仅能提高语言表达能力,还能培养对社会和个人道德问题的思考能力。①

二、初中英语写作教学存在的问题

"新课标"实施以来,英语作文显得更为重要,对内容及要求都有了很大的改变。这不仅对教师和学生提出了更高、更具体的要求,如理解题目、划分文章结构、规范用词和语法、确保逻辑合理、应用不同体裁以及合理表达个人观点等。然而,从目前的教学实践来看,学生写作部分因语言基础知识薄弱欠缺,文章结构混乱,无法完成写作的基本要求,导致得分较低。由结果反思到教学,教学中主要存在的问题如下。

1. 重语法轻写作能力的教学模式

在英语考试题型的设置上,选择题占比较大,且考查的重点在词汇和语法的运用上。因此,学生只需要选出正确答案,在书写句子的能力上表现出不足。基于试题分数分布,在真实的英语课堂上,大部分教师在对单词和句子的讲解时,侧重点在语法层面,对语义和用法上的讲解不充分,并且忽略了写作技巧的教学。这使学生在写作时,无法准确无误地表达自己的想法。此外,一方面,许多教师在课堂上给出范文供学生记忆或默写,或在特定话题写

① 鞠莹.以读促写在初中英语写作教学中的实践应用[J].中学生英语,2022(36):19-20.

作时提供模板让学生进行模仿，这种方式限制了学生的创造力和思维发展；另一方面，教师在反馈学生作文时，往往只关注单词拼写和语法使用，而忽视了文章的结构和逻辑。这种做法导致学生的写作思维受到限制，无法系统地发展写作能力。同时，教师在课堂上也很少安排足够的时间让学生进行写作练习，许多写作任务被布置为课后作业。由于缺乏教师的指导，学生常常敷衍了事，写作技能得不到有效培养。

此外，许多教师在教学过程中强调的是短期内的应试技巧，而不是长期的写作能力培养，导致学生对写作的重视程度不够。教师在教学中缺少创新，他们更愿意沿用传统的教学方法，而不愿尝试新的写作教学策略，这进一步限制了学生的写作能力。尽管课程改革让教师意识到传统写作教学的弊端，但繁重的教学任务和应试教育压力使他们难以改变既有的教学模式，继续在写作教学中忽视对学生思维能力和写作技巧的培养。由于写作需要大量的个性化反馈和批改，这对已经工作繁重的教师来说更是一个巨大的挑战，因此他们更倾向于避免复杂的写作教学任务。

2. 学生缺乏写作兴趣和信心

由于上述教学现状的长期存在，学生对写作逐渐失去兴趣。他们忽视了词汇和句子的积累，语言基础知识较为薄弱，导致作文中出现句子语法混乱、词组搭配不当等情况。因此，学生对写作感到恐惧，不知道怎样写，写什么内容，甚至有不少学生抵触和害怕写作。他们在读完题目要求后，无法抓住关键信息点，也不能将自己的想法用准确、流利的语言表达出来；文章内容缺乏连贯性，逻辑混乱，常出现中国式英语的现象。初中英语教师应考虑如何在教学实践中改进教学观念，采用更为有效的教学方法，改变学生对写作的看法。通过解决写作过程中遇到的困难，逐步提高学生的英语写作能力，并提高他们的综合运用能力。

三、读写结合的教学模式在英语写作教学中的应用价值

1. 打通阅读与写作的关联,促进语言知识的内化与应用

初中学生的语言储备有限,在英语写作中常常无法用恰当的语言来表达,导致词不达意、句式单调等情况,造成英语作文的质量不高。要想让学生很好地完成英语写作,必须保障他们有充分的写作素材,这样的前提就是大量的阅读输入。通过广泛的阅读输入,学生可以接触到各种题材、体裁和风格的文章,拓宽视野,增长见识。这些阅读材料往往知识容量大,信息全面,观点鲜明,思想丰富,有助于学生积累词汇、熟悉语法结构和修辞手法,提升整体语言能力,增强其写作表达的丰富性。通过写作,学生可以进一步巩固和深化阅读所得,使阅读成果得到有效应用。读写结合模式能打破阅读教学与写作教学之间的壁垒,使两者相互渗透、相互促进。学生在阅读过程中积累了词汇、语法结构和表达方式,然后在写作实践中加以运用,有效促进了语言知识的内化。这种从输入到输出的过程,使学生不仅理解语言知识,还能在实际情景中灵活运用,从而提高写作的真实性和准确性。

2. 能提升英语写作技巧和策略,激发写作动机,提高写作兴趣

通过阅读不同类型的文章,学生可以学到不同的写作技巧和策略,如文章的结构布局、段落间的逻辑衔接、观点的表达与论证等。在写作练习中,学生尝试将这些技巧应用到自己的作品中,通过反复实践和反馈,逐渐掌握并提升写作技巧,使文章更加条理清晰、逻辑严密。通过阅读有趣、有启发性的文章,学生可以感受到语言的魅力和表达的乐趣,从而激发写作的欲望和兴趣。同时,写作过程中的挑战和成就感也会促使学生更加积极地投入阅读,形成良性循环。学生既锻炼了思维能力、批判性思考能力、创新能力等,又提升了审美

意识、跨文化意识和人文情怀,促进其全面发展。[①]

四、读写结合模式在初中英语写作教学中的应用策略

1. 以英语课本为根本,明确英语写作教学的要求

英语写作教学的基础是要引导学生巩固英语课本所学知识,加深对知识的认识与理解。英语课本语篇是当前英语写作教学过程中最基础的教学工具,也是学生掌握词汇、语法以及写作技巧的来源。在读写结合模式下,只有牢固掌握好课本语篇,学生才能更好地把握文章结构,学习其中的句型和词汇,为写作打下坚实的基础。

以上海牛津英语六年级下册"Unit 9 Sea Water and Rain Water"为例,本单元重点在于水资源的重要性,学生需要学会运用固定句型"What will happen if there is no water?",并以此句型为基础进行写作。这要求学生对所学句型有足够的理解和熟练度。此外,学生需要对课本句型进行举一反三,在水资源主题下运用所学句型表达自己的观点。同时,学生也要对生活有一定常识,能将语言知识点在更多场景下"活学活用"。比如,能简单描述水资源的重要性,不同场合(如家庭、工作场所)中水的功用。教师在完成课文解读后,应让学生组织语言,对语篇的主要内容进行复述,学会主要句式的表达,学习文本背后的逻辑关联,学会写作方式。

2. 注重阅读积累,拓展知识面

制约学生写作能力提高的重要因素是写作基础的薄弱。学生的阅读能力与写作能力相互促进。因此,教师应在日常的英语课堂上加强学生阅读方面的督促与检查,建立英语阅读习惯。比如,教师可以为学生制订每周或每月的阅读计划,确保他们有足够的时间进行

---

① 李珊珊,祝俊红.基于主题阅读的初中英语以读促写教学实践研究:以《科林英语》分级阅读为例[J].英语教师,2023(6):43-46.

阅读;在班级内设置阅读角,引入与教材内容契合的课外文本,推荐一些通俗易懂、情节曲折且有助于开发学生思维能力的书籍供学生阅读,营造良好的阅读氛围;教师可以通过让学生阅读打卡、小组分享会、写读书日志或读后感等活动,充实写作语言;也可以要求学生摘抄阅读中出现的优美词句或语段,背诵记忆这些内容。在阅读材料的选择上,优先选择那些反映学生生活、容易引起共鸣的书籍,以激发学生的阅读兴趣。

教师也可深入挖掘文本材料,引导学生仔细阅读,领会作者的写作方法与意图,鼓励学生在阅读后进行总结和反思,在写作时灵活运用积累的素材,将所学的知识和技巧应用于写作中,增加写作时文章的文采与美感。通过这种方式,学生不仅能提高写作质量,还能增强对语言的运用能力,进一步激发他们的写作兴趣和信心。这样的教学模式不仅有助于学生在考试中取得更好的成绩,也为他们未来的英语学习和实际应用打下坚实的基础。

比如,Unit 9 Sea Water and Rain Water 的写作课,除了课文之外,可以补充相关水资源的课外阅读。文章如下:

Water, the source of life. It is the foundation for all living things to survive. It nurtures all life on the Earth and feeds our world.

However, nowadays, water resources are facing serious threats. Problems such as pollution and waste are becoming increasingly serious. Clear rivers have become polluted and the area of lakes is constantly shrinking. We cannot ignore these crises because the protection of water is related to the survival of mankind.

To protect water, we should start from ourselves. We should reduce water waste in daily life, turn off the tap in time when not in use. We should also pay attention to preventing water pollution, not littering into rivers and lakes. At the same time, the government and society should strengthen the management and protection of water resources, promote the rational use and recycling of water.

Let us work together to protect water, guard this precious source of life, and ensure a sustainable future for ourselves and the generations to come.

这篇文本很好地契合了牛津课文中关于水主题的探索。文章的开头两句"Water, the source of life. It is the foundation for all living things to survive.",结构简单但用词精炼,可作为学生仿写的句型。结尾句型"Let us work together to protect water, guard this precious source of life, and ensure a sustainable future for ourselves and the generations to come.",3 个动词的并列使用,加强了语势,也是值得借鉴的。

3. 结合阅读材料设计相关的写作任务,加强读写结合的写作训练

培养学生英语写作能力的途径唯有不断的写作练习。只有通过不断的写作练习,才能实现从阅读到写作的有效迁移。教师应该在英语文本阅读教学后,设计相关的写作任务,使之与文本主题和语言知识相一致,使学生读写衔接,将所学的语言知识转化为实际的创作技能。这样的设计可以充分发挥阅读的铺垫作用,让学生在阅读中积累,在写作中实践。同时,教师也可以结合学生的兴趣和实际生活情景,使写作任务更贴近学生的日常生活。例如,可以让学生写关于自己周末活动的文章,或描述他们对某一时事热点的看法,这不仅能激发学生的写作兴趣,还能使他们感受到写作的实用性和意义。为了进一步加强读写结合训练,教师还可以组织小组写作活动,让学生在团队合作中分享各自的阅读体会和写作技巧,相互学习和借鉴。定期举办写作竞赛或展示活动,也可以激励学生不断提升写作水平。通过这些策略,教师不仅帮助学生在写作中运用所学知识,还能激发

他们的写作热情和创造力,逐步提高他们的写作能力和语言运用水平。

4. 优化写作评价,促进读写结合的写作教学

评价是英语写作教学的关键部分,学生常常对自己的写作成果缺乏清晰的认识。传统的写作评价往往侧重语言形式的正确性,而忽略内容的深度、逻辑的严密性等。优化评价机制的首要任务是制订精细化、多维度的评价要求,如语言准确性、内容丰富性、逻辑连贯性、观点创新性等。同时针对不同年级或水平的学生,设置不同层级的评价标准,确保评价的针对性和有效性。对学生的作文,教师应给予及时的反馈,这样能帮助学生及时认识到自己的错误并快速调整学习策略。而且反馈不应是一次性行为,而应形成一个持续的循环过程。通过不断反馈、修改和再反馈,学生的写作能力才能得到真正提升。通过有效的写作评价和反馈,学生之间进行了相互的交流,也使他们通过了解他人的作文亮点,明确自身需要改进的地方,从而取长补短,共享经验。①

总之,对初中英语教师而言,应正确认识阅读与写作之间的相互促进关系,通过有效的读写结合教学提高学生的写作能力,确保学生在读写结合过程中获得最佳的学习效果。

---

① 张伊娜.读写结合应成为我国中学英语阅读教学的落脚点[J].基础教育外语教学研究,2013(2):23-26.

高效提升初中生英语写作能力的框架构建

刘　曜①

摘　要:通过英语学习使学生掌握英语的应用能力是进行英语教学的最终目的,而英语写作是学生英语应用能力的体现,其考验的是学生对英语基础的掌握和应用,如学生的词汇积累量、语法等。本文对现阶段初中英语写作教学的现状进行了分析,并探讨了高效提升初中生英语写作能力的有效策略。

关键词:高效提升;初中生;英语写作能力;框架构建

英语写作在考核中占有较大比重,英语写作需要学生具有较强的构思能力以及丰富的词汇量和阅读量。但是,就现阶段而言,很多初中学生在英语写作时都存在一定困难,写出的英语作文也存在空洞、构架错误、逻辑紊乱等问题,教师一定要对这一问题引起足够重视,并认真分析学生出现这些问题的原因,对现有的英语写作教学方法进行改进和优化,从而达到高效提升初中生英语写作能力的目的。

一、认识初中英语写作的重要性

英语写作能使学生的词汇量得以丰富。学生在英语写作过程中使用到的单词并不都是自己学过的,还会接触和运用到一些生词,而经常进行写作训练,可以使学生接触到更多的生词,并做到对这些生

①　作者简介:刘曜,上海市民办华育中学英语学科教师,中学二级教师,主要从事中学英语教学研究.

词的熟练掌握。

英语写作能使学生的英语语感得到增强。很多初中生在英语学习过程中都存在语感不强的问题，而经常进行写作训练，可使学生从整体上对英语知识进行感知，有利于学生语感的培养和增强。

英语写作有利于学生英语思维的培养。在英语写作时学生需要将自己的观念和想法准确地通过英语表达出来，要将英语词汇、语法等转变成为口语信息，还要进行英语写作框架的构建，因此英语写作能使学生形成英语思维。

英语写作能使初中英语教学效果得到提升。通过课堂学习，学生只能对英语知识进行暂时记忆或模仿，只有把学过的英语知识应用于写作中，才能真正将其内化，并成为永久性知识，因此写作有利于英语教学效果的提升。①

二、分析初中英语写作教学的现状

在英语考核中英语写作占比较重，因此教师对写作教学非常注重，但是在实际的英语作文教学过程中依然存在一些问题，导致英语写作教学无法达到预期效果。

教师对英语考核结果是非常重视的。首先，在平时教学过程中会将重点放在英语教材的教学上，但英语教材中的内容并不能满足初中生进行写作的需求，如果只是局限于教材教学，就会产生学生英语词汇量较少的问题，因此写出的文章就会千篇一律，用法生硬，这也是初中生英语写作水平不高的原因。其次，教师在英语写作教学时会将重点放在教材翻译上，导致学生在对文章结构理解时处于中文思维模式，这对学生英文思维能力的培养是非常不利的。此外，教师在对学生进行作文评价时的评语缺乏鼓励性、肯定性和启迪性，这

① 马军生.初中生英语写作问题与对策探研[J].成才之路，2020(29)：50－51.

些评语无法激发学生的写作兴趣，因此在英语写作时学生就会抱有应付心理。

现阶段很多初中生对英语写作都存在一定的抵触情绪，教师在作文教学或布置英语写作任务时，很多学生都会觉得苦不堪言，而这种不良的学习态度会对学生的写作学习和练习造成严重的影响，学生学习主动性不高，教师在课堂讲解时学生就容易出现走神的现象，这会导致英语写作教学的效果大打折扣。学生缺乏写作兴趣的另一个主要原因是自身缺乏词汇量的积累，也无法对学习的英语语法、词汇等进行灵活应用，因此在写作时往往不知道如何下笔；一些学生自身的逻辑思维能力不强，写出的英语作文结构混乱、存在衔接词不恰当或句子重复的问题；还有一些学生因自身缺乏英语思维，写出的英语文章是由中文生搬硬套出来的。

三、提高初中生英语写作水平的有效策略

1. 通过多元化的教学策略和评价方式激发学生进行英语写作的兴趣

俗话说："兴趣是一个人最好的老师。"初中生在英语写作学习过程中是非常容易受到兴趣导向作用的影响，从而积极投入学习。因此，想要改变学生的写作学习现状，教师就要从培养学生的英语写作兴趣入手。首先，教师要对原有的英语写作教学方式进行改进，在教学设计时要具有一定的趣味性，只有这样才能激发学生进行写作学习的积极性。比如，教师可以设置英语作文比赛活动，并鼓励学生参与写作。除此之外，还可通过互动教学法、游戏教学法等教学手段，将学生在作文教学中的主体地位凸显出来，通过师生之间、生生之间的有趣互动，进一步激发学生英语写作的积极性。

初中生是非常渴望自己的作文得到教师肯定的，因此在对学生的英语作文进行评价时，教师一定要多鼓励和赞扬，对学生的作文要认真地进行分析，对学生作文中写得好的地方教师要通过曲线或圆

圈的方式圈出来,并写上赞美的语言或鼓励性语言。除此之外,教师还可以将写得好的作文当堂范读,对他们进行表扬和肯定,同时也为其他学生树立了学习的榜样,激发大家的竞争意识;当教师对学生的写作表现出赏识后,学生的英语写作兴趣和自信心也会自然而然地被激发出来,这样在英语写作教学中学生就不会只是被动学习了。

2. 教师在英语教学中要注重英语词汇量的积累

在英语阅读和写作中,词汇量的积累是非常重要的,英语单词可以说是学生进行英语学习的基础所在,只有不断增加学生的词汇量,才能为英语阅读和写作打下坚实的基础。但是,英语单词的学习和记忆相对来说是比较枯燥无味的,因此很多学生在进行单词记忆时容易出现厌倦情绪,导致自身词汇量的匮乏,词汇量跟不上英语阅读,写作自然就得不到提升,并成为考试的拉分项。因此,教师一定要注重学生词汇量的积累,选择有效的教学方式,让英语词汇量的记忆变得不枯燥,让学生自觉地进行英语单词的记忆,从而为英语写作夯实基础。教师可以利用直观道具,让学生进行英语单词的学习和复习。比如,学习单词 bamboo、airplane、balloon 时,教师可以准备一些单词卡片,在课堂上将其交到学生手里,之后问学生:“What's this?”,再引导学生根据图片用英语进行回答,这样学生的积极性比较高,今后一旦看到 bamboo、airplane、balloon,脑海中也会直观地反映出竹子、飞机和气球等实物,不需要汉语翻译作为中介,这样的教学方式不但让学生积累了词汇量,还锻炼了学生应用英语的能力,一举两得。此外,教师还要引导学生去联想和单词有关的相似词、近义词或反义词,使学生词汇量的积累最大化,当学生积累了丰富的英语词汇和写作素材后,在写作时学生就不会觉得难以下笔。

3. 通过阅读提升学生的写作能力

随着“新课标”的推行,对初中生英语写作内容的要求也更高了,要求学生的写作内容丰富、结构清晰、词汇量多,但是在实际的英语写作中,初中生的写作水平不是很高,在英语考试中,写作题目已经成为拉分最严重的一项内容，这就要求教师在平时的英语教学中，加强对学生英语表达和应用能力的培养，而英语阅读恰恰能培养学生的英语表达和应用能力，一个好的英语阅读习惯对学生英语写作水平的提高是非常重要的。如果学生英语阅读量较大，就会在无形中积累到很多英语知识以及写作素材，自身的语感也会得到很大提升，这样对学生今后的写作有着积极的作用，有利于学生英语写作水平的提高，因此教师可以通过阅读训练提高学生的英语写作水平。

在平时的课外阅读过程中，教师要引导学生加强对词汇和好的语言段落的积累，让学生将自己在阅读中遇到的生词和好的语句记录在本子上，并不断地进行翻阅记忆。这样学生不但可以积累到丰富的语言知识和词汇量，还能对西方国家的社会习惯有一定的了解。在进行课内阅读教学时，教师也可以让学生对课文进行改写、仿写或续写，学生通过参考教材和相关资料，就可以写出结构相似的英语作文，而这可使学生的写作自信心得到增强，对其今后的英语写作学习也是非常有利的。教师还可以和学生一起进行英文写作，再比较教师和学生写的文章，使学生明白自己在写作过程中存在的短板，有针对性地提升自身的英语写作水平。阅读是英语写作的基础，通过两者结合才能促使学生的阅读水平和写作水平得以提升，达到事半功倍的效果。

4. 通过英语单句练习，提高学生英语写作水平

教师在完成新词汇教学后，要指导学生用新学的词汇进行造句，如在学完“steal”这一单词后，就可以引导学生从一般现在时、一般过去时或被动语态等多个角度来造句，以此锻炼学生的造句能力。同时，教师可以在课堂上有目的地进行英语听写，以达到提升学生英语写作能力的目的。教师可以说出中文句子，让学生根据中文句子写出英语句子，这样不但使学生积累更多的英语语言知识，还有利于其创造能力的培养。同时通过句型转换、补全句了、连词成句、同义句互换、复合句练习等方式来培养学生的写句能力。

英语教材每一单元中都有目标语言,教师可根据目标语言组织学生进行专项练笔,如在学完一般过去时后,教师以“我的小学”为主题让学生进行写作;在完成“There be”句型的教学后,教师以“我的房间”为主题让学生进行英语写作;在学完现在进行时后,就以“植树”等现场活动为主题让学生进行英语写作。通过多种专题写作的方式,能有效提升学生的英文写作水平。此外,还可鼓励学生用所学的英语知识进行课外练笔,如用英文写日记,可自主选择写作主题和篇幅长短,这样不但激发学生进行英文写作的兴趣,还能使其英语写作能力快速得到提升。①

5. 做好对学生英语写作策略的指导工作

教师一定要做好对学生英语写作策略的指导工作,这样才能使学生懂得如何进行写作。和中文写作一样,在进行英语写作的过程中,也要抓住审题要点,文体格式要正确,并确保字迹工整。此外,教师还要引导学生注意以下几个方面:①确保英文写作的时态和语态正确。对学生来讲,如何选择时态是重难点,因此教师一定要将时态的基本用法向学生讲述清楚,并通过多种练习使学生掌握时态和语态的准确用法。②培养学生的英语思维。在平时教学中教师要多向学生讲述中英文表述的不同,如在英语写作过程中一般要先表述个人感受。.③在英文写作中要交替使用复合句和简单句,这样写出来的文章才具有可读性。通过对学生英语写作策略的指导,使学生掌握英语写作重难点,进一步提升自身的英语写作水平。

英语写作是初中英语教学的重点内容,教师一定要对其有足够的重视,通过多元化教学策略和评价方式激发学生的英语写作兴趣,丰富学生的词汇量,在课堂上进行英语单句练习,指导学生写作策略,逐渐提升学生英语写作水平。

---

① 赵丽.初中生英语写作能力提升策略探索[J].中外交流,2021(1):260.

指导学生参与科普英语竞赛的实践与探索

王　珊①

摘　要:上海市科普英语竞赛在提升学生英语语言能力和科学知识水平方面发挥着良好的影响和作用。科普英语竞赛教学,注重提高学生的英语听说读写能力,增强他们对科学原理的理解和应用,培养学生的批判性思维和公众演讲技能。

关键词:科普英语;科学主题演讲;教学过程

一、上海市科普英语竞赛概览

上海市科普英语竞赛活动是从1991年开始举办的,除中间略有短暂停顿,迄今为止已举办了三十余年。为了发挥校外教育"活动育人"的效能,提升初中学生的科学素质,拓宽科技视野、培养团队精神和科学思维,为上海建设具有全球影响力的科技创新中心培育未来的科创人才,上海市科技艺术教育中心举办上海市青少年科学思创挑战活动,即科普英语竞赛。数十年来,该活动得到全市各学校、各团体的积极支持与热情参与,不断地扩大其覆盖面和影响面,已逐渐发展成为一个大型、成熟的正规竞赛活动。

上海市民办华育中学多年来一直积极组织学生参加上海市科普英语竞赛,华育学子也在这项比赛中取得了骄人的成绩。2019年以来,华育中学的学生均在该项比赛中斩获佳绩,甚至有学生连续几年

① 作者简介:王珊,上海市民办华育中学英语教师,中学一级教师,主要从事中学英语教学研究.

获得一等奖。

二、参加科普英语竞赛活动的目的

上海市科普英语竞赛旨在将科学知识与英语能力相结合,通过这一独特的平台,激发学生对科学的兴趣和探索精神,同时提升他们的英语交流和写作能力。该竞赛的核心目标有以下几点。

培养科学素养。鼓励学生深入学习科学知识,理解科学原理,培养批判性思维和解决问题的能力,从而提高他们的科学素养。

促进英语学习。通过使用英语来表达科学概念和理论,不仅加深学生对科学知识的理解,还能有效提升他们的英语语言能力,包括听力、口语、阅读和写作。

激发探索精神。比赛鼓励学生积极参与科学研究,培养他们的好奇心和探索欲,引导他们主动寻求科学真理,通过实践和实验验证科学理论。

增强问题研究能力。参赛者需要针对特定的科学问题进行研究,这有助于培养他们的独立思考能力和问题解决技巧,学会如何运用科学方法分析和解决问题。

提升英语写作技能。撰写科学报告或论文是比赛的重要组成部分,这要求学生能准确、清晰地用英语表达复杂的思想和观点,从而提升他们的英语写作水平。

精进创新思维与问题解决能力。在准备比赛的过程中,参赛者需要运用创新思维来选择和呈现科学话题,这可能包括对现有科学问题的重新思考或对新技术的展望。解决问题的能力也在这过程中得到锻炼,特别是在处理跨学科挑战时。

促进团队合作与交流。许多科普英语比赛鼓励团队合作,促进不同背景成员之间的沟通和协作。团队成员可能来自不同的学术领域,这种多样性有助于产生更丰富、更全面的科学见解。

培养全球视角与文化敏感性。由于比赛涉及英语作为国际语言的使用，参与者可能会接触到全球性的科学议题和多元的文化观点。这使他们在表达时考虑到不同文化背景下的听众，培养其全球视野和文化敏锐性。

增强科技与社会的联系。比赛强调科技如何影响社会和个人生活，要求参赛者讨论科技发展的伦理、经济和环境影响，从而加深对科技与社会相互作用的理解。①

通过这样的学科交叉活动，科普英语竞赛不仅能增强学生的语言技能和科学素养，还能培养他们的批判性思维、创新能力和跨文化交流能力，为未来的全球公民奠定坚实的基础。上海市科普英语比赛是一个综合性教育活动，它不仅关注学生的英语能力和科学知识，更注重培养他们的创新意识、探究精神和跨文化交流能力，为学生的全面发展提供了宝贵的平台。

三、华育中学往年获得科普英语优秀案例

科普英语话题新颖，涉猎广泛，引导学生在科学前沿和技术创新上提出自己的思考与研究。比如，2018 年，上海市科技艺术教育中心发布活动选题有物质科学：材料科学（金属、高分子和无机陶瓷材料）及应用；生命科学：生命现象的发现、研究思路和意义；地球环境与宇宙科学：太阳系、星际航行、生活中的天文学；技术与工程：自动驾驶、物联网、仿生机器人、可穿戴式设备。

面对这样的题目设置，华育中学学生积极思考，在预备演讲环节，分别针对自己感兴趣的话题进行讨论。经过历时数周的准备，同学们纷纷提交了自己的方案。比如，Mission to Mars, introducing Arduino-also in the topic of folk innovation, faster than Light. Why do we explore

① 陈勇.中学生科普英语趣味阅读[M].北京：高等教育出版社，2012.

space? Wormhole equals Quantum Entanglement. Are All Rocks the Same? ... 这些选题涵盖面广,专业性强,很好地展示了同学们对科学知识的积极探索。而且,令人感动的是,以上这些选题,在经过指导教师的修改,同学们的积极讨论,以及专业教师的认真指导后,这些学生最后均获得一等奖的喜人成绩。

四、科普英语竞赛指导策略

这些成绩的取得,离不开华育中学英语教研组竞赛指导备课组的辛勤付出。华育英语竞赛团队,主要分成初级培训、中级培训和高级培训。其中,6～7 年级为初级培训阶段,主要负责低年级基础知识和中、高考考纲单词的学习、背诵,处于打基础阶段。8～9 年级为中、高级培训阶段,主要大量拓展阅读内容。1～2 个教师负责一个年级课程,从六年级至九年级,全程跟进,随时反馈与调整课程方案与内容。近年来,华育中学英语竞赛五人团队,分别对六、七、八、九年级进行规律性培训,其中六年级上半学期的学生还处在初中学段适应期,九年级下半学期的学生要面临中考,均不参加日常培训。培训每周一次,每次一个半小时,安排在每天放学后,作为潜能生和资优生的课后指导课程。具体日常培训策略如下。

1. 打破学科壁垒

科普英语竞赛作为一项学科交叉的教育活动,旨在通过英语这一国际通用语言来传播科学知识,同时提升参与者的语言运用能力和跨文化交际能力。这类比赛通常要求参赛者结合科学原理与英语表达,以演讲、写作或其他形式展示科学概念,从而达到科普的目的。参赛选手需要具备较强能力。首先,科普英语比赛要求选手使用英语来解释复杂的科学理论、技术进展或实验现象。这种结合不仅考验选手的英语水平,还检验他们对科学内容的理解深度和表达清晰度。其次,学生需要掌握跨学科知识的运用,比赛往往涉及多个科学领域，如物理学、化学、生物学、天文学、环境科学等，这要求参赛者具备广泛的科学背景知识。同时，比赛也可能涉及工程学、数学和社会科学等领域，体现了知识的全面性和综合性。

比赛内容与科学知识贴近，教师在日常教学中，会有意识地渗透用英语表达科学知识。因此，教师在日常的课程培训中，除了语言知识的积累外，还会以历年比赛中指定的经典阅读材料为基础，引导学生了解科学知识，积累科学英语阅读词汇，通过诵读科技英语文章，提升英语语言能力。科学世界总是丰富多彩的，面对丰富的阅读材料，学生们对环境、自然、生命、植物、昆虫等科学知识兴趣盎然，这些日常生活中并不多见的词汇也大大提升了学生的知识面和语言能力。

2. 提升语言能力

在平时的教学过程中，教师重点注意夯实学生英语语言能力基础。在日常教学中，三个培训阶段的授课方向，主要分为语法部分和阅读部分。语法部分包括词汇和句法的讲解。单词部分，教师会组织背诵，默写高考、四六级单词表，每次上课布置背诵范围，下节课默写。句法部分，初、中、高级分别学习定语从句、名词性从句、状语从句、非谓语动词、倒装句、虚拟语气等知识点。阅读部分，随着年级的增长，选材来自高考和四六级，甚至外刊原文阅读，主要用于拓宽学生的知识面，通过不同种类的材料，提高学生的兴趣。

科普英语比赛是一种有效的教育工具，它能显著提升参与者的英语语言能力，同时增强科学知识和跨文化交流技巧。在整个比赛过程中，第一，学生可以扩大词汇量。参赛者为了准确地用英语描述科学概念、实验和原理，会主动学习大量的专业术语和日常科学词汇，这有助于扩大他们的词汇量。第二，学生必须掌握语法和句法结构。在准备演讲或书面报告时，参赛者须注意英语的语法正确性和句子结构的合理性，以确保信息传达的清晰性和准确性。

首先，学生的听力和口语技能得以提高。参加科普英语比赛意味着需要听懂并回应评委和观众的问题，这极大地锻炼了听力理解能力和即时口语反应能力。在演讲中,流利的口语表达也是评分的重要标准之一。第三,学生的阅读理解能力得到锻炼。为了准备比赛,参赛者通常需要阅读大量英文资料,包括科学文章、研究报告和书籍,这有助于提高阅读速度和理解深度。第四,提高写作技巧。撰写演讲稿或提交书面作品的过程是提升写作技巧的好机会,参赛者可以学习如何构建段落、使用连接词和表达复杂思想。

在解读科学信息时,参赛者需要运用批判性思维分析数据和理论,这不仅提高了英语语言技能,也增强了逻辑推理和分析能力。同时,科普英语比赛优化学生的文化意识。科普英语比赛通常吸引来自不同文化背景的参与者,这有利于选手了解并尊重多元文化,学会在跨文化环境中有效沟通。

3. 优化研究性演讲能力

指导教师也会根据学生的课堂表现和不同阶段的需要,对日常的培训内容进行调整。比如,在复赛阶段,比赛对学生的口语表达能力陡然提升。对进入复赛甚至决赛的选手,华育中学英语竞赛团队会根据学生提出的计划提案,配置不同的指导教师,甚至协同科学教师一起对学生进行辅导。在本阶段,主要分为三个步骤指导学生的研究型演讲。第一步,演讲选题。为了锻炼学生的演讲能力,教师会安排学生在学期初,就自己感兴趣的科学话题,如物质、宇宙、人工智能、纳米材料等科学话题进行自主筛选。第二步,论文指导,教师引导学生搜集和阅读相关领域的文献,包括学术论文、书籍和权威网站上的资料。分析前人的研究成果,识别研究空白,确定论文的独特贡献。将分析结果与文献综述中的理论和前人研究成果进行对比,讨论研究发现的意义。教师鼓励学生在科普英语论文撰写过程中,提出自己的结论与建议,总结自己研究的主要发现,重申研究的重要性。提出基于研究结果的教育策略或政策建议,指出未来研究的方向。第三步,演讲指导。教师给学生提供充足的准备时间,如学期初安排学生选题,期中考试后,专门安排 1～2 节课的时间,让每位学生进行现场展示。面对自己感兴趣并且做过认真研究的话题，每个学生都热情洋溢，激情满满。学生仔细阅读科学文献，认真设计舞台展示，严谨撰写文稿，台上的表现常常超过教师的预期。整个流程下来，学生对科普英语比赛的活动有了直观的认知与感受。

进入复试阶段后，教师主要培养学生的案例写作能力、英语演讲能力和舞台表现能力。教师根据往年优胜的案例文本和演讲视频，与学生一同研究讨论，激发学生的兴趣。随着生源情况的调整，之前的材料与内容也许并不能完全沿用，华育中学英语竞赛团队将持续根据学生的不同情况，对教学内容进行及时调整。

五、科普竞赛活动总结与反思

上海市科普英语竞赛举办数十载，在一代又一代中学生的心灵中埋下了科学的种子，经过比赛的浇灌而生根发芽，为他们后来科研和语言的发展打下了坚实的基础。上海学生对科普英语竞赛是有感情的，也是有收获的。在带领华育学生一年又一年参赛的过程中，华育中学英语竞赛教师团队也在不断壮大。

建议有一本可以用作平时学习、训练的参考教材，给学生普及科普知识，或者根据每年比赛的情况定期提供一些优秀案例给教师用作教学参考，指明备课的方向。希望看到较为详细的案例分析，如根据选手参赛视频，针对性地具体分析其优劣之处。建议评委教师或专业科学教师多给参赛选手开讲座，做培训，培训科学研究的流程、方法，学术写作的范式，科学知识展示的技巧等。专业教师的一手培训，比英语教师的二手资料转达更高效，使学生吸收得更好。建议主题范围更明确一些。关于“科学之思”与“科学之创”的定义，学生并不是特别明确。如果有两个方向的分类，学生会担心放在一起比较会有偏颇，如“科学之创”更容易看到成果，而“科学之思”比较平淡。如果一定要有两个方向，建议两类分组后进行比较。建议在比赛内容的设置方面，对学生英语能力、演讲水平的要求和对科普知识及技能的要求相匹配,使学生在英语和科普方面的能力和特长都能充分发挥。

通过科普英语讲座培训,教师和学生深刻认识到在科普英语培训的过程中除了关注英语语言本身之外,更加需要关注如何发挥英语的媒介作用,培养学生早期的科学热情和科学认知,进而引导学生进行科学研究。后者对英语教师来说其实是巨大的挑战,因为涉及英语与科学专业的跨领域合作,目前的培训主要由英语学科教师来承担指导任务,这会使培训偏向语言方面的指导,如果想要全面地指导学生进行科学研究,则需要跨学科教师进行专业指导,如物理教师或科学教师等,如何有效地开展跨学科合作,合力指导学生进行科普研究项目是一个值得探讨的问题。希望能有类似的相关培训可以从实践层面指导跨学科教师联合指导学生进行英语科普课题研究。① 以上是华育中学英语竞赛团队一线教师结合这几年指导学生备赛过程中总结的问题,也是学生呼声最大的几个困惑。期待通过我们的通力合作助力学校和学生,呵护好学生心中对科普知识的兴趣和热爱。

上海市中学生科普英语竞赛的宗旨是以英语为载体,在中学生中间普及推广基础科学知识,培养中学生的科学素养,激发他们热爱科学、勇于探索未知世界的兴趣,让学生在双语学习的过程中完成开展科学调查和研究、开展科学小课题研究、撰写科学报告等学习任务。该项活动在锻炼学生的创新意识和英语实践运用能力方面发挥着独特的教育价值,是对校内科学教育与外语教学活动的有益拓展和延伸。我们期盼上海市中学生科普英语竞赛越来越好。

---

① 席晓萍.从科普英语到英语科普的转型:青少年主题式学习研究[M].上海:上海辞书出版社,2020.

初中英语原版阅读的分层教学策略探析

王小琛[①]

摘　要:为了解决传统教学“一刀切”模式带来的问题,分层教学法被运用到教学实际中。将分层教学法应用于初中英语教学能调动学生的学习积极性。英语教学不应只囿于教材,原版阅读语料的教学在提高学生语言核心素养方面起到重要作用。要从教学目标、阅读材料选择、教学过程等各个环节进行分层设计。基于原版阅读的重要性和分层教学的实际情况,本文探讨原版阅读的分层教学策略,探究有效的初中英语原版阅读的分层教学模式。

关键词:初中英语;原版阅读;教学策略;分层教学

一、研究背景

1. 分层教学法的内涵及应用

在传统教学模式下,“一刀切”式的教学方法的弊端常常被人诟病。“一刀切”的教学方法忽略了学生的个体性差异,忽略了学生的主体性,甚至会打击学生英语学习的信心。在此背景下,分层教学逐渐成为教师关注的教学方式。早在2500年前,孔子就说:“中人以上,可以语上也;中人以下,不可以语上也。”实际上也就是后人归纳的“因材施教”。因材施教主张根据每个学生的认知能力、思维能力、特长志趣等方面,选择适合学生特点的学习方法进行有针对性教学,

---

① 作者简介:王小琛,上海市民办华育中学英语学科教师,中学二级教师,主要从事中学英语教学研究.

使每个学生扬长避短,从而达到激发学生学习兴趣,树立学生学习信心,并最终促进学生全面发展的目的。分层教学便是因材施教的教育理念在现代的具体实操指导,是对学生学习的科学的、系统的教学方法变革。实施分层教学的前提是教师要充分了解学生的个体差异,充分利用一切教学资源,将不同层次的学生和教学资源进行有效匹配。通过教学目标分层、教学过程分层、教学评价分层等各个环节,让不同层次的学生在课堂中学到知识。当前,分层教学法已经成为热门话题,对其进行的研究层出不穷。分层教学法已经在实际教学中得以尝试和运用。笔者任教学校目前就在实施分层教学。

2. 课程资源囿于教材的弊端以及原版阅读的重要性

在过去相当长的时间里,由于学习资源匮乏,英语教学主要局限于围绕教材开展的课堂教学活动或课后作业与练习。现在英语学习资源越来越丰富,但囿于英语教材的教学仍然十分普遍。① 尽管新课程标准对支撑各科教学的课程资源作出了明确的规定,但教学实际中围绕教学任务,教师过于依赖教材和教师用书、教辅资料的情况没有得到根本的改变。②

根据新课程标准,初中英语阅读教学的目的是让学生乐于阅读,帮助学生养成阅读兴趣,培养学生良好的阅读习惯。使学生通过阅读训练,掌握基本阅读方法——根据上下文理解词义、预测故事情节、对内容进行概括总结等。让学生在阅读中形成语感,让学生整体把握阅读文本,体会英文的美感和接触多元文化。

受教材容量的限制,所选语篇往往篇幅短小且在真实性、地道性、完整性和多样性方面略有欠缺。因此,引导学生大量阅读课外原版语言素材,更能帮助学生真正享受英语阅读。可以说,原版阅读是

---

① 梅德明,王蔷.义务教育英语课程标准(2022 年版)解读[M].北京:北京师范大学出版社,2022.

② 张廷凯.基于课程资源的有效教学研究[J].课程教材教法,2012(5):3-7.

二语习得的重要材料。第二语言习得（Second Language Acquisition）是指个体在母语习得后的任何其他语言学习。二语习得研究的是如何学习和掌握第二语言。斯蒂芬·克拉申（Stephen D. Krashen）是著名的美国语言教育家，他毕生致力于第二语言习得的研究。1985年，克拉申在其著作《输入假说：理论与启示》中提出了五个假说：习得与学习假说、自然顺序假说、监控假说、输入假说和情感过滤假说。这五个假说总称为输入假说理论。这一理论被认为是在第二语言习得的研究中影响力最大的理论。他的语言输入假说理论认为，语言学习者通过接触大量的目标语言习得语言。这里的目标语言是对初中英语教学和学习而言的，即英文。由此可见，接触大量的原版语料对中学生的英语学习起着至关重要的作用。

3. 分层教学背景下的阅读教学

在新课程改革的背景下，初中英语教学也有重大的变革。传统的英语教学模式已经不能满足学生多样化的学习需求。随着教育改革的不断深化，英语分层教学应运而生。作为一种更为灵活、个性化的教学方法，分层教学针对不同层次学生的需求，实施分层教学步骤，对学生学习产生积极影响。基于学生的英文基础，在入学初进行英语水平评估，将其划分到对应层级，将学生按照英文整体素养由高至低分为A、B、C三个层级。

A层学生通常具备良好的语言学习基础和语言学习能力。他们在词汇量、阅读能力、语言表达等方面更胜一筹。A层学生往往较早接触英语，并长期有英语输入。这种输入既包括对原版语料的阅读，也包括口头交际环境以及音乐、电影等多种形式的语言输入。A层学生对原版阅读的接受能力更强，学习能力也更强。

相比于A层学生，B层学生对英语的整体把握能力相对低一些。B层学生在词汇量和阅读能力方面较A层学生更低一些。他们能读懂相对简单的语言材料，具备一定的概括和表达能力。

C层学生的词汇量水平和英语阅读能力都较低，有些C层学生的词汇量不足以支持他们对任何较长篇幅的文本进行有效阅读。C层学生对英语的接触时间较短也较晚,往往对英语学习的兴趣也不浓厚,甚至有抵触情绪。

在分层教学的阅读实践中,教师应根据A、B、C三层学生的基本和普遍情况挑选适合的原版语料,设计有效的课堂环节,布置对应的评价作业。不可采取"一刀切"的方式,对A、B、C三层的学生采用完全一致的阅读教学。

二、研究意义和价值

1. 原版阅读有助于提高学生核心素养能力

《义务教育英语课程标准(2022年版)》明确指出:"义务教育英语课程体现工具性和人文性的统一。"义务教育英语课程要坚持因材施教,培养英语学习者的语言能力、文化意识、思维品质、学习能力等核心素养。要帮助学生在真实语境中打下扎实的语言综合运用的基本功。要帮助学生树立国际视野、人类命运共同体意识和多元文化意识等。相比于国人编写的英语教材,原版阅读在给学生创造真实的文化语境、提供地道的语言表达等方面有着不可替代的重要作用。原版语料,尤其是原版名著,在作者创作的时代背景下诞生,投射出西方世界在作者写作时的时代特征和文化特色。在阅读原版语料时,学生可以结合对作者创作时期西方历史和文化的了解,更深层次地理解文学创作与时代的关系,理解作品背后的文化内涵。通过阅读真实语料,学生可以深入体会中西方文化的差异,进而提高自身的思维品质。

2. 原版阅读分层教学提高了教学的针对性和有效性

受不同语言学习环境和基础的影响,学生在语言学习能力上有巨大差异。原版阅读分层教学为语言基础较好的A层学生提供更多接触原版语料的机会,为他们提供更具有挑战性的阅读材料,让他们在丰富的原版语言资源中，进一步拓宽知识面，激发他们的学习潜力，从而提高他们对中西方文化差异的理解。对语言基础一般的B层学生而言，原版阅读分层教学可以作为他们日常英语学习的重要补充，通过阅读原版语料，B层学生可以初步体会英文的美感，体会实际运用中的语言素材如何帮助作者表情达意，进一步提升B层学生的语言学习兴趣，促进他们语言能力的提高；对基础最为薄弱的C层学生而言，可以选择更简单的材料，确保他们在学习中能顺利进展并有所收获，通过适合他们的原版材料阅读，帮助他们对英语句子的构成形成基本概念，对篇章中语句的关联形成初步体会，同时，初步体会到语言学习的乐趣——利用外语，深入其他文化环境，初步领略其中的乐趣。

经过一段时间实践的原版阅读分层教学后，学生能提高对语言的整体把握，这将有助于他们对课内知识的背诵记忆，也有助于他们在考试中应对阅读理解等题目。

三、原版阅读分层教学策略

1. 学生分层——合理分层，注重学生的动态发展

学生是课堂的主体，教师在对学生进行分层时，不仅要考虑学生目前的英语学习能力和水平、学习习惯等，更要将学生视为动态发展的个体。因此，学生的分层不是一成不变的，而应根据课程教学要求，制订合理科学的课程学习目标，对学生进行全面的评估，并根据评估结果对学生进行重新分层。原版阅读课的分层可以参考学生英文分层的结果，将学生分为A、B、C三个层级。

2. 教学材料分层——兼顾难度梯度与学生的学习兴趣

分层阅读的成功实施离不开对分层材料的慎重选择。原版分层教学材料应充分考虑不同层次学生的水平和需求，选择不同难度的文本。比如，对C层学生而言，简单的短篇文章更符合他们的需求；

对A层学生而言,难度适度的新闻报道以及更有挑战性的小说片段更为合适。除了分层材料的难易区别,教师还应注意分层材料的内容可以涵盖多个领域,以适应学生不同领域兴趣的需要,激发他们的阅读积极性。分层材料可以涉及科学知识、人类历史、文学艺术、自然环境和人类社会等多个领域的内容。帮助学生在阅读中拓宽知识面。此外,教师还应注意所选材料的互动性,如选取容易引发学生共鸣的材料,选取可以激发学生探讨的语篇材料等。

3. 教学目标分层——从知识、能力、情感三个维度入手

针对不同层次学生,教师不仅要关注教学材料的选择,也要设置不同的教学目标以指导不同层次学生的学习。原版阅读教学作为英语常规教学课程的补充,课堂教学目标也可参考常规课本教学目标的设定,从知识、能力和情感三个维度进行目标设定。例如,对同一文本,C层学生要求掌握一些重点词汇,能理解文章大意,能梳理文章大致结构;B层学生能在C层学生目标的基础上,在语法和语用层面更进一步,能联系实际生活或中国文化进行对比,实现情感上的延伸;A层学生则应在上述基础上,熟练运用材料中的表达,并进行语言输出——通过口语或写作的形式,对A层学生在能力和情感层面都提出了更高的要求。

4. 教学过程分层——根据学生的水平进行任务设计

英语阅读教学常常采用任务型教学法。在教学活动中,教师围绕特定的交际和语言项目,设计具体的、可操作的任务,学生通过表达、沟通、交涉、解释、询问等各种语言活动形式来完成任务,以达到学习和掌握语言的目的。在初中英语原版阅读的教学中,教师在进行教学设计时,应根据学生进行不同层次的任务设计,在设计课堂任务时,应充分考虑学生的语言水平。对英语基础最好的A层学生而言,可以在选用难度相对较高的文本材料的基础上,设计更有挑战性的任务,促进A层学生对文本的深入思考,引导他们对文本进行深度分析。对A层学生的课堂任务应更加侧重于开放性问题,鼓励A

层学生对文本进行解释，探讨文本的内涵，理会作者的思路和意图，并提出自己的思考，从而激发A层学生的批判性思考能力，即更加侧重教学中能力和情感层面。对语言能力中等的B层学生，教师可以设计与文本结合比较紧密的综合性任务，让学生在课上通过小组讨论等形式，提高和培养听说读写多方面语言技能。对C层学生，也就是英语水平相对较低的学生，原版阅读任务应更多关注于理解文本信息，设计提取文中关键词，总结段落，理解句意等，从而使C层学生能提高他们对英语的整体把握，培养他们学习英语的兴趣和信心。接下来，笔者简要举例，针对不同层次学生的原版阅读文本，如何进行课堂任务设计。

（1）针对A层学生的原版阅读教学任务设计，注重开放性任务设计——以“*Harry Potter and the Goblet of Fire*”为例

“*Harry Potter and the Goblet of Fire*”（《哈利·波特与火焰杯》）是J.K.罗琳创作的长篇小说，是哈利·波特系列的第四部。本书主要讲述了哈利·波特在霍格沃茨魔法学校经过三年的学习和磨炼，逐渐成长为一个出色的巫师的故事。这部作品语言地道，情节紧凑，有大量的环境和心理描写，对阅读者的词汇量和英文阅读能力要求较高。因而以此为例探究针对A层学生的原版阅读教学。

在阅读课开始前，教师提前将语言素材发给学生，辅之以对应两个章节的基本故事情节和重要细节的Q&A作为导读，使A层学生在课前充分阅读文本并完成相关题目。题目涉及对情节大意的把握，结合文段对人物性格特点的分析，对故事后续情节发展的预测等。

例如，这里是一段该书引言中的话：

There will be three tasks, spaced throughout the school year, and they will test the champions in many different ways—their magical prowess, their daring, their powers of deduction—and, of course, their ability to cope with danger. The Tirwizard

Tournament is to be held at Hogwarts. Only wizards who are over seventeen are allowed to enter—but that doesn't stop Harry dreaming that he will win the competition. Then at Halloween, when the Goblet of Fire makes its selection, Harry is amazed to find his name is one of those that the magical cup picks out. He will face death-defying tasks, dragons and dark wizards, but with the help of his best friends, Ron and Hermione, he might just make it through-alive!

针对这段话,教师可以设计的课堂问题包括:

1. How many tasks do the challengers need to take?

2. What're the purposes of testing the champions in different ways?

3. According to the rule of the tournament, only wizards who are over 17 are allowed to enter, but that doesn't stop Harry dreaming that he will win. From this, can you describe Harry Potter?

4. Will you take the challenge if you know you'll probably die? And why?

课前问题的设计从基于语篇的基础性问题,到根据人物角色行为推断其性格,再到联系读者自身的开放性问题,为A层学生提供充分的思维发散空间。第三个问题,涉及对小说中人物性格的分析,需要学生结合前期阅读中对小说中人物性格的理解来进行作答。第四个问题更为开放,要求学生换位思考,如果自己在明知接受挑战可能要付出生命的代价时,是否会继续挑战。这样的问题不仅促进学生对第三个问题中探讨的角色性格进行更深入理解,也进一步激发他们对人生观和价值观的思考。要求学生在课堂上对这样的问题发表见解,实际上对学生的语言能力提出很大的考验。

(2) 针对B层学生的原版阅读教学,注重英语综合能力的提

升——以 Stuart Little 为例

Stuart Little(中文译名《精灵鼠小弟》)是适合入门级英语学习者阅读的英文原著，故事奇幻有趣，并且被拍成电影搬上银幕，是适合初中生提升英语水平的原版书籍。书中，小老鼠被领回家时，被家里的猫咪 snowball 视为眼中钉。正巧，妈妈洗衣服时把脏衣服裹着 Stuart 一起扔进了全自动洗衣机。洗衣机开始进水，清洁剂也流进去了，好不容易等到洗衣房的门开了，等来的却是那只不共戴天的猫……

Stuart：Snowball！Thank goodness you're here. I'm Locked in the water！Can you help me? Can you Turn this thing off?

Snowball：Why would I turn it off? It's my favorite show.

Stuart：That's funny. Snowball. You can't leave me！

Snowball：Talk to the butt.

Stuart：Where are you going?

Snowball：I've gotta stare at traffic，yawn，lick myself. And believe me，that could take hours if do it right.

这段故事情节妙趣横生，小猫与小鼠的对话风趣幽默，很容易引起学生的兴趣。教师在给 B 层学生进行阅读讲解时，可以将诸如"Turn it off""Turn this thing off(关闭电器)""stareat(凝视，注视)"等语言表达以猜测提问的形式，引导学生依据上下文猜测理解，随后予以讲解。同时，教师可以在这个部分阅读结束后，将电影版本的片段展示给学生。课堂任务设置可以是片段配音或表演。这样的课堂任务既提高了学生对语言知识的熟练程度，又兼顾了听说能力的提高。

(3) 针对 C 层学生的原版阅读教学，注重对文本信息的理解——以 New Berry Series 为例

纽伯瑞儿童文学奖(Newberry Medal)又称纽伯瑞奖，每年颁发一次，奖励上一年度出版的英语儿童文学优秀作品。获奖作品的水

准是举世公认的。因其面向的阅读群体为儿童,因此获得该奖项的文学作品在语言上更为生动,句子更为简短,故事篇幅也不会太长,因而更适合英语入门级学生阅读。诸如"The Story of Mankind""The Voyages of Doctor Dolittle""Number the Stars""Strawberry Girl""King of the Wind"等均属于该系列内容。

在原版阅读教学过程中,教师注重学生对文本信息的理解和对文本的整体把握,并培养学生基本的阅读能力,如根据上下文猜测词义等的阅读能力。

例如,在"Strawberry Girl"一书中有如下语段:

Strawberries-big, ripe, and *juicy*. Ten-year-old Birdie Boyer can hardly wait to start picking them. But her family has just moved to the Florida backwoods, and they haven't even begun their planting. "Don't count your biddies' fore they're hatched, gal young un!" her father tells her.

Making the new farm prosper is not easy. There is heat to suffer through, and droughts, and cold snaps. And, perhaps most worrisome of all for the Boyers, there are rowdy neighbors, just itching to start a feud.

在进行该语段的教学时,教师可对第一句话中斜体单词"*juicy*"的含义,要求学生猜测。引导学生根据下文"... can hardly wait to start picking them"联想到草莓一定是无比诱人的,引导学生根据生活实际,联想一颗诱人的草莓是什么样子的。引导学生根据已有词汇储备"juice"进行相关词的联系,最终猜测该单词的正确含义。

在新课程改革的背景下,分层教学法能满足不同学生的学习需求,尊重学生主体性。通过把分层教学法运用到初中英语原版阅读的授课过程中,可以满足不同英文水平学生的学习需求,为不同层次的学生创设更为地道的英语学习环境,提供更多接触地道英文的机会。在利用分层教学法设计初中英语原版阅读教学课程时,教师要注重阅读材料的分层化，从难易程度和学生的兴趣等方面入手，选择合适的阅读文本。同时，教师也应对教学目标和教学过程等进行分层设计，尤其要注重对课堂任务的分层设计。对 A 层学生而言，要注重引发学生深度思考，发展其思维品质，课堂任务应更侧重开放性问题；对 B 层学生的原版阅读教学，侧重学生整体语言能力的提高和培养；C 层学生的原版阅读教学则注重学生对文本的理解，提高学生对语言的整体把握，让学生掌握基本的阅读能力，培养学生的阅读兴趣。当然，在具体的教学实践中，教师还应根据学生的实际接受情况，灵活调整阅读素材的选择和课堂环节的设计，以学生为主体，从而让学生在语言学习的过程中获得更多的主动权。

"新课程"背景下基于情景教学法的初中英语教学模式

王圆钰[①]

摘　要:随着全球化的发展,社会对英语能力的要求也在不断提高。在英语教学中,学生能力发展的黄金阶段就是初中学习阶段。随着以培养学生学科素养为目标的新课程改革的深入,教学方法也越来越多样化。情景教学法在初中英语教学中的应用,可以有效激发学生学习英语的兴趣,提高学生学习英语的积极性,让学生亲身体验情景教学;还可以帮助学生发现英语的魅力,培养学生对英语学习的兴趣。

关键词:教学情景;初中英语;教学模式

一、初中英语教学引入情景教学法的缘由

随着社会信息化的深入和中国与世界的融合,英语的重要性日益突出。[②] 从定位上看,初中英语学习正处于一个关键时期,做好初中英语学习对学生的发展具有重要意义。[③] 新课程把更新教育教学观念放在首位,强调激发学生的学习兴趣,重视高效课堂的建设。它强调课程目标中知识与技能、过程与方法、情感态度与价值观的整

---

① 作者简介:王圆钰,上海市民办华育中学英语学科教师,中学一级教师,主要从事中学英语教学研究.

② 崔淑霞.情景教学在初中英语教学中的应用研究[J].文理导航,2020(28):1.

③ 李乃.浅谈情景教学在初中英语教学中的应用[J].当代家庭教育,2021(7):372.

合，注重从知识本位向学生发展本位转变。① 在传统教学中，学生需要用大量的练习来掌握英语知识，这给学生带来一定的学习负担，造成英语课程不受学生欢迎。这也影响了学生学习这门课程的兴趣和积极性，给英语课堂教学带来一定的阻力，影响了中学英语教学的质量。② 随着新课程改革的进一步推进，如何使课堂教学更加有效，如何将新课程标准的理念、方法和手段运用到日常教学中，越来越成为每位教师关注的焦点。③ 在这种背景下，英语教师在初中英语课堂教学中应采取适当的方法和策略，打破以往的教学方式，努力营造充满趣味性、生动性和高雅性的课堂教学氛围，以提高学生的学习主动性。

初中英语教学主要是由小学的口语教学向语法教学转变，起到承前启后的作用。④ 在初中英语课堂教学中，加强有效教学的研究，提高其教学效果是当前课程改革的方向。语言的学习离不开情景，在情景中激发学生的情感共鸣，同时了解如何使用语言，如何避免因语言差异造成的冲突。高效的学习方法对学生来说是非常重要的。⑤ 情景教学法是新课程改革下教师充分发挥学生主体地位的一种常用方法。教师根据中学生的特点，结合学科特点和教学需要，利用情感与认知的关系，创设各种直观的、能引起学生情感共鸣的情景，引发学生的主动体验，使学生在参与中获得知识，提高能力。⑥ 这种教学方法在教学领域得到了广泛的应用，也在一定程度

---

① 曾艺文.浅析情景教学法在初中英语教学中的应用[J].亚太教育，2021(1):2.

② 卢晓静.浅谈情景教学法在初中英语教学中的应用策略[J].文理导航，2021(19):1.

③ 张桂林.情景教学法在初中英语教学中的应用[J].甘肃教育，2018(9):1.

④ 姚惠静.情景教学法在初中英语教学中的应用分析[J].考试周刊，2020(28):2.

⑤ 卢晓.情景教学法在初中英语教学中的应用[J].校园英语，2020(5):1.

⑥ 陈琳.情景教学在农村初中英语教学中的应用[J].西部素质教育，2018(13):1.

上提高了教学效果。只是在初中英语课堂上还存在很多教学问题。因此,教师迫切需要正视情景教学法的应用价值,采取有效策略创设情景教学,增强初中英语教学的持续动力。[①] 本文在初中英语教学中实施情景教学法的基础上,探讨了如何在英语教学中实施情景教学法,促进初中生英语核心素养的培养。只有将情景教学法与初中英语教学相结合,才能极大地提高学生的英语学习兴趣,进而实现英语教学的目标。

二、情景教学法的内涵和优势

情景教学法是指教师通过预设与课本内容相关的生活情景,用生动有趣的形式让学生在情景中学习和掌握知识。[②] 让学生在轻松愉快的心情下快速学习知识,在训练中培养学生的核心素养。教师的积极引导和学生的热情配合可以调动整个课堂气氛,提高学习效率,使学生加深记忆,更好地理解和记忆所学知识。合理的情景教学法可以使学生积极参与课堂教学,感受课堂气氛,增加英语学习的体验感。同时,学生在情景中使用单词、语法和句型时,会更加得心应手。只有在情景中,学生才能突出自己的主体地位,在更自由、更民主的空间里主动获取英语知识。

初中阶段是学生身心发展的黄金时期。掌握一门外语可以使他们的语言表达和思维能力提高到一个更高的水平。然而,传统的教学方法早已难以满足新时期英语教学的发展需要。如果教师继续使用教学效果不佳的教学方法,就会限制学生英语水平的有效提高。在初中英语教学课堂上采用情景教学法是一种趋势。

---

① 王燕燕.初中英语教学中的情景教学法[J].中国农村教育,2019(30):1.

② 谭晓琴.智慧课堂中的初中英语语法情景教学法探讨[J].东西南北中,2020(6):220-222.

三、情景教学对中学英语教学的意义

英语不仅是一门记忆与实践相结合的语言学科，也是一门包罗万象、内容广泛的知识学科。[①] 学好英语，不仅可以帮助学生扩大知识面，提高文化素养，而且有利于增强学生的竞争力，为今后的发展打下良好的基础。为了突破传统中学英语教学模式带来的桎梏，越来越多的英语教师引入情景教学法，对英语教学产生了多方面的影响。情景教学可以帮助学生更好地使用英语。再加上多媒体的视觉和听觉感官体验，可以更好地促进学生英语水平的提高，极大地促进学生对英语知识的理解和对英语应用能力的掌握。情景教学课堂的教学理念影响很大，使教师改变了传统的教学模式，同时课堂活动增多，学生成为主体的教学目标得以实践。教师鼓励学生在课堂上和课后参与讨论活动，不仅要运用书面表达，还要抓好口语训练。适当的情景氛围让学生更轻松地表达，这也是情景教学的优势所在。它可以提高学生的学习自信心。有效的自信心可以保证学生各科学习水平的不断提高，各种能力都会在学习中得到提高。此外，在初中英语教学中应用情景教学法，教师可以根据学生不同的生活经历，设计不同的生活场景，从而确定学生的学习情况，进行有针对性的调整，实现因材施教。在学习效果方面，情景教学可以为学生提供在实践中运用知识的机会，使学生进一步了解知识的本质，不断提高学习能力。

四、基于情景教学法的初中英语教学模式的构建

1. 转变教学思路，创设自主学习情景

在传统的英语课堂上，大多数是教师讲，学生记。在这种模式

① 赵燕.交际法下初中英语语法教学的实践与思考[J].英语教师，2020(1):3.

下,学习单词、句子或课文是非常枯燥的。情景教学模式的实现,也带来了教师模式的改变。教师要立足于情景教学课堂的教学目标,从过去的以知识为中心转向促进学生发展,更新教学观念。这就实现了从"教"到"学"的转变。教师利用信息技术创设教学情景,是目前创设情景教学的一种非常普遍而有效的方法。通过构建情景,教师可以将课本上的知识以新颖的方式呈现给学生。课堂是动态的、开放的,不仅是预设的课堂,而且是活生生的课堂。生成性情景是指在教学中随着教学内容的发展而产生的具体情景,它包含教师的教学方法、学生的学习方法和教学中的问题等因素。新课程改革倡导"以教师为主导,以学生为中心"的教学理念,要求教师尊重学生学习的主体性,多与学生交流,尝试用学生感兴趣的方式进行教学。这样不仅可以提高教学效率,还可以使学生爱上英语,愿意主动学习。基于情景教学法的英语教学过程分析如图1所示。

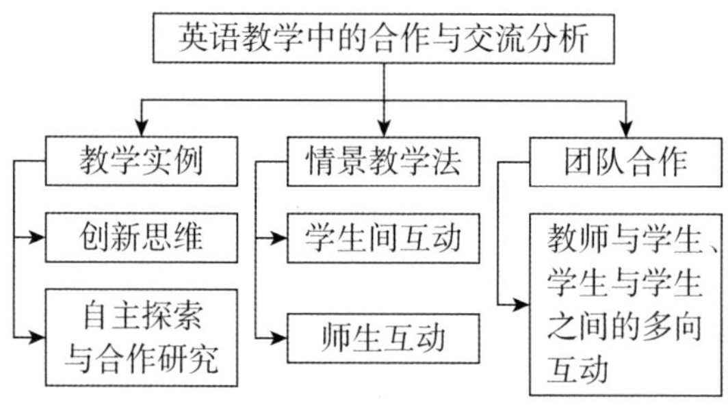

图1 英语教学过程中的合作交流分析

构建初中英语高效课堂,教师应改变传统的教学环境和教学方法,积极创设与教学内容相适应的生动的教学情景,使相对枯燥的英语知识具有活力和灵性,让学生在轻松、和谐、愉快的氛围中饶有兴趣地掌握英语知识。作为一名初中英语教师,只有从根本上转变教学观念,结合教学实际,设计合适的情景,充分发挥学生在课堂上的中心地位,把以学生为中心的教育理念融入实际教学中,才能更好地在实际教学中体现出合作情景教学法的价值。在初中英语教学中,情景教学法可以根据学生的实际生活为他们创造一个有趣的教学环境，让学生真正认识到英语在人们现实生活中的应用和重要性，激发他们学习英语的热情。此外，教师应利用多媒体网络资源的优势，拓展相关的单词、句子和语法，从而提高学生的认知和理解能力，有效提高教学质量。

2. 培养学生的学习兴趣的行动情况

兴趣是最好的老师。情景教学法能很好地激发学生学习英语的兴趣，为教师接下来的教学打下良好的基础。为了更好地满足学生的学习需求，教师可以在课堂上构建表演性情景，全方位地培养学生的学习兴趣。同时，在英语课堂上，为了提高课堂教学效果，教师应采用情景教学法辅助教学，根据教学需要，合理创设媒体情景。在设计情景教学时，教师不仅要满足学生学习语言的基础知识，还要满足学生交流的需要。使用各种实物教学可以提高学生的课堂参与感，教师可以在课前准备好各种实物，然后在课堂上使用。在情景创设教学中，教师还可以通过师生对话的方式在师生互动中创设有效的教学情景。最好的设计是注意情景的生活场景、表演场景。这样，就可以为学生提供一个可以灵活运用所学词汇和句型，完成交流的情景，从而提高学生的口语交际能力。在英语课堂教学中注重情景课堂形式的创设对提高英语课堂效果具有重要意义。作为一名初中英语教师，要借助问题情景的创设培养学生的英语思维，让学生主动学习，充分发挥问题情景在英语教学中的作用。

3. 实施激励性评价，提高学生的情感体验

中学英语教学的开展有一定的难度。情景教学法在初中英语教学中的应用，对进一步减轻学生的学习压力，提高课堂活力具有重要作用。初中生正处于思维最活跃的阶段。在这个阶段，他们对社会充满了好奇心，对各种新兴游戏非常感兴趣。教师可以利用这一特点，将游戏引入课堂，实施激励性评价，增强学生的情感体验。初中生活泼好动，有强烈的表现欲和竞争意识。为了激发学生的参与热

情,教师可以把学习任务设计成"闯关游戏",让学生互相竞争"闯关",从而加深他们对学习内容的理解。同时,为了使学生在课堂上保持充沛的精力,教师应以欣赏的态度对待每一个学生,制订符合学生实际、体现学生个性的教育目标和教学方案,给每个学生充分展示自己独特才能的机会,在实现目标的过程中找到自我,体验成功的喜悦。英语口语评价的过程如图2所示。

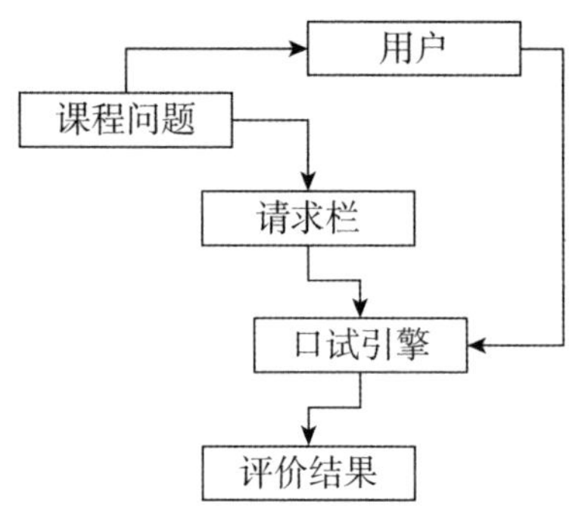

图2　英语口语评价过程

情景教学法对中学英语教学产生了很多影响,其教学效果也比较好。在实际教学过程中,教师可以根据实际情况进行调整,使整个教学更加合理。同时,情景式话题要与时俱进,让学生始终保持对英语学习的热情,真正融入情景式教学中。在这个过程中,他们可以更好地学习英语,掌握英语。

五、研究结论与思考

目前,我国的教育体制不断更新,传统的英语教学模式已经难以适应当前的发展需要,学生对英语学习也提出了更高的要求。因此,英语教学模式的改革就显得尤为关键。任何一种教学方式都是为了提高学生的学习兴趣,让他们学到知识与技能,这是初衷和希望。同时,高效课堂的构建也是新课程背景下初中英语课堂教学的不懈追求。情景教学法在英语教学中的应用可以有效提高课堂教学效率，为学生的英语学习提供更高效、更有趣的形式。情景教学将学生的知、情、行有机地结合成一个整体，为学生创造了广阔的想象空间，不仅使学生深刻理解教材内容，而且提高了学生的综合素质。然而，任何教学方法都有其适用范围和局限性，情景教学法也是如此。在新课程背景下的情景教学法应用中，教师要把握好情景教学的核心，围绕这个核心进行有针对性的教学，让学生在英语学习中找到乐趣和满足感。同时，教师要不断提高自身的综合素质，不断学习，加强自身的专业能力，为英语情景教学模式的顺利实施做好准备，以满足初中生对英语课堂的个性化需求。（原论文 Analysis of Middle School English Teaching Mode Based on Teaching Situational Method Under the Background of New Curriculum 发表在 International Journal of New Developments in Education，被 CNKI 数据库收录）

以第二课堂为载体提升学生英语综合能力的实践探究

张　琳①

摘　要:以第二课堂为载体,深入探究有效提升学生的英语综合能力的实践路径。设计并实施一系列与英语学科紧密相关的课外实践活动,不仅丰富了学生的学习体验,也显著提高了他们的英语听、说、读、写能力。

关键词:第二课堂;英语综合能力;课外实践活动;听说读写能力

随着全球化时代的到来,英语能力在现代社会中的重要性毋庸置疑,其影响力广泛渗透到教育、职业、国际交流以及个人发展等多个方面。学习英语需要付出努力和时间,通过这个过程,学生可以锻炼自己的毅力、自律和学习能力,在许多行业和职业中,英语已成为基本技能之一。然而,传统的英语课堂教学往往受限于课堂有限的时间和教学大纲的要求,无法全面满足学生的需求。因此,本文旨在探讨如何利用第二课堂活动来提升学生英语综合能力,以期为初中英语教育提供新的思路和方法。

一、初中学生英语学习面临的问题

在摇号入学的大背景下,学生之间的英语水平差异巨大是一个普遍存在的现象。这种差异可能是由多种因素造成的,包括但不限

---

① 作者简介:张琳,上海市民办华育中学英语学科教师,中学一级教师,主要从事中学英语教学研究.

于以下几个方面:①家庭背景和教育环境的差异。不同家庭对子女英语教育的重视程度和投入程度不同。一些家庭可能会为孩子提供丰富的英语学习资源,如英语绘本、英语歌曲、英语电影等,另一些家庭则可能无法为孩子提供这样的学习条件。这种差异会导致学生在入学时就已经存在英语水平上的差异。②学生对英语学习的态度和兴趣也是影响英语水平的重要因素。一些学生可能对英语学习充满热情,愿意投入时间和精力去学习和实践,另一些学生则可能缺乏兴趣和动力,导致英语水平无法得到有效提升。③不同学校的教育资源和教学方法也会对学生的英语水平产生影响。一些学校可能拥有先进的英语教学设备和专业的英语教师团队,能为学生提供优质的英语教学服务。另一些学校则可能因资源有限,无法为学生提供足够的英语学习支持。

学生的英语综合能力差异较大。学生在进入学校之前可能已经接触过不同水平的英语教学,这些先前的学习经验会直接影响学生的英语综合能力。学生对英语的兴趣和动机也是影响英语能力的重要因素。一些学生可能对英语学习充满热情,愿意投入更多时间和精力去学习和实践,另一些学生则可能缺乏兴趣和动力,导致英语水平无法得到有效提升。有效的学习策略和方法对提高英语能力至关重要。一些学生可能掌握了更有效的学习技巧,如记忆单词的方法、提高阅读速度和理解能力的技巧等,从而在英语学习上更具优势。①

初中学生的学业压力较大,能自由支配的时间非常有限,导致部分学生有意愿提高自己的英语水平和能力但没有足够的时间和合适的机会来实现这个愿望。

---

① 盖瑟.英语课堂活动100+例[M].上海:上海外语教育出版社,2024.

二、以第二课堂提升学生问题解决综合能力的策略

1. 对课本内容进行补充,开展多样化的英语活动

对于预初年级学生,在开学第一个月开展英语绕口令活动,从易到难,让学生在轻松的氛围中练习英语音标的发音,帮助学生更好掌握音标的发音,帮助预初年级学生更好地完成小学到初中英语学习的过渡。在预初下半学期开展英语讲故事活动,让学生在表演中提高语言运用能力和自信心。

对于初一年级学生,上学期开展英语歌曲演唱活动,寓教于乐,提高学生的英语学习兴趣,在不知不觉中提升学生的英语能力。下学期开展英语电影配音活动,从个人活动到集体参加,让学生在活动策划和排练的过程中学会与同伴协作共赢。

对于初二年级学生,上学期开展英语短剧表演活动,从跟着电影、电视片段模仿英语表达到自己写剧本、自己根据表演情况修改剧本,准备道具,大大提升学生的协作能力、英语语言运用能力和自信心。下学期,组织英语演讲比赛,激发学生的竞争意识和创造力,也让同年级学生看到本年级优秀学生的优异表现,找到自己在英语学习方面的榜样和目标。

2. 结合学生兴趣或需要,设计个性化课程

根据学生的兴趣爱好,设计相关的英语课程。例如,通过电影赏析活动,让学生学习更多实用的英语口语,同时缓解学生日常学习的疲劳和压力,还能为准备参加电影配音和短剧表演的学生提供素材和灵感。在暑假前的一个月开设旅游英语课程,为学生暑假出国旅游准备各种场景中可以应用的英语短句,同时适当介绍一些英语国家的著名景点,言之有物,学以致用,这样的课程无疑会受到学生的欢迎。

一部分预初学生在刚进入初中时因小学的教学难度和要求与本

校的要求差异较大，很难适应本校的英语学习节奏，在第二课堂中根据这些学生词汇量小、音标掌握情况差等特点，开设英语成功班，帮助学生更快适应本校的学习节奏；另一部分学生在小学提前学了很多英语知识并且掌握得很好，因此在预初的基础课课堂上可能会因内容简单而出现无所事事的状态，长期如此可能养成不能专心听讲的坏习惯。对这些优秀学生，可以在跟任课教师和学生家长商量的前提下，减免部分基础作业，在第二课堂上给他们补充一些有难度的听读材料，帮助他们进一步提高英语语言能力。

类似的课程有很多，根据学生的情况，细分第二课堂内容、形式和课时，鼓励学生自主选择感兴趣的或有实际需要的课程，提高学生英语学习的主动性和积极性。

3. 给学生加强英语实践应用的机会，提高他们的英语语言运用能力

相对于课堂教学，第二课堂教学地点可以根据教学内容提前提出要求，创设真实语境：在课堂上模拟真实的生活场景，如购物、旅行、聚会等，让学生在这些场景中运用英语进行交流；也可以提前准备一些道具，通过角色扮演活动，让学生亲身体验并实践英语交流，增强他们的语言运用能力。

第二课堂教学通常根据学生水平、兴趣爱好、能力的不同进行小班化教学，这有利于有效分组，鼓励学生进行小组合作，共同完成任务，如制作海报、编写剧本等，培养他们的团队协作能力和语言运用能力。

在没有教材和大纲框架限制的情况下，第二课堂课程可以根据最新的时事，设计更具有实际意义的任务，让学生在完成任务的过程中运用英语，提高他们的语言实践能力。

第二课堂还可以在电脑房开展教学，引导学生利用互联网资源进行自主学习和实践，如在一期第二课堂教学中，以十课时为例，先由教师根据近期的时事热点或学生感兴趣的话题，从 China Daily 网站上寻找适合学生阅读的英语文章和视频，并在上课前准备纸质稿，

在第二课堂前三节课,让学生阅读教师准备的文章或看视频,并对文章和视频中有难度的英语语句进行讲解,帮助学生理解文章意思;在学生都理解文章意思的前提下组织学生就相关话题进行讨论。

对英语水平较弱的学生可以选取 China Daily 上的双语文章,中英文对照阅读能大大降低难度,使学生更加有兴趣。后面两节课可以让学生以小组为单位在电脑房上课,根据各组提前定好的主题利用网络查找有关的文章、音频、视频等,模仿教师之前的课程准备各组自己的课程,在接下来的五次课上,每次由一个小组负责,教师在课开始前先读相关的文章和看、听相关的视频、音频等,找问题给建议,帮助学生完善课程,以期取得更好的效果。①

三、以第二课堂提升学生英语综合能力的实践思考

在初中英语教学中,积极推广和开展英语第二课堂活动具有多重意义。这些活动能为学生提供多样化的学习体验,使他们在真实的语境中运用英语,从而提高语言的实际运用能力。第二课堂活动往往具有趣味性和互动性,能激发学生的学习兴趣,使他们在愉快的氛围中学习英语,提高学习效果。这些活动还能培养学生的团队合作精神、沟通能力和创新思维,为他们未来的学习和生活打下坚实的基础。

在推广和开展英语第二课堂活动时,我们也需要注意一些问题。要根据学生的水平和需要来设计和组织活动,确保活动的针对性和有效性。要注重活动的趣味性和互动性,以吸引学生的参与和投入。还要关注活动的安全性和规范性,确保学生在活动中得到充分的保障。

---

① 王瑛.初中英语学习活动设计实施与评价[M].上海:华东师范大学出版社,2021.

利用第二课堂活动来提升学生的英语能力是一种富有成效的教学策略。在初中英语教学中，我们应根据学生的水平和需要积极推广并开展英语第二课堂活动，为学生的英语学习提供更多的机会和平台。同时，我们也需要不断总结和反思，以便更好地提高活动的效果和质量。

初中英语阅读教学中学生综合能力培养的策略研究

——以"Travelling in Garden City"的教学为例

周　鑫[①]

摘　要:以上海牛津教材六年级下册"Unit 7 Travelling in Garden City"的教学为例,探讨初中英语阅读教学中如何培养学生的词汇理解与运用、文本理解与分析、表达与写作等综合能力。通过分析教学过程中各个环节,阐述了在教学实践中有效提升学生能力的策略和方法,以及所面临的挑战和应对措施。

关键词:初中英语;阅读教学;综合能力培养

在初中英语教学体系中,阅读教学占据关键位置。阅读教学对塑造学生阅读理解能力价值非凡[②],有助于学生掌握有效阅读方法,培养良好阅读习惯,提升分析和解决问题的能力。初中英语阅读教学是培育学生语言能力和综合素养的重要途径,对学生全面发展有重要的推动作用。本文在明晰英语学科综合能力提升面临的挑战基础上,思考初中英语阅读教学中学生综合能力培养的策略。

一、初中英语阅读教学中学生综合能力培养面临挑战

1. 学生个体差异对教学效果产生明显影响

不同学生在英语基础、学习能力和兴趣爱好等方面存在显著差

① 作者简介:周鑫,上海市民办华育中学英语学科教师,中学二级教师,主要从事中学英语教学研究.

② Brown, H. D. *Principles of language learning and teaching* [M]. Prentice Hall Regents, 1994.

异，这导致部分学生在理解新单词、掌握文本内容以及完成各项任务时遭遇困难，难以完全达成预期的学习目标。例如，在导入环节的头脑风暴中，要求学生列出不同的交通方式，基础好、思维敏捷的学生能迅速且全面地列举出诸如“subway, taxi, bicycle”等多种交通方式，而基础较弱的学生可能仅能想到常见的“bus, car”。

在学习核心词汇和短语“single-decker, double-decker, a fare box, a public transportation card, all of, most of”等时，英语基础扎实的学生能够快速理解其含义并正确运用。比如，在句子“Most of the passengers use a public transportation card to pay the fare.”中准确使用；基础薄弱的学生可能混淆“all of”和“most of”的用法，难以清晰表达。

阅读过程中，对于“Read and match”的任务，理解和概括能力强的学生能迅速准确地将段落与主要思想匹配。例如，轻松判断出“Paragraph 2 is mainly about the changes of buses.”。能力较弱的学生则可能出现错配。在“Read and answer”环节，回答关于过去和现在支付方式的问题时，学习能力强的学生能条理清晰地对比阐述“People paid for bus tickets with cash in the past, but nowadays they use a public transportation card.”，而部分学生可能出现表述混乱或遗漏关键信息。

2. 教学资源的限制较多

课程中虽然提及了一些教学辅助工具，如粉笔、黑板、练习纸和幻灯片等，但实际教学中仍面临教学资源有限的问题。图片或其他多媒体资源的质量和数量不足，无法充分激发学生的兴趣和辅助学生理解。获取最新的、与教学主题紧密相关的真实素材也有难度。

在导入环节，如果缺乏丰富生动的交通方式图片或趣味视频，头脑风暴可能无法充分调动学生的积极性。比如，学生可能对“maglev-train(磁悬浮列车)”这种新兴交通方式缺乏直观认识。词汇教学时，若缺少清晰展示“fare box(投币箱)”内部结构或“public transportation card(公共交通卡)"使用场景的图片,学生对词汇的理解可能停留在表面。阅读过程中,若没有补充介绍不同国家或城市公交系统变化的相关素材,学生对文本主题的理解可能不够深入。在读后活动中,若缺乏关于现代交通的优秀范文或实际案例,学生在写作时可能思路受限。

3. 充分考虑教学时间的压力

课程中设计了丰富多样的教学活动,但在实际课堂中,要在有限的时间内完成所有环节颇具挑战。例如,在阅读环节中进行详细的分析和讨论、完成各项练习以及引导学生进行小组写作等,都需要有充足的时间作保障。教学时间的压力可能导致某些环节仓促完成,使学生无法充分理解和掌握知识,也可能影响到学生对课堂内容的深入思考和参与度。具体而言,导入环节若花费过多时间让学生列举交通方式,可能压缩后续词汇教学的时间,导致学生对"double-decker(双层巴士)"这类较复杂的词汇练习不足。阅读环节中,若在"Read and match"任务上分配时间过多,留给"Read and answer"中关于支付方式、巴士类型和司机变化等关键问题的讨论时间就会减少,影响学生对细节的把握和对比分析。读后活动的复述文本和小组写作环节,若时间紧迫,学生可能无法充分组织语言,影响复述的流畅性和写作的质量,难以达成巩固和拓展能力的目标。

二、初中英语阅读教学中学生综合能力培养策略

1. 扎实开展分层教学

在本课程的教学实践中,学生个体差异对学习效果的影响较为显著。在交通方式的头脑风暴环节,基础扎实、思维活跃的学生能迅速而全面地列举出多样的交通方式,展现出丰富的词汇储备和灵活的思维;基础薄弱的学生可能只能想到常见且简单的几种。在词汇学习时,英语水平高的学生能快速理解并准确运用新学词汇,甚至能

在句子中灵活运用;基础较差的学生可能对词汇的意思一知半解,在实际运用中错误频出。在阅读任务中,能力强的学生能迅速把握文章主旨,准确匹配段落与主题思想,在回答问题时条理清晰、逻辑严密;能力较弱的学生则可能对文章理解不够深入,回答问题时抓不住重点。至于读后活动,英语水平较好的学生能流畅地复述文本,在小组写作中展现出深刻的见解和良好的语言组织能力;基础差的学生则可能在复述时磕磕绊绊,写作内容简单、空洞,语法错误较多。

鉴于这种情况,采用分层教学是十分必要的。依据学生的英语水平和学习能力进行合理分组,为不同层次的小组设定有针对性的学习任务和目标。对基础较弱的学生,将重点放在核心单词和短语的理解与记忆上,在阅读和讨论环节给予更多的引导和支持,帮助他们逐步建立信心,提高学习能力。对能力较强的学生,则鼓励他们进行更深入的思考和拓展性学习,如让他们对文章进行批判性分析,或进行相关主题的拓展阅读和写作,进一步提升他们的综合语言运用能力。

2. 合理利用各类英语资源

在课程教学中,资源有限的问题较为突出。多媒体资源在质量和数量上都有欠缺,难以充分激发学生的兴趣和有效辅助学生的理解。获取最新且与教学主题紧密相关的真实素材也存在较大困难。教师应当更加用心地挑选和准备高质量的多媒体素材,充分挖掘教材和网络资源,获取更多与教学主题相关的真实案例和信息,并鼓励学生自主搜集资料,在课堂上进行分享和交流,以提高资源的利用率和教学的参与度。

3. 进一步优化教学安排

英语课程设计注重教学活动丰富多样,但在实际课堂教学中,时间限制带来了诸多挑战。阅读环节中的详细分析和讨论、各项练习的完成以及小组写作等,都需要充足的时间来保障效果。然而,教学时间的压力常常导致某些环节匆忙完成,影响学生对知识的充分理解和掌握,也阻碍了学生对课堂内容的深入思考和积极参与。在读后活动的复述文本和小组写作环节,如果时间过于紧迫,学生可能无法充分组织语言,进而影响复述的流畅性和写作的质量,难以达成巩固和拓展能力的教学目标。①

教师需要对教学安排进行精心优化。在备课阶段,应当更加细致地规划每个教学环节的时间分配,明确重点内容所需的时间,并为其预留充足的时间进行深入讲解和充分练习。对一些相对非关键的环节,可以适当简化或灵活调整顺序。例如,在阅读环节中,可以合理采用快速阅读和精读相结合的方式,提高阅读效率,节省时间。同时,要密切根据课堂的实际进展情况,灵活调整教学进度,确保教学任务的顺利完成,让学生能充分理解和掌握知识,切实提升教学效果。

① 胡文仲.英语的教与学[M].北京:外语教学与研究出版社,1989.

第六辑

物理化学生物学科教育研究

学校教育不仅要关注当下，还要放眼长远；不仅要对学生眼下的学习负责，还要为学生未来的幸福人生奠定基础；不仅要注重知识的传授与掌握，还要充分关注知识的迁移与运用；不仅要将教学的视野放在考试准备上，还要将教育的重心放在学生的成长与成人上。

——李英

初中阶段物理拔尖创新人才的早期识别与培养模式探索

——以上海市民办华育中学为例

黄卓明[①]

摘　要:物理作为自然科学中的基础学科,物理人才的培养是国家人才计划中的重要一环。做好初中阶段物理拔尖创新人才早期培养工作在物理人才培养全过程中有重要意义。华育中学在物理人才早期培养方面积累了一定的经验,取得了广受社会认可的教学质量。本文基于华育中学物理拔尖创新人才早期培育模式,从人才特征、早期发现、实施策略等角度系统分析了适应新时代需求的物理拔尖创新人才早期培养实施的关键点。

关键词:拔尖创新人才;初中物理教育;早期培养;实施策略

华育中学在物理拔尖创新人才早期培养方面,始终坚持"上不封顶"的育才理念,落实"全面提高人才自主培养质量,着力造就拔尖创新人才,聚天下英才而用之"的人才培养要求,对热爱物理且具有强潜能的学生的培养不设上限,最大限度地创设对学生兴趣激活与潜能开发的广泛空间,为之后的专业发展夯基扩容,跑好创新人才培养"接力赛"的第一段。物理竞赛作为一项具有挑战性和创新性的科学活动,在全球范围内得到了广泛的关注和认同。华育中学以物理竞赛为抓手,探索出了初中阶段物理拔尖创新人才早期识别与培养的校本模式。

---

① 作者简介:黄卓明,上海市民办华育中学教学处副主任,物理学科教师,中学二级教师,主要从事中学物理教学与强潜能学生培养研究.

一、物理拔尖创新人才的特征分析

笔者通过多年的教学实践、文献研究、专家研讨及学生访谈，总结出物理学科拔尖创新人才的典型特征，主要是有较高的思维能力、扎实的数学基础以及坚忍的意志品质。初中阶段的早期培养，核心在于发现具备这些要求的有潜质的学生，在教授知识的过程中，培养其能力，放大其优势，弥补其不足。

1. 思维能力与思维品质

通常来说，当人们提到物理人才时，往往都会提到他们应具备逻辑、科学推理、空间、抽象等思维能力，具体表现就是这些学生往往具有超强的理解能力、记忆速度、运算能力以及综合应用能力。

他们的思维品质还应体现在其思维的敏捷性和灵活性，具体表现在其敏锐的物理直觉，对物理问题的第一反应快而准；体现在其思维的批判性和深刻性，具体表现在其对某一问题的深刻理解与质疑能力。

这些思维特征与其他理科，尤其是数学，有着许多相同点，但在细节处也有区别，这些区别的重点在于物理更侧重于直观理解与应用，思维过程可以是近似的而不是严格精确。例如，对逻辑思维与抽象思维，物理强调的是从现象到原理的归纳推理，可以是根据直觉的猜想而进行的验证，而不是强调从过程到结论全过程的精确无误。

2. 跨学科基础

物理是研究自然规律的底层学科，是其他自然科学学科研究的基础；数学是解决物理问题所需的工具和语言。借助数学工具，我们能更好地描述物理现象和规律，甚至预测未来事件的发生。

从具体应用来说物理人才应具备良好的数学储备知识，以及数学工具使用能力。就华育中学物理兴趣小组学生来说，普遍具备较完整的高中数学知识及一定的高等数学知识，能掌握极限的概念，能熟练使用微积分分析处理物理问题，能简单使用线性代数基础处理多元线性方程。

物理人才还应具备很强的建模能力、信息搜索及学习能力，以及一定的跨学科综合应用能力，如计算机模拟验证等。学术研究与中学学习、物理竞赛有着很大的不同，不再是一个简单情景的理解，一个具有明确精准答案的问题的解决。在新时代背景下，初中阶段开始让学生接触并锻炼这些能力，对学生以后的科研发展有着深远的意义。

3. 意志品质

拔尖创新人才最明显的人格特征是钻研、痴迷与坚忍。志向、责任感与思想境界直接影响学生发展与创新的高度。① 物理学习是一个螺旋式上升的过程，学习过程中难免会碰到瓶颈。此时，是驻足不前，还是厚积薄发一举突破，除了天赋能力的影响外，很大程度上还取决于学生的意志品质。经验告诉我们，钻研精神与坚忍意志是决定学术研究和学科高度的重要因素。

二、初中阶段物理人才的早期发现

物理和数学对拔尖人才的思维能力要求高度重合。因此，在初中低年级阶段对物理人才的识别可以参考数学的人才识别体系，重点考查学生的数理基础。但是，与数学不同的是，学生接触物理的时间尚短，很多能力需要通过一段时间的沉淀与积累才能逐步显现。因此我们的做法是先培养，后定位：通过数理基础测试初步选出超额的后备人才，讲授部分初高中融合课程（如运动学、静力学、刚体平衡等），在学习过程中，重点观察学生的物理直觉、新知识应用能力、运

---

① 唐盛昌.拔尖创新人才早期培养的维度与内涵变化[J].中国教育财政，2021(13):618-621.

算能力等,同时观察学生的学习习惯以及解题韧性,结合多次同步物理测试,逐步筛选,以选出合适的培养人才。

如此的识别体系,最大的好处是能把具有物理强潜能而又没有经过提前训练的学生给选拔出来。例如,我校2023届学生中小宁、小恒等同学就是如此被挖掘出来的:他们都是在进入学校竞赛课程体系前没有经过竞赛培训的"白纸",学习习惯很好,综合能力很强,在竞赛课程中表现出严谨的逻辑思维,在教师点拨后能快速掌握物理模型并能推广使用。在教师的鼓励和家长的支持下,他们将更多的精力聚焦到物理中,在高一时即获得上海市高中物理竞赛一等奖。

三、物理拔尖创新人才早期培养模式的构建策略

物理拔尖创新人才的培养是一整套复杂的系统,以学生为主体,综合课程内容、课堂教学、实验培养、评价展示等体系,在教师的引导下合力进行。

1. 教学内容创新:构建以学科素养提升为核心的课程体系

物理人才培养的主要载体是物理课程。初等物理由初中物理和高中物理两部分组成,内容有衔接,各自有侧重。初中物理基于现象和实验,让学生理解、掌握一些简单的自然规律和原理。但由于知识体系不完整,很难真正应用物理知识来解决真实问题。高中物理能比较完整地表述经典物理世界,但受限于数学工具,无法将物理原理和物理现象用数学准确描述,在深度、广度、思维方式上都有缺陷,想要清晰、准确地去认识物理规律,引入部分高等数学及大学物理似乎成了必然。

学习阶段	内容特点	学习特点
初中物理	基于现象和实验,学习力、热、声、光、电等内容	体系不完整,表述不严谨,以定性了解为主

（续表）

学习阶段	内容特点	学习特点
高中物理	较完整地描述了经典物理	受限于数学工具，无法准确描述规律，偏向于科普性质
大学物理	涉及更多的理论知识，注重理论分析与问题解决	需要扎实的中学物理基础和高等数学基础

对拔尖创新人才，他们有能力学习大部分高等数学知识，能用高等数学的方法去解决数学或物理某一领域的相关问题。① 在物理人才早期培养中，高等数学更多的是作为表达与推演的工具使用。我们尝试了借助数学教师的力量，给物理兴趣小组安排了短期集中培训，从极限与连续，到微积分，再到向量与场论，学生都能很好地掌握和使用。

对拔尖创新人才，他们有能力学习大部分大学物理知识。但是，从初中、高中到大学物理，体系臃肿重复，不利于学习，时间上也不允许。因此，我们尝试着开发了一套适用于华育物理兴趣小组的课程：以完整的中学物理知识为核心，教学内容参照高中竞赛大纲，逐步应用高等数学工具，增强理论分析与推导，渗透部分大学物理思想，培养学生建模处理问题的能力，奠基学生实验和研究能力，真正培养学生的学科素养。

本套课程体系并非真正讲授大学物理，但为学生打开了研究物理的大门，为后续学习铺平道路。得益于本课程体系，越来越多的学生可以在力学板块结束后开始自学经典力学，在电磁学板块结束后开始自学电动力学。

2. 教学方法改革：类项目化学习导向提升自学能力

基于现在的学生身心的发育成熟程度比以前的学生要早一至两

---

① 唐盛昌.重新认识初中阶段拔尖创新人才早期培养[J].上海教育，2024(15)：30－31.

年,特别是对一些强潜能的学生,对他们的潜能认识与开发,怎样评价都不过分。① 考虑到学生的认知发展情况和需求,我们对物理强潜能学生的培养起点在完成国家课程要求的基础上,初二前移了一年,以获得更多的"溢出时间"。同时调整了教学方法,将传统的讲授方式改成了类项目化学习导向教学。

何为类项目化学习导向教学?就是先给学生提出一个问题(项目),在分析与讨论中得出大致模型;在解决具体模型问题过程中,提出所需要的未学知识;让学生自行学习相关知识并最终解决问题。现以实例加以说明如下。

创设情景,引入问题。台球起源于西欧,被称为"绅士运动",在全球范围内都有众多的爱好者。台球是一项需要精确击球的运动,运动员需要学会用适当的力量和准确的出杆角度击球,以控制球的旋转和方向。于是产生了中杆、高杆、低杆等击球方式。那么,击球点与击球角度,对母球接下来的运动会产生怎样的影响呢?

问题分析,建立模型。联系实际,击打母球上部,会让母球向前旋转;击打母球下部,母球向后旋转。可以猜想击打母球中间某位置时,母球将做纯滚动。将母球视作均匀球体,球杆水平击打某处后获得初速度,并开始纯滚动,水平方向可能受到摩擦力作用。

发现未知,自主学习。利用已知的受力分析、转动分析等,发现无法求解。提出刚体绕轴转动时惯性的度量,即转动惯量,引导学生自学转动惯量、角动量等知识,并自行完成问题。

此类引导学习方法适用于许多章节。与讲授法相比,教师只需要引导学习、梳理知识以及答疑,学生学习的内驱力更强,效率更高。但是,对学生的学科基础、自学能力以及自律性有一定的要求。初中学生正处于兴趣向志趣的聚焦过程,容易受外界事物干扰,自学能力

① 唐盛昌.重新认识初中阶段拔尖创新人才早期培养[J].上海教育,2024(15):30-31.

和习惯的形成过程需要教师的引导与监督。2024 届小宇同学一度沉迷于游戏，教师以约定的方式助其减少游戏时间，并发动同学一起监督，小宇同学的自律性有所改善。

物理的学习对自学能力要求非常高。越往深处，自学收获占比越高，真正体现了“师傅领进门，修行在个人”。因此，教师需要培养学生的自学能力。这个过程是一个由教练引导，学生自律、内化、规范的过程，是学生自我总结、归纳、反思的过程。例如，2024 届小柯同学在初三后不再参加物理小组的理论课学习，在教师引导下，在近一年的时间内完成了三千多页的自学内容，并完成学习总结和反思。

此外，越是拔尖的学生，学习状态、学习习惯、学习进度的差异就越显著，教练需要给予更多的个性化指导。到了培训后期，至少在解题能力方面，教师可能比不过优秀学生，但教师的专业素养绝不仅仅体现在解题能力方面，更体现在对知识的讲解、辅导资料的选择、测试卷命制的针对性、学生个性化学习的设计与引导学生心理障碍的疏导等方面。①

2023 届学生初二时恰逢特殊时期在家学习，有较多的自主学习时间。我们要求并指导兴趣小组学生根据自身学习情况，各自制订学习计划，并监督同学按时落实，收获颇丰。2025 届小博同学专注度高、学习进度快，但做题准确度较低，容易犯低级错误，给他的建议就是增强精准阅读训练，增加推导能力训练，可以适当减慢进度；小宇同学思维非常严谨，但学习进度较慢，建议加强物理学习专注度，减少基础题的过度训练，加快学习进度。

3. 实验教学强化：学生学术研究初体验

物理是一门以实验为基础的学科，物理理论的发现与更新大多数基于实验。同样，在中学生物理竞赛中，实验占比随竞赛级别的提

---

① 江四喜.高中物理竞赛教练笔记[M].北京：中国科学技术大学出版社：207 - 208.

升而显著提升。

初中物理教学强调需要重视对学生科学探究能力的培养,同时关注实验探究对培养学生物理观念、科学思维、科学态度与责任的重要意义。[①] 但是,对物理拔尖创新人才而言,初中课程体系内的“探究性学习”基本上都是已知结果的空架子、伪探究。考虑到学生的物理知识积累及应用能力,我们认为很有必要在初中阶段让学生接触大学基础物理实验,并尝试进行小项目探究。

在上海中学和上海交通大学的指导帮助下,华育中学以竞赛物理实验和大学基础物理实验为蓝本,升级了物理通用创新实验室,并开设物理竞赛实验课程,对物理兴趣小组学生开展了规范化物理实验教育:理论学习、书写预习报告、动手实验操作、撰写实验报告(含误差分析)、分享交流。同时,在实验室中创设严谨而开放的实验环境,鼓励学生自主设计实验,团队研究,给学生提供初步体验物理的学术性研究过程。

4. 评价体系优化:搭建平台,促进学生的志趣聚焦

理科的深入学习对绝大部分学生来说都是很枯燥和很无聊的。要让学生专注于物理,沉醉于研究,并在学习过程中获得乐趣,并不是一件容易的事。不同于高中生或大学生,已有自己明确的志向,学习以志趣为主导,初中生对某门学科的学习更多的是始于兴趣导向,然后逐渐转向志趣导向。此转变的契机,可能是做出一道难题的成就感,或某次获得荣誉的优越感。因此,我们在校内外给学生创造了大量的机会用于展现自己,如华育杯物理竞赛、力学赛、电磁学赛、高中竞赛同步测试、泛珠三角物理竞赛。以赛代考、以赛促学,给学生提供最多的实战机会和最多的展示交流机会。

---

① 中华人民共和国教育部.义务教育物理课程标准(2022 年版)[S].北京:北京师范大学出版社,2022.

四、总结与反思

华育中学通过长期的摸索与积累，总结出了物理拔尖创新人才培养模式，并取得了不俗的成效。以全国中学生物理竞赛为例，自 2018 年华育开展新一轮物理拔尖创新人才培养以来，新高一学生参加物理竞赛获上海市一等奖人数从零变成 7 人，并连续四年有学生进入上海市代表队，获 2 金 3 银。毕业生获上海市一等奖人数从 7 人增加到 25 人，占比近 40%。33 人次进入上海市代表队，占比超 1/3。2024 年初二、初三年级的五位学生代表华育参加泛珠三角物理竞赛力学赛，全员获得一等奖。

总的来说，拔尖创新人才培养是一个系统工程，以大学培养为核心，贯穿初中—高中—大学全学段。初中阶段的物理拔尖创新人才早期培养目的是在遵循人才成长的阶段发展规律下识别、发现人才，培育学生学科基础，激发学生学科潜能，提升学生思想意志品质。拔尖创新人才的培养策略实施过程往往需要突破传统教育模式局限，华育中学的实施策略重在厘清了人才培养全路径，做好了个性化指导，向上贯通，确保人才发展高度不设限，将因材施教落实到位。

基于真实情景教学的学科核心素养培养

——以"阿基米德原理的应用"教学为例

陈　媛[①]

摘　要:随着教育改革的不断深化,培养学生的核心素养已成为教育领域的重要议题。本文以"阿基米德原理的应用"教学为例,通过真实的情景,开展实验探究,引导学生在现实生活中发现问题,提出问题,通过设计实验、改进方案、评估反思等经历解决问题的过程,感受科学探索的乐趣与责任,培养学生的物理学科核心素养。

关键词:科学探究;科学态度与责任;核心素养

《义务教育物理课程标准(2022年版)》(以下简称"新课标")的发布,为基层物理教师的教学指明了方向。初中物理作为学生接触科学、认识世界的初始阶段,教学不仅是为了让学生认识和了解物理知识及规律,形成物理观念,更要帮助学生形成科学思维,并且锻炼他们科学探究的能力,培养他们严谨的科学态度和责任感,为他们未来的学习和生活奠定坚实的基础。

物理,作为一门以实验为基础的自然科学,实验教学是物理教学中不可或缺的一环,它不仅能帮助学生直观地理解物理现象和规律,更能激发学生的好奇心和创造精神。在实验过程中,学生需要运用所学知识,通过观察、分析、实验、总结等过程,逐步深化对物理知识

① 作者简介:陈媛,上海市民办华育中学物理学科教师,中学一级教师,主要从事中学物理教学研究.

的理解和应用。同时,实验教学还能培养学生的团队协作精神、实践能力和科学态度与责任,有利于他们核心素养的培养。

因此,本文以“阿基米德原理的应用”一课为例,探讨如何以“新课标”为指导,在实验教学中有效培养学生的核心素养。

一、“真实情景”对落实学科核心素养的价值分析

“新课标”中,对“阿基米德原理”的教学要求是:通过实验,认识浮力。探究并了解浮力大小与哪些因素有关。知道阿基米德原理,能运用物体的浮沉条件说明生产生活中的有关现象。[①] 本节内容注重学生科学探究能力的培养。进行科学探究的前提即在真实情景中观察、发现问题。生活中很多司空见惯的现象若能在课堂上合理利用,就可以帮助学生养成细心观察生活的习惯,并利用课堂内学到的物理观念、科学思维对发现的问题进行科学探究,分析论证,总结规律。学生通过自身实践总结出的规律自然会理解更加深刻,再将规律用于解释生活中的其他现象就会变得简单易行,甚至在理解的基础上进行发明创造,实现科学态度与核心素养的进一步培养。因此,真实情景在物理这门学科中的应用非常重要且意义重大。

二、分析教材与学情,形成真实情景的设计思路

本节内容是沪教版九年级《物理》第一学期第六章第四节“阿基米德原理”第三课时的教学内容。教材中仅用了三段话来讲解,主要涉及的实例有轮船和液体密度计,并且在拓展阅读“你知道吗”中对轮船“吃水线”的制订进行了解释。这两个例子是非常典型的应用,

---

① 中华人民共和国教育部.义务教育物理课程标准(2022 年版)[S].北京:北京师范大学出版社,2022.

教材介绍比较简洁。轮船是生活中学生较常见的实例,是司空见惯的现象,但不一定对它的制作原理进行过深入思考;液体密度计是生产和实验室中常用的,但是生活中不常用,所以学生非常陌生。

对初三学生来说,他们经过一年的物理学习,具备了一定的科学思维,并且具有一定的逻辑推理、分析论证的能力,能解释生活中的物理现象。所以在学习轮船的制作原理及“吃水线”时只要稍加引导,就可理解。但是,对于密度计,他们没有生活经验,也未见过,更没有使用过,在理解上有一定难度。因此,本节课设计时把难点放在学生对密度计及其特点的学习上。

为了让学生加深对阿基米德原理的理解,笔者设计了如下的教学流程:

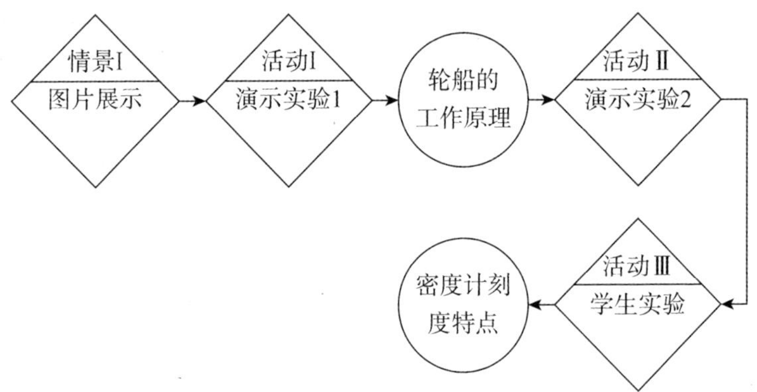

情景Ⅰ　大型油轮图片。利用真实情景引出主题。

活动Ⅰ　演示实验1:金属盒的浮沉实验。观察同一金属盒设计为空心结构后排开液体的体积增大,浮力增大,最终漂浮,揭示轮船的工作原理。然后结合轮船的受力情况和阿基米德原理,进行科学推理和论证,知道轮船排开液体的质量大小等于轮船的总质量,并引入吃水线的概念。

活动Ⅱ　演示实验2:标记小船吃水线。同一小船放在不同液体中,标记相应吃水线。并分析轮船上有多条吃水线的原因。交流讨论，探索密度计的工作原理。

活动Ⅲ　利用水笔芯和细金属丝自制密度计，比较不同液体的密度大小，并分析得出液体密度计的刻度特点。加深对“同一物体漂浮在不同液体中时吃水线不同”这一现象成因的理解，更好地理解密度计的刻度特点。

三、聚焦真实情景的教学过程

1. 创设情景，引入新课

首先，通过复习阿基米德原理的基本内容，让学生明确这是本节课学习的基本依据。其次，通过大型轮船在海上漂浮的图片，创设情景，让学生思考：相较于实心钢材，为什么相同质量钢材制成的万吨巨轮可以漂浮在水面上？并请学生带着问题，进行活动1——观看演示实验：观察同一金属盒的浮沉对比。记录相应的实验现象，并做出解释。

设计意图：通过同一金属盒的浮沉演示，知道：同一金属盒设计为空心结构后，可以增大排开液体的体积，从而增大浮力，最终漂浮。巩固对阿基米德原理的认识，并从安全角度引出标记吃水线的重要性。通过“前概念”的强化，建立物理观念与科学态度和责任感的联系，为核心素养培养奠定基础。

结合情景，进一步探索轮船的两个重要参数：(1)排水量。利用二力平衡和阿基米德原理，分析轮船的受力情况，推导得到轮船排开液体的质量 $m_{(排)}$ 和轮船的总质量 $m_{(总)}$ 之间的大小关系，知道轮船的排水量等于总质量，排水量大小决定了轮船装载量，这是反映轮船运载能力的重要指标。(2)吃水线。通过观察轮船上的吃水线，提出问题，思考吃水线的意义。

2. 创设情景，培养素养

活动2——模拟轮船在不同水域航行过程。与学生共同完成演示实验,标记小船吃水线。将同一小船放在不同液体中,标记其漂浮时液面在船身处的位置,即吃水线。同时,小组讨论分析轮船上有多条吃水线的原因。

设计意图:通过模拟真实情景,发现轮船有多条吃水线,引发思考。利用阿基米德原理分析吃水线的特点。经历利用物理观念解释实际生活生产中应用的过程,感悟物理源于生活、服务于生活的课程理念,培养学生利用物理观念解决实际问题的能力。

3. 引导拓展,深化素养

活动3——自制密度计比较液体密度的大小。利用上述情景,引导学生思考,不同水域轮船吃水线不同,则吃水线位置是否可用来比较不同水域液体密度大小关系?请学生思考,如何利用同一个物体,准确区分不同液体的密度大小。同时给出不同形状的物体,扁平状长方体、正方体、瘦高型长方体。通过思考,发现瘦高型长方体在不同水域漂浮时,吃水线位置间隔大,容易区分,且有越靠近上部液体密度越小的特点,从而总结出密度计的制作原理和刻度特点。借助废弃水笔芯在不同种液体中的吃水线不同,自制密度计。利用阿基米德原理比较液体密度的大小,并通过在图上标注密度大小,知道密度计刻度分布的特点。

设计意图:通过轮船的吃水线过渡到密度计的刻度特点,它们之间是有联系的。对于不熟悉的密度计,需要借助熟悉的轮船来进行类比,找到它们之间的共同点,就能让原本陌生的概念变得熟悉。因此,通过轮船在不同水域吃水线位置不同,反过来利用不同吃水线位置测定水域液体密度大小,培养学生的科学思维。教师通过适当的引导,将轮船的底面积不断缩小,从而建立一个瘦高型长方体模型,可以更加方便地进行不同液体密度大小的比较,从而帮助学生建立从“旧”到“新”的实际应用的了解过程。进一步深化培养学生的科学探究和科学态度与责任的核心素养。

4. 巧借例题，学以致用

借助典型例题，帮助学生强化物理观念。

例 1 如图所示，远洋货轮的船身上都漆有五条吃水线，这五条吃水线又称载重线，其中 W 是北大西洋的载重线，S 是印度洋的载重线，由此可知，当轮船从印度洋驶入大西洋时(　　)。

A. 海水的密度变大，轮船受的浮力变大

B. 海水的密度变大，轮船受的浮力不变

C. 海水的密度不变，轮船受的浮力不变

D. 海水的密度变小，轮船受的浮力不变

参考答案：B

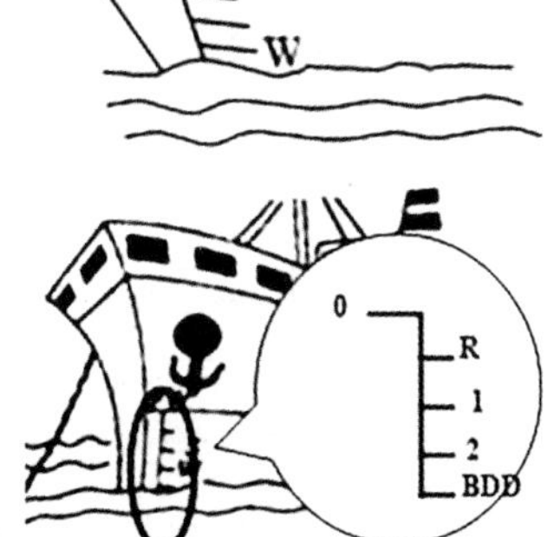

例 2 轮船上的吃水线又称生命线。为了安全航行，远洋轮船体上都有几条水平横线分别表示该船在不同水域和不同季节所允许的满载时的“吃水深度”。如图所示，BDD 表示北大西洋冬季线，R 表示印度洋线，除此以外船体上还有淡水线、冬季海洋线和夏季海洋线。

① 船身上________号横线表示淡水线，理由是________________________。

② 轮船从海水中航行到淡水河流中，所受浮力________，轮船在码头边卸下货物后，受到的浮力________(均选填“变大”“不变”或“变小”)。

参考答案：①0；轮船所受浮力不变，淡水的密度最小，船体排开水的体积最大；②不变；变小。

在整个教学过程中，从复习阿基米德原理的基本内容开始，让学生明确该原理是本节课学习的基本依据。然后通过真实情景的轮船图片,让学生思考:为什么钢材制成的万吨巨轮可以漂浮在水面上?让学生带着问题观察金属盒浮沉对比实验。首先,同一金属盒设计为空心结构后,可以增大排开液体的体积,从而增大浮力,最终漂浮在水面上。一方面巩固对阿基米德原理的认识,另一方面引出标记吃水线的重要性。其次,演示同一只船在不同的"水域"试水,标记小船在不同液体中的吃水线,并利用阿基米德原理解释吃水线的位置变化,从而理解轮船有多条吃水线的重要意义。获得液体密度对吃水线位置影响的直观感受,并辅以公式分析。再次,启发学生,通过缩小船的底面积,可把船改造为一个方便测量液体密度的仪器,即密度计,并利用废弃水笔芯让学生体验制作密度计的过程,通过在图上标注密度大小,加深对密度计刻度分布特点的认识。最后,通过习题回到最初的轮船航行问题,通过分析论证,巩固对阿基米德原理的应用。做到从"真实情景"中来,回到"真实情景"中去。

真实情景教学在培养学生核心素养方面具有重要作用。从本节课开始,笔者便利用轮船的图片调动学生的积极性。虽为常见情景,但是如何与我们所学的阿基米德原理结合起来,反而会成为学生的关注点。通过分析论证,引导学生理解轮船的制作原理,从而帮助他们解答心中疑惑。在轮船的两个重要参数——吃水线和排水量的学习上,依然通过真实情景的照片作为切入点,再结合演示实验,让学生自行寻找关键参数,以及设置这些参数的重要意义。在液体密度计的教授过程中,笔者并未直接按照认识测量工具的讲授方法,而是通过轮船的模型,一步步引导学生进行实验改造,将轮船打造成我们需要的测量仪器。在此过程中,刚开始虽有学生提出疑问,为何要进行这样的实验改造,最终我们共同改造完毕,得到想要的细长型轮船结构,再对比生产中常用的液体密度计,便恍然大悟。这样的探究过程远比直接讲授效果好得多。最后通过自制密度计,让学生进一步应用知识进行创造设计,通过小组合作,经历交流、讨论、反思的过程,在经历整堂课的深入学习后,学生的科学探究能力和科学态度与责任等方面得到了大幅提升。

教师只有在日常教学中多创建情景，让学生经历整个实验探究过程，让学生从情景中发现问题，设计实验，在实验中总结规律、寻找问题的答案，才能真正体会物理学习的精髓，只有这样才能在物理学习中培养核心素养，实现学习能力的锻炼与提升，真正落实新课改的育人目标。

核心素养导向下的初中物理创新实验课程探索

潘子涵①

摘　要:在核心素养导向下的初中物理创新实验课程的设计和实施策略,有利于培养具有创新能力的中学生。创新物理实验在培养学生科学素养和实践能力中有重要作用,应注重以学生为中心、问题驱动、跨学科融合与实践操作,创设情景、合作学习、项目导向教学及过程评价等策略,为未来相关课程设计提供参考和建议。

关键词:核心素养;创新物理实验;双新教育;创新人才培养

当前,随着科技的快速发展和社会对创新型人才需求的日益增长,教育领域正面临前所未有的挑战与机遇。特别是在初中物理教育中,如何通过创新实验教学来提升学生的核心素养,成为教育改革的重要议题。核心素养不仅包括知识与技能的掌握,更强调学生的创新能力、批判性思维和终身学习能力的培养。然而,传统的物理教学模式往往忽视了实验教学的创新性和学生主动探究的重要性,未能充分激发学生的学习兴趣和创造潜能。

一、研究意义与研究方法

本研究旨在探索初中物理创新实验课程的设计和实施策略,以促进学生核心素养的提升。通过对创新物理实验的界定与价值分析,以及创新实验课程设计原则的确立和实施策略的提出,本研究期

① 作者简介:潘子涵,上海市民办华育中学物理学科教师,中学二级教师,主要从事中学物理教学研究.

望能为初中物理教育提供新的视角和方法。这不仅有助于提高学生的科学探究能力和实践操作能力，而且能增强他们的创新意识和团队合作精神，从而更好地适应未来社会的需求。

本研究采用文献分析法、案例研究法和实证调查法等多种研究方法，通过广泛搜集国内外关于核心素养、创新物理实验和创新人才培养的相关文献资料，结合具体的教学案例和实地调研数据，对初中物理创新实验课程的设计和实施效果进行深入分析。

二、物理创新实验的界定与价值分析

物理创新实验是指在传统物理实验教学的基础上，引入新的实验内容、方法或技术，旨在培养学生的创新思维和实践能力。这类实验通常要求学生不能只停留在验证已知理论的阶段，而是要通过实验探索未知领域，解决实际问题。物理创新实验的特点包括开放性问题设置、多元化解决方案、重视过程与结果的综合评价以及鼓励学生自主学习和团队合作。

物理创新实验在初中教育中的价值主要体现在以下几个方面：它能激发学生的学习兴趣，使物理学习变得更加生动和有趣。创新实验有助于培养学生的科学探究能力，让学生在实际操作中学会观察、假设、实验和总结。物理创新实验还能提高学生的创新意识和解决问题的能力，这对学生未来的学术发展和职业生涯都具有重要意义。通过团队合作完成的物理创新实验能加强学生之间的交流与合作，培养他们的团队精神和社交能力。

三、初中物理创新实验课程设计原则

1. 学生中心原则

在初中物理创新实验课程设计中，以学生为中心原则是核心理念之一。该原则强调课程设计应以学生的需求和发展为中心,充分考虑学生的认知水平、兴趣爱好和个性差异。课程内容应贴近学生的生活实际,激发学生的好奇心和探索欲,鼓励学生主动参与实验设计和操作过程。通过这种方式,学生能在实践活动中构建知识体系、发展批判性和创造性思维。

2. 问题驱动原则

问题驱动原则是指在课程设计中以问题为核心,引导学生通过解决实际问题来学习物理知识和科学方法。这种原则要求教师精心设计问题情景,使学生在寻求问题解决方案的过程中,自然而然地运用和深化物理概念及原理。问题驱动的学习方式有助于培养学生分析问题和解决问题的能力,同时也能提高学习的针对性和有效性。

3. 实践操作原则

实践操作原则强调在课程设计中注重学生的动手操作和实践经验的积累。这一原则认为,通过亲身参与实验操作,学生能更直观地理解物理现象和原理,同时也能培养其观察、分析和操作的技能。实践操作不局限于传统的实验操作,还包括现代信息技术的应用、数据分析和模型构建等多种形式,以全面提升学生的科学素养和创新能力。

四、创新实验课程的实施策略——以"测量杨氏模量"实验为例

1. 创设情景

创设情景是指在教学过程中设计真实或模拟的问题情景,以此激发学生的学习兴趣和探究欲望。在学习力的作用效果以及弹簧测力计的原理与使用时,学生通过学习相关知识得知力可以使物体发生形变。在现实生活中,对不同物体施加同样大小的力,物体发生的形变也不相同,由此产生疑问:是否像力的大小一样,也存在一个物

理量来描述相同力的作用下物体的形变程度？进而激发学生自主探索，了解新的物理量：杨氏模量。在物理学中，杨氏模量是描述材料抵抗形变能力的物理量，它反映材料在受到外力作用时，单位长度的形变量。

2. 合作学习

合作学习鼓励学生在小组合作的环境中共同完成学习任务。在物理创新实验课程中，通过分组讨论、角色扮演、团队竞赛等形式，学生可以在交流和合作中学习如何有效地沟通、协调和解决问题。学生在了解杨氏模量的概念后，需要自己设计实验来测量它的大小。各组学生进行方案设计、材料搜集、数据记录等方面的分工合作，来实现相应的实验目的。在此基础上，教师给予一定的补充和修正以确保实验的正确性和可行性。

在实验中，我们通常使用金属丝作为研究对象，因为它具有良好的弹性和均匀性，便于观察和测量。当金属丝受到轴向拉力时，其长度会发生微小的变化，这种变化可以通过精密的测量工具如光杠杆法或电子位移传感器来测定。通过记录不同负载下金属丝的长度变化，我们可以算出相应的应变值。

为了得到应力值，我们需要知道施加在金属丝上的力的大小以及金属丝的原始横截面积。这样，我们就可以算出在不同负载下的应力值。随后，将应变与应力的数据绘制在图表中，理论上应得到一条直线，其斜率即为杨氏模量。

在实际操作中，确保金属丝的初始状态未受预应力影响，以及测量过程中的温度、湿度等环境因素保持恒定，对提高实验的准确性至关重要。此外，实验中的误差来源可能包括测量工具的精度限制、读数误差、金属丝的非均匀性以及外界干扰等，这些都需要在数据分析时予以考虑。通过对比理论值和实验值，学生可以对实验过程和结果有更深入的理解。

3. 实验导向

实验导向是以实验的完成为导向,组织教学内容和活动的一种教学模式。在这种策略下,学生需要围绕实验进行信息的搜集、计划的制订、方案的实施和成果的展示等一系列活动。通常情况下,进行测量杨氏模量的实验需要用到下列部分器材:

金属丝。长度约为××米,直径为××毫米,材质均匀,无明显缺陷,以保证实验的可靠性和可重复性。

精密天平。量程至少为××克,精度达到××克,用于准确测量挂载的质量和计算施加在金属丝上的力。

标尺或游标卡尺。精度至少为××毫米,用于测量金属丝的长度变化,确保测量结果的精确性。

支架和夹具。用于固定金属丝,确保其在受力过程中保持垂直,避免因倾斜而产生的额外力矩影响实验结果。

砝码。一组标准质量砝码,用于施加已知大小的力于金属丝上,从而产生可测量的应变。

记录本和笔。用于手动记录实验数据,包括挂载的质量、金属丝的长度变化等。

直尺和三角板。辅助工具,用于确保实验装置的正确安装和调整。

其中受限于实际器材的获取难度与创新实验的目的性(认识杨氏模量为主),很多器材可以用教室或家中低精度的器材代替。

4. 过程及数据记录

实验的操作流程如下:

准备阶段。首先,将金属丝垂直固定在支架上,确保其不受初应力作用,且处于无弯曲状态。使用标尺或游标卡尺测量并记录金属丝的初始长度。

施加载荷。在金属丝下端悬挂一个已知质量的砝码,以施加一个确定的力。记录所挂砝码的质量,以便后续计算应力。

测量变形。在施加载荷后,等待一段时间让系统稳定,然后测量并记录金属丝的长度变化。

增加载荷。逐步增加砝码的质量,每次增加后都要记录不同载荷下金属丝的长度变化。确保每次增加载荷前系统已完全稳定。

减少载荷:在达到最大预定载荷后,逐步减少砝码的质量,记录每一步减少载荷后金属丝的长度变化。这一步有助于检验材料的弹性行为是否一致。

结束实验。完成所有测量后,卸下所有砝码,仔细检查金属丝是否有永久变形或其他损伤。记录最终的长度作为参考。在整个实验过程中,操作应小心谨慎,避免对金属丝造成不必要的机械冲击或扭曲。实验数据的记录应当清晰、准确,为后续的数据处理和分析打下良好基础。

实验数据的记录。在本次测量杨氏模量实验中,我们记录了金属丝在不同载荷下的长度变化数据。以下表格展示了实验过程中的关键数据。

砝码质量/g	初始长度/mm	最终长度/mm	长度变化/mm
×	××××	××××	+×
××	××××	××××	+×
××	××××	××××	+×
…	…	…	…

在数据处理过程中,我们首先计算每个载荷下金属丝的应变 ε,其定义为长度变化除以原始长度。接着,根据每个砝码的质量算出对应的应力 σ,即砝码质量乘以重力加速度再除以金属丝的横截面积。最后,我们将应力和应变的数据点绘制在坐标图上,并通过线性回归分析得到这些数据点的最佳拟合直线。

五、实验结果与反思

1. 实验结果分析

通过对实验数据的处理,我们得到金属丝在不同载荷下的应变和应力值。将这些数据点绘制在坐标图上,并进行线性回归分析,得到的直线斜率即为金属丝的杨氏模量。

与理论值相比,实验值存在一定的偏差。这种偏差可能来源于多个方面:首先,实验中使用的金属丝可能并非理想均匀,局部的微小缺陷都可能导致应力分布不均;其次,测量长度变化时的读数误差也可能对结果产生影响;再次,实验室环境的温度和湿度波动可能会影响金属丝的弹性特性;最后,砝码的质量可能存在微小的误差,这也会影响到应力的计算精度。

综合本次实验结果,我们可以得出结论,通过实验方法成功测量金属丝的杨氏模量,尽管所得数值与理论值存在一定偏差,但总体上反映了材料的弹性特性。实验过程中可能出现的误差源已在结果分析部分进行了讨论,包括材料非均匀性、测量误差、环境因素和砝码质量的准确性等。

2. 存在问题与改进建议

尽管取得了一定的成效,但在实施过程中也暴露了一些问题。例如,部分学生在初期对开放式问题的解决感到困难,表现出依赖性;教师在转变教学角色上存在犹豫,难以完全放手让学生自主探究。针对这些问题,建议在未来的课程设计中提供更多的指导和支持,帮助学生逐步适应开放式学习环境。同时,对教师进行专业培训,增强其引导创新实验的能力,确保教学理念的有效传达和实施。

六、研究结论

本研究围绕核心素养导向下的初中物理创新实验课程进行了全面的探索。通过文献回顾、理论分析和实证研究，本研究明确物理创新实验的定义、特点及其在教学中的价值。提出了三大课程设计原则——学生中心、问题驱动和实践操作，为创新实验课程的构建提供了理论支持。

在实施策略方面，创设情景、合作学习、实验导向和过程与数据记录等策略被证明能有效提升学生的参与度和创新能力。实验结果与反思显示，这些方法能显著提高学生的学习兴趣、作品完成度和团队合作能力。同时，研究也识别了实施过程中的挑战，并提出了相应的改进建议。

本研究的主要贡献在于为初中物理教育提供了一种创新的教学模式，强调学生核心素养的培养和创新能力的提升。研究结果对指导教育实践具有一定的参考价值。然而，研究的局限性在于样本范围的限制和实施时间的短暂，可能影响结果的普遍性和长期效果的评估。此外，研究未能充分考虑不同地区教育资源的差异性，这可能影响创新实验课程的普适性和可行性。

未来的研究应当扩大样本范围，延长研究周期，以便更准确地评估创新实验课程的长期效果。同时，研究应考虑更多元的教育资源条件，探索适合不同教育环境的教学模式。此外，进一步研究可以关注创新实验课程对学生其他核心素养维度的影响，如批判性思维、信息素养等。最后，建立和完善创新实验课程的评价体系，为教育决策者和教师提供更为科学的指导和反馈。

提升逻辑思维能力　培养物理核心素养

——以“溢出问题”专题复习为例

刘　黎①

摘　要：压强变化分析是初中物理知识体系的重要组成部分，其中，将物体放入装有液体的柱形容器中，引起的压力、压强变化问题，同时涉及液体压强变化和固体压强变化，综合性强，难度较大，变化多样。针对该主题中的“溢出问题”，归纳、总结了三种基本模型及其对应的解决办法，在帮助学生厘清思路，构建概念网络，提升学生逻辑思维能力和解决综合问题能力的同时，提高学习效率。

关键词：压强变化；溢出问题；思维能力；专题复习

物理学家劳厄曾指出：“重要的不是获得知识，而是发展思维能力，教育无非是将一切已学过的东西都遗忘时所剩下来的东西。”因此，在物理教学中，使学生的思维能力不断提高，进而运用思维很好地理解和掌握物理概念、规律、实验，解决物理问题，这是物理教学的一项重要任务。② 教师要从物理学科的核心素养出发，关注学生思维方法的训练、科学思维的培养，引导学生不断探索，提高分析问题、解决问题的实践本领和科学思维能力，全面提升学生的学习力，发展核心素养。③

---

① 作者简介：刘黎，上海市民办华育中学物理学科教师，中学一级教师，主要从事中学物理教学研究.

② 程翠芳.让高中物理课堂成为提升学生思维能力的动力源[J].神州，2012(11)：176.

③ 中华人民共和国教育部.义务教育物理课程标准(2022年版)[M].北京：北京师范大学出版社，2022.

一、建立模型，培养学生逻辑推理和分析能力

“溢出问题”主要围绕柱形容器展开，将物体放入装有液体的柱形容器中，涉及液体对容器底部的压力、压强，容器对水平面的压力、压强的变化，要判断是否会有液体溢出，要求学生对压强概念有深刻的理解，并且在熟练掌握基本公式的基础上，如公式 $p_{液}=\rho_{液}gh_{液}$，$F_{容}=G_{容}+G_{液}$，能对压强的变化进行定量分析。

母体模型如图 1 所示，一个底面积为 $S_{容}$ 的薄壁圆柱形容器放在水平桌面中央，内盛有深度为 $h_{水}$ 的水。另有重力为 G_A，体积为 V_A 的实心正方体 A，现将 A 浸没在容器内的水中。

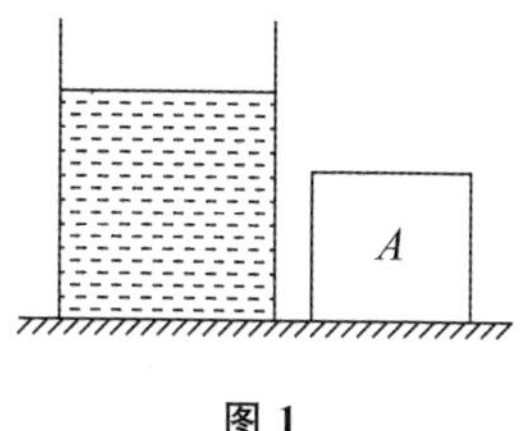

图 1

当容器足够高时，容器中水面下方总体积的增加量 $\Delta V=V_A$，所以水面升高量 $\Delta h_{水}=\dfrac{V_A}{S_{容}}$，从而得到水对容器底部的压强增加量 $\Delta p_{水}=\dfrac{\rho_{水}gV_A}{S_{容}}$；容器对水平面的压力增加量 $\Delta F_{容}=G_A$，因此容器对水平面的压强增加量 $\Delta p_{容}=\dfrac{G_A}{S_{容}}$.

当去掉“足够高”这个条件后，意味着可能会有水溢出，此时要算出 $\Delta p_{水}$ 和 $\Delta p_{容}$，首先要对是否有水溢出作出判断，常见的模型有以下三种。

1. 模型一：已知容器高度

在上述母题模型的基础上，增加条件“容器高度为 $h_{容}$”.

下面引入具体数据，可以较为直观地比较有水溢出时的压强变化情况。令 $h_{容}=0.12\ \text{m}$，$S_{容}=2\times10^{-2}\ \text{m}^2$，$h_{水}=0.1\ \text{m}$，$G_A=19.6\ \text{N}$，$V_A=1\times10^{-3}\ \text{m}^3$. 当没有水溢出时，$\Delta V=V_A=1\times10^{-3}\ \text{m}^3$，

$\Delta h_{水}=\frac{V_A}{S_{容}}=0.05\ \text{m}$,可算出 $\Delta p_{水}=\rho_{水}\ g\Delta h_{水}=490\ \text{Pa}$;$\Delta F_{容}=G_A=19.6\ \text{N}$,可算出 $\Delta p_{容}=\frac{G_A}{S_{容}}=980\ \text{Pa}$.

此时容器高度仅为 0.12 m,水面升高量最多 0.02 m,小于 0.05 m,即有 0.03 m 高的水溢出,如图 2 所示;也可计算水面上方的空余体积 $V_{空}=S_{容}(h_{容}-h_{水})=0.4\times10^{-3}\ \text{m}^3<V_A$,说明有水溢出,且溢出水的体积为 $0.6\times10^{-3}\ \text{m}^3$,所以 $\Delta p_{水}=\rho_{水}\ g(h_{容}-h_{水})=196\ \text{Pa}$;同时,容器对地面的压力,即容器的总重力"有增也有减",$\Delta F_{容}=\Delta G_{总}=G_A-G_{溢}=G_A-\rho_{水}\ V_{溢}\ g=13.72\ \text{N}$,从而可得 $\Delta p_{容}=\frac{\Delta F_{容}}{S_{容}}=686\ \text{Pa}$.

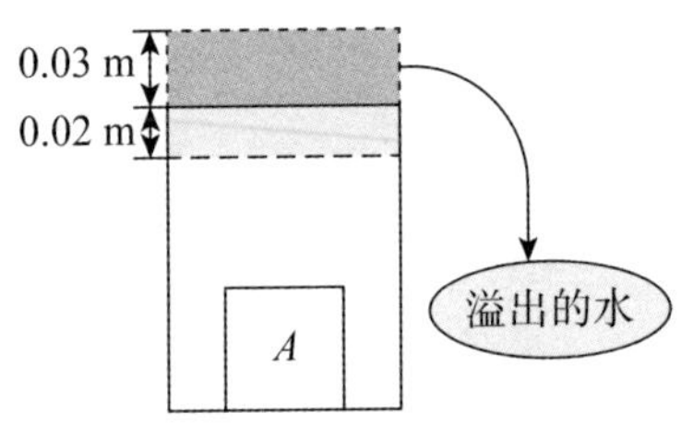

图 2

对于模型一,判断是否有水溢出的方法总结如下:

(Ⅰ) 比较物体的体积与容器内水面上方的空余体积大小:若 $V_{物}>V_{空}$,则有水溢出,且溢出水的体积 $V_{溢}=V_{物}-V_{空}$;若 $V_{物}\leqslant V_{空}$,则没有水溢出,其中,等号成立时,水恰好不溢出。

(Ⅱ) 比较$\frac{V_{物}}{S_{容}}$与 $h_{容}-h_{水}$,若$\frac{V_{物}}{S_{容}}>h_{容}-h_{水}$,则有水溢出;若$\frac{V_{物}}{S_{容}}\leqslant h_{容}-h_{水}$,则没有水溢出。

2. 模型二:已知水对容器底部压强的变化量

在上述母题模型的基础上,增加条件"水对容器底部压强的增加量 $\Delta p_{水}=196\ \text{Pa}$"。由模型一得到的数据可知,此时 $\Delta h_{水}=0.02\ \text{m}$,若容器足够高,水面升高量可以达到 0.05 m,即有 0.03 m 高的水溢出，如图 2 所示。同理，也可由 $\Delta p_{水}$ 小于容器足够高时的液体压强增加量 490 Pa，推出水面升高量小于 0.05 m，从而得出水溢出的结论。

另外，由 $\Delta h_{水}$ 计算出 $\Delta V=0.4\times10^{-3}\ m^3$，小于物体 A 的体积，不仅可以判断出有水溢出，同时也可以得出溢出水的体积 $V_{溢}=V_{物}-\Delta V=0.6\times10^{-3}\ m^3$，进而继续进行更多的计算，例如求出 $\Delta p_{容}$.

对于模型二，判断是否有水溢出的方法总结如下：

（Ⅰ）比较题目中所给的 $\Delta p_{水}$ 与无水溢出时的 $\Delta p'_{水}$ 大小：若 $\Delta p_{水}<\Delta p'_{水}$，则有水溢出；若 $\Delta p_{水}=\Delta p'_{水}$，则没有水溢出。

（Ⅱ）比较计算求得的 $\Delta h_{水}$ 与无水溢出时的 $\Delta h'_{水}$ 大小：若 $\Delta h_{水}<\Delta h'_{水}$，则有水溢出；若 $\Delta h_{水}=\Delta h'_{水}$，则没有水溢出。

（Ⅲ）比较容器内水面下方总体积的增加量 ΔV 与物体体积 $V_{物}$ 大小：若 $\Delta V<V_{物}$，则有水溢出，且溢出水的体积 $V_{溢}=V_{物}-\Delta V$；若 $\Delta V=V_{物}$，则没有水溢出。

3. 模型三：已知容器对地面压强的变化量

在上述母题模型的基础上，增加条件“容器对地面压强的变化量为 686 Pa”。

当容器足够高时，容器对水平面的压强增加量为 980 Pa，可推出容器对水平面的压力增加量小于物体 A 的重力，说明有水溢出。

另外，也可以通过计算得出此时的 $\Delta F_{容}=13.72\ N$，小于 G_A，说明有水溢出，且 $G_{溢}=G_A-\Delta F_{容}=5.88\ N$，进而得到 $V_{溢}$、ΔV、$\Delta h_{水}$、$\Delta p_{水}$ 等一系列的物理量。

对于模型三，判断是否有水溢出的方法总结如下：

（Ⅰ）比较题目中所给的 $\Delta p_{容}$ 与无水溢出时的 $\Delta p'_{容}$ 大小：若 $\Delta p_{容}<\Delta p'_{容}$，则有水溢出；若 $\Delta p_{水}=\Delta p'_{水}$，则没有水溢出。

（Ⅱ）比较计算求得的 $\Delta F_{容}$ 与无水溢出时的 $G_{物}$ 大小：若 $\Delta F_{容}<G_{物}$，则有水溢出；若 $\Delta F_{容}=G_{物}$，则没有水溢出。

二、发展学生创造性思维能力

科学思维是基于事实证据和科学推理对不同信息、观点和结论进行质疑和批判,予以检验和修正,进而提出创造性见解的品质与能力①,是初中物理学科核心素养的内容之一,而创造性思维是学生形成提出创造性见解的能力与品质的前提,在“科学思维”的范畴之内。② 培养学生良好的创造性思维能力,不仅可以帮助学生提高独立思考的逻辑思维能力,还可以真正激发学生学习物理的兴趣,进而提高教学质量。

通过基础模型的变式练习来训练思维的灵活性,是培养物理创造性思维的重要手段之一。在解决变式问题的过程中,学生需要充分利用已掌握的解题思路、方法、技巧以及对物理概念、定律和关系式的理解等。通过将这些经验应用到新的、类似的问题上,可以更快地找到解题的突破口,提高解题的效率和准确性。同时,由于每个变式问题都有其独特的特点和难点,需要学生不断地调整和优化自己的解题思路和方法,以适应不同的问题情景。这种不断调整和优化的过程,正是思维灵活性得到提升的体现。

在进行变式练习之前,教师可以引导学生对母题模型进行加工、探索和创新,通过改变数值、增加条件或反向思考等方法,设计出新的题目,并寻求多种解决方案,评估各种方案的优劣,并最终选择最优方案,这也是一种培养创造性思维和问题解决能力的重要方法,帮助学生在不断变化的世界中更有效地学习、适应和创新。

---

① 中华人民共和国教育部.义务教育物理课程标准(2022 年版)[S].北京:北京师范大学出版社,2022.

② 杨发茂.基于创造性思维发展的高中物理实验教学探研[J].成才之路,2024(11):105-108.

例1　(2023年上海市嘉定区)如图3所示,底面积为2×10^{-2}米^{2}的轻质薄壁圆柱形容器甲放置在水平地面上,内部盛有质量为4千克的水。求:

① 容器甲内水的体积$V_水$.

② 容器甲对水平地面的压强$p_容$.

③ 现将体积为1×10^{-3}米^{3}的正方体乙浸没在甲容器的水中后,测得水对容器底部的压强变化量$\Delta p_水$为196帕,容器对水平地面的压强变化量$\Delta p_容$为1 176帕。求正方体乙的重力$G_乙$.

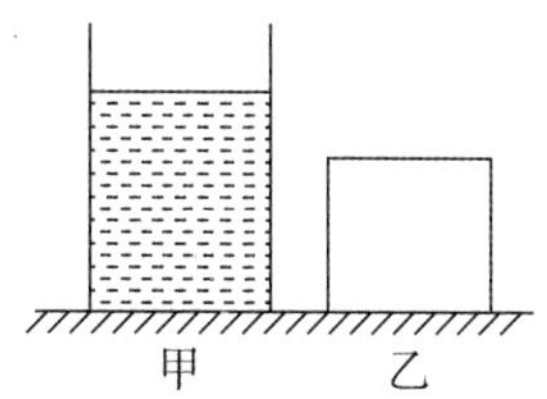

图3

分析:容器高度未知,先判断是否有水溢出。若无水溢出,可利用$G_乙=\Delta F_容=\Delta p_容 S_甲$直接得到;如果有水溢出,求出溢出水的重力,得$G_乙=\Delta F_容-G_溢$.可见,此题属于模型二,用$\Delta p_水$进行比较,三种判断方法均可,而考虑到需要通过溢出水的体积计算溢出水的重力,可以选择比较ΔV和$V_物$,方便后续计算。

解答:容器中液面上升的高度为

$\Delta h_水=\dfrac{\Delta p_水}{(\rho_水 g)}=\dfrac{196\text{帕}}{(1\times10^3\text{千克/米}^3\times9.8\text{牛/千克})}=0.02$米,

$\Delta V=S_甲\Delta h_水=2\times10^{-2}\text{米}^2\times0.02\text{米}=0.4\times10^{-3}\text{米}^3<V_乙$,

所以有水溢出。

$m_溢=\rho_水 V_溢=\rho_水(V_乙-\Delta V)=1\times10^3\text{千克/米}^3\times(1\times10^{-3}\text{米}^3-0.4\times10^{-3}\text{米}^3)=0.6$千克.

由$\Delta F_容=\Delta p_容 S_甲=1\,176\text{帕}\times2\times10^{-2}\text{米}^2=23.52$牛,可得$G_乙=\Delta F_容+G_溢=\Delta F_容+m_溢 g=23.52\text{牛}+0.6\text{千克}\times9.8\text{牛/千克}=$

29.4 牛。

例 2 (2019 年上海市杨浦区)如图 4 所示,均匀圆柱体甲和薄壁圆柱形容器乙放置在水平桌面上。甲的质量为 2 千克,底面积为 5×10^{-3} 米^2,乙的底面积为 2×10^{-2} 米^2。

① 若水深为 0.15 米,求水对容器乙底部的压强 $p_{水}$.

② 现将实心圆柱体丙先后叠放至甲的上部,竖直放入容器乙水中静止。下表记录的是上述过程中丙浸入水中的体积 $V_{浸}$、甲对水平地面压强变化量 $\Delta p_{甲}$ 和容器乙对水平桌面的压强变化量 $\Delta p_{容}$.

请根据上述信息求出丙的重力 $G_{丙}$ 和水对容器乙底部的压强变化量 $\Delta p_{水}$.

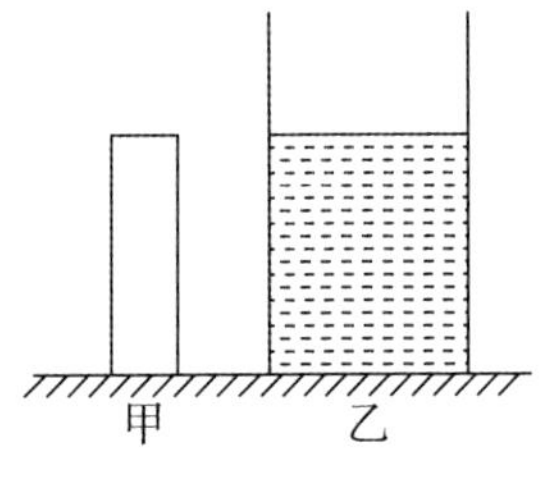

图 4

$V_{浸}$(米^3)	1.5×10^{-3}
$\Delta p_{甲}$(帕)	5 880
$\Delta p_{容}$(帕)	980

分析:同上题,此题没有“足够高”“不溢出”等关键信息,需要学生在审题时敏锐地察觉到可能会有水溢出,并选择合适的方法进行判断。结合题中所给条件,可通过比较将实心圆柱体丙竖直放入容器乙内的水中静止时增加的压力与丙的重力大小,判断是否有水溢出,并根据公式 $G=mg$ 和 $\rho=\dfrac{m}{V}$ 求出溢出水的体积,进而求出水面升高量和水对容器乙底部的压强变化量。

解答:将实心圆柱体丙先后叠放至甲的上部,$G_{丙}=\Delta F_{甲}=\Delta P_{甲}S_{甲}=5\ 880$ 帕 $\times0.005$ 米$^2=29.4$ 牛;容器乙对地面的压力增加量 $\Delta F_{容}=\Delta P_{容}S_{乙}=980$ 帕 $\times0.02$ 米$^2=19.6$ 牛 <29.4 牛,所以有水溢

出，且溢出水的重力 $G_{溢}=G_{丙}-\Delta F_{容}=29.4$ 牛 -19.6 牛 $=9.8$ 牛，$m_{溢}=\frac{G_{溢}}{g}=\frac{9.8\text{ 牛}}{9.8\text{ 牛/千克}}=1$ 千克，溢出水的体积：$V_{溢}=\frac{m_{溢}}{\rho_{水}}=\frac{1\text{ 千克}}{10^3\text{ 千克/米}^3}=0.001$ 米^3。容器中水面升高量 $\Delta h_{水}=\frac{(V_{浸}-V_{溢})}{S_{乙}}=\frac{(0.0015\text{ 米}^3-0.001\text{ 米}^3)}{2\times10^{-2}\text{ 米}^2}=0.025$ 米，所以 $\Delta p_{水}=\rho_{水}g\Delta h_{水}=1.0\times10^3$ 千克/米$^3\times9.8$ 牛/千克$\times0.025$ 米$=245$ 帕。

例 3　(2022 年上海市黄浦区)如图 5 所示，重为 0.4 牛，底面积为 2×10^{-2} 米^2 的薄壁圆柱形容器放置在水平地面上，容器内装有深度为 0.1 米的水。

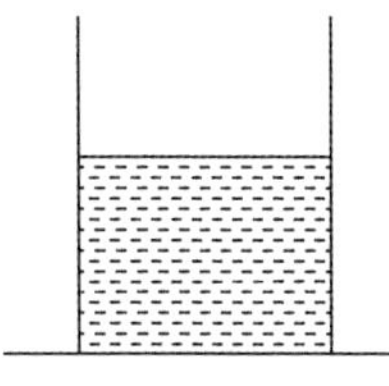

	第一个放入后	第二个放入后
$p_{水}$(帕)	1 470	1 764

图 5

① 求水的质量 $m_{水}$.

② 求容器对水平地面的压强 p.

③ 现将两个完全相同、质量均为 3 千克的正方体依次浸没在容器中。两次放入后，水对容器底部压强 $p_{水}$ 如上表所示。为了求得正方体的密度，小明的解题过程如下：

$$V_{物}=\Delta V_{水}=S\Delta h_{水}=S\frac{\Delta p_{水}}{\rho_{水}g}$$

$$=0.02\text{ 米}^2\times\frac{1764\text{ 帕}-1470\text{ 帕}}{1\times10^3\text{ 千克/米}^3\times9.8\text{ 牛/千克}}=6\times10^{-4}\text{ 米}^3$$

$$\rho_{物}=\frac{m_{物}}{V_{物}}=\frac{3\text{ 千克}}{6\times10^{-4}\text{ 米}^3}=5\times10^3\text{ 千克/米}^3$$

请判断小明的解题过程是否合理，并写出理由。如果不合理，请写出正确的计算过程。

分析:③题中的解题过程成立的条件是第二个正方体浸没后，没有水溢出;然而容器高度未知，须先判断是否有水溢出。判断方法如下:由于第二个正方体放入水中后，水对容器底部的压强再次变大，说明第一个正方体浸没在水中时，没有水溢出;若第二个正方体浸没后，仍没有水溢出，那么两次的水面升高量 $\Delta h_{水}$ 应相同，由公式 $\Delta p_{水}=\rho_{水}g\Delta h_{水}$ 可知 $\Delta p_{水}$ 应相同，所以只需将两次的 $\Delta p_{水}$ 进行比较，即可得出结论。

解答:未放入正方体时，$p_{水}=\rho_{水}gh_{水}=1\times10^{3}$ 千克/米$^{3}\times$9.8 牛/千克$\times$0.1 米$=$980 帕;第一个放入后:$\Delta p_{水1}=$1 470 帕$-$980 帕$=$490 帕;第二个放入后:$\Delta p_{水2}=$1 764 帕$-$1 470 帕$=$294 帕。因为 $\Delta p_{水1}\neq\Delta p_{水2}$，所以第二个放入后有水溢出，因此 $V_{物}\neq\Delta V_{水}$，即小明的解题过程是不合理的，$V_{物}$ 应等于第一个放入之后的体积增加量。

正确的过程是: $V_{物}=\Delta V_{水1}=S\Delta h_{水1}=\dfrac{S\Delta p_{水1}}{\rho_{水}g}=\dfrac{0.02\text{ 米}^{2}\times(1\,470\text{ 帕}-980\text{ 帕})}{1\times10^{3}\text{ 千克/米}^{3}\times9.8\text{ 牛/千克}}=1\times10^{-3}\text{ 米}^{3}$，$\rho_{物}=\dfrac{m_{物}}{V_{物}}=\dfrac{3\text{ 千克}}{1\times10^{-3}\text{ 米}^{3}}=3\times10^{3}$ 千克/米^{3}。

总之，通过主题复习，将经典题型进行变式，提出“假如”或“如果”类型的问题，或设计有多个答案或解决方案的问题，将创新和批判性思维融入传统习题中，鼓励学生对习题的假设和结果提出质疑，并探索其他可能性，不仅帮助学生巩固知识，提高学习效率，还能发展学生的创造性思维和解决综合问题的能力，以达到培养物理核心素养的目的。

绿色化学理念在初中化学教学中的渗透策略

张雪峰①

摘 要:随着社会的不断进步和公众环保意识的显著提升,绿色化学理念已成为现代化学教育的关键组成部分。初中化学教学旨在夯实学生的化学基础知识,同时着力培养学生的宏观辨识与微观探析能力,以锻造其科学思维和实践技能。本文结合初中化学教学中,学生提出的有关绿色化学的疑问,结合教学设计探讨了在教学中渗透绿色化学思想的策略。

关键词:初中化学;绿色化学;教学策略

化学作为一门自然科学,与大部分人类活动所需的工业原料和产品有关,对人们的生活健康和社会发展起到了重要的保障和促进作用。但是,落后的工艺和不当的操作流程会产生大量的废弃物和有害物质,从而对自然生态环境和人们的生活环境造成破坏。为了避免这类问题的发生,绿色化学理念应运而生。经过近20年的发展,绿色化学的理念已经深入人心。绿色化学属于交叉学科,体现出思考问题的系统思维。对初中教学来说,融合绿色化学理念的教学,需要解决两个核心问题。其一,如何使学生结合已有知识和生活经验,逐步形成系统思维;其二,理解并在实际生活中践行绿色化学理念。

---

① 作者简介:张雪峰,上海市民办华育中学化学学科教师,中学一级教师,主要从事中学化学教学研究.

一、在释疑中引导学生系统思考绿色化学的理念和实践价值

初中学生对周围世界充满好奇心,经常在化学课堂上提出很多有趣的问题。教师如果能抓住这一教学契机,科学地引导学生思考,不仅能提升学生化学学习的动力,更有助于提升其思维的深度和系统性。

1. 引导学生以发展的眼光分析问题,面向真实世界思考化学

在教学中涉及绿色化学理念时,学生通常会提出一系列问题。例如,为什么不把有污染产生的工厂关了呢?化工企业为什么要排放污染物?……其实这些问题不仅涉及化学,还涉及产业结构、技术转型、环保政策的制订与执行等多个领域。教师可以从化学日常教学入手,并结合学生的生活经验,引导学生进行系统思考。在讲解化肥、合成氨、有机合成等知识时,可简要介绍这些知识在现实生活中的作用,并适当地给学生展示一些数据,如要让人们获得价廉物美的商品,就必须给社会提供充足的物资供应,而化工是其中最重要的一环。例如,天然棉花的年产量在600多万吨,而人工合成的化纤的年产量是6 000多万吨。化学纤维产业最初是通过高速发展来满足人们的需求,但由于引发碳排放、环境污染等问题,企业不断进行技术研发,中国已经在生物基材料的产业化方面处于领先地位。教师还可以通过角色扮演的形式,引导学生思考,如学生可以分组,分别扮演企业代表、居民代表、环保监管部门、产品用户等角色,并就环保问题分别发表意见。学生在参与讨论的过程中,逐步认识到不同角色的立场,考虑问题的角度是有差别的。例如,从企业角度思考,环保设备和绿色工艺通常会增加成本,如果市场有一部分企业逃避了治理污染的责任,它就能用更低的成本和其他企业竞争,获得超额的利润。环保监管部门则需要从环保政策执行的角度,督促企业改进生产模式,引导企业积极推进治污减排。

2. 引导学生理解绿色化学理念内涵，教学符合绿色化学原则

环保观念与能力形成是一个潜移默化的过程，主要途径就是在化学学习过程中，理解并掌握如何通过绿色化学方法降低或消除这些危害。学生在学习化学时，还会产生如下疑问。例如，化学为什么一定要用有毒有害的物质？不能用无毒无害的物质做原料吗？……在学了一些氧化还原反应知识后，学生就会知道化学反应总是强氧化剂和强还原剂反应生成弱氧化剂和弱还原剂，换句话说化学原料通常是化学性质活泼，具有易燃、易爆、有毒等性质，而最终的化工产品是化学性质稳定，无毒无害的。教师可以借助数据或通过参观学习等方式，引导学生认识化学工业的污染大多数来自原料的泄漏和残留，可通过改进工艺和严格管理来避免。在学习高炉炼铁的相关知识时，教师可以引导学生关注为什么要用一氧化碳而不是其他物质来还原氧化铁？怎样避免残留的一氧化碳污染空气？有没有既环保又节约的方法来处理尾气？……通过这些问题的思考，学生可以更深刻地理解绿色化学的理念，也更愿意在实践中践行环保观念。除了通过引导学生积极思考之外，在日常教学中，还要符合绿色化学的要求，如减量、重复使用、回收、再生、拒用。① 在开展镁条的燃烧实验时，应提醒学生注意：(1)适度取材，不宜过多。(2)镁的化学性质比较活泼，极易和氧气发生反应而产生大量的热，或有部分氧化镁小颗粒扩散到空气中，产生大量白烟，应避免吸入呼吸道中。在不同的实验过程中，教师应教授学生如何减少化学废弃物的产生，以及如何正确处理废弃物，让学生逐步树立自我防护与环境保护的意识。

---

① 胡嘉丽，黄彦新.高中化学人教版新旧教材绿色实验对比[J].实验教学与仪器，2024(3)：6－8.

二、在教学中渗透绿色化学思想的有效策略

教学设计是指教师在进行教学活动时,根据教学目标、学生特点和教学内容,有目的地组织与安排教学过程。通过符合学生学情的科学合理的教学设计来渗透绿色化学思想,对初中化学教师来说更具有可行性和可持续性。

1. 整合绿色化学内容,形成大单元的教学设计

笔者通过对教材的分析,了解到在上教版化学教材中,每一个单元都有涉及绿色化学的相关内容。如1.1节“化学使世界更美好”中提到了上海市生活垃圾实行的四分类标准,详细表述了垃圾分类的好处和必要性;2.1节“人类赖以生存的空气”中,详细提到了空气质量指数(Air Quality Index,简称AQI)的意义以及不同级别的污染对人体健康的影响和建议采取的措施,具有现实指导意义;3.1节“水”也提到了水的自净能力和人工净化过程及作用。教师在进行教学设计时,可用加入视频或图片解说的形式,介绍因化工生产而可能造成的环境污染案例,以及对周围居民带来的影响,并与学生一起辩证地分析背后的原因,讨论解决的方法。教师还可以结合案例真实的后续发展来评价学生的方案,锻炼学生的辩证思维,培养学生的环保理念。以下以“氢能与绿色化学大单元教学设计”为例,介绍基于绿色化学理念进行大单元教学设计中的关键点。

在国家“双碳”(碳达峰、碳中和)战略的背景下,氢能以其清洁、高效的特性,成为绿色化学教学的重要内容。“氢能与绿色化学大单元教学设计”旨在引导学生认识氢能,理解其在绿色化学中的应用,培养环保意识。教学内容与步骤分为四个阶段,第一个是引入环节,可以氢能应用为实例,如氢燃料电池汽车,激发学生兴趣。第二个是“氢能基础”环节,引入氢气的性质、制取方法,如电解水、金属与酸反应,并强调安全操作。第三个是“氢能应用”环节,分析氢能在绿色化

学中的优势，如清洁无污染、燃烧效率高，并探讨其局限性。第四个是“实践活动”环节，让学生带着思考，分组制作简易氢燃料电池或氢能小模型，展示成果并分享。最后总结回顾氢能知识点，强调其在绿色化学中的重要性，鼓励学生继续关注环保问题。本教学设计旨在通过精简的内容，引导学生深入理解氢能及其在绿色化学中的应用，为培养具有环保意识的未来公民作出贡献。

2. 基于绿色化学理念，改进化学实验

积极创新设计实验绿色化，是培养学生绿色化学意识的重要途径。[①] 初中化学教材中的实验大多数选用的是无毒、危险性小的药品和反应产物。教师可以利用这些实验先引导学生认识到规范操作的重要性，再从实验过程中可能产生的废料等具体问题出发引导学生讨论并实践，培养学生的实验技能与科学思维能力。同时，确有一些反应会产生一定的污染物，这些大多数是演示实验，如白磷的自燃、用红磷燃烧测定空气中氧气含量、硫在氧气中燃烧等。在实际教学中，教师可以这些实验为例，引导学生思考如何设计改进实验。以下以两个案例来说明改进化学实验的过程。

案例一：白磷自燃实验的绿色化改进

白磷自燃实验是一个经典的化学演示实验，但白磷是一种有毒且易挥发的物质，因此需要特别关注其实验的绿色化改进。在“试剂的储存与使用”方面，白磷应储存在密封的容器中，并放置在通风良好的地方。在进行实验时，应尽量减少白磷的用量，并避免其暴露在空气中。在“实验器材”方面，使用密封性良好的实验器材，如带有密封盖的试管或烧杯，以防止白磷的挥发和泄漏。在实验过程中，引导学生在点燃白磷之前，确保实验室内通风良好，并佩戴防护眼镜和手套。点燃后，密切观察实验现象，但避免长时间接触白磷产生的有毒

---

① 张晓丽.浅谈初中化学教学中绿色化学意识的渗透[J].中学课程辅导，2024(11):21-23.

气体。实验结束后,应立即将剩余的白磷放回密封容器中,并对实验器材进行彻底清洗。产生的有毒气体应通过通风系统排出室外,避免对环境和人体造成危害。在整个实验过程中,教师要通过言传身教,强调安全操作和环保意识,让学生了解白磷的危害及正确的处理方法。同时,可以通过视频或模拟实验等方式进行演示,减少实际操作中可能产生的危害。

案例二:一氧化碳还原氧化铜实验的绿色化改进

一氧化碳还原氧化铜是一个重要的氧化还原反应实验,但在实验过程中,一氧化碳是一种有毒气体,需要特别关注其实验的绿色化改进。在"试剂的储存与使用"部分,引导学生思考为什么一氧化碳气体应储存在专用的气瓶中,并放置在通风良好、远离火源的地方。在实验过程中,教师需要提醒学生严格控制一氧化碳的用量,避免过量使用而导致环境污染和安全隐患。在实验器材的选择方面,选择密封性良好的实验器材,如带有密封盖的试管或反应器等,以确保一氧化碳气体不会泄漏到实验室中。同时,使用可重复使用的器材,减少浪费和污染。在进行实验前,确保实验室内通风良好,并佩戴防护眼镜和手套。在加热氧化铜和一氧化碳的反应过程中,应控制加热温度和时间,避免过高的温度导致有害物质的生成。同时,加强通风,确保实验室内空气质量。实验结束后,应立即关闭一氧化碳气瓶的阀门,并确保反应器内的一氧化碳气体得到妥善处理。可以使用化学吸收剂等方法来吸收尾气中的一氧化碳,防止其直接排放到空气中而造成污染。对于实验产生的固体废物,应按照相关规定进行分类处理。在实验过程中,加强学生的安全教育,让他们了解一氧化碳的危害及正确的处理方法。同时,强调实验过程中的安全操作和环保意识,确保实验的安全和环保。

以上两个案例通过选择环保型试剂、可重复使用的实验器材、控制实验过程和加强安全教育等措施,不仅达到了实验目的,还有效减少了环境污染和资源浪费，培养学生的环保意识和绿色化学素养。

初中化学教育是渗透绿色化学的理念的良好载体。为了培养学生的环保自觉性和创新思维，将绿色化学的理念融入日常化学教育中显得尤为重要。通过扎根课堂，引入绿色化学理念，使学生在掌握化学知识的同时，也逐步领悟到绿色化学对地球生态与未来可持续发展的深远影响。这不仅能帮助学生认识到环境保护的重要性，更能激励他们在日后的生活与工作中积极践行绿色理念，促进社会的可持续发展。作为初中化学教师，需要站在更高的视角去思考教材内容的呈现，更需要在“双碳”背景下，不断更新和优化教学内容与方法，使之与绿色化学理念更加契合，从而培养出更多具备环保意识与创新精神的杰出化学人才。

初中阶段化学学科拔尖创新人才早期培养"五重奏"

郑　凡①

摘　要:随着科技的不断进步和社会对创新型人才需求的日益增长,化学教学在培养拔尖创新人才方面扮演着至关重要的角色。我校进行初中化学拔尖人才早期培养多年,积累了部分资料素材经验教训,归纳和总结了相关的具体方法和策略。本文旨在探讨化学教学中拔尖创新人才早期培养的有效路径和策略。

关键词:化学教学;拔尖创新人才;早期培养;策略

党的二十大报告要求学校自主培养拔尖人才,建立高质量的教育体系。拔尖创新人才是指知识基础厚实,创新意识和创新思维能力强,并且能在某个领域持续发现和创造、为国家发展作出重大贡献的杰出人才。我校作为初中学校进行化学拔尖创新人才早期培养多年,培养学生超过 1 000 人,培养目标不再局限于初中阶段竞赛和自招要求,而已指向高中化学联赛。十几年来我校学生在初中化学竞赛中优势明显,连续多年获得上海市获奖总人数和一等奖人数第一;2018 年最后一届初中化学竞赛共获奖 27 人(总人数 100 人)。在近 3 年的高中化学联赛中,我校学生以初中生身份参加高中联赛,5 人获得一等奖,23 人获得二等奖;我校毕业生在全国高中化学联赛决赛中共获得金牌 7 枚,两人进入国家集训队。我校化学组在拔尖创新人才早期培养过程中做了大量细致认真的工作,十几年来卓有成

①　作者简介:郑凡,上海市民办华育中学化学学科教师,中学一级教师,主要从事初中化学强潜能学生培养研究.

效。我们具体工作的措施和策略如下。

一、“选苗子”:尽早识别与选准化学科学发展有潜质学生

“人才是第一生产力。”要在初中化学教学中进行创新拔尖早期人才培养,首先要尽早选出一批具有一定潜力和培养前途的好苗子。因为我校有进行多年数理化创新人才培养传统,并取得了一系列成绩,是上海有名的拔尖创新人才培养名校,因此每年招收的新生中有一定比例的优秀苗子,需要我们尽早挖掘、尽早培养、尽早提升、尽早成才。我们采取早宣传、早引导、早选拔的方针。每年新生入校家长会上就介绍我校化学竞赛培养的现状、优势和成绩等相关信息。学校教学大楼进门大厅就展示了化学物质的模型——校友捐赠的价值百万的“实物元素周期表”,学校荣誉墙展示了多位化学竞赛生在全市、全国乃至全球获奖的资料和奖杯。这些都让我们的新生对化学竞赛有了直观的了解和浓厚的兴趣。在此基础上,化学教研组每年安排不同年级不同层次的化学竞赛班选拔。现在已经做到初一年级甚至预初新生就选拔,培养目标是初中毕业冲击高中化学联赛一等奖;初二年级选拔培养目标是完成初中竞赛自招要求,冲击高中联赛二等奖。在学习过程中对学生再进行分层乃至淘汰,尽早选出有潜力的优秀苗子,并集中精力进行早期培养。

二、“强内容”:针对有化学发展潜质学生开展内容精选

“工欲善其事,必先利其器。”在准备化学竞赛人才早期竞赛辅导的过程中,首先,要求辅导教师夯实基础,做好自身素质的不断提高。每年暑期化学辅导教师必须做的第一件事是收集资料,做好教学新增内容的准备工作。各位教师在原有教学资料基础上对每年全国各地的初高中竞赛内容和新动向进行吸收和消化,对每年各地新教材

新内容要熟悉,甚至对国外新教材也要有所涉猎。对全国各地各名校的自主招生试题要精选精做并分类,能归纳总结新题型、典型题并进行整理。保证辅导教师自身素质不断提高,适应每年新的要求和挑战。每年我们会在已有的化学校本竞赛资料的基础上增加新的内容,及时总结新知识点和新题型,作为新的专题资料补充进资料库,保证每年有所完善,有一定改变,有所提高。现在我们的校本资料系统已经比较完备。可以做到分知识点、分章节、分难度、分层次都有相应的资料。

其次,我们在辅导开始前针对每年学生的不同情况,制订学年的工作规划。我校为初级中学,现阶段"化学拔尖创新人才早期培养"已经不限于初中竞赛自招内容辅导,而且已经发展到高中化学联赛辅导阶段。每年有不同年级、不同难度、不同层次、不同要求的各种辅导班级,每年的工作规划就包括很多方面和很多内容。每年的学期前有专业研讨会、小组讨论会等,研究部署落实选拔、基础课、专题课、讲座、辅导、实验、答疑、考核、课时安排等。做到胸中有数,遇变不慌,踏实稳步推进各项工作进程。

三、"搭梯子":激发化学学习兴趣与协同提高

"兴趣是最好的老师"。学习是一个长期的艰苦的过程,而高要求的竞赛内容学习更是如此。在枯燥的学习过程中单凭一时热情很难坚持到底,所以我们在化学竞赛辅导过程中采取多种措施,尽可能形式多样地增加学生对化学的浓厚兴趣、坚持化学竞赛的学习动力。

首先,在平时常规课内,化学教师非常重视理论联系实际及化学与生产生活的联系。在课堂中注重时事与化学知识的结合。课堂中时事的讨论和课外小实验往往让学生对化学怀有浓厚的兴趣。干燥剂、兴奋剂、灭火器、粒子加速器、火箭燃料、氢能源汽车、苏丹红、融雪剂、三鹿奶粉、塑化剂等总能把课堂气氛推向高潮。每年学生中总

能涌现出一批化学实验爱好者，自己购买实验仪器、药品等在家里做化学实验。因此每年我们都要引导学生正确安全地进行家庭化学实验。

其次，我们在化学竞赛辅导中会穿插诸如“铝热反应”“过饱和溶液”“金属钠与水的反应”等在初中阶段不要求但有趣味性的小实验，提高学生的学习兴趣。在竞赛课堂中我们以学生课堂提问作为主要形式，师生讨论，产生思想火花的碰撞。我们也鼓励学生自己动手做一些简单的家庭小实验，探究生活中化学。引导他们在课外多涉及各方面化学问题，并与教师共同交流分析，师生共同提高。近五年来培训中增加了高中化学联赛内容，在化学课堂中我们提倡完成课内基本要求后广泛涉猎，课内课外提出新问题大家讨论研究，找到各种新题，师生共同研究，进一步提升课堂气氛。

对化学竞赛班学生，我们尽量给予“优惠条件”，如规定竞赛班学生可免除平时周一至周四的作业，“享受”只完成周末作业的“特殊待遇”。逢寒假暑假竞赛班学生可以不做课内寒假暑假作业，“享有”另外布置竞赛作业的“待遇”。此举提高了化学竞赛班学生学习化学的自豪感。出现了很多“某某老师”“某某国集大佬”等班级的化学学科带头人。

另外，在竞赛辅导期间我们会定期邀请高中名师和大学教授来学校开讲座，对学习的方向进行指导，对某方面的专业知识进行深入的分析讲解。了解了化学学科的发展趋势和应用前景，也明白了化学学科在解决实际问题中的价值。这让学生对化学学科有了更深刻的理解和认识，也让学生更加有信心去学习化学知识。每学期竞赛班会邀请多位已经毕业的化学竞赛同学，相互交流分享学习方法、资料选择、大赛注意事项等。由于有名师讲座和成功的同学的经验分享，学生们对化学竞赛学习过程和目标非常清晰，坚定了走化学竞赛之路的信心和决心。在化学竞赛辅导过程中各层次各级别的班级中极少有学生中途退出，保证了竞赛队伍的人数优势和稳定性。

四、高效能:在培养过程中注重学生潜能开发的持续性

“千里之行,始于足下。”在辅导过程中,我们强调注重基础、注重细节、注重实验、注重效率的提高。

注重基础知识,确保学生掌握牢固的化学基础知识,这是解决竞赛中难题的前提。对所有层次所有阶段学生都按照零基础起点进行教学,保证所有基本知识点不遗漏,不留知识盲点。我们从多方面入手,包括强化初中高中课内化学基础、深入理解和掌握基础概念、精选备考入门书籍、培养自学能力、注重实验技巧的培养、加强解题技巧的训练以及合理安排学习时间和复习计划等。这些措施有助于学生在化学竞赛中取得优异的成绩。

注重细节是在化学竞赛中至关重要的。化学竞赛往往要求参赛者具备深厚的理论基础、敏锐的观察力和精确的实验技能,而细节则贯穿其中,往往决定了最终的成绩。我们对学生如何在化学竞赛中注重细节给出了以下建议:

要求学生在学习和做题过程中从审题、基础知识、实验、计算、记录、练习、时间管理和心态等方面都做到细致入微,才能在激烈的竞争中脱颖而出,取得优异的成绩。

注重实验是在化学竞赛中取得优异成绩的关键之一。实验不仅是化学学科的核心,也是检验学生理论知识掌握程度和应用能力的重要手段。在化学竞赛中注重实验是非常重要的。通过深入理解实验原理、精确操作实验、记录和分析实验结果、设计创新性实验、培养实验安全意识、加强实验技能训练以及参加实验培训和模拟实验等方法,可以帮助学生更好地掌握实验技能,提高实验能力,从而在化学竞赛中取得优异的成绩。

提高效率意味着让学生在有限的时间内获得更多的知识与技能。我们做了以下几方面的工作。

1. 制订计划。教师和学生共同制订学习计划,明确每天、每周和每月的学习目标和任务。这样可以帮助学生更好地掌握学习进度,避免浪费时间。

2. 多种教学方法结合。教师采用多种教学方法,如讲授、讨论、实验等,以激发学生的学习兴趣和积极性。特别是化学实验,可以让学生更直观地了解化学现象和原理,提高学习效果。

3. 精选刷题。在化学竞赛中,刷题是提高成绩的有效途径。安排有针对性的练习题和模拟题,让学生在练习中巩固知识、提高解题能力。同时,还可以根据学生的答题情况,及时发现问题并进行纠正。

4. 及时反馈。及时反馈是提高学习效率的关键。教师可以定期对学生的学习情况进行评估,给予及时的反馈和建议。这样可以帮助学生及时发现问题并改正错误,少走弯路,保证学习质量。

在辅导过程中我们精选习题,精心准备讲座和讲义,不搞题海战术,不搞提前教学,而是向时间要效率,向课堂要效率。因材施教和提高效率在化学竞赛培训中相辅相成。因材施教可以根据学生的实际情况和需求进行有针对性教学。提高效率可以通过制订计划、采用多种教学方法、刷题训练和及时反馈等方法来实现。只有将两者结合起来,才能更好地提高化学竞赛的培训效果。

五、适合性:关注因材施教灵活地推进有潜质学生成长

“因材施教,量体裁衣”。让每个学生都在适合自己的赛道上奔跑,这才是真正的教育智慧。

因材施教是教学中一项重要的教学方法和教学原则,它强调根据不同学生的认知水平、学习能力以及自身素质,选择适合每个学生特点的学习方法来进行有针对性的教学。在化学竞赛培训中,因材施教尤为重要,因为化学竞赛对学生的知识深度和广度要求较高,而

且每个学生的基础和能力都有所不同。我校 2021 届有一位小张同学学习有灵气且有钻研精神,但是性格内向,平时与同学、老师交流比较少。有一段时间因课内其他科目小测验成绩较低而有些自暴自弃。我们及时发现情况后对小张同学谈心疏导,给他单独补课并制订特别的教学和练习计划,很快小张同学摆脱困境脱颖而出,在当年的高中化学联赛中获得一等奖。在高中阶段再接再厉最后进入北京大学化学系深造。

我们在教学中首先观察分析学生的学习特点,包括他们对化学知识的掌握程度、学习方法和习惯、解决问题的能力等。根据学生的实际情况,适当调整教学内容和难度,以满足不同学生的需求。对基础较差的学生,从基础知识入手,逐步提高难度;对基础较好的学生,则增加一些有挑战性的题目,以激发他们的学习兴趣。同时,对不同层次的学生提供不同的资源,还为学生提供多种参考书、杂志、资料等,以满足他们各自的知识需求。并且,鼓励学生根据自己的兴趣和特长,选择适合自己的学习方向。

灵活教学对提高学生的竞赛能力和兴趣至关重要。对不同层次不同特点不同要求的学生,我们采取以下灵活教学的具体方法和策略。

1. 多样化的教学方式

讲授与自学结合。首先,教师通过讲授的方式向学生介绍基础知识,随后鼓励学生自主学习,深入研究和掌握这些知识。这样既保证学生对基础知识的理解和掌握,又培养学生的自学能力和独立思考能力。

案例分析。通过分析具体的化学竞赛案例,让学生理解竞赛题目的出题思路和解题技巧,从而提高学生的解题能力。

小组讨论。将学生分成小组,针对某个化学问题进行讨论和交流,鼓励学生发表自己的观点和看法,培养学生的团队协作能力和沟通能力。

2. 针对性的教学内容

厘清学习重点。根据化学竞赛的要求和历年试题的分析，明确学习的重点内容和考点，帮助学生有针对性地学习和复习。

精选习题。选择具有代表性的习题进行练习，通过练习巩固知识、培养解题思维和提高解题速度。同时，根据学生的实际情况和水平，选择不同难度的习题进行练习，逐步提高学生的解题能力和水平。

3. 实验操作的重视

实验教学。化学竞赛中实验题占有重要地位。因此，在教学中重视实验教学，让学生熟悉常用的实验仪器和操作步骤，掌握实验操作技巧。

实验操作训练。通过实验操作训练，让学生熟练掌握实验技能，提高实验操作的准确性和规范性。同时，鼓励学生进行实验设计和创新，培养学生的实验能力和创新精神。

4. 持续的学习动力

榜样力量。介绍优秀的化学竞赛获奖者，让学生学习他们的学习方法和经验，激发学生的学习动力。

激励机制。设立奖励机制，对化学竞赛中取得优异成绩的学生进行表彰和奖励，激励更多的学生积极参与化学竞赛。

多年实践下来，我们在十多年的化学教学中进行拔尖创新人才早期培养所采取的具体措施和策略是切实可行的，不同层次不同要求的学生经过培养都有了显著提高，取得了一定的成绩。希望我们能在现有培养模式的基础上更进一步，为拔尖创新人才早期培养提供更广阔更开放的平台，为国家和社会培养更多基础知识厚实、创新意识和创新思维能力强，并且能在某个领域持续发现和创造、为国家发展作出重大贡献的杰出人才。

浅谈义务教育化学课程核心素养的培养

王　霞①

摘　要:在"双新"(新课程、新教材)背景下,教育部提出了"义务教育化学课程核心素养"的概念。初中学生思想和知识储备还不够完善,初中化学教学虽以学生为主体,但教师也发挥着非常重要的引导作用。在初中化学教学中,教师既要教授基本的化学知识和实验技能,又要注重对学生价值观的培养。如何加强对义务教育化学课程核心素养的培养,这是近阶段初中化学教师的主要教研方向。

关键词:义务教育;化学课程;核心素养

在"双新"(新课程、新教材)背景下,初中化学教学面临着全新的挑战。初中化学教师除了要认真研读《义务教育化学课程标准(2022年版)》,还需要做好充分的准备来迎接新教材的使用。《义务教育化学课程标准(2022年版)》指出,化学课程要培养的核心素养,主要包括化学观念、科学思维、科学探究与实践、科学态度与责任,是中国学生发展核心素养在化学课程中的具体化,反映了义务教育化学课程的教育价值与育人功能,体现了化学学科育人的基本要求,全面展现了化学课程学习对学生发展的重要价值。② 正处在义务教育阶段的初中学生,刚刚接触化学知识,其思想和知识储备还不够完善,初中化学教师需要对"双新"(新课程、新教材)和学情有准确的定位,才能

---

① 作者简介:王霞,上海市民办华育中学化学学科教师,中学一级教师,主要从事初中化学教学研究.

② 中华人民共和国教育部.义务教育化学课程标准(2022年版)[M].北京:北京师范大学出版社,2022:5.

在化学启蒙阶段更好地培养学生的化学课程核心素养,这正是近阶段初中化学教师的主要教研方向。

一、基于真实情景创设问题链,促进化学观念形成

化学观念是人类在探索化学的过程中所形成的基本观念,是研究化学的基础。化学来源于生活,又服务于生活,化学的各项技术和发明正日益影响和改变着我们的生活。初中学生虽然刚开始接触化学知识,但已具备一定的生活经验,并且已有科学课的一些知识储备。化学教师基于真实情景创设问题链进行教学设计,能更有效地促进学生化学观念的形成。

在学习物质的相互转化时,教师可适时地引入古诗进行教学,会极大地激发学生的学习兴趣。例如,在讲授《碳》时,学生对碳及其化合物的性质已有了初步的认识。此时,可以介绍明代于谦的《石灰吟》(千锤万凿出深山,烈火焚烧若等闲。粉骨碎身浑不怕,要留清白在人间)。

教师提问:根据学过的化学知识和生活经验判断,诗中包含了哪些变化?学生之前可能接触过这首诗,了解这首诗主要是写锻造石灰的艰苦过程,以及石灰的坚强清白的品格,但没想到会在化学课上出现。于是都会非常有兴趣地认真思考,互相补充,很快就能逐句找到答案。第一句,在开采石灰石过程中发生的是物理变化;第二句,在煅烧石灰石过程中发生的是化学变化;第三句,生石灰与水发生的是化学变化;第四句,熟石灰与二氧化碳发生的是化学变化。学生在寻找诗中蕴含的化学知识的同时,也将常见含钙化合物之间的转化关系梳理出来。

在了解了诗中的变化过程是“碳酸钙—氧化钙—氢氧化钙—碳酸钙”后,有学生主动提出问题:碳酸钙循环了一圈,到底有什么不同?此时学生会继续饶有兴致地回到诗中寻找答案,通过讨论后发

现,虽然物质都是碳酸钙,但是区别在于石灰石中的杂质比较多。教师进而提问,哪一步是减少杂质的关键操作?通过思考后发现,将制得的氢氧化钙悬浊液进行过滤,就可以除去其中的不溶性杂质。教师继续向学生介绍,工业上用这种方法制得的产品叫轻质碳酸钙,是纯度很高的粉末状碳酸钙,可用作牙膏中的摩擦剂和医学上的补钙剂等。

爱因斯坦说过:"兴趣是最好的老师。"要真正体现学生在学习过程中的主体地位,让学生学会学习,乐学善学,就要让学生对学习化学有浓厚的兴趣。化学与生活生产的密切关系,正好可以作为切入点,在教师的引导下,让学生自主探索化学世界的奥秘。

二、通过小组讨论开启头脑风暴,推动科学思维发展

科学思维是在化学学习过程中,能进行独立思考、辨析不同观点的真伪,并能形成一定的化学思维方式。在进行一些重难点教学时,可以通过小组讨论的方式开启头脑风暴,在甄别不同观点的过程中推动科学思维发展。

例如,在讲到《酸和碱的性质研究》中的二氧化碳与氢氧化钠溶液反应时,教师可以演示向试管里足量的氢氧化钠溶液中通入二氧化碳的实验。教师提出问题:二氧化碳与氢氧化钠溶液反应没有明显的实验现象,如何证明发生了反应?学生小组讨论,并设计实验方案,教师可参与部分小组讨论,并在讨论后,将不同的实验方案通过投影的方式展示出来,全班一起讨论实验方案的可行性。在进行投影展示时,教师可以有意识地将实验方案进行分组:证明反应物的消失、证明生成物的产生。

从证明反应物的消失角度,各方案都是围绕二氧化碳的消失(即气体压强减小)来证明。此时教师可以启发学生设计多种实验装置(如图1所示),并分析各装置中会出现的不同现象:图1(A)中试管内液面高于烧杯内液面,图1(B)中软塑料瓶变瘪,图1(C)中气球变

大，图1(D)中圆底烧瓶内产生喷泉。再进一步启发学生思考：二氧化碳通入氢氧化钠溶液中，已知二氧化碳能溶于水且能与水反应，如何用实验证明二氧化碳确实与氢氧化钠发生反应？学生想到的探究方法是用氢氧化钠固体与二氧化碳反应和水与二氧化碳反应的对比实验。教师继续引导学生思考哪种方案更好，得出的结论是：图1(A)装置不适用于氢氧化钠固体与二氧化碳反应的实验，同时考虑到反应速率的影响，建议用水，即在其他条件相同时，将氢氧化钠溶液换为等体积的水，对比观察现象的差异。

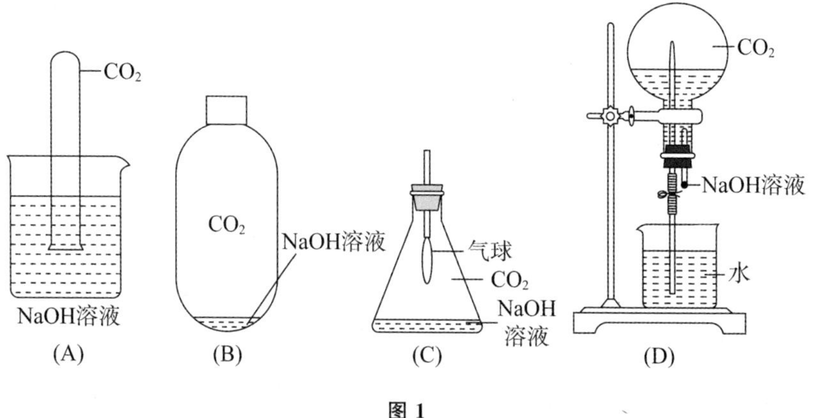

图 1

从证明生成物的产生角度，各方案都是围绕碳酸钠的产生来证明。结合碳酸钠的性质，学生主要设计以下几种方案：(1)测定反应后的溶液是否呈碱性。(2)向反应后的溶液中加入盐酸，观察是否有气泡。(3)向反应后的溶液中加入氢氧化钙溶液，观察是否产生白色沉淀。(4)向反应后的溶液中加入氯化钙溶液，观察是否产生白色沉淀。以上几种方案，学生在讨论时发现：方案(1)中氢氧化钠溶液和生成的碳酸钠溶液都为碱性，氢氧化钠会干扰检验；方案(2)中酸的用量需要“足量或过量”，需要考虑盐酸先与碱反应再与盐反应的特点。接下来，教师引导学生梳理实验思路，按照酸、碱、盐三类物质进行总结。

在教师引导下的小组讨论,可以极大地调动学生学习的积极性和主动性,有利于形成严密的证据推理能力,同时也增强了综合归纳能力。

三、重视化学实验设计,提升科学探究与实践能力

科学探究与实践是在化学学习过程中运用探究实验的方式来解决真实问题的能力。化学是一门研究物质的组成、结构、性质和变化的科学,化学技术的不断发展,离不开严谨扎实的实验过程。在"双新"背景下,对学生的实验能力要求不仅是实验操作的准确性——能正确"复制"出某个实验,更要增强科学探究能力与创新意识。

探究性学习主要是指,在课堂教学中,学生在教师的引导下,有针对性、有目的性、有组织性地进行自主学习与探究合作,并在合作探究过程中获得知识并运用知识的一种学习方式。① 化学学科探究性学习的教学模式主要分为以下几个步骤:提出问题、制订计划、收集证据、解释结论、表达交流。② 在探究性课堂学习中,教师需要设计出合适的实验探究性课题,并引导学生一步步完成探究任务。

例如,在讲到"粗盐提纯"时,已知粗盐的主要成分是 NaCl,还含有少量 $MgCl_2$、$CaCl_2$、Na_2SO_4 等可溶性杂质和泥沙等不溶性杂质。教师提问:物质提纯时可以选择的实验方法有哪些?学生回答:物理方法包括溶解、过滤、蒸发、结晶等操作,化学方法是将杂质转化为沉淀、气体、水或目标物质。要将杂质除去,两种方法要互相结合。教师引导学生思考每种杂质该如何除去及先后顺序,并完成实验设计。

---

① 吴利东.探究性学习在初中化学课堂教学中的应用[J].考试周刊,2018(51):176.

② 柴鸿庆.探究性学习在初中化学教学中的实践与应用[J].读与写杂志,2019(2):156.

在交流实验设计的过程中，学生首先回答每种杂质的除去方式：粗盐在溶解、过滤后，可以将泥沙等不溶性杂质除去；在滤液中加入过量氢氧化钠溶液可以除去氯化镁，加入过量碳酸钠溶液可以除去氯化钙，加入过量氯化钡溶液可以除去硫酸钠。学生继续回答除杂顺序：先溶解、过滤，再向滤液中分别加入过量氢氧化钠溶液、过量氯化钡溶液、过量碳酸钠溶液。对泥沙等不溶性杂质的除去过程，学生的观点基本上是一致的；接下来，讨论的重点放在过量氢氧化钠溶液、过量氯化钡溶液、过量碳酸钠溶液的顺序问题。经过讨论后一致认为，过量碳酸钠溶液必须放在过量氯化钡溶液之后，其目的是除尽氯化钙和过量的氯化钡，而过量氢氧化钠溶液的位置在最前、居中及最后都是可以的。最后再讨论后续滤液的处理问题：如何除去过量氢氧化钠和碳酸钠？学生回答：向滤液中加适量稀盐酸。教师提问：水如何除去？学生回答：蒸发结晶。

接下来引导学生对粗盐提纯类问题进行小结。教师提问：除杂质要遵循哪些原则？学生回答：(1)加入的试剂只跟杂质发生反应，不跟目标物质发生反应。要求目标物质不能损失，同时要加入过量的试剂，保证把杂质除干净。(2)不引入新的杂质。加入试剂的过量部分要除去，而且生成物不能是新的杂质。(3)要易于分离。如果产物有多种，最好能转化为气液固的不同状态与目标物质分离。教师提问：如何判断是哪种实验操作？学生回答：需要看操作后的结果。如果是分离不溶性固体和液体，就用过滤；如果是从溶液中得到氯化钠，就用蒸发结晶。

最后，各小组按照设计的流程完成粗盐提纯实验，并计算产率。

在化学实验教学中，设置探究性课题，在教师的引导下，学生将已有知识进行整合，寻找解决方案，互相团结协作，不断产生思想上的碰撞，最终找到解决问题的最佳方案，并完成相应实验。在这个过程中，学生主动探索化学知识形成知识脉络，不断提升分析问题和解决问题的能力，更深层次地体验化学学以致用的魅力。

四、从化学学科本质入手,强化科学态度与责任意识

科学态度与责任是对化学的社会价值有正确的认识,并能表现出应有的责任担当。初中化学作为化学教育的启蒙阶段,学生已能体验到化学的优势在于创造新物质、开发新性能,从而改变我们的生活。在初中化学课堂上,教师除了教授基本的化学知识和实验技能并激发学生化学探究的兴趣外,更重要的是要从思想层面上告诉学生,为什么要学习化学,以及怎样利用化学技术。只有在化学启蒙阶段,帮助学生树立正确的价值观,形成科学严谨的治学态度,才能为学生健全人格的培养和家国情怀的形成奠定基础。

1. 结合日常生活,展现化学的学科价值。例如,开学第一课,教师可以给学生介绍在 2011 年国际化学年时推出的神曲《化学是你,化学是我》,歌词浅显易懂,但能很好地体现化学在衣食住行各方面的强大功能。接下来,介绍化学发展史,以及一些最新的化学技术,让学生从感官上体验化学的魅力,激发学生学习化学的热情。

2. 言传身教,强调化学研究的严谨性。化学是一门自然科学,在化学的研究之路上并没有捷径可走。例如,针对新闻报道中涉及的论文剽窃等不正之风,应明确强调这都是目光短浅和自毁前程的行为,一经查出都会被严肃处理。要想在未来的化学研究方面有所建树,就必须从现在开始打好坚实的基础,有扎实的知识储备和实验技能,进而在科学之路上不断探索。在日常教学中,教师的言传身教也很重要。教师应该注意化学教学的规范,从表述板书,到思维逻辑,再到实验操作,都要体现出科学严谨的态度。例如,在胶头滴管的使用过程中,应特别注意不能将滴管伸入试管中,而应垂直在试管的正上方滴加,以免试管内的杂质污染滴管,进而污染试剂。教师在实验操作展示中必须规范操作,才能更好地引导学生认真完成实验。

3. 结合环境保护的社会热点,树立可持续发展的理念。化学是

一柄双刃剑，在利用化学技术为当代人创造便利的同时，一定要注意环境保护的问题。在化学生产中，如果处理不当，就会产生各种环境问题，对当前社会乃至子孙后代产生不可估量的后果。初中化学教师应该在潜移默化中渗透可持续发展的社会责任教育。例如，讲到现在实行的垃圾分类政策，可以从化学视角分析有害垃圾、可回收物、湿垃圾和干垃圾四类具体成分和分类后的各自去向，跟垃圾分类前做对比，明确垃圾分类的经济价值和社会价值。

五、总结与反思

通过以上四个方面关于培养义务教育化学课程核心素养的尝试，已取得初步效果。例如，在结合真实情景进行教学的过程中，学生对生活和生产中无处不在的化学知识，从陌生好玩到了解本质，再到正确化学观念的确立，为以后的深入学习化学打下坚实的基础。又如，小组讨论的教学模式已逐渐渗透到日常教学中，学生的积极参与极大地提升了教学效果。再如，探究实验的设计，把难点问题逐步拆解重组，形成科学严谨的体系。从认识化学、学习化学到热爱化学、利用化学，逐步体会到当代青少年应具备的严谨治学态度和社会责任感。

义务教育化学课程核心素养的培养是一项艰苦而长期的任务，需要初中化学教师怀着对教育事业的热爱，孜孜不倦地在教学实践中摸索和研讨，逐渐整合出适合本校学生学情的教学方案和策略。在化学教学中，虽是以学生为主体，但教师的引导作用也很重要，教师需要不断创设情景，激发学生的学习热情，渗透价值观教育，为义务教育化学课程核心素养的培养贡献自己的力量。当然，义务教育化学课程核心素养的培养并不是一蹴而就的事，在“双新”背景下，初中化学教师需要继续摸索和探究，将教与学有机结合起来，逐步形成一套完整的教学和评价机制。

浅论初中化学"科学探究与实践"素养的培育

——以《氢气》教学为例

董 坤[①]

摘 要:初中化学科学探究与实践的培养目标实现,主要存在三个困境:主动提出有探究价值问题的能力欠缺,理论与生产、生活实践联系的能力不足,实验的基本操作能力有待提高。本文以《氢气》教学为例,分析如何通过设计指向真实情景的探究活动、科学设计问题链,引导学生学会发现问题,围绕真实问题展开教学。通过可视化启发教学、实验跟踪针对性教学等方法,改善学生面临的学科困境,培养和提高学生的科学探究与实践能力。

关键词:初中化学;实验教学;科学探究与实践

"科学探究与实践"是《义务教育化学课程标准(2022年版)》中明确提出的化学学科核心素养之一,是化学作为一门实验性、创造性学科的重要体现。培养和提高初中生的科学探究与实践素养,最重要的是要立足课本,在夯实课本基础知识、基本技能的前提下,引领学生探索、实践。本文以《氢气》教学为例,具体阐明如何立足课本,采用多种教学方法培育初中生的科学探究与实践素养。

一、科学探究与实践的内涵和目标

1. 科学探究与实践的内涵

《义务教育化学课程标准(2022年版)》指出,科学探究与实践是

---

① 作者简介:董坤,上海市民办华育中学化学教师,中学二级教师,主要从事初中化学强潜能学生培养研究.

指经历化学课程中的实验探究，基于学科和跨学科实践活动形成的学习能力。

科学探究与实践主要包括以实验为主的科学探究能力，通过网络查询等技术手段获取和加工信息的自主学习能力，运用简单的技术与工程方法设计、制作与使用相关模型和作品的能力，参与社会调查实践、提出解决实际问题初步方案的能力，与他人分工协作、沟通交流、合作解决问题的能力等。①

2. 科学探究与实践的目标

认识实验是科学探究的重要形式和学习化学的重要途径，能进行安全、规范的实验基本操作，独立或与同学合作完成简单的化学实验任务；能主动提出有探究价值的问题，从问题和假设出发确定探究目标，设计和实施探究方案，获取证据并分析得到结论，能用科学语言和信息技术手段合理表述探究的过程和结果，并与同学交流；能从化学视角对常见的生活现象、简单的跨学科问题进行探讨，能运用简单的技术与工程的方法初步解决与化学有关的实际问题，完成社会实践活动；在科学探究与实践活动中，能根据自己的实际情况制订学习计划，开展自主学习活动，能与同学合作、分享，善于听取他人的合理建议，评价、反思、改进学习过程与结果，初步形成自主、合作、探究的能力。

二、学生科学探究与实践中存在的问题和原因分析

1. 主动提出有探究价值问题的能力欠缺

学生在面对一个真实情景中的化学活动或问题时，仅仅停留在联系相关知识，停留在书面完成或简答的层面，不能透过现象看本

① 中华人民共和国教育部.义务教育化学课程标准(2022 年版)[S].北京：北京师范大学出版社，2022.

质,或看不清本质时不能运用实验探究的方法,提出有探究价值的问题,从而进行探究实验。因此,教师可基于真实问题情景,引导学生提出假设,通过设计实验、收集证据、分析交流等探究环节解决问题,培养学生的科学探究能力。

例如,在《氢气》的教学中,学生知道氢气密度很小,是最轻的气体,但是很少有学生会想到采用实验探究的方法去证明氢气的密度小;学生知道氢气有可燃性,在爆炸极限范围4%~74%(空气中的体积分数)内点燃会发生爆炸,但是很少有学生提出"在这个较大的体积分数范围中,氢气在空气中的体积分数为多少时爆炸最为剧烈"的问题。

学生难以主动提出有探究价值的问题,主要有两方面原因:一方面,传统的实验教学没有得到足够的重视,教师在黑板上讲实验、播放实验视频、播放虚拟仿真实验等,让学生缺乏真实的实验体验,缺乏参与实验探究的机会,学生实验操作技能、科学探究的能力,科学方法、科学态度、科学能力的培育不能得到有效落实。[①] 另一方面,学生缺乏在真实生活中运用科学探究的方法解决实际问题的体验。

2. 理论与生产、生活实践联系的能力不足

在学习氢气制备、用途时,学生掌握了氢气的实验室制法,知道氢气是一种理想的绿色能源,有着非常诱人的应用前景,但是对氢能源的工业制法,已经在生产、生活实践中的应用情况,目前存在的科学壁垒并不了解,没有很好地将理论知识与生产、生活实践联系起来。

学生的理论与生产、生活实践联系的能力不足,主要原因有:一是传统的教育模式侧重于理论学习,而忽视实践操作和实际应用的训练。这种教育模式下的学生往往缺乏将理论知识应用于实际情景

---

① 卫环环.基于"科学探究与实践"素养培育的项目式教学设计——以"探索燃烧的奥秘——物质的变化"为例[J].甘肃教育,2023(21):76-80.

中的能力;二是在基础教育阶段,学校可能没有提供足够的实践机会或实践资源,使学生无法在真实的环境中应用和验证他们学到的理论知识。

3. 实验的基本操作能力有待提高

化学是一门以实验为基础的自然科学,实验操作的完成度将直接影响学生对化学的体悟,从而影响学生学科核心素养的形成,因此,规范、准确的实验操作,是学生必备的学科素养。沪科版教材中多个章节都涉及氢气的相关内容,是学生认识物质性质、建立性质决定用途这一概念的有力支撑。但是,氢气的知识点在教材中比较分散,实验又具有一定的不可控性,教师容易一语带过,导致学生对氢气的了解碎片化。① 通过沪科版教材第一学期内容的学习,学生知道了氢气具有还原性,在还原氧化铜时,知道氢气"早出晚归",酒精灯"迟到早退",但是没有想到通过化学实验来证明它的科学性,或者由于实验设计和基本操作能力欠缺,不能主动完成实验探究。

三、培育学生科学探究与实践的策略

1. 科学设计问题链,引导学生学会发现问题

"新课标"要求根据学生认知水平,精心设计探究活动,有效组织和实施探究教学。② 探究活动的有效开展,首先需要提出有价值的问题,进而设计出指向真实情景的科学探究活动。

例如,在讲解氢气密度时,教师先以图片或视频的形式展现氢气因密度小而在日常生活和生产实践中的应用,然后抛出问题:如何证

---

① 蔡蓉,薛菲.氢气性质的实验探究教学[J].中学化学教学参考,2021(6):41-43.

② 王春.学科大概念视角下的化学学习单元重构教学研究[J].化学教与学,2012(8):6-19.

明氢气的密度小呢？学生通过小组讨论后一般会设计出多种实验方案，教师进行归纳总结，选定其中一种方案并优化，然后指引学生利用提供的实验器材，进行探究活动。例如，吹肥皂泡的小实验。装置示意图如图1所示。

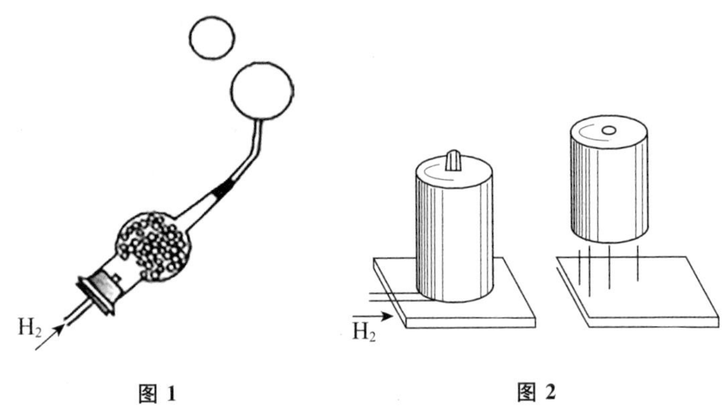

图1　　　　图2

接着请学生点燃肥皂泡，出现微弱的爆炸现象，说明氢气易燃易爆，教师引导学生回想电解水实验中点燃负极气体时观察到的现象，学生回答：气体安静地燃烧，产生淡蓝色火焰，教师进一步启迪，大家还能想到什么问题吗？学生思考后提出问题：为什么电解水产生的氢气点燃后能安静地燃烧，而用新装配好的启普发生器吹出的氢气泡点燃会爆炸呢？学生思考并很快想到了答案：爆炸与氢气的纯度有关。之后教师提供一个底部开了小孔的一次性塑料杯，要求小组讨论如何实施爆炸性实验，经过小组的激烈讨论后，教师随机请两位学生上台进行实验，教师在旁边密切观察以便应对突发情况，一位学生用手指堵住小孔，另一位学生从杯子底部通入氢气，一段时间后移走导管，并将启普发生器远离塑料杯，随即用燃着的长木条靠近小孔，松开手指，露出小孔，剧烈的爆炸声出现了。装置示意图如图2所示。经过学生自主实验探究，证明不纯的氢气点燃可能会发生爆炸，随即学生就会想到另一个问题：具体不纯到什么程度会发生爆炸呢？教师给出氢气的爆炸极限，并顺势抛出一道思考题：

【思考与练习】氢气是一种高能燃料，也是一种易爆的可燃性气体。查阅资料得知：

① 空气中氢气的爆炸极限为4%～74%(空气中的体积分数)；

② 同温同压下，气体的体积比等于它们的分子数之比。

请通过计算说明，当氢气在空气中的体积分数为多少时，遇明火爆炸最剧烈？

学生经过讨论、演算，最终得出当氢气与氧气恰好完全反应时爆炸最为剧烈，在教师的引导下，得出拓展性结论：点燃可燃性气体前要先验纯。

2. 围绕真实问题展开教学

理论与生产、生活实践联系能力不足是普遍性问题，这可能导致他们在面对实际问题时感到困惑或无法有效应用所学知识进行分析、形成解决方案。教师可以通过改进教学方法，围绕真实问题展开教学，如采用可视化教学方法，让学生从文字、图片或影像资料中自主学习，提取主要知识点。由于初三学生学业时间相对紧张，所以可视化启发教学更易达成。

针对学生学龄低，专业知识和知识面有局限性等问题，教师要充分运用可视化科技手段进行教学。以《氢气》教学为例，教师在讲到氢气的制备、氢能的优点和应用前景时，可以将拓展延伸的内容图文并茂地呈现在投影上，让学生通过比较不同方法的成熟度和优点，体验化学工程中需要考虑的安全、成本、环境影响等问题。文字梳理见表1。

表1 制氢方法现状、挑战和应用前景

制氢方法	成熟度	优点	挑战
化石能源制氢	成熟	成本低	减少碳排放，要实现灰氢向蓝氢的转变

(续表)

制氢方法	成熟度	优点	挑战
电解水制氢	较成熟	绿氢,前景好	降低可再生能源电价,提升电解水制氢效率,降低产氢成本
工业副产氢	工业化或小规模应用	成本低,节能减排资源丰富,可发展空间大	气体分离纯化技术有待进一步提高 配套设备须完善
可再生能源制氢	实验室或小规模应用	节能	光催化、光电催化等新型制氢技术还未达到满足大规模工业化应用的需求

注:灰氢和蓝氢均以化石燃料为原料,蓝氢在制氢过程中排放 CO_2 较少,绿氢利用可再生能源,在生产中实现零排放。

实验跟踪教学是一种旨在通过实验过程观察和目标达成度分析来监测学生的学习进展、理解情况,并及时进行反馈和调整的教学方法。这种方法的核心在于提高实验相关内容的教学效果,促进学生的实验能力和科学思维的培养,增强他们对抽象的化学原理的理解和应用能力。

"二期课改"化学教材,虽然没有配备相应的实验手册,但在教材中有丰富的实验内容。例如,在"学生实验"和"课堂实验"栏目中,就安排了很多实验,但在真实课堂教学中,教师不一定全部演示或请学生全部动手操作,学生在学习过程中也忽略了这一部分,这就造成了化学实验研究学习中的某些缺陷。另外,在"思考与讨论""探究与实践"栏目中也有很多实验内容,充分体现化学的学科特点——实验性学科,但多数没有得到足够重视,这是化学实验教学中的一个薄弱环节。在 2020 年上海市实施理化实验操作考以来,教师对化学实验教学的重视程度明显提高,在平时的课堂教学中融入实验操作规范性培育,学生对实验基本操作的意识也有了明显提高,但是实践力度有待进一步加强。

氢气还原氧化铜是初中典型的模仿化工生产冶炼金属的实验,在实验操作流程上与一氧化碳还原氧化铜有许多相似之处，是初中化学重点考查的内容，同样也是初中化学实验中操作流程多、难度大的实验，再加上氢气易燃易爆的特点，要求学生清楚地知晓并理解实验的操作步骤。在课堂教学中，教师首先进行连接仪器、装药品、进行实验、完整演示整个实验流程，然后组织开展学生实验，向学生提供一个装有药品的微型简易启普发生器，一个已经搭好的还原氧化铜装置，简化学生实验流程，突出氢气还原氧化铜的关键步骤和操作，在学生实验中协助并及时纠错，防止学生在实验过程中发生意外，并将发现的问题投影到屏幕上请同学们分析、讨论，将课堂的主体地位交给学生，在思维碰撞中提高学生的团队协作能力和应变能力。例如，实验中发现有的学生未将导管伸至试管底部（氧化铜的上方），学生通过讨论分析，得出这种不规范操作可能导致空气无法充分排尽，实验中存在爆炸的风险，于是规范了实验操作并优化了实验过程。装置示意图如图 3 所示。这里需要特别指出的是，微型装置在学生实验中的有效使用可以促进实验的顺利进行。创新性微型化学实验，从设计实验方案、组装仪器、实验操作等都是由学生独立完成的。因此，学生容易从实验过程中体验到成就感，体验到化学学科的魅力，增强学生学习的兴趣和自信心。① 而且微型实验装置一般具有节约药品、现象明显、污染小、操作简便、安全性高等优点，更加符合绿色化学的理念。

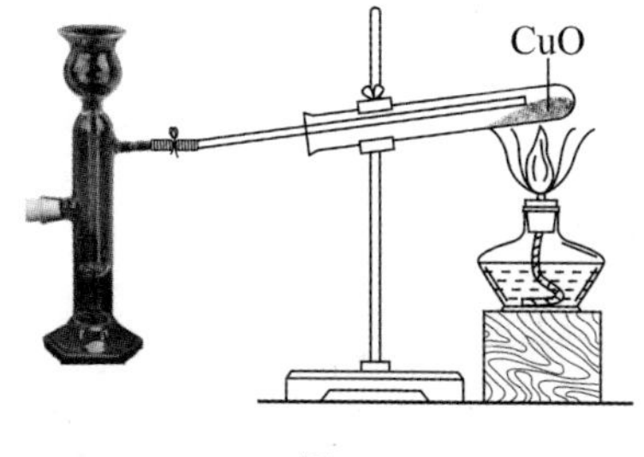

图 3

① 黄莉婷，陈钰纯，张虹，张晖英."氢气的制备和性质检验"创新性微型实验在教学中的应用[J].2020(2):67－69.

四、实施成效与反思

1. 通过实验观察学生的课堂表现变化,发现学生在课程学习中,原本不喜欢提问的学生也变得善于提问和陈述自己的观点,尤其在一些与生产生活联系紧密的知识板块方面表现得比以往更积极、更活跃。通过访谈,也了解到部分学生经过本次课的学习,在实验过程中会有意识地思考相关内容在生产生活实践中的应用情况。

课后也有学生提出了有价值的问题。比如,生活中,氢气既然有这么大的优势,相比于新能源汽车,氢能源更有优势,为什么不用作家用汽车的能源?加氢站在我国建设的现状怎样?当前存在哪些问题?……

学生的实验基本操作能力得到了一定的提升,认识到化学实验要“胆大心细”。实验前,氢气听起来很危险。但是,通过动手实践,学生有了更科学的认识:氢气虽然是易燃易爆的,但是只要知道爆炸极限和爆炸条件,就可以避免。

2. 反思本次教学实践,还有一些问题值得关注和探讨。例如,在强化学生理论联系实践的意识方面,仍停留在课堂的讲授中,如果能再开放一些,走进生产实践的相关企业,实地参观学习,效果会不会更好?学生实验操作技能的提高不是一朝一夕的事,如何在日常教学中有效地融入也值得探讨?下一步需要研究在不影响正常教学进度的条件在下,如何进一步加大实验教学的比重?以“双新”背景为契机,进一步优化课堂教学。

预初年级微生物实验课程的设计和实践研究

童　晨①

摘　要：预初年级微生物实验课程的设计与实践，可提升学生科学研究素养与直观感受生命现象的能力。针对现有教学问题，本研究基于真实问题设计实验，强调教师示范与团队合作，采用过程评价机制。结果表明，该课程有效增强了学生科研严谨性，顺利衔接了生命科学八年级课程内容，使学生能直观地感受与理解生命现象。同时，精心设计的微生物实验课程对预初年级学生的科学教育具有重要的实践价值与意义。

关键词：预初年级；微生物；实验课程

在当今社会，科技的快速发展与教育模式的变革对初级中学教育提出了新的要求与挑战。华育中学作为教育改革的积极探索者，致力于为学生提供高质量的教育资源，以培养他们的综合能力与科学素养。为此，学校在预初年级的教学体系中创新性地引入了微生物实验课程。这一课程的设置旨在让学生在早期教育阶段就能接触到生命科学的前沿领域，通过实践活动激发他们对科学的兴趣，培养他们的观察力、实验技能与解决问题的能力。引入微生物实验课程，不仅是对传统教学模式的补充与拓展，更是对未来科学家与探索者的一种培养与激励。

课程的设计充分考虑预初年级学生的认知水平与学习兴趣，将

---

①　作者简介：童晨，上海市民办华育中学生物学科教师，中学二级教师，主要从事中学生物学教学研究.

微生物学的基本概念与实验操作技能融入生动有趣的实践活动中。通过引入微生物实验,学生可以在理论学习的基础上,亲自动手操作,体验科学研究的乐趣。他们在学习微生物的种类、特征与培养方法的过程中,不仅能将科学知识与日常生活紧密联系起来,还能理解微生物在环境保护、疾病防治等领域的重大意义。此外,课程还特别强调实验操作的规范性与无菌技术的重要性,这在学生的科学素养形成中起着至关重要的作用。通过引入严格的实验流程与无菌操作训练,学生逐步建立起科学研究的严谨态度与细致观察的习惯。在教师的引导与指导下,学生将学会如何设计实验、分析数据与解决问题,这些技能对他们未来的学习与职业生涯都具有深远的影响。

引入微生物实验课程,也是为了培养学生的团队合作精神与批判性思维能力。在小组合作完成实验任务的过程中,学生需要相互沟通、协作,共同克服困难,这种体验不仅增强了他们的社交技能,也锻炼了他们的思维能力与创新精神。通过这样的实践探索,学校期望学生在学习过程中不断发现自我潜能,为未来的科学探索打下坚实的基础。微生物实验课程的引入,是对预初年级学生全面发展与科学素养提升的一次有力促进,它将为学生打开一扇探索生命奥秘的大门,引领他们在科学世界中不断前行。

一、预初年级微生物实验课的定位与价值

预初年级微生物实验课程的设计与实践研究,旨在深化学生对生命科学的理解,同时强调科学素养与实践技能的同步提升。这门课程通过直观的微生物实验,让学生在初步接触微生物世界时,不仅建立起对微生物的直观认识,还能领悟到微生物在自然与人类生活中的多重角色。在培养观察力与实验技能的同时,课程着重于严谨的科学态度与精确操作技巧的养成,为学生未来从事科学研究打下坚实基础。此外实验过程中的设计、问题解决以及团队合作,成为锻炼学生逻辑思维、创新能力与社交技能的重要途径。微生物实验课

程更是对环保意识的自然渗透，让学生在探索微生物多样性的同时，认识到保护环境的重要性。综合起来看，预初年级微生物实验课程不仅丰富了学生的知识结构，更通过实践操作，全面培养了他们的探究精神、创新意识与责任感，为培育适应新时代需求的综合型人才提供了关键的教育实践平台。

二、预初年级微生物实验课程的设计

1. 强调生物学研究的基本技能

在针对预初年级学生设计的微生物实验课程中，重视将生物学研究的基本技能融入实践教学中。这不仅是为了让学生掌握微生物学的基础知识，更是为了培养他们具备科学探究所需的观察能力、思考能力、操作技能与分析技巧。通过细致观察微生物的生长现象与形态特征，学生能深化对生命现象微观层面的认识，同时激发他们对未知领域的探索欲望。在思考环节，鼓励学生提出问题、分析问题，并尝试运用所学知识进行解释，以此锻炼他们的批判性思维与问题解决能力。操作技能的培养则是通过亲手参与培养基制备、无菌操作等实验环节，使学生熟练掌握实验操作技巧，提高实验效率与安全性。最终，强调对实验结果进行分析，引导学生通过对比、归纳、总结来提炼微生物生长规律与生物学原理，这样的分析过程将有助于他们更好地理解生命现象，并为未来的科学研究打下坚实的理论与实践基础。通过这样的课程设计，致力于将预初年级的学生培养成为具有科学素养与创新精神的新一代科研人才。

2. 关注科学思维的培养

在针对预初年级学生设计的微生物实验课程中，深刻理解到科学思维培养的重要性。课程的核心不仅在于传授微生物学基础知识，更着重于激发学生的探索精神，培养他们严谨的逻辑推理、批判性思考与创造性解决问题的能力。实践中，引导学生经历从观察现象到提出假设，从设计实验到收集数据，再到分析结果与得出结论的完整科学探究过程。在这过程中,学生学会在实验中勇于尝试,从失败中汲取经验,不断调整与优化实验设计。教师采用启发式教学与讨论式学习,充分激发学生的好奇心与求知欲,鼓励他们提出个人见解,形成独立思考,并培养尊重事实、追求真理的科学态度。通过这些精心设计的实验课程,期望学生在动手实践的同时,科学思维得到锻炼与提升,从而深刻理解科学,激发研究兴趣,培养创新精神与实践能力,为未来的学习与职业生涯奠定坚实基础。

3. 匹配的微生物实验室建设和管理

在针对预初年级微生物实验课程的设计中,华育中学特别重视实验室的建设与管理。微生物实验室不仅宽敞明亮、通风良好,还精心规划了准备区、实验操作区与清洗区,以满足不同实验需求。实验室配备了微生物培养箱、生物安全柜、显微镜等先进设备,确保了实验教学的硬件支持。同时,实验室的管理遵循规范化操作,由专业团队负责日常维护,确保设备最佳状态与实验材料的质量。生物安全管理体系健全,严格的无菌操作规范与定期消毒流程有效降低了实验风险。在这样的环境下,教师根据课程内容与学生的实际情况,灵活规划实验流程,提高教学效果。实验室的应急预案完备,为应对各类意外情况提供了保障。整体上,华育中学的微生物实验室在硬件设施与软件管理上都体现了专业化与规范化,为预初年级学生提供了一个安全、高效的学习与实践平台,极大地促进了学生对微生物实验的兴趣与科学思维能力的培养,为培养具有创新精神与实践能力的学生打下了坚实基础。

三、课程的实施与评价

1. 基于真实问题设计实验

在预初年级微生物实验课程中,生活中食物变质、橘子发霉等真实情景的实验室模拟是教学设计的核心。这种模拟方式将学生带入现实的问题场景，如检测空气中微生物样本，以激发他们的探究兴趣与解决问题的能力。学生收到疑似含有超标的微生物污染的空气样本，需要运用所学的微生物学知识与实验技能，进行培养基配制、无菌操作、样本采集、接种、培养观察等步骤，以确定样本中是否存在有害微生物，并尝试鉴定其种类。

这种基于真实问题的实验室模拟，让学生深刻理解微生物学在现实生活中的重要性，并在仿真的环境中学会将理论知识与实践相结合。学生设计实验流程，选择合适的实验方法，并应对实验中可能出现的意外情况。这些活动加深了他们对微生物学概念的理解，提升了实验操作技能与问题解决能力。教师在模拟过程中作为引导者与协助者，鼓励学生提出假设，设计实验方案，并提供必要的指导与建议。学生在互动与探索中学会了合作、沟通与批判性思考。面对实验结果与预期不符的情况，教师引导学生进行反思，分析原因，培养他们面对失败的勇气与持续探索的精神。

通过这种教学模式，学生体验了科学研究的过程，并在完成实验任务中提升了学习兴趣。这一模式培养了学生解决实际问题的能力，为他们未来的学习与职业生涯奠定坚实基础。同时，让学生深刻理解科学知识的社会价值，以及作为科学家应有的责任感与严谨态度。

2. 强化教师的示范作用

(1) 实验规范的重要性

在预初年级微生物实验课程的实施与评价中，教师的示范作用至关重要。通过强调实验规范的重要性，不仅确保了实验过程的准确性与可靠性，而且促进了学生科学态度与实验习惯的养成。教师在实验中的严谨操作与细致指导，使学生能深刻理解每一个实验步骤背后的科学原理，从而在实践中形成细致观察、严谨思考与科学分析的能力。此外，教师通过示范合作与安全意识，引导学生相互配合，共同遵守实验规范，不仅培育了团队协作精神，也加强了学生对实验安全的重视。这种教学方式为学生提供了一个有序而安全的实验环境,使他们在实验中能全身心投入,体验到科学探究的乐趣。教师的示范作用,如同一面镜子,反映出科学研究的态度与精神,对学生产生潜移默化的影响,为其未来学术生涯与科学探索之路奠定坚实的基础。通过不断的实践与反思,教师能有效地提升微生物实验课程的教学质量,使学生在探索微生物世界的奇妙旅程中,收获知识,培养技能,发展素质。

(2) 教师示范的重要性

在预初年级微生物实验课程的实施与评价中,教师的示范作用至关重要。教师的亲身示范不仅为学生提供了操作的正确模板,而且通过强调实验操作的严谨性与规范性,帮助学生从小树立正确的实验操作观念,养成良好的实验习惯。示范过程中,教师操作的熟练度与讲解的生动性极大地激发学生的学习兴趣,使其在趣味中发现科学探索的乐趣,进而提升学习的积极性与效率。同时,教师的示范引导学生关注实验现象,培养观察能力与思维能力,通过分解细化的实验步骤,让学生在模仿中逐渐熟练掌握操作技能。此外示范还有助于营造轻松愉快的课堂氛围,促进师生间的互动,让学生在提问与发表见解中深化理解,教师也能及时调整教学策略以适应学生的学习需求。因此,教师的示范在微生物实验教学中起着桥梁与催化剂的作用,为学生提供了一个直观、互动且高效的学习平台。

3. 发挥团队合作的优势

(1) 生物学科研中团队合作的重要性

在微生物实验课程中,团队合作不仅是一种教学策略,更是一种培养学生科研素养的重要途径。团队成员之间通过共享知识、技能与经验,形成了一个互补互助的研究环境,这种环境有助于提升实验操作的精确性,加速科研成果的产出。在团队合作的氛围中,学生能相互学习,资深学生指导新手,知识与技能得以有效传承。更为重要的是,团队中的多元思维与创新想法在交流碰撞中激发了新的研究思路,拓宽了研究的视野。此外团队合作还培育了学生的集体责任感与解决问题的能力,当他们面对实验中的挑战时,能相互支持,共同克服困难。通过这样的实践,学生不仅在科研能力上得到提升,更能在团队协作中培养出社会所需的沟通能力与协作精神,为将来在生物科学领域的发展打下坚实的基础。团队合作在微生物实验课程中的应用,不仅提升了课程的实效性,也为学生的全面发展提供了有力的支持。

(2) 课程实验中团队协作的优势

在预初年级微生物实验课程的实施中,特别强调发挥团队合作的优势。通过引导学生共同参与实验,学生在互动交流中不仅加深了对微生物学知识的理解,而且实验技能也在相互学习中得到提升。他们在团队中各司其职,分工合作,这样的实践不仅培育了责任感与组织协调能力,还在面对实验挑战时,能集体思考,共同寻找解决问题的途径。此外团队协作的环境还促进学生之间的相互学习与鼓励,激发他们的团队精神与集体荣誉感,这种精神将极大地助力他们未来的学习与工作。在团队合作的氛围中,学生的实验效率得到提高,他们相互借鉴优秀的实验操作,规范操作流程,从而在有限的时间内获得更多的实践经验。更为重要的是,团队协作还培养了学生的同理心与关爱他人的意识,提升了他们的人际交往能力,为形成良好的人际关系打下基础。团队合作的实践教学模式在预初年级微生物实验课程中发挥至关重要的作用,全方位促进学生的知识掌握、技能提升、问题解决、沟通表达以及情感与人格的全面发展。

4. 注重过程评价

在预初年级微生物实验课程中,采用多元化评价方式,全面、客观地评估学生在实验过程中的表现。评价方式主要包括过程性评价与终结性评价相结合的方法,侧重观察学生在实验操作、合作交流、问题解决及创新能力等方面的表现。以下为具体的评价方式与评价表设计。

过程评价主要关注学生在实验过程中的参与程度、操作技能、观察记录、合作交流及问题解决能力。评价表包括以下几个方面：

(1) 实验操作技能。观察学生在实验过程中是否遵循操作规程、能否熟练使用实验仪器、无菌操作是否规范和实验结果的准确性。

(2) 参与程度。评估学生在实验课上的出勤情况、课堂表现、积极性与专注度。

(3) 观察记录。评价学生是否能认真观察实验现象，详细记录实验数据，并对实验结果进行分析。

(4) 合作交流。观察学生在小组合作中是否积极参与讨论、与组员有效沟通、共同解决问题。

(5) 创新能力。评估学生在实验过程中是否敢于提出新观点，尝试新方法，并对实验方案进行优化。

五、实施效果和反思

1. 培养学生科学研究严谨性

在预初年级微生物实验课程的设计与实践过程中，培养学生科学研究严谨性成为一个核心目标。严谨性是科学研究不可或缺的品质，它要求学生在实验过程中始终保持细致、准确、客观与理性的态度。通过微生物实验课程，不仅传授学生基本的微生物学知识与实验技能，更重要的是，在这个过程中，学生学会了如何严谨地对待科学探究。

在实验的每一个环节，无论是培养基的制备、无菌操作技术的掌握，还是实验数据的记录与分析，学生都被引导去关注细节，遵循科学方法。教师通过示范与指导，强调实验操作的精确性与重复性，让学生明白，科学研究不是一次偶然的尝试，而是需要经过严格的验证与重复的过程。学生在这种氛围中逐渐培养出对实验结果的负责态度，认识到科学研究不是儿戏，每一个步骤都关系到实验的成败。此外实验课程还特别强调数据的可靠性与真实性。学生在记录数据时，要实事求是，不允许有任何虚假与篡改。这种对数据的严谨处理，不仅有助于学生形成正确的科学态度，也让他们理解到，科学研究的价值在于其可信度与可重复性。通过这样的实践，学生在未来的学习与研究中，能自觉地遵循科学研究的规范，形成一种对知识探索的敬畏。

在反思与讨论实验结果时，鼓励学生提出问题，分析与讨论可能出现的偏差与误差。这种批判性思维能力的培养，是科学研究严谨性的另一体现。学生学会从多角度审视问题，不断质疑与验证，从而提高他们分析问题与解决问题的能力。这样的过程不仅锻炼了学生的逻辑思维，也让他们认识到科学研究的复杂性与不确定性。

通过微生物实验课程的学习，学生在动手实践中逐渐塑造了严谨的科学态度与科研精神。这种严谨性不仅是对实验过程的尊重，也是对科学真理的追求，更是未来科学家必备的基本素质。通过这样的培养，学生将在未来的科学道路上，以更加专业的姿态，探索未知的领域。

2. 有助于生命科学八年级课程中微生物内容的接轨

预初年级微生物实验课程的设计与实践研究，旨在为学生在八年级正式接触生命科学中微生物内容打下坚实的基础。通过在预初年级引入微生物实验课程，不仅帮助学生提前构建起微生物学的基本知识框架，而且通过实践活动，使他们在实践中掌握微生物学的核心概念与基本技能。这样的课程设计有助于学生顺利过渡到八年级的生命科学课程，实现课程内容的有效接轨。在实验课程中，学生不仅学习微生物的分类、生活习性、繁殖方式等理论知识，还亲身参与培养基的制备、无菌操作、微生物的培养与观察等实践环节。这些经历让他们在八年级面对微生物单元时，能以更加自信与积极的态度参与学习，对课程内容的理解也将更加深入。此外通过预初年级的实验课程，学生能逐步培养起科学探究的思维与方法，这对他们在八年级学习更复杂的生命科学概念时具有重要的促进作用。这种阶梯式的学习模式,不仅减少了学生在八年级学习微生物内容时的认知障碍,还激发了他们对生命科学的兴趣,为未来的深入学习奠定坚实的基础。因此,预初年级微生物实验课程的设计与实践,不仅是对学生知识体系的提前构建,也是对他们科学素养与探究能力的有效培养,为生命科学八年级课程中微生物内容的深入学习做好充分准备。

3. 直观感受生命现象

在预初年级微生物实验课程中,特别强调"直观感受生命现象"的重要性。生命现象是自然界中最奇妙、最引人入胜的景象,而微生物世界则是生命现象的缩影。通过观察微生物的生长、繁殖与相互作用,学生以一种直观且深刻的方式体验到生命的奥秘。这种体验不仅丰富他们的感性认识,还激发他们对生命科学的好奇心与探索欲望。

在实验室中,学生亲手制备培养基,观察原本透明的液体在加热后变得黏稠,仿佛是在见证一个生命的孕育过程。当他们小心翼翼地将微生物接种到培养基中,便开始了对生命现象的直观感受之旅。几天后,培养基上出现的点点菌落,如同微观世界的星辰,让学生惊叹不已。这些菌落从无到有,从小到大,每一步变化都是生命力的展现。

在这个过程中,学生的眼睛成为探索生命的窗口,他们的心灵感受到生命成长的节奏。他们开始理解,生命不仅是肉眼可见的动植物,还包括这些肉眼难以察觉的微生物。这些微生物在自然界中扮演着不可或缺的角色,它们分解有机物,参与循环,维持生态平衡。这种直观感受让抽象的生命概念变得具体而生动,使学生对生命的多样性与复杂性有了更深刻的认识。此外,实验过程中的失败与成功,也是对学生直观感受生命现象的一种考验。他们学会在失败中寻找原因,不断调整实验方案,这种过程本身就是对生命坚韧不拔、不断适应与进化特性的体现。通过这种实践,学生不仅学会科学探究的方法，还体会生命的顽强与脆弱，从而更加珍惜生命，尊重科学。

预初年级微生物实验课程通过让学生直观感受生命现象，将抽象的知识转化为触手可及的体验，使他们在亲自动手的过程中，感受到生命的神奇与科学的力量。这种教育方式不仅增强了学生的实践能力，还培养了他们的科学素养，为未来的学习与生活打下坚实的基础。

学校教育内容革新就是要从时代发展需求的视角唤醒学生内在的学习本源与动力支撑，与富有创意的教育教学方式变革结合起来，才能将育人的内容载体转化为学生的内在素养。

——李英

第七辑

历史地理信息技术
与跨学科教育研究

教育的真谛在于帮助每个人成为他自己，帮助他实现自己人生价值，把每个人的独特性发挥到极致。

——李英

探索“由终而始”的历史教学评一致性路径

吴 芸①

摘 要:“核心素养为导向的教学评一致性”问题是课程改革的重点和难点。“由终而始”从评价环节突破“教学评”一致性的瓶颈,是一致性研究的一种可行路径。通过分析“教学评”一致性的特征,聚焦课堂生成,对“新课标”下落实历史学科核心素养提供了一些真实有效的思考。

关键词:课程标准;评价;学业质量;情境

《义务教育历史课程标准(2022 年版)》(以下简称“新课标”)有三大重点:重点一,着眼课改新理念,落实五大核心素养的目标,践行立德树人的宗旨;重点二,运用大概念对教学内容进行整合(首次在义务教育阶段明确提出);重点三,理解学业质量标准和历史课程评价标准,判断学生核心素养达成度,改进教学策略。重点三也是难点,它涉及教师教什么怎么教、学生学什么学会什么、评价依据及如何评价,即“核心素养为导向的教学评一致性”问题。

无论是教学评“由始而终”,还是评学教“由终而始”的路径都为历史教学良性循环提供了实践方向,本文将侧重后者。

一、教学评一致性的特征

“新课标”新增“创造性地使用教材资源”“教学研究与教师培训”

---

① 作者简介:吴芸,上海市民办华育中学历史学科教师,中学高级教师,主要从事中学历史教学研究.

的指导建议,其中"教师要注意挖掘……历史内容与现实生活的联系,适当拓展与调整教学内容,通过课程资源的设计开发,使教学过程成为教材内容的持续生成与意义构建的过程"①,为一线教师针对核心素养开展教学实践找到了突破口,基于新时代的课程理念作用于学生,最终的实践还是要首先回到教师的"讲""问""演示"上来。②

学生是学习的主人,是感知历史、体会时代和与人互动的主体。学业要求和学业质量标准反映核心素养要求并充分关注学生掌握历史的路径和思维,分层级可描述为:点(掌握历史发展中的重要史事)、线(了解历史发展中的联系:古今、因果、横向、中国与世界)、面(简要说明不同历史时期的时代特征)、体(初步把握中外历史发展规律和趋势)。此外,学业质量标准中多次出现"简要说明""表达自己的看法""合理解释和简要评价""简要论述""自己的叙述"等词汇③,在教学活动和多样化评价中应予以充分考虑。

科学有效的教育评价可以形成正确教育导向,精准衡量学生发展水平、教师专业水平与学校办学水平,服务于教育教学的改进,有助于提升现代教育治理能力。④ 师生之间围绕教学目标进行相应教学活动,并非只是教师教和学生学,而是教师教学、学生学习和教学评价之间产生协同一致的关联状态,三者指向相同教学目标,形成一个系统性整体。历史教学评价应更多聚焦学生的学习过程、学习效果和情感体验。

---

① 中华人民共和国教育部.义务教育历史课程标准(2022 年版)[S].北京:北京师范大学出版社,2022:74.

② 苏智良,於以传.怎样上好历史课[M].上海:上海教育出版社,2020:12.

③ 中华人民共和国教育部.义务教育历史课程标准(2022 年版)[S].北京:北京师范大学出版社,2022:53 - 54.

④ 辛涛,李刚.党的十八大以来我国教育评价改革的成效与经验[J].人民教育,2022(13 - 14):6.

二、情境内涵的设置和挖掘——考验教师的命题能力

如何有效实施一致性研究？有学者发现“各一致性研究均起始于试题微观分析”。[①] 通过组合和情境的设置，挖掘情境的内涵，对题目进行深入浅出的表达，对情境的选择是相对完整的实体情境，应是代表某种规律的情境展示，它具有相对完整的实际意义，这样的情境才具备引发或表达真实情境的可能性。

如何评价学生答题是最难的环节，因此，命题还包括对评价标准的描述。以华育中学 2023 学年第二学期八年级历史练习卷(甲)第 9 题为例，综合论述“一片甲骨”何以延续“惊天下”(说明：6 分为满分，故没有 7 分)。

此题评价标准分为 SOLO 分层和示例详解两种，两种标准并不矛盾，具有相互比对参考价值。

(1) 层级法：层次一，与材料无关或关系不大的论述，得 0～1 分；层次二，能运用 1～2 则材料，史论结合地进行论述，得 2～3 分；层次三，能运用 3 则材料，史论结合地进行论述，得 4～5 分；层次四，能在层次三的基础上，回答“延续”问题，逻辑自洽，行文流畅，得 6 分。

(2) 示例法：观点——1899 年“一片甲骨惊天下”，是中国和人类文明史上的一件大事，它大大延伸了中华文明史，是中国文化自信的底气所在(1 分)；论据(引用材料进行合理解释)——材料一反映了商代社会生活中礼仪规范，甲骨文有重要的历史文化价值。材料二反映了汉字的一脉相传，中华文明源远流长具有连续性。材料三反映甲骨文的时代性和世界性，当今世界文明交流，文明互鉴(3 分)；结论(能从一个视角回答题干“延续”问题。例如，从传承和发展、相

---

① 杨玉琴，王祖浩.美国课程一致性研究的演进与启示[J].外国教育研究，2012(1)：119.

同与不同、中国和世界等视角进行评价)——作为中华文明传承的载体和见证,殷墟甲骨文的重大发现在中华文明乃至人类文明发展史上具有划时代意义。1899 年的"惊天下"证实了商王朝,而新时代的"惊天下"应是如何传承和发展中华文明(2 分)。

有的学生答题,欠缺通顺,但是要点都有,这种学生如何评价,踩点给分显然并不完全合适;有的学生写成长篇大论,但不着边际,脱离材料,缺失读题审题的基本心理要素,这种情况还要赋予所谓的"墨水分"吗?如何斟酌评价标准比设计命题还重要,反过来说,能科学合理评价的题目,才是真正的好题。新评价观见仁见智,但是科学地反映历史学科本质与特征,是不变的总纲。

基于"新课标"的教学评价原则和学业水平考试命题原则中关于"注重评价目标与教学目标一致性""要减少简单考查机械记忆能力的题型,提高探究性、开放性、综合性、创新性题型的比例"的描述①,这是一道创设真实问题情境,所选素材是与学生社会生活、所学内容和具备的关键能力有关的新题。运用比格斯 SOLO 分类理论为评价框架工具,SOLO 分类从低至高五大层级依次为:"前结构",是指未能理解题意,进行毫不相干的回答;"单点结构",是指能识别使用单个信息;"多点结构",是指能使用多个素材提取数个信息,但未建立信息关联;"关联结构",是指通过对比、分析、解释、评论等将素材信息统一为整体;"抽象拓展结构",是指在"关联结构"基础上通过推理、反思、生成、创造等思维方式解决新问题。这些学习成果可能是关于量的(要学多少),也可能是关于质的(学到多好),正是在确定"多好"的问题上,SOLO 分类理论可能有用。②

① 中华人民共和国教育部.义务教育历史课程标准(2022 年版)[S].北京:北京师范大学出版社,2022:62-65.

② 约翰·比格斯.学习质量评价:SOLO 分类理论[M].北京:人民教育出版社,2010:190-195.

同时，教师需要充分了解与本题相关的学业要求、教学提示，与设定的评价工具结合进行综合分析，确立统一教学目标——商代的甲骨文代表了早期中华文明的辉煌成就。中华文明源远流长，绵延不断，对人类进步作出了伟大贡献。

因此在命题过程中（包括双向细目表、评分标准的初制和校准）包含一些价值引领或观念倡导，即认知的拓展和人文素养的教育应贯穿命题始终，本题引导学生具有更广阔的国际视野，从而树立一种正确的文化观。

三、落地学业质量标准的方法——练习历史叙事的成文（口头）表达

学业质量标准和核心素养是框架，不是模式，更不是定式。

对历史学科本质的理解，学科素养和能力的达成，都可以在表达上进行检验。学生运用史识并通过一个特定视角把它书写出来，自己构建角度，推敲求真的证据，即成文的过程。通过学生能力建构的表达，反映学生在哪些方面得到了提高，也能反映其现阶段达成的学业质量水平。

例如，课堂上观看纪录片《石史诗》，尝试进行全片概括。

学生C叙述：主角是一块采石场白色大理石，中国老板收购希腊矿山，所以能开采。中国收购了雅典比雷埃夫斯港，通过港口运输把这块大理石运往福建泉州港。在中国被做成希腊雕塑、建筑材料和冰箱贴。义乌批发市场又把冰箱贴卖给希腊商人，在希腊圣托里尼，冰箱贴被一对中国夫妇购买后带回青岛老家。

教师问：为什么把石头的“旅行”称作“史诗”呢？

学生F解释：纪录片视角很独特也很丰富，明线是大理石，暗线的主角是每一站不同普通人的生活，它记录了时代变迁，主题很宏大，所以叫“史诗”更合适。

教师追问:既然是"普通人"为什么主题很宏大呢?史诗似乎都是为讴歌"英雄"而作的。

(片刻冷场后)学生Y答:"时势造英雄。"我觉得"普通人"的数量到达一定程度就会形成社会力量或时代潮流,这就是时势。

学生们就"普通人""英雄"话题议论纷纷。

教师乘势发问:看来导演真正想讴歌的并非"石头",你赞同片名《石史诗》吗?

课后作业:征集新片名设计,并说明理由。

本次课堂活动以核心素养目标唯物史观为导向进行评价,典型一致性模式,练习历史叙事的表达从口头逐级传递为成文。既然学科核心素养和学业质量标准共同指向学科本质,运用唯物史观帮助学生理解历史的本质和发展规律就成为一种必然。教师引导学生观察历史、把握一定的叙事方式,重视人文体验和个体体验,在新的历史叙事体系中生发新史识。

四、提高一致性载体的丰容度——记录和反馈学生系列活动

历史教学设计中有关学生活动的记录可以多种形式出现。比如,调查问卷、导学案、教案、学案、学历案、学习任务单、小组活动单等。(以下图片均来自笔者公开课"古代印度"教学设计。)

印度知识调查问卷　姓名________　学号________

1. 提及印度有哪些关键词或象征符号?(写出不重复的 4 个)

例如:夏昆塔拉。我还能想到:____

2. 印度国土面积和中国的相比,大约是(　　)。

A. 1∶2　　B. 1∶3　　C. 1∶4　　D. 1∶5

3. 以下不是印度政治领导人物的是?(　　)。

A. 尼赫鲁　　B. 甘地　　C. 甘地夫人　　D. 阿米尔汗

4. 以下是世界耕地面积排名前五的国家,其中印度排名为(　　)。

印度　美国　俄罗斯　中国　巴西

A. 第一　B. 第二　C. 第三　D. 第四　E. 第五

5. 第一个同中国建交的非社会主义国家是(　　)。

A. 苏联　B. 美国　C. 印度　D. 巴基斯坦　E. 日本

6. 回顾中国历史,写出两件和印度有关的史事。

例如:汉时,海上商贸范围远及印度半岛南端和锡兰。

① ________________________;　② ________________________。

7. 金砖国家(BRICS)是指全球最大的五个新兴市场国家,它们为促进发展中国家的国际多边合作努力,截至 2024 年 1 月金砖国家已扩大到 10 个成员国。

BRICS(按字母顺序)分别指哪五个国家?

巴西、________、________、________、________。

把上述学生学习活动记录形式,综合为教学评一致性载体,是有理论依据的。布卢姆倡导用可测量和可观察的行为为教学及教学评价提供指导,一个规范学习的目标包括四大要素:对象、行为变化、上述行为产生条件、达成度。以《世界历史》第一册“古代印度”一课为例,学生的学习行为通过以下活动设计被记录下来:

教学设计(片段)

【教学过程】

环节四:社会惯性——现代与古老并存的印度

设计意图:探讨多元文明共存的世界观。

学生活动:话题讨论——如何看待现代与古老并存的印度?

在古代种姓制度问题探讨方面,可以及于现代,博古通今。为什么法律层面上的种姓制度已经消除,但社会意义上的种姓制度残余还持续影响着印度?我们以什么样的眼光看待印度?如何尊重不同文明类型?多元共存是当今社会的主题。

三个角度重新审视种姓制度残余现象:①吴老师作为中国旁观者,在德里机场和海关官员的对话。②西方视角,美籍华人李安的好莱坞电影《少年派的奇幻漂流》,剧本改编自加拿大作家 Yann Martel 的小说 Life of Pi,片中因素食而起的纠纷,其根源是宗教和种姓制度。③印度政府,以 2018 年印度奢侈品行业调查数据为例。

【学习任务单】古代印度

一、时间轴

(　　)南下

鼎盛时统治者(　　)

(　　)(　　)(　　)(　　)(　　)(　　)

BC2300 (　　) BC1500 BC6世纪 BC324 BC187 AD7–8世纪 AD10世纪

BC3世纪

形成 (　　)教 冲突 逐渐融合

创立 (　　)教 鼎盛

改良 (　　)教 鼎盛

二、图片分类

根据图片信息(图示中的遗址遗物均属于哈拉帕文明)进行合理分类。

反映农业方面:________(写数字);反映手工业方面:________(写数字);

反映________方面:10、13;反映城市建设方面:________(写数字);

反映________方面:________(写数字)。

（接上页）

三、认知历史的手段之一：合理推测

基于史料的解释，将已经掌握的有限史料和严密逻辑相结合，对历史进行合理推测是可行的。不过，推测历史必须以史料证据为前提，合理的推测还取决于用词的准确性。比如，宏伟的金字塔群是世界建筑奇迹，它们证明了古埃及高超的建筑和数学水平，也反映了古埃及社会经济发展水平较高，法老拥有无限权力。仔细阅读以下选段，并进行合理推测。

材料一：上天之高，不可触摸；喜马拉雅山之固，不可动摇；恒河水之汹涌，不可阻遏。

同样，婆罗门生在大地之上，无人可以制服。 ——《摩诃婆罗多》

材料二：一个刚死去独生儿子的婆罗门，要求罗摩救活他的孩子，罗摩四处访求孩子的死因，发现是由于一个低种姓的首陀罗模仿高种姓的婆罗门修炼苦行所致，便把他杀死，换来了孩子的复活，罗摩的行为得到天神一致称赞。

——《罗摩衍那》

合理推测：

《摩诃婆罗多》（意为：伟大的婆罗多族。婆罗多族，雅利安人重要部落，吠陀时代十分强大）和《罗摩衍那》（意为：罗摩历险记，罗摩被看作是毗湿奴神的分身）是__________（文学地位），它们宣扬了__________，也反映了__________（社会问题）。

学生上了这堂课后，教师首先要考虑，对学生的心智发展有什么启发？历史学科的五大核心素养从心理学角度看就是一种心智水平、思考问题的能力。这是基于心理角度考量，而基于学科素养的考量，则针对课程标准。教师需要研究、细化并贯通，把课程标准视为一个完整的教育评价体系。

【小组活动】自由发表观点:如何看待现代与古老并存的印度?

小组关键词:________。因为____

____。

小组讨论中的闪光观点:____

____

____。

画出小组心目中的印度:

此外,我们在深入理解核心素养和学业质量标准时,一定不能离开对学科本质的总方向的把握,教学设计的每个活动、每堂课、整个教育过程都应指向历史学科本质,历史学科本质是将事件置于历史总体框架和发展历程的视野中,而非就事论事。从某个历史框架和发展历程再回到某一个点,发现历史规律,发现人在历史中的作用,揭示历史学科的本质特点和独特价值。

"由终而始"从评价环节首先突破"教学评"一致性,是一致性问题研究的另一种可行路径,评价本身对教育有校准作用。《义务教育历史课程标准(2022 年版)》颁布后,需要及时对学业质量标准进行细化,把它变成一个和核心素养有密切联系,但又不同的话语体系。通过评价,我们在教学中能深入理解教学、反哺教学,在科学精神、人文情怀、综合能力、创新意识、个人体验、问题解决等方面提供学生更多进步空间。

综上所述,"由终而始"模式优越性体现在两大方面:其一,以核心素养为导向,关注学生学习情况和自主学习能力发展情况;其二,先分析确定教学目标,再根据目标进行评价设计,后把评价贯彻到教学活动中的教学设计观念,并在实际教学中运用评学教("由终而始"模式),这将为教师开拓教育教学视界赋能。

评价讲究时机和方法，教师评价时不强求正确答案，也不把自己的认知强加于学生，给学生思维空间适当留白。教师不仅要有教会学生解题的能力，而且要有从历史事件、历史人物和历史现象中抽象出一定历史规律和历史思维的能力，随后返回具体生活中用于解决现实存在的一系列问题。学生如能在特定历史情境下发现问题、解决问题并形成自己对历史的正确认识，对进一步提升历史核心素养大有裨益。

初中地理教学中的学习策略训练初探

何婉青①

摘　要:本文从学习策略的内涵和分类、初中地理认知策略的训练角度,剖析课堂教学中的实例,探讨学习策略训练,以培养学生的地理核心素养为目标,构建高效的地理课堂。

关键词:学习策略;认知策略;地理核心素养

义务教育地理课程是认识人类地球家园的一门基础课程。② 地理课程培育的核心素养,主要包括树立正确的价值观,人地协调观、地理学科思维,综合思维、关键能力,区域认知和地理实践力等。笔者在地理课堂教学中也经常使用"人地观""综合性"和"区域性"等概念,而如何让学生在地理学习中有效地形成这些概念,从而形成对学生终身受用的地理核心素养,还需要对学生进行地理学科的学习策略训练。学习策略对学生来说非常重要,特别是在信息化时代,更为重要。运用有效的学习策略,可以提高学生的学习效率,改善学生的学习行为和学习态度,最终提高学生的学习能力。在地理教学中,结合课堂教学和作业训练进行学习策略的训练,是培养学生地理核心素养的有效途径。本文主要探讨的是在地理教学中如何进行学习策略的训练,从而使学生具备地理核心素养。

---

①　作者简介:何婉青,上海市民办华育中学地理学科教师,中学高级教师,主要从事中学地理教学研究.

②　高振奋.新版课程标准解析与教学指导(2022年版)·初中地理[M].北京:北京师范大学出版社,2022:4.

一、学习策略的内涵及与地理学科的关联性

什么是学习策略？国内外有多种看法，笔者采用周国兴的定义，即学习策略是指学习主体在学习过程中，依据学习材料的性质、特点与条件等，为达到一定的学习目标而选用的调控学习以及过程的恰当学习方式①。据此可以看出：学习策略不同于学习方法，两者不是并列的，处于两个层次，学习策略比学习方法高一个层次，它不仅需要学习方法，还需要学习的调节和控制。

许多学者对学习策略的分类提出不同看法，较有代表性的有：1990 年麦卡尔（Mckeachie）等人对学习策略的成分进行了总结，他们认为学习策略包括认知策略、元认知策略和学习管理策略三部分。

那么，如何通过课堂学习使学生获得学习策略呢？在课堂教学中一般有三种途径。第一，是通过学生自身已有的学习经验获得，教师不需要特别设置情景或训练。第二，是通过课堂教学活动潜移默化地获得。教师本身具有良好的学习策略，会自发地运用学习策略科学地组织自己所传授的知识，而学生在课堂学习中潜移默化地学到适合于所学材料的学习策略。第三，是教师有意识地根据本学科知识明确地传授学生能学会的学习策略。从地理学科的特点和培养目标来看，地理学科中适合训练的学习策略有：认知策略中的精加工策略，如想象、类比等；组织策略，如画地图等。笔者主要探讨如何在地理教学中通过认知策略的训练，引导学生运用地理知识和技能解决实际问题，培养学生的地理思维和实践能力，培育学生地理学科核心素养。

① 周国兴.当代学习策略理论研究的现状及思考[J].上海教育科研，1998(2)：38－40.

二、初中地理教学中的认知策略训练

什么是认知策略？简单来说，是学习者在学习过程中进行信息加工的方法，如对学习材料进行加工整理，然后对学到的知识进行系统性储存。在地理教学中如何进行认知策略训练呢？

(一) 精加工策略

简单来说，精加工策略是为了促进记忆，学习者对信息进行分析、加工，理解其内在的深层含义而使用的学习策略。

1. 人为联想策略

有些学习材料本身意义不强，彼此之间关联性也不强，学习者可以采用人为联想策略，赋予其意义，从而方便更好地记忆。在地理学习中这样的学习材料很多。

比如，在学习中国省级行政区名称时，教师根据策略选择示范原则，教师可事先出示自己编写的有关省级行政区名称的歌谣，让学生明白用这样的方法容易记忆省级行政区名称。再让学生根据自己的情况，自己编有关省级行政区名称的歌谣。

再如，当我们学习太阳系八大行星时，为了让学生便于记住八大行星的名称及与太阳距离由近及远的顺序，可以用形象联想法，如下图所示。

学生看到这样的图后会产生联想:某个周末,我们到海边野营,我们在地(球)上架锅(锅是由金属制成的,代表金星),在锅里放水(星),水怎么烧呢?我们捡来长在土(星)上的木(星)烧火(星),可以看到蓝蓝的天(王星)、碧绿的海(王星)。根据图示学生很容易记住名称和顺序。

2. 内在联系策略

有些学习材料本身意义很强,且彼此之间有很强的关联性,学习者可以在学习过程中通过记笔记、列提纲、摘录、提问等方式加深理解和记忆。在地理课堂学习中,学生可以尝试使用内在联系策略,如运用提问方式,提问主要是由学生提出一些基于已有的知识,联系新知识的问题。地理学习中强调多问几个"为什么"。比如,学生看到非洲大草原上动物迁徙的壮观场面,可提出"非洲大草原上动物为什么会迁徙",这个提问会联系到以前学过的有关气候的知识,在提问过程中加深对热带稀树草原气候成因的理解。

(二) 视觉-空间策略

自古希腊以来,视觉映像已被看作是一种强有力的记忆辅助手段。在地理教学中,可以采用两种有效的视觉-空间策略。一是教师把所教知识转化成流程图,二是学生也可以用流程图说明他们所理解的概念化顺序,从而轻易把握所学内容。学生在学习"世界的气候类型"这一节内容时,就可以运用概念图的方式,把纷繁复杂的气候类型用视觉-空间策略,进行对比,最终落实到一定的区域空间。例如,以下"热带气候类型"概念图。

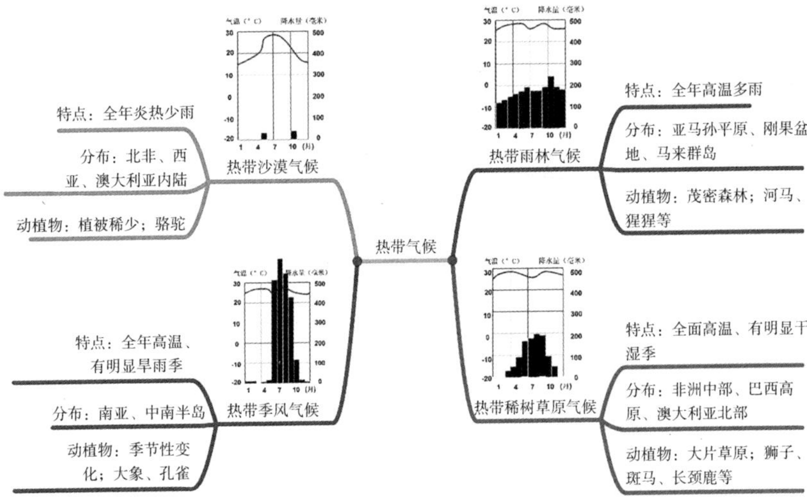

地理核心素养中"区域认知"素养非常重要,它包含人地协调、综合思维、地理实践力等内容,上述概念图包含区域位置(热带气候类型的分布)、区域要素(气候特点、景观、气温和降水)、区域特征(气候特点)、区域差异(不同热带气候类型的特点和分布差异)、环境意识等,这种学习策略的训练对培养学生的区域认知能力非常重要,推而广之,也可用于学习温带气候类型,或某一区域学习。比如,学习"青藏高原地区"这一节内容时,可以让学生完成概念图。

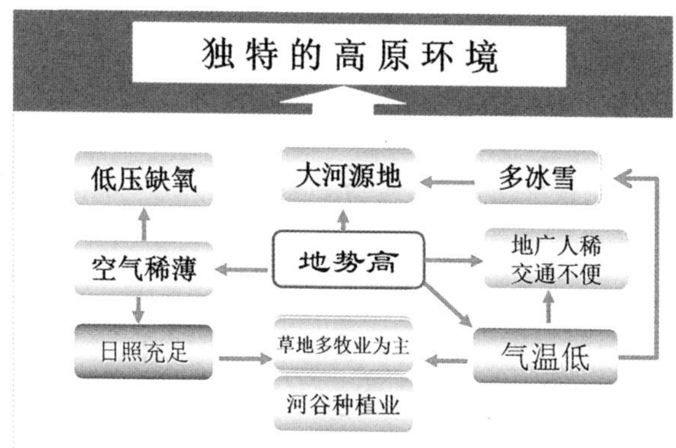

（三）组织策略

组织策略是指对信息更深层的加工，组织策略运用的关键是，如何建立和加强新旧知识之间联系的问题。

1. 先行组织者策略

当学生学习基础知识准备不足的新知识时，教师可以给出一些适当的引导性材料，用于对当前所学新内容加以定向与引导，这些引导性材料就是先行组织者。在地理学习中使用先行组织者可以采用提供背景资料方法：在世界地理学习中，当学习大洲和国家时，可以在课前指导学生收集有关大洲和国家的信息。在学习天气和气候时，可以让学生先了解本地区的天气和气候，增加感性认识。

2. 聚类和概括策略

把所学知识进行聚类和概括有助于学生对学习内容形成清晰的知识框架和脉络。例如，学习日本和英国这两个国家时，我们可以把这两个海洋岛国进行聚类，分析异同点。

（四）表征问题阶段的策略

1. 感觉到问题的存在

要让学生感到令人困惑的问题存在，有解决问题的需要。教师在教学前可让学生预习,鼓励学生提问题。例如,南极洲冰天雪地,丰富的煤炭资源从何而来?在学习南极洲时鼓励学生提出这样的问题。

2. 明确问题的各个方面

学生在感受到令人困惑的问题时,要分析和理解整个问题的条件、要求,并在头脑中形成整个问题的结构。

(五)解答问题阶段的策略

地理学科有一个基本特点是"开放性",所以在解决地理问题时,大多数要进行发散性思维,从多个角度看问题,从多种途径寻找答案。在学习中,我们可以创设情景,给学生提供发散性思维的训练,从而培养学生的人地协调观。例如,华育中学地理学习小组开展了以"非洲太阳能开发利用前景研究"为主题的地理研究性学习活动。请结合"非洲气候类型图"和"中国电力企业在非洲投资建设的部分太阳能发电站项目图"等材料,帮助该学习小组完成研究报告。

主题一:非洲开发利用太阳能的自然优势

学习小组认为,非洲拥有适宜大规模开发利用太阳能的优越条件。

非洲主要位于①________(填五带名称)带,太阳辐射强,且全年白昼时间长,光照丰富	非洲拥有广阔的②________和草地,满足了太阳能发电站的建设用地要求	非洲干旱区面积广,③________(填天气状况)多,平均日照时间长,太阳能可利用时间长

主题二:非洲开发利用太阳能的市场优势

学习小组通过查阅非洲社会经济发展方面的资料和世界政区地图,总结了非洲太阳能发电的用电市场情况:

(1) 本地市场:当前,非洲地区经济实力整体较落后,用电市场较________(填"广阔"或"狭小");随着经济的不断发展和基础设施的日渐完善,未来非洲太阳能开发利用前景十分广阔。

(2) 国际市场:非洲隔________海峡与欧洲相望,距欧洲用电市场较近,输电距离较短。

主题三:中非互助合作的意义

非洲是我国"一带一路"倡议的主要方向和重点地区。简述中资企业在非洲投资建设太阳能发电站的重要意义:____________。

通过这类作业的训练,让学生在加深对非洲区域认知的基础上,理解如何协调人口、资源、环境与发展的关系,如何减轻人口对生态环境的压力,如何使用太阳能这种新能源来保护环境,让学生在真实的情景中理解人地协调观,培养正确的价值观。

三、成效与反思

在当前人工智能迅速发展的AI时代,如何提高学生的学习能力已成为当今教育改革面临的重要课题。在地理课堂教学中,进行学习策略训练,提高学生的学习效率和能力,同时也激发学生学习地理的兴趣,让学生喜欢学习地理、学习生活中的地理、学习有用的地理,在潜移默化中培育学生的地理核心素养,从这方面来讲,无疑是成功的。欠缺的是,学习策略的使用是经常性的,但教师没有对所有章节进行有意识研究,到底使用哪一种策略更有效,还有待进一步探索。

史料实证素养下历史漫画教学策略探究

刘 艺①

摘 要:史料实证是历史课程核心素养的重要组成部分,对形成正确、客观的历史认识至关重要。在初中历史教学中,历史漫画因其风格幽默、形象直观等特点,适合中学生识读。若在史料实证中引入恰当的历史漫画,不仅可以活跃课堂气氛,还能激发学生的学习兴趣,还可以增强学生对历史的体验感,促进学生史料实证思维的形成。

关键词:史料实证;历史漫画;历史教学

在初中历史学习中,要求学生初步学会对经搜集获取的史料进行解读,依靠史料形成对历史客观的认识。由于初中生能力有限,在史料实证学习中往往遇到不少困难,难以深入理解。本文结合笔者自身教学经验,探究在史料实证素养教学中如何合理、有效地运用历史漫画,提供适当的方法和路径。

一、史料实证素养下历史漫画教学的意义

2022年4月,教育部印发《义务教育历史课程标准(2022年版)》,其中史料实证作为五大核心素养之一,受到广大一线教师的高度关注。在中学历史教学中,教师普遍重视史料实证素养的培养,通过引入可信史料,引导学生从史料中提取有效历史信息,形成对历史

① 作者简介:刘艺,上海市民办华育中学历史学科教师,中学二级教师,主要从事中学历史教学研究.

的认识，取得了良好的教学效果。教师在史料选择中往往大量使用史书、档案、著作等历史文献，或是一些历史老照片。中学生对文言文或是历史文献节选部分识读能力较差，对老照片中的一些历史人物往往也难以辨认，在史料识读中存在诸多困难。如果教师长期仅凭此类史料进行史料实证教学，学生学习历史会变得异常枯燥沉闷、空洞生硬，逐渐减弱对历史学习的兴趣。

为了吸引学生兴趣，历史漫画是一种被中学教师在教学中广泛使用的史料类型。历史漫画是指创作者以具体历史人物或历史事件为对象，运用风趣、幽默、夸张、讽刺的风格绘制的艺术作品。因其多具有直观性、讽刺性和时代性等特点，往往给人强烈的视觉冲击和心灵触动，引发人们思考漫画背后深刻的寓意，深受广大群众的喜欢。对中学生而言，历史漫画能将繁杂枯燥的历史知识形象化、直观化、生动化、趣味化，不仅能吸引学生的注意力，活跃课堂气氛，调动学生的学习热情，同时也能帮助学生更直观地理解漫画背后的历史人物和历史事件，加深学生对历史的体会和理解。

部分教师会认为在日常教学中引入历史漫画是为了吸引学生眼球，历史漫画所反映的内容未必真实，而忽略了对历史漫画的深入解读和分析，缺乏对历史漫画的有效利用。其实史料会带有个人的主观认识和思想情感，并非只有完全符合历史情况的史料才能在课堂上使用。历史漫画风格鲜明，贴近生活，具有很强的时代性，创作者通过漫画来表达自身对所处社会和时代的看法与感悟。在历史漫画教学中，学生可以通过仔细观察漫画中呈现的历史人物或文字，从不同角度分析和解读历史漫画的深层含义，做出不同的诠释，得出自己的见解。教师若能在历史教学中有效使用漫画，进行深入浅出的讲解，帮助学生正确理解历史漫画的内涵，可以在培养学生的观察分析问题能力和史料实证素养方面发挥重要作用。

二、历史漫画教学中的策略和路径

1. 提取漫画的信息和内容

漫画自身信息包含漫画名称、创作者、创作时间、补充说明等,漫画内容包含漫画人物、服饰、标识,漫画中的文字等。

历史漫画距今时间久远,有很强的时代性。学生拿到历史漫画直接进行解读往往会对漫画中的内容进行曲解,或对漫画中的人物张冠李戴,甚至难以解读,无从下手。如果率先从漫画的基本信息入手,可以从年代、人物或历史事件中缩小范围,对漫画反映的内容在心中有一个大致的方向,不至于差之千里。如果熟悉漫画创作者或漫画有补充说明,可以提前对创作者所处的立场和态度有所了解,对接下来解读漫画内容和分析创作者的观点和看法有很大帮助。

图 1

历史漫画除年代久远,学生对历史人物和历史事件不熟悉外,还由于黑白印刷、繁体字和外文等原因使学生解读和分析漫画难度较大,学生往往在阅读漫画内容后不知所云。此时抓住漫画内容进行解读会有很大帮助。图 1 是来自北伐战争时期的历史漫画,题为"除列强,倒军阀"。图中有三个人物和文字部分。其中上方一男子赤裸上半身,手举锄头,显然代表的是农民。锄头之下一个头戴叠羽帽,身穿军礼服的男子,显然代表的是军人。还有一个男子头戴印有英国国旗的礼帽,显然代表的是外国人。结合下方"锄列强,倒军阀,灭尽世上压迫人!"的文字说明,我们可以得知趴在地上的男子代表列强,另一位倒在帝国主义身上做惊恐状的代表北洋军阀,农民的锄头正"锄"向帝国主义和军阀主义。漫画的标题、人物和文字部分等信息和内容都指向"打倒列强,除军阀"的主旨。

2.分析漫画作者的观点和看法

历史漫画作为艺术作品，带有创作者浓厚的个人色彩，对历史人物和事件有着个人的历史认识和判断。分析漫画作者的观点和看法对学生全面、客观认识历史至关重要。但是，学生分析和理解历史漫画，往往存在浅层化、表面化的特点，缺乏对创作者层面深究的能力。不同立场的创作者对同一历史事件的看法可能未必相同，甚至截然相反。教师应适当讲述漫画背后的时代背景，引导学生判明创作者的立场和态度。

图2同是北伐时期的漫画，画中有一罐子，上面有“赤魁”两字，下方有将其点燃的动作。初看此幅漫画可能会认为这是一幅反赤的宣传漫画，但“赤魁”的人物形象有标志性的八字胡，实际上是国民党代表人物蒋介石的形象。漫画创作者把蒋介石当作“赤魁”，共产党的代表，将“反蒋”同“反赤”画等号，其立场明显是反共和反对国民革命军北伐的，由此推测这应是站在北洋军阀立场上画的一幅漫画。

图2

3.判断与真实历史是否相符

历史漫画毕竟不是正史，要让学生认识到仅从漫画来了解真实的历史情况会与现实存在较大偏差。加上漫画还带有创作者的主观看法和创作目的，甚至还存在歪曲历史的情况。如图2中的漫画表达的内容在中学生看来是非常滑稽的，蒋介石不仅不是“赤魁”，且和共产党没有关系，在以往的认识中蒋还是坚定的反共者。此时，教师应当适时提出问题“为何漫画创作者把蒋介石描绘成‘赤魁’形象”，引导学生深入思考。教师需要结合漫画的时代背景对此问题进行解读。一方面，1924年中国国民党一大召开后，国共两党第一次合作正式建立。北伐的国民革命军中不乏共产党员的身影，如课本中出现的第四军独立团团长叶挺。另一方面，北方军阀依附帝国主义列强，长期以来也是反共的。所以对南方的国民革命军，就贴上"赤化"的标签进行"反赤"宣传，时任北伐军总司令的蒋介石自然就成了"赤化"的象征。所以在当时北方军阀宣传品中"赤蒋""蒋赤"的称呼是经常出现的，常把蒋介石描绘为赤焰熏天的"赤魁"形象。

通过对漫画背后时代背景的讲解，让学生明白历史漫画虽然有很强的时代性，但是带有创作者个人的主观认识，漫画表达的内容可能与真实历史情况不符，甚至相反。我们在判断漫画创作者的立场和态度后，对漫画宣传的内容是否符合真实历史情况分辨起来就相对轻松了。如果漫画的内容与真实历史情况不符，在此基础上可引导学生思考漫画创作者扭曲、篡改历史的原因。

4. 分析漫画起到的宣传效果

漫画在宣传方面发挥过巨大作用。中国近代文盲率较高，特别是革命的主力军——工人和农民，大多数没有接受过系统性教育，对报纸杂志等刊物上宣传的内容无法阅读。政治人物的宣讲内容也是道听途说，一知半解。漫画内容直观形象，便于阅读，辅以简单易懂的口号，工农群众一看便知。故历史漫画在近现代史政治宣传和鼓动方面发挥了重要作用。图 1 和图 2 分别代表国民革命军和北洋军阀的漫画，都试图通过漫画这一形象直观的方式宣传各自的政治主张和路线，起到打压对方的作用。

三、历史漫画教学的成效与反思

1. 引入漫画，便于理解记忆

因历史漫画具有形象化、直观性的特点，所以在教学中适当地使用漫画，能有效地突出重点内容，便于学生理解和记忆。对教师而言可以更好地实现历史课堂教学目标。图 3 上题为"新式五味瓶"，在一张写有"国民政府"的餐桌上，以生活中常见的调味瓶为灵感，摆放着多个调味瓶，瓶上分别贴有"苏俄""工人""学生""军人"和"妇女"

等标签。该漫画一目了然，用“五味瓶”的方式对南方国民政府的内部组织情况进行分析。通过漫画可以清楚直观地看出南方国民政府内部各阶层的组织情况，尤其是引导学生注意南方国民政府在联合苏俄，动员学生、妇女和工人方面做出的行动。

图 3

2. 漫画结尾，深入思考总结

历史漫画因其丰富的趣味性，能引起学生的兴趣和讨论。在课结尾时使用，可以引发学生深思。图 4 题为“不澈底的重建”，漫画中正在重建的“新政府”挂着青天白日旗，指蒋介石在上海发动“四一二”反革命政变后，于 1927 年 4 月在南京建立的国民政府。我们通过对漫画的解读可以看出修建南京国民政府用的砖上面清楚地写着“军阀”“旧官僚”“老政客”等，表明南京国民政府仍然是以往北洋政府的组织构成，相当于“新瓶装旧酒”，将其成立的南京国民政府称为“不彻底的重建”。从而表达了创作者对南京国民政府的态度，认为其代表的仍然是大地主、大资产阶级的利益。此漫画揭示了南京国民政府的本质，教师可以针对此漫画提出以下问题：

除了“军阀”“旧官僚”“老政客”外，南京国民政府还由哪些构成？

图 4

本漫画为何取名“不澈底的重建”？对此，你如何看待？

通过一系列提问，使学生对课程内容理解更深入，思考更思辨。在课程最后以历史漫画的形式深入思考总结本课内容，这样的教学也更有深度。

3. 历史漫画教学的反思

教师在历史漫画教学中要注意，不能舍本逐末，一味追求活跃课堂气氛，缺乏对历史漫画进行深入解读。尤其是在讲述漫画背后反映的时代背景方面要下足功夫。

教师还要注意运用历史漫画证史须与其他史料相互印证。由于历史漫画属于艺术作品,不可避免地会带有创作者的主观认识,虽然能在一定程度上反映时代特征和社会背景,但是不能作为研究的有力证据或单独证史。作为教师要注意引导学生大胆质疑史料,小心求证,同时注意要搭配其他类型史料进行证史,在史料互证中解释历史。

“新课标”理念下初中跨学科案例分析命题策略

曹惠洁　孙　蕾①

摘　要：跨学科案例分析是上海市新中考改革中创新性的评价策略，核心目的在于强化学生运用所学知识和原理分析解决现实问题的能力，培养学生的核心素养、能力和跨学科综合思维。本文提出了采用情景编制、问题设计和命题表达三步走策略进行跨学科案例分析的有效命题。

关键词：“新课标”；生命科学；地理科学；跨学科案例分析

当下随着科技和社会的发展，很多问题的解决不限于某一领域，而是需要用多学科知识和方法融会贯通地解决。每个学科都有其特定的视角和范畴，难以全面、深入地揭示世界的复杂性和多样性。跨学科融合能打破学科壁垒，将不同学科的知识和方法相互融合，从而为复杂的社会问题提供多维度的解决方案。例如，在环境保护领域，生态学、化学、物理学等学科的交叉研究为环境污染治理提供了更科学、更有效的方法。

2018 年 3 月，上海市教育委员会发布了《上海市进一步推进高中阶段学校考试招生制度改革的实施意见》（以下简称《实施意见》）。这份具有指导意义的文件第一次提出了一个创新性的评价策略：自 2021 年起，中考增加 15 分的跨学科案例分析题，内容涵盖生命科学

①　作者简介：曹惠洁，上海市民办华育中学生物学科教师，中学高级教师，主要从事中学生物跨学科教学研究.

孙蕾，上海市民办华育中学地理学科教师，中学一级教师，主要从事中学地理跨学科教学研究.

和地理等学科。这一改革的核心目的在于考查学生运用所学知识、原理分析并解决实际问题的能力,同时培养他们的核心素养和跨学科思维。如何进行跨学科案例分析的题目编制,进而有效评价学生多学科的核心素养、核心能力以及跨学科思维,这对教师来说是一个不小的挑战。

一、跨学科案例分析的特点

《上海市初中地理、生命科学跨学科案例分析终结性评价指南》指出,学习了生命科学和地理学科核心概念,经过实践体验和科学探究后,面对各种自然现象和社会现象,应具有跨学科综合分析问题的思维习惯,有参与并解决简单真实问题的能力。为了能考查学生的这些能力,跨学科案例分析终结性评价以综合情景化试题为主,考查学生面对真实情景问题,运用地理和生命科学核心概念,解决相应问题的能力。

1. 情景化试题

跨学科案例分析试题属于典型的情景化试题,也就是以真实存在于现实生活中的事象为背景材料,要求学生在阅读材料、获取信息后,调动所学解决实际问题的一种试题,目的在于评价学生所具备的核心素养和解决问题的能力。

情景化试题与普通试题之间存在显著的区别:①试题背景。情景化试题往往以自然界及社会生活、生产中客观存在的现象和过程为背景,为学生呈现了一个真实的、适当加工的复杂情景。普通试题则往往不强调特定的背景,更多地直接针对知识点进行考查。②试题形式。情景化试题通常包括材料呈现、问题设置和解决等多个环节,需要学生提取材料信息,对之进行分析、推理和阐述。普通试题形式比较单一,主要以选择、填空等方式考查学生对知识的掌握和应用能力。③考查导向。情景化试题不仅考查学生对核心知识的掌握程度，更注重知识迁移和发展，注重高阶思维能力的评价，引导学生将所学知识运用到实际问题的解决中，关注学生的学科素养和社会责任观的培养。普通试题更多考查学生对基础知识和基本技能的掌握情况，较少涉及高阶思维。

2. 跨学科试题

生活中真实的情景问题小到花草养护、选购食品，大到对碳中和、生物多样性等公共问题的探讨，都需要学生具备多角度的思维方式。跨学科案例分析，顾名思义，需要学生应用跨学科思维来分析相应问题或提出可行性建议。跨学科案例分析关注学生跨学科思维素养的评价。

在不同的模型中，对跨学科素养的表述不尽相同，有部分研究者将跨学科问题的解决视作一类认知现象，并认为它是近乎线性的发生过程。提出其问题解决的过程是克服单一学科性、有效整合和修正整合三个互相衔接的阶段。比如，能认可相异的学科观点，确定学科视角的优劣，对复杂的观点进行有效整合，并随着新证据的获得而进行完善。也有研究者在强调认知的基础上，更加凸显发生在学科边界的互动行为。总体而言，“多维分析”“批判评估”“协商合作”和“知识整合”是共同要素①，认为学生能将跨学科问题视作一个多要素组成的系统，从不同的维度观察现象、认识问题。学生能权衡不同观点的优劣，做出决策。学生尊重他人和其他学科的观点，进行互动并最终克服单一学科思维定式，建立多个学科知识概念，从整体上解决问题。

跨学科案例分析的试题不仅需要能有效评价学生多学科知识的掌握情况，还需要评价学生“多维分析”“批判评估”“协商合作”和“知识整合”的能力。这对跨学科案例分析的题干本身提出比较高的要

① 宋歌.科学教育中的跨学科素养测评框架建构及应用研究[D].上海：华东师范大学，2019 年博士学位论文.

求,能有效启发学生多角度分析问题、做出决策,并进行论证。

综上所述,跨学科案例分析是一类建立在跨学科背景上的真实情景问题,用于考查学生运用地理和生命科学核心概念,解决相应问题的能力。

二、命题中存在的问题

跨学科案例分析的命题对教师来说是一项挑战,存在如下几个常见的问题。

1. 以学科知识评价为主,未能评价核心素养

生物学的研究对象是具有高度复杂性、多样性和统一性的生物界,通过生物学课程,要培养学生的生命观念、科学思维、探究实践和态度责任。①

遗憾的是,在部分跨学科案例分析的题干中,虽然有情景材料,但是在题目中学科知识评价往往占据主导地位,甚至部分题目以背诵知识点为主,在一定程度上可以对学生生命观念的形成进行评价,但是无法有效评价学生的科学思维、探究实践和态度责任,同样在地理学科中,学生的空间认知、区域分析、人地关系理解等核心素养也未能得到充分的评价,其忽视了对学生核心素养的综合评估。

2. 题目之间逻辑分散,未能呈现整体情景

作为一类情景问题,跨学科案例分析将现实生活中复杂情景与学科知识相结合,以考查学生的综合应用能力和问题解决能力。但是,目前部分题干中出现以下问题:①情景材料与知识点无法有效结合,常常出现材料冗余或信息量不足等问题。②题目之间的逻辑性欠佳,小题之间没有明确的逻辑联系……这些问题可能会给考生带

① 中华人民共和国教育部.义务教育生物学课程标准(2022年版)[S].北京:北京师范大学出版社,2022.

来困惑,影响他们的答题效率和准确性。比如,在一道关于青浦大棚种植草莓产业的试题中,题1为青浦在上海所处的地理位置,但是没有相关的地图信息,题2为青浦特色产业茭白的分布位置,题3为根据饼状图读出草莓中的营养成分含量,最终的分析题是分析在青浦为什么采用大棚种植的方式发展草莓产业。从中可以发现每道题目都对一定的生物或地理的核心概念或能力进行考查,但是题1直接考查青浦在上海的地理位置,但没有提供相关材料,题2的茭白分布、题3的草莓营养与草莓种植之间逻辑关系不强,让学生产生困扰,也无法呈现整体情景。

3. 分析题跨度大,学生没有脚手架

跨学科案例分析最后往往需要学生解决一个综合性问题并进行理由的阐述。这类题目通常是对核心素养的综合考查,如果情景背景以及前置题目中没有给学生搭建一定的脚手架,就可能会造成学生难以理解题目的要求和背景,会在面对复杂问题时难以形成完整的问题表征,从而影响他们提出解决方案的数量和质量,进而难以有效地开始分析和解答。此外,当学生在解决跨度大的问题时容易感到挫败和无助,他们的学习动力可能会受到影响。所以,在进行跨学科案例分析的命题时需要选择合适的指向核心素养评价的情景,以相互关联的问题链呈现整体情景,并为学生搭建合适的脚手架以帮助学生突破难点。

三、命题流程和思路

经过反复实践优化,笔者认为可以从情景编制、问题设计和命题表达三个流程来进行跨学科案例分析题目的命题。

1. 提高教学敏锐性,明确情景主题

教师在选取情景时,可以借鉴现实生活中的例子,日常生活中有许多跨生物、地理的真实案例,教师要提升对真实案例中相关学科的敏锐性和专业性,面对热点时能明确分析情景背后的学科核心概念。比如,在时事热点"中法建交60周年"这一情景中,教师就法国种植葡萄及葡萄酒产业提取生物学的结构与功能观、进化与适应观以及地理学中的区域认知和综合思维。

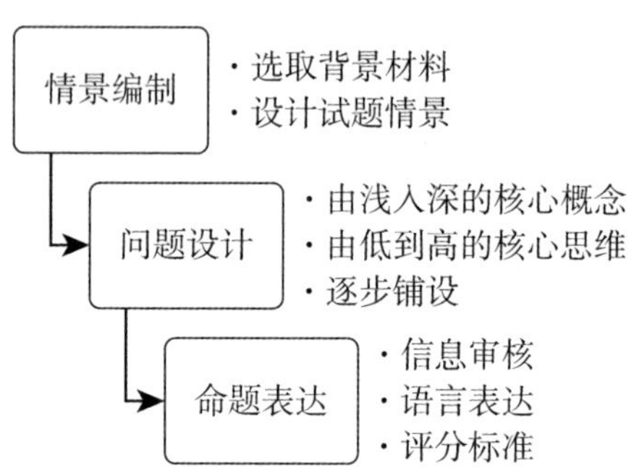

教师应明确情景的主题,主题就像故事的中心思想,它告诉我们这篇文章或这个任务到底要说什么,要达到什么目标。对跨学科案例分析的题干设计来说,确定一个明确的核心主题非常重要,因为这样可以帮助各题目之间更好地联系起来,形成一个整体,让人一眼就能看出这个题目组的主要内容和目标。主题设计应有综合性强、探究特征鲜明、关注真实问题的解决等特征。例如,中法建交的葡萄酒产业,教师可以定主题为中国与法国共建发展葡萄酒产业的优势与困难。关于黑颈鹤的主题设计,可定为黑颈鹤与旅游之间的矛盾与解决。

2. 分析学生前概念,逐步铺设核心逻辑链

在进行试题设计时,首先要分析学生的前概念,即学生已掌握了哪些地理和生物学方面的知识,具备了哪些能力。试题设计要整合地理和生命科学的知识方法与思维,引导学生在特定情景下找出要点进行联系、推理,归纳出一般规律,在此过程中萌发出创新意识,这对培养学生多视角、跨学科分析解决问题尤为重要。

在设计试题时要注意围绕主题层层递进,核心概念由浅入深,核心思维由低到高,逐步铺设核心逻辑链,引导学生逐步展现地理和生

物学核心能力。以“高山倭蛙”这套题为例。

小张同学计划暑假时去西藏旅游，在地理课上小张了解到西藏自治区绝大部分位于“世界屋脊”——青藏高原上。为了做好充分准备，小张同学进一步查阅了西藏地区的资料和地图。（青藏高原气候图略，西藏部分地理事物分布图略。）

在资料查阅过程中，小张同学了解到青藏高原的生物资源有特殊性。高山倭蛙是西藏最常见的两栖类，分布最广，数量最多。它们常栖息于高原沼泽地带的水坑、水塘以及水沟、小溪及其附近。倭蛙的产卵主要在6月。卵产于水坑、水塘等静水域的浅水区，成年倭蛙身长为3～4厘米，最小的只有指甲盖大。它们白天多隐伏，夜出活动，捕食各种昆虫。冬季时倭蛙会冬眠。

1. 西藏自治区位于我国地势的第________级阶梯上。

2. 青藏高原因其地势高而形成独特的自然环境。将下列代表地理现象的字母填入相应空格中，完成图1中的结构示意图。

A. 含氧量低　　　　B. 高寒气候

C. 光照强烈　　　　D. 空气稀薄

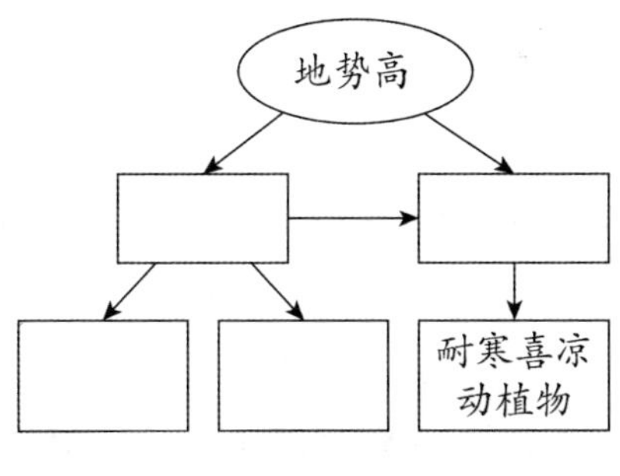

图1

3. 研究人员选择与高山倭蛙亲缘关系较近的、分布在不同海拔的蛙类进行相关研究，结果如下。（不同种类蛙类的皮肤表皮层厚度、毛细血管相对含量和皮肤色素相对含量差异等表格略。）

① 三种蛙类都属于两栖类，以下属于两栖类特征的是（　　）。

A. 既能在水中生活,又能在陆地上生活

B. 幼体生活在水中,成体生活在陆地上

C. 成体完全依靠肺进行呼吸

D. 成体依靠肺进行呼吸,皮肤辅助呼吸

E. 幼体依靠肺和鳃进行双重呼吸

② 根据研究结果,请从多角度谈谈为什么高山倭蛙成为高海拔地区分布最广、数量最多的两栖类。

4. 蛙类体脂低,蛋白质含量高,含有丰富的钙、磷等营养成分,是优质的畜牧业饲料原材料,有人认为可以在西藏地区建设倭蛙的养殖基地,你是否赞成?为什么?请阐述你的理由。

本案例的主题是高山倭蛙,它是高原特有的蛙,教师将主题定为高山倭蛙的生存适应和产业发展。

整套题目设计在学科概念上由浅入深。比如,第 3 题第 1 小问是关于两栖类的特征,相对来说是一个单点的生物概念。第 3 题第 2 小问,学生需要运用进化适应观、生态观分析生物的形态结构和行为等与环境相适应的问题,是生命大概念的体现。在第 4 题中,学生需要从生物与环境的相互关系、经济效益、可持续发展等方面,全面分析相关产业的前景和应用中需要解决的问题。这可以展现学生的责任和态度,是否能基于对生命科学的认识以及对科技、社会、环境等相互关系的理解,参与社会事务的讨论,做出理性判断,解决生产生活中的问题,展现出一定的责任担当和能力。

在科学思维上从低阶到高阶。比如,第 1 题判断青藏高原属于我国哪一级阶梯,属于识记性任务,隶属低阶思维;第 2 题完成关于青藏高原自然环境特征的结构示意图,则要求学生在厘清地理事象间的相互关系的同时,更深层次地理解地理事象间的本质联系,而不是浮光掠影地知道某些地理事象,对学生能力的要求有所提升,需要学生具备地理思维和综合思维的能力;第 4 题是否赞成在西藏地区建设倭蛙养殖基地并阐释理由,进一步提升对学生能力的要求,需要学生从倭蛙的生物特征、当地的地理环境特征、产业发展的条件、人地和谐的观念等多方面多角度去分析考虑,综合性更强,对考虑的广度和深度要求更高。

整套题目由浅入深,最终教师为学生搭建了一个有效的脚手架,第1、第2题引导学生推理、分析青藏高原的地理环境和气候特征,第3题第1问引导学生归纳两栖类的结构和功能特征,这些问题都为第3题第2问,对高山倭蛙为何适应高原提供了基础观念和逻辑关联的脚手架,也为第4题提供了实践应用的引导。

3. 整合和梳理资料,以合适方式呈现案例

情景设计、试题设计完成后,还要考虑标准答案、评分标准,要全面审核情景、试题、标准答案的科学性,语言表达的严谨性,评分标准的合理性。

情景、试题表述要科学、清晰、准确,没有歧义。标准答案的设计要做到准确、完整、简洁,对复杂问题,提供完整的解答步骤和思路,答案应简洁明了,避免冗长和不必要的细节。评分标准的设计要详细、合理,对每个评分点,提供详细的描述和示例,评分标准应合理反映学生的能力水平,避免过于宽松或过度严格。整个案例的格式统一、规范,使用合适的字体、字号和排版方式,使案例易于阅读和理解,如有需要,可以添加相关的图表、图片或其他辅助材料来增强案例的呈现效果。

通过以上步骤的整合和梳理,确保案例的情景设计、试题设计、标准答案以及评分标准具有科学性、严谨性和合理性。

四、研究结论

我们面对的现实问题本身是不分学科的,需要我们将不同学科的知识、方法融会贯通地用于解决现实问题,因此,开展跨学科学习是必要的。“新课标”指出跨学科学习立足于核心素养的培育,关注学生探究能力、创新意识、实践能力、社会责任感的培养,促进学生全面发展和师生共同发展。因此在进行跨学科案例分析命题时,应着重考查学生

的核心素养、探究能力、创新意识等,而不只是对知识点的考查。教师应提高自身的学科敏感性,选择现实生活中的真实情景,确定该情景下试题的主题,围绕主题层层递进,引导学生逐步展现核心素养和能力,如生命科学的生命观、科学思维、实践探究、责任态度等,地理学科的人地协调观、综合思维、地理实践力等。

以历史人物为主线营造历史情景探究

李　影①

摘　要:历史情景的创设服务于历史课堂,使学生在特定的历史情景下发现问题、解决问题,形成自己对历史的正确认识,从而发展学生的核心素养。历史情景的创设多种多样,都应注重对历史人物的深入挖掘和准确呈现。

关键词:历史情景;历史人物;历史想象力

历史情景是指教师在教学中运用丰富的史料、图片、多媒体等资源,对历史场景进行再现,以激活学生的思维,从而引发学生对历史问题的思考与探索,提升历史学习能力。"情景"一词在《义务教育历史课程标准(2022 年版)》(以下简称"新课标")中被提及 18 次。"新课标"中要求"教师要通过情景再现、问题引领、故事讲述和多样化的资源运用等方式,激发学生的求知欲,促进学生积极、主动地学习历史"。② 历史情景的创设服务于历史课堂,使学生在特定的历史情景下发现问题、解决问题,形成自己对历史的正确认识,从而发展学生的核心素养。历史情景的创设有多种方法,但都离不开历史人物,历史情景的构建依赖于对历史人物的深入挖掘和准确呈现。

---

①　作者简介:李影,上海市民办华育中学历史学科教师,中学二级教师,主要从事中学历史教学研究.

②　中华人民共和国教育部.义务教育历史课程标准(2022 年版)[S].北京:人民教育出版社,2022:15.

一、营造历史情景的重要性

历史课程的教学应以发展学生的核心素养为目标,培养学生唯物史观、时空观念、史料实证、历史解释、家国情怀五个方面的核心素养。历史情景教学,通过对教学内容进行适当的选择与整合,将学生置于特定的时间和空间背景下,使他们能直观感受到历史事件的发生环境和社会条件。这种沉浸式体验有助于学生建立正确的时空观念,理解历史事件的连续性和因果关系,从而更准确地把握历史的脉络和走向。在历史情景的创设过程中,往往运用丰富的史料,以文字、图片、视频等多种形式进行呈现。分析解读这些史料,能使学生学会运用证据来支持自己的观点,培养学生的批判性思维和实证精神,这是当今科学素养和人文素养的重要内容。在历史情景中,学生能深入探究和理解历史事件的原因、过程及其影响,从而形成自己对历史的理解、见解和认识,有利于对学生进行逻辑思维训练,提高学生语言表达能力,进而提升学生的文化自信和历史使命感。学生通过学习和体会历史情景,对中华民族的悠久历史与灿烂文化有深刻的感悟和认识,从而在民族自豪感和自信心上得到进一步提升。并且历史上的伟大英雄人物和感人故事,也可以激发学生的爱国情怀和社会责任感,促使学生为实现中华民族伟大复兴的中国梦而贡献自己的力量。因此情景教学在培养学生核心素养的过程中扮演着至关重要的角色,是历史教学的一种有效方式。

在如今的课堂教学中,教师会有意识地通过运用各种教学手段创设历史情景,如以问题创设历史情景引导学生进入课堂,通过丰富的图片和视频等多媒体资源,指导学生利用不同类型的史料进行想象,培养学生的历史想象力。但是,在实际教学过程中仍然存在较多不足,主要表现为以下几个问题:(1)创设的情景过于简单,缺乏开放性和思考的深度,只是简单依据课本内容进行询问,那么就很难使学生进行深入思考。(2)在利用多媒体技术创设情景时,对教学目标把握不够,仅为增强课堂趣味性或吸引学生注意力而随意选择,这导致无法有效地帮助学生理解和掌握知识。(3)情景中的问题设计缺乏"由浅入深、循序渐进"的层次性,不能做到充分挖掘情景的有效信息,在设问时要注意逻辑联系,要注意题目之间的层层递进,而不是机械地导向印证教师已有的结论。创设新情景,取材广泛,可以从学习、生活、社会等多方面入手,但所选素材要与教材所学内容和要培养学生具备的关键能力相匹配。依据情景设置的问题、任务要与情景相融合,指向明确,且符合学生的认知水平。

二、以历史人物创设情景的方式

在创设历史情景时,历史人物的作用是多方面的,他们既是历史的参与者、创造者,又是承前启后的桥梁。通过讲述历史人物的故事,能激发学生的学习兴趣,加深对历史事件的理解,培养学生的历史素养和人文情怀。历史人物往往成为导入课堂的切入点,激发学生的兴趣,因为他们有独特的魅力和影响力。通过讲述历史人物的故事或历史人物的成就,能迅速吸引学生的眼球,使他们产生好奇心和探求历史的欲望。比如,谈到改革开放,引出对内改革和对外开放的历史背景和内容,就可以以邓小平的生平事迹为引子,从而使学生加深对这一历史事件的认识与记忆。历史人物往往是某一历史阶段或历史事件的核心人物,相关的历史事件和知识点可以通过他们的活动轨迹和决策过程串联起来。所以,在历史情景的创设上,可以把历史时期的知识框架建构在一定阶段,以历史人物为中心。比如,在讲述新民主主义革命时期的历史时,可以通过毛泽东参与中共一大、提出"打倒列强、消灭军阀"的口号、创建井冈山革命根据地等事件,以毛泽东为中心,串联起这一阶段的历史史实,形成知识结构的完整体系。历史人物往往个性鲜明,内心世界深邃。在历史情景的创设中,丰富的情感和价值观可以通过还原历史人物的真实形象和内心世界来传递。例如,学生的爱国情感和民族自豪感,可以通过讲述岳飞精忠报国的故事来激发;让学生感受到勇于探索、勇于创新的精神力量,可通过讲述邓小平改革开放的决策历程来展示。

历史人物的所作所为,往往受当时复杂、多面性的社会环境和个人因素左右。在历史情景的创设中,引导学生深入分析、评价历史人物的行为和决策,培养学生的思辨能力和独立思考问题的能力。例如,对某一历史人物的评价,可组织学生进行辩论或座谈,让学生对历史人物进行多角度、多层次的审视和评价,对历史人物的评价有一定的启发作用。历史人物中不乏品德高尚、事迹感人的模范人物,他们的一言一行、举手投足都能成为学生德育工作中鲜活的素材。在创设历史情景时,通过讲述他们的故事、取得的成绩,对他们进行道德教育价值的充分挖掘,感染学生,启迪学生。比如,可以讲述钱学森放弃国外优厚待遇回国效力的故事来培养学生的爱国情怀和奉献精神;可以讲述焦裕禄带领兰考人民治理风沙、改变面貌的故事来培养学生的艰苦奋斗精神和为人民服务的精神。以历史人物为主线,创设历史情景的模式,是讲述历史、体验历史的一种生动活泼、寓教于乐的方式。这种模式不仅可以帮助人们深入了解历史人物的生平、思想、贡献和他们所处的时代背景,而且可以激发人们的兴趣,引发人们对历史的思考。

三、以《新文化运动》一课为例

《新文化运动》一课,涉及诸多著名的历史人物,如陈独秀、李大钊、胡适、鲁迅。“新课标”中对这一课的要求是“了解新文化运动的基本内容,知道陈独秀、李大钊、胡适、鲁迅等新文化运动的代表人物,认识新文化运动在中国近代思想解放中的地位和作用”。本课属于中国近代思想文化史的内容,思想史的内容本身就很抽象,不易理解，有许多专业名词和术语，但在这一运动中，涌现出陈独秀、李大钊、胡适、鲁迅等一些著名的历史人物。随着电视剧《觉醒年代》的热播，陈独秀等历史人物再次活跃在大众视野中，他们是丰富多彩、有血有肉的历史人物。以这些历史人物为主线，营造《新文化运动》一课的历史情景，有助于学生更好地理解新文化运动的历史背景、主要内容及其对中国社会的影响，从而更深入地理解中国现代史的发展历程。在查阅相关资料后，我首先确定了以鲁迅在新文化运动前后的转变为本课的主线。

在导入时，选择了《觉醒年代》中的一段视频，视频中蔡元培、陈独秀、李大钊、胡适等在阅读鲁迅的《狂人日记》，直接带出本课的几位历史人物，并通过提问自然过渡到本课的教学过程。通过引导学生阅读鲁迅在民国成立前后的相关文章和日记，从鲁迅的言论中感受到他在辛亥革命后的希望、颓唐和失意，增强学生的情感体验。从鲁迅对政治的评议和生活的不如意，在历史的细节中让学生感受到北洋军阀统治时期政治的黑暗和民众思想的愚昧。鲁迅在思想上曾经经历了一个对辛亥革命由热烈欢呼到严重失望的转折过程，并且对这个革命的历史教训进行过初步的思索。1915 年陈独秀在上海创办《青年杂志》（后改名《新青年》），标志着新文化运动的开端，《新青年》杂志也成为这场文学革命的主要阵地。最初的鲁迅对“文学革命”并没有太多的热情，但是钱玄同的到访打破了鲁迅的苦闷与沉寂。通过讲述鲁迅与钱玄同的铁屋子谈话，引导学生思考鲁迅的转变。带领学生阅读《狂人日记》和《药》的片段，以文学故事的形式展现当时社会的愚昧和黑暗，增强课堂的生动性，加强学生的理解和感悟。出示电视剧《觉醒年代》中胡适推崇白话文的视频、胡适的《文学改良刍议》和其创作的白话诗《蝴蝶》，引导学生思考：旧文学和新文学各有什么特点？白话文和文言文的诗哪一个更容易推广？最终通过毛泽东等人之口讲出新文化运动的影响，一批批像鲁迅一样的抗争者发出自己的呐喊，叫醒了一批批沉睡和蒙昧中的青年，他们以自己的热烈响应着号召,开始创办报刊和杂志,以自己的言行抗争着社会的不公和黑暗。鲁迅贯穿本课始终,完成了本课的教学目标,通过阅读史料,培养了历史学习的能力,也使学生对鲁迅先生的作品有了更多的情感共鸣与理解。

在本课教学后,笔者思考在以人物为主的教学中,该如何创建历史情景。要概述所选历史人物所处的时代背景,分析当时的社会矛盾、冲突或变革,以及这些外部条件对人物生活与事业的影响。选取人物生命中几个关键的事件或转折点,如重要战役、政策制订、发明创造、文学创作等,详细描绘人物在面对这些事件时的思考过程、内心挣扎、决策依据及最终结果。展现历史人物与家人、朋友、敌人、同事等的关系,分析这些关系如何影响人物的行为和决策,展现历史人物与时代的互动、对社会变革乃至历史进程的影响,对历史人物进行客观的评价。在此过程中引导学生深入剖析历史人物与时代背景的相互关系,展现历史的复杂性与丰富性。通过本次教学实践,笔者深刻认识到以历史人物为主线营造历史情景是一种有效的教学方法。在今后的教学中,笔者将继续运用这一方法,并不断改进和完善教学策略和手段,以提高教学效果和学生的学习体验。

“双新”背景下初中信息技术选修课程中的美育渗透

——以“色阶与抠图”课程教学设计为例

蔡钰帆①

摘　要：“新课标”在初中信息技术课程中特别强调了美育的渗透。通过精心设计的课程教学，引导学生不仅掌握图像处理的核心技能，如色阶调整和图像抠图，更在过程中培养他们的审美意识和创新思维。通过这一融合策略探究，旨在提升信息技术课程的教学效果，培养学生的综合素质，特别是他们的审美能力和创造力。

关键词：初中教育；图像处理；美育；创新思维

在信息化时代的大潮中，初中信息技术教育迎来了前所未有的机遇与挑战。核心素养作为该学科教育的重要基石，要求学生在掌握基础信息技术知识与技能的同时，培养创新思维、批判性思维以及解决问题的能力。然而，传统的教育模式过于注重知识的单向灌输，忽视了学生个性化需求和创新潜能的挖掘，这在很大程度上制约了信息技术学科核心素养的发展。

随着“双新”改革的深入实施，初中信息技术教育得到了明确的指导方向。“新课标”强调德智体美劳全面发展的教育理念，这不仅意味着学生需要掌握扎实的学科知识，还需要在品德修养、身体素质、审美情趣和劳动技能等方面得到全面发展。在这一理念的指引

①　作者簡介：蔡钰帆，上海市民办华育中学信息科技学科教师，中学二级教师，主要从事初中信息科技学科教学研究.

下,美育的重要性逐渐凸显。① 美育不仅能提升学生的审美能力和艺术素养,更能激发学生的创新思维和想象力,为他们在信息技术领域中实现创新提供坚实的支撑。因此,初中信息技术教育应当紧跟时代步伐,以核心素养为引领,加强美育在信息技术教育中的渗透,通过新颖的案例、实践活动和项目式学习等方式,激发学生的学习兴趣和创造力,培养他们的创新精神和实践能力,为培养更多具有创新精神和实践能力的信息技术人才贡献力量。

一、色阶与抠图课程的定位与设计思路

在面向初一学生的图像处理课程中,色阶与抠图是重要的教学内容。考虑到初一学生通常处于基础知识和基本技能的建立阶段,特别注重通过这两个模块的教学,帮助他们打下坚实的图像处理基础。色阶与抠图不仅在整个图像处理课程中占据核心位置,为学生后续学习更复杂的技术提供基础,而且与数学中的比例和色彩科学等学科有着紧密的联系,有助于培养学生的跨学科思维。选择这一主题,旨在通过实践操作和理论知识的结合,培养学生的创新思维和实践能力,同时激发他们对图像处理技术的兴趣和热情。通过任务驱动方式,让学生在解决问题的过程中学习和掌握色阶与抠图的技能,从而实现知识与技能的双提升。

二、色阶与抠图课程的教学实践

(一) 教学目标

本次色阶与抠图教学的具体目标如下:

---

① 张婧颖,汤淼,吴楠.青少年拔尖创新人才核心素养培养的研究与实践[J].教育进展,2024(5):45.

1. 知识与技能目标

通过本次教学，学生熟练掌握 PS 中选择与移动工具的使用技能；了解图片处理软件中色阶的概念及其作用；掌握通过调整图片色阶快速抠图的方法。①

2. 过程与方法目标

引导学生通过实践操作和案例分析等方式，深入理解色阶的基本原理和抠图技巧；培养学生的创新思维和实践能力；提高学生的问题解决能力和团队协作能力。

3. 情感态度与价值观目标

激发学生对图像处理的兴趣和热情；培养学生的审美能力和创造力；引导学生形成积极向上、勇于探索的学习态度和价值观。

（二）教学重点与难点

本次教学的重点包括学会利用通道抠图的方法；了解色阶的概念及其在图像处理中的作用；掌握通过调整图片某个通道的色阶参数来快速选出图片内容的方法。

本次教学的难点在于如何准确判断并调整图片某个通道的色阶参数以选出图片内容。这需要学生具备一定的色彩感知能力和图像分析能力，同时还需要掌握一定的调整技巧和经验。在教学过程中，将通过实践操作和案例分析等方式来帮助学生突破这一难点。

（三）教学资源

为了保障教学的顺利进行，准备了以下教学资源。

1. 自制课件

课件中包含色阶与抠图的基本概念和原理、实践操作步骤和案

---

① 赵洁，许雁翎.双创背景下高职《Photoshop 图像处理》课程的教学探索[J].城市情报，2022(6)：116.

例分析等内容。课件的设计注重图文并茂、简洁明了，旨在帮助学生更好地理解和掌握所学知识。①

2. 学习单

学习单中包含本次教学的目标和任务、重点和难点、实践操作步骤和案例分析等内容。学生通过填写学习单来巩固所学知识并检验自己的学习成果。

3. 参考图片

为了帮助学生更好地理解和掌握色阶与抠图的技巧和方法，准备了一些具有代表性的参考图片。这些图片涵盖了不同的场景和类型，有助于学生了解色阶与抠图在实际应用中的广泛性和多样性。

(四) 教学流程

本次色阶与抠图教学的教学流程如下：

教学环节	教师活动	学生活动
课程引入	情景导入 社团节时各社团准备展示海报，文物社、剪纸社和园艺社在制作海报的过程中都遇到了同样的问题，他们设计好海报的背景和文字，但是不知道如何将图片放入海报。首先，我们请一位学生上台，帮助文物社完成海报	学生演示制作过程 回顾选择工具
知识铺垫	复习选择工具 1. 布置任务 1:制作剪纸海报。 2. 演示学生完成情况，说明问题。 3. 以抠出羽毛为例，介绍通道抠图法，让学生使用颜色通道抠图法继续完成任务 1	任务 1:制作剪纸海报 1. 使用相应的选择工具。 2. 使用通道抠图法。 3. 提出遇到的问题

① 张湃，孟庆莹.“数字图像处理”综合实践教学改革与创新——以路面裂缝图像增强为例[J].电子制作，2022(4):30.

（续表）

教学环节	教师活动	学生活动
原理认知	1. 布置任务2：请学生打开色阶面板，调整色阶参数，回答学习单问题。 2. 提问：调整色阶后，图像发生了什么变化？为什么会发生这样的变化？ 3. 播放视频，讲解色阶的基本原理，解释图片发生明暗变化的原因。 4. 请学生调整蝴蝶通道的色阶，完成蝴蝶的抠图。 5. 演示学生制作的有问题的蝴蝶，提问怎么会出现这种问题，并归纳利用色阶抠图的步骤	任务2：体验色阶 1. 调整图像色阶，填写学习单，体会色阶的变化。 2. 尝试使用色阶抠出蝴蝶。 3. 归纳色阶抠图的步骤
实践操作	1. 布置任务3：用色阶通道抠图法，帮助园艺社完成他们的海报。 2. 课堂巡视：发现问题，引导解决。 3. 展示学生完成的成果。请学生演示操作过程	任务3：制作园艺社海报 1. 使用色阶调整通道。 2. 结合快速选择工具完整抠出图像。 3. 演示操作过程
总结分享	小结： 本节课我们复习了选择与移动工具的应用，学习了在通道中快速地抠出图片，了解了色阶的概念，并使用色阶对通道进行调整，更好地完成抠图	

三、信息技术选修课审美教育的有效融合策略

1. 结合日常生活，关注真实问题解决能力的提升

在“双新”教育理念的指导下，初中教育正迎来一场深刻的变革。在这一背景下，色阶与抠图教学也应紧跟时代步伐，更加注重学生的主体地位和自主学习能力的培养。

为了充分激发学生的学习兴趣和创造力,教师应精心策划多样化的教学任务和实践活动。例如,教师可以设计一项模拟广告公司的项目,要求学生分组合作,利用色阶和抠图技能为某品牌制作一张宣传海报。在这个过程中,学生将面对诸如色彩调整、图像合成等实际问题,通过实践来解决问题,锻炼他们的实践能力和创新思维。同时,以小组合作的形式鼓励学生互相学习、互相启发,培养他们的团队合作精神和沟通能力。① 此外,教师还可以鼓励学生参加校内外举办的图像处理竞赛或展览,让他们有机会展示自己的作品,接受来自同学和专业人士的反馈,从而进一步提升他们的技能水平和自信心。这样的教学活动不仅使学生更加深入地理解和掌握图像处理知识,还能激发他们的创造力和学习热情。

在色阶与抠图教学中,教师应着重培养学生的自主学习能力。例如,教师可以引导学生利用网络资源或教学平台,自主查找学习资料和教程,深入探索色阶调整的技巧和抠图工具的使用方法。同时,教师可以设置分层任务,让学生根据自己的兴趣和水平选择适合的挑战,从而在实践中逐步积累经验和知识。对学生在自主学习过程中遇到的问题,教师应及时给予指导和反馈,帮助他们形成自己的学习方法和思维模式。这样的个性化教学方式不仅能满足学生的不同需求,还能激发他们的学习热情,为他们的未来学习和职业发展奠定坚实的基础。

2. 加强跨学科融合,提升综合审美能力

在培养创新人才的过程中,跨学科知识和能力是不可或缺的。特别是在初中教育阶段,加强跨学科融合和综合性学习显得尤为重要。这种教学模式有助于打破学科壁垒,让学生在多元知识体系中建立联系,形成全面的认知结构,进而培养出具备综合思维能力和创新精神的优秀人才。

---

① 成红,赵维.实施整合培养培育拔尖创新人才[J].教育教学论坛,2019(20):74-75.

在图像处理课程中，跨学科融合教学展现出独特魅力。以历史学科为例，与历史社团合作，让学生运用图像处理技术制作社团活动海报。学生需要收集历史文物的各种信息与历史故事，再运用色阶调整、抠图等技术，将文本中的描述转化为生动的图像。在这一过程中，学生不仅锻炼了图像处理技能，还深入理解了文物作品的内涵及其历史背景，提升了文物鉴赏能力和历史素养。

同样，在剪纸海报设计中，学生可运用图像处理技术，为经典图案设计独特的海报。他们需要查找大量的剪纸作品，选择合适的作品制作海报。这样的跨学科融合教学，不仅提升了学生的综合素质，还激发了他们的学习兴趣和创造力，为培养创新人才提供了有效途径。

因此，在初中教育中，教师应积极探索跨学科融合的教学模式，将图像处理课程与其他学科相结合，通过综合性学习任务和实践活动，培养学生的综合思维能力和创新能力，为他们的未来发展打下坚实的基础。

3. 多元化的评价和激励机制，鼓励学生发现美欣赏美创造美

在色阶与抠图教学中，构建行之有效的评价体系显得尤为重要。可以采取学生自评、互评和教师评价等多种方式，来全面评价学生的学习成果。学生自评能帮助学生反思自己的学习过程，发现自己的优点和不足；互评则能促进学生之间的交流与合作，让他们在相互学习中取长补短；教师评价则能给学生提供客观公正的反馈，指导他们不断改进和进步。[①] 这样的评价体系不仅有助于全面了解学生的学习情况，还能培养他们的自我认知和自我评价能力。

为了激励学生积极参与学习和创新活动，可以设立相应的奖项和展示平台。通过评选优秀作品、颁发荣誉证书等方式，给表现突出的学生进行表彰和奖励，激发他们的学习热情和创新动力。此外，还

---

① 邓森.基于“互联网＋”“图形图像处理”课程混合式教学模式构建与实践研究[J].电脑迷，2023(20)：34－36.

可以将学生的作品进行展示和分享,让更多人欣赏到他们的创意和才华,进一步激发他们的创造力和自信心。这样的激励机制不仅能促进学生的积极参与和主动学习,还能为他们提供一个展示自我、锻炼能力的舞台。

四、研究总结与反思

通过教学实践,发现这种教学方法不仅有助于学生掌握图像处理的核心技能,更能激发他们的创新思维与实践能力。在教学过程中,观察到学生的积极变化和成长。例如,在设计校园海报的任务中,学生展现出惊人的创造力和想象力。他们不仅运用所学的图像处理技术,还结合自己的审美观点和校园文化特色,创作了各具特色的海报作品。这些作品不仅美观大方,而且富有创意和内涵,充分展示了学生的艺术才华和创新能力。同时,也看到了学生在各种校园活动中的积极参与和表现。他们不仅能在团队中协作完成复杂的图像处理任务,还能独立地提出自己的设计理念和解决方案。这种实践能力的提升不仅有助于他们在未来的学习和工作中更好地应对挑战,还能培养他们的自信心和责任感。

在教学过程中,意识到尽管审美教育与图像处理技术结合的效果显著,但因课时有限,未能充分展现所有教学方法的多元魅力。为此,计划引入跨学科融合的教学策略,以拓宽学生的视野。同时,也认识到在评价学生作品时,应更加注重多元化和个性化,尊重并鼓励每个学生的独特创意。为了让学生更好地展示和交流,学校将提供更多平台,激发他们的学习热情和创造力。此外,将充分利用现代教学技术和手段,为学生提供更便捷、高效的学习资源,以提升他们的学习效率。通过不断探索和创新,坚信将审美教育融入信息技术选修课,不仅能有效培养学生的创新思维和实践能力,还能让他们的学习之旅更加丰富多彩。

“双新”背景下夯实学生核心素养的初中信息科技教学探索

——以“过程与控制”模块教学为例

许　洁①

摘　要：信息科技的“过程与控制”模块内容存在于生活的方方面面，深刻地影响和改变着我们的生活，通过对六年级《信息科技》学科中“过程与控制”模块教学的深入开展，可以探索“双新”背景下夯实学生核心素养（包含信息意识、计算思维、数字化学习与创新、信息社会责任等四个方面）的教学策略。

关键词：“过程与控制”；“双新”；计算思维

《义务教育信息科技课程标准（2022 年版）》（以下简称“新课标”）强调：“生活中广泛存在着‘输入—计算—输出’的计算模式，从外界获得的输入经过计算产生输出，从而形成反馈系统。”②这是义务教育信息科技“过程与控制”模块对信息科技联系生活的一种描述。

一、在信息科技教学设计中以学生核心素养培育为基点

“新课标”在课程内容中关注学生核心素养的培育，并充分考虑与现实生活需要的关联度。就拿“过程与控制”模块来说，“新课标”发布之前，“信息科技”课程从未体现过“过程与控制”的相关内容，

① 作者简介：许洁，上海市民办华育中学信息科技学科教师，中学一级教师，主要从事信息科技教学研究.

② 中华人民共和国教育部.义务教育信息科技课程标准（2022 年版）[S].北京：北京师范大学出版社，2022：30.

“新课标”发布后课程内容发生了“翻天覆地”的变化,从知识体系到实践技能都发生了变化。

“过程与控制”模块看似陌生,其实离我们的生活并不遥远,在生活中广泛存在着。我们走近自动门,自动门获取人和门的距离,经过计算后产生输出,控制电机自动开门,这就是“模块”在发生作用。从外界获得的输入经过计算产生输出,进而作用于外界再影响输入,从而形成反馈系统,这样的过程与控制系统体现了过程与控制的原理,对理解生活中广泛存在的过程与控制系统至关重要,也使学生感受和认知信息科技对生活的影响和价值。“过程与控制”模块针对生活中的过程与控制系统,帮助学生了解过程与控制的特征及实现方式,理解利用计算机解决问题的手段,进一步认识过程与控制系统本身的特点和规律,并结合实例理解过程与控制系统中存在的安全问题,知道自主可控的系统在解决安全问题时起到的重要作用。

在“信息科技”教学内容设计中,将学生核心素养培育作为基点融入其中。在“过程与控制”模块教学中,笔者设计了一个单元《模拟交通灯系统》,共4课时,单元结构化知识体系如下表所示。

表1 《模拟交通灯系统》单元结构化知识体系设计

身边的控制系统——交通信号灯系统	学习开源硬件	交通信号灯系统	根据车流量控制的交通信号灯系统
·能列举身边的控制系统 ·能识别和区分控制系统的输入、计算和输出环节 ·将控制系统抽象为输入、计算、输出三个典型环节	·学习开源硬件Arduino ·实现闪烁灯系统,分析其控制过程的组成部分 ·了解控制系统对人类生活的价值	·一个大的控制系统可以由小的部分组成,不同的系统中存在相似的组成部分——模块 ·通过编程控制开源硬件设备实现模块的功能,模拟交通灯系统	·探究交通信号灯系统,如何优化交通灯系统 ·如何实现车流量的统计 ·启动模块被替换,用传感器补充完成交通信号灯系统

通过计算机编程和开源硬件尝试实现过程与控制,模拟制作交通信号灯,关注学生信息社会责任养成。这部分内容让学生通过体

验和发现身边的过程与控制，了解一个大的系统是由几个小的系统组成的，一个系统也可以划分出功能相对独立的多个模块，突出计算思维的培育。通过分析典型应用场景，了解计算机可用于实现过程的控制，能在实验系统中通过编程等手段验证过程与控制系统的设计，促进数字化学习与创新。交通信号灯的生活场景大家很熟悉，在加强交通安全、维护交通秩序方面起着非常重要的作用，明确信息意识。交通信号灯也是一种常见的过程与控制系统。本单元就用模块的组合、分解和更换进行模拟实验，以促进学生对信息科技学科核心素养的内化。

二、以解决现实问题为主线开展信息科技探究性学习

学生日常会接触到各类生活中的控制系统，但对控制系统的工作过程和内部构成并不了解。在前面的学习中，学生已经掌握了算法和编程的部分知识，但是结合开源硬件设备，对计算机控制系统还缺少了解和认识。六年级学生有一定的网络获取信息能力，也乐于和同伴分享自己获取和学到的知识。学生对控制系统虽然比较陌生，但是对案例与体验非常感兴趣。所以本课程完全以学生为中心，采用问题引导、创设情景、拓展实践、小组合作、头脑风暴等多种方式教学，注重学生的探究式学习。

在信息科技课堂教学中，应当注重以解决现实问题为主线，真正做到理解系统与模块，促进学生信息意识的增强与问题解决的计算思维养成。问题引导是让学生感受并认识过程与控制普遍存在于生活中。创设情景是一步步引导学生分析生活中的系统是如何逐步实现的。拓展实践是让学生动手模拟制作交通信号灯，从而加深理解模块的作用。小组合作是为了用模块的组合、分解和更换来模拟实现一个过程与控制系统——交通信号灯系统。现以本单元第 3 节“交通信号灯系统”为例，为了让这个系统更完善，基于现实问题解

决,让学生开展头脑风暴,思考需要增加什么模块以达到什么功能,提升信息运用的社会责任。

案例 “交通信号灯系统”教学的问题剖析知识点梳理

★ 基于生活中的案例,提出剖析问题

“双新”提倡中学信息科技课堂回归真实世界,让学生在真实情景下解决现实问题,提高学生解决真实问题的能力。笔者联系生活中闪烁灯系统的实际情况,提出:作为一个过程与控制系统,闪烁灯具体实现了哪些功能呢?为了让学生对实现功能有准确的认知,设计了多个选项,引导学生直观感受有哪些功能。

★ 梳理知识点,引导学生动手实践模拟系统

实践体验1:学生填写学习单上的任务一,体验启动模块和分析代码。

实践体验2:从硬件和软件两个方面说模块、改模块、补充模块。

实践体验3:分析十字路口的红绿灯系统与一组红绿灯系统的不同,让学生思考在哪些模块有改变及如何实现。小组合作完成本任务。

分享交流:展示小组实践成果,让学生边操作边讲解,从而实现实践方案的分享。

思考:如何实现根据车流量变色的红绿灯系统,使其更智能以提高交通效率?

课堂小结:今天学习了系统与模块。从闪烁灯系统的组成模块,拓展到交通信号灯系统的模块。继而实现它们模拟了交通信号灯系统。然后通过小组合作完成了十字路口的交通信号灯系统。最后思考根据车流量变色的交通灯系统,如何更改、替换、补充模块。

三、基于生活场景的信息科技教学促进学生数字化学习与创新能力

信息科技教学与学生的现代生活紧密相连，要注重基于生活场景开展信息科技教学，推进以学生为主体的学习方式创新，把握数字化学习特点进行教学改革。笔者在单元教学中，注重围绕生活中普遍存在的过程与控制系统，从生活场景和案例出发，使学生感受并认识过程与控制普遍存在于生活中，其对生活的影响是广泛而深远的，最终使学生能在实际生活中"观其物，知其原理"，感受信息科技的魅力和影响，并能主动了解信息科技未来的发展方向。

基于生活场景的信息科技教学促进学生数字化学习与创新能力，要在教学过程中引导学生借助数字化学习平台来解决问题，在教学互动中提升计算思维能力。在教学过程中，教师要引导学生分析并发现生活中的各类系统，了解大的系统可以由小的系统组成，不同的系统中存在相似的组成部分。通过引导学生分析身边的案例，识别系统中的输入、计算、输出环节，并从整体到局部来思考问题，培养分析问题、解决问题的能力。

在信息科技教学中，教师引导学生利用某些平台和工具，寻找生活中真实的过程与控制场景，通过数字化学习、自主学习、协同学习，加强对过程与控制的理解，提升数字素养与技能。通过对生活中具体案例的分析，从中发现计算机和程序在过程与控制中的作用，理解计算机实现过程与控制的优势，感受信息科技对生活各方面的影响及信息科技的魅力。

在备课中，笔者认为教师的教学问题提出是非常有讲究的，如果做了充分推敲，既节省时间，又可以起到事半功倍的效果，协助学生理解和掌握本堂课的作用，也可以提高数字化学习与创新能力。以下是本单元教学中一堂课的"一问一答"内容安排。

问题1:上节课我们研究了闪烁灯系统,看到了一个闪烁的LED灯在运行过程中经历了三个环节:输入、计算、输出。(学生回忆知识点。)

问题2:当闪烁灯系统接收到开启系统的指令后,内部控制电路会计算时长并转换为灯光控制信号,这时LED灯开始闪烁。作为一个过程与控制系统,它具体实现了哪些功能呢?(学生回答)我们来找找看,以下几个功能是否实现了:采集数据功能?控制时长功能?屏幕显示信息?灯光提示功能?语音提示功能?报警功能?

……

你觉得这些功能是如何实现的呢?有些学生说是由代码实现的,有些学生说由硬件部分实现的。

问题3:结合输入、计算、输出,大家可以看出闪烁灯系统分为启动模块、定时模块、灯光提示模块。那么,这些模块是如何工作、实现其功能的呢?

请完成学习单上的任务一:找找"我"是什么模块。(找完让学生说)

我们手边有一个搭建好的闪烁灯系统模型,程序已经上传,请同学们给它接上电源,感受一下启动模块是如何控制LED灯的,并参照"发送文件"中的任务一中的代码,认识按钮(启动模块)的软件部分。

问题4:这个搭建好的闪烁灯系统模型,大家对照屏幕上的图示,右边按钮及其连线部分是启动模块,定时模块由主控板完成,左边LED灯及其连接线组成了灯光提示模块。我们也来认识一下启动模块的代码。Loop函数中主要是按钮(启动模块)的代码,其中调用了blink函数,这个函数就是上周我们学习的闪烁灯的代码部分,完成了定时模块和灯光提示模块。

问题5:我们是否能从一个闪烁灯系统拓展到多个闪烁灯系统?比如,本单元第一节课让大家观察的交通信号灯系统(3盏灯)。

问题6:大家发现手里的面包板上已经有红黄绿三盏LED灯,但是有两盏灯的正极连线没有完成,请各位同学完成并把"发送文件"中的任务二代码上传到主控板,模拟实现交通信号灯系统。

问题7:十字路口的红绿灯是垂直两个方向的。那么我们怎样从一组红绿灯的交通信号灯系统通过系统整合、模块组合的办法拓展到一个十字路口两组红绿灯的交通信号灯系统呢?

……

好,同学们说得很好。接下来请同学们把手里的红绿灯通过软硬件连接起来,形成一个大系统(十字路口的红绿灯系统)。

……

问题8:经过刚才的任务三,大家会发现,如果我们搭建的系统有缺陷,会有安全隐患,那么如何提高系统的安全性就尤为重要了。

做到这样的红绿灯系统就足够支撑庞大的交通信号灯系统吗?还需要有哪些更智能的设计?

问题9:学生说说看。

根据车流量变色的红绿灯系统更智能,提高了交通效率。在原有的系统上增加探测模块。探测单位时间内通过路口的车辆数,可用设备有压力传感器、红外测距传感器,也可在距离红绿灯路口50米处,安装红外测距传感器探测红灯即将变绿灯时,那里有没有拥堵的车辆在排队,判断路口是否拥堵。

四、多种辅助软件的使用提高信息科技教学效率

“双新”背景下信息科技教学要求以学生为中心,笔者在“过程与控制”信息科技课程中从教学内容、教学方法、教学手段等方面进行了教学探索,引导学生基于现实生活问题,引入Word、PowerPoint、Arduino、ECap、Fritzing等辅助教学软件工具,激发学生的学习主观能动性,培养他们解决现实问题的能力。多媒体课堂不能拘泥于一种或几种常用软件的使用,而要以教学效果为目的,努力让复杂的问题简单化,让自主学习顺畅化,让展示交流可视化。多种辅助软件的使用可以提高信息科技教学效率,提升学生的信息学科核心素养。

在学生实践环节,传统课堂受限于设备的要求,只能在模拟环境下练习,学生感觉不到在解决现实问题。本堂课充分运用新课改后的内容,即开源硬件进课堂,让学生感受到每一步操作(硬件、软件)后的效果,及时与自己设想的结果相印证,实现自我评价的目的。本环节,笔者设置了难度梯度,层层递进,不但有学生独立完成的基础内容,其中包括软件和硬件部分,而且有合作内容,使他们脱离了"单打独斗"的常规学习方式,既要有独立的思考能力,又要有分工、合作、监督、沟通、评价等过程,这样才能练就学生的综合素养。在交流分享环节,每位学生都有充分发表观点与见解的机会,学生间可以交流学习思维,共同分享学习过程中的经验与成果,进而碰撞出智慧的火花。

这堂课是笔者在"双新"教学转型前的自己实践教学的成果展示,关于如何更好地落实信息科技学科核心素养的培养,依据学情的分析,提供适合学生的学习方式,促进学生的个性发展,从而提高学习效率,还有很长的探索之路要走。相信随着实践不断深入,新课改转型的实效性会大幅提升,提高的不仅是学生的学习效率,更是学生的思想层次及精神境界。希望通过新课改转型课堂,引导他们感受来自新科技新科学世界的魅力,利用自主实验探究来揭开新课改的神秘面纱,构建完善的知识体系,最终落实信息科技学科核心素养的提升。

综上所述,多种辅助软件的使用可提高信息科技教学效率,也能促进人机交流与对话,促进学生认识信息反馈是动态的、及时有效的。信息科技教学要促进学生在新型人机教育关系中夯实学生信息科技学科核心素养,进而推进学生学习范式的变革,"以智能机器为中介进行'人类视角'的学习"①,让学生成为数字化时代与未来智能时代的主角。

---

① 谭维智.教育机器:一种人类教育的新范式[J].教育研究,2024(4):70.

初中信息科技“互联网”单元活动一体化学习探究

汪　晨①

摘　要:对初中学段以“互联网”为主题的信息科技学科单元教学设计中项目活动的设计与实施过程进行探索,收集单元教学设计典型案例,探寻项目与知识双线融合教学的策略途径。尝试学段一体化衔接的单元教学设计,了解各学段相关内容的教学程度,从而对初中学段的课程内容及活动设计有更为精准的把控,更有效地在课堂活动中落实学科核心素养。一体化学习增强了教学资源的共享性,为信息科技教育提供了新的思路和方法。

关键词:双新;初中;互联网;学段衔接;一体化设计

随着《普通高中信息技术课程标准(2017年版)》和《义务教育信息科技课程标准(2022年版)》(以下简称“新课标”)的颁布与实施,各学段衔接以及跨学科和学科核心素养的提出为课堂教学带来新的挑战。信息科技学科正迎来教学内容、教学方法上的大幅转变。在引导学生接受概念性知识的同时,教师需要更注重对学生实践智慧的培育,为学生创设必要的活动,因此单元教学设计以及项目活动创设与实施在课堂教学中也越来越重要。②

“新课标”的实施,探索跨学段融合育人体系逐渐被教育界所重视,但目前研究的跨学段教育大多数是以中学与大学融合为主,在信

---

① 作者简介:汪晨,上海市民办华育中学信息科技学科教师,中学高级教师,主要从事初中信息科技学科教学研究.

② 中华人民共和国教育部.义务教育信息科技课程标准(2022年版)[S].北京:北京师范大学出版社,2022.

息科技学科小学与中学阶段的跨学段一体化研究相对较少。由于以前小学、初中、高中教学内容大多数是独立设计的,内容上有重叠或脱节,学生无法形成完整的知识体系,"新课标"实施后学科知识体系更系统,学段知识点衔接更顺畅,依据不同学段的学生在认知、情感、社会性等方面的发展,合理安排好不同学段的学习内容,更好地体现学习目标的连续性和进阶性,颇具研究价值。探讨一体化学习模式在信息科技"互联网"单元中的应用,以期为初中信息科技教学提供参考。

本文针对信息科技学科不同学段一体化教学设计问题,以初中"互联网"单元为例,依据学科整体知识框架,基于各学段不同特点,以实现单元教学设计在横向知识维度的衔接和纵向学段维度的递进,打破思维断层,达成三学段一体化单元教学设计的目标。

一、单元活动一体化学习模式对落实"新课标"的价值分析

单元活动一体化学习模式对落实"新课标"的价值有以下几点:

1. 有利于学科知识体系的系统性和连贯性

"新课标"要求以逻辑主线贯穿义务教育全学段,对接高中课程标准内容,组织课程内容,体现螺旋式递进。一体化学习模式将小学、初中、高中的教学内容进行整体规划,确保教育的连贯性和系统性。

2. 有利于教学资源共享

"新课标"要求课程具有实践性,教师从实践经验出发,创设真实的学习情景和丰富多元的学习资源。通过一体化学习模式,同一主题可以实现实验设备、教学课件等资源的共享,为学生"做中学""用中学""创中学"提供便利条件。

3. 有利于学生个性化学习

"新课标"要求强调合作学习、自主探究学习。一体化学习模式

注重学生的个体差异，信息科技学科学生基础能力差异大，打通学段学习模式，可以为学生提供灵活的个性化学习资源和路径，满足学生的不同需求。

4. 有利于跨学科综合素质培养

"新课标"要求课程具有综合性特征。一体化学习模式不仅关注本学科知识，通过主题化学习重视学生的兴趣爱好、团队合作等能力的培养，而且还将信息科技与其他课程的跨学科学习有序地纳入课程内容中。

二、"互联网"单元活动一体化学习活动设计

基于单元活动一体化学习模式对落实"新课标"的价值特点，义务教育与高中教育核心素养的统一，以及"新课标"对不同学段学习结果和学习目标的衔接要求，对照"新课标"与现有教学内容，对"互联网"单元活动进行一体化学习活动设计。

1. 进行课堂项目活动的设计，并完成《项目设计文档》

在分析小、初、高三学段的教学内容后，寻求容易在同一个单元活动项目上实现的知识点，发现项目背景采用自上而下的方式，即以高中教材中的项目"互联网伴我学"为例，进行情景创建，以虚构人物小雅同学学习互联网知识过程，贯穿三个学段的知识点。至于项目的知识点，则由下至上逐步递增。小学以"认识浏览器""学会搜索关键词"为主要环节；初中以"信息的搜索""信息的保存"作为主要环节；高中以"网页的制作""Web 服务器的配置"为主要环节。知识点由浅入深，由易到难，进行一体化设计，并完成《项目设计文档》。

学段	内容要求
小学	1. 学习因特网、网站等重要概念;2. 通过尝试和模仿,体验使用浏览器获取信息的各种技巧,从中归纳出使用因特网获取信息的特点和规律
初中	1. 学习信息的搜索概念与技巧;2. 学会信息的筛选与保存,并最终形成知识题库①
高中	1. 分析图书馆网络硬件的构成;2. 分析和修改智能停车系统的相关文件(数据库文件、Python 程序文件和网页文件),使之成为图书管理系统②

学段	核心素养
小学	1. 在运用搜索引擎解决问题的过程中,体会搜索引擎在网络信息搜索中的作用。(数字化学习与创新) 2. 在关键词提炼过程中,归纳出一些提炼关键词的方法与技巧。(数字化学习与创新) 3. 通过自主学习和合作学习等多种学习方式,养成独立思考、尊重他人、善于表达等良好的学习习惯。(信息社会责任)
初中	1. 围绕活动项目中的问题,有意识地去互联网上寻找相关信息,知道如何获取信息,并对收集到的信息的价值性、真实性、时效性进行鉴别。(信息意识) 2. 了解搜索引擎的工作原理,对要回答的问题进行分析,提炼相应的关键词,选用合适的搜索技巧,按步骤搜索并鉴别信息。(计算思维) 3. 能利用搜索工具和掌握的搜索技巧,创造性地完成任务作品。(数字化学习与创新) 4. 能在作品中标明信息的来源和出处,尊重信息的版权,同时会验证信息的正确性。(信息社会责任)

① 上海市中小学(幼儿园)课程改革委员会.上海市初中信息科技学科教学基本要求[M].北京:中华地图学社,2017.

② 中华人民共和国教育部.普通高中信息技术课程标准(2017 年版)[S].北京:人民教育出版社,2020.

（续表）

学段	核心素养
高中	1. 能列举在日常生活中组成网络和连接互联网的硬件连接方法。（计算思维） 2. 能理解系统中数据库、程序代码、网页代码的作用及相互关联，能利用软件改动现有系统的数据库、程序代码和网页代码来建设新的系统。（计算思维、数字化学习与创新）

初中阶段单元教学设计内容如下：

• 项目情景创设

小雅同学在小学掌握了浏览网络资源、利用关键词查找信息、发送接收电子邮件等技能，升入初中后她收到了一份电子邮件，邮件中提到："学校要举办百科知识竞赛，需要在网站和图书馆寻找百科知识资料，筹备小组邀请小雅同学共同参与。"于是小雅同学对网络资源的查询搜索以及资源获取产生了浓厚的兴趣。网络资源是如何搜索的？搜索好的网页资源又该如何甄别与保存？掌握了这些知识与技能，小雅同学才能参加学校百科知识竞赛筹备小组。于是小雅同学决定学习以上知识与技能。

• 单元教学初中部分内容说明

本部分内容是围绕小雅同学在学了地图版信息科技初中教材《第一单元　信息科技基础》的"活动 2 我做老师的信息助理"第一课内容，并对网络浏览器熟练使用后，结合学校"百科知识竞赛"学科活动，进行的实践。

实践活动主要内容一是信息的搜索概念与技巧；二是信息的筛选与保存，并最终形成知识题库。

在信息搜索技巧环节中，小学阶段已经对学生关键词使用有了初步认识与习惯养成，因此在本阶段活动中更强调技巧性，强调搜索技能的提高。

(1) 采用数据对比的方法，让学生更科学地了解方法的重要性。

(2) 利用问题搜索答案的不确定性,引出下一环节信息筛选的必要。

活动设计应结合教材内容,并做到从学生实际情况出发。最后保存信息形成在线电子小报,时间合理分配比较重要,可以采用小组协同合作等方式完成。

• 课时安排建议

信息的搜索(1课时);信息的筛选与保存(1课时)。

• 学习活动设计

环节	活动序号	活动内容	设计意图
环节一	1	利用搜索引擎帮助小雅同学寻找问题的答案,并将答案填入学习单上。用百度 www.baidu.com 搜索:①什么是搜索引擎及工作原理?②搜索引擎主要有哪几类	利用小学阶段掌握的知识,访问搜索引擎网站,复习浏览器知识,引导学生归纳并得出结论
	2	小雅同学在某搜索引擎主页中打开了"搜索帮助"页面。学习搜索技巧方法:①多个关键字使用,②搜索结果逻辑"非"操作,③搜索整个短语或句子,④site:用于搜索指定网站下的关键信息,⑤在标题中限定精准搜索,intitle:关键词	通过对不同搜索方式结果的数据对比,总结并采用正确的搜索技巧对搜索结果的帮助。从而体会关键词在搜索技巧中的作用
	3	请帮助小雅同学运用搜索引擎,学习百科新知,建立题库。提问:为什么有些问题答案搜索是错误的	通过本活动进一步巩固搜索技巧。同时在发现错误时,为信息筛选与保存做准备

（续表）

环节	活动序号	活动内容	设计意图
环节二	4	游戏“比一比”：给出一个百科知识竞赛的题，让学生筛选出准确的信息	通过游戏承接上一环节，体会信息适当筛选的重要性
	5	学生按照先前的分析，整理、保存信息。本节课的任务是制作电子小报《百科知识竞赛资料整理》，可以用在线协同创作工具，合作完成	通过制作电子小报活动，提高巩固掌握的知识与技能。为高中阶段学习互联网内容打下基础

2. 进行课堂教学实践、形成案例资源

在完善项目设计文档方案后，具体落实到课堂教学中，形成案例，收集网络研修课程素材。第一步，参照项目文档撰写教案；第二步，完成教学中每个活动的设计，明确活动在教学中要完成的目标及解决的内容①；第三步，设计课件与课堂学习单等教学资源。教案与课程资源形成后，在课堂内进行教学实践并录制案例，同时在教学过程中及时发现问题，为下一阶段形成网络研训课程打下基础。在整个教学过程中总结经验。比如，采用对比方式让学生理解搜索技巧运用的意义与重要性，采用问题搜索自动验证方式让学生理解信息甄别的重要性等。

初中“互联网伴我学”学习活动设计

信息科技单元学习活动往往由若干活动组成，一个活动可以在一节课内完成，也可以延续数日或数周。单元学习活动设计主要任务是围绕核心概念。设计情景化的探究任务，通过设计激发思维的中心问题，提升信息意识、计算思维和数字化学习与创新能力。

首先进行单元学习活动的设计流程。

---

① 上海市教育委员会教学研究室.中学信息科技单元教学设计指南[M].北京：人民教育出版社，2018.

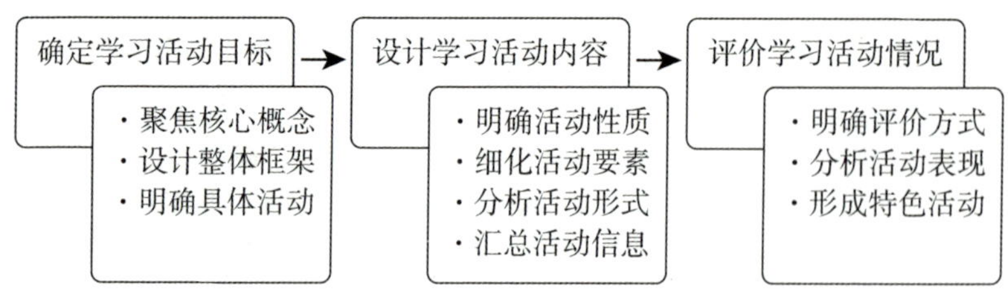

其次利用“单元学习活动设计整体属性表”进行整体设计。

单元学习活动设计整体属性表

<table>
<tr><td colspan="7">单元核心概念 1　搜索引擎的使用</td></tr>
<tr><td>活动名称</td><td>活动性质</td><td>活动类型</td><td>活动方式</td><td>活动空间</td><td colspan="2">活动时间</td></tr>
<tr><td>搜索引擎概念分类</td><td>过程体验</td><td>解决一个问题</td><td>独立</td><td>机房活动</td><td colspan="2">5 分钟</td></tr>
<tr><td>搜索引擎使用技巧</td><td>过程体验</td><td>解决一个问题</td><td>独立</td><td>机房活动</td><td colspan="2">10 分钟</td></tr>
<tr><td>搜索百科答案</td><td>提高巩固</td><td>解决一个问题</td><td>独立</td><td>机房活动</td><td colspan="2">10 分钟</td></tr>
<tr><td colspan="7">单元核心概念 2　信息的筛选和保存</td></tr>
<tr><td>活动名称</td><td>活动性质</td><td>活动类型</td><td>活动方式</td><td>活动空间</td><td colspan="2">活动时间</td></tr>
<tr><td>游戏“比一比”信息准确性</td><td>过程体验</td><td>解决一个问题</td><td>独立</td><td>机房活动</td><td colspan="2">5 分钟</td></tr>
<tr><td>制作作品《百科知识竞赛资料整理》</td><td>提高巩固</td><td>设计一个作品</td><td>独立与合作结合</td><td>机房活动</td><td colspan="2">20 分钟</td></tr>
<tr><td colspan="7">活动信息汇总</td></tr>
<tr><td>活动性质</td><td>过程体验</td><td>3</td><td>提高巩固</td><td>2</td><td>综合拓展</td><td>0</td></tr>
<tr><td>活动类型</td><td>解决一个问题</td><td>4</td><td>设计一个作品</td><td>1</td><td>做出一个决策</td><td>0</td></tr>
<tr><td>活动方式</td><td>独立</td><td>4</td><td>合作</td><td>0</td><td>独立与合作结合</td><td>1</td></tr>
<tr><td>活动空间</td><td>教室活动</td><td>0</td><td>机房活动</td><td>5</td><td>课外活动</td><td>0</td></tr>
<tr><td>活动总时间</td><td colspan="6">50 分钟</td></tr>
</table>

3. 形成“信息科技学科一体化单元学习活动设计”框架，制作完成教师研修课程

在完成网络课程大纲撰写、核心单元实施设计、配套讲义撰写等任务后，对第三章《计算机网络》互联网单元一体化学习活动设计与实践，进行课程的框架结构设计。

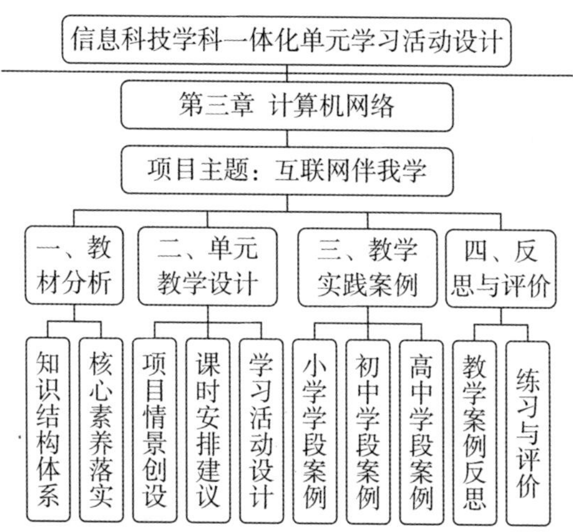

按照之前设计完成的单元一体化学习活动设计、配套讲义，进行教师研修课程制作，通过 PPT 讲解、案例片段制作，以及自学材料和自测题的制作，将项目转化为完整的师训研修课程，以便将项目的研究成果加以推广。

《互联网伴我学》初中学段单元学习活动设计

学习目标	学习内容(任务)	学习活动	学习评价	课时
通过学习,运用方法,能在初中学段,围绕“互联网”主题进行基于“全学段”的单元学习活动设计	任务1:观看视频《初中互联网内容教学分析》	视频片段《初中互联网内容教学分析与单元教学设计》	视频观看完成度	1
	任务2:尝试运用理论对初中学段《互联网伴我学》教学案例片段进行分析,并进行线下实践	视频片段《信息的搜索》课堂教学案例分析和《信息的筛选与保存》课堂教学案例分析	视频观看完成度	
	任务3:阅读整节课的教学设计,完成客观测试,并进行自查检验	1. 阅读《信息的搜索》《信息的筛选与保存》教学设计。 2. 客观题测试:5题	1. 文本阅读完成度。 2. 客观题完成度	

三、一体化学习模式的优势及优化

通过对“互联网”一体化单元学习活动设计实践,从中发现这一学习模式的优势,并找到一些优化学习的途径。

1. 一体化学习模式的优势

(1) 一体化学习打通了学科知识体系。在本单元活动实施过程中以初中阶段在学习搜索引擎时,需要学习小学阶段未曾接触的浏览器的使用技巧,也可能需要了解高中阶段的WEB服务器进阶知识,如搜索引擎在服务器端是如何工作的等。学生可以通过同一主题在不同学段中逐渐深入学习，避免知识的断层和重复。

（2）一体化学习加强了教学资源共享。在本次单元活动中，小学阶段的浏览器、初中阶段的搜索引擎、高中阶段的WEB服务器，作为同一主题活动，这些三学段的实验资源可以共同使用，作为情景搭建，在不同学段学习时可以各取所需，提高教育资源的利用效率，降低教育成本。

（3）一体化学习促进了学生个性化学习。在本单元活动中，初中阶段对搜索引擎技能熟练，或想了解更多关于搜索引擎原理的学生，可以尝试自主探究WEB服务器相关知识，不设天花板。

（4）一体化学习融合了跨学科综合素质培养。本次单元活动中以学校收集百科知识为主题，涉及不同学科的知识内容，以信息科技为主学科，融合学习其他学科知识，在作品融合的学科比例中25%的学生选择地理学科，15%学生选择数学学科，其他学科为语文、音乐、体育、科学各占12%左右。学生通过搜索感兴趣的学科知识，相互合作验证甄别知识的正确性，来达到学习信息科技互联网知识的要求，提高学生的综合素养。

题目（文字＋图片）	答案	难度（★★★）	资料来源
太阳系中最大的行星是什么？	木星	★	NASA Credit： NASA

2. 一体化学习模式的优化

（1）加强创新数字化平台应用。充分利用新的信息技术手段，为学生提供更加丰富多样的学习资源和互动平台,提高学习效果。比如,在本研究案例中可以加入人工智能技术、AI搜索引擎的介绍和使用、在线协作文档编辑平台等新技能。

(2) 完善单元活动体系。根据各学段的特点和需求,完善活动设计体系,确保知识的连贯性和系统性。同时,注重跨学科知识的整合和应用,培养学生的综合素质。例如,在本研究案例中初中阶段可以向上衔接多一些,加入python的互联网爬数据体验等,为后续高中利用python修改服务器系统提供支持。

(3) 加强师资一体化教学设计能力。要形成单元一体化教学,教师必须具备一定的信息技术素养和教学能力,同时要熟悉各学段的教学内容与要求,加强教师的学科本体知识和教学理论十分必要。

(4) 建立多元学生评价机制。由于打通了学段学习,学生将获得更大的学习自由以触发学习潜力,建立科学的多元化评价机制,对学生的学习效果进行全面、客观的评价,如在本研究案例中可以从学生练习完成情况、课堂表现、协作完成作品情况、使用创新技术等方面进行评价。同时,注重学生的过程性评价和自我评价,激发学生的学习动力和自信心。

四、研究总结与反思

整个单元活动的设计按照小、初、高全学段一体化设计,整个互联网相关知识呈现螺旋式上升结构,符合一体化单元学习设计要求。这是一次很好的整体教学的尝试,从确定学习活动目标来看,初中学段覆盖了互联网搜索引擎、信息筛选甄别、信息保存管理的所有单元核心概念,单元活动也能从整体上呼应教学目标,很好地落实学科核心素养。在本次研究中也发现了一些值得改进的地方。比如,学生在使用搜索技巧方面还不够灵活,关键词提炼方面还有欠缺,可以增加学生提炼关键词方面的练习,提高学生信息意识。

此外，在活动上应给学生充足的时间。从评价学习活动情况来看，可以设计得更有效些，如利用在线评价平台，从而增强学生评价能力，以及评价结果的可测量和可视化。此外，由于本项目研究正值“新课标”实施及初中新教材编写之际，活动设计与教学内容是根据现有教学内容设计的，等新教材出来后，可以将互联网网络搭建、网络协议、网页编写等新内容加入设计，使难度衔接、知识结构分布更合理，跨学段单元活动一体化设计效果更出色，后期改进值得期待。

在“双新”不断推进的今天，小、初、高三学段一体化学习模式也将体现明显的优势。打破学段壁垒，优化学段衔接，丰富学习资源，提高学生的学习效率和质量，提升教师素质和强化学习评估等，使一体化单元学习设计具有重要的实践意义。

以创新实验课程促进初中阶段创新人才早期培育的实践要素

史卫进①

摘　要:初中创新实验课程的建构,有利于激发学生的科技兴趣,推进不同领域的创新人才早期培育。通过创新实验课程的开设,尝试摸索适合学生个性化发展需求的授课模式、构建符合科技教育发展需求和创新人才培育需求的课程理念,为创新型领军人才的早期培育夯实基础。

关键词:以人为本;以玩促教;创新人才早期培育

在人工智能技术的发展历程中2024年是举足轻重的一年,也是华育中学在遵循"双新"主旨下,夯实学科基础、拓展学生创新思维、激发创新潜能,为创新人才的早期培育注入动力的关键时刻。学校从2014年就创设了以工程技术为主的3D打印、电子工程、App应用与开发、人工智能图像及语音识别等系列实验室,以生物环境为主的微生物、植物生理学和环境监测等创新实验室,并开展了相应的创新实验室课程,在多年的实践及不断完善的基础上,适应教育变革及学生发展的需求,探究以创新实验课程促进创新人才早期培育的实践要素,为实现华育中学创新人才的培育目标提供助力。下面就该项课程的开展形式和课程理念作如下概述。

---

①　作者简介:史卫进,上海市民办华育中学科技专职教师,中学一级教师,主要从事初中生科技创新研究.

一、创新实验课程缔造"以人为本"的科技教育核心价值观

科技教育是创新人才培育及发展的重要基石，也是国家振兴、技术迭代的重要手段。创新人才的早期培养，既符合教育发展的客观规律，也是构建和谐社会、幸福家园的必经之路。① 通过创新潜质的挖掘与培育环节，潜移默化地构建、重塑和提升学生的价值观、人生观和世界观，将个人的志趣发展与国家振兴和发展的使命感紧密联结，让学生具备开阔的眼界、博大的胸怀，以及淡泊名利的心态。因此在创新人才早期培养的过程中，既要让学生亲身体验、感受，技术发展带给我们的变革与发展，也要逐步建立为国家、社会发展不懈努力的坚强信念。

例如，2019 届龚泽瑞同学在参与植物生理学实验室的课程中，通过了解和学习普通藻类在不同参数条件下，生长周期以及繁殖能力的差异性，从而联系生活实际观察了学校附近居民小区内的人造河流、华泾公园内的景观池塘以及闵行南方商城附近的自然河流三种不同水域内的藻类植物的生长分布情况。他不仅从观察到的结果及分析的数据，了解了现有水域藻类植物无限生长的弊端以及除藻的方式和手段，也让他提出了是否有更有效的除藻方式的质询和思考，因此一个以研究如何更有效除藻的研究课题就此立项。课题的研究初期，他以查阅到的生石灰除藻方式入手，通过调整生石灰的投撒量，观察和分析小区内人造河流的变化趋势。

通过 2～3 周的实验周期，水域内的藻类生物的确受到有效抑制，但也产生了其他问题，如水体中水底熟石灰的覆盖问题和水体呈碱性而破坏水体酸碱平衡的问题，都会造成破坏其他水体生物的生长环境等实际危害。在咨询实验室指导教师和进一步查阅相关资料

① 和渊.做负责任的科研　育有使命的人才——浅谈中小学科技教育中的伦理道德和科研规范[J].中国科技教育，2022(1)：21－23.

后,他又知晓某些藻类(鱼腥藻、束丝藻和铜绿微囊藻)在代谢过程或破裂后会释放藻毒素,对人类、鱼类、禽畜的免疫功能和神经系统产生危害以及相关文献中少量涉及的复合除藻剂的探究应用等其他除藻方式,从而将原有的研究目标变为针对鱼腥藻和铜绿微囊藻研究化学助剂的协同效应,实现除藻、抑藻速度快,剂量小,经济成本低,效果更持久,同时维护水体酸碱平衡的目标。

通过之后的六种环境二次污染较小的化学药剂除藻效果的定性及定量研究后,该项目筛选出两种复合除藻剂配方。与现有复合除藻剂中含氧化钙成分中的有效除藻剂的含量进行比较,发现剂量有明显的减少且除藻效果依然显著,同时又降低了水体的二次污染,实现了该项目的研究初衷。最终基于上述的实验过程和数据采集,他撰写了《复合除藻剂实现化学组分减量化的研究》的论文,并在当年的上海市青少年科技创新大赛中获得一等奖。可见,科技教育不仅是培养学生创新思维、坚定学生志趣、促进潜能发展的过程,更是在具体的实践体验中树立为国家、为社会、为人类攀登科技高峰的人生观、价值观和世界观的过程。

二、创新实验课程落实引导学生“学会玩、如何玩、怎样玩”为内涵的课程创生

创新人才早期培育的成效需要面对一个现实问题,即学生普遍存在的个体差异。针对不同特点的学生设立一成不变的创新课程,既不能满足学生个性化差异的发展需求,又无法实现创新人才早期培育的规划目标。所以,如何设定课程的教学理念,使之不断适应不同潜质学生的发展规律,华育中学做了如下实践和尝试。①

① 计琳.“塔尖”初探　拔尖创新人才早期培育的初中学校实践[J].上海教育,2024(15):16-17.

1. 激发学生的学习兴趣从而实现学科见识的拓展，是创新课程的基本理念

在学习过程中，兴趣永远是最好的老师。只有学生有了解新技术、新学科的欲望，教师才能因材施教，依据学生各自潜能进一步提升思维模式的转化。所以每一位进入华育校园的学生均有 3～4 次机会进入创新实验室，自己动手、亲身体验不同主题的课程内容。例如，电子工程的仿真交通灯系统和自动浇花系统；3D 打印的三维玩偶的设计和生成；App 应用与开发的神奇的测数系统和微生物的“看看微观世界的细菌到底长啥样”等系列课程。在这些课程中，学生不需要了解复杂的理论知识，只需要简单模仿和套用，在教师的指引下完成类似课程内容的再现。评价标准不是传统意义上的分值，而是考查学生亲力亲为的结果和具备某类学科的潜质。在相对轻松的学习氛围中激发学生学习的热情，进一步释放探究欲望，最终实现了解—认知—掌握的效果。

2. 促进学生将已有学科基础延伸至未知学科领域的能力

科学技术的发展日新月异，技术迭代的周期日趋缩短，仅掌握单个技术领域相关内容的学生显然是无法适应浪潮式科技发展的高端需求的。如何教会学生无师自通，培养学生在最短的周期内通过已有的学科基础延伸至未知学科领域的能力，是创新人才早期培养目标实现的具体表征。因此，课程内容的教学不以学生掌握的多少为重点，而是将教学重点建立在如何将基本技术的理论知识教学和工作原理的剖析与类似技术的应用或工作原理形成有机联系，让学生学会从已知到未知的跃层认知能力，从而为创新思维的形成和发展奠定基石。

3. 适当的容错周期和机制是学生思维突破的催化剂

思维的发展和提升不是一朝一夕就能实现的，创新也不是一蹴而就的，所以适当的容错周期和机制是有利于学生从自我否定、自我认定的往复过程中，学会深入思考、善于比对分析、渐进归纳

完善的必要手段。学生创新思维的发展并不是教师思维定式的单一复刻和重复套用,而应当是学生个体对固有思维方式破茧而生的周期性过程,给学生充分的尝试,不以可行性的结论作为评判标准,在遵循学科基本原理的前提下,通过失败、再挑战,再失败、再挑战的过程,磨炼学生的创新意志、养成科学研究的严谨态度,是打造领军型创新人才的重要环节。综上所述,创新思维的发展过程是颠覆性的思维方式与科学技术原理应用之间的动态互换过程,是长期且隐性的过程,单一的求新求变不利于学生从平凡中挖掘不平凡的递进式发展规律,也不利于界定奇思妙想与"天马行空"之间的界限。

基于以上的设计理念,在华育中学近 10 年的创新实验课程的创生和实践周期内,学校开设了多个相应的创新实验室,以深化课程教学内容,推进了学生的课题研究(如下表所示),并通过教师的长期指导,使学生初步具备了课题项目的探究和撰写研究论文的能力。

创新实验室与课程名称	创新实验室课程教学内容	部分学生项目课题
通用物理	以光学及电学实验为主,能按照大学标准进行 30 多个大学基础物理实验。通过实验让学生熟练操作大学基础实验仪器,培养基本的物理科研能力	一种强效防护头盔的设计研究 一种草坪除杂草工具 力臂可调节(拆卸)式螺丝刀
App 应用与开发	围绕移动应用开发的理论知识教学与展开的实践体验,通过图形化的编程界面让学生逐步具备掌握使用不同编程媒介,实现同一应用功能的创新能力	智能旅行物品清单的 App 开发与实现 五子棋棋谱自动记谱器 常态化防疫下学生健康数据的智能化采集与管理

（续表）

创新实验室与课程名称	创新实验室课程教学内容	部分学生项目课题
VR 虚拟与体验	利用 VR 一体式设备，通过沉浸式教学学习各科知识，参与虚拟实训操作实验、VR 应用开发等	保障右转车辆优先通行的专用车道控制装置研究 鉴瓜助手 基于 Web 浏览器的 3D 技术在网购上的应用
电子工程	利用开源的软硬件了解传感器的原理和应用，并通过分析现实生活中可能存在的自动化设备的不足或瑕疵，进行完善或创新作品的制作等课题研究活动	紫外线消毒灯书箱 基于 MSP430 单片机的衣物消毒机 新型智能助老服药水杯的设计研究
3D 打印	学会三维设计软件的使用与实物模型的设计和打印，对实际生活中有待完善的结构造型，可以利用模型打印提出创新理念和可行性验证	一款能画圆的尺 一种空心球去悬空结构的 3D 打印方法 主从式可穿戴康复手套
微生物	进行大学微生物方向的基本实验。包括培养基的配制、灭菌、倒板、接种（划线法、涂布法等）以及后续的抑菌实验等基本操作	中药材金银花和黄芪单用及合用抑菌活性研究 利用牛奶盒改进家庭厨余垃圾发酵的研究 黏质沙雷氏菌对致病菌黑曲霉抑制作用的进一步研究
植物生理学	利用设备使学生进行各种植物生理学实验、分析和研究等方面的工作。学会使用不同培养基和添加剂、控制培养条件等来观察植物的生长情况等	西红柿叶片正反面反光差异的探究 不同波长的光对小麦发芽及幼苗生长的影响 浮萍植物对草母鸡生长及蛋产量的影响的研究

(续表)

创新实验室与课程名称	创新实验室课程教学内容	部分学生项目课题
环境监测	运用监测仪器对尾气污染、水体富营养化、$PM_{2.5}$等环境问题有深入的认识和了解,并在这基础上尝试完成一个完整的环境监测创新实验课题	上海市光污染现状调查与解决方案研究 汽车日间环保行车灯 自行车自发式发电系统
图像识别及语音识别	通过图像识别和语音识别的理论知识教学和应用实践,了解人脸识别等AI技术的原理和生活中的应用前景,并尝试进行创新性实验和科研项目的探究	一种基于人工智能的跌倒检测和防碰瓷系统 不同路径规划下的智能捡网球机器人效率研究 一种智能出门提醒系统
无人机	了解和学习无人机的结构、材料、动力系统等方面内容,熟练掌握无人机的遥控操作,并通过比拼操控技术、自我搭建无人机并通过软件编程提升无人机技术应用的实操能力	小风洞大能量——节能汽车降低外形阻力探究 YOLO对象检测算法的固定翼自主搜救无人机系统

三、创新实验课程以流转课、兴趣拓展课和社团课为载体探索分段递进培育模式

创新人才的早期培养其核心是创新潜质的挖掘和创新思维的建立、完善及提升,因此有别于传统的学科课堂教学,是一个不断探究、变更和完善的过程。因此,如何开设相关课程,通过课程的教学和体验为学生未来二三十年创新能力的持续发展构建雏形架构,也是华育中学开展创新实验课程一项重要的研究内容。所以学校通过以下三类课程形式在不同学龄段的学生中采用分段递进方式开展课程教学。

首先，进入初中阶段的学生在学科知识储备、动手实践能力及思维模式方面仍存在一定差异，因此对刚进入初中段的六年级新生，学校设定以培养兴趣、注重体验过程的流转课的形式，将每个教学班依照学生的自我兴趣选项按 8～10 人的规模组合为若干个学习小组，在一学年的周期内，这些学习小组成员在每周固定的教学时段进入电子工程、3D 打印、App 应用与开发、人工智能图像识别、植物生理学、微生物及环境监测创新实验室进行相关课程的学习和体验，在完成一定的课时学习后，即可进入下一组有兴趣的实验室继续其他内容的学科体验。通过这种形式的授课，努力提高学生动手实践能力、逻辑思维能力和数据收集及分析能力，从而为下一阶段创新潜质的挖掘及培育夯实基础。

例如，电子工程实验室智能小车系列课程，通过超声波、红外测距和颜色传感器原理知识教学及案例实践体验，让学生掌握和实现智能小车的避障、巡线等通用功能，并通过软件代码的编写了解程序编写的基本流程和技巧手段，为拓宽小车其他智能应用埋下伏笔。但是，受实体硬件的限制，仅利用电子工程实验室的体验课程无法穷尽智能小车的技术应用。所以，将人工智能图像识别的体验课程作为后续扩充，让学生在了解图像识别的原理和软硬件的实现方式后，可以将摄像头的图像识别和分析认定功能替换为原有智能小车的传感器模块，从而将原有小车仅能针对特定环境产生特定响应的伪智能模式转化为针对不特定环境的真智能响应模式。这样既能将不同创新实验课程的内在共性紧密连接，又能为发展学生跨学科学习能力的培养进行初期尝试。

其次，利用通识课程的流转虽然可以拓宽学生的学科视野，量化学生的跨学科认知能力，但对进一步挖掘学生潜能、跃层认知和思维能力的质变仍存在一些不足，所以在通识课程流转教学一年的基础上，进入初一年级的学生将进入第二个环节“兴趣拓展课”的学习体验和探究。参与学习的学生通常有两种形式选择。一种是在流转课程中已经凸显相应潜质的学生；另一种是在某类学科或某几类学科的学习过程中表现出浓厚探究兴趣且经相关授课教师认可的学生。在长达2学年的时间周期内,学生在每周2倍于流转课课时的时间内,有足够充分的时间深入了解相关学科的理论原理、实践应用及探究拓展。既能进一步激活学生跃层认知能力的潜力,也可以通过兴趣模式与内在驱动模式的螺旋式交替,促进学生不断解决理论学习和突破思维发展的壁垒。

再次,华育中学的教育理念并不是打造一个或几个学科天才或技术"大牛",而是培育一批具有扎实学科功底、具备创新思维潜质的复合型人才。因此,教师与学生点到点的培育模式,如何达到以点到面的培育效果,甚至扩展为以面促层的全局效应,亦是创新课程实践的终极目标。所以在进入初二学段后,学校就会鼓励那些已经"小有所成"的学生或"隐匿"在初一学段的"民间高手",依据自己擅长的兴趣爱好或学科技能,通过自立课程内容和自我募员组团的形式开设社团课程。学生作为课程开展的主体,处于策划、教学的主导地位,而配置的相关学科教师仅扮演辅助角色。至此,学生的学科技能可以通过学生与学生的互动模式得以广泛传播,起到以点带面、以面促层的效果;同时,在互动环节中产生的思维碰撞的火花,又能进一步提升学生潜能的发展,从而实现创新思维量变到质变的最终目标。综上所述,创新实验课程是通过拓宽学生学科见识、遵循学生个性化发展需求、以兴趣和自身潜在能力为评价依据,鼓励自我实践和深入探究的研学模式,是探索创新人才早期培养的华育课程持续化发展模式。

结合以上三个要素,华育中学的创新人才早期培养通过流转授课形式,拓宽学生视野,发挥学生的主观能动性;在激发兴趣和求知欲的前提下,挖掘和提高思维潜能,培养和完善科学研究的态度和能力;通过秉持从生活中来到生活中去的创新理念主旨,进一步提升创新思维的品质与境界。在创新人才早期培养的探索道路上,不断探索、不断实践,为中华民族的伟大复兴,为技术进步的澎湃前行,奉献华育每一位师生的辛劳与智慧。

“新课标”视野下培养科学论证能力的长周期作业设计

曹惠洁①

摘　要:科学论证能力是指学生在面对科学情景问题时能用所获得的信息为基础,提出个人主张,进行合理辩护的能力。长周期作业旨在培养学生使用科学证据的意识、运用证据进行因果推理的能力以及阐述自身观点并进行论证的表述能力,助力批判性思维、创造性思维、合作能力、交流能力、自主学习能力等综合性共通素养的培养。

关键词:科学论证能力;长周期作业;核心素养

论证最早出现在逻辑学领域。在自然科学领域中论证也占据着极其重要的地位,科学观点的确立往往需要科学家之间的主张冲突和各自论证来逐步推进。初中学生的科学论证能力可以表现为:面对科学问题情景,他们能用所获得的信息为基础阐述科学问题,提出个人主张,进行合理辩护,能考虑到对立观点的缺陷,进行反驳,或者重新评价自己最初的主张。②

通过对185位初中学生进行的科学论证能力测试和访谈得出,初中学生对身边的科学情景问题有着强烈的兴趣,能提出自身的主张和意见,但对如何基于证据进行论证表达相对薄弱。《义务教育科

① 作者简介:曹惠洁,上海市民办华育中学生物学教师,中学高级教师,主要从事初中科学教育研究.

② 王星乔,米广春.论证式教学:科学探究教学的新图景[J].中国教育学刊,2010(10):50.

学课程标准(2022 年版)》立足我国义务教育科学教育现状,提炼了包括科学观念、科学思维、探究实践、态度责任四个方面的核心素养发展要求,并提出科学思维是从科学的视角对客观事物的本质、规律与关系的认识方式,也是适应现代社会发展的核心思维方式,是科学课程中最重要的核心素养发展要求。① 科学论证能力正是科学思维的一种具象化体现。在论证过程中,不仅体现了学生是否能从科学视角客观看待事物的本质,是否能基于证据阐述客观事物的规律,是否能论证主张与证据之间的关系,还体现学生的批判性思维、创造性思维、合作能力、交流能力、自主学习能力等综合性共通素养。

对比科学论证能力中的科学核心素养	
科学论证能力	科学核心素养
基于所获得的资料对科学问题进行解释和说明	科学观念:学生在进行科学问题解释和说明时能体现其科学观念的形成情况。 科学思维:学生能从科学视角看待客观事物的本质。 探究实践:学生可以通过探究实践获得资料
提出主张	态度责任:学生基于对科学观念的深度理解,形成一定的品格。对一些社会问题、环境问题能提出自我的主张
进行合理辩护	科学思维:学生能基于证据阐述客观事物的规律,能论证主张与证据之间的关系
考虑到相互竞争观点的不足提出反驳	科学思维:能认识到事物具有辩证性,能意识到相互竞争观点与证据之间的联系
重新评估自己最初的主张	态度责任:学生能自我修正主张,并不断进阶上升

① 中华人民共和国教育部.义务教育科学课程标准(2022 年版)[M].北京:北京师范大学出版社,2022.

如何通过作业设计帮助学生有效切实地从提出主张、收集证据、进行推理等方面进行科学论证能力的培养，是科学教师应当关注的点。

一、长周期作业的内涵特征和价值分析

长周期作业即实践类作业，区别于传统的书面作业，是指以实践活动形式完成的学习任务。① 具体来说，实践类作业有绘图、建模、调查、实验、观察、设计等多种类型。为了更好地落实，实践类作业往往需要较长的时间来完成。这便形成了科学作业中的长周期作业。

1. 长周期作业的论证性特征，可以提升学生使用科学证据和评估科学证据的能力

长周期作业的论证性主要体现在，学生需要从问题出发，搜集相关证据，进行严谨规范的科学研究过程。例如，在调查学生近视眼的现状和防治这类长周期作业时，学生在学习近视眼和远视眼的相关知识后，需要去调查班级近视情况和用眼习惯，并了解一些用眼卫生的好习惯，这一过程中学生需要制订调查计划、逐一进行询问或制订问卷，后搜集证据，检索相关文献并进行自学。在这过程中，培养学生在论证过程中必须使用真实、有效的科学证据意识。

2. 长周期作业的推理性特征，可以提升学生运用证据进行因果推理的能力

长周期作业的推理性特征主要体现在，学生需要通过各种手段采集数据，合理分析数据、运用证据厘清概念和命题的内在联系，以解决实际问题。如教师可以提出真实问题，你认为政府部门可以采取哪些措施防治酸雨？为什么？学生不仅需要检索资料找出相应证

① 袁晓萍.长周期作业：为学生掌握学科思想方法注入独特养分[J].人民教育，2021(3－4)：66.

据,并且需要阐述该手段是如何达成酸雨防治目的的。在这一过程中,学生需要进行推理过程,从表面手段找到其核心逻辑,即减少酸雨相关污染物的排放。推理性特征在一些短周期作业如主观题中常有涉及,但是在长周期作业中往往更加完整和具有系统性,对学生的限制也相对较少,学生可以采用表格、图片、思维导图等形式帮助推理过程的演绎。

3. 长周期作业的表述性特征,可以提升学生提出并综合评估、准确表达主张的能力

在完成长周期作业的过程中,学生需要完整阐述自身观点或主张,并且可能会面对同学的质疑或不同的主张,学生在聆听对方的证据和推理后,能修正自身主张或反驳对方的主张。比如,家庭的饮食是否达到营养均衡,学生可以主张自己家庭的饮食是否均衡营养,但是要用证据进行推理和解释,学生在听取家庭的饮食比例后也可以提出异议,但同样需要有理有据,这个环节要求学生能表述问题、过程和结论,并准确表达自己的观点。

二、长周期作业的设计思路

笔者采用桑格的 CER 模型将学生的科学论证能力分为主张(C)、证据(E)和推理(R)三个方面,并基于该模型对学生进行测试,发现学生的主张得分接近满分,而证据和推理得分为 60%～80%,显示初中学生对身边的科学情景问题有着强烈的兴趣,能提出自己的主张,但对如何基于证据进行论证表达相对比较薄弱。因此,长周期作业的设计需要从生活或社会现象出发,在创设的真实情景中发现问题、解决问题,让学生经历与科学工作者相似的科学探究、科学论证过程,在巩固知识点的同时体验到科学探究的乐趣,提高论证能力,提升思维水平,在科学核心素养上有所进步。

1. 基于“新课标”，选择合适情景任务

目前不少科学作业的布置中存在“去情景化”的倾向，即在设计作业时，过分强调学科知识内容的检测，过于关注学科基础知识的系统性和完整性，导致部分作业内容远离体现科学应用价值的实际情景，这会导致学生产生疑问“这个知识有什么用”。学生对相关作业的兴趣度较低，也无法在自我探究的过程中逐级建立论证过程，对学生的核心素养无法有效提升。

《义务教育科学课程标准(2022 年版)》多次提到，倡导创设良好的学习情景，设计适宜的探究问题，引发学生认知冲突，激发积极思维。注重以探究和实践为主的多样化学习方式，让学生主动参与、动手动脑、积极体验，经历科学探究及技术与工程实践的过程，以此才能让学生产生浓厚的理论兴趣，即对把具体的因果认识上升为一套能有效分析客观事物所进行的过程的理论结构，以及运用该结构中的概念规律能主动地解决科学问题的兴趣。可见，良好的、真实的、基于生活的情景化设计对学生核心素养的提升是十分有利的。

一方面，情景化长周期作业有利于激发学生的学习兴趣，提升学习效果。比如，“根据书本上的食物金字塔总结健康饮食的注意事项”与“我家的饮食健康吗？有哪些改进方案呢?”相比较，虽然在知识内容上两项作业检测内容类似，但学生明显对后者的兴趣更为浓厚，也更愿意交流自己的观察结论和具体意见。教育科学研究表明，兴趣是学生学习训练的重要基础。当学生对一门学科有了学习的热情，就会表现出积极的学习态度和旺盛的求知欲望。一旦学生的兴趣和思维被激发，就会去主动学习、探索、思考。

另一方面，情景化长周期作业组织学生面对真实情景进行分析，学生在学习过程中逐步构建理论结构，这一分析过程是以长周期作业中的情景问题解决为核心，其所建构的理论可以是跨学科的，这也模拟了真实情况下学生在面对问题时的解决思维。比如，在完成“我家的饮食健康吗?”这一作业中，学生需要进行观察和记录家庭成员每日的饮食情况，检索每类食物中所包含的营养成分，并根据家庭成员的性别、年龄等衡量其饮食结构是否健康。学生在完成长周期作业过程中，不仅加深对知识的理解和串联其内在联系，同时也发展了基于证据提出主张的科学论证思维。

2. 尊重学生差异，搭建难度梯度作业

“不知道如何做和不会做”是长周期作业流于形式的主要原因之一，也是长周期作业无法达成培育目标的原因。剖析其原因，在于教师设计作业时没有充分了解学生的已有经验，没有充分考虑学生的能力和承受范围，使学生难以在实践中获得成功的快乐。长周期作业的设计绝不能脱离学生实际，而是基于培养目标和学生的认知发展水平进行系统性开发，形成具有阶梯性和持续性的长周期作业体系。

长周期作业形式多样，且不同形式的长周期作业的难度也不同。比如，在检索类作业中，学生需要针对某个问题利用计算机网络或相关参考书搜索资料，该类作业的难度相对较低，使用的技能方法较单一，主要锻炼学生搜索证据和评估相关证据的能力。在体验类作业中则需要学生进行实验探究，如饲养蜗牛并对蜗牛进行一些观察类小实验。这些体验类作业对学生科学素养的培养是多样性的，包括学生进行假设、设计实验、进行实践、收集实践数据并分析数据得出结果的一系列科学核心能力。在调查类作业中要求学生走出教室，到大自然或社会中进行调查，培养其从多方面获取相关证据，并用逻辑推理论证自己的主张。

针对不同年龄段的学生，可根据兴趣、能力和培养目标设置不同的长周期作业形式。比如，介绍一种濒危生物，这一作业需要学生进行检索、搜集资料，对资料进行整理并表达，这一过程锻炼了学生搜集材料和整理材料的能力，技能难度不高，适合于刚开始学习科学并对万事万物充满好奇的低年级学生。探究酸雨对生物的影响作业，是一个非常复杂的过程，学生不仅需要进行实验的设计，在选择实验材料和方案的过程中也涉及检索资料，还要严谨地完成实验，在实验过程中注重收集数据等证据，并对证据进行统计等处理。这类作业对知识与技能等的要求远大于前者，所以并不适合在低年级学生中进行，更适合高年级学生。高年级学生具有一定的知识与技能及能力，源于生活具有情景性的作业更能让其感到兴致盎然，他们也渴望通过自己的努力改造世界或解决问题，教师可以多设计一些综合性主题任务，引导学生关注社会事件，解决更真实、更复杂的问题。

在作业布置中，有少数学生始终未能完成长周期作业，经了解有些学生认为难度大，同时也有部分学生完成度非常高，反映学生能力的差异性。因此，长周期作业的内容设计应考虑学生之间的差异，尊重学生个体的不同体验，分层设计，让每位学生都能得到不同程度的发展。长周期作业的设计和布置必须因材施教。

教师应充分了解学生的兴趣点、知识与技能和发展水平，使长周期作业与之适应。同时在要求上可以分层，帮助每一个学生在一定程度上完成作业，体验成就感。

3. 梳理逻辑框架，提供有效辅导

长周期作业从布置到完成的过程中，学生是主体，但并不是教师直接放手完全不管，这容易导致学生对长周期作业不了了之的结果，教师始终起到合理的引导和帮助作用。如何有效帮助学生通过长周期作业培养科学论证能力，提升科学素养，首先需要教师自身对该项长周期作业的内在逻辑框架进行梳理，找到该项作业的核心问题链。比如，七年级学生进行的“提出针对我家的节水方案”这一长周期作业，其内在论证逻辑框架梳理如下。

<table>
<tr><th>主张</th><th>证据</th><th>调查方法</th><th>备注</th></tr>
<tr><td rowspan="2">家庭用水量较多/较少</td><td>上海市家庭人均日用水量</td><td>利用网络进行搜索</td><td>需要有意识地将自己家庭的用水量转换成人均日用水量</td></tr>
<tr><td>家庭用水总情况</td><td>水费单的读取与分析</td><td>可以利用计算机软件制作图表，从而清晰明了地显示家庭用水情况</td></tr>
<tr><td rowspan="7">家庭洗澡、厨房……用水量较多</td><td rowspan="2">家庭日用水总情况</td><td>家庭水表的读取与分析</td><td rowspan="2">两者需要结合分析，从而建立家庭活动与用水之间的联系</td></tr>
<tr><td>家庭工作日和双休日用水情况比较</td></tr>
<tr><td rowspan="3">家庭具体各方面用水情况</td><td>可以采用容器进行测量</td><td rowspan="3">可以多种方式同步进行，进而达成更有力度的论据</td></tr>
<tr><td>可以采用水费单进行读数</td></tr>
<tr><td>可以采用马桶、洗衣机等说明书</td></tr>
<tr><td>家庭用水习惯</td><td>观察与记录</td><td>针对一些浪费水资源的情况，可以测量浪费量</td></tr>
<tr><td colspan="4">我的家庭应采用________方法进行节水</td></tr>
</table>

在教师布置长周期作业时，就可以适当地给学生一些核心问题，帮助学生找到解决该项情景问题的“钥匙”。例如，在布置“提出针对你家的节水方案”这一长周期作业时，教师可就核心问题进行讨论：“你家用水量大吗?”“哪方面用水最多?”“你能提出适合你家的节水

方案吗?”在面对第一个问题时,学生可能会想当然地提出主张,即自己家的用水量很大或很小,教师会进一步引导“为什么你会这么觉得呢?”,学生在提出水费单这一证据后,教师引导学生进行数据比较,并进一步启发“你觉得你家用水量应与什么数据进行比较呢?”,逐步激发学生搜寻数据作为证据来支持自己的主张,进而具有逻辑性地为自己辩护这一科学论证能力。学生在经历第一个问题的深入探讨后,在第二个、第三个问题中会思考如何支持自己的主张,进而开始想出各类方法。教师在此时可以不进行评价,让学生百花齐放地带着想法进行尝试。这种具有一定开放性的调查活动让学生在调查过程中产生无法预知的新的疑问、新的方向,展开不同的讨论,提出不同的观点,使活动的全面性和综合性得到提升。

在辅导的内容上,教师不宜直接告知,可引导学生在不断思考中,体验方法,获取新知识,提升能力。教师的辅导更多体现在科学思维和方法的引导上。如当学生提出“我认为家庭用水大部分用在洗澡上”时,教师需要引导学生此时尚为猜测,学生要用证据求证并支持自己的猜测。当学生无所适从时,教师应提供帮助和鼓励。如学生表示不知道该如何取得证据支持自己家庭用水主要消耗在洗澡上,教师可以鼓励学生采用测量的方法获取证据。教师的细心引导可以帮助学生逐渐建立自己的完整论证,有利于学生思维的发展。

在辅导方式上,可以针对全班辅导,也可以进行个别辅导,考虑到班额的情况,更多的辅导会发生在全班。可以采用全班分组就长周期作业中的常见问题进行讨论,通过学生之间的讨论交流,学生会获得灵感,更正自己的方向。事实上,这一过程本身也是一个论证过程,每一位学生针对问题有自己的主张,同时为了说服其他同学,他必须提出大量证据,用于证明自己的主张,在听到其他同学的不同想法时,他可以采用新的证据,反驳其主张,也可以合理修正自己的主张。这一过程对学生的科学论证能力十分有帮助。

教师的参与可以及时了解出现的问题,并作出及时的指导和把控。特别是一些偶发现象,产生的不同声音或错误结论都可以作为很好的教育资源,放手让学生指正、质疑、评判,启发学生进一步思考。

4. 多元化评价体系,助力学生培养论证能力

长周期评价的来源具有多样性,可以来自教师、同学、家长等。除了教师本人进行评价外,作为家庭作业,也可以让家长留言,肯定学生在家中所做的尝试,有助于实现家校一体化教育理念。

教师还应鼓励同学之间进行相互评价,在这一过程中也同样帮助学生进行了论证,"你最欣赏哪个作品?为什么?"学生在提出主张的同时,也需要论证自己的观点。比如,在"家庭净水器的工作原理是怎样的?"这一作业展评时,某学生提出自己欣赏A作品的理由是他拆解了家里旧的净水器,并且绘制了净水器的结构图,生动形象地给我们展示了这台净水器的工作原理。在这个过程中,这位学生有理有据地表达了自己的主张。另一位学生则支持了B作品,证据是他查阅了说明书,找到了自家净水器的滤芯材料,并且做了一个简易净水器,通过不同材料放置顺序对污水处理的影响,验证了净水器内的材料布置是最有效的。他认为B作品不仅让我们了解了该净水器的净水原理,并且他通过探究实验证明了该净水方式的高效性。这一评价过程中没有孰是孰非,更为重要的是学生在完成长周期作业中所用到的科学思维和探究方法被肯定了,保护和提高了学生的学习积极性,这将有助于学生的进一步成长。

三、研究总结与反思

1. 问题情景的真实性,可以有效提升学生的兴趣度和作业完成质量

实践表明,长周期作业充分体现了科学本质,可以培养学生在真实情景下运用所学知识解决问题的能力,并且在解决问题的过程中

学生需要运用收集到的各类证据去支持自己的主张和立场。同时，更能发挥其主观能动性，主动地参与社会，融入生活。例如，学生在完成家庭用电调查的过程中，不少学生主动收集了多个家庭的电费单，并进行同月份比较分析，甚至自学了一些电脑统计图的制作，并对不同家庭提出相应的节电建议，完全超出教师的预期。

2. 适切的作业形式和分层要求，可以有效提高长周期作业的实施效果

初中学生对身边的科学情景问题有着强烈的兴趣，能提出自身的主张，但对如何基于证据进行论证表达相对比较薄弱。教师在设计长周期作业时要考虑选择生活情景化内容，以此吸引学生参与问题的解决。同时要充分考虑学生的能力水平，选择适切性作业形式，并进行一定的分层要求，以此帮助学生从简单提出主张到寻找相关证据，再到基于证据进行论证的思维水平逐步提升。比如，在节水调查时，教师可以请相对能力较强的学生提前对专业网站上收集到的信息进行处理，分析上海市民的人均用水量，并在课堂上通过演讲的方式与同学进行交流。相对能力较弱的学生一方面可以得到相应信息，另一方面可以了解分析过程，在大班化的课堂内实施分层。同时教师在进行辅导和评价时需要梳理作业背后的论证核心逻辑链，帮助学生经历与科学工作者相似的科学探究、科学论证过程，在巩固知识点的同时提高论证能力，提升思维水平。

在长周期作业的设计中，课时问题、班额问题都是制约长周期实施效果的因素，如何精简内容凸显核心素养的培育是一个值得深度探究的问题。在人工智能时代，利用信息技术更好地进行情景设计，还可以尝试跨单元、跨学科、更科学地分层帮助学生在更多领域中发展论证能力。

要学会与优秀的人同行，遇见更好的自己。其实，成功的人生是由每个选择的结果构成的，优秀不是一种天赋，而是由一个个选择组成的。

——李英

第八辑

艺术和体育学科教育研究

选择适合孩子发展的学校，不仅要关注学校教育的内涵提升与外延拓展，更要关注孩子的个性、潜能的开发与兴趣的培养，让孩子在合适的平台上得到更好的发展。

——李英

“双新”背景下初中艺术课程舞蹈编创路径初探

伍廷怡①

摘　要:在“双新”全面推进的当下,初中舞蹈编创的实践显得尤为重要。在“新课标”下初中舞蹈编创课程推行实践中,针对学生舞蹈基础参差不齐与启发学生主动参与积极创作等问题,提出了一系列具有针对性的解决策略和方法,包括调动和开发肢体表达的方式、打开自身肢体限制的动作创作方式和风格体验中舞蹈肢体训练方式,从实际问题出发以个人思路调整教学方式方法,尝试对所遇问题进行解决。

关键词:初中艺术;舞蹈普及;舞蹈编创

随着教育理念的不断更新和发展,舞蹈学科首次正式纳入艺术学科中,“新课标”为初中舞蹈教育带来了新的机遇和挑战。在创造类艺术实践中常会发生学生舞蹈基础与日益提高的编创要求之间存在的落差。如何弥补这种落差,同时引导学生持续激发创作兴趣且具有实际的教育价值是目前舞蹈教育者要思考的难题。对这些实践问题进行探析有助于更好地理解初中舞蹈编创实践的现状和困境,找到符合“新课标”要求、适合初中阶段学生特点的舞蹈编创之路,也能为后期课程问题提供更多有效解决策略和更坚实基础。

---

① 作者简介:伍廷怡,上海市民办华育中学艺术学科教师,中学二级教师,主要从事中学艺术教学研究.

一、"新课标"下初中舞蹈编创实践的价值与意义

艺术"新课标"的课程理念非常重视学生学习过程中的艺术感知以及情感体验,让学生在从欣赏到表现、从融合到创造的过程中,形成审美情趣,加强课程的实践导向。"新课标"中高年级阶段加入了舞蹈创作的课程内容,目的在于加强学生对之前所学舞蹈知识的理解和掌握并帮助学生开始尝试对其知识的运用。同时,作为一线舞蹈教育工作者,在实际课程教学中深刻地体会到,在信息化时代下学生接受信息的渠道越来越多、限制越来越少,其中包括各国各种艺术思潮的内容,所以无论是教师还是学生,都要对舞蹈的门类、舞种的元素和不同的身体形态美学有基本的区分方式和概念,使学生在学校美育的影响下和在中国文化的学习中,保证在接触各类舞蹈艺术时同样可以保留对中国传统文化的熟知与重视,而不在外来信息、外来舞蹈种类学习中逐渐漠视。"新课标"中所提到的编创内容就目前上课情况来看,除了启发学生对身体的感知、对身体的控制、对身体语言的表达以及对打破固有学习思维模式开启创作创新的作用外,更有价值的是让学生自发地整合所学过的所有舞蹈内容,有意识地感受、区分和使用各类元素的组成过程,在教学实践中潜移默化地教化学生,了解我国历史和人文艺术,同时通过不同的风格内容表现自我,形成属于自己的肢体语言表达。

二、"新课标"下初中舞蹈编创实践的困境与分析

在从"新课标"中舞蹈教学目标角度对舞蹈作品进行赏析、对本土民族风格舞蹈动作进行体验以及提升到艺术实践中表现创造的课程要求下,当前舞蹈编创教学实施中还存在一些较为明显的问题。

在教师教学方面主要有以下几个问题。

一是课堂过度注重风格介绍和不同体验的转换，导致学生对学习内容难留印象。在四年的初中教育中，艺术舞蹈类课程在所有课程时间中占比较少，在整个学期多种舞蹈的风格介绍和体验后，在多舞种的内容上再次进行提问或再次让学生进行内容创作时，往往会有大面积印象不深、遗忘的状态出现，导致学生在实际编创实践中缩手缩脚，从而打击学生的积极性，同时影响后期综合实践内容学生的参与度。

二是缺乏各类舞种代表性动作的讲授，导致学生后期无法进行定位准确、动作设置合理的舞蹈编创。在固有的舞蹈教学方式中，更多的是通过传统的“言传身教”，学生根据教师对身体动作的解读和处理的示范动作进行模仿并长期训练，将动作不断进行自我调整并达到“原汁原味”的风格还原。在今天的课堂上，由于对学生舞蹈领域理论的理解、舞蹈作品的鉴赏和分析以及编创要求的加入，导致学生在有限的课堂时间中，很少真正在舞蹈课程中通过肢体动作学习来摄取创作所需的各种动作元素并感受这门以人体为主的艺术。无论在自身课堂中还是外校的展示课上，当学生开始创作时都出现了各类舞种混搭、“网络梗”和流行舞蹈频出的现象，在信息化时代中这类问题尤为严重且越来越普遍。

在学生能力方面，主要存在以下几个问题。

一是缺少肢体表达的意识。学生在日常生活和学习中，大多数使用文字或语言的方式来进行情绪传达和想法表达，并没有意识到可以利用肢体进行肢体语言的交流，而桌椅板凳又束缚着学生对身体的更多控制，使其肢体语言受到限制。

二是不能展开肢体表达的想象。随着肢体语言的减少，在平日生活中真正能使学生感受到身体完全控制着肢体完成各种动作和身体机能的挑战，更多的是在单一且重复的体育锻炼中，因此没有办法拥有更多生活动作的素材进行提炼和想象。

三是无法使用肢体表现理想画面。在部分学生中存在着体能弱、协调能力差以及肢体动作无意识等情况,所以在编创中对动作的感受、动作的安排、动作的连接、动作呈现的状态、动作的幅度、动作的可完成性以及舞段所需的体力,并不能依靠以往在其他方面的经验来进行舞蹈动作上的想象和模拟。

三、"新课标"下初中舞蹈编创实践问题的探究与路径

(一)调动和开发肢体表达的方式

在普及课程过程中,引导学生的表达是最为关键的一步,特别是对舞蹈课中的男生,由于受古典主义舞蹈观的影响,大部分人认为舞蹈是女性的专长,从而在课堂中感到不自在、放不开,出现畏畏缩缩甚至排斥的情况和状态,所以如何转变他们的观念,引导他们养成正确的舞蹈理念,启蒙尤为重要。

1."放包袱"热身

第一步,面部活动。本活动并非指单纯的面部肌肉活动,而是让学生根据不同情绪指令做出相应面部表情,让学生通过互相观察,收集同种情绪不同面部表情的表达方式,同时在活动中引导学生融入课堂氛围并放开自我。

第二步,肢体活动。在接下来的课程内容中,鼓励学生大幅度地以夸张的方式使用肢体进行表达,在前期一定要尽可能做好热身和拉伸,为后面的课堂内容做好最基本的安全保障。在心理层面上可以让学生轮流模仿动物或能想象到一切非正常走路状态和形态,并不断强调夸张的表现要求,让学生从一开始就在动作中用起来、玩起来,摆脱平时较为沉闷的状态,改善课堂氛围,引发学生兴趣。

2.无声的即兴表演

在做好心理工作和肢体的热身后,让学生在教室中分组进行即兴的角色演绎并与小组组员配合搭戏,每组进行三遍完整的即兴表演,不断深化学生纯粹的肢体动作表达。

第一遍，可以用语言的方式告诉观众饰演的角色职业，并在与组员的对戏过程中，用语言方式表现角色的性格特征、当下状态及剧情中交流的内容和态度。需要强调的是，每个细节内容必须通过设计动作来表现，在这里语言只能对动作进行辅助性解释。

第二遍，去掉语言表述的部分，用纯粹的肢体动作来表现第一遍中所有的角色、关系和剧情。需要强调的是，保证大部分动作内容使观众理解戏中发生了什么。

第三遍，寻找适合情景的背景音乐，通过音乐的节奏和重拍将之前的动作合理安排，使动作出现快与慢、停顿和延伸的不同状态，并将动作夸张化或进行美感上的处理。这里同样强调，要保证大部分动作内容能使观众理解其中发生了什么，并且感受到在根据音乐进行改动的动作中与第二遍有所不同。

在即兴表演中通过展示让每组学生能清楚地感受到肢体语言的传递，同时为观看的其他成员提供更多肢体语汇，在这样类似游戏的课程活动设计中，不但锻炼了学生的肢体表达能力，同时也增加了对课程以及舞蹈的兴趣。

3. 动作理解与交流

学生对肢体表达表现还处于初期尝试阶段，需要根据观众的反馈不断进行自我调整。演员对动作和剧情的理解与解释、观众对动作和剧情的理解和解释，都需要给予一定的课堂时间。

在这个过程中，教师帮助学生对各种可表达具体含义的动作符号进行整理，以便学生在后期编创过程中可根据前期的“动作库”进行更好的动作表达。同时，也可以帮助学生对各种生活动作进行艺术化处理和对动作连接提出更合适的方式方法。

（二）打开自身肢体限制的动作创作方式

1. 动作美感的呈现

大部分学生在日常生活中收集和接触到的都是未经艺术化处理

的生活动作。开始编创舞蹈动作时,最大的问题是学生未能将生活化的动作进行延展和美化,或不能进行合适的动作想象。

在上课过程中,会发现视频动作和现场动作的演绎与展示给学生带来的视觉冲击与肢体感受是完全不同的,对动作美感的展现以及动作的处理方式更多需要依靠教师的现场演绎与讲解,使学生拥有真实的、实际具体的动作感受,利用视觉上的冲击力带来更多的肢体动作想象。

2. 动作可行性的限制

由于目前还没有找到可以代替真实人体的数字模拟设备,所以很多动作的局限性、动作的合理性,学生并未准确把握,由于学生的“突发奇想”常使小组编创动作无法实际落地,进度无法推进。

在上课过程中,教师需要以自身的示范来让学生看到直观的肢体动作的最大限度和不合理性。同样,教师通过学生想法的表达,经过自己专业上的动作处理,为学生呈现出动作完成的状态并告知具体的可实施性。

3. 动作编创的目的

学生的能力还不能完全掌握编创,为了课程有更好的展示,或让学生更快地得到编创作品的满足感,很多教师会选择直接进行小舞段教学,让学生按照个人想法进行不同的拼接。

这不失为一种锻炼学生能力的方法,但在早期编创课程中,应以引导和开发学生的肢体动作表达、集中肢体语言创作的目的为主,让学生感受到多元的肢体语汇和表现方式,而非单一将教师与学生的目光聚焦在最后的编创成品中,所以在编创早期课程时应尽量避免在舞段的各种拼凑方式上下功夫等无实际锻炼意义的安排与练习,待学生拥有相对完整、趋近成熟的肢体动作构架后,再考虑让学生进行动作舞段的创作练习。

（三）风格体验中的舞蹈肢体训练方式

学生无论完成怎样的风格内容，都应具有足够的动作元素储备，才能展开动作编创，舞蹈的普及教学不应完全越过肢体动作的学习和训练。

以自身教学所遇问题为例，在编创活动中，基本上每个班都有一两个组把网络流行舞添加到舞段中作为自己的编创内容，其中除了学生没有太多可使用的动作素材等原因外，跟其沟通后得知，更多学生认为这些动作流行，能让同龄人感兴趣。虽然在日常生活中对学生而言不失为一个改善心情、调节心情的娱乐方式，但在正式课程中教师应避免此类网络文化干扰课程内容对学生的审美以及舞蹈需求造成影响，所以在编创中应限制网络舞蹈的使用，主动引导学生进行较为系统的舞蹈学习，端正学生对舞蹈的审美倾向，调整学生对舞蹈更多方面的评价和需求，而不能仅停留在有趣和流行的表层需求上。

舞蹈的感知是慢慢堆叠的，舞蹈的影响是步步加深的，舞蹈的审美是需要长期的熏陶来影响的，在这长长的战线中，很难做到每节课每个内容都能让目前处在青春期的学生感到兴奋和有趣，其中绕不过去的是在传统教学形式中单一风格组合的学习和训练。在此处教学中尽可能增加一些巧思，使学生注意力始终保持在一个相对良好的状态。

1. 单一风格元素组合

这类教学组合都有自身独有的训练方式和框架结构，在设计和编排组合中，教师应明确组合的元素与要求，不能为了好看和综合练习而添加过多的内容，并根据学生的状态进行调整，但必须让学生对组合中的训练目的、元素十分清晰。

根据多种元素的逐步学习，可以准备 5～6 首舞蹈音乐，让学生以抽签的形式，用所学元素进行即兴舞蹈。在类似游戏活动中，不但可以加强学生对风格元素的掌握，同时也促进学生在课后对课堂内容的复习和反思,同样在动作的处理上,逐渐有自己的见解和赏析,为后续动作编创打下基础。

2. 单一风格道具组合

道具的使用可以增加学生的舞蹈学习兴趣,同样也能通过道具的加持,更深刻地体会到人物的性格和生活状态。在此基础上,教师根据学生对舞蹈道具的使用情况,再提出要求,以此作为编创中对其他舞蹈道具使用的启发和启蒙。

教师准备 5～6 种日常生活用品,让学生以该物品在生活中具有的社会符号、使用功能进行动作编创,后引导学生根据物品的大小、形状,思考还可以当成其他什么物品来使用,在此基础上再次进行动作编创,为后续使用道具构建舞蹈意象或作为某种象征意义的舞蹈编创做准备。

3. 综合性小舞段

综合性小舞段是学生最难完成的部分,除了要对动作元素准确把握和熟练掌握外,还需要在表演上考虑表演情绪、表演状态,真正达到要求的通常只有小部分学生,大部分学生在组合练习中因无法顾及所有动作的完成,在课堂中常闹笑话,随之产生抵触情绪,所以在组合编排上,教师应根据学生能力进行调整。

大部分无基础的学生只能做到 4～6 个八拍的动作完整性,尽管已经用心去记住并进行练习,但在表演时还是无法迅速做出反应,所以在组合编创中,需要更多地使用分组上场,利用上下场门或台上的动作走位,进行调度,完成组与组之间的舞段衔接。这种方式可以让小组分担舞段,每位学生都能相对减少所需完成的动作,且可以对后续舞段再做复习和思考。在此基础上引导学生根据上下场门的调度做一些队形上的编排,同时给出每组的队形走位和流动路线,这对后续动作编创中学生站位的变化与空间的流动意识都有极大帮助。

肢体的组合训练是学生摄取动作元素、感知身体和锻炼协调等能力的主要部分。在整个初中舞蹈课程中,教师应结合学生的实际情况，时刻调整所需讲授的组合内容、方式方法，明确当堂课的主要解决问题，帮助学生完成学习和训练，并完成教师教学在综合素养上的引导。

综上所述，在“新课标”背景下对初中舞蹈编创实践问题的深入探析具有重要意义。舞蹈创编在初中教育中具有激发学生的思维能力、创造力、提升艺术修养和培养团队合作等多方面的价值，但在实践过程中仍有许多挑战与问题需要继续探索和解决，相信随着广大舞蹈教育者不断发现和改进，初中舞蹈教育能为学生的全面发展和艺术教育推进作出更大贡献。

"双新"背景下中学戏剧教学跨学科融合路径探析

赵　敏①

摘　要:在新课程和新教材的背景下,中学戏剧教学的跨学科融合成为教育改革的重要方向。本文通过分析中学戏剧教学跨学科融合的意义和现状,探讨了实现跨学科融合的路径,包括课程设计、教学方法创新、教师培训以及评价体系改革等方面,旨在为提升中学戏剧教学质量提供有益的参考。

关键词:新课程;新教材;中学戏剧教学;跨学科融合

随着教育理念的不断更新和发展,跨学科融合已成为当前教育领域的重要趋势。戏剧作为一种综合性艺术形式,具有丰富的教育价值。在中学教育中,将戏剧教学与其他学科进行融合,不仅能丰富教学内容和形式,还能培养学生的综合素养和创新能力。

一、中学戏剧教学多学科融合路径的价值和意义

戏剧是一个综合性程式化艺术,在舞台表演中以叙事为主,由演员将某个故事或情景,以对话、歌唱或动作等方式表演出来。这样的艺术既有丰满的表现力,又给观众美的享受。在弘扬素质教育的今天,着眼于将戏剧教学引入艺术课堂,致力打造生动活泼、有趣多样的课堂是艺术教师的努力方向,而秉持着"让美妙的艺术作品引发学

---

① 作者简介:赵敏,上海市民办华育中学艺术学科教师,中学一级教师,艺术总指导,主要从事中学艺术教学研究.

生的学习欲望、净化每一个人的心灵”也是艺术教师义不容辞的职业使命。①

本课程在2018年2月申请开设，在初一和初二年级进行了两轮授课。学习后学生对戏剧有了较为全面的认识，也能在学习中，充分结合其他学科进行比较融合学习。本课程定位于学校的班级制教学，授课内容在6～7节课时内完成，主要进行中学戏剧教学与德育心理教学、语文、政治、历史、美术、音乐融合路径的探析。

本课程在课程类型上属于艺术综合课程。通过引入其他学科的知识来拓展戏剧教学；通过表演课本剧来展现学习成果，在表演和展示中感受戏剧的魅力。

在教学过程中，笔者逐渐体悟到，倘若仅从戏剧角度去谈戏剧，路会越走越窄。生活的多姿多彩赋予了戏剧复杂而多样的表现方式，如果不能调动学生认知世界的多种潜能，我们培养的学生对世界的认识会片面且局限，缺乏丰富的情感，眼中的世界单一且无生命力。笔者在实践中发现，如果把戏剧教学只局限在艺术教育学科中，仅仅把戏剧教学变为一成不变的经典作品去赏析，模仿表演界面，戏剧教学就无法真正震撼、感染人心。笔者通过大胆尝试、创新与调整，将中学戏剧教学与多学科教学进行了一定程度的融合，试图拓宽中学戏剧教学的新路，寻找戏剧教学在中学生中的理解、表演及在接受层面更具普及性和适用性。

二、中学戏剧教学与多学科融合路径的设计和实施

德育与美育一直密不可分，两者相辅相成，在德育和心理教学课堂中，我们把心理剧的戏剧表演引入其中，让优秀剧目对学生进行潜

① 王巧思.戏剧教学法习式应用于美术课堂之由——以戏剧性导览习式为例[J].美术教育研究，2019(17)：108－110.

移默化的教育与熏陶;在政治课堂中,开展了以主题演讲作为切入点的戏剧教学模式,让学子在韬辩中提升个人的魅力;每部戏剧都有着深层的创作背景及创作意图,与中学历史教学相融合,在历史背景下感受戏剧人物的性格特征,体会时代背景;在中学语文教学中,课本剧是我们的探索方向,优秀的剧本一定是一个生动的故事,不仅可以作为语文习作的经典课外阅读材料,又在品读优美的唱词中丰富学生语汇;戏剧舞台作为一个综合性艺术,美术在其中占据了很大的比例,我们从舞台设计、服装设计等方面,把戏剧教学与美术教学紧密结合起来,对提高学生艺术鉴赏水平、审美能力和理解能力大有裨益;在音乐学科中,我们改变单调的教学模式,以作品为基础,引导学生发散性创作,以戏剧表演作为创作手段,激发学生的学习兴趣。

融合的背景有三点:①“双新”背景下,对戏剧教学跨学科融合提出了更高的要求;②重视师德建设和学生德育素质培养;③能充分运用人文学科及政治、历史的资源,整合学科优势,了解叙述我国优秀人物、优秀事迹的戏剧,培养正能量,增强文化自信。

首先,结合文学作品进行剧本改编,让学生体会文学语言与戏剧语言的转换。

通过分析戏剧中的人物形象、情节结构,提高学生的文学鉴赏能力。例如,在话剧《陈毅市长》中,我们所选片段虽然只有上海市市长陈毅与化学家齐仰之两位角色,也让大家感受到了陈毅市长在伟大历史转变时刻所显示的对未来形势的清醒估计和立志改造旧世界的雄伟胆略,并被充满个性的齐仰之那颗拳拳爱国之心所感染。

选择《威尼斯商人》(对应沪教版语文教材八年级第七单元)进行分析。莎士比亚流传下来的作品包括37部戏剧、154首十四行诗、两首长叙事诗。他的戏剧有各种主要语言的译本,且表演次数远远超过其他所有戏剧家的作品。我们接触了话剧这种形式,从丰富的剧本语言和角色动作中把握角色的性格特征。不仅是莎士比亚的作品,还有很多优秀的话剧作品,等着大家去欣赏和探索。

本课题与语文教材相关联，学生在观看视频以及表演中更有亲切感，接受度较强，对人物理解和把控比较快。在角色中结合相应的语气动作，是对话剧的初步接触和体验，加入场景图片以及道具的布景，让学生完成情景性表演。

选择《卓越的成就》（九年级下册第一单元）进行分析。本课以九年级下册教材为主，在设计赞颂祖国环节时，运用了时间脉络，先欣赏课本剧《虎门销烟》。《虎门销烟》（沪教版语文教材八年级上册）选择相对应的语文课本。《虎门销烟》历史故事的背景也是大家所熟知的，因此学生更容易理解时代背景下的人物特征，也是关注剧情对学生爱国情怀的调动。

采用课本剧方式展开，加入二胡协奏曲《长城随想》以及混声合唱的欣赏设计，让课堂丰富多彩。

整节课设计先是用一首协奏曲导入，再加上课本剧表演，将爱国主义的崇高精神贯穿其中。艺术课程中融入戏剧，融入历史背景，回忆烽火岁月，让学生在情景中展示和表达自我。

选取历史事件或人物作为戏剧素材，让学生在表演中感受历史的厚重与变迁。引导学生研究历史背景，为戏剧创作提供真实的时代依据。

选择《变色龙》进行分析。通过人物如同变色龙似的不断变化的态度的细节描写，有力地嘲讽了沙皇专制制度下封建卫道士的卑躬屈膝的嘴脸。以反转为节点分段，分小组编排，选取小组进行展示。

我们从契诃夫所创造的奥楚蔑洛夫这个典型中感受到当时俄国“警察国家”的黑暗面，契诃夫对这种现象不是直接采取愤怒的揭发和深刻的批判，而是运用幽默和讽刺的卓越艺术技巧，揭露了封建专制国家在华丽庄严掩盖下的丑恶与卑劣。每个戏剧在创作中都有其背景，我们不能只留于表面，而要在艺术中挖掘本质。

单纯的表演显得枯燥，学生在课堂中对戏剧产生兴趣，可以提高表现欲望，进而在肯定中积极体验更多的艺术活动。教师也能在学生的参与中挖掘学生喜欢的元素,有利于教学及活动的设计。音乐为戏剧创作配乐,培养学生对音乐情感的表达和运用,美术设计舞台布景、道具和服装,提升学生的审美和创意表现。

选择《茶馆》(沪教版艺术八年级上册)第一单元第一课进行分析。本课着重让学生感受戏歌,前面介绍书本上的戏歌,并拓展运用《前门情思大碗茶》等曲目,引入课本剧的一个场景,进行活动开展,以体验京味戏歌的风韵。

本节课用戏歌作为背景,是否有情景性,还需要探讨,但是摆设的桌椅,已颇具时代感,如何增添服装道具在课堂中的运用可多与美术教师探讨。

三、中学戏剧教学多学科融合路径的反思和成效

中学戏剧教学多学科融合路径,要取得效果,需要注意如下几点。

1. 学科平衡与重点把握

在多学科融合的过程中,可能会出现某些学科内容过度强调,而另一些学科被相对忽视的情况。需要不断调整和平衡,确保每个参与融合的学科都能得到充分且恰当的体现。

2. 教师协作与专业提升

不同学科教师之间的协作沟通至关重要,但在实际操作中,可能会存在协作不够紧密、对其他学科知识理解不深等问题。这要求教师不断提升自身跨学科教学的能力和知识储备。

3. 学生个体差异与参与度

学生在不同学科上的基础和兴趣存在差异,可能导致部分学生在融合教学中参与度不高或感到吃力。需要更加关注个体差异,提供多样化的支持和引导。

4. 教学时间与进度安排

融合多个学科意味着需要更多的教学时间来完成各项任务，如何合理安排时间，确保教学进度不受影响，是一个需要持续思考和优化的问题。

5. 评价体系的完善

传统的评价方式可能难以全面准确地评估学生在多学科融合戏剧教学中的表现。需要建立一套更具综合性、多元化的评价体系。为此，需要提升综合素养，学生通过参与多学科融合的戏剧教学，不仅在艺术表现方面有所提升，还增强了对不同学科知识的理解和应用能力，培养了创新思维、团队协作和问题解决等综合素养。①

综上所述，中学戏剧教学多学科融合路径探索，要大力推进学生的跨学科思维，让学生在多学科融合的环境中学会整合不同学科的思维方式和方法，培养跨学科思考和解决问题的能力，为未来的学习和工作奠定良好的基础。教师在戏剧教学中让学生更深刻地体验和感受不同学科所蕴含的情感、价值观，促进学生的情感发展和价值观的形成。

① 胡星亮.中国戏剧理论的现代建构——20世纪中国戏剧理论现代化研究[J].戏剧艺术，2018(4)：4－25.

海派文化视域下初中体育"三多"教学探究

高鹏飞①

摘　要:本文以《体育与健身》"新课标"为理论背景,以初中体育教学多样选择、多种方法和多元评价为主线,对不同形式的教学案例进行分析,进而探寻"海派文化"视域下,初中体育课程的有效教学途径、教学方法和教学"融合点"。

关键词:初中体育;海派文化;多样化;体育教学

《体育与健身》课程是一门将思维活动与身体练习紧密结合,以促进学生身心健康全面发展为目的,集知识性、健身性和实践性于一体的应用型课程,在促进学生健康成长方面具有至关重要的作用。为全面落实"立德树人"的根本任务,发展学生核心素养以及全面提高教学质量,上海市早在2012年就开始尝试推行高中体育专项化课程改革,并通过实践取得了一定的成效。在2015年,上海又开始试行"小学体育兴趣化"和"初中体育多样化"改革。② 以上一系列体育课程的理念更新,不仅承载了上海"海纳百川、开明睿智、追求卓越、大气谦和"的城市形象③,同时体现了广大上海体育教师对主动传承与发扬"海派文化"的积极性与使命感。2019年,上海市第四期"双名工程"高峰计划体育

---

① 作者简介:高鹏飞,上海市民办华育中学体育学科教师,中学一级教师,主要从事中学体育教学研究.

② 苏新全,蒋海清.海派体育文化视域下中小学体育"三化"教学的课例分析[J].体育教学,2021(3):59-61.

③ 沈建华,马瑞,卢伯春.海派学校体育文化形成、特征与传承[J].体育科研,2013(4):82-86.

基地团队在导师俞定智老师的带领下围绕"海派体育文化视域下中小学体育'三化'教学"进行了卓有成效的理论与实践探索,并提出了小学"三乐",初中"三多",高中"三自"的观点。"海派学校体育文化"是在上海学校体育不断更新迭代、与时俱进的过程中始终秉持的特色,是近现代上海体育教育发展的缩影,与海派文化精髓一脉相承,体现开放、多元、包容、创新、领先和务实的核心特征。[①] 本文则以初中体育教学的"三多"(多样选择、多种方法、多元评价)为切入点,深入探索"三化"改革对初中学生身体素质与运动技能提升方面的作用与效果,以及学校体育课程中对传承海派体育文化的有效性和必要性。本文将以初中"三多"为主线,对当前海派文化视域下的初中体育课程实施进行案例分析,探索当前有效的教学途径、教学方法和教学"融合点"。

一、多样选择——课例《居家体能"徒手+轻器械"上肢练习》

(一) 主要教学过程

在本课的热身环节中,学生在音乐的伴奏下进行绳操热身,在富有节奏性的音乐和教师口令的指挥下充分活动身体各主要肌肉群和关节。[②] 同时,教师以问题"前一节课教师讲过运动前热身很重要,哪些学生还记得是什么原因?"导入,引发学生思考,同时对不同课时的教学内容进行合理流畅的衔接。

本课的第一环节为徒手练习。教师通过静力性支撑练习(直臂支撑、平板支撑、负重平板支撑)、俯卧撑练习(高姿、上斜、跪姿、标准、下斜)和双人练习(交叉击掌、俯撑滚球、推小车)三类不同的徒手

---

① 俞定智,王黎敏,于生德,等.行走在海派学校体育文化的道路上[J].体育教学,2021(3):52-54.

② 苏新全,蒋海清,许亚波.海派体育文化视域下中小学体育"三化"教学的课例分析[J].体育教学,2021,41(3):59-61.

练习模式,让学生初步体验居家徒手上肢练习的方法。在教学过程中,教师通过"想一想、比一比、评一评"等教学环节,让学生在练习过程中保持思考、积极进取,并尝试进行自评与互评。①

本课的第二环节为轻器械练习。通过设置哑铃练习(交替上举、颈前上举、负重耸肩、水平侧举)和弹力带练习(向上推拉、水平牵拉、屈臂内收、直臂侧举)环节,让学生初步体验居家轻器械练习的方法和动作要领。教师在教学中针对学生出现的问题,设置多样化学练与纠错环节、分层教学、因势利导;通过丰富有趣的教学语言及全方位的教学评价,与学生进行分隔屏互动,充分调动学生的积极性,提升居家锻炼的兴趣,同时保证线上体育与健身教学效果。

本课结束部分,教师组织学生在轻松的音乐伴奏下进行放松拉伸,消除疲劳,提高机体代谢和再生能力。

(二) 课例分析

整个教学过程紧密围绕"问题串"展开,每个教学活动均以解决学生练习过程中存在的问题为目的,充分体现以问题为引领的教学过程。在活动设计过程中,充分考虑居家锻炼环境的局限性与特点,利用多样且易得的器材、设置多样的练习方法、设计多元的游戏环节以及具有难度阶梯的练习,让每个水平层次的学生都能通过学练提高自身体能。

二、多种方法——课例《羽毛球:正手击高远球》

(一) 主要教学过程

本课的热身环节,学生在音乐的伴奏下进行羽毛球自编操练习,模拟正手发球、正手击高远球的挥拍动作,激活各肌群,提升学生神

① 高鹏飞.基于体育与健身"新课标"下初中多样化教学实践与探索[J].冰雪体育创新研究,2023(17):34-36.

经的兴奋性，进而做到有效热身，并为后面学习内容的有效开展奠定一定的基础。第一部分，教师在组织学生观看视频后引出问题："如何将羽毛球击得又高又远?"让学生带着问题与思考进行技术动作的学习。第二部分，则让学生通过击墙上不同位置的固定球练习，体验不同击球点对球行进方向的影响，并找到适合自己的最佳击球点和击球位置。在此练习的基础上，引导学生进行球拍鞭打布条和吊球的练习，让学生在击打运动物体的过程中找到最佳的击球时机。第三部分，学生用两人合作的方式进行一抛一击的练习，由难度较低的"击垂直上抛球"过渡到"击隔网抛球"，同时由"击近网抛球"过渡到"击远网抛球"，在练习过程中还创设比赛情景——击球比远，即通过竞赛的形式，提高学生练习的兴趣，培养学生勇于超越自我的精神品质。课程进行到第四部分时，部分学生已经基本掌握了击球点和击球时机。因此，教师可以进一步提升练习难度。通过布置"击同伴抛球""一发一击""击发球机发球""互击高远球"等练习进行技能巩固与提升，并根据学生不同的技能掌握程度进行分层，让学生通过不同的练习逐步达到击球动作连贯，且落点稳定准确。在体能练习环节中，教师通过一球多用，组织学生越过不同形式的障碍后进行"五子棋"接力，既有效提升学生的体能水平，又达到开拓学生思维能力的效果，充分发挥了体育健身育人的特殊价值。最后一个环节，则是组织学生在音乐的伴奏下进行一段简单的瑜伽，充分拉伸与放松肌肉，放松身心，并对本节课的重难点进行总结与回顾，布置相关课后作业，以巩固学练成效。

（二）课例分析

在本课中，教师通过播放比赛视频、展示 PPT、iPad 现场拍摄和慢视频回放等多媒体手段，对学生技术动作学习进行现场信息采集，做到对学习效果的及时反馈与有效分析，让学生通过可视化信息技术手段，形成正确的动作概念，并对自身的动作进行分析与纠正，使课堂教学形象生动且富有活力,同时让信息技术的积极作用在体育课堂中充分发挥出来,体现当前体育教学的信息化特点。

在教学中,通过"击固定球—击活球—击抛球—击发球"的练习,让学生在进行不同难度、不同形式的练习中,逐渐掌握准确的击球点和击球时机,同时通过由静到动、由易到难和由一般到复杂的练习方法,让课与课之间和环节与环节之间产生一定的联结,体现当前体育教学结构化与一体化的特点。

三、多元评价——评价示例《乒乓球:正手攻球》单元

(一) 评价示例

【导语】评价建议:针对内容主题的过程性、终结性、增值性和综合性进行自评与互评。

多样化体育教学,需要科学的、合理的、多元化的评价与其进行搭配。与教学内容相适宜的体育教学评价具有多种功能,包括信息反馈功能、动机强化功能和考查鉴定功能等,能引导学生完成教学目标,同时具有一定的激励作用。在评价方式方面,又包括诊断性评价、形成性评价、终结性评价、定性与定量评价以及自评与他评。[①]

因此,教师在设置课程评价标准时,要明确课程内容与评价目的,厘清教学脉络与不同评价方式的最佳应用场景,有针对性地选择评价的方式方法。例如,对以评判课堂教学目标达成度为目的的评价,则可依据教学目标要求的侧重点来选用评价方法。

在《乒乓球:正手攻球》单元评价过程中,评价内容和方法的选择应紧密围绕体育与健身学科的核心素养,依据《乒乓球:正手攻球》单元评价标准,选择多元评价内容,注意多种评价方法的有机结合,注重过程性评价与终结性评价、增值性评价与综合性评价以及学生自

① 周登嵩.学校体育学[M].北京:人民体育出版社,2005:235－238.

评与互评的结合。

对评价的三个维度“运动能力”“健康行为”“体育品德”，也可选择有针对性的观测点。

表1　单元过程性评价

评价维度	观测点	评价标准	评分方法 自评与互评
运动能力	体能的发展	正确掌握体能练习方法，能感受锻炼产生的变化，体质健康成绩优良	☆☆☆☆☆
	学练与思考	能根据问题积极思考，善于观察与模仿，较好地掌握基本技战术	☆☆☆☆☆
	规则与比赛	了解运动项目的规则，并根据掌握的技战术在比赛情景中熟练运用	☆☆☆☆☆
健康行为	理解与掌握	理解运动项目的锻炼价值，掌握各种健康知识，并能在实际生活中使用	☆☆☆☆☆
	运用与调控	在实战中对技战术的运用与判断具有合理性，在各种情景中面对困难与挫折有自我调控能力	☆☆☆☆☆
	组织与参与	能积极组织参与各种活动，有主动保护与帮助的意识	☆☆☆☆☆
体育品德	自信与责任	挑战自我，勇于展示动作，敢于评价，敢于处理运动中问题，负责任	☆☆☆☆☆
	合作与交流	有团队意识，互相协作，相互鼓励，积极探讨，共同提高	☆☆☆☆☆
	遵守与尊重	在练习与比赛中遵守规则，尊重对手，服从裁判	☆☆☆☆☆

表 2　单元综合学习评价表

<table>
<tr><th>维度</th><th>评价内容</th><th>评价指标</th><th>期初
测试分</th><th>期末
测试分</th><th>进步
幅度分</th><th>单项
分值</th><th>综合
评分</th></tr>
<tr><td rowspan="8">运动
能力</td><td rowspan="3">体能</td><td>800 米/1 000 米</td><td></td><td></td><td></td><td></td><td rowspan="3"></td></tr>
<tr><td>立定跳远</td><td></td><td></td><td></td><td></td></tr>
<tr><td>坐位体前屈</td><td></td><td></td><td></td><td></td></tr>
<tr><td rowspan="3">运动
技能</td><td>正手持拍</td><td colspan="3" rowspan="3">能阐述运动技能的相关原理,并熟练掌握技术动作,通过运动体验增强对所学技术的理解,并能对所学技术进行合理评价</td><td></td><td rowspan="3"></td></tr>
<tr><td>攻球动作</td><td></td></tr>
<tr><td>移动步法</td><td></td></tr>
<tr><td>技战术
运用</td><td>模拟比赛</td><td colspan="4">在实战的场景中熟练运用技战术,并学会判断和解决实践比赛中的问题</td><td></td></tr>
<tr><td>理论知识</td><td>乒乓球比赛规则</td><td colspan="4">理论考试</td><td></td></tr>
<tr><td rowspan="2">健康
行为</td><td colspan="2">养成良好的锻炼习惯,能有效调控情绪</td><td colspan="4" rowspan="2">☆☆☆☆☆</td><td rowspan="2"></td></tr>
<tr><td colspan="2">积极与同伴交流,具有良好的团队合作能力,适应自然环境的变化</td></tr>
<tr><td rowspan="2">体育
品德</td><td colspan="2">积极克服困难,主动迎接挑战,表现出勇敢顽强的意志品质</td><td colspan="4" rowspan="2">☆☆☆☆☆</td><td rowspan="2"></td></tr>
<tr><td colspan="2">遵守运动规范和比赛规则,表现出责任与担当的社会行为</td></tr>
<tr><td colspan="7">总分</td><td></td></tr>
<tr><td colspan="7">等第</td><td></td></tr>
<tr><td>评语</td><td colspan="7"></td></tr>
</table>

评价方法：

1. 运动能力评价：运动能力分值＝体能30%＋运动技能30%＋技战术运用10%＋理论知识10%。

（1）体能的评价：单项分值＝期末测试分＋进步幅度分数×20%，进步幅度分数＝（期末测试成绩－期初测试成绩）/（全班期末测试最好成绩－期初测试成绩），如期末分已达到满分标准，进步幅度分数将不再累加。综合评分＝各项分值之和/测试项目总数。

（2）运动技能的评价：根据运动技能测试的情况，予以技评分数。

（3）技战术运用的评价：根据模拟比赛的参与情况，予以技评分数。

（4）理论知识的评价：用乒乓球运动理论知识考试的形式，予以评价。

2. 健康行为和体育品德评价：依据评价层次，予以相应分值。每颗星为2分，共计10分。

3. 评语评价：体育教师根据学生的实际学习情况进行总结性评价。

4. 成绩计算：

（1）总分＝（运动能力80%）＋健康行为10%＋体育品德10%，各项成绩以百分比计算。

（2）等第评定：

分值	成绩	等级
85～100	优秀	A
75～84	良好	B
60～74	合格	C
60以下	有待提高	D

（二）案例分析

本案例从运动能力、健康行为和体育品德三个维度，设计了过程性评价和综合学习评价量表。在过程性评价中通过不同的观测点和不同的评价标准，以及自评和互评的方式对学生乒乓球单元学习进行评价。该评价体系不仅注重运动技能学习过程的有效性和参与度,同时也关注学生健身习惯和体育品质的培养。此评价过程能很好地记录且反映学生在技能、体能以及心理方面的变化,有利于在课程中深入贯彻体育教学的核心理念。

华育中学是一所以人才早期培养为特色的学校,又以体育为奠基学科,同时开展了足球、匹克球、电子激光射击等新颖项目,在"多样化"发展过程中,给学生项目选择的多样性,多种方法,多元评价,深受学生喜欢,并且能自主选择,深入练习,这与以往的常规课堂不一样,让学生耳目一新。

同样在开展过程中也会遇到一些问题,如学生自主性差,不会主动借还器械;有懈怠感,缺乏内驱力,没有专门一对一或针对性指导,就会放松。

初中体育"多样化",既是小学体育"兴趣化"的导引,也是高中体育"专项化"的前提。① 初中体育教学的"多样化"是满足时代发展需要、符合青少年身心健康发展的必然趋势。本文通过对"初中体育多样化"教学改革的不同案例进行解析,运用多样选择、多种方法、多元评价的理论和实践整理并分析了初中体育多样化发展的方向和实施途径,遵循持续传承开放、多元、包容、创新、领先和务实的海派体育文化的学校体育理念,助力上海初中体育课程的多样化发展。

---

① 陈加峰,王芳."海派体育文化"视域下初中体育"多样化"教学内涵解析[J].体育教学,2021(9):57-59.

初中美术特色课程的案例研究

——以“时装里的缤纷色块”课程探究为例

陈　琳①

摘　要：研究初中艺术特色课程，可以激发学生对特定领域的兴趣，帮助他们发现和培养自己的爱好和潜能，培养解决问题和创新的能力，也可以为不同背景的学生提供平等的学习机会，促进教育公平，培养他们成为具有社会责任感和全球视野的公民。本文将以美术特色课程为例，思考初中阶段艺术特色课程建构。

关键词：美术核心素养；初中特色课程；创新模式；教学案例

一、“时装里的缤纷色块”课程教学目标

(1)通过欣赏观察，初步了解抽象画的特点，学会把几何抽象画运用于服装设计。(2)通过自主探究，尝试学习利用几何抽象画设计服装图案，学会运用几何抽象画构成的组织方式和色彩的实际运用能力，以合作的方式进行尝试研究，运用不同的表现手法进行服装设计。(3)欣赏并感受几何抽象画在服装中运用的艺术魅力，形成初步的现代服装设计意识。进一步研究不同形式的绘画对服装设计的影响，养成热爱生活、积极向上的人生态度，会用艺术点缀生活。

---

① 作者简介：陈琳，上海市民办华育中学美术学科教师，中学二级教师，主要从事中学美术教学研究.

二、"时装里的缤纷色块"课程教学重点与难点

教学重点:认知几何抽象画,运用几何抽象画设计服装图案;

教学难点:运用几何图案设计表达情感,设计属于自己风格的图案。

三、"时装里的缤纷色块"课程教学

1. 导入并呈现目标

视频导入:同学们,我们先来看一段视频,请同学们仔细观察,在视频中你看到了什么?

提问:同学们,视频画面中出现了什么?最后变成什么图案?

观察几何形体的组合变化,在美术课程"新课标"指引下,注重关于多学科融合,以听觉为辅助,让视觉画面更赋予动感,以提高学生的感知能力。

从学生发言中感受到学生对几何形体和鲜艳色彩的感受力,同时引起学生的好奇心,这样富有动感和有趣味性的画面是如何创作出来的?接着引导学生从视频中总结了由不同的几何色块排列组合成的一幅色彩缤纷的画,这类用几何元素设计的绘画称为几何抽象画,即冷抽象绘画。那么,这些几何抽象画中的图案用到服装中会有什么样的效果?

接着一起学习如何把几何抽象画用于服装图案设计中。引出课题:学习如何利用抽象绘画来设计服装中缤纷的色块。

2. 介绍几何抽象画

从两幅作品中我们看到几何抽象画的主要图式特征是有规律的点、线、面肌理交错,符号重复或规则构图。

(1)代表人物——索尼娅·德洛内。在几何抽象艺术史上的代

表人物有很多，下面介绍一个画家兼设计师，是法国最早的几何抽象画开拓者，其作品风格独树一帜。她开创了几何抽象画应用于服装设计的先河，现今很多设计师设计服装时经常从她画中获得灵感。她就是20世纪几何抽象图女王——索尼娅·德洛内。

(2) 介绍索尼娅的抽象画。观察索尼娅的几何抽象画，首先看到的是索尼娅最著名的同心圆系列作品。小小的圆在她手中会变幻出美丽的图案，从组合方式和色彩角度分析画的特征。学生回答后教师总结索尼娅抽象画的特征：

形状：圆，正方形，三角形……

色彩：渐变，对比色，同类色。

色块组合方式：规则，不规则。

3. 抽象绘画在服装图案上的应用转化

在了解了索尼娅几何抽象画的特点后，让我们思考一下，索尼娅是如何把抽象绘画用到服装上的呢？是简单地将面料作为画布，直接应用抽象画作品吗？我们先看抽象画在服装图案上的应用。

第一件：我们看这组图片，中间是设计师的油画作品，旁边是衣服成品。同学们，成衣跟抽象画完全一样吗？很显然，索尼娅并不是机械地把画作直接用到服装上。有学生说大部分图案是一样的，这是抽象画在服装图案中的应用方式之一，还有同类色：赭石、珊瑚红、铁锈红。

第二件：外套同样属于整幅应用，提取曲线，曲面沿着对角线排列的规则进行组合。

第三件：我们看到整套服装中只在裙子上绘制，但裙子上的图案大部分来源于抽象画，这就是抽象画直接运用的另一种形式——局部借用。提取了构成形式，组合方式(圆环，线条组合)自己设计色彩，接下来再看这件衣服，又是如何运用的呢？

我们看到这件裙了只从抽象画中提取了造型特征元素并用丁服装上，其实抽象画在服装图案中的运用更多的还是借用再生，就是只保留抽象绘画中的某一个或某些抽象绘画中的点,如线条表达方式,面的组合方式、构成元素等。进行再创造,这种方式也赋予了抽象画"二次生命"。

我们再来看这些服装保留了绘画中的哪些元素,又加入了哪些新想法?第三件提取构成形式:圆环、弧线的重叠组合;第四件提取圆环组合方式;第五件提取正方形规则的排列方式。

抽象画在设计服装图案中还可以提取构成形式,如抽象画的留白和分割效果也经常用于服装中,这主要是对我们设计图案的构成形式有很大的借鉴意义。

几何抽象画在服装色彩的设计上有借鉴意义吗?当然有,主要是抽象画色彩缤纷,被很多设计师运用。比如,多色混合效果,还有单色混合效果,单色混合包括我们学过的同类色、对比色、渐变色等。

四、"时装里的缤纷色块"课程评价与思考

在学完抽象画对服装图案的构成、色彩的借鉴意义后,接下来就要试着从抽象画中提取灵感设计服装图案和色彩搭配。我们知道设计表现的形式有很多,最简单的是画出服装效果图的形式。下面教师做一个简单的示范。

播放微课,设计的第一步,先用 5 分钟的时间绘制草图。第二步,用 10 分钟的时间设计色彩。在这个过程中,再复习色彩知识,如渐变色、冷暖色、同类色、对比色等。除了教师示范的绘画形式,还能用其他形式来设计吗?……你们看,这就是教师用吹塑纸拼贴方式设计的。请同学们打开信封,里面有你们今天需要完成的任务,现在我们先用 30 秒的时间完成第一个任务,找到同组的小伙伴。

找到后,请各小组成员分工合作,利用桌子上的材料设计服装效果图,完成后各小组派代表上台展示并讲解设计思路。分组设计作业的思路是提高学生兴趣,同时探究不同项目对课程主题的影响,不

同的学生有不同的学习风格，鼓励学生分享知识和资源，建立一个知识共享的学习环境，培养学生的团队精神和协作能力。

在评价交流环节，让学生体验服装画中的缤纷色块，进行作品展示，学生自评；作品交流，学生互评；典型作品，教师点评。

学习把抽象画运用到服装中的缤纷色块，这是设计师设计灵感的来源之一。那么，具象的绘画也可以用到服装图案设计上吗？学生先搜集资料，下节课我们一起探究具象的绘画是如何在服装图案中运用的。拓展延伸，让学生继续深入研究，环环相扣，为大单元教学埋下伏笔。

综上所述，初中服装课程设计是一个涉及创意、实践和文化理解的多学科综合性课程，同时要符合初中学生的特点，区别成年人的设计教学模式。通过这样的课程设计，初中服装课程不仅教学生实用的技能，还能激发他们的创造力和审美能力，同时培养他们对文化多样性的理解和尊重。通过特色课程的设计发现自己的兴趣和潜能。

初中体育课准备部分安排搏击操内容的尝试

钱林伟①

摘　要:传统体育课的准备活动通常采用慢跑两圈加一套徒手操来完成,这种枯燥单调的准备部分内容不能激起学生的练习兴趣。尝试在课的准备部分做新颖的搏击操,然后,通过实验法、问卷调查法、统计法和文献资料法,将搏击操与传统的一般的准备活动进行对照,分析得出搏击操作为体育课准备部分内容之一,对调动学生的热身兴趣,是行之有效的方法。

关键词:体育课;准备部分;搏击操;培养兴趣

一、问题的提出

体育课的准备部分是每堂体育课必不可少的环节。其作用是迅速组织学生,将学生的注意力集中到课中,活动开身体各部分的韧带、肌肉及关节,提高心血管系统的功能,使大脑皮层兴奋起来,令肌体迅速进入工作状态,为顺利完成课的内容和任务做好身心准备。传统的体育课准备活动通常采用慢跑两圈,加一套徒手操来完成。学生对这种准备活动兴趣不大,有的学生纯粹是应付,达不到热身效果,不能激发学生的学习积极性,很难使他们情绪饱满、愉快振奋地开始一堂体育课。

搏击操在国外是一项较为流行的新颖的体育健身项目,目前我国正在逐步推广。许多大型健身房都在开展这一运动,而且起到了良好的运

①　作者简介:钱林伟,上海市民办华育中学体育教师,中学一级教师,音体美教研组长,主要从事中学体育教学研究.

动健身效果。搏击操是在音乐的伴奏下进行的节奏性很强的集拳击、跆拳道、空手道、太极和其他武术为一体的操化性动作。练习者可根据需要,控制练习时间和强度,按音乐节奏完成各种跳跃、转体、扭摆等节奏性很强的动作。它丰富了体育锻炼的内涵,适应不同性别、不同层次锻炼者的需要。①

笔者也酷爱搏击操,平时也会在抖音账号上发布一些自己练习搏击操的视频,常有一些小粉丝留言,希望和笔者一起进行搏击操训练,因此,笔者尝试将搏击操安排在体育课的准备活动中,并通过实验法、问卷访问调查法、统计法和文献资料法等研究,发现其效果良好。笔者考虑将搏击操融入体育教学课内容中,供体育教学改革时参考。

二、研究对象和方法

1. 研究对象

以 2019 届华育中学初三(1)至(4)班的 80 名男生为研究对象。

2. 研究方法

(1) 实验法。实验组为初三(3)(4)班的 40 名男生在体育课准备活动部分做一套搏击操,对照组为初三(1)(2)班的 40 名男生进行传统的准备活动(慢跑两圈加一套徒手操)。对以上两组在做准备活动时进行心率测试,作对比分析。

(2) 问卷调查法。向两组研究对象发放问卷调查表各 40 份,收回调查表 80 份,回收率为 100%,且所有问卷均有效。走访上海师范大学体操教研室教授,组织实验组学生座谈,了解和探讨有关事宜。

(3) 统计法。对实验和问卷调查中的数据进行数理统计,分析和总结。

---

① 吉林体育学院阳光体育运动丛书编写组.搏击操[M].长春:吉林出版集团有限责任公司,2008.

三、研究结果和分析

1. 研究数据结果

表 1　对传统体育课准备活动内容的兴趣对照表

组别	喜欢	一般	不喜欢	合计	X^2 检验
实验组	9	14	17	40	
对照组	8	16	16	40	$P>0.05$
合计	17	30	33	80	

表 2　实验组对两种准备活动的兴趣对照表

类别	喜欢	一般	不喜欢	合计	X^2 检验
做传统准备活动	9	14	17	40	
做搏击操准备活动	23	12	5	40	$P<0.05$

表 3　两种准备部分内容课堂气氛对照表

组别	活跃	差不多	差	合计	X^2 检验
实验组	33	6	1	40	
对照组	13	8	19	40	$P<0.05$
合计	46	14	20	80	

表 4　两种准备活动心率的比较表

组别	安静时(次/分)	最高心率(次/分)	平均心率(次/分)	X^2 检验
实验组	75.5	155	135	$P<0.05$
对照组	75.8	135	110	

2. 研究分析

（1）准备部分做搏击操学生感兴趣，且积极性高。心理学家和教育专家认为：只有对有兴趣的事物才能产生行为上热情参与和积极表现，而持之以恒参与的兴趣，最终形成行为习惯。现阶段相当一部分中小学体育课准备活动通常采用慢跑两圈后做几节徒手操的形式。从表1得出在搏击操作为体育课准备活动内容之前，实验组和对照组根据传统体育课准备活动内容的兴趣数据，得出 $X^2=0.2224<X^2\ 0.05(2)=5.99$，$P>0.05$，差异不显著。这种方式，不仅形式简单，而且比较枯燥乏味，导致学生缺乏上课的兴趣及热情，对于正处于身心发展时期的学生来说，难免会产生厌烦情绪，久而久之，学生就会偷懒，不能认真按正确规范的动作进行，缺乏力度、速度、幅度，达不到准备活动的效果，不仅会影响体育课教学任务的完成，而且容易产生伤害事故。对此体育教师应根据体育运动的特点，青少年学生的身心特征和体育课的任务，选择新颖的、合理的准备部分内容。从表2得出 $X^2=13.3432>X^2 0.05(2)=5.99$，$P<0.05$，实验组学生对做搏击操准备活动和做一般传统准备活动的兴趣差异显著。显然，做传统准备活动很难提高学生的学习兴趣，用搏击操作为体育课准备活动内容，学生兴趣浓厚，练习认真，积极性高。当今学生都追求健与美，体现个性，尤其男生更想体现自己的阳刚之气，愉悦轻松的体育活动。搏击操把拳击、跆拳道、空手道、太极和其他武术简单而有特色的动作经过创编成操，在欢快而有节奏的音乐伴奏下进行活动，学生就会具有快乐感和成就感，从而达到增进健康、发展个性、培养正确体态的一种锻炼手段，适应当今学生身心特点。对照组的学生都渴望新颖的准备活动，由此可见，将搏击操作为体育课准备活动内容能有效培养学生的兴趣，激发学习热情。

（2）准备部分做搏击操课堂教学气氛活跃。由表3可知，实验组中有33人感到课堂气氛活跃，而对照组中只有13人感到课堂气氛活跃，$X^2=25.1814>X^2 0.05(2)=5.99$，$P<0.05$，实验组课

堂气氛与对照组课堂气氛有明显差异,笔者通过四五节课尝试,教会学生如何运用直拳、刺拳、勾拳、摆拳、弹踢、侧踢、后踢及各种步伐和全身配合动作,使学生认识了搏击操,很多学生对这一新颖运动产生了浓厚的新鲜感,在伴随着欢快动听的音乐,结合着跳跃和形式多样的动作,热烈奔放的现代气息和表现力,让学生情不自禁地想活动起来,充满着青春活力。在搏击操的练习过程中,学生脸上随时洋溢着欢快的笑容。因此,体育课的课堂气氛活跃了很多,每个学生都在搏击操中获得快乐感,也证实搏击操作为体育课准备活动内容的可行性。

(3) 准备部分做搏击操运动量适宜,效果好。搏击操是一种新颖的健身项目,它对动作的幅度和力度的要求较高,伴着有节奏的音乐让整个人身心活动起来,使人感觉精力充沛,因此做一套搏击操不仅能充分活动韧带、肌肉及关节,提高心血管功能,而且陶冶学生的情操。然而,准备活动还应选择一个适宜的运动量,运动量不足,一味求形式,达不到准备活动的效果,运动量过大又会加重大脑皮层负担,让人感觉疲劳,不利于课的基本部分的正常进行。因此,课的准备活动应采用以有氧代谢为主的中等强度的搏击操,运动量最适宜,才能使大脑皮层处于适宜的兴奋状态,有利于集中注意力,有利于课的基本部分正常进行。从表 4 看出通过对两组准备活动的心率测试,平均心率 $P<0.05$,有显著差异。传统的准备活动平均心率只有 110 次/分,心率偏低,达不到热身效果,做搏击操的平均心率为 135 次/分,是健身运动的最佳心率。由此可见,在课的准备部分做搏击操,不仅能有效地达到热身效果,还能适宜地提高大脑皮层的兴奋度,为顺利完成课的基本部分创造良好的条件。①

① 卢家楣.青少年心理与辅导[M].上海:上海教育出版社,2000.

四、研究结论与建议

1. 研究结论

传统的体育课准备活动形式较简单，内容比较枯燥，不能激起学生的练习兴趣及热情。搏击操作为体育课准备活动内容之一，学生感兴趣，练习认真，课堂气氛活跃，运动量适宜。不仅能起到良好的热身效果，还能培养正确的体态，陶冶情操，发展个性，效果良好。

2. 研究建议

搏击操是一项新颖的体育健身活动，深受青少年喜爱，有很大的发展空间，建议在体育课的准备活动中做搏击操。课的准备部分做搏击操动作较简单，时间不宜过长，运动量适宜，达到热身效果即可。建议在体育课教学中也安排搏击操内容。

全民健身视角下中学田径课程边缘化现象分析

赵文俊①

摘　要:在中学体育教学课程设计中,学生更喜欢丰富多样的教学内容体系,其中包括潮流项目、经典项目和有趣项目。田径项目作为体育运动的起源,其地位逐渐被边缘化。中学体育教学须重视这一现象,并予以积极应对。

关键词:田径课程;中学体育;全民健身

一、研究缘起与研究设计

传统的田径训练方式已经无法满足现代人快节奏、高效率的生活方式,而田径作为全民健身的基础运动项目,正出现边缘化迹象。在当前社会背景下,我们急需探索如何有效协调传统与创新之间的关系,以推动社会发展。通过学校体育教育,学生可以更直观地认识田径活动的影响。为了认识田径运动的边缘化现象,培养学生对田径运动的热爱,营造轻松融洽的学习氛围,预防和消除学生的心理障碍,激发他们自发学习的动力,笔者开展了此项研究。

本研究对象为中学田径课程边缘化现象分析。研究方法有:(1)文献资料法。本文将通过查阅上海体育大学刊物网站和网络资源,寻找与中学田径教学内容改革相关的期刊、报纸等资料,为研究提供理论支持。(2)问卷调查法。经过广泛文献查阅,根据研究领域

---

① 作者简介:赵文俊,上海市民办华育中学体育学科教师,中学二级教师,主要从事中学体育教学研究.

构建的调查问卷,遵循体育科研方法的调查表设计基本原则和规范要求,采用随机抽样调查的方式展开研究。

通过查阅与研究学生田径课程选择的现状、学生上课所表现的状况和课后反应,并与相关专家商榷后,根据论文的需要,制订问卷调查表。为了保证评测结果的客观性,特请5位专家就问卷的结构与内容的有效性进行了效度检验,效度系数 $R=0.90$。在问卷信度检验上采用重测法。对30名学生进行同一份问卷分两次、间隔为两周的信度检验。信度系数 $R=0.89$,表明问卷的稳定性与可信度较高。问卷发放与回收情况如表1所示。

表1　学生问卷发放与回收统计结果　　　**N=200人**

调查对象	发放问卷/份	回收问卷/份	回收率%	有效问卷/份	有效率(%)
在校学生	200	196	98	190	96.9

利用SPSS23软件对收集到的调查问卷数据进行统计处理,并进行数字和统计分析。通过分析在校学生上田径课状况与其他运动项目状况,得出造成不同影响的原因与影响因素。

二、研究结果与分析

1. 中学体育课程开设现状与不足

学生身体素质逐年下降的原因在于他们对体育锻炼的重视不足。根据表2数据,中学体育课程主要安排球类运动和体育舞蹈,此外还包括健身操、身体素质训练、体育基础知识、体操、体育卫生保健知识等内容,这些课程占据相当大的比例。球类活动占据全部学时的70%,而本土传统体育项目也占据16%,逐渐融入教室授课中。可以观察到中学体育课程的内容变得更加丰富、更加吸引人。学生更倾向于选择参与球类运动,而不是体操、运动舞蹈和体育理论知识。课程内容变得更加多样化和娱乐化。

当前学生已经不再满足传统学科安排,他们期望参与更具趣味性和独特性的体育项目。与此不同的是,传统高中田径课程注重运动技能和身体素质训练。学生对操场长跑课程的教学内容表现出一定程度的不满,甚至有人认为田径运动的锻炼效果可以被其他体育项目所替代。学生养成了一种懒惰的习惯,导致他们对田径教学中体能和意志品质的重要性缺乏足够的重视。社会氛围对中学生体育课上的懈怠行为产生了影响。

表 2　目前普通高中开设课程喜爱程度　　　　$N=200$ 人

项目	频数	百分比
球类	140	70.0
体育舞蹈	62	31.0
健美操	48	24.0
身体素质练习	47	23.5
体育基础知识	39	19.5
体操	39	19.5
体育卫生保健知识	32	16.0
定向越野	37	18.5
民族传统体育项目	32	16.0
田径	34	17.0

2. 体育课程中田径课处于边缘化的主要影响因素

(1) 体育教学中手机 App 的使用对传统田径教学的冲击。手机应用商店中缺乏关于田径赛的应用程序,相比之下,篮球、足球和羽毛球的教学录像应用程序却屡见不鲜。这需要加强田径赛的应用程序开发,学生可以提前了解下一堂课的主题,增强个人体验,发现田径活动带来的视觉乐趣,学习动作更加生动直观,感受田径活动的吸引力。[①]

（2）田径课程内容结构不利于激发学生的学习激情。根据表3数据，可以明显看出，学生对田径课最不满意的原因有三条。一是田径课内容无聊，占比60.5%；二是66%的学生认为他们无法取得优异成绩是个人能力不足或考试难度较大；三是78%的学生认为径赛锻炼项目可以被其他项目所替代。田径选项课目前受到学生冷落的现状主要是由于田径项目对学生身体素质和运动负荷要求较高、训练方式单一缺乏趣味性，导致许多学生对田径课缺乏兴趣而造成的。

表3　学生不选择田径锻炼的原因　　　$N=200$ 人

原因	频数	百分比
对田径课不感兴趣	121	60.5
自身素质低，考试不易通过或拿不到高分	132	66.0
想尝试以前没有尝试过的项目	30	15.0
田径健身项目可由其他项目代替	156	78.0
教师水平不高	8	4.0
健身价值不高，学了没用	38	19.0
教学器材陈旧、缺乏	12	6.0
其他	56	28.0

（3）田径课程路径过于简单化。中学田径课程涵盖跳高、长跑、短跑、掷铅球和跳远等多个项目。学生对学校体育课上已经反复学习过的概念感到乏味，失去兴趣。造成田径项目学习秩序受限的原因在于部分学校缩减了课程时间，导致教师只能专注教学进度，无法有充足的时间进行细致指导。虽然强调了技巧训练，但忽视了田径活动的娱乐和健身功能，也忽略了理论知识的传授和能力的培养，过

① 葛士顺.谈田径课教学对高校其他体育选项课的促进与影响[J].当代体育科技，2018(13)：41－42.

分强调高负荷强度。学生对田径感到害怕的原因主要包括训练场地有限、身体素质不足、技术掌握困难等因素,这也导致田径教学内容缺乏吸引力。

3. 需要重新认识健身方式的理念革新对传统田径类运动的挑战

当下人们普遍选择的健身方式是跑步类这种比较简单的运动方式,但其运动量的控制不是特别明确清晰,不足以达到有效的健身效果,以至于长时间的坚持最后达不到自己想要的结果。一方面会改变运动方式或干脆选择不运动,另一方面会借助一些电子产品来对自己的健身效果进行评价。最常见的是用智能手机中的感应器来计量每天走的距离与步数,一些电子手环可以测得运动中心率的变化及睡眠和安静状态的心率来反映最近的身体状态。另一些高端仪器能量身定制一套健身计划,并不是单纯的跑步。

表 4 上海市大型全民健身运动会一览表

名称	开始年份	举办届数	举办频率	举办类型	参赛人数
元旦长跑运动会	1985	26	每年 1 次	市级比赛	12 000
全民健身周启动仪式	2009	12	每年 1 次	市级比赛	20 000
全市群众健身走运动会	2001	11	每年 1 次	市级比赛	15 000
市中小学田径运动会	2000	12	每年 1 次	市级比赛	3 000
区政府田径运动会	2002	9	每年 1 次	区级比赛	1 500

由表 4 可知,市级田径类项目相对较多,田径类项目成为集体参与感强的项目之一。最近几年许多国际大型赛事的分赛区在上海举行,如国际马拉松比赛、环法自行车等高级别赛事,带动了周边人群的参与,多种田径运动的开展使人们逐渐关注田径的健身效益,借助媒体效应,包括一些重大比赛选择分赛区来拉动各地方的田径类运动项目的参与。田径文化在传承和推广田径活动传统方面具有重要意义,有助于塑造人们正确的认知观念,培养正确的运动动机、运动

理念和运动行为。

三、研究结论与建议

1. 研究结论

由学生选择体育课程现象反映出田径运动趋于边缘化,一方面是田径教育有问题,另一方面是新时代高科技产品的涌入,可供选择的健身方式多样。田径简单的走、跑、跳、投缺乏乐趣,缺少技术产品带来的快感与新鲜感,使学生逐渐不重视田径运动带来的健身效益。

健身理念的改变也让越来越多的人在闲暇时选择户外运动,人们参与运动的目的不同、收入水平和消费意愿不同,渴望从中的收获也不同,另外,人们健身意识加强,就会主动学习健身知识,防止隐性损伤。

群众健身基础增加,但传播的运动知识有限,依靠学生在学校里体育课上学到的知识是不够的,还需要建立社会体育指导员制度,并依靠现代多媒体传播。

2. 研究建议

目前,许多健身中心如雨后春笋般涌现,价格低廉,对田径运动在公众中的推广产生了一定影响。为了使田径项目在全民健身运动中发挥更显著的作用,必须进行一些改革和提升。为了增加田径比赛的吸引力,可以将田径运动与主流社会文化和娱乐文化相结合,使比赛更加生动有趣。通过在电视屏幕上显示指令,引导参与者结合慢跑和电子游戏,完成特定径赛项目。在这种独特的运动形式中,每个参与者不仅可以获得身体锻炼的好处,还能体验到游戏带来的乐趣。

政府应加大对田径比赛的支持力度,其中包括加强对操场和基础设施的建设。在学术界和社会上,应加强对田径运动和全民体育的推广。为了吸引更多人参与体育锻炼,可以将长跑活动作为主打项目,并且建立专门的运动乐园。需要深入研究学生的个性特点和心理状态,随后制订相应的措施。及时肯定那些缺乏自信的学生所付出的努力,适时表扬,激励他们追求成功的渴望,提高“运动不足群体”参与学习的积极性,激发他们对田径运动学习的兴趣和热情。

在田径课程评估中,除了学生的认知和技能水平外,还需要审视其学业能力、学业态度和情感表现,这些方面同样重要。在评价教师表现时,需要综合考虑相对和绝对标准,平衡主客观评价,重视学生对教师的评价,同时也要关注学生对教学过程和结果的评价。这种有针对性的学习和锻炼有助于促进个人运动成就的提升和进步,使学生及时发现自身的不足之处。为了帮助学生提高自身的能力水平,需要时刻关注他们在学习技巧和练习能力过程中表现出的思维、情感、立场、意志品质等方面的变化,以激发并调动他们学习田径技巧的主动性、积极性和自主性。

初中美术在头脑奥林匹克竞赛中的艺术表达

——以华育中学OM赛队培养方案为例

万雅慧①

摘　要:探讨初中美术在头脑奥林匹克竞赛(Odyssey of the Mind,简称OM)这一创新性竞赛平台上的艺术表达。通过深入分析头脑奥林匹克竞赛的特点和初中美术教育的目标,揭示两者在培养学生创新思维、团队协作和艺术表现力方面的共通之处。文章通过对多个实际案例的分析,表明初中美术在头脑奥林匹克竞赛中对促进学生全面发展产生的重要作用,并提出相应的教育建议。

关键词:初中美术;头脑奥林匹克竞赛;艺术表达;创新思维

随着教育改革的不断深化,初中美术教育作为培养学生审美素养和创新能力的重要途径,日益受到广泛关注。头脑奥林匹克竞赛作为一种旨在促进学生创新思维和实践能力的竞赛活动,为美术教育的创新发展提供了新的思路。华育中学作为头脑奥林匹克竞赛强校,在艺术表达方面同样也是收获满满,曾斩获头脑奥林匹克竞赛中国赛区富斯卡创造奖。本研究旨在探讨初中美术在头脑奥林匹克竞赛中的艺术表达,通过理论分析和实证研究,揭示两者之间的内在联系,为初中美术教育的创新与发展提供理论支持和实践指导,具有重要的现实意义和理论价值。

---

①　作者简介:万雅慧,上海市民办华育中学美术学科教师,主要从事中学美术教学与头脑奥林匹克竞赛的研究.

一、头脑奥林匹克竞赛与艺术教育的比较分析

头脑奥林匹克竞赛是一项旨在培养青少年创造精神和团队合作能力的国际赛事。自1978年以来,头脑奥林匹克竞赛已成为全球范围内的教育盛事。该赛事强调“动手与动脑相结合”“科学与艺术相结合”“科学精神与人文精神相结合”的理念,通过一系列富有挑战性的题目,鼓励参赛者发挥创新思维,运用美术、文学、科学等多学科知识,共同解决问题,展现团队合作的魅力。①

华育中学作为头脑奥林匹克竞赛强校,在历届比赛中都取得了不俗的成绩。同时,OM俱乐部作为学校少年宫的热门课程,在借助华育中学这一雄厚平台,以华育中学的实际发展为基础,发展出具有华育特色、适合华育学生发展的一套学科体系,为每一位感兴趣、爱思考、爱钻研、善于表现的华育学子打造专属自己的展示舞台。在初中阶段,艺术教育的重要性不言而喻。它不仅培养学生的审美能力和创造力,还有助于提升学生的综合素质。通过艺术教育,学生可以在绘画、雕塑、音乐等艺术形式中挖掘自我,培养对美的敏感度和鉴赏力。② 此外,艺术教育还能促进学生的全面发展,锻炼其观察、分析和解决问题的能力,为其未来的学习和生活奠定坚实基础。因此,加强初中阶段的艺术教育,对培养具备创新精神和实践能力的现代人才具有重要意义。

头脑奥林匹克竞赛与初中美术教育有诸多契合点。头脑奥林匹克竞赛强调创新思维与团队协作,与初中美术教育的目标不谋而合。初中美术教育旨在培养学生的审美意识、创新能力和艺术表达技巧。

---

① 任老师.头脑奥林匹克竞赛简介[J].科学之友,2001(12):33.

② 尹少淳.从核心素养到美术学科核心素养——中国基础教育美术课程的大变轨[J].美术观察,2017(4):4-7.

两者在促进学生全面发展、激发创造性思维方面存在天然的契合点。通过美术课堂，学生可以将头脑奥林匹克竞赛的创新理念融入艺术创作，用画笔和颜料表达独特的思考和想象，进一步拓宽艺术教育的深度和广度。

二、借助头脑奥林匹克竞赛推进初中美术课程中的艺术表达

头脑奥林匹克竞赛活动对初中美术课程中的艺术表达产生了深远影响。它鼓励学生跳出传统框架，以创新的视角审视艺术作品。在这种竞赛模式下，学生不仅提升了美术技能，更学会将想象力与逻辑思维相结合，创作出既具有艺术美感又富有深意的作品。头脑奥林匹克竞赛不仅锻炼了学生的艺术表达能力，更激发了他们对艺术的热爱与追求，为未来的艺术探索之路奠定了坚实基础。

在初中美术课堂中实施头脑奥林匹克竞赛策略，关键在于激发学生的创造力和团队协作精神。教师可以通过设置具有挑战性和趣味性的美术课题，鼓励学生自由发挥想象力，运用各种美术材料和技法进行创作。同时，强化学生间的互动与合作，通过小组讨论、集体创作等方式，培养学生的集体荣誉感和沟通能力。在实施过程中，教师还应提供及时的指导和反馈，确保学生在轻松愉悦的氛围中，充分展现自己的艺术才华。

头脑奥林匹克竞赛以其独特的创新思维训练和团队协作模式，为初中美术课堂注入新的活力。通过参与各类创意挑战，学生不仅拓宽艺术视野，还能在解决问题的过程中锻炼创造力和想象力。这种教育方式鼓励学生跳出传统框架，用独特的视角和手法去表达艺术，从而培养出更具创新精神和实践能力的未来艺术人才。在头脑奥林匹克竞赛中，美术学科的应用显著提升了学生的创造力与艺术表达能力。

以"巧制美衣"为主题的美术实践课为例,本课程选择的美术表现形式为服装设计,作为OM比赛中不可缺少的部分——戏剧服装往往被参赛队员忽略,但越是被忽略的部分越是得分点与创意点。因此,在课程设置方面,华育中学OM竞赛队选择故事剧本中最常出现的西方服饰风格——洛可可风格为切入点进行学习,主要分为三个课题进行实践。

第一个课题是探索洛可可服饰风格。学生在参与该课题的设计活动中探究洛可可服饰的经典要素,研究或调研洛可可服饰风格出现的影视作品或油画作品。希望学习者能以探究的心态体验服装制作与设计的乐趣,将其精髓在OM长期题备赛实践中发扬光大。同时,收集不同的创作材料,为自己的服装进行材料搭配,尝试材料不同所带来的效果。该专题的探究可为后面两个专题的学习奠定知识基础。

第二个课题以熟悉服装制作方法为主。对OM队员来说,动手能力和水平都比较优秀,但还没有接触过系统的服装制作课程。因此在这一课题制作中,结合网络视频与实体书籍,介绍并实践服装的制作方法,不仅让学习者学到具体的方法,还有助于激发设计灵感,培养学习者的创新与实践能力,激发生活情趣等。

第三个课题以小组合作的形式,在认真学习和了解洛可可时期服饰特点和材料要素后,2～3人为一组进行制作。在这一过程中,既让OM队员体会到头脑奥林匹克竞赛精神所在,同时也在这一过程中感受到美术学科的魅力所在,并且也可加入自己的喜好,用不同的方式来表现服装,做到科技与艺术的融合。

评价方法:采用过程性评价和终结性评价相结合,自评与他评相结合等。最终成绩评定为过程性评价占70%,终结性评价占30%。其中过程性评价以学习评价表记录,以A、B、C等级形式记录学生和小组在各项学习活动中的表现和成果。

一般先由学生对自己在小组活动中的学习表现和成果进行自

评，再由他人对其进行他评，最后由教师进行总评，确定学生的学习水平综合等级。具体操作方法如下。

第一课题学习结束后，给每组发一张评价表，其中所列的每项主题学习完成后，根据评价标准打出等级。其中“自评栏”由学生自己按评价标准确定等级，“他评栏”由小组长对组内成员确定等级，小组长的“他评栏”由教师确定等级，“小组整体表现栏”由教师确定等级。学生的每项评价结束后由小组长将评价表交给教师，到下一项课题评价时再下发。评价方法根据具体教学的动态情况调整，评价表主要作为学生最终学习水平综合评价的依据。

学生通过团队协作，共同构思。他们运用头脑奥林匹克竞赛的思维方法，从多个角度思考问题，将科技与艺术相结合，创作出充满创意的服装样式。这种教学模式不仅激发了学生的想象力，还让他们在实践中掌握了美术技能，培养了解决问题的能力。

三、艺术表达在头脑奥林匹克竞赛中的角色分析

艺术表达与头脑奥林匹克竞赛相互促进。在头脑奥林匹克竞赛中，艺术表达不仅丰富了参赛作品的视觉呈现，更通过创新性设计激发了参赛者的创造力与想象力。艺术表达与头脑奥林匹克竞赛相互促进，艺术为竞赛提供了视觉美感与情感共鸣，而竞赛的挑战性则不断推动艺术表达的深度与广度。参赛者通过艺术表达将抽象思维具象化，同时也在追求创意的过程中不断提升自身的艺术素养与技能，实现艺术与头脑奥林匹克竞赛的双向赋能。

以 2019 年头脑奥林匹克竞赛赛题 3 为例，这次赛题以达·芬奇作为切入点，重点探索达·芬奇的生平和他的艺术、科技成就。如果一味地模仿达·芬奇的作品，毫无创新可言，且其他参赛校也同样会使用这些方法，华育中学 OM 参赛队使用点阵方式将达·分奇的《蒙娜丽莎》表现出来，打破了艺术表现的单一性，使得科技与艺术相结合。

在头脑奥林匹克竞赛中,艺术表达不仅锻炼了学生的审美能力和创造力,还显著提升了他们的综合素质。通过参与艺术表达活动,学生学会了观察、分析和解决问题,培养了团队协作和沟通能力。此外,艺术表达还能激发学生的想象力和创新思维,促使他们在多学科间进行知识融合,形成跨学科的学习习惯。这些综合素质的提升,为学生未来的学习和生活奠定了坚实的基础。

在2020年的赛题中,华育竞赛队使用了"掐丝珐琅"这一非遗技法,将道具打造成充满中国特色的作品,不仅展示了科技创作,同时又很好地传播了中国文化,培养学生对非遗技法的认识与传承,提升了学生的家国情怀以及动手实践、艺术素养等能力。

在头脑奥林匹克竞赛中,艺术表达不仅是技巧与创意的展现,更是情感教育的有效载体。通过绘画、雕塑等艺术形式,学生将内心情感融入作品,不仅锻炼了艺术技能,更深化了对情感的理解和表达。头脑奥林匹克竞赛中的艺术表达与情感教育的融合,使艺术教育不再局限于技能传授,而成为促进学生情感发展、培养同理心和创造力的重要途径,为培养全面发展的未来人才奠定了坚实基础。

四、头脑奥林匹克竞赛在初中美术中的挑战与对策

在头脑奥林匹克竞赛和初中美术教学融合过程中,我们面临了诸多挑战。首先,传统教育观念的束缚,使部分教师与学生对这一创新教学模式持保守态度。其次,教学资源与设施的不足,限制了教学活动的深入开展。再次,学生间的个体差异大,对艺术的接受能力和创作能力参差不齐,教学进度难以统一。最后,头脑奥林匹克竞赛强调团队协作,但初中生在合作意识和技能上尚显稚嫩,须加强培养。

在头脑奥林匹克竞赛与初中美术的融合过程中,教师角色的转变至关重要。教师需要从传统的知识传授者转变为引导者、协作者和创新者。他们不仅要培养学生的美术技能,更要激发学生的创新

思维和团队协作能力。为此,教师应不断适应新的教学理念和方法,提升自身素养,为学生提供更广阔的艺术探索空间,引领他们在头脑奥林匹克竞赛平台上展现独特的艺术魅力。

提升头脑奥林匹克竞赛在初中美术中的效果,关键在于激发学生的学习兴趣与创新能力。教师应设计多元化美术活动,如主题创作、艺术竞赛等,以增强学生的参与感。引入现代科技手段,如数字绘画、虚拟现实等,丰富教学手段,提升教学质量。加强跨学科融合,将美术与其他学科如历史、文学等相结合,拓宽学生的艺术视野,培养综合艺术素养。通过这些对策,可有效提升头脑奥林匹克竞赛在初中美术中的实施效果。

在深入研究初中美术在头脑奥林匹克竞赛中的艺术表达后,本研究得出以下结论:初中美术不仅是技艺的传授,更是创新思维和艺术表达的培养基地。通过头脑奥林匹克竞赛活动,学生在实践中发挥美术的创造性,将传统美术知识与现代审美观念相结合,形成独特的艺术表达。这种融合不仅提高了学生的美术技能,也促进了学生全面发展和创新能力的提升。因此,初中美术在头脑奥林匹克竞赛中的艺术表达具有重要的教育意义和价值。

基于"双新"背景下初中体育教学的德育渗透研究

王　超①

摘　要:在"双新"背景下,学校在关注学生身体素质、心理素质的锻炼与发展的同时,更加注重学生学科核心素养的培养。在此教学背景下,学校体育教学应正确对待、合理开展体育教学活动,并在体育教学活动中发展核心素养、加强德育教育。以初中体育教育工作开展德育渗透为中心展开探讨,教师的榜样力量、人格魅力、通过体育活动挖掘学生潜能以及培养学生积极心态等,是实施课堂德育渗透的重点。

关键词:中学体育;德育渗透;学科核心素养

德育为先,"五育"融合,才能促进学生的全面发展。初中阶段的学生多处于青春期,其思维和观点都处于发展和不成熟阶段。在初中体育教学中,教师可以结合体育知识和体育训练开展多元化德育教育,确保学生的思维和观点得以正确树立,有利于提高学生的品德素养,学生也能养成良好的行为习惯。在学校体育实践过程中,人们对体育课程的特点和规律等基本问题存在一些模糊的认识,本文从广大体育工作者能更好地理解体育课程基本特征与性质的角度出发,使其更好地把握体育课程的基本规律和特点,重点针对初中体育教学中如何渗透德育教育开展探究,为学生建设高效的体育教学课堂。

---

①　作者简介:王超,上海市民办华育中学体育学科教师,中学一级教师,主要从事中学体育教学研究.

一、初中体育教学融合德育的重要性

“双新”的核心是以学生为中心的教育观，强调立德树人，强调素养指向，强调让学习真正地发生，而德育教育正是学生实现全面发展与多样化成长的需要。作为教育工作者，我们身上肩负着重大责任，我们是学生素质水平的一面镜子。教师不仅应该是学识渊博的智者，更应该是道德修养的典范，因此我们更要以“教学生所需，解学生所惑，享学生所乐”为教学目标。培根铸魂，德育为先，立德树人是国家教育方针确定的根本任务，也是我们学校工作的方向和方法。纵观人类进化文明史，中国教育历来非常重视素质文化教育，传道授业只是教育的外在手段，从根本上来讲，教育就是德育。

近年来，随着素质教育的全面推进和“健康第一”指导思想的提出，学校体育课程建设越来越受到重视。然而在学校体育发展的过程中，人们重点讨论的是体育教学目标、教学内容、教学方法及其教学评价，而对体育课程的学科特征与性质的讨论还不多见。明确体育课程的基本特征及学科特点是设计科学、合理的学校体育课程的重要前提。基础教育中的体育课程是通过有效的身体练习促进学生身心全面发展，它区别于其他学科最显著的两个特征是：从事身体练习和开放的空间环境。身体练习是体育课程所独有的特征，其包含两种主要形式：技能学习和承受一定的运动负荷。因此，基础教育中体育课程的教学任务应是使学生学习体育知识和掌握运动技能、发展学生的身体素质与运动能力，同时在体育教学过程中还应注意科学地安排运动负荷，这是因为适宜的运动负荷不仅是锻炼身体和掌握运动技能的需要，也是促进学生身心发展的需要。

体育课程是在室外操场上进行的，其干扰因素较多，相对于其他在封闭的教室内进行的文化类课程来说，其教学环境是开放的和变化的，这就给体育课的组织教学提出了更高的要求。由于体育教学过程中的人际交往十分频繁,并且交往的形式多种多样,这有利于培养学生的合作意识,提高人际交往能力和社会适应能力。

体育教学的重点除了向学生传授必要的知识外,还要注重培养学生的能力,更要重视对学生进行情感教育,这样可以调节学生的情绪,塑造健全的人格。教师在体育教学期间,合理渗透德育教育,符合当前体育教育培养学生核心素养工作的要求。[①] 在这一教学背景下,初中阶段的学生将得到优质的体育教育,且能在规则意识、规矩意识、公平竞争精神下,满足学生身心发展需求,在体育锻炼、德育教育的共同引领下,形成奋勇拼搏、吃苦耐劳的良好品质。除此之外,学生全面接受体育教育、德育教育,还能使学生在体育锻炼、体育运动过程中,形成并提升个人的规则意识、养成良好的个人思想品德。学生集体荣誉感得到提升,且将在未来的学习生活中拥有良好的心理素质,勇敢地挑战困难、挑战自己。

二、中学体育中德育渗透存在的问题

在查阅相关文献的过程中,发现越来越多的学者对学科德育的渗透进行了研究,这表明学科智育与学科德育相结合的趋势是必然的,众多相关内容的研究为本课题提供了理论基础,但仍存在不足。

1. 体育教师德育渗透理念不足

一方面是教学理念没有转变成功。一些教师在开展教学活动时仍囿于传统教学理念,体育教学自然也是传统教学模式,对德育融入中学体育教学还处于懵懂、被动状态。一小部分学校增加学生在校学习任务,加上体育教师在教学活动中仍处于被动状态,所以甚至出现学生将体育课堂视作完成其他学科任务的最好时机。

---

① 季浏,马德浩.新时代我国学校体育改革与发展[J].体育科学,2019(3):3-12.

一方面是体育教师缺乏对德育的认识。体育教师大多数更注意增强体能训练，而对文化课的熟悉程度不高，这就导致大部分体育教师自身在德育方面存在知识储备较差的问题。而且传统教学理念认为体育课程对学生提高成绩无实质性帮助，中学体育教学通常不受重视，或重视程度不高，所以体育教师难以做到将德育融入体育教学。

2. 体育教师德育目标设立数量少、质量不佳

当前部分中学体育教师在体育教学中德育目标设定次数较少，且在设立德育目标上，目的性强，重形式，轻实际。德育目标是进行德育渗透的前提，德育目标的设立直接影响教学中德育目标的实施情况，在当前环境下，体育教师设立德育目标的数量、质量都有待加强。①

3. 德育渗透体育教学的方法有待完善

当下体育教师在教学方面的责任、任务更加艰巨，如欲将德育渗透到中学体育教学活动中，体育教师需要不断改进其教学方法。但是，现今可供参考的中学体育教学方法不多，因此中学体育教师只能通过不断探索和实践来改进并找到适宜的教学方法。例如，教师平日通过口头提示引导学生分辨是非，但中学生认知水平仍有局限性，不能通过事物的现象看到其本质。这就要求教师不仅要通过口头引导，更要通过实践来帮助学生习得辨别能力，学会做人做事。体育教师在教学活动中要注重学生的主体地位，引导学生积极主动参与体育活动以培养学生的综合素养，帮助学生成长为一个全面发展的人。

---

① 刘庆华.初中体育课堂教学中渗透德育的思考[J].吉林教育，2023(19)：65-67.

三、中学体育教育中德育渗透的路径

1. 提升体育教师素养

教师是课程中德育渗透实施的关键因素之一,教师的素质和水平直接影响课程德育渗透的效果。体育教学的整个过程都可进行德育渗透,教学开始前德育目标的设立,教学过程中课程部分的合理把握、教学方法的充分使用,以及教学结束时对学生的恰当评价,德育渗透应贯穿每个环节。因此,学校应加强对教师的培训和指导,提高教师的德育意识和教育能力,确保教师科学有效地实践德育渗透。①

教师应具备较高的专业素养和道德品质;也应注重自身的言行举止,为学生树立良好的榜样;同时,还应具备较高的体育教学能力和组织能力,能有效地引导学生参与体育活动。教师要细心观察学生的行为和举止,能在教育中耐心诱导和渗透正确的德育思想,也要及时对学生进行鼓励和认可,通过语言渗透的方法开展德育教育。教师在语言渗透教学中要确保知识的集中性、趣味性,学生在聆听过程中可以迅速被吸引,学生在兴趣的推动下也能掌握教师所讲述的重点德育思想。教师在语言教育中要阐明自身的观点,并能以平等的谈话方式以理服人,确保学生认可和接受。

2. 教师应充分发挥个人榜样作用

教师在体育教学中,合理渗透德育教育内容,使相关学生在体育锻炼过程中,有效提升个人思想道德素质水平。教师应明确发挥个人榜样作用,借助个人的人格魅力,帮助学生规范个人的言行举止,使其在不知不觉、潜移默化中形成良好的个人素养,提升个人思想道德素质水平。在体育教学中,教师需要组织学生在户外参与体育锻

---

① 陈道萍.浅谈如何在初中体育教学中进行德育渗透[J].天津教育,2022(34):27-28.

炼活动。户外有很多的外界干扰因素，如果教师不采取措施，优化教学方式，帮助学生集中课堂注意力，学生极易“走神”、敷衍，且无法有效配合教师进行体育活动练习。在此背景下，教师应充分发挥自身的能力和人格魅力在体育课堂中的引导作用，借助正确的言行，展开体育教育、德育教育工作，确保学生能学有所获，掌握更多的体育知识、体育运动技能。教师在体育教育、德育渗透过程中，发挥个人榜样作用，带领学生积极参与体育运动活动，能使德育知识有效地渗透到体育教学活动，使体育教育、德育教育工作顺利开展和圆满完成。例如，我校体锻课上集训田径项目铅球、标枪、跳远、三级跳，在集训过程中，教师、学生需要借助各种体育器材进行训练。在课后，教师会主动整理和收好铅球、标枪等器材，并告知学生器材整理、收纳要求。在教师的言行影响下，学生也养成了良好习惯，且更加爱惜体育器材。

3. 深入了解学生思想特点

在应试教学思想的影响下，部分学生学习压力无法得到有效释放，且越来越重。在渗透德育的过程中，要体现体育的人文关怀，把学生作为完整的人，而不是学习体育知识与运动技能的机器，尊重学生人格，给学生自由，赋予学生关爱。对待学生时，将公平公正原则与因材施教原则相结合，本着一把钥匙开一把锁的教育理念，积极引导学生，帮助学生发扬长处，克服短处，才能有效渗透德育。① 比如，在排球训练中，受个人身体素质、性格爱好影响，学生的体育技能、学习能力、学习效果存在差异。一些学生无法跟上教师的教学进度，且难以掌握发球技巧。在这一条件下，学生很容易出现心理压力，其课堂参与状态、体育技能学习效果也会受到不同程度的影响。此时教师做好心理指导工作，在帮助学生树立自信心的前提下，带领学生快

---

① 羊正贵.初中体育教学德育渗透策略探究[J].中学课程辅导，2022(28)：84-86.

乐地学习发球技巧,其排球课程教学效果更理想。这也是体育教育、德育教育有效结合的一种表现。在教师的不断安抚和鼓励下,学生在课后也会自主反复练习自己的发球技巧。

4. 培养学生团队合作精神

在当今社会,团队协作能力已经成为衡量一个人成功的重要因素之一。无论是在学习、工作还是生活中,具备良好团队协作能力的人往往能更好地适应各种环境,取得更好的成果。中学体育教学作为学生综合素质教育的重要组成部分,应当注重培养学生的团队协作能力。通过体育教学,我们不仅可以提高学生的身体素质,还可以帮助他们更好地适应社会,提高人际交往能力。在体育教学中,教师一方面要注重培养学生的团队沟通和协作技巧。通过教授学生如何倾听他人意见、表达自己的想法、尊重他人等技巧,使学生认识到良好的沟通和协作是实现团队目标的重要保障。另一方面,教师还要及时对学生的表现进行评价和反馈。对表现出良好团队协作行为的学生要及时给予肯定和鼓励,以增强他们的自信心和积极性。同时,对学生在团队协作中出现的问题和不足要及时指出并给予指导,帮助他们改进和提高。通过及时评价和反馈,使学生更加明确自己的优势和不足,从而更好地提高自己的团队协作能力。例如,在笔者带领的长绳比赛练习中,有些学生总是跟不上跳绳的节奏,在练习中总会出现失误。这时,其他队员对这些跟不上节奏的学生就会有些许怨言。在发现这个现象时,笔者第一时间沟通。首先,对练习中表现比较好的学生进行疏导,告诉他们,其实那些学生也不是故意的,每个人掌握知识的节奏是不一样的,如果一味地苛责他们,也许会导致他们更为紧张,心理压力更大,最终出现更大的失误。其次,对练习中掌握比较差的学生,积极鼓励,告诉他们不要紧张,勤努力,用自己最好的状态去应对就好,最终,通过大家不懈努力,在长绳比赛中取得了不错的成绩。在教学中要注重学生的个体差异和实际需求,充分发挥学生的主体作用和教师的主导作用相结合的方式进行教学。

这样才能更好地促进学生的全面发展和社会适应能力的提高。

总而言之，在体育教学中，德育无处不在。教师在体育教学中渗透德育教育，是当代中学体育教育工作开展的主要方向。教师应明确，主动组织活动，开展课程思政教学，以帮助学生在体育锻炼过程中，提升集体意识、协作意识、思想道德素质水平。时代在进步，教育方式与教育方法也应与时俱进，所以这需要我们不断进行实践，在新问题中找寻新的方法。

"新课标"背景下体育游戏在初中体育教学中的应用

王　翎①

摘　要:随着教育改革的不断深入,"新课标"背景下的体育教学更加注重学生的全面发展与个性化需求。作为一种富有创意的教学手段,体育游戏因其独特的趣味性和教育价值,逐渐在初中体育教学中占据重要地位。探究在"新课标"背景下如何更好地应用体育游戏对满足学生的个性化发展需求、促进学生身心健康发展具有深远的意义。

关键词:"新课标";体育游戏;初中体育教学;教学方法

随着"新课标"的实施,体育教学的目标和内容发生了显著变化,更加注重学生的全面发展和个性化需求。体育游戏作为一种寓教于乐的教学方式,能有效激发学生的兴趣,提高他们的参与度和身体素质。探讨体育游戏在初中体育教学中的应用,对提升教学质量具有重要意义。体育游戏还能帮助教师更好地评估学生的学习进度和身体状况,从而实现个性化教学。② 将体育游戏融入初中体育教学,不仅能提高学生的学习积极性,还能促进其身心健康,符合"新课标"对体育教学的新要求。本文旨在探讨在"新课标"背景下,体育游戏如何有效融入初中体育教学中,以提高学生的体育兴趣和参与度,促进学生身心健康发展。通过分析体育游戏的教学效果,本研究期望为

---

① 作者简介:王翎,上海市民办华育中学体育学科教师,中学二级教师,主要从事中学体育教学研究.

② 邵俊涛."新课标"背景下体育游戏在初中体育教学中的应用研究[J].求知导刊,2024(7):49.

初中体育教学提供创新的方法和策略，以适应“新课标”对体育教学提出的新要求。

一、体育游戏在初中体育教学中的作用

1. 提高学生兴趣

体育游戏通过其趣味性和互动性，能有效激发学生的参与热情。学生在游戏中体验到运动的乐趣，从而更愿意投入体育锻炼，这对培养学生的体育兴趣和习惯具有重要意义。学生在游戏中体验到运动的乐趣，从而更愿意投入体育锻炼，这对培养学生的体育兴趣和习惯具有重要意义。此外，多样化体育游戏设计能满足不同学生的兴趣和需求，进一步提高他们对体育课的兴趣和参与度。①

2. 增强学生体质

体育游戏通过其趣味性和互动性，有效激发学生的运动兴趣，促进他们积极参与体育活动。例如，跳绳比赛、接力赛等游戏不仅能提高学生的心肺功能，还能增强他们的肌肉力量和协调性。在课堂中穿插体育游戏，能调节课堂气氛，使学生在相对轻松的教学环境下，体会体育中的团队意识、合作精神以及竞争意识，培养坚韧不拔的意志品质。通过不同的规则，使学生在组间竞争过程中学会交流，提升自身沟通技巧，共同获得胜利。这些环节不仅锻炼了他们的身体，也促进了社交技能的发展。研究显示，经常参与团队体育游戏的学生在社交能力和团队协作方面比不参与的学生表现更佳，这些技能对学生的全面发展至关重要。体育游戏还能帮助学生建立积极的生活态度和健康的生活习惯。在游戏中，学生体验到运动带来的快乐和成就感，这有助于他们形成长期参与体育活动的意愿。

---

① 叶思明.“新课标”背景下体育游戏在初中体育教学中的应用研究[J].体育视野，2023(19)：80－82.

3. 增强学生心理素质

在中学体育教学中,体育游戏因形式多样且灵活性较强,受到大部分学生的喜爱。其不仅能提高学生的体能和技能水平,还能对学生心理素质的提升起到正向影响。

体育游戏与竞技相同,每个项目都是由成功和失败共同组成的。在体育游戏中,学生需要在规则的约束下开动脑筋,克服心理与身体上的困难,不断激发潜能、突破自我,最终体会到获胜的愉悦与成就感,进而提高自信心,增强自我价值感。然而在游戏中,学生难免会遇到心理以及身体上的挑战,会面临压力、体会竞争、感受失败。这个过程可以很好地培养学生的自我调节能力、适应能力以及应变能力。通过不断练习与竞争,不断提高自身的抗压与抗挫折能力,进而形成坚韧不拔的意志品质①,以及积极乐观的心态。同时,游戏规则的限制又能很好地培养学生的规则意识,养成良好的自律性,提高自我约束与管理能力。②

二、体育游戏的设计与实施

1. 游戏设计原则

在"新课标"背景下,体育游戏融入课堂首先要遵循教学目标明确原则,即游戏目标与课程内容目标紧密结合,使体育游戏成为推进课程发展的有效教学手段,推动教学目标的实现。"新课标"明确提出,提高学生的综合素质是初中阶段体育教学的重要目标,包括身体素质、技能水平、协作精神及健康意识等方面。体育教师在选择体育

---

① 宋振.合理运用游戏,促进全面发展:初中体育课堂教学中游戏运用的实践策略[J].安徽教育科研,2023(11):37-39.

② 王向阳.初中体育教学中体育游戏的应用价值及策略[J].亚太教育,2023(21):83-86.

游戏时，应紧密围绕课程目标，同时考虑到不同游戏对学生综合素质培养的效果。

如果目标是增强学生的反应能力，教师可以在游戏中融入包括视觉、听觉以及快速决策在内的多种影响反应速度的因素，在增强游戏趣味性的同时，有效完成教学目标；若目标是培养沟通能力与协作精神，教师则可以通过不同形式的分组以及规则，要求学生必须以团队的形式完成任务，进而提升目标能力。

体育游戏融入课堂还要遵循适应学生特点的原则，教师在设计游戏时需要考虑此阶段学生的年龄、身体发育状态、兴趣特点以及认知水平等。① 初中阶段的学生处在生长发育期，其身体与心理处于发展状态，不同时期具有不同特点，因此体育教师在选择体育游戏时，应充分考虑青春期学生的特殊性，选择适当的游戏形式与规则，进而提升学生的力量、耐力、协调及柔韧等素质。

2. 主要应用策略

提升学生的综合素质是"新课标"背景下体育学科的重要任务之一。体育教师在教学中应用体育游戏时，要尽量增加游戏形式的多样性，以提升学生的兴趣与参与度，进而全面提高学生的各项素质。为更加深入且全面了解学生的特点与兴趣爱好，教师可以采用与学生沟通、观察以及问卷调查等形式，增加与学生交流的机会，以便根据学生实际情况，设计出更加合理且符合学生身心发展特点的体育游戏。②

将游戏任务进行分层，也是教师应用体育游戏的有效策略之一。循序渐进地增加游戏任务的难度，提升学生兴趣，激发好胜心，进而通过游戏任务引领学生逐步提升自身运动能力。因此，如何合理设

---

① 蒙荣秀.体育游戏在初中体育教学中的应用分析[J].商业文化，2011(7)：1.

② 陈启耀.体育游戏在初中体育教学中的应用策略分析[J].考试周刊，2009(12)：2.

置不同层次的任务目标尤为重要。教师需要考虑学生的学习阶段以及能力特点,且要具备在实施过程中根据目标完成情况进行随时调整的能力。① 在技能学习初期,任务的侧重点应放在基本技术的反复练习上。当学生的技术动作能正确完成且定型后,再在难度上进阶,逐步提升技术的复杂度,使游戏引领学生在挑战自我的过程中,提高技术水平。例如,在羽毛球教学中,教师可以将游戏初级目标设定为原地击打固定球,待学生掌握正确的技术动作后,再进阶到原地击打行进中的球,以及在移动过程中击球。在任务升级时,教师可以通过讲解与示范等教学方法,帮助学生更直观地体会动作要领与重难点。

为提升游戏与课堂教学效果,教师可以通过结合现代化智能设备以丰富教学内容,提高学生积极性与参与度。例如,教师可以将平板电脑以及智能化电子设备融入课堂。电子设备的加入可以提升课堂互动性与趣味性,激发学生的学习热情。同时,可穿戴设备的应用可以实时记录学生的运动数据,以便教师更全面地了解学生的身体状态及技术掌握情况。

综上所述,体育游戏在“新课标”背景下的初中体育教学过程中占据重要位置。体育游戏的加入充实了课堂的教学形式与内容,增强教与学的趣味性,进而提升学生参与的积极性。此外,体育游戏与教学内容的融合还能有效提升学生的体能、技能水平以及心理素质。使学生在学习体育技术的同时,还能增强自信心与抗压能力、提升沟通意识、团队意识与规则意识,真正做到全方位综合发展。在体育游戏的应用形式上,体育教师应充分结合当代科技,不断提升游戏的合理性,充分利用教学资源,不断提升体育教学效果,对体育游戏与“新课标”下的体育教学进行更深入的探索。

---

① 颜少白.体育游戏在初中体育教学中的作用及应用分析[J].教育科学,2022(4):4.

“双新”背景下艺术教学中的跨学科教学设计与实施

颜海涛①

摘　要:新课程、新教材以下简称“双新”视角下,八年级艺术教育必须要结合“艺术存在于生活各个领域”这一现实情况,形成科学缜密的跨学科教学设计,让跨学科艺术课堂成为多学科知识综合运用的主场,使学生综合能力得到培养。本文分析了八年级艺术教育中跨学科教学的重要性;结合初中八年级《艺术》第二册第一单元,讨论了“双新”视角下八年级艺术教育跨学科教学设计与实施,结合项目教学法、STEAM教学法以及教学的信息化管理等的研讨,以保证八年级艺术教育跨学科教学的顺利实施。

关键词:艺术教育;跨学科;教学设计;八年级

立德树人是新世纪教育的根本任务,在初中艺术教育中,教师需要充分理解“双新”内涵,吃透教材特点,形成系统科学的教学设计,保证立德树人根本任务的落地。本文以上海教育出版社出版的《艺术》(八年级第二册第一单元)为例,根据该教材综合多种艺术门类这一现实情况,认为教师必须掌握跨学科教学设计与实施的基本方法,以信息技术为抓手、以资源整合为保障、以教学方法创新为基础,形成较为全面的教学设计,并在教学中根据学情、环境等现实情况,灵活机动调整教学方案,保证教学目标的达成。

---

① 作者简介:颜海涛,上海市民办华育中学音乐学科教师,中学一级教师,主要从事中学艺术教学研究.

一、“双新”背景下艺术教育中的跨学科教学的重要意义

(一)“双新”的内涵及其对初中艺术教育的影响

2019 年 6 月,国务院办公厅发布文件,要求全国高中在 2022 年之前全面落实新课程和新教材。文件特别强调,学校应结合地方资源,开设体育与健康、艺术、综合实践、理化生实验等特色课程。在这一指导下,初中阶段需要提前做好准备,以“双新”指导教学,形成理论与实践相结合的综合型艺术课程。①

上海教育出版社出版的《艺术》八年级第二册教材包括“华夏艺术渊源的追溯”“融入生活的多彩艺术”等六个单元,内容涵盖音乐、美术、舞蹈、诗词、相声、光影、园林设计等多个门类,具有很强的综合性。这些内容的设定顺应了新课程和新教材的要求,融合了欣赏性、理论性和实践性,旨在培养综合型人才。除了教材创新外,初中艺术教育还需要在教学方法和教学评价上实现创新,打造新的教学模式。“双新”视野下初中艺术教育既要吸收传统艺术教育的精华,又要不断创新,对艺术教师提出了更高的要求和挑战。

(二)跨学科教学对八年级艺术教育的重要性

上海教育出版社出版的《艺术》教材综合了多种艺术门类,要求艺术教师具备深厚的艺术积淀,精通美术、音乐、诗词等理论,并具有一定的造诣。八年级艺术教育必须以跨学科教学为主。

培养学生综合艺术素养的需要。跨学科是针对学科知识脱离现实、单学科研究无法解决社会综合性问题而出现的新思潮,也是我国

① 陈耀.基于“双新”视角下高中体育与健康课程教学研究[J].海外文摘,2021(21):105-106.

新一轮课程改革的重要思路。① 在《艺术》教材的指引下，教师通过科学合理的教学设计，让学生领略诗词、美术、音乐、舞蹈、光影、园林等多个艺术领域的风姿，从而培养初中生的审美能力、审美意识、创造能力、音乐表现能力、设计能力和空间想象力，最终形成较为综合的艺术素养。

促进"双新"落地提升教学质量的需要。"双新"政策的落实依赖于教师在具体教学中的实施。初中八年级艺术教育在教材上已经走在前列，教师的跨学科教学设计和实施能力是关键。当艺术教师具备强大的教学能力和良好的职业品质后，不仅能设计出科学合理的教学方案，还能结合学生的学情和学校的教学资源，动态调整方案，将课堂向课外延伸，使艺术教育与生活融合，从而促进"双新"政策的落地。

打破传统课堂将艺术学习向生活延伸的需要。新课程和新教材要求各学科教学需要让学生在生活中学习知识，并在生活中利用知识解决实际问题，保证学习与生活的紧密联系。上海教育出版社出版的《艺术》教材每一节课都有拓展板块，鼓励学生在生活中学习艺术、创新艺术、享受艺术，为跨学科教学提供了良好的条件，使学生在生活中掌握多种艺术。

（三）跨学科教学对艺术教育的影响

跨学科教学是几门学科结合或交叉的一种教学方式，其核心是打破原有的学科教学习惯和教学思维方式，在多学科融合教学中，建立各学科知识、能力之间的横向联系与整合，促进学生全面素质的整体发展，提升学生单学科学习的能力。

跨学科教学对艺术教育的影响具有二重性：一方面，跨学科教学

---

① 孙宽宁.学科课程跨学科实施的学理与路径[J].课程教材教法，2023(7)：4－10.

为艺术提供了新的思路和创作角度,促进艺术创作;另一方面,跨学科教育与艺术教育的结合,通常情况下艺术从某种程度上从属于其他学科,艺术本身可能被弱化。例如,在心理学和美术结合后衍生出来的心理学美学变成了心理学的一个分支。

二、"双新"视野下八年级艺术教育跨学科教学设计

在"双新"背景下,八年级艺术教育的跨学科教学设计需要综合多种学科的核心素养,注重选取合适的内容、确定主题、整合资源和保障学生参与的主体性。以下是具体的教学设计要点和难点。

(一) 设计要点

1. 选取合适的内容

跨学科教学设计首先需要选取适合跨学科教学的内容。在八年级《艺术》第二册第一单元中,内容主要涉及古代传统文化,如古乐、古舞、古画、古文字及其设计。这些内容本身具有跨学科潜力,可以与音乐、美术、历史、文学等学科相结合。

2. 确定跨学科的共通点

选取内容后,需要找到各学科之间的共通点。这些共通点通常在学科核心素养上有重复交叉的地方。例如,古乐和古文字在韵律和结构上有相通之处,古舞和古乐在表现形式上有结合点,古画和设计在视觉艺术上有共通性。通过这些共通点,可以进行跨学科的整合设计。①

3. 确定主题

在跨学科教学设计中,确定一个明确的主题是关键。主题应能

---

① 房春晔.基于核心素养的语文古诗词与音乐跨学科教学设计[J].语文新读写,2024(4):120-122.

贯穿各学科的教学内容，使学生在不同学科中探讨同一个主题。例如，可以设定“古代艺术的现代传承”为主题，让学生在音乐、美术、文学等多个学科中探索古代艺术元素在现代艺术中的应用。

4. 寻找和整合资源

为了表达确定的主题，需要寻找并整合各种资源，包括视频、图片、文献资料等。这些资源应能帮助学生更好地理解和体验跨学科教学内容。例如，可以通过互联网收集古乐、古舞的表演视频，古文字的演变过程图，敦煌壁画的图片等。

5. 设计学生参与的情景

在教学设计中，学生的主体性至关重要。需要设计适合学生探究的情景，激发他们的兴趣和参与积极性。① 例如，可以设置项目任务，让学生分组探究古代艺术在现代生活中的应用，如设计一场以古乐、古舞为主题的现代音乐会，或创作一幅结合古代绘画和现代设计的作品。

（二）设计难点

1. 内容选取的难点

并不是所有艺术类学科内容都适合跨学科教学。需要谨慎选择适合的内容，确保这些内容能在跨学科教学中有效整合。例如，某些特定的艺术作品可能在跨学科整合时难以找到共同点或相通之处，需要进行筛选和调整。

2. 主题确定的难点

确定一个能贯穿多个学科的主题具有一定的挑战性。主题需要足够广泛，能涵盖各学科的核心内容，同时又要具体，使学生有明确的探究方向。

---

① 易珊，谈学兵.STEAM思维训练对中学生创新能力提升的研究——思维方式与5E教学法的运用[J].教育信息技术，2022(7)：129－132.

3. 资源整合的难点

跨学科教学需要大量的资源,如何有效地整合这些资源,使其在教学中发挥最大作用,是一个重要的难点。需要教师在课前进行充分准备,确保资源的质量和适用性。

4. 学生参与的难点

激发学生的参与积极性,设计适合学生探究的情景是跨学科教学设计中的另一大难点。需要考虑学生的兴趣和学情,设计出能吸引学生主动参与的项目和活动。

三、"双新"视野下八年级艺术教育跨学科教学的实施

在"双新"背景下,八年级艺术教育跨学科教学的实施需要从多方面入手,以确保教学目标的实现。以下是以第一单元为例,具体探讨实施过程中的关键环节和方法。

(一) 激发学生的积极性

激发学生的积极性是跨学科教学成功的关键。在实施过程中,教师可以采用多种方法来调动学生的学习兴趣。

1. 引入真实情景

通过展示与教材内容相关的真实情景的视频和图片,如大型歌舞剧《编钟乐舞》、莫高窟壁画等,引发学生的兴趣和好奇心。这些真实情景可以帮助学生更好地理解和体验艺术作品的魅力。

2. 设定有趣的项目任务

设计与学生生活和兴趣相关的项目任务。例如,组织学生设计一个以古乐、古舞为主题的现代音乐会,或创作一幅结合古代绘画和现代设计的作品。通过有趣的项目任务,激发学生的创造力和参与热情。

（二）挖掘学生感兴趣的内容

在实施过程中，教师需要关注学生的兴趣点，挖掘他们感兴趣的内容。

1. 调查学生兴趣

通过问卷调查或小组讨论，了解学生对古乐、古舞、古画、古文字等内容的兴趣点，根据学生的兴趣点进行教学设计。例如，如果多数学生对古代舞蹈感兴趣，可以在教学中重点介绍敦煌壁画中的舞蹈艺术。

2. 提供多样化的学习资源

提供多样化的学习资源，如视频、图片、文献资料等，满足学生不同的兴趣需求。例如，提供古代乐器演奏视频、古代书法展示图片、古代舞蹈视频等，让学生在多样化的资源中选择自己感兴趣的内容进行学习。

（三）促进真实的小组合作

真实的小组合作是跨学科教学实施的重要环节，通过小组合作，可以培养学生的团队精神和合作能力。

1. 组建异质小组

将学生按照兴趣和能力分成异质小组，每组成员负责不同的任务，确保每个学生都有机会展示自己的特长。例如，在设计一个展示古代艺术元素的现代艺术作品展时，可以让有绘画特长的学生负责绘画，有音乐特长的学生负责音乐设计，有文字特长的学生负责文字说明等。

2. 设定明确的合作目标

为每个小组设定明确的合作目标和任务，使学生在合作过程中有明确的方向。例如，让每个小组设计一个与古乐、古舞、古文字相结合的艺术作品，并要求他们在规定时间内完成设计、制作和展示。

3. 提供合作平台和资源

为小组合作提供平台和资源,如小组讨论区、在线协作工具等,方便学生进行交流和合作。例如,利用学校的在线学习平台,创建小组讨论区,让学生在线上分享资源、交流意见、合作完成任务。

(四) 探究性学习情景的创设

创设探究性学习情景,鼓励学生主动探究和发现问题,是跨学科教学实施的重要方法。

1. 设计探究性问题

在教学过程中,设计与学生生活和兴趣相关的探究性问题,引导学生自主探究。例如,提出"古代音乐和现代音乐有什么联系?""古代舞蹈和现代舞蹈在表现形式上有什么异同?"等问题,激发学生的探究欲望。

2. 引导学生自主探究

通过引导学生自主探究,培养他们的自主学习能力和问题解决能力。例如,鼓励学生利用图书馆、互联网等资源,查找相关资料,开展自主探究,并在小组讨论中分享探究成果。①

3. 提供探究工具和支持

为学生提供必要的探究工具和支持,如网络资源、图书资料、实验工具等,帮助他们在探究过程中获取信息和解决问题。例如,为学生提供有关古代乐器的实物或模型,帮助他们更好地理解古代音乐文化。

(五) 实施过程中的反思与调整

在实施过程中,教师需要不断反思和调整教学策略,确保教学目标的实现:

---

① 王凡梅.自主学习在美术课堂中的魅力[J].新校园,2024(4):63-64.

1. 及时反馈与调整

在教学过程中，教师要及时收集学生的反馈意见，根据反馈情况调整教学策略。例如，如果发现某个项目任务难度过大，可以适当简化任务或提供更多支持，帮助学生完成任务。

2. 反思教学效果

在每个教学环节结束后，教师要反思教学效果，总结经验和不足。例如，反思哪些教学策略有效，哪些地方需要改进，以便在后续教学中不断优化教学设计和实施方法。

3. 促进学生反思

鼓励学生在每个项目任务结束后进行反思，分享他们的学习经验和体会。例如，让学生在小组讨论中分享他们在完成项目任务中的收获和挑战，帮助他们总结经验，提升自主学习和合作能力。

四、研究结论与思考

在“双新”背景下，八年级艺术教育的跨学科教学设计与实施不仅是对传统教学模式的突破，更是对学生综合素养提升的有效探索。通过合理选取教学内容、确定跨学科主题、整合多样化资源，并设计探究性学习情景和促进真实的小组合作，学生在跨学科的学习过程中，不仅能深入理解和体验艺术的多样性和综合性，还能培养团队合作、自主探究和创新能力。

在实际教学实施中，教师需要不断反思和调整教学策略，及时收集学生的反馈意见，以确保教学目标的实现。同时，通过引导学生进行自我反思，提升他们的自主学习和合作能力，为他们未来的学习和发展打下坚实基础。跨学科教学不仅拓宽了学生的知识面，更激发了他们的学习兴趣和热情，使他们在多学科交叉融合的学习中，真正做到学有所成。

总之，“双新”背景下的八年级艺术教育跨学科教学，不仅是课程和教材改革的要求,更是培养学生全面发展的重要途径。教师应充分发挥自身的创造力和教学智慧,不断探索和创新,推动跨学科教学的深入发展,为学生提供更加丰富多彩的学习体验,助力他们在知识的海洋中乘风破浪,扬帆远航。

附　　录

华育中学:“拔尖创新人才”护苗培土之探①

基础教育阶段是拔尖创新人才成长的孕育期。尤其在初中阶段,早发现、早引导、早培育,对拔尖创新人才顺利成长和脱颖而出具有重要作用。上海市民办华育中学坚持“面向全体,因材施教,人人成才”的教育理念,在全方位、多层次创新人才早期培养方面进行了长期系统性探索。

走进华育教学楼,最先映入眼帘的是铺满学生自信笑容的荣誉墙。25 年来,华育学子获得 9 块 IMO(国际数学奥林匹克竞赛)金牌、1 块 IPhO(国际物理奥林匹克竞赛)金牌、1 块 IOI(国际信息学奥林匹克竞赛)金牌,为国家培养五大学科领域强潜能学生千余名。有的毕业生已经走上工作岗位,成为大学教授、科研工作者,成为科技与各行业的创新人才。2018 年来,升入新高一的华育学子中,在高中五大学科竞赛中获一等奖的学生就有 120 人;华育毕业学生 146 人次进入上海市队,44 人次进入国家集训队。2022 年,数学、物理、信息、化学、生物等五大学科竞赛均有华育毕业生进入国家集训队。

聚焦志趣、激发潜能,为“拔尖创新人才”护苗培土,十多年来华育在识别体系、课程体系、师资体系和评价体系等方面做了积极的探索。

---

① 陈之腾.华育中学:“拔尖创新人才”护苗培土之探[J].上海教育,2024(15):24-29.

如何发现与识别强潜能学生？多元平台，情景考察

课上，一些学生常常逮着教师提问题甚至“钻牛角尖”；课下，他们会津津有味地品读艰难晦涩的学术专著。明明不相干的两个东西，他们偏偏能找到其中的逻辑关系。课本上的题目明明有标准解法，但他们就是要用自己的思路去解题，哪怕比原创解题方式多绕了好几个弯。

华育教师发现，这些课上课下“与众不同”的表现，常常出现在学科上有着强潜能的学生身上。

作为一所上海领先、全国一流的初中，华育中学无论生源结构怎样变，始终关注着每一个学生发展志趣的激活与成长定位的引导，让不同特点的学生都能得到适合他们的发展。虽然每个学生都有创新潜质，但确实有一些学生在学科方面展现出强潜能，甚至在思维水平和知识储备方面已超过普通高中生，不输于大学生。

但是，在这些学生中，有些学生的“强潜能”不易被察觉，很多潜能是“非显性”的，而且一些学生刚入校时平平无奇，不少潜能会随青春期不断变化。

“以往我们很多都是通过纸笔测试来发现和识别的。但是，强潜能学生具有的特质中有很多是认知能力，需要教师进行个体化、情景化考察，不唯分数论。”在华育中学理事长、上海中学原校长唐盛昌看来，强潜能学生需要教师不断地悉心观察、需要在全成长环境中不断搭建平台、在情景中发现与识别。在认知更新中，教师不断提升对学生的观察力。

数学教师卢亮曾对多届理科班学生进行长达十年的观察记录，发现强潜能学生会对某个领域表现出浓厚的兴趣；勤学好问，并且善于提出好问题；对难题能给出新的解法；看待问题有独特视角并能深入思考；思维具有跳跃性、发散性；热衷于把不同的问题关联起来并

加以推广和改进;轻松看懂抽象的学科专著,别人看着晦涩艰深的学术论文,他们甘之如饴。他的发现,为我们了解强潜能学生打开了一扇窗。

同样一道题,学生解题用了多久时间?题目难度提高后,学生是否还能攻克?教师从"伯乐"的视角,关注学生的课堂表现、作业反馈、解题方法、学习态度和学习热情,逐步定位有"千里马"潜质的学生。"这样的好处在于,不给学生贴标签,不束缚学生的发展可能性,容错空间大,顺应学生天赋。"卢亮以数学每日思考题制度为例,教师通过学生对思考题的完成与坚持来观察学生学习热情和领悟能力,对每个学生完成的思考题实行积分制,教师定期对积分进行排名。

2018 届 5 班学生小俊,刚入校时也是大家眼中的普通学生。数学任课教师韩丰锐发现,课堂上抛出的数学难题难不倒这个聪明的男生,后转到数学小班学习。教师在提高难度的过程中发现,小俊在破解难题时切入点精准,运用的是有别于常规的原创解法。经过教师的指导,他的数学水平百尺竿头更进一步,后来在高一时就摘得 2019 年第 60 届 IMO 金牌。

学校也通过具有挑战性的深度学习平台,来不断激活学生潜能的释放。学生入校后,学校提供多种难度、形式各不相同的深度学习平台,对学生进行全方位、全学科培养和识别。以数学为例,在晚自修期间开设部分校本特色课程(又称"晚课班"),形式上分为数学小班、数学 A 班、数学 B 班、二课堂、CMO 集训课等。在这些课程中,教师依据学生的课堂表现、作业反馈、考核结果等基本确定学生目前的水平和潜力。学生也在各平台的小组学习过程中彼此激励、茁壮成长。

深度学习平台还延伸至学科特色课程和活动,可以更全面地识别学生认知能力和内生动力。"通过人工智能探索课、科技创新 STEM 课程、社团课、VR 虚拟现实课堂活动课、特聘教授讲座、华育科技节活动等,学校能观察学生在特定领域中的表现,从而发现具有潜力的学生。"信息教师汪晨介绍,在特聘教授讲座提问阶段,有的学生对信息科技表现出浓厚兴趣,从他们提问的问题质量上也能发现他们已初步具备创新思维、批判性思维等;在日常的探究课、活动课、科技节活动中,能发现学生迅速掌握新知识,善于运用所学知识解决实际问题,学习能力强的特点;在科技节团队活动中,能发现学生具备良好的沟通和协作能力,在团队中发挥积极作用。

据介绍,华育根据学生特点,全方位提供组合性选修课程,每学期开设拓展型校本课程 60 多门,大中小型讲座 60 多场,针对预初新生开设科技创新课程 10 多门,让学生依据自身喜好走班学习。华育还设立了面向全体学生的"华育中学创新人才早期培育实验项目专项资金奖励",囊括先锋奖、潜能奖、攀登奖、达人奖和助学金奖,让不同潜能水平的学生都能找到发挥自身才能的学习平台,甚至可以随时更换"赛道"发展。

对潜能极其出众的学生,华育会开辟独特的"赛道"——鼓励他们去参加高规格学科竞赛,如数学四季赛、华育杯、高联同步测、东南赛、北大夏令营、物理高联预赛、泛珠三角物理竞赛、信息学奥赛等。华育相信,学生在面对具有挑战性的难题时自身领悟能力是否够用、应对挫折时表现出来的心态意志够不够坚强,都能反映出他们在学科领域中的潜能水平。值得一提的是,中国东南地区数学奥林匹克竞赛(CSMO)这个面向高中数学拔尖学生的竞赛,竞争激烈、含金量高。2023 年最新一届更是有 23 省 179 支队伍参赛。8 月初比赛结果公布,高一组和高二组团体赛第一名首次被一所学校包揽,且还是一所初中——上海市民办华育中学。

"潜能识别不是一两次考试,而是长期的过程。"华育校长李英表示,学生在成长过程中的每一个亮点,都有可能是他们成长的突破。学校要做的是,把握亮点,帮助他们不断飞越,最终达到学科高峰。

如何培养与激发强大的后劲？做优课程，建强生态

课程是人才培养的核心，是影响学生发展最直接的中介和变量。对拔尖创新人才的培养而言，坚实的课程基础更是支撑他们持续不断创新发展的基石。

华育中学李英校长介绍，为促进每一个学生得到适合其自身潜质的发展，华育在不折不扣实施义务教育国家课程的同时，大力推进学校特色课程建设，形成“面向全体、全方位、多层次的创新人才早期培养”的学校课程培养体系，目标是培育“全面发展＋学科专长＋创新潜能”的有可持续发展强大后劲的学生。

对不同潜能水平的学生，华育采用“点线面体”的培养模式，即对某学科领域天赋异禀的学生，教师“点对点”带教，定制课程授课，人尽其才；对学科特别拔尖的学生，华育采用集体面授、分组讨论学习加个别辅导的形式，确保水平高的学生上限不封顶，其他学生能力不掉线；对学科拔尖学生，学校采用集体面授、动态管理的方式，激发他们的学习积极性；对全体实验班学生，华育主抓数学学科能力和学科素养。

在校本学科特色课程开发上，华育突出学科特长的培育，并进行了三方面优化。

优化数学特色课程体系，夯实数学拔尖人才的早期知识基础，拓宽中学数学教学体系，衔接中学与高校培养体系，带来更多高思维的教学课堂、多形式的教学模式、多层次的教学内容。

“在和学生讲解运动学的过程中，受限于数学工具，初中往往只能学习匀速直线运动，高中加入牛顿力学的知识后也只能学习匀变速运动。引入微积分后，能迅速求解物体受力后的运动方程，分析和计算运动中的速度、加速度、位移以及受力情况等动力学量，帮助我们更深入地理解和解释物体运动的规律。”物理教师黄卓明告诉记者，对领悟能力强的学生，教师会用高等数学的理论来教初中的知识

点,这有利于帮助学生建立更科学全面的知识结构。

在唐盛昌看来,“信息时代下拔尖创新人才需要的基础和工业时代的知识基础不一样。我们应该重新界定‘基础’,以学生可接受的方式,以符合不同类型学生需求的水平,把信息时代的新认知对现代基础培养进行渗透”。

同时,学校优化数学特色课程学习基础上的课题与项目探究模式,强化物理、化学、生物、计算机科学相关领域学术志趣与素养,促进学生不断提升知识结构、思维方式、认识水平,形成“大学科观”和“跨学科”思维,增强解决实际问题的能力。

华育鼓励强潜能学生边学习边探究,尝试寻找现象背后的规律、知识之间的联系,用已有知识甚至跨学科知识去推导、生成新的知识,让学习与探究并用。用唐盛昌的话说:“成长并非只有学习一种方式。中小学是培养学生学会质疑、发现探究新空间、掌握探究思维方式的重要阶段。”

为了开阔学生视野、为学生探究提供硬件支持,华育建立专门的创新实验室,为学生提供自主创新和实践的平台,鼓励学生开展创新性实验和研究项目。目前已建立了15个现代化创新实验室并投入使用。

华育对课程与教材体系进行大单元、跨学科、综合主题整合,夯实学生的数理核心素养、人文素养、信息素养、语言素养(含外语运用方面的素养)。华育开设跨学科课程,如STEAM课程,鼓励学生进行跨学科学习,培养学生的综合思维能力和创新能力。在人文素养方面,华育打通学科教学和学科育人的壁垒,将创新人才培养与学科活动相结合,将生涯教育融入日常的学科教学;与科技相融合,举办科技节;与艺体相配合,带领学生走进高雅艺术,为创新人才的早期培养增值。

2024届学生小张不仅在信息学奥赛中成绩突出,在与其他三位同学组队参加2023年“交大荣昶杯”数学建模挑战赛时,也同样获得了高中组一等奖。他的成长,得益于各学科组教师配合协作以及创新跨学科融合方式。“数学建模不仅需要较好的数学逻辑思维和空间思维能力，也需要具备一定计算机编程能力和数据处理能力，这就给了他另一片成长的空间。”在汪晨老师看来，华育打破传统学科界限，组建跨学科教学团队，从多个角度为学生提供指导和建议，有助于学生形成综合性知识体系和解决问题的能力。这些举措不仅有助于提升学生的综合素质和创新能力，也为社会培养了大量优秀的创新人才。

同时，学校与上海中学、高等院校、科研院所等合作开发育人课程资源，优化学科领域感兴趣学生的学科潜能开发环境。

对有“数学”与“数理综合”发展潜质的学生，华育注重整体贯通培养，通过大师引领让学生在问题意识和思想方法上得到点拨。对有“数理综合”学科天赋的学生，华育为学生提供系统的理综专门课程。对部分有数理天赋的拔尖学生，学校与上海的高校专家、学校特聘教授进行联合培养，上不封顶、不设限。这些课程注重初中、高中、大学相应学科领域的贯通学习，既有理论习题类的经典问题，又有当前科技前沿的应用问题，课程深度绝大部分达到高中竞赛要求。

2023 年 9 月 19 日，华育还与徐汇区教育局、上海中学、上海交通大学签订协议共建“拔尖创新人才中高大衔接教育创新实验基地”，共同合作推进“面向全体、全方位、多层次创新人才早期培育实验项目”。据李英介绍，该项目将开展涵养学生初中四年学习长达 8 年的实验，逐步在贯通培养中形成“志趣能”的统一，力求为培育志存高远、追求卓越、坚韧担当、爱国奉献的时代新人与创新人才奠基。

如何激活和提升成才内生动力？聚焦志趣，价值引领

如果把人的社会贡献数据化，那么他的能力水平就是后面的数字，价值取向决定了前面的正负号。学生经过漫长的培养，最终能否成为对国家民族和人类发展有贡献的人，还取决于内驱力、坚韧性、信念感等持续发展的重要品质。

华育将学生思想境界的培养和意志品质的培养纳入拔尖创新人才培养的顶层计划中。"优秀的德育工作者如烛、如炬、如灯,照亮学生成长的道路,温暖学生的心灵,塑造学生的品格与梦想。"分管德育的副校长唐轶介绍,学校的德育工作队伍致力于服务每一位学生的全面发展。学校尤其注重班主任团队的建设,定期举行班主任论坛、公开展示课等,重视班主任对学生进行价值引领,强调立德、立志,既通过开展主题讲座等推动课程育人,也通过组织开展丰富多彩的校内外活动实现活动育人,提升学生的思想境界、培养他们的意志品质。

从 2017 年起,华育开始邀请各领域的教授进校园和学生面对面授课、指导,已经有 26 位来自中国科学院、复旦大学、上海交通大学、华东师范大学等科研院校的教授、专家担任特聘教授,如王恩多院士、李林院士、詹启敏院士等。还邀请 2016 年诺贝尔化学奖得主费林加院士,中国科学院院士刘明、李劲松、陈义汉等进校为学生开讲座。报告内容或涉及主讲嘉宾的个人成长史,或为所属领域的前沿成就与发展动态,或为行业学科的发展历史。用学校党支部书记黄立勋的话说,这是"用能量传递能量,用人才启发人才"。

价值引领上既要关注志向的确立,也要关注意志品质的修炼。华育的新生第一课是为期 3 天的国防教育夏令营。学校邀请上海交通大学的退役大学生士兵入校担任教官,从队列训练到投笔从戎的服役经历,他们用言传身教锻造华育学生永不言弃的性格,传递满腔的爱国精神,为未来的创新人才塑造坚韧的品质。每届初三学生的退场仪式、毕业典礼,年级组长、李英校长都会寄语学生,希望他们遇到困难挫折时,永不退缩。

经过社会"大课堂"的洗礼,才更懂得民族复兴的使命和担当。社会实践活动是学生树立正确价值取向,建立社会责任感和服务精神的重要育人途径。学校与华泾镇少工委开展联建共育,参与华泾镇的"童心议事"活动,从学生角度讲述过去的故事;开展"美好未来我畅想”，学生通过童谣创作、摄影、绘画、小报等形式，描绘党的二十大精神对全体青少年的深远影响，立志筑梦，畅想未来；红领巾心向党的活动；开展革命传统教育，组织学生寻访老将军，了解红色革命历史；结合清明节开展网上祭扫等活动，读革命书籍，讲革命故事。

值得一提的是，学校培养创新人才着眼于为国家未来50年的发展，让学生明晰生涯发展与肩负民族振兴的时代使命结合起来，鼓励他们承担社会责任。学校实现了志愿者活动全员参与目标，与200多个社区或公益机构签订长期志愿者服务协议，组织志愿者服务累计2 500多次，参加人次近4万人次，不断拓宽志愿者服务的领域。如组织学生建立与自然科学相关的社会志愿者服务平台，在传播科普知识、实践志愿活动的同时，培养班级学生服务社会、回馈社会的习惯与意识；在上海交通大学钱学森图书馆中举行“青春告白祖国”仪式，表达了对祖国的热爱和努力奋斗的决心；走进儿童医院，“爱佑新生宝贝之家”抚慰病患儿童心灵并给予爱和鼓励；担任黄道婆纪念馆讲解员，传承传统文化；访先锋，对话抗战老兵鲍奇将军，感受中华儿女不屈不挠的抗战精神，铭记历史，珍爱和平；走进华泾镇参加15分钟生活圈的建设，为社区、街道贡献自己的力量；……让学生感受改革创新的时代使命。每年的爱心义卖慈善活动会资助市、区级的公益项目：捐助西藏萨迦中学35万元；结对帮扶云南省多依树明德小学留守儿童的33个“微心愿”。通过志愿服务与公益活动，学生从象牙塔走入社会、关注社会，奠定生涯发展的根基，成为有爱心、有胸怀、有担当的未来创新人才。

教师彭容带领班级学生与华泾社区活动中心创新屋、华泾小学共同搭建名为“华育科技小讲堂——iLab社区实验室”的科普志愿者平台，通过每学期开展4～6次志愿者活动，为小学生提供科普、科技创新、动手制作等志愿服务。三年中，iLab社区实验室项目已开展活动27期，参与志愿者服务的华育中学学生数量达222人次，科普服务对象的华泾小学学生数量达251人次，服务时长为1 387小时。

iLab 社区实验室这个长期平台，鼓励更多学生加入志愿者行列，成为每一届学生都能延续的一个志愿服务平台。

为了培养创新人才，学校积极倡导学生注重品德培养。每学期举办美德少年和劳动积极分子的评选活动，以学生的品德表现为评判标准。获选的年级美德少年和劳动积极分子更有机会获得华育奖学金，激励他们在道德品质上不断提升，为未来创新发展打下坚实基础。

如何创设人才成长的沃土？包容陪伴，静待花开

寸有所长、尺有所短，潜能再强的学生也会有自己的不足。

脑筋转得太快，嘴巴跟不上，说起话来没条理；用理解代替记忆，记得住复杂公式却拒绝死记硬背课文；渴望成功，一旦失去曾经获得过的荣誉会长时间萎靡不振；……有时候，他们的"短板"会比"潜能"更早引起大家的注意，从而被误解为"问题孩子"，耽误了潜能的发展，甚至影响正常的学习成长。

初中阶段强潜能学生可能存在的弱项，卢亮也都翔实地记录下来：好胜心强，情感体验能力较弱；逻辑思维能力强，语言组织能力较弱；学习自主意识强，生活自理能力较弱；深度思维和数字敏感性强，记忆性思维较弱；精力充沛且思维活跃，而身体协调性较差；接受来自外界表扬的能力远远强于接受批评的能力；对实力的崇拜远远高于对外形的欣赏；求知欲旺盛，喜欢问为什么；目标感强，情绪稳定性差，愿意在一个问题上持续发力思考且愿意为实现既定目标努力奋斗；时间观念强，效率高，厌恶做重复低效而无技术含量的事；可塑性强，兴趣点广泛，经过合适的引导，可以在短期内有很大变化。

如何创造一个高包容度的成长环境，引导他们"扬长平短"？华育做了许多努力，如新生入校前通过校访与家长、学生单独沟通，切实、全面了解每个学生特点；在学校行规、班级管理方面绝不搞"特殊

化”，在班级营造“人人有事做，事事有人做”的环境，鼓励学生拓宽圈子融入不同的团体，学会与他人协作。更重要的是，华育为每位学生配备两位导师陪伴助力学生成人成才。导师不仅负责学术指导，还负责学生的人格成长和职业规划，更好地关注学生的个性化需求。

导师会关注优秀学生的成长过程，2017 届学生小修十分迷恋信息奥赛题与编程，具有很强的算法领悟能力，但是与同学、老师之间交流相处困难重重。进入学校学习之初，他的情绪波动很大，教师针对他的特点，耐心开导，走进他的内心世界，用他听得懂的语言慢慢引导。教师告诉他，编程是按规则严谨执行的，人与人交往也是有规则的，正如算法有多元解题思路，有时换个思路去理解对方，沟通就能顺畅，自己也可以心态更稳。经过导师一学年的指导，小修的成绩和校内表现比以往更稳定，在全国计算机学会举办的信息学奥赛中获一等奖，成功进入上海信奥市队，在信息科技创新人才的成才道路上越走越扎实。

徐汜副校长介绍，学校为学生配备两个导师，在他们遇到学习瓶颈期以及生理青春期，及时鼓励鞭策，助力学生更好成长。

2021 届学生小祺，喜欢数学、物理，典型理科学生，语文偏弱，不善于表达，后来，导师从全国高中数学联赛学校同步测试这个话题找到突破，鼓励心动的小祺走出迷茫期，迎来飞跃期。毕业后小祺入学心仪的上海中学，获得中国数学奥林匹克竞赛银牌，并在高二时入选物理奥赛国家集训队。

高水平的教师团队是营造强潜能学生成长环境的基础。越是拔尖的学生，学习状态、学习习惯、学习进度的差异就越是显著，需要教师尤其是竞赛教师给予更多的个性化指导。

“只有优秀的教师，才能培养更优秀的学生。”卢亮告诉记者，每位竞赛教师都有自己的长处。为了培养更优秀的学生，华育中学学科竞赛一直采用的是团队合作教学和模块化教学。简言之，每个学生都会跟团队中的每位教师学习，而每个教师每年都在教自己感兴趣和优势的板块,从而实现专门的人做专业的事。以数学为例,1 名学生在四年初中生涯中至少有 4 位教师对他进行教学。数学学科教师分工,有负责初中知识夯实的,也有负责高中数学加深的,还有负责现代数学极限和微积分教学的。教师之间也互相学习、交流,共同设计课程和教学活动,从而提高教学质量。

识才、育才、护才,华育在拔尖创新人才的早期培养过程中正积累越来越多的教育智慧,也让更多不同潜能的孩子行稳致远。

后　记

跑赢创新人才早期培育的“接力赛”

创新人才的培养是一个现实而又紧迫的话题。党的二十大部署了“全面提高人才自主培养质量，着力造就拔尖创新人才，聚天下英才而用之”的战略任务，对教育提出了更为艰巨的挑战。人才培养是一个系统工程，如何在基础教育阶段厚植创新人才早期培养的丰沃土壤，是新时代如箭在弦的重要命题，亟待更多的思考、探索、实践来启迪碰撞、革故鼎新，浚通教育发展的经脉、激活这创新的一池春水。

2024 年 5 月 24 日，在上海市民办华育中学举行的“双新”背景下初中教育“扩优提质”暨深化初中阶段创新人才早期培育方式变革研讨会上，与会的 27 位专家教授各抒己见，掀起一场热烈的“头脑风暴”，在分享与反思中激荡出更多的思考与共识。

上海交通大学招生办公室主任武超提出，衡量创新人才的标准不能仅仅看高考成绩和竞赛成绩，更应该从长远来看其对国家的贡献度，创新人才一定是有理想、有志向也有能力为国家做贡献的人才。上海交通大学科学技术发展研究院副院长、先进技术与装备研究院院长邹卫文也认为创新人才培育最重要的核心和评价标准应该是给科技、社会、政治、经济真正贡献出使命和担当。

创新人才应具有哪些品质呢？复旦大学教务处处长林伟提出，“干细胞式”的创新人才应具有能甄别、能建构、能协同、能坚持四种品质。“创新人才最需要的是自我价值的认定能力和自己所热爱领域的终身学习能力。”中国科学院分子细胞科学卓越创新中心所务委员惠利健说道。

近年来,华育中学立足奠定为实现中华民族伟大复兴所需要的各行各业创新人才的早期知识基础、创新思维与创新人格基础,探索"人人皆可成才、人人尽展其才"的创新人才早期培养体系,打造"学科有专长、思维有品质、心中有格局、眼中有阳光"的青少年成长高地。同时,立足不同优势潜能学生的可持续发展,为他们未来成为国家发展各行各业创新人才与战略领域领军人才创设良好的发展平台,进行课程、教学、资源与评价等方面整体改革突破,引导学生把个人发展的"小我"融入民族复兴、祖国繁荣、人民幸福的征途之中。

复旦大学教务处处长林伟提出在培养方式上要坚持"不变"和"变",其中,"不变"是坚持以人为本不变,"变"则是要围绕课程体系、师资力量、教材、实训四个技术层面进行革新。信息内容分析技术国家工程实验室副主任李翔则对创新人才的培养提出了三点思考,即多元化识才、多手段育才、多渠道成才。

针对当下如何更好地深化和应对创新人才早期培育方式的变革,上海中学原校长、华育中学理事长唐盛昌在多年的教育实践中发现,智力水平和学业水平相当的学生未来发展的高度取决于他的意志品质和思想境界。他表示,如果继续在单维度模式选拔和培养体系下,能够培养出学科方面的专家,却很难培养出各个领域的领军人物。

他认为,创新人才早期培育应致力于推进学生学习常识,如真实学习、多元对话、理智思辨;同时推进学习新识,如跨界学习、创造接口、深度交融的结合。学校逐步探索形成了创新人才早期培育"四优"育人模式——优创的科学激发与识别体系,优化的潜能确认与定位体系,优选的系统教学与培养体系,优实的能力考查与评价体系。

上海中学校长冯志刚畅谈初高中贯通培养创新人才的思考,认为创新人才的培养是一场"接力赛",初中、高中和大学都是"接力赛"中的一棒,都需要思考怎样把自己这一段路跑好。

复旦大学党委副书记钱海红指出,复旦大学和华育中学在创新人才培养方面,有着共同的使命与追求。复旦大学充分发挥学校作